ϕ2058 A

MÉMOIRES
PUBLIÉS PAR LES MEMBRES
DE LA
MISSION ARCHÉOLOGIQUE FRANÇAISE AU CAIRE

CHALON-SUR-SAONE
IMPRIMERIE FRANÇAISE ET ORIENTALE DE L. MARCEAU

MINISTÈRE DE L'INSTRUCTION PUBLIQUE ET DES BEAUX-ARTS

MÉMOIRES

PUBLIÉS

PAR LES MEMBRES

DE LA

MISSION ARCHÉOLOGIQUE FRANÇAISE

AU CAIRE

SOUS LA DIRECTION DE M. U. BOURIANT

TOME DOUZIÈME

1er Fascicule

D. MALLET

LES PREMIERS ÉTABLISSEMENTS DES GRECS

EN ÉGYPTE

(VIIe et VIe siècles)

PARIS

ERNEST LEROUX, ÉDITEUR

LIBRAIRE DE LA SOCIÉTÉ ASIATIQUE

DE L'ÉCOLE DES LANGUES ORIENTALES VIVANTES, DE L'ÉCOLE DU LOUVRE, ETC.

28, RUE BONAPARTE, 28

1893

PRÉFACE

L'objet de ce travail est suffisamment défini par le titre : il tient tout entier entre le milieu du viie et le milieu du vi^e siècle. Nous avons dû remonter plus haut sans doute pour faire comprendre la situation du pays au moment où les Grecs tentèrent de s'y introduire, les circonstances qui durent favoriser leur installation définitive dans une contrée avec laquelle ils n'avaient entretenu jusqu'alors que des relations intermittentes et fort irrégulières. Mais nous n'avions pas à examiner les problèmes nouveaux qu'ont fait surgir, en ces dernières années, les découvertes de M. Petrie. D'après les trouvailles de poteries du type « égéen » faites par lui à Kahun (XIIIe dynastie) et à Gurob (XVIIIe), quelques savants inclinent aujourd'hui à penser que des groupes d'individus de races apparentées aux Grecs ont pu séjourner, bien avant l'époque dont nous traitons, dans certaines parties de l'Égypte et particulièrement au Fayoum. Toutefois, ces trouvailles mêmes ont donné lieu à de vives controverses, et les conclusions que M. Petrie en a tirées ne sont pas sorties entièrement du domaine de l'hypothèse.

A partir du règne de Psammétique Ier seulement, l'histoire d'Égypte, l'Égypte elle-même commencent à être connues des Grecs, assez pour que leur témoignage mérite d'être pris en considération. Leurs récits ne sont ni toujours clairs ni toujours concordants, et il importait de les discuter, en faisant usage des données que peuvent fournir les documents indigènes. Lorsqu'on en était réduit aux seuls rapports des Grecs, on était bien forcé de les accepter tels quels, sauf à tâcher de les mettre d'accord. Aujourd'hui, l'intelligence des textes hiéroglyphiques met à la disposition de l'historien des sources d'un autre ordre, qui permettent de contrôler les premières, d'en adopter ou d'en rejeter les données avec connaissance de cause.

L'étude des monuments orientaux, en mettant hors de doute les relations des peuples entre eux, en révélant des faits inconnus et en suggérant des dates probables, a renouvelé, on peut le dire, la question si complexe et jusque-là si ténébreuse des commencements du monde hellénique. Grâce à elle, des temps considérés comme à peu près fabuleux, ont pris désormais un caractère franchement historique. Les fouilles mémorables exécutées par Schliemann et ses successeurs à Hissarlik, à Mycènes et à Tirynthe, en Attique, en Béotie ou en Crète, ont eu sans doute un succès inespéré ; elles ont suscité des vues nouvelles et procuré une multitude d'objets, dont la science a pu tirer un profit sans précédent. Elles lui auraient néanmoins causé de graves embarras, si elles n'avaient été éclairées à propos par des découvertes parallèles, soit en Assyrie et en Babylonie, soit en Syrie et en Égypte[1]. La civilisation mycénienne et aussi celle qui lui succède dans les pays helléniques s'expliqueraient avec beaucoup moins de clarté, si l'on n'apprenait à mieux connaître chaque jour la vie, les croyances religieuses, les tendances artistiques, en un mot l'état intellectuel et moral des autres peuples contemporains.

A la fin du VIIe et au commencement du VIe siècle, la situation, il est vrai, n'est déjà plus tout à fait la même. Les Grecs se dégagent peu à peu des influences extérieures et bientôt vont devenir eux-mêmes. Cependant ils n'ont pas encore d'historiens. Pour nous en tenir ici à l'Égypte, si, dès cette époque, les marchands et les mercenaires la connaissent directement, les logographes ioniens ne commencent à la décrire que vers la fin du VIe siècle. Encore l'ouvrage d'Hécatée de Milet n'est-il pas venu jusqu'à nous, et les fragments qui restent n'en peuvent guère donner qu'une idée très incomplète.

Pour trouver enfin une relation un peu authentique, ou qui prétende l'être, il faut descendre jusqu'à Hérodote ; et même alors, les renseignements, puisés

---

1. Les découvertes faites dans la Méditerranée occidentale, en Italie, en Sardaigne, etc., n'ont pas été moins importantes ni moins utiles assurément pour l'intelligence de ces civilisations primitives ; mais c'est de l'Orient surtout que nous devions nous occuper ici, en signalant les services qu'il a pu rendre à l'archéologie grecque pour l'étude des époques les plus archaïques.

à des sources souvent incertaines, sont entachés de nombreuses erreurs. Le livre n'en demeure pas moins d'une valeur inappréciable, comme étant le premier essai tenté par un Grec pour faire connaître à ses compatriotes une contrée restée si longtemps pour eux à l'état presque légendaire. Aussi est-ce à Hérodote qu'on doit recourir tout d'abord, sauf à compléter ses récits avec l'aide des géographes et des compilateurs de date relativement récente. S'il y a litige, on est à priori porté à lui donner raison. Pourtant, dans la multiplicité des traditions qui couraient les communautés helléniques d'Égypte, il ne pouvait évidemment ni tout entendre ni tout retenir. Quelquefois aussi il a prétendu choisir, et son choix n'est pas toujours le meilleur. Il se trouve que des faits, ignorés ou omis par lui, ont été recueillis par des écrivains plus modernes, que d'autres ont été présentés par eux sous une forme différente, avec des additions ou des modifications qui peuvent en changer la date ou le sens. Si leur version est mieux en harmonie avec ce que nous savons par l'histoire, par les coutumes ou par les monuments indigènes, nous sommes en droit de la préférer et de l'enregistrer comme plus probable. C'est ainsi que Strabon, Diodore de Sicile, Polyen même et d'autres encore, nous apportent des indications précieuses qu'il serait injuste de repousser sans les avoir contrôlées avec soin.

Quand il s'agit d'époques aussi lointaines, où les documents sont rares et les témoignages presque toujours mêlés de fables, le devoir de la critique n'est pas de montrer une rigueur implacable, soit sur le détail des événements, soit sur la qualité des preuves. Si les circonstances qui accompagnent le récit éveillent le doute ou même quelque chose de plus, faut-il pour cela, comme le font volontiers certains historiens, rejeter le tout et nier la tradition comme décidément fausse ? Il est plus sage, croyons-nous, de dégager le fait principal des accessoires qui ont pu en altérer le caractère, d'en discuter la possibilité et, si l'on peut dire, la valeur intrinsèque, de rechercher si des faits analogues et historiquement prouvés ne permettraient pas d'accepter la vérité du fond, tout en élaguant certains détails, qui ne servent qu'à l'envelopper et à l'obscurcir. C'est là sans doute une tâche délicate qui ne saurait être accomplie qu'avec beaucoup de réserve et de prudence, car le départ est souvent difficile à faire, et les conclusions demeurent presque toujours assez hypothétiques ; mais, si l'on refusait d'apporter ainsi quelque tempérament aux règles ordinaires, l'histoire des origines se trouverait par cela même réduite à un rôle purement négatif[1].

Les Grecs ayant été en Égypte comme soldats et comme marchands, la division de notre étude s'imposait d'elle-même, et nous avons dû en consacrer une partie aux mercenaires, une partie aux trafiquants. La première comprend la suite des événements historiques auxquels ont été mêlées les bandes ioniennes et cariennes, depuis le jour où elles sont enrôlées par Psammétique Ier jusqu'au moment où elles tombent, avec la monarchie pharaonique, sous les coups des Perses. L'autre était de nature plus complexe, bien qu'elle fût presque entièrement localisée en un point, la ville de Naucratis. Les fouilles, si heureusement dirigées par MM. Petrie et Gardner, en ont fourni la principale matière, et nos recherches sur l'étendue et la nature du commerce égypto-grec permettront d'apprécier plus exactement le rôle des colons hellènes, la part qu'on peut leur attribuer dans le développement de la civilisation générale. De plus, les trouvailles faites au nom de l'*Egypt Exploration Fund* ont apporté bien des notions nouvelles dont l'intérêt, loin d'être borné à la seule vallée du Nil, s'étend au monde grec archaïque tout entier.

Quant à la limite que nous avons adoptée, il n'est peut-être pas inutile d'indiquer ici les raisons qui en ont déterminé le choix. Le séjour des Grecs en Égypte peut se diviser en trois périodes distinctes. Pendant la première, ils sont des étrangers, établis avec l'autorisation des Pharaons, protégés par eux, exerçant librement leur culte, soumis néanmoins à une réglementation assez étroite, qui d'ailleurs ne les empêche pas de prospérer et de s'enrichir; mais, malgré les unions contractées par les mercenaires avec des femmes indigènes, malgré la constitution de la prétendue classe des interprètes, ils ne font point partie de la nation, qui leur donne une hospitalité plus ou moins volontaire. C'est le beau moment pour Naucratis qui, après la destruction des *Stratopeda*, est le seul port franc de la contrée, et qui jouit ainsi d'une situation vraiment privilégiée.

---

[1]. Dans un livre publié récemment, *New Chapters in Greek History*, M. Percy Gardner proteste également contre les sévérités exagérées de la critique s'appliquant aux récits plus ou moins légendaires que nous a transmis Hérodote. Nous sommes heureux de nous rencontrer sur ce point avec le savant anglais, qui a donné sur Naucratis en particulier un chapitre plein de nouveauté et d'intérêt.

A partir de la conquête perse, lorsque le pays n'est plus qu'une province du grand Empire oriental, les mesures restrictives au moins en apparence, qu'avait décrétées Amasis, se trouvent tout à coup supprimées; la condition générale des étrangers subit dès lors un changement sensible. Les privilèges de Naucratis cessent d'eux-mêmes; elle conserve sans doute la position acquise depuis un siècle, mais elle n'est plus seule maîtresse du commerce de l'Égypte avec la Méditerranée, et, par suite, son importance tend à décroître. C'est le temps où les Hellènes de la Grèce continentale sont déjà intimement mêlés aux affaires de l'Égypte, où les généraux athéniens et lacédémoniens viennent, avec des flottes et des corps d'armée, soutenir les chefs indigènes ou libyens révoltés contre la domination asiatique et les aident à lutter pour reconquérir l'indépendance perdue.

Enfin, avec l'invasion d'Alexandre et l'établissement des Ptolémées, commence un régime tout différent de ceux qui l'ont précédé. Les Grecs deviennent alors les maîtres réels de l'Égypte; ils modifient sa constitution et ses mœurs, tout en s'imprégnant de son esprit et en recevant d'elle à peu près autant qu'ils lui donnent. C'est la période hellénistique, dont les caractères sont trop connus pour qu'il soit nécessaire d'insister davantage, et dont la période romaine ne sera que la continuation naturelle.

La première de ces trois époques forme, comme on le voit, un tout suffisamment délimité, qu'il était possible et légitime de séparer des deux autres, et dont la fin peut être marquée avec une entière exactitude.

Le sujet ainsi entendu n'avait pas jusqu'ici été traité dans son ensemble. Certaines des questions qu'il comporte avaient fait l'objet d'études spéciales. Ainsi, dès 1826, Soldan essayait de fixer la date de la fondation de Naucratis, et M. Hirschfeld reprenait le problème en 1887, après les explorateurs anglais, faisant valoir contre leur opinion des arguments que leurs fouilles mêmes l'autorisaient à produire. M. Wiedemann, dans son *Histoire d'Égypte* et dans des articles de Revues, avait discuté la tradition antique de l'émigration des guerriers. Quant aux inscriptions d'Ipsamboul, elles n'ont cessé, depuis A. Lévi et Blau jusqu'à M. Sayce, d'être l'occasion de nombreux travaux, dont les conclusions, il faut le dire, sont souvent assez divergentes. Enfin et surtout MM. Petrie et Gardner, assistés de collaborateurs spéciaux, comme MM. S. Murray, Cecil Smith, Barclay Head, L. Griffith, avaient fait connaître, dans des relations étendues, les brillants résultats des fouilles opérées à Daphnæ et à Naucratis. Mais on n'avait pas tenté encore de réunir en une série continue tout ce qui se rattache à l'établissement des premières colonies grecques dans la terre des Pharaons. Si ce premier essai reste nécessairement fort incomplet, ses imperfections trouveront là sans doute une explication et une excuse. Il s'agissait d'abord de tracer le cadre, d'établir avec quelque probabilité la succession, la chronologie des faits, d'en montrer l'enchaînement et d'en indiquer les conséquences; nous ne prétendons pas avoir rempli le programme tout entier; les découvertes futures permettront d'achever le tableau et de rectifier les erreurs[1].

Paris, Juin 1893.

D. MALLET.

[1]. Cet ouvrage est terminé depuis longtemps, et déjà bien des recherches nouvelles ont fait avancer la science sur un certain nombre des points que nous avions tâché d'élucider. Dans une série d'additions, placées à la fin du présent volume, nous avons résumé ou tout au moins indiqué les résultats principaux qu'elles ont produits jusqu'à ce jour.

INTRODUCTION

Les thalassocraties et la liste de Castor. — La thalassocratie égyptienne. — Suzeraineté des Pharaons sur une partie des îles de la Méditerranée orientale. — Les Hanebou. — Marine des Égyptiens sous la XVIIIe dynastie et sous les dynasties suivantes.
Premiers rapports avec l'Égypte, d'après les poèmes homériques. — Le récit du Crétois au l. XIV de l'Odyssée. — La piraterie.
Invasions des peuples de la Mer sous Séti Ier, Minéphtah et Ramsès III.
Grand mouvement colonial des peuples grecs au VIIIe et au VIIe siècles. — La thalassocratie des Milésiens. — A quelle époque ils ont pu venir dans le Delta.
État de l'Égypte au VIIIe et au VIIe siècles : Tafnakhti. — Division du pays en nombreuses principautés. — Luttes des Éthiopiens et des Assyriens. — Fondation du τεῖχος Μιλησίων, d'après Strabon.
Les légendes grecques sur la Dodécarchie. — Psammétique Ier.

Un chronographe du premier siècle avant notre ère, le Rhodien Castor, avait écrit, dit-on, une histoire abrégée des peuples qui ont possédé tour à tour l'empire de la Mer[1]. Il paraît l'avoir divisée en trois parties : avant la guerre de Troie, — de la prise de Troie aux guerres Médiques, — depuis les guerres Médiques. Diodore de Sicile aurait résumé la seconde partie de ce travail pour en tirer la liste[2], qu'Eusèbe[3] a reproduite dans sa Chronique[4]. Lydiens (ou Mæoniens), Pélasges, Thraces, Rhodiens, Phrygiens, Cypriotes

---

1. Suidas l'intitule : Ἀναγραφὴ Βαβυλῶνος καὶ τῶν θαλασσοκρατησάντων ἐν βιβλίοις β'.
2. Elle forme le § XIII dans les fragments du L. VII de l'éd. Didot. Ch. Müller (*Castoris reliquiæ*, même collect., à la suite des fragments de Ctésias, p. 180), l'attribue au L. X de Diodore.
3. Eusèbe, *Chron.*, éd. A. Schœne, I, p. 226, version arménienne. La liste citée par le Syncelle est empruntée au L. II d'Eusèbe, dont nous n'avons que la traduction par saint Jérôme.
4. C'est l'opinion de Heyne (*de Castoris epochis*. Comment. soc. Gœtting., t. I et II et *Opusc.*, t. VI, 488-504), et de Bunsen (*Ægypten's Stelle*, T. V, p. 420-440). Gutschmid (*Beitræge zur Geschichte des alten Orients*, p. 120-124 et *Kleine Schriften*, T. I, p. 534-537), la rejette en s'appuyant sur ce fait, que la date adoptée par Diodore pour l'ère troyenne était celle d'Eratosthènes, différente de celle qu'avait adoptée Castor. — Cf. sur les Thalassocraties, G. Watson Goodwin, *De potentiæ veterum gentium maritimæ epochis apud Eusebium*, Gœtting., 1855.

et Phéniciens en forment les sept premières divisions ; puis elle nomme les Égyptiens et les Milésiens, sans indiquer la durée de leur puissance. La traduction de saint Jérôme contient pourtant, au sujet de ces derniers, la mention suivante : Mare obtinent Milesii annis XVIII, construxeruntque urbem in Ægypto Naucratim. Or, la thalassocratie milésienne remonterait, d'après lui, à l'année 753 [1] ; c'est donc entre 753 et 732 qu'il faudrait placer la fondation de Naucratis. Mais le texte des manuscrits de saint Jérôme ne mérite pas une confiance absolue [2] ; d'autre part, les découvertes récentes faites dans la Basse-Égypte, et sur lesquelles nous reviendrons plus loin, semblent infirmer le témoignage du traducteur d'Eusèbe. Toutefois, si son assertion est inexacte sous cette forme trop précise, on peut y retrouver du moins la trace d'une tradition ancienne, rappelant d'une manière générale le souvenir d'un premier établissement des Grecs en Égypte [3].

Quelle est la valeur historique de la liste de Diodore ? les avis là-dessus sont très partagés. Les uns, comme Heyne, la rejettent en y voyant une compilation arbitraire ; d'autres, comme Ch. Müller, en retiennent quelques parties seulement [4] ; d'autres enfin, comme Bunsen, lui attribuent une importance peut-être exagérée. Pour en vérifier l'exactitude, il suffirait, d'après ce dernier, de compter les années de chaque thalassocratie, en partant d'une date historiquement établie, la fin de la domination Eginète, qui coïncide avec l'invasion de Xerxès ; les indications chronologiques fournies par le document se concilieraient en général avec les faits connus de l'histoire contemporaine. De l'article 17 (Eginètes) à l'article 13 (Samiens) la vérification est facile. Ici seulement, une lacune vient interrompre la série : le chiffre des années de l'hégémonie samienne manque dans les textes. Il faut dès lors chercher un autre point de repère : Bunsen le trouve à l'article 7 (Phéniciens). Une thalassocratie phénicienne n'a point, dit-il, de raison d'être à cette date, elle a dû précéder la guerre de Troie. Mais le nom de « Phoinikes » peut s'appliquer aux Carthaginois aussi bien qu'aux Phéniciens eux-

---

1. Ol., VI, 4.
2. V. Gutschmid, *Kleine Schriften*, T. I, p. 535.
3. Cf. Curtius, *Hist. Grecque*, trad. française, I, 525, note 3.
4. Après avoir examiné les cinq premiers articles, Ch. Müller (l. c.) ajoute : « Sequentia usque ad Samiorum imperium (sub Polycrate tyranno) tam manca tamque perturbata sunt, ut in ordinem ea redigere velle res sit ludicra. »

mêmes [1]. Bunsen remplace donc hardiment les Phéniciens par les Carthaginois, faisant coïncider les débuts de leur empire maritime avec la fondation même de Carthage, qu'il fixe en 814. Puis il descend de degré en degré, en suivant les chiffres d'Eusèbe : les Carthaginois sont les maîtres de la mer de 814 à 770, les Égyptiens de 769 à 740, les Milésiens de 739 à 722 [2]. Malheureusement, l'interprétation sur laquelle reposent ces calculs ne paraît pas être suffisamment justifiée. Et quand même on en accepterait le principe, il serait toujours difficile de croire que la domination punique ait commencé si peu de temps après la fuite d'Elissa [3]. Il est plus vraisemblable de supposer que Diodore pensait réellement aux Phéniciens, plaçant l'apogée de leur puissance au temps où ils fondaient celle de leurs colonies qui devait éclipser la gloire de la métropole. C'est ce qu'a fort bien montré Gutschmid [4], dont l'opinion plus modérée paraît aussi se rapprocher davantage de la vérité. Tout en admettant que les chiffres attribués aux premières thalassocraties sont le résultat de calculs purement artificiels, il estime qu'à partir de la sixième (Cypriotes), si on excepte quelques anachronismes inséparables du système chronologique adopté par Diodore, la liste est tout à fait digne de foi (glaubwürdig) [5]. Nous n'avons point ici à résoudre la question, en étudiant par le détail le document entier. Dans cette longue nomenclature, deux noms seulement intéressent directement notre sujet, ceux des Égyptiens et des Milésiens. Il nous suffira donc de rechercher si la suprématie maritime de ces deux peuples offre réellement quelque vraisemblance vers l'époque que lui attribuent les chronographes, et nous nous attacherons surtout à recueillir les faits qui se rapportent, de près ou de loin, à l'introduction des Grecs en Égypte.

Les dates fixées par Bunsen pour la thalassocratie égyptienne, aussi bien que celles de saint Jérôme, tombent dans la période de près d'un siècle que remplit la xxiiie dynastie. Or, l'Égypte a-t-elle pu, dès cette époque, posséder une marine puissante? C'est une opinion assez répandue chez les écrivains

---

1. Cf. Hérod., V, 46, où le nom de *Phoinikes* désigne les Carthaginois de Sicile.
2. Voici les dates données par saint Jérôme : Phéniciens, 824-785; Égyptiens, 785-753; Milésiens, 753-732.
3. 51 ans, selon Bunsen.
4. *Beitræge zur Geschichte des alten Orients*, p. 120. Gutschmid remarque en outre que c'est seulement 160 ans après la fondation de leur ville que les Carthaginois ont fait une première tentative pour s'établir dans une île de la Méditerranée.
5. *Beitræge*, p. 123.

anciens que les habitants de la vallée du Nil auraient éprouvé fort longtemps une sorte d'horreur religieuse pour la mer, qu'ils considéraient, dit-on, comme le domaine de Set-Typhon [1]. Ce préjugé tombe de lui-même devant la réalité des faits, attestée par le témoignage des documents. Dans un papyrus hiératique écrit sous la XIIe ou sous la XIIIe dynastie, le *Conte de Sinouhit,* le héros de l'histoire invoque, en faveur du roi qui lui pardonne ses fautes et le rappelle à la cour, « tous les dieux du Delta et des îles de la Très-Verte ». Or, ce nom s'applique le plus souvent à la Méditerranée ; les îles en question seraient donc Cypre, Rhodes, probablement la Crète et les Cyclades. Ainsi on devrait « faire remonter jusque vers le milieu du quatrième millénaire avant notre ère les navigations qui avaient fait connaître aux Égyptiens les îles de la Très-Verte[2] ». Faut-il aller plus loin encore et affirmer, avec Chabas, que l'Égypte avait, dès l'Ancien Empire, « des flottes équipées pour l'attaque de l'Archipel et peut-être pour porter la guerre sur le continent européen[3] ? » Jusqu'ici les les textes pharaoniques ne nous donnent pas le droit d'être aussi affirmatifs. Toutefois, on y rencontre assez souvent le nom des *Hanebou,* employé plus tard sous les Ptolémées comme synonyme de celui d'*Ouinin* (Ioniens), qui sert à désigner les Grecs [4]. Aux anciennes époques, il n'a certainement pas un sens aussi précis. Étymologiquement, il signifie « tous ceux qui sont derrière », c'est-à-dire au nord, l'Égyptien s'orientant vers le sud ; il comprend ainsi, dans une même appellation générale et vague, les peuples du nord, c'est-à-dire

---

1. CHÆREMON (dans Porphyre *de Abstin.*, IV, 8 : οἵ γε ἐν τοῖς ἀσεβεστάτοις ἐτίθεντο πλεῖν ἀπ' Αἰγύπτου, διευλαβούμενοι ξενικὰς τρυφὰς καὶ ἐπιτηδεύματα, μόνοις γὰρ ὅσιον ἐδόκει τοῖς κατὰ τὰς βασιλικὰς χρείας ἀπηναγκασμένοις. Πολὺς τε καὶ τούτοις ἦν λόγος ἐμμεῖναι τοῖς πατρίοις. Cf. HIERONYM., *ad. Jov.*, II, 13. — PLUTARQUE, *de Is. et Os.*, 32 : διὸ τήν τε θάλασσαν οἱ ἱερεῖς ἀφοσιοῦνται, καὶ τὸν ἅλα Τυφῶνος ἀφρὸν καλοῦσι · καὶ τῶν ἀπαγορευομένων ἕν ἐστιν αὐτοῖς ἐπὶ τραπέζης ἅλα μὴ προτίθεσθαι · καὶ κυβερνήτας οὐ προσαγορεύουσιν, ὅτι χρῶνται θαλάττῃ, καὶ τὸν βίον ἀπὸ τῆς θαλάττης ἔχουσιν. Cf. *Quæst. Conviv.*, VIII, 8, 3. — HÉROD., II, 102, dit que Sésostris fut le premier qui sortit du Golfe Arabique avec des vaisseaux de guerre. En énumérant les sept classes des Égyptiens (II, 164), il nomme les pilotes les derniers de tous. - Cf. STRAB., XVII, 673 (Did.); DIOD., I, 67, etc.

2. V. MASPERO, *Contes égyptiens.* 1re éd., p. 123-5. M. Wiedemann (*Herodots, Zweites Buch,* p. 207, n. 1) conteste cette explication. D'après lui, il s'agirait simplement dans le texte des districts insulaires du Delta. Mais on ne voit pas comment ces îles, formées par des bras du Nil et par des lacs, seraient appelées îles de la Grande-Verte, c'est-à-dire certainement : de la mer.

3. CHABAS, *Études sur l'Antiquité historique,* p. 175.

4. V. Décrets de Rosette et de Philæ. Le groupe hiéroglyphique est

des îles et peut-être des côtes de la Méditerranée orientale[1]. Le mot figure dans les textes mythologiques aussi bien que dans les textes historiques, et le dieu Seb a donné à son fils Osiris la domination sur les Hanebou comme sur les hommes de l'Égypte[2]. On le trouve dans les pyramides de la vɪe dynastie[3]. Le défunt transformé en Osiris, en Soleil mort, est appelé « le Circulant en rond dans le circuit qui entoure les Hanebou » ; « tu circules, lui dit-on, dans le cercle des Hanebou ». C'est-à-dire qu'il navigue sur le fleuve Océan, qui coule autour de la terre et par conséquent entoure les Hanebou, considérés comme occupant l'extrémité septentrionale du monde[4]. Dès la xɪe dynastie le Pharaon Sonkheri Amoni se vante d'avoir fait faillir les Hanebou[5]. Avait-il réellement tenté une expédition dans la Grande-Mer ? Peut-être ; il faut se défier pourtant de la jactance des inscriptions officielles. Les rois, en Égypte, sont dieux par droit de naissance ; et, comme tels, ils doivent commander à la terre entière. Sous le Nouvel Empire, le nom des Hanebou revient plus souvent parmi ceux des nations vaincues. Dans la liste des neuf peuples, si fréquemment reproduite sur les monuments depuis la xvɪɪɪe jusqu'à la xxɪɪe dynastie, ils tiennent presque toujours la tête[6]. Thotmès Ier [7] dit qu'ils sont l'abomination des dieux, et semble les placer au nombre des ennemis qu'il a terrassés. Dans la stèle où le dieu Amon énumère les peuples soumis par son fils bien aimé Thotmès III, figurent « ceux qui habitent les îles dans la Grande Mer, le pays d'Asi, qu'on a identifié avec Cypre[8], ceux qui habitent leurs îles et les régions de Maten[9], les extrémités des terres et le pourtour du

---

1. V. E. DE ROUGÉ, *Inscription d'Ahmès*, p. 43-5. La définition du mot est donnée par une inscription d'Edfou, d'époque ptolémaïque : « Hanebou, dit-elle, nom qu'on donne aux îles de la mer et aux très nombreux pays du nord, qui vivent d'eau de rivière ». Pour l'étymologie de Ouinin, v. Brugsch dans Schliemann, *Ilios*, p. 977-8.
2. Hymne à Osiris de la Bibl. nationale, l. 19.
3. Pyram. de Teti (MASPERO, *Recueil de travaux*, T. V, p. 37, l. 275); Pyr. de Pepi I (*ib.*, p. 177, l. 122).
4. Pour les Égyptiens, le Soleil, pendant la nuit, voyage de l'Ouest vers le Nord, puis redescend vers l'Orient jusqu'au lever du jour.
5. LEPSIUS, *Denkm.*, II, 150.
6. LEPSIUS, *Denkm.*, III, 63, 76, 77, 129, 131, 145, 149, 207, inscriptions qui se rapportent aux rois Thotmès III, Aménophis II et III, Séti Ier, Ramsès II, Ramsès III, Sheshonk Ier.
7. LEPSIUS, *Denkm.*, III, 5, l. 3-4. Stèle de Tombos.
8. MASPERO, *Hist. anc.*, 4e éd., p. 200, n. 6. Cf. BIRCH, *Sur une patère égyptienne du Louvre*, p. 21 sqq.; Brugsch (*Geographische Inschriften*, T. I, p. 51) identifie Asi avec une partie de la Palestine.
9. Le Mitanni, région voisine de l'Euphrate, souvent citée sur les briques en caractères cunéiformes trouvées récemment à Tell el Amarna.

grand circuit, c'est-à-dire sans doute de la Méditerranée[1] ; mais le texte précise davantage encore. A la l. 19, le dieu dit au roi : « Je suis venu, je donne que tu écrases les Tahenou[2], les îles des Danaou (Danaens) sont au pouvoir de tes âmes. » Au tombeau de Rekhmara, on voit « les princes de la Phénicie et des îles de la Grande-Verte, à l'état de courbés et d'inclinés pour les volontés de S. M. le roi du midi et du nord, Ramenkheper... Leurs apports sur leurs dos, ils présentent l'hommage [pour que leur soient donnés] les souffles de vie,... etc.[3] » Deux règnes plus tard, une représentation d'un tombeau thébain montre Amenhotpou (Aménophis) III écrasant, sous son siège royal, les neuf peuples ennemis et, au premier rang, les Hanebou[4].

A cette même époque, de hauts fonctionnaires du Pharaon s'intitulent : « délégué du roi en toute région étrangère des pays situés dans la Très-Verte, scribe royal, général d'armée, gouverneur des contrées étrangères, gouverneur des contrées du nord[5]. » Les rois de la xviiie dynastie avaient donc des lieutenants chargés de les représenter, d'exercer en leur nom une haute surveillance, de rassembler les tributs, les impôts, et cela non seulement en Syrie, mais dans quelques-unes au moins des îles de la Méditerranée orientale[6]. Ils

---

1. CHABAS, Antiquité historique, p. 237, pense que les « Égyptiens qui parcouraient la Méditerranée à l'époque de Thotmès III et même aux époques antérieures, ont pu effectuer des descentes sur toutes les côtes de cette mer ». Cf. p. 307, à propos des antiquités égyptiennes trouvées en Sardaigne. Mais ces conjectures auraient besoin de confirmation.

2. Les Libyens.

3. VIREY, Tombeau de Rekhmara (Mém. de la Mission du Caire, t. V, p. 33. Cf. pl. V). L'auteur pense que les représentants des îles, figurés sur cette planche, sont tous des colons de race phénicienne, et non des indigènes. « Nous ne pouvons pas dire exactement, ajoute-t-il, de quelles îles il s'agit ; mais il n'y a aucun doute pour Chypre, et un passage de l'hymne de Thotmès III, qui affirme l'autorité de Pharaon sur les îles grecques, « les îles des peuples Danaens sont au pouvoir de ta volonté », montre que la mer Égée reconnaissait aussi la domination phénicienne. » — Nous ferons remarquer toutefois qu'une partie des porteurs de tributs ont les deux longues tresses, tombant ici l'une sur la poitrine, l'autre derrière le dos, et on sait que ces tresses constituent un des traits distinctifs des statues ioniennes archaïques. Ne serait-il pas possible de supposer que ceux des tributaires qui ont un autre genre de coiffure sont des Phéniciens, tandis que ceux qui ont les tresses appartiennent à la race apparentée aux Grecs, qui peuplait alors les îles de l'Archipel ?

4. LEPSIUS, Denkm., III, pl. 77.

5. Il s'agit du prince Thoutii, probablement le héros d'un des contes les plus populaires de l'Égypte ancienne. V. MASPERO, Études égyptiennes, T. I, p. 67-9 et Contes égypt., p. 87-96. Cf. BIRCH, Sur une patère égyptienne du Louvre, et DEVÉRIA, Notice de quelques antiquités relatives au basilicogrammate Thouti (Soc. des Antiquaires de France, t. XXIV).

6. Cf. VIREY, ouvr. c., p. 11, n. 2. — M. Sayce (Academy, 17 oct. 1891, p. 341) assure qu'il a trouvé, sur une des tablettes de Tell el Amarna (Mittheil. aus d. oriental. Sammlung, II, n° 42, l. 16), la mention

possédaient des vaisseaux capables de naviguer ailleurs que sur le Nil, comme le prouve l'expédition envoyée par Hatshopsitou sur les bords de la Mer Rouge. Séti I*er*, Ramsès II, Minéphtah, vers le xv*e* et le xiv*e* siècle avant notre ère, avaient certainement une marine qui les mettait en communication fréquente avec les côtes syriennes, et, cent ans plus tard, Ramsès III était, comme nous le verrons, en état de livrer une véritable bataille navale aux étrangers venus pour envahir l'Égypte. Les dissensions intestines qui troublent le pays et le divisent au temps de la xxi*e* dynastie, l'affaiblissent assurément ; mais, si Thèbes est abaissée et appauvrie, la renommée des Pharaons du nord ne paraît point trop diminuée à l'extérieur. Psousennès II, mariant sa fille à Salomon, lui donne en dot la ville palestinienne de Guézer, que le roi juif n'avait pu réduire [1]. Au commencement de la xxii*e* dynastie, Sheshonk I*er* était assez puissant pour conquérir Jérusalem et s'avancer jusqu'à Mageddo. Mais, pendant les cent soixante-dix ans que régnèrent ses successeurs, une pareille expédition ne fut point renouvelée, et l'Égypte, dit Mariette, sembla se concentrer en elle-même, au lieu de chercher, comme autrefois, à se répandre au dehors [2]. Quant à la xxiii*e* dynastie, elle établit sur l'ensemble de la contrée une suzeraineté plutôt nominale que réelle ; et cependant, même alors, la renommée des Pharaons tanites s'étend au loin et les prophètes de Juda témoignent du prestige qui s'attache encore à leur nom. D'autre part, voici d'anciennes traditions d'origine grecque, rhodienne peut-être [3], affirmant qu'au viii*e* siècle, ils ont dominé trente ans sur la mer, et ce témoignage paraît d'autant moins suspect qu'il est en désaccord avec les idées reçues chez un grand nombre d'écrivains grecs. L'état de l'Égypte elle-même n'a rien d'ailleurs qui contredise cette hypothèse. Tanis avait été particulièrement favorisée par les rois de la xii*e* et de la xiii*e* dynastie ; son importance s'augmenta encore sous les Pasteurs, qui en firent leur capitale préférée et aussi le centre du culte de leur dieu national Soutekhou. Démantelée, oubliée systématiquement sous

d'un Ionien, mis en rapport avec le pays de Tyr. Voici la traduction qu'il donne du passage : « The Ionian (*Yivâna*) marched (?) against the country of Tyr ; doing this deed in it for eight days, he speaks seditious words before the king. » Le nom, tel qu'il est écrit dans le texte cunéiforme, équivaut, selon lui, au nom biblique *Javan*, puisque la syllabe hébraïque *Jav* serait nécessairement représentée en assyrien par *Yiv*

1. I Rois, III, 1.
2. Mariette, *Aperçu de l'Histoire d'Égypte*, p. 147.
3. Si Castor n'est pas né à Rhodes, il semble du moins avoir étudié dans sa jeunesse et s'être formé dans cette île, alors si brillante. V. C. Müller, *Castoris reliquiæ*, p. 153.

la xviiie dynastie, elle fut réparée avec soin par Ramsès II, puis par les Siamon, les Psioukhanou de la xxie dynastie, et se couvrit de monuments qui pouvaient rivaliser avec ceux de Thèbes pour la beauté et pour la grandeur[1]. La ville était très heureusement située pour favoriser les entreprises maritimes. Bâtie sur la rive orientale de la branche du Nil qui porte son nom, et à proximité de la branche pélusiaque, dont la Tanitique n'était qu'une dérivation, elle était à quelques lieues de la mer, et les vaisseaux y remontaient sans difficulté et sans perte de temps. De là, par les canaux sillonnant le Delta, ils se transportaient aisément dans les diverses parties de la contrée. Ainsi elle pouvait, aussi bien que Tyr ou Sidon, devenir le centre d'une importante puissance maritime; elle avait même, sur ces dernières, l'avantage d'être mieux protégée, plus à l'abri d'un coup de main, à condition qu'on entretînt seulement aux embouchures du fleuve des ouvrages défensifs, des postes qu'il était facile de surveiller de près et de ravitailler en tout temps. On ne pouvait être mieux placé pour faire le commerce avec la Phénicie et Cypre, les deux pays avec lesquels l'Égypte entretenait le plus de relations. Rien ne s'oppose donc à ce qu'on admette, au moins comme possible, l'assertion de Castor ou de Diodore, et aussi l'époque indiquée par saint Jérôme. Mais il ne faut point chercher à mettre trop de précision dans les dates. Bunsen a donc tort de prétendre fixer, à une année près, le commencement et la fin de la thalassocratie égyptienne et d'en attribuer exclusivement la gloire au Zêt de Manéthon. Les derniers rois de la xxiiie dynastie sont encore assez mal connus. Les monuments n'ont donné jusqu'ici que deux noms parmi ceux des Pharaons qui appartiennent à cette famille; le dernier, Zêt, n'est cité que dans l'Africain. Bunsen l'identifie au Séthon d'Hérodote et il lui prête la création d'une marine, la première qu'on aurait tenté d'organiser en Égypte. Ce roi qui méprisait et dépossédait la caste des guerriers[2], pouvait seul, dit-il, avoir la pensée de faire une puissance maritime sans flotte de commerce et sans matelots[3]. Pour cela, il devait s'adresser aux étrangers, et vraisemblablement aux Milésiens qui, en échange du blé de l'Égypte, fournirent des vaisseaux et des équipages. Ils auraient obtenu ainsi le droit de s'établir et de trafiquer dans le Delta.

---

1. V. Maspero, *Hist. anc.*, 4e éd., p. 121 et suiv., 165, 171. Mariette, *Notice des principaux monuments de Boulaq*, p. 273-275.
2. Hérod., II, 141.
3. Bunsen, *Ægypten's Stelle*, T. V, p. 411.

Mais tout cela n'est que pure hypothèse. De Zêt[1] nous ne savons rien, pas même s'il a existé, les monuments étant muets sur son compte ; et, s'il a réellement vécu, on ne saurait en tout cas lui rapporter ce qu'Hérodote prête à Séthon, qui paraît avoir régné en d'autres temps. Le plus sûr est donc de s'en tenir au simple fait mentionné par la tradition, et de ne pas s'aventurer en des explications de détail, que l'état présent de la science ne permet pas de justifier.

Reste à examiner la question de la thalassocratie des Milésiens et de leur établissement en Égypte. Mais ils ne sont pas les premiers Hellènes qui aient abordé les côtes du Delta. L'Égypte passait, il est vrai, pour avoir été, jusqu'à l'époque Saïte, fermée à tout ce qui venait du nord. Diodore raconte gravement que les rois qui précédèrent Psammétique rendaient le pays inaccessible aux étrangers, massacrant ou réduisant en esclavage quiconque touchait terre aux bouches du Nil ; et cette cruauté des indigènes aurait donné naissance aux fables que l'on colportait en Grèce sur l'impiété de Busiris[2]. Sans doute la Méditerranée, la Très-Verte comme on l'appelait, avec ses îles mystérieuses et ses rivages inconnus, frappait vivement les imaginations populaires et les emplissait de je ne sais quelle terreur superstitieuse[3]. Cependant les Grecs eux-mêmes nous ont transmis des récits, qui prouvent l'exagération des légendes recueillies par Diodore. Les migrations d'Inachos, de Cécrops, de Danaos, malgré leur caractère mythique, semblent indiquer de très anciennes relations entre l'Égypte et la Grèce propre ; on peut même en suivre la direction générale, et reconnaître, au moins pour celle de Danaos, une station intermédiaire dans l'île de Rhodes, à Lindos[4]. Lorsque se produisirent, en Europe et en Asie, ces grands déplacements de peuples, dont la poésie a

---

1. V. Lauth, *Aus Ægypten's Vorzeit*, 426, qui assimile Ζήτ (d'après lui Ξήτ) à l'Éthiopien Kaschet, Kashto.

2. Diod., I, 67. Apollodore, *Bibliotheca*, II, 5, 11, 8, rapporte que, sous le règne de Busiris, l'Égypte fut frappée d'une stérilité de sept années. Pour la faire cesser, le devin Cypriote Phrasios conseilla au roi d'immoler chaque année un étranger à Jupiter. Il fut lui-même la première victime et Busiris continua à sacrifier les étrangers qui visitaient son royaume. Hercule, saisi par lui comme les autres, brisa ses liens et le mit à mort. Cf. Strabon, XVII, p. 681 (Did.) qui rejette formellement ces légendes.

3. V. le conte du *Naufragé* découvert par M. Golénischeff (Congrès des orientalistes de Berlin, 1881, 2ᵉ partie, section africaine, p. 100-112 et Maspero, *Contes égyptiens*, p. 139-148).

4. Diodore de Sicile, L. V, 58; Apollodore, *Bibliotheca*, II, 1, 4; cf. Hérod., II, 182 et Strabon, L. XIV, p. 655.

consacré le souvenir dans les combats de l'Iliade, les navigations de l'Odyssée, les Νόστοι des chants cypriotes, des tribus d'émigrants furent probablement conduites par leurs chefs ou entraînées par les hasards de la mer jusqu'aux rivages de l'Égypte. Les contes relatifs aux voyages de Pâris, d'Hélène, de Ménélas, cachent peut-être des faits de ce genre, embellis par l'imagination des Hellènes [1].

Dans l'*Iliade*, l'Égypte n'est encore nommée qu'incidemment [2] ; elle y apparaît dans un lointain nuageux, en un passage dont l'authenticité est contestée [3]. Dans l'*Odyssée*, il n'en est déjà plus de même. Au milieu des fables qui les défigurent, on distingue des renseignements assez exacts, apportés par des navigateurs véridiques. L'ethnique Αἰγύπτιος est employé déjà comme nom propre ; il devait être appliqué comme surnom à des individus considérés comme descendants d'émigrants égyptiens ou de Grecs ayant séjourné en Égypte. Le fleuve n'est pas connu encore sous le nom plus récent de Νεῖλος, mais c'est un grand fleuve, διιπετής, εὐρρείτης [4]. La contrée est

---

1. Brugsch (dans Schliemann, *Ilios.*, tr. fr., Append., XI, p. 682) remarque à ce sujet que Persée, Danaüs, Ménélas, Archander, Canobus, Pâris, Hélène sont des noms qui ont les rapports les plus étroits avec la géographie et l'histoire de l'angle N.-O. du Delta, dans le voisinage de la bouche canopique : « ces noms en effet appartiennent aux temps où des Ioniens et des Cariens débarquaient précisément sur celles des côtes de ce pays qui sont désignées à la dernière époque ptolémaïque sous les noms de nomes Ménélaïte et Métélite (de μετῆλυς, émigrant, visiteur étranger) ». — On disait plus tard que des soldats phthiotes, portés ainsi vers la branche orientale du Nil, y avaient fondé Péluse (Scylax, *Pér.*, 104 ; Dion. Perieg., V. 261). D'après Amm. Marc., XXII, 15, cette ville devrait son origine à Pélée, père d'Achille.

2. *Iliad.*, IX, 381-384.

3. V. Letronne, *Mém. sur la civilisation égyptienne*, Œuvres choisies, T. I, p. 161. L'auteur estime que les Grecs, jusqu'aux temps voisins de la fondation de Cyrène, ignoraient même la situation de la Libye ; que les prétendues colonies égyptiennes d'Inachus, Cécrops, Danaüs sont de l'histoire fabriquée à posteriori. — E. Curtius, *Hist. gr.*, T. I, p. 56, incline à adopter la tradition ancienne de migrations grecques en Orient et en Égypte, revenues plus tard en Grèce. Cf. *die Ionier vor der ionischen Wanderung*, p. 19-20.

4. *Odyssée*, IV, 477, 581 ; XIV, 257. V. Brugsch, *Geographische Inschriften*, T. I, p. 83, pour l'étymologie égyptienne du mot. Pour celui de Νεῖλος, il avoue (p. 77) n'en avoir trouvé aucune de satisfaisante. Le fleuve semble donner son nom à toute la contrée. — Quant à la prétendue distinction des genres (fém. pour la contrée, masc. pour le Nil), Letronne (*Sur l'île de Pharos*, Œuvres, T. I, p. 319 et s.) a montré qu'elle n'était pas justifiée par les textes. Il ne faut pas chercher un rapprochement entre l'épithète διιπετής et la théorie égyptienne qui fait descendre le Nil du ciel, car l'*Odyssée* l'applique à d'autres fleuves, p. ex. VII, 284. L'explication de Strabon (T. I, éd. Didot, p. 30) est donc difficile à admettre ; le même auteur n'est pas plus heureux (p. 24), lorsqu'il prête à Homère, contrairement à l'opinion d'Ératosthène, la connaissance du vrai nom du fleuve ou celle de ses diverses branches.

fertile, Ζείδωρος ¹ ἄρουρα, et produit abondamment des substances médicinales, φάρμακα, propres à apaiser la douleur ou à donner la mort. Les médecins y sont plus habiles qu'en tout autre pays, étant de la race de Pæon ². Toutefois, c'est une terre lointaine, où l'on ne va pas volontiers : μὴ τάχα πίκρην Αἴγυπτον καὶ Κύπρον ἵκηαι³ ; la route pour y arriver est longue et pénible : Αἴγυπτόν δ' ἰέναι δολιχὴν ὁδὸν ἀργαλέην τε⁴. Au troisième chant (278-302), Nestor expose à Télémaque les aventures de Ménélas au retour de la Troade. Le roi de Sparte, ayant perdu son pilote près de Sunion et atteint le promontoire de Malée, est assailli par une tempête, qui disperse ses vaisseaux : quelques-uns abordent en Crète, cinq autres sont poussés jusqu'en Égypte, vers des hommes qui parlent une autre langue, ἀλλοθρόους ἀνθρώπους. Plus tard, il raconte lui-même (IV) que, dans ses navigations errantes, il a visité Cypre, la Phénicie, l'Égypte, qu'il est allé chez les Éthiopiens, les Sidoniens, les Érembes et jusqu'en Libye. En Égypte, il fut comblé de présents par Polybos, et c'est de là qu'Hélène rapporte le philtre consolateur, don de Polydamna, femme de Thos. Retenu malgré lui par les dieux, Ménélas s'en va à l'île de Pharos, qui était, dit-il, à une journée du Delta⁵, et il y consulte le devin Protée.

1. C'est encore là une épithète fréquente dans le style homérique. On la trouve même appliquée à la terre en général (*Odyssée*, VII, 332-3), et à la pauvre Ithaque (*Odyssée*, XIII, 354).
2. *Odyssée*, IV, 219-232. — Sur l'ancienneté de la médecine en Égypte, v. LAUTH, *Homer und Ægypten*, p. 41-42.
3. *Odyssée*, VII, 448. Ces mots, adressés par Antinoos à Ulysse déguisé, ont trait, il est vrai, au récit que vient de faire le prétendu mendiant de ses voyages malheureux en Égypte et à Cypre ; cependant Strabon déjà les prenait dans un sens absolu.
4. *Odyssée*, IV, 483.
5. On a proposé diverses conjectures pour justifier cette assertion. On a rappelé par exemple l'opinion d'Hérodote sur les atterrissements du Nil. Aristote remarquait (*Fragm. Quæst. Homeric.*, éd. Did., t. IV, p. 144) que la distance indiquée dans l'Odyssée était exactement celle de l'île à Naucratis, le marché (ἐμπόριον) de l'Égypte. Letronne (*Œuvres*, T. I, p. 325) croit que l'île de Pharos est, dans ce cas, une localité imaginaire, comme celles de Calypso ou de Circé. Il est plus simple d'entendre ici la distance, un peu exagérée sans doute, de Pharos à la branche canopique, la navigation étant d'ailleurs difficile sur la côte rocheuse, qui s'étend à l'est d'Alexandrie. M. Vivien de Saint-Martin (*Histoire de la Géographie*, p. 61) pense, avec Fréret, qu'il faut même aller jusqu'à la bouche sébennytique, dont Hérodote (II, 17) parle comme d'une des plus importantes. M. Lumbroso (*L'Egitto al tempo dei Greci e dei Romani*, p. 28), remarquant que les Ioniens, d'après Hérodote (II. 15-18), faisaient du Nil la séparation entre l'Asie et la Libye, justifie l'assertion de Ménélas, en disant que la terre, devant laquelle se trouvait l'île de Pharos, n'était pas proprement l'Égypte, mais la Libye, l'Égypte ionienne et homérique étant en réalité le Delta ; ainsi s'expliquerait naturellement la distance indiquée par les vers homériques (*Od.*, IV, 356-357):

τόσσον ἄνευθ', ὅσσον τε πανημερίη γλαφυρὴ νηῦς
ἤνυσεν, ᾗ λιγὺς οὖρος ἐπιπνείῃσιν ὄπισθεν.

De là il revient sur le continent, accomplit les sacrifices que réclament les dieux ; puis, leur ayant donné satisfaction, il met à la voile, et, secondé par un vent favorable, il peut enfin retourner dans sa patrie [1].

Jusqu'ici nous sommes en pleine légende. Mais voici un passage d'une tout autre importance, qui renferme des indications précieuses et mérite un examen spécial. Au xive chant de l'Odyssée (199 et suiv.), Ulysse, rentré à Ithaque et déguisé en mendiant, s'est rendu chez son porcher Eumée, qui ne le reconnaît pas encore. Pour l'éprouver, il lui conte en grand détail ses prétendues aventures, en ayant soin d'y mêler incidemment le nom d'Ulysse. Tout est fictif dans ce récit, évènements et personnages. Et pourtant rien ne saurait nous donner une meilleure idée de ce que pensaient de l'Égypte les contemporains d'Homère, de la manière dont ils se figuraient une expédition dans cette contrée. Le héros du roman était fils d'une esclave et d'un riche Crétois, nommé Castor. Resté sans fortune après la mort de son père et le partage régulier des biens entre les enfants légitimes, ses qualités personnelles lui permirent néanmoins de contracter un brillant mariage. Ses goûts le poussant à l'action, il rassemble des équipages, arme des vaisseaux et fait la course aux dépens de ceux qu'il considère comme ennemis, ἄνδρες δυσμενεῖς [2]. Il devient ainsi un chef puissant et redouté. Avec Idoménée il prend part à la guerre de Troie, puis revient en Crète, où il reparait plus grand et plus honoré que jamais. Toutefois il ne peut se résigner à mener, dans sa patrie, une existence laborieuse et calme. Il reste un mois sans plus à jouir en paix de la vie avec sa femme et ses enfants, et déjà il lui faut courir à de nouvelles aventures. Il frète donc une escadre de neuf vaisseaux, y fait monter des hommes éprouvés ; puis, ayant sacrifié aux dieux et banqueté pendant une

---

1. D'après la légende racontée à Hérodote (II, 113-117) par des prêtres memphites, Pâris, lui aussi, s'en retournant à Ilion après l'enlèvement d'Hélène, aurait été jeté avec elle sur les côtes d'Égypte, vers la bouche canopique. Accusé par ses serviteurs auprès du gardien de cette bouche, Thonis, il est conduit à Memphis devant le roi Protée. Celui-ci, respectant les lois de l'hospitalité, l'épargne malgré son crime, mais le renvoie seul et garde Hélène avec ses trésors, jusqu'au jour où l'hôte grec viendra les lui redemander. — On reconnaît ici un conte plus moderne, fabriqué avec des données empruntées aux poètes grecs, mais en Égypte probablement, et, par cela même, d'une géographie plus exacte. — M. Lauth (*Homer und Ægypten*) a prétendu expliquer tous ces faits et identifier la plupart de ces noms avec des noms égyptiens. Mais ses explications, souvent fort ingénieuses, nous paraissent en général trop hardies, et nous avons dû renoncer à en faire usage.

2. Avant la guerre de Troie, il avait déjà fait neuf expéditions, « commandé neuf fois des hommes et des vaisseaux rapides pour aller chez des hommes étrangers » (V, 230-32).

semaine, le voilà qui fait voile pour l'Égypte. Aidé par le vent du nord, il atteint, au cinquième jour, une des bouches du fleuve et, débarquant avec sa troupe, il envoie des éclaireurs en avant. Ses intentions, dit-il, étaient pacifiques ; mais il avait compté sans les instincts et les habitudes guerrières de ses compagnons. Ils sont là dans un pays étranger, riche et fertile ; accoutumés à exercer la piraterie, ils se mettent aussitôt à piller les campagnes et à massacrer les habitants. Cependant le bruit de cette invasion soudaine se répand jusqu'à la ville voisine[1]. On accourt en armes, la plaine se couvre de fantassins et de chevaux, l'airain brille de toutes parts, et les Crétois, effrayés du nombre de leurs ennemis, s'enfuient sans essayer de combattre. La plupart d'entre eux sont tués ; d'autres, faits prisonniers, sont réservés pour travailler au profit de leurs vainqueurs. Quant au chef, il se dépouille de son casque, jette son bouclier et sa lance et implore la clémence du souverain, qui consent à l'épargner et l'emmène avec lui sur son char. La multitude irritée le poursuit avec des menaces de mort ; mais le roi le sauve, craignant le courroux de Zeus hospitalier, qui punit les mauvaises actions. Il demeure sept ans en Égypte, et y ramasse de grandes richesses. Enfin, la huitième année, il se laisse persuader par un de ces marchands phéniciens, rusés et perfides, comme les représente toujours Homère, qui le conduit en Phénicie, l'y retient un an entier, et fait voile avec lui pour la Libye, où il compte le vendre à grand profit. Mais un ouragan brise le navire au milieu de la mer de Crète, et le fils de Castor, qui réussit à se sauver sur les débris d'un mât, est jeté après neuf jours de traversée sur les côtes de la terre des Thesprotes[2].

Les principales circonstances de ce récit offrent pour nous un vif intérêt : en pareil cas, le narrateur, s'il veut être cru, doit les emprunter à la vie, aux habitudes de son temps, les disposer, les combiner, avec un continuel souci de la vraisemblance. On peut donc dire sans paradoxe que de telles fictions sont aussi vraies que l'histoire même. La Crète est en effet un point de départ

---

1. M. Lauth (*Homer und Ægypten*, p. 40) pense que cette ville doit être Memphis ; mais les raisons qu'il donne sont peu concluantes ; d'ailleurs, les pirates ne devaient pas remonter aussi haut sans être arrêtés. Cf. ce qui se passe au temps de Psammétique Ier.
2. *Odyssée*, XIV, 185-359. Une partie de ce récit est reproduite au L. XVII, 414-444. Ulysse s'adresse alors aux prétendants et en particulier à Antinoos, qui le maltraite et le chasse comme un mendiant importun. La fin de la narration est différente. Ulysse prétend alors qu'il a été emmené d'Égypte à Cypre par un chef de ce pays, et que de là il est venu à Ithaque. — Au L. XIX, 171 et s., Ulysse, s'adressant à Pénélope, se dit encore Crétois.

fort bien choisi, à cause de sa situation intermédiaire et de sa proximité relative[1]. La durée du trajet d'une terre à l'autre est soigneusement calculée[2]. Le caractère belliqueux des bandes achéennes est peint avec une vérité évidemment sincère : car le beau rôle appartient aux Égyptiens, qui sont chez eux et ne font que se défendre. Le roi se montre plein de miséricorde pour son principal adversaire, et, après la défaite, tout le monde fait assaut de générosité pour lui rendre la fortune qu'il a perdue. Ceux des pillards qui échappent au massacre sont condamnés à travailler comme esclaves : c'était en effet la condition faite aux vaincus, comme on le voit par les monuments égyptiens et par les Livres bibliques. L'épopée homérique paraît s'être formée entre la fin du xie siècle et le commencement du ixe. Elle est ainsi contemporaine des derniers règnes de la xxie dynastie et surtout de la xxiie ; si l'on tient compte de la rareté et de l'intermittence des communications entre les deux pays, elle doit représenter ici un état de choses un peu plus ancien[3]. En effet le poète, qui parle plusieurs fois de Thèbes, ne dit rien de Memphis ni des villes du Delta, qui devenaient alors le siège de la souveraineté, et que les Grecs des siècles suivants allaient visiter en si grand nombre. Depuis les brillantes conquêtes accomplies par les rois de la xviiie et de la xixe dynastie, le nom de cette grande ville s'était répandu par le monde, entouré d'un prestige, que les épithètes homériques expriment avec un naïf enthousiasme. Au moment où les rhapsodes ioniens la célébraient ainsi dans leurs chants, elle avait perdu, au profit des cités du nord, une partie de son importance politique. Mais on était mal informé chez les Hellènes des révolutions survenues aux bords du Nil ; on y vivait longtemps sur les mêmes récits. Thèbes était

---

1. Plus tard, au viie siècle, lorsqu'un oracle ordonne aux Théréens d'aller bâtir une ville en Libye, Hérodote rapporte (IV, 151) « qu'ils dépêchèrent des messagers en Crète pour demander si quelqu'un des citoyens ou des étrangers avait jamais été en Libye ». On croyait donc à l'ancienneté des relations de la Crète avec le nord de l'Afrique.

2. Dans des temps beaucoup plus modernes, on allait de Crète en Égypte en trois ou quatre jours, selon le témoignage de Strabon, L. X, p. 408 (Didot). Pour arriver le quatrième jour, il fallait un bon vent et un temps favorable ; autrement, on mettait souvent six journées. (Cf. Movers, *die Phœnizier*, L. III, c. 8, p. 198).

3. Bunsen (*Ægypten's Stelle in der Weltgeschichte*, T. V, p. 490 et s.) pense que la notion de Thèbes, telle qu'elle se présente dans l'Iliade, se rapporte à la Thèbes de 1500. La légende poétique se serait formée entre cette époque et le xe siècle. — On peut du reste faire une observation analogue, en ce qui regarde la Phénicie. Les poèmes homériques nomment toujours Sidon et les Sidoniens, bien qu'au temps où ils furent composés, Tyr fût devenue la ville prépondérante des Phéniciens.

donc toujours, pour les contemporains d'Homère, la ville royale par excellence ; et de fait, même après l'usurpation des Bubastites et des Tanites, elle garda, jusqu'aux dévastations assyriennes, sa renommée et sa magnificence. Les aventuriers grecs, qui faisaient la course en remontant une des branches du Nil, étaient reçus sans doute, non pas, comme dans le roman d'Ulysse, par le roi de l'Égypte entière, mais par quelque chef de nome ou gouverneur de ville, qui, avec le contingent militaire de son district, suffisait bien à leur infliger le châtiment mérité. Toutefois, l'aspect général du pays devait produire sur eux l'impression qui résulte du tableau tracé par le chantre de l'Odyssée. L'Égypte en effet était alors tranquille et prospère ; elle ne pouvait exciter que des sentiments d'admiration et d'envie chez des pirates qui, comme le firent chez nous les Northmans du moyen âge, n'y pénétraient qu'en passant et, après quelque tentative hardie, reprenaient aussitôt la mer [1].

Au temps où des peuples errants, Pélasges, Cariens, Lélèges, couraient le monde en vivant de rapines, leurs bandes avaient dû s'abattre ainsi plus d'une fois sur les côtes du Delta et ravager les cantons voisins de la Méditerranée. Le brigandage maritime était dans les habitudes ordinaires de la vie. Les Phéniciens n'hésitaient pas alors à augmenter, par des enlèvements, leurs bénéfices commerciaux, comme le montrent et la curieuse narration qui ouvre le premier livre d'Hérodote et l'histoire d'Eumée, emmené de Syros par surprise avec la complicité de sa nourrice sidonienne [2]. Jusqu'au moment où la thalassocratie crétoise entreprit de mettre fin à ce désordre, la piraterie s'exerçait franchement et à ciel ouvert, et nous savons que les héros d'Homère

---

1. Hésiode connaît le Nil (*Théogonie*, 338), qu'il nomme le premier, parmi les fleuves fils de Téthys et de l'Océan ; il connaît les Éthiopiens (*Ib.*, 984-985) et leur roi Memnon, fils de Tithon et de l'Aurore ; cf. aussi, fragm. XVII : Αἰθίοπες Λίβυές τε ; mais il ne nomme pas l'Égypte. — Mimnerme (fr. VIII, 9) cite également les Éthiopiens, chez lesquels le Soleil, au retour de la terre des Hespérides, est transporté endormi. Solon parle du Nil, dans un fragment (XXII), sur lequel nous reviendrons dans la dernière partie de ce travail : Νείλου ἐπὶ προχοῆσι, etc. — En somme, après Homère, il faut franchir un intervalle de plusieurs siècles pour arriver aux premiers renseignements historiques d'Hécatée de Milet, d'Hippys de Rhégion, de Charon de Lampsaque, d'Hellanicos et d'Hérodote (cf. BRUNET DE PRESLES, *Examen de la succession des Dynasties égyptiennes*, p. 69-70).

2. *Odyssée*, XIV, 403-484. — Ménélas lui-même, reçu avec tant de bienveillance par Protée, qui lui rend Hélène et ses trésors, se voyant empêché de partir à cause de l'état de la mer, a recours à un expédient impie : il saisit deux enfants des hommes de la contrée, dit Hérodote (II, 119) et il les sacrifia. Ensuite, comme il fut convaincu d'avoir commis cet acte coupable, on le prit en haine, on le poursuivit ; il s'échappa et se rendit en Libye.

la considéraient comme un métier avouable[1]. Il n'y a pas, dans l'Iliade et dans l'Odyssée, d'appellation fixe pour désigner un commerçant, et les marchands ne sont pas nommés dans l'énumération des δημιουργοί[2]; c'est qu'il n'y en avait pas alors chez les peuples grecs. Thucydide rappelle en effet qu'autrefois Hellènes et barbares exerçaient la piraterie, commandés par des hommes puissants, qui trouvaient ainsi le moyen d'augmenter leur fortune, tout en nourrissant les faibles. Fondant à l'improviste sur des villes ouvertes, composées de bourgades séparées, ils les pillaient et tiraient de là leur principale subsistance, et cette industrie, loin d'être ignominieuse, procurait plutôt de l'honneur[3]. Minos lui-même, malgré sa puissance et la sévérité de ses répressions, ne parvint pas à détruire le brigandage partout et pour toujours, et cet état de sauvagerie se prolongea assez tard, au moins dans certaines contrées[4].

Les côtes inhospitalières du Delta n'avaient point, il est vrai, de ports naturels[5]. Mais les bouches du Nil permettaient aux navires de remonter jusque dans l'intérieur du pays, et elles leur offraient plus de sécurité que n'importe quel hàvre. Le danger n'en était que plus grand pour les habitants dispersés, pour les cultivateurs des campagnes. Il était donc bien juste que l'Égypte se mit en garde. Déjà sous Aménothès III, malgré les prétendues victoires remportées sur les Hanebou, on avait lieu de craindre des attaques de leur part. En effet, un des grands officiers de ce roi, Amenhotpou, après avoir raconté qu'il plaça des guerriers au débouché des routes du désert, pour tenir en respect les peuplades sauvages, ajoute qu'il en fit autant sur le lac de la bouche séthroïtique du Nil. Elle fut occupée par des capitaines

---

1. *Odyssée*, IX, 40 et s.; XI, 401 et s.; XIV, 85 et s., etc. — Cf. Bischoff, *Homerische Excurse* (Philologus, t. 34, pp. 561-563).

2. *Odyssée*, XVII, 383-385. Cette remarque est de Buschsenschuetz (*Besitz und Gewerbe in Alterthum*, p. 359). Tous les marchands cités par Homère sont des étrangers : Taphiens, Phéaciens, Lemniens, et surtout Phéniciens.

3. Thucydide, I, 5.

4. « De nos jours, dit encore Thucydide (l. l.), plusieurs peuples de la Grèce continentale, tels que les Locriens-Ozoles, les Étoliens, les Acarnanes et presque tous leurs voisins gardent encore ces anciennes mœurs. » — Une table de bronze nous a conservé un traité conclu entre deux cités de la Grèce du nord, vers la seconde moitié du v° siècle, et par lequel il est permis aux citoyens des deux villes (Oïanthé et Chaleion) de se livrer à la piraterie, partout ailleurs que dans leur port ou dans celui de leur alliée, (v. le texte dans : S. Reinach, *Traité d'épigraphie grecque*, p. 20).

5. Strabon (Didot), XVII, p. 695.

placés sous ses ordres, choisis pour monter le vaisseau du roi [1]. C'est la première fois, croyons-nous, qu'un document hiéroglyphique mentionne des précautions prises contre les incursions venues de la Méditerranée. Jusque-là cependant l'histoire n'a trouvé la trace d'aucune entreprise maritime redoutable pour l'empire pharaonique. A partir de la xixe dynastie, les « peuples de la mer » s'agitent de toutes parts et commencent à le menacer sérieusement. Sous cette dénomination encore très générale, les Égyptiens comprenaient les nations de l'Asie-Mineure, des îles, et vraisemblablement aussi de l'Europe méridionale ; et nous savons, par les textes, que plusieurs de ces tribus étaient de race hellénique, ou tout au moins apparentées aux Grecs. A la fin du règne de Séti Ier, vers le xve siècle avant notre ère, les Shardina (Sardiniens), les Toursha (Tyrrhéniens) [2] débarquent sur la côte africaine et s'allient aux Libyens. Ramsès II, encore prince royal, leur inflige une sanglante défaite et fait entrer les prisonniers dans sa garde [3]. Cette victoire mit pour longtemps le Delta à l'abri des invasions. Dans la grande confédération organisée contre Ramsès II par les Khiti, on voit bien figurer des peuples d'Asie-Mineure, Dardaniens, Mysiens, Lyciens, avec Ilion [4] et Pédasos ; mais ils viennent par terre se joindre, sur l'Oronte, aux troupes de leurs alliés, les Hittites (Khiti), et n'osent pas affronter la mer.

Sous Minephtah Ier, se forme une nouvelle ligue de peuples maritimes, qui comprend, outre les Toursha, les Shardina et les Leka, des Shakalash [5] et des Achéens (Akhaiousch). E. DE ROUGÉ admettait que, lors de la tentative d'invasion, une partie de ces peuples (Toursha = Étrusques, Shardina =

---

1. MARIETTE, *Karnak*, pl. 36 ; E. et J. DE ROUGÉ, *Inscriptions hiéroglyphiques recueillies en Égypte*, pl. XXIII ; BRUGSCH, *Histoire*, éd. angl., t. I, p. 424-425 ; cf. *Zeitschrift für Ægyptische Sprache*, 1876, p. 96.

2. Cette identification proposée par E. DE ROUGÉ (*Mémoire sur les attaques*, Rev. archéol., 1867), a été acceptée par CHABAS et par M. MASPERO. BRUGSCH (dans : SCHLIEMANN, *Ilios.*, Append. XI, p. 980) identifie les Tuirsha avec les Troyens.

3. E. DE ROUGÉ, l. l., p. 5 du tirage à part ; CHABAS, *Études sur l'antiquité historique*, 1re édit., p. 186-187 ; MASPERO, *Hist. anc.*, p. 219.

4. La lecture de M. DE ROUGÉ : Aruna = Ilion, a été contestée par CHABAS et, après lui, par BRUGSCH, qui lisent : Maiuna (Mœonie, Mœoniens). V. CHABAS, *Antiquité historique*, p. 190. BRUGSCH (dans : SCHLIEMANN, *Ilios.*, p. 679). M. MASPERO a démontré (*Recueil de travaux*, t. VIII, p. 84-86) que la première lecture était la vraie.

5. Ce nom avait été identifié par E. DE ROUGÉ avec celui des Sicules. M. MASPERO, *Revue critique*, 1880, I, 109-110, l'a rapproché avec plus de vraisemblance de celui d'une ville de Pisidie, Sagalassos.

Sardes, Shakalash = Sicules) étaient déjà établis dans la Méditerranée occidentale[1]. M. Maspero a montré, par des arguments décisifs, qu'ils devaient être partis des contrées de l'Asie-Mineure et des îles pour se diriger sur l'Égypte[2]. Les découvertes faites à Hissarlik, dans l'île de Santorin (Théra) et dans les îles voisines, nous donnent quelque idée de l'état de civilisation auquel étaient parvenues, vers le xve ou le xive siècle, les tribus répandues sur les rivages de l'Archipel. Elles « en étaient à la transition de l'usage des armes et des outils de pierre à celui des armes et des outils de métal ». Elles étaient agricoles et avaient une certaine industrie, particulièrement céramique. Leurs maisons étaient bâties en pierres irrégulières, reliées avec de l'argile en guise de ciment, et le bois y jouait un grand rôle, les murailles à l'intérieur étaient revêtues d'un enduit coloré. Les poteries étaient grossières de forme et de fabrication ; les plus récentes, d'une exécution plus parfaite, étaient des imitations de modèles apportés par le commerce phénicien[3] : elles rappellent en effet quelques-uns des vases qui forment, au tombeau de Rekhmarâ, le tribut des Kefti, c'est-à-dire des peuples de la côte syrienne, et des îles de la Mer[4]. Les populations insulaires, perpétuellement en contact avec les Phéniciens, étaient plus avancées que celles de l'Asie-Mineure ; mais les unes et les autres étaient, au regard des Égyptiens, de véritables barbares. Aussi lorsqu'ils se virent attaqués par cette confédération redoutable, les sujets de Minephtah se laissèrent-ils d'abord aller au découragement le plus complet. « L'abattement s'était fait dans les terres arrosées par le Nil, lit-on dans l'inscription du grand temple de Karnak[5] ; elles voulaient se soumettre à l'ennemi qui avait violé toutes les frontières. » Le pays lui-même était envahi : « Les ennemis dévastent nos hâvres, dit le roi ; ils pénètrent dans

1. *Mémoire sur les attaques dirigées contre l'Égypte*, 23 et s. du tirage à part. 1867.
2. *Revue critique*, 1873, I, 85 et s., à propos du livre de Chabas : *Études sur l'antiquité historique*: Cf. *Revue critique*, 1878, I, 320 et s. — Fr. Lenormant, *la Grande Grèce*, 1881, I, 251-2, pense que les Sicules (Shakalash) se seraient établis dans l'Italie centrale dès le xxe siècle. Au xive, ils étaient à l'apogée de leur puissance, et, possédant une marine, ils prenaient part, avec les autres peuples de la Méditerranée, aux attaques dirigées contre l'Égypte. Cf. d'Arbois de Jubainville, *Les premiers habitants de l'Europe*, p. 31 et s. ; Krall, *Studien zur Geschichte Ægyptens*, III, 24-30.
3. F. Lenormant, *Antiquités de la Troade*, (Gaz. des Beaux-Arts, 1876, IV, 445 et s.).
4. V. Virey, *Tombeau de Rekhmarâ*, pl. V.
5. V. le texte dans Duemichen, *Historische Inschriften*, t. I, pl. II, l. 1-5 ; et la traduction dans Chabas (*Études sur l'antiquité historique*, p. 191 et s.). V. aussi un texte très abrégé et très fragmenté, mais daté, et qui a été publié par M. Maspero, *Zeitschrift für Ægyptische Sprache*, 1883, p. 65-67.

les campagnes de l'Égypte ; le Nil les arrête-t-il ? ils demeurent des jours et des mois ; ils s'établissent ». Mais Minephtah ne perd point courage ; il rassemble son armée, fortifie les points les plus importants ou les plus menacés, Héliopolis, Memphis, met des postes devant Pa-Barisit ; il se préparait à prendre lui-même le commandement, lorsque Phtah lui apparaît en songe et lui ordonne de ne point se montrer sur le champ de bataille. Malgré l'absence de leur roi, les soldats égyptiens combattent avec bravoure et remportent la victoire. Le chef des Libyens s'échappe en abandonnant ses armes ; plus de douze mille ennemis sont tués ; on fait près de dix mille prisonniers[1]. « Le pays entier fit retentir des cris de joie jusqu'au ciel ; les villes et les campagnes furent dans l'exaltation des prodiges qui étaient arrivés. »

L'Égypte était sauvée. Mais cent cinquante ans plus tard, sous le règne de Ramsès III (xxe dynastie, vers 1200), elle eut à repousser une nouvelle attaque. Cette fois, l'expédition avait pour chefs les Tsekkariou (Teucriens) et les Pelestas, que Chabas a prétendu identifier aux Pélasges[2] ; ils entraînaient à leur suite des peuples, dont plusieurs colonisèrent plus tard la Sicile et la Grande-Grèce, Sicules, Danaou, Ouashashou, « nations réunies qui avaient uni leurs mains contre les deux Égyptes et le tour du pays. » Le roi avait dû, pour arrêter les barbares, multiplier et renforcer les stations établies aux bouches du Nil ; et le combat décisif, comme on le voit par les représentations de Médinet-Habou, s'était livré moitié sur terre, moitié sur mer, en vue d'un de ces postes armés de longue main pour résister à une attaque prévue[3]. On lit en effet, sur l'inscription du deuxième pylône, tra-

---

[1]. Plusieurs chiffres ont disparu, et les totaux sont malheureusement incomplets.

[2]. Cette identification est douteuse, et on reconnaît généralement, dans le nom hiéroglyphique, 〈hiéroglyphes〉, la désignation des Philistins, tribu d'origine japhétique, qui se serait établie un peu plus tard, avec l'agrément de Ramsès III, sur la côte méridionale de Syrie. V. Renan, *Histoire des langues sémitiques*, 53-56 ; Maspero, *Histoire anc.*, p. 313. — Hitzig (*Urgeschichte und Mythologie der Philistæer*, 1845, 14 et s.) s'efforçait déjà de rattacher les Philistins aux Pélasges et d'expliquer les mots philistins par les langues indo-européennes. — Brugsch paraît revenir à l'opinion de Chabas. Il fait dériver le nom de la racine sémitique *palas*, *palash* = s'en aller au loin, émigrer. « Les Purosata, dit-il, sont donc « les voyageurs, les étrangers », nom qui convient parfaitement aux Pélasges de la tradition grecque, que les savants athéniens regardaient comme les « Pelargoi », c'est-à-dire « les cigognes », qui viennent et qui s'en vont ». (Schliemann, *Ilios*, Append., p. 981.)

[3]. Entre Raphia et Péluse, sous les murs d'un château fort, qu'on appelait la tour de Ramsès III, Maspero, *Histoire anc.*, p. 267.

duite par Chabas[1] : « Les embouchures étaient comme un mur puissant de navires de transport, de vaisseaux, de barques..., garnis de l'avant à l'arrière de vaillants combattants bien armés.... « Ceux qui étaient arrivés à ma frontière ne récolteront plus sur la terre ; leur âme a duré pour jamais. Les miens étaient rassemblés à leur face sur la Grande-Mer ; un feu saisissant était devant eux, en face des embouchures ; (l'anéantissement) les enveloppa. Ceux qui étaient sur le rivage, je les fis tomber étendus sur la lèvre de l'eau, massacrés comme des morts entassés... Leurs navires, leurs biens tombèrent dans l'eau. J'ai fait reculer les eaux au souvenir de l'Égypte ; ils célébreront mon nom dans leur pays, oui[2] ! »

Le danger passé, les sages prescriptions édictées pour en prévenir le retour ne furent pas toujours exactement observées. Pourtant, sur certains points, on continua à se tenir sur la défensive. Ainsi Strabon rappelle qu'il y avait autrefois à Rhacotis,[3] une garde chargée par les rois de repousser qui voulait aborder ; on avait donné les terres environnantes à des bouviers, βουκόλοι, capables eux-mêmes de tenir en échec les envahisseurs[4]. Les textes que nous venons de résumer font assez comprendre la nécessité de pareilles précautions. Les peuples de la mer s'étaient présentés jusque-là comme des ennemis ; ils venaient, soit pour piller les indigènes et emporter au loin leurs dépouilles, soit pour conquérir le pays et s'y installer, en chassant les possesseurs du sol ou en faisant d'eux leurs esclaves. Les inscriptions de Minephtah mentionnent ce fait significatif, que les Toursha, qui avaient pris l'initiative de la guerre, amenaient avec eux leurs femmes et leurs enfants. Il ne s'agissait donc pas d'une simple course, d'une expédition de piraterie ; c'était un essaim de peuples, cherchant à fonder un établissement nouveau[5]. Les écumeurs de

---

1. *Études sur l'antiquité historique*, p. 250.

2. L. 20, 23-24 ; cf. l. 3 : « Ceux qui étaient entrés dans les embouchures furent comme des oiseaux tombés dans le filet ; ils furent enveloppés... »; et, dans un autre texte gravé également à Médinet-Habou par Ramsès III : « Les nations qui étaient venues de leurs pays, des îles de la Grande-Mer, qui avaient mis leurs faces sur l'Égypte..., pour elles était préparé un filet, afin de les enserrer dans les embouchures ; elles y sont tombées, poussées en face, sabrées et les genoux rompus. »

3. Sur une partie de l'emplacement, qui fut plus tard occupé par Alexandrie. V. Strabon (Did.), XVII, p. 673. — D'après Jablonski, *Opusc.*, I, 377, c'est à ce fait que l'île de Pharos devrait son nom : P-hareh = custodia. Je donne cette étymologie pour ce qu'elle vaut.

4. Cf. Héliodore, *Æthiopica*, I, p. 11. — Jul. Capitolin, *in M. Anton. philos.*, c. 21 ; Volcatius Gallicanus, *in Avid. Cass.*, c. 6.

5. E. de Rougé, *Mémoire sur les attaques*, p. 7 du tirage à part. Il convient de noter que l'inter-

mer, qui venaient isolément avec quelques barques, comme le Crétois de l'Odyssée, étaient moins redoutables sans doute ; la police n'en devait pas moins prendre les mesures nécessaires pour les tenir à distance et leur inspirer une crainte salutaire. Strabon lui-même avoue implicitement que ces mesures de défense étaient tout à fait légitimes, surtout à l'égard des Grecs : car ces derniers étaient, dit-il, πορθηταὶ καὶ ἐπιθυμηταὶ τῆς ἀλλοτρίας κατὰ σπάνιν γῆς[1]. L'Égypte, avec la fertilité de son sol, l'antiquité de sa civilisation, la magnificence légendaire de ses souverains, les attirait comme une proie. Seulement, ils y trouvaient à qui parler : tant pis pour les téméraires, qui osaient quand même tenter la fortune ! Dans tout cela, aucun esprit d'exclusion systématique, d'hostilité préconçue à l'égard des étrangers. En effet, il y en avait eu de tout temps dans la vallée du Nil. « Les immigrations pacifiques, si fréquentes au temps de la XIIe dynastie, avaient déjà introduit dans le Delta oriental des populations asiatiques[2] ». Les Phéniciens commerçaient librement dans le pays, et ils y fondaient d'importants comptoirs[3]. Les conquêtes de la XVIIIe dynastie avaient mis l'Égypte en commerce intime avec les contrées de la Haute-Asie, nous en avons la preuve et par les briques à inscriptions cunéiformes de Tell-el-Amarna[4] et par le grand nombre de noms sémitiques relevés sur les tombeaux thébains du nouvel Empire. Les Hébreux étaient venus s'installer aux bords du Nil, il est vrai au temps des rois étrangers, les Hyksos. Mais plus tard, après la séparation des royaumes de Juda et d'Israël, l'Égypte devint comme le refuge naturel des exilés palestiniens. Enfin, après la prise de Samarie par Sharoukin, une partie du peuple

prétation de Chabas diffère, sur ce point, de celle qu'a donnée M. de Rougé. V. *Études sur l'antiquité historique*, p. 193.

1. Strabon (Did.), XVII, p. 673.

2. Maspero, *Histoire anc.*, p. 100. V. les bas-reliefs du tombeau de Khnoumhotpou à Beni-Hassan, Champollion, *Monuments*, IV, pl. 361 et s.; Lepsius, *Denkm.*, II, pl. 131-33. Cf. Ebers, *Ægypten und die Bücher Moses*, p. 228 et s.

3. Hérod., II, 112. Tout le long du Nil, des *graffiti* témoignent de leur passage ou de leur séjour dans des localités très éloignées de la mer. V. Sayce, *Academy*, 1884, p. 85 ; — *American Journal of Archæology*, 1880, pp. 20 et 80 ; — J. et H. Derenbourg, *Les inscriptions phéniciennes du temple de Séti Ier à Abydos*, 1886. — M. Leiblein (Congr. des Orientalistes de 1886) a cru reconnaître les traces d'une colonie phénicienne dans le voisinage d'Akhmim. — Cf. Lumbroso, *Économie politique de l'Égypte sous les Lagides*, 60 et s.; Lieblein, *Sur les objets égyptiens trouvés en Sardaigne*, p. 52.

4. V. Erman, *der Thontafelfund von Tell el Amarna* (Sitzungsberichte de l'Acad. de Berlin, XXIII, 188 et s.); plusieurs articles de MM. Sayce et Budge, dans les *Proceedings* de la Société d'Archéologie Biblique, t. X et XI, de M. Halévy, dans le *Journal Asiatique*, 1890, 1891, etc.

israélite s'enfuit jusque dans le Delta. Les émigrants y étaient en grand nombre, puisqu'on y parlait l'hébreu dans cinq villes[1]. Dans les Livres bibliques[2], les procédés des Pharaons à l'égard de leurs hôtes, Abraham, Joseph, Jacob, sont toujours empreints de générosité et de douceur. Chez les Grecs mêmes, les préjugés modernes sur la prétendue inhospitalité des Égyptiens n'existaient certainement pas au temps d'Homère, puisque nous voyons Ménélas, Pâris, Hélène reçus avec honneur, et un pirate, le Crétois fils de Castor, traité comme un hôte après sa défaite, et même comblé de faveurs. Ainsi l'Égypte n'était point fermée, comme le disent les écrivains de l'époque classique. Seulement, ayant à redouter de fréquentes agressions de la part des tribus qui occupaient les côtes de la mer Égée, elle s'armait pour les combattre et les repousser de son territoire ; les habitants du Delta, inquiets à juste titre pour leurs personnes et pour leurs biens, mettaient aux bons endroits des gendarmes, des « Maziou » et des « Mashouasha », chargés d'empêcher le brigandage et d'arrêter les maraudeurs.

A l'époque que désignent les chronographes pour le premier établissement milésien, l'état des choses avait singulièrement changé. Les Achéens n'étaient plus ces tribus barbares, que nous avons vues errant à la recherche d'une demeure fixe. Dans la Grèce continentale comme en Asie-Mineure, les territoires étaient partagés, les divisions politiques depuis longtemps établies. Les mers étaient pacifiées, et la piraterie était une exception, non plus une institution reconnue. La marine s'était perfectionnée, et la pentécontore rendait les traversées plus rapides et moins périlleuses. Aussi voyait-on des colonies se fonder de toutes parts ; partout où abordaient les vaisseaux grecs, l'antique suprématie phénicienne s'effaçait peu à peu. L'ère des courses aventureuses, entreprises au hasard par des bandes isolées, est désormais finie. Maintenant ce sont des villes florissantes et connaissant déjà le monde, qui organisent des voyages de découvertes, avec un but déterminé. Les capitaines qui les commandent sont des marins habiles, travaillant d'ordinaire pour le compte d'une société qui les a choisis. On marche ainsi avec méthode, et suivant une direction arrêtée, chaque cité adoptant, selon sa situation, des

---

1. Isaïe, XIX, 18. Cf. F. Lenormant, *Mémoire sur l'époque éthiopienne* (Rev. archéol., 1870, p. 203-218); E. de Rougé, *Revue archéologique*, 1863, II, p. 127.
2. Sauf l'*Exode*, bien entendu, où il s'agit d'une situation toute spéciale.

itinéraires particuliers, qui, grâce à l'expérience spéciale acquise peu à peu par ses pilotes, semblent bientôt lui appartenir en propre.

Pendant ces siècles encore obscurs, où se dégage peu à peu l'esprit hellénique, avec ses forces si multiples et si variées, la Grèce la plus active, la plus vivante, la plus expansive, est certainement la Grèce asiatique. C'est là que la race ionienne avait d'abord cultivé et développé le plus heureusement les dons exceptionnels, dont la nature l'avait comblée. Déjà la poésie y avait fait jaillir, avec une abondance et un éclat soutenus, toute une floraison de chants épiques, où revivaient les souvenirs traditionnels du passé, embellis par les fictions d'une imagination inépuisable. C'est là que la philosophie, les sciences exactes, l'histoire même allaient bientôt prendre leur premier essor. Dans ces villes neuves, où la tradition avait moins de puissance, où les distinctions de classes s'effaçaient plus promptement, on devançait aussi en politique l'expérience plus prudente des vieilles métropoles. Les révolutions y étaient plus fréquentes, et on a remarqué avec raison qu'au moment « où Athènes se dégageait encore péniblement des langes du passé, déjà Milet avait essayé l'une après l'autre toutes les constitutions[1] ». Une race si inventive et si féconde devait, moins que toute autre, se résigner au repos. De plus, la conquête dorienne avait fait refluer au delà de la mer Égée les Ioniens de la Grèce propre, unis à des tribus plus anciennement établies et le voisinage des royaumes asiatiques ne permettait pas aux colons de s'étendre vers l'intérieur du pays. La côte d'Asie-Mineure, couverte de villes pressées l'une contre l'autre et n'ayant autour d'elles que des territoires minuscules, fut bientôt trop étroite pour le nombre de ses habitants, et elle jeta à travers le monde le trop-plein de sa population démesurément accrue. Les cités s'étaient groupées par affinité de race, formant des confédérations aux liens d'ailleurs assez lâches, que les attaques des monarques lydiens et l'instinct du salut commun ne parvinrent jamais à resserrer étroitement. Milet paraît avoir tenu de bonne heure le premier rang dans la ligue ionienne, dont les députés s'assemblaient au promontoire de Mycale, près du temple de Poseidon. Sa situation géographique lui assurait en effet des avantages exceptionnels. Bâtie à l'extrémité d'une presqu'île, qui commandait l'entrée du golfe Latmique, elle faisait face à l'embouchure du Méandre. La riche vallée, arrosée par ce fleuve, produisait

---

1. E. CURTIUS, *Histoire grecque*, t. I, trad. franç., p. 584.

les céréales en abondance et nourrissait en grand nombre des moutons, dont la laine alimentait d'importantes fabriques de tissage et de teinture[1]. Colonisée successivement par les Phéniciens, par les Crétois, par les Cariens, elle avait été dès l'origine une ville cosmopolite, comme celles que nous verrons plus tard s'élever en Égypte. Au temps de l'émigration ionienne, les Néléides y firent prédominer l'esprit hellénique, sans effacer absolument la trace des occupations antérieures. La monarchie renversée, elle se trouva livrée à de longues luttes de castes, interrompues par l'élévation périodique de magistrats spéciaux, appelés æsymnètes. Avant le VIIe siècle, elle était déjà tombée aux mains des tyrans. Le commerce maritime y avait pris une telle importance, que l'un des partis les plus en vue, celui des armateurs et autres gens de mer, se donnait à lui-même le titre significatif d'ἀειναῦται et que ses chefs affectaient de tenir leurs conseils à bord de leurs navires[2]. Du reste, les dissensions qui la troublaient sans cesse semblent avoir excité son ardeur colonisatrice, au lieu de la refroidir, et la plus grande extension de sa puissance coïncide précisément avec la période la plus tourmentée de son histoire. En effet, c'est à la seconde moitié du VIIIe siècle qu'il faudrait rapporter la thalassocratie milésienne, et la vraisemblance de cette date est confirmée par les faits. Dans ses entreprises hardies, conduites avec une rare persévérance, Milet avait devancé tous les Grecs. Les villes d'Eubée suivaient encore prudemment les rivages de la Chalcidique et de la Thrace, l'activité des Phocéens et des Rhodiens, si audacieux au siècle suivant, s'exerçait encore sur les côtes voisines de leurs domaines propres, lorsque les Milésiens avaient déjà franchi le Bosphore et bordé de leurs comptoirs une partie du Pont-Euxin[3]. Si donc des Grecs sont vraiment allés en Égypte au VIIIe siècle, les Milésiens seuls étaient en état, ce semble, de risquer une reconnaissance aussi lointaine. Jusque-là, il est vrai, leurs déplacements s'étaient opérés en sens inverse et ils paraissaient se réserver la grande voie commerciale conduisant aux régions hyperboréennes. Mais la vieille renommée de l'Égypte, célébrée dans les vers de leurs aèdes, était bien faite pour exciter leur curiosité et leur esprit d'aventure; un pays de civilisation raffinée pouvait offrir

---

1. La laine de Milet était fort estimée à Athènes ; v. ARISTOPH., *Lysistrate*, v. 729.
2. PLUTARQUE, *Quæst. Græcæ*, 32.
3. La première fondation de Sinope par Ambron paraît être de 790. Ravagée par les Cimmériens, elle fut rebâtie vers 637.

à leurs spéculations commerciales des ressources, que l'on ne trouvait pas dans les sauvages contrées du nord. Au milieu de leurs discordes sans fin, il peut se faire d'ailleurs que les chefs d'un parti vaincu aient cherché là une diversion à leur défaite, en choisissant à dessein une route où ils étaient sûrs de ne pas rencontrer leurs vainqueurs. Et ceux que les tempêtes de la mer Noire n'avaient point effrayés étaient de taille à entreprendre un voyage aussi long peut-être, mais moins périlleux. Pour appuyer cette hypothèse, nous n'avons, il est vrai, que les restes assez confus de la tradition enregistrée par Eusèbe et saint Jérôme, d'après Diodore et Castor. Aussi ne prétendons-nous pas en affirmer l'exactitude ; il nous suffit de montrer qu'elle ne présente pas d'impossibilité absolue. Ce qu'il importe surtout d'en retenir, c'est d'une part que les deux thalassocraties égyptienne et milésienne se succèdent sans interruption, ce qui semblerait déjà établir une sorte de lien entre les deux pays, et de l'autre que les Milésiens, à l'époque de leur domination maritime, passaient pour avoir fondé un établissement dans le Delta.

L'état de l'Égypte entre les années 753 et 735 permet-il d'accepter cette supposition comme vraisemblable ? Malgré les découvertes récentes des égyptologues, cette période, nous l'avons dit, est encore assez obscure. Le seul fait qui ressort avec clarté de l'étude des documents connus, c'est que le pays subit alors une crise très grave et fut morcelé pour un temps. L'Égypte, qui avait débuté par le régime féodal, tendit toujours à y retourner. A vrai dire, il n'avait jamais cessé d'exister, même dans les périodes brillantes où l'autorité paraissait si fortement concentrée dans la main des Pharaons. A toutes les époques, en effet, des princes héréditaires s'étaient partagé le territoire, augmentant leurs domaines par des mariages ou des dons royaux, possédant tantôt une fraction de nome, tantôt un nome entier ou même plusieurs. Les scribes, officiers, commandants militaires, leur obéissaient directement, étaient leurs sujets avant d'être ceux du souverain. Ce dernier entretenait, à côté d'eux, une administration à lui, chargée de régir ses biens propres et tout ce qui relevait, en droit, de l'autorité centrale. Les princes lui devaient le service militaire, mais ils commandaient les contingents qu'ils étaient tenus de fournir, le nombre de leurs soldats variant selon l'importance de leur principauté. Chacun d'eux exerçait un pouvoir absolu dans sa province et jouissait de toutes les prérogatives qui y étaient attachées[1]. Lorsque le roi était un homme énergique et résolu, il savait faire prévaloir sa volonté, il gouvernait lui-même et imposait à tous la soumission et le respect. Dès que le sceptre tombait en des mains débiles, on voyait le pouvoir s'affaiblir et les princes féodaux relever la tête[2]. Déjà il en avait été ainsi après la VIe dynastie, et c'est là ce qui explique le vide étrange, qu'on remarque dans l'histoire d'Égypte jusqu'à la XIe, puis sous la XIVe (Xoïte), à la veille de l'invasion des Pasteurs[3]. Le même fait s'était reproduit sous Séti II, cinquante ans seulement après Sésostris, et l'anarchie avait duré jusqu'à l'avènement de Nakht-Séti, le chef de la XXe dynastie[4]. D'autre part, les tribus libyennes, défaites sous Minephtah et Ramsès III, étaient installées définitivement en Égypte et formaient l'armée permanente, la garde royale, c'est-à-dire un corps de satellites, groupé autour du souverain, comme les Turcs du khalifat de Bagdad. Les commandants de ces Mashouasha étaient devenus les égaux des princes héréditaires et s'étaient fait donner non seulement de riches apanages, mais des fonctions élevées dans l'ordre civil et même dans l'ordre sacerdotal. L'un d'entre eux, Sheshonqou, descendant de Bouïoua, se trouva enfin assez fort pour renverser les rois tanites et thébains et fonder une dynastie nouvelle, la XXIIe [5]. Il crut prévenir les invasions futures en réservant à ses fils et aux membres de sa famille les principales dignités de l'État et les plus importants commandements. Mais, contrairement à ses prévisions, cette mesure contribua pour une large part à précipiter, sous ses faibles successeurs, le morcellement de l'Égypte. Le travail de lente dissolution, enrayé un instant par les deux premiers Tanites, reprit bientôt avec plus d'intensité : vers la fin de la XXIIIe dynastie, l'œuvre

---

1. Du reste, ce système de gouvernement n'a jamais cessé de fonctionner en Orient, et il y fonctionne encore aujourd'hui.

2. Ce développement est emprunté aux notes d'un cours professé par M. MASPERO, au Collège de France, en 1889.

3. V. MASPERO, *Histoire ancienne*, p. 88 et 162.

4. *Grand Papyrus Harris*, LXXV, l. 2-6 : « Le pays de Kimit était aux mains de chefs de nomes, qui se tuaient entre eux, grands et petits. D'autres temps vinrent après cela, pendant des années de néant, où un Syrien, nommé Irisou, fut chef parmi les princes des nomes et força le pays entier à prêter hommage devant lui : chacun complotait avec le prochain pour piller les biens l'un de l'autre. » Cf. CHABAS, *Recherches sur la XIXe dynastie*, p. 1-23 ; MASPERO, *Histoire ancienne*, p. 260.

5. On a longtemps considéré les Bubastites de la XXIIe dynastie comme des Sémites (V. BRUGSCH, *Histoire d'Égypte*). M. L. STERN (*Zeitschrift für Ægyptische Sprache*, 1882, p. 15-26) a démontré qu'ils étaient d'origine libyenne : M. LEPAGE-RENOUF est revenu, dans ces derniers temps, à l'hypothèse d'une origine sémite (*Proceedings* de la Société d'Archéologie Biblique, 1891, p. 601-603).

était à peu près achevée. La contrée était maintenant partagée entre une vingtaine de princes, dont quatre au moins s'étaient arrogé le droit au cartouche[1]. Cependant la tradition de l'unité politique n'était pas perdue, et l'un de ces roitelets allait essayer de la reconstituer à son profit. Tafnakhti est le premier prince de cette maison saïte, d'origine probablement libyenne, qui va jouer désormais le premier rôle et qui, à force d'énergie et de patience, finira par triompher de tous ses adversaires. C'était une race ambitieuse et avisée, qui produisit une longue série de politiques habiles, à l'esprit souple et exempt de scrupules, persévérants surtout et jamais abattus par les revers. Le chef de la famille semble avoir réuni déjà toutes les qualités qui firent la fortune de ses successeurs. Maître de Saïs, il avait réussi, on ne sait comment, à s'emparer de Memphis. Encouragé par ce premier succès, il entreprend de soumettre une à une les villes, les principautés voisines. Déjà il avait pris possession de toute la contrée de l'ouest, depuis la Méditerranée jusqu'à la limite qui sépare la Basse-Égypte de la Haute. Et maintenant il remontait le fleuve avec son armée, recevant sur les deux rives l'hommage des habitants. « Les princes et les chefs des cités étaient comme des chiens à ses pieds. Les forteresses des nomes du sud n'étaient pas en état de tenir contre lui. » Alors entre pour la première fois en scène le prince éthiopien Piônkhi-Miamoun. Se rattachant par des liens encore mal déterminés à la lignée des grands-prêtres thébains, il résidait à Napata, sur la montagne sainte (le Gebel-Barkal), et était déjà en possession de la Thébaïde et de toute la Haute-Égypte. Appelé par les ennemis de Tafnakhti, il lance en avant sa flotte, qui descend le Nil, rencontre l'ennemi et le bat deux fois près d'Abydos. Puis il divise ses troupes en deux corps, dont l'un assiège et prend, dans Hermopolis, l'allié des Saïtes, Namrouti, tandis que l'autre conquiert la Moyenne-Égypte et, par un heureux coup de main, s'empare de Memphis. Vainqueur sur toute la ligne, il visite Héliopolis, pour y accomplir les cérémonies sacrées. Osorkon et les autres princes du Delta viennent lui apporter leurs hommages et leurs tributs. Enfin, Tafnakhti lui-même, qui s'était réfugié

---

1. Ce sont : Osorkon de Bubaste, qui est peut-être Osorkon III; Aoupouti de Tenremou ; Pefdjaabastit de Khnensou (Hnès-Héracléopolis); Nâmrouti d'Ounou (Hermopolis Magna). Les autres portent pour la plupart des titres militaires; un seul est prophète d'Horus de Sekhem (Létopolis). V. E. DE ROUGÉ, *Inscription historique de Pianchi-Meriamon* (extrait de la *Revue Archéologique*), p. 15 et s., et *Chrestomathie égyptienne*, fasc. IV.

dans les marais, implore sa clémence et se rend sans conditions; Piònkhi, maître reconnu des deux terres, retourne tranquillement en Éthiopie, chargé de présents. Il n'avait rien changé du reste à l'état intérieur, à la constitution politique du pays. Il s'était contenté de donner une nouvelle investiture aux princes devenus ses vassaux, et sa suprématie effective ne dura guère plus que n'avait duré son séjour. Les intrigues, les rivalités recommencèrent aussitôt après son départ. Lui mort, Kashto recueillit sa succession en Éthiopie et dans la Thébaïde; mais en même temps le fils de Tafnakhti reprenait les projets de son père, et, cette fois, les menait à bien. Bokenranf, le Bocchoris des Grecs, fut assez heureux pour dompter toutes les résistances et imposer, mais pour quelques années seulement, son autorité à ses nombreux rivaux.

On voit à quel état de division, et, par instants, d'anarchie profonde, l'Égypte était tombée peu à peu. A coup sûr, aucun moment de l'histoire ne saurait être mieux choisi pour une première apparition des Grecs d'Ionie. Si l'on admettait avec Bunsen que les Milésiens aient été employés par les Pharaons à la construction de leurs flottes, pendant la durée de la thalassocratie tanite, toutes les difficultés se trouveraient levées. Mais il n'est pas indispensable de recourir à cette hypothèse. Le commerce des Milésiens était trop actif, pour que tous leurs vaisseaux prissent exclusivement la route de l'Euxin. Ils devaient entretenir des rapports avec la Phénicie, avec Cypre, où commençait à prévaloir l'élément hellénique; des marchands cypriotes venaient aussi trafiquer dans les villes de la mer Égée. Or, Cypre était de temps immémorial en rapports d'un côté avec l'Égypte, de l'autre avec la Chaldée et plus tard avec l'Assyrie[1]. Ainsi, par elle, on pouvait être renseigné sur ce qui se passait dans la Haute-Asie et aux bords du Nil. Rien n'empêche que les Milésiens, mis au courant d'une situation qui leur facilitait l'entrée du pays, n'aient poussé une reconnaissance jusque sur les côtes du Delta. Hérodote, il est vrai, ne dit rien de cette première tentative, et il affirme qu'autrefois (τὸ παλαιὸν) il n'y avait pas en Égypte d'autre ἐμπόριον que Naucratis. Mais le mot ἐμπόριον signifie un

---

[1]. Près de 4,000 ans avant notre ère, le roi d'Agadé, Shargina Ier, avait soumis Cypre et élevé sa statue sur le rivage oriental de l'île. Vers la fin du VIIIe siècle, l'Assyrien Sharoukin recevait la soumission et les tributs des rois grecs de Cypre. — Pour l'Égypte, outre les documents cités plus haut, v. les Annales de Thoutmès III, BRUGSCH, *Histoire d'Égypte* (éd. angl.), I, 340-1, et les *Records of the Past*, 1re sér., t. II, p. 17 et s.

marché ouvert, un port franc, et ne fut jamais applicable au comptoir de la bouche Bolbitine[1]. Cependant nous voici en face d'un témoignage précis, celui de Strabon, qui place la fondation de Naucratis au temps de Psammétique, c'est-à-dire au début de la xxvi⁰ dynastie : πλεύσαντες γὰρ ἐπὶ Ψαμμιτίχου τριάκοντα ναυσὶ Μιλήσιοι (κατὰ Κυαξάρη δ'οὗτος ἦν τὸν Μῆδον)[2] κάτεσχον εἰς τὸ στόμα Βολβί-τινον, εἶτ' ἐκβάντες ἐτείχισαν τὸ λεχθὲν κτίσμα· χρόνῳ δ' ἀναπλεύσαντες εἰς τὸν Σαϊτικὸν νομὸν, καταναυμαχήσαντες Ἰνάρων, πόλιν ἔκτισαν Ναύκρατιν οὐ πολὺ τῆς Σχεδίας ὕπερθεν (XVII, p. 681, éd. Did.). L'auteur mentionne clairement, dans ce passage, deux fondations différentes, celle du τεῖχος, puis celle de Naucratis, séparées l'une de l'autre par un intervalle de temps indéterminé, χρόνῳ. Cette distinction paraît bien fondée, et elle doit se rapporter à la même tradition que celle qui a été recueillie par Eusèbe et saint Jérôme. Quant à la date indiquée, elle est beaucoup moins certaine. Comme on niait de son temps la possibilité d'un établissement grec avant les Saïtes, Strabon est naturellement amené à placer sous Psammétique la construction du τεῖχος, sauf à laisser dans le vague la fondation de Naucratis. La fausseté des prémisses étant admise, la conséquence tombe d'elle-même. Les Milésiens ont pu s'installer aux bouches du Nil pendant la seconde moitié du viii⁰ siècle, sous la xxiii⁰ dynastie ; et de bonne heure ils ont fortifié leur modeste factorerie. Ils choisirent d'ailleurs un endroit facile à défendre, situé vers l'extrémité de cette île allongée, que forment d'une part la Méditerranée, de l'autre les branches Bolbitine et Sébennytique, puis le grand lac et les marais de Bourlos. Le seul fait de s'établir dans ces conditions défensives dénote chez eux une méfiance, qui se concilierait mal avec les dispositions bien connues de Psammétique à leur égard. D'un autre côté, s'ils étaient venus à une époque tranquille, la police locale ne leur eût pas laissé le loisir d'élever un fort à l'une des bouches du fleuve, là où les anciens rois mettaient des postes pour arrêter leurs ancêtres. Leur installation doit donc coïncider avec une période troublée de l'histoire d'Égypte ; il n'est pas impossible du reste qu'elle ait été favorisée

---

[1]. Hérodote n'avait sans doute pas visité le τεῖχος Μιλησίων, et d'ailleurs la gloire de Naucratis éclipsait alors tout le reste.

[2]. Ce synchronisme est peu explicable. Il s'agit ici d'un fait, qui a dû se passer dans le commencement du règne de Psammétique I⁰ʳ, et les premières années de Cyaxare coïncident avec les dernières de Psammétique I⁰ʳ. D'autre part, il ne saurait être question, dans la pensée de l'auteur, du règne si court et si peu important de Psammétique II. M. Hirschfeld (Rhein. Mus., 1887, p. 209 et s.) pense que la parenthèse ajoutée dans le texte de Strabon est due à quelque lecteur, plus attentif qu'éclairé.

par un des dynastes du Nord, Tafnakhti ou un peu plus tard Bocchoris, qui espéraient tirer parti de leur concours. L'Égypte était alors profondément désorganisée, et Bocchoris n'eut pas le temps de lui rendre la cohésion, la discipline qui lui manquaient. Aussi, lorsque le fils de Kashto, Shabaqou, recommença la campagne de Piônkhi, étant soutenu par la complicité des dynastes, il regagna bien vite le terrain perdu ; il prit et tua l'infortuné Bocchoris. Les Éthiopiens étaient de même race que les Égyptiens, ils avaient la même religion, et leurs souverains prétendaient à la légitimité comme descendants des rois de Thèbes. Le règne du Pharaon de Napata fut donc un règne réparateur, et l'Égypte, unifiée pour un instant, apparut encore comme un suprême recours aux Syriens, tremblants sous la menace perpétuelle des Ninivites. Shabaqou aurait été peut-être assez prudent pour ne pas tenter une intervention dangereuse, mais les événements furent plus forts que sa volonté. L'Assyrie vint à sa rencontre par-dessus la Damascène, les royaumes du Liban : Sharoukin, après sa victoire de Karkar, pénétra jusqu'aux portes du Delta, et les deux empires se trouvèrent face à face. Le premier choc a lieu vers 720 à Raphia et l'Égypte vaincue échappe de nouveau aux mains des Éthiopiens. Dans le nord au moins, un Saïte, parent de Bocchoris, Stéphinatès, parvient à se faire reconnaître roi. Le successeur de Sharoukin, Sennachérib, revient à la charge. Il raconte longuement dans ses Annales que les princes du Delta, alliés aux princes syriens, furent défaits à la bataille d'Altakou [1], mais la suite dément son récit : les soi-disant vaincus ne revirent de longtemps les armées assyriennes et l'Égypte ne fut pas encore entamée cette fois-là.

L'Éthiopie reparaît en scène avec Taharqou, qui s'empare de la Thébaïde, tue Shabitkou, conquiert la vallée entière (vers 692) et reste vingt ans seigneur incontesté du pays. Pendant ce temps, Asarhaddon avait remplacé à Ninive son père Sennachérib. Après plusieurs tentatives infructueuses, il réussit enfin à traverser le désert, envahit l'Égypte et bat trois fois l'armée éthiopienne. Taharqou s'enfuit alors, abandonné de tous ; Memphis est prise et le vainqueur peut ajouter désormais aux autres titres de son protocole ceux de roi de

---

1. C'est un peu plus tard, sans doute, que doit se placer la tentative malheureuse dirigée par Sennachérib contre Juda d'une part et de l'autre contre ce roi, prêtre de Phtah, qu'Hérodote appelle Séthon. Elle échoue, comme on sait, grâce au miracle diversement rapporté par les annales juives et par les conteurs égyptiens. (Sur Séthon, v. WIEDEMANN, *Hérodote*, p. 501 et s.)

Mousour et de Koushi[1]. Suzerain de l'Égypte, il maintient la division, qui garantissait sa faiblesse. Les dix-sept principautés vassales forment comme autant de petites satrapies, gouvernées par des chefs indigènes ou par des fonctionnaires assyriens. Des garnisons occupent les principales forteresses, et les noms de plusieurs localités sont remplacés par des noms sémitiques. Le roi de Saïs, Stéphinatès, était mort pendant la domination de Taharqou (681) et son successeur Nechepso, « grand astronome et grand magicien, mais piètre roi[2] », avait lui-même fait place à un prince actif et énergique, Nikou (Néchao Ier). Asarhaddon lui assigne le premier rang dans la confédération de ses vassaux ; puis, croyant avoir assuré le succès de son œuvre, il s'en retourne en Assyrie, où il meurt quelques années plus tard. Après un retour offensif, Taharqou vaincu s'enfuit devant les généraux du nouveau roi, Assourbanipal, et Thèbes est une première fois saccagée. Mais les dynastes supportaient impatiemment la suzeraineté de Ninive. Nikou, leur chef reconnu, ne renonçait point d'ailleurs aux prétentions des Saïtes. Cette famille, depuis Tafnakhti, paraît avoir suivi sans faiblir une politique bien définie, dont le but était de refaire l'Égypte une et de prendre en main le sceptre. L'Assyrie et l'Éthiopie s'en disputaient la possession : il fallait les user l'une par l'autre, si l'on voulait rester seul maître. Ainsi s'explique la conduite de Nikou, qui, en trahissant tour à tour les deux partis, servait ses intérêts en même temps que ceux du pays et préparait, pour son fils, la restauration du trône pharaonique. D'accord avec Sarloudari de Zoan et Paqrourou de Pisoupti, il se met en rapport avec Taharqou et l'engage à ressaisir le pouvoir. Les généraux d'Assourbanipal surprennent les messagers au retour, arrêtent Nikou et Sarloudari et les envoient à Ninive chargés de chaînes. Assourbanipal use de clémence ; au lieu de châtier le chef du complot, il le comble de dons magnifiques, lui rend Saïs, avec toute son autorité et ses prérogatives, et proclame son fils Psammétique roi d'Athribis. Taharqou, ainsi privé de ses alliés, renonce à ses prétentions et s'en va mourir en Éthiopie. Mais tout n'est pas fini encore. Son beau-fils Tandamani (Tonouatamon), maître de Thèbes, recommence bientôt la guerre ; il prend Memphis, Nikou est exécuté par lui comme rebelle et traître à ses serments, et Psammétique, pour éviter le même sort, est contraint de

---

1. OPPERT, *Mémoire sur les rapports de l'Égypte et de l'Assyrie*, pp. 20-21, 41-42.
2. MASPERO, *Histoire ancienne*, p. 455.

se réfugier en Asie. A cette nouvelle, Assourbanipal dépêche ses lieutenants en Égypte ; Tandamani prend la fuite et, se sentant serré de près, remonte le fleuve jusqu'à Kipkip (665). Les Assyriens s'avancent jusqu'à Thèbes et la mettent encore une fois au pillage. Or, argent, étoffes précieuses, deux obélisques d'or du poids de cent talents, les richesses des palais et des temples, les chevaux, les hommes et les femmes, tout est dirigé sur l'Asie, et les généraux retournent en paix à Ninive déposer ces opulentes dépouilles au pied de leur souverain [1].

Au milieu de toutes ces révolutions, le régime intérieur de l'Égypte n'avait pas sensiblement changé depuis Piônkhi. Que le suzerain fût un Éthiopien ou un Assyrien, Taharqou ou Assourbanipal, les dix-sept principautés étaient toujours les mêmes. Seulement, de nouveaux titulaires avaient succédé aux anciens. La comparaison des noms contenus dans les deux listes fait voir qu'un élément sémitique s'était introduit parmi les dynastes indigènes. Il était d'ailleurs en proportion infime, les Assyriens se bornant à exiger d'ordinaire la soumission et le tribut, sans chercher à modifier le système gouvernemental et administratif des pays conquis [2]. Quant aux Grecs, retranchés derrière leur τεῖχος, ils n'avaient pas à intervenir dans ces querelles qui ne les regardaient point ; et, de son côté, l'Égypte envahie, disputée comme une proie, ne pouvait guère songer à inquiéter des marchands paisibles, dont l'attitude n'inspirait aucune crainte. Les conquérants pillaient les cités riches et puissantes, Tanis, Bubaste, Mendès, Saïs [3] ; ils ne se détournaient pas de leur chemin pour attaquer un comptoir obscur, dont l'existence même leur était probablement inconnue. Les marais du nord étaient si sûrs que les vaincus, les fugitifs s'y retiraient et pouvaient y vivre tranquilles. C'est

---

1. Des inscriptions d'Assourbanipal, les unes font parler le roi comme s'il avait conduit les expéditions en personne, les autres représentent ces mêmes campagnes comme accomplies par ses généraux et ses soldats. Ces dernières sont évidemment l'expression de la vérité historique, les autres ayant été rédigées pour flatter le souverain et lui attribuer tout le mérite des victoires remportées par ses armées. — V., pour toute cette partie, OPPERT, *Mémoire sur les rapports de l'Égypte et de l'Assyrie;* G. SMITH, *History of Assurbanipal*.

2. Il n'est pas même certain que les quelques noms asiatiques cités par les annales d'Assourbanipal représentent des officiers ninivites. Peut-être avons-nous affaire à des capitaines d'aventure, descendus en Égypte pour chercher fortune et devenus assez puissants pour s'emparer d'une ville, d'un nome et pour prendre place au milieu des autres dynastes.

3. OPPERT, ouvr. cité, p. 105 sqq.

là, s'il faut en croire les légendes recueillies par les Grecs[1], que l'aveugle Anysis, après avoir échappé aux coups de Sabacon, avait trouvé un asile, et pendant cinquante années il y aurait attendu la fin de la domination éthiopienne. Protégés par cette barrière naturelle, les Milésiens, libres du côté de la mer, pouvaient communiquer avec l'Asie et les îles grecques. De plus, la branche Bolbitine leur permettait, dans les intervalles de calme, de nouer prudemment quelques relations avec les parties les plus rapprochées du Delta, peut-être même de s'avancer plus loin dans l'intérieur. Les indigènes s'accoutumaient insensiblement au voisinage de ces étrangers inoffensifs, qui, en échange des denrées du pays, leur apportaient les produits des terres lointaines et trafiquaient honnêtement avec eux. Ainsi favorisés par les circonstances, les Milésiens purent s'acclimater peu à peu en Égypte, et les troubles qui agitaient la contrée avaient eu pour résultat, non seulement de leur en faciliter l'accès, mais de leur permettre d'y séjourner sans danger. Jusqu'ici cependant ils avaient été tolérés plutôt qu'admis, oubliés peut-être, par suite du malheur des temps. Tout va changer avec Psammétique. Ces étrangers, qui passaient inaperçus, que les Égyptiens, si attachés à leur religion et à leurs coutumes, méprisaient sans doute comme ayant d'autres dieux et d'autres mœurs[2], ils vont prendre tout à coup une importance considérable dans l'État et dans la vie générale du peuple. Comme soldats, ils deviendront les alliés, les favoris du maître, les plus fermes soutiens du trône, restauré grâce à leur concours. Comme négociants, ils auront des établissements réguliers et bientôt une ville à eux, où se concentrera peu à peu une partie du trafic de l'Égypte ; ils partageront avec les Phéniciens le soin de fournir au pays ce qui lui manque, d'exporter le trop-plein de ses récoltes et les produits qu'il reçoit en abondance du Midi et de l'Orient. Du jour où ils sont installés aux bords du Nil, une ère nouvelle s'ouvre pour l'Égypte, ère de prospérité intérieure et d'expansion commerciale, où elle va prendre une vie nouvelle, en trouvant pour ses richesses agricoles et industrielles des débouchés inconnus. Les

---

1. HÉRODOTE, II, 137, 140.
2. Du reste, les préjugés religieux contre les Grecs n'avaient pas disparu au temps même d'Hérodote. Celui-ci, en effet, raconte (II, 41) qu'il n'est permis aux Égyptiens de sacrifier ni vaches, ni génisses, parce qu'elles sont consacrées à Isis; et il ajoute : « A cause de cela, pas un homme, pas une femme d'Égypte ne voudraient baiser un Grec sur la bouche, ni faire usage de son couteau, de ses broches, de sa marmite, ni manger de la chair d'un bœuf pur, découpé avec le couteau d'un Grec. »

conquêtes de la xviiie dynastie ne lui avaient fait connaître que l'Orient et la Haute-Asie. Son horizon s'étendra désormais vers l'Occident et vers le Nord; avec les navigateurs hellènes, bien mieux qu'avec les marchands de Syrie, l'influence de ses arts, de ses idées, de son industrie va pénétrer au loin et rayonner dans tout le bassin de la Méditerranée.

LES PREMIERS ÉTABLISSEMENTS
DES
GRECS EN ÉGYPTE

PREMIÈRE PARTIE

CHAPITRE PREMIER

LES MERCENAIRES SOUS PSAMMÉTIQUE Ier

Fin de la domination éthiopienne : les traditions relatives à la Dodécarchie. — Arrivée des Cariens et des Ioniens. Leur armement comparé à celui des indigènes. — Première bataille de Momemphis. — Guerre contre les dynastes : les récits de Polyen et de Strabon. — Alliance avec Gygès. — Mariage de Psammétique avec l'héritière des Ramessides. — Il est désormais seul maître du pays. — Son œuvre en Égypte.

Division de son armée. Les mercenaires à Daphnæ; les Stratopeda. — Fouilles de M. Petrie à Tell-Defenneh. Le château; le camp. — La poterie; les figurines. — La métallurgie : bronze, fer, métaux précieux. — Caractère cosmopolite de la population. — Avantages de la position de Defenneh.

Les interprètes; surtout Cariens. Leur rôle en Égypte.

La guerre de Syrie : siège d'Ashdod. — Le roi traite avec les Cimmériens.

Faveurs accordées aux mercenaires. Jalousie des guerriers indigènes. — Leur émigration en Éthiopie. Longues controverses à ce sujet. Possibilité de l'émigration. Faits analogues dans l'histoire.

Les inscriptions grecques d'Ipsamboul. Notions qu'elles fournissent. — Leur place dans l'histoire de l'alphabet ionien. — Les graffiti cariens et phéniciens. — Unanimité des auteurs anciens sur la question de l'émigration.

Le régime fédératif avait continué de fonctionner après la mort de Nikou et le départ de Tandamani; seulement Paqrourou, prince de Pisoupti, fut mis par Assourbanipal à la tête des dynastes. Il ne dut pas y demeurer longtemps. L'exil de Psammétique n'avait pas été de longue durée; au bout d'un an environ, il avait reparu en Égypte et repris à Saïs la place qu'occupait son père. Toutefois, cette petite royauté vassale ne suffisait point à son ambition ; comme ses prédécesseurs, il aspirait au rôle de suzerain et ne prétendait à rien moins qu'à refaire l'empire des Pharaons. Il avait reçu, lui aussi, l'investiture du roi d'Assyrie et, pour lui plaire, changé son nom en celui de Nabousezibani (Nabou, protège-moi[1]!) Mais, afin d'exécuter ses projets, il était prêt, comme Nikou, à trahir un maître, trop occupé en Asie pour lui rappeler ses serments. Les Grecs ont tracé de l'histoire d'Égypte pendant cette période un tableau qui s'accorde assez mal avec la réalité des faits. Selon Hérodote, « les Égyptiens, devenus libres après le règne du prêtre d'Héphaistos (Séthon), divisèrent le royaume en douze parts et instituèrent douze rois ». Ceux-ci « s'allièrent entre eux par des mariages et régnèrent en observant ces conditions : ne se rien prendre les uns aux autres ; ne point chercher à posséder l'un plus que l'autre ; rester, autant que possible, unis. » Ils étaient intéressés à maintenir entre eux cette union et cette égalité parfaite, un oracle ayant prédit que « celui des douze qui, dans le temple d'Héphaistos, ferait des libations avec un casque d'airain, deviendrait roi de l'Égypte entière. » Cette idée d'une dodécarchie égyptienne n'est pas une pure fiction. Fr. Lenormant a fait remarquer que douze des princes vassaux mentionnés sur les listes assyriennes appartenaient au Delta. Il faudrait donc « entendre ici le terme d'Égypte en le restreignant au pays inférieur et à une portion de l'Égypte moyenne, car on nous dit formellement que le Fayoum d'aujourd'hui appartenait par indivis aux dodécarques[2]. » Les premiers Ioniens ne connaissaient guère en effet que le Delta et les parties avoisinantes ; c'était là surtout ce qu'ils devaient désigner sous le nom d'Égypte, et les critiques que leur adresse Hérodote semblent confirmer cette vue[3]. La Thébaïde et les autres nomes du Midi étaient pour eux des contrées à peu près légendaires ; on comprend donc sans peine qu'ils aient négligé d'en tenir compte et n'aient fait entrer dans leur soi-disant dodécarchie que les seuls roitelets du Nord. On racontait que, pour consacrer le souvenir de leur entente, ces princes avaient bâti, près du lac Mœris, le

---

1. Il avait donné aussi à son fief particulier d'Athribis le titre parlant de : Limir-pati-Assur (que le lieutenant d'Assour gouverne!).
2. *Histoire de l'Orient*, 4ᵉ éd., t. II, p. 273 et 281.
3. Hérodote, II, 16.

Labyrinthe qu'Hérodote décrit avec beaucoup de détails et qui surpassait en grandeur les pyramides elles-mêmes. Nous sommes ici évidemment en présence d'un conte populaire, inventé pour expliquer l'existence du monument qui avait si vivement frappé le voyageur, et dont les drogmans grecs avaient oublié ou n'avaient jamais su la véritable histoire. Le récit de Diodore[1] est un peu moins optimiste. Ainsi il compte, après la retraite de Sabacon, deux années de complète anarchie; mais il croit, lui aussi, à l'existence de la dodécarchie, qui aurait procuré au pays quinze années d'une tranquillité complète, et il décrit avec non moins d'admiration le Labyrinthe édifié d'après lui par les douze rois pour leur servir de tombeau[2]. Cependant la prédiction devait s'accomplir. Dans un sacrifice commun, offert au temple de Phtah (Héphaistos), Psammétique, ne trouvant pas une coupe d'or pour faire la libation, se sert de son casque, d'ailleurs sans songer à mal; les autres se souviennent alors de l'oracle, le dépouillent de son pouvoir et le bannissent. Telle est, dans sa simplicité légendaire, la version recueillie par Hérodote. Diodore n'y croit plus, et les renseignements nouveaux qu'il apporte, sans en indiquer la source, paraissent très vraisemblables. Les motifs qu'il attribue à la séparation de Psammétique et les raisons qu'il donne de sa victoire sont en effet d'ordre purement politique. « Psammétique de Saïs, qui était un des douze rois et qui était maitre des contrées voisines de la mer, fournissait, dit-il, des cargaisons (φορτία) à tous les marchands, et principalement aux Phéniciens et aux Grecs. Ainsi, trafiquant avec les produits de sa terre et recevant en échange ceux des peuples étrangers, non seulement il acquérait de grandes richesses, mais il se conciliait l'amitié des peuples et des princes. Et c'est pour cela, dit-on, que les autres rois lui portèrent envie et lui déclarèrent la guerre[3] ». Ce texte de Diodore vient à l'appui des considérations que nous avons fait valoir au sujet du premier établissement milésien. Pour que Psammétique pût conclure les marchés avantageux qui excitèrent la jalousie de ses collègues, il fallait que, depuis un certain temps déjà, l'Égypte fût en rapports d'affaires avec des marchands grecs, comme elle l'était depuis des siècles avec des marchands phéniciens. Au reste, que le

---

1. Diodore, I, 66.
2. L'importance du nombre douze dans la mythologie hellénique avait évidemment influé sur l'esprit des conteurs, qui ont arrangé toute cette histoire.
3. Diodore, I, 67.

τεῖχος Μιλησίων remonte à une époque très ancienne, selon les données d'Eusèbe et de saint Jérôme, ou qu'il soit plus récent, comme le veut Strabon, il existait certainement au temps de Psammétique, et, par conséquent, l'Égypte pouvait se mettre, par là, en communication directe avec la Grèce asiatique. On s'est étonné de voir un Pharaon s'enrichir par le commerce et s'y livrer pour son propre compte. Il n'y a rien là cependant qui soit contraire aux mœurs égyptiennes. D'ailleurs, pendant son exil, Psammétique avait pu voir, à Tyr et à Sidon, les rois commercer aussi bien que leurs sujets, spéculer sur le blé qu'ils tiraient de leurs domaines de Dor et de Joppé, ainsi que de la Judée, de l'Égypte, de Cypre[1]. Pour l'emporter sur ses rivaux, il avait besoin d'augmenter ses ressources, et les échanges lui procuraient des bénéfices considérables. Maitre des nomes du Nord-Ouest, qui touchaient à la Méditerranée, il était naturellement amené à tourner ses regards vers la mer. Saïs, sa capitale, était située non loin d'une des grandes branches du Nil, celle-là même à l'embouchure de laquelle les Milésiens se fixèrent d'abord. Si, comme le rapporte Hérodote, il s'était retiré dans les marais[2], chassé par les autres rois, il se trouvait là presque en contact immédiat avec eux : car c'est de ce côté du Delta, et non, comme on l'a dit, vers le lac Menzaléh, qu'il avait dû chercher un refuge. En tout cas, il ne se résigna pas longtemps à subir cet exil et cette déchéance.

La déesse de Bouto, consultée par son ordre, répondit « que la vengeance viendrait de la mer, quand paraîtraient des hommes d'airain ». Il cherchait vainement l'explication de cette énigme, lorsqu'il apprend tout à coup qu'une tempête avait jeté à la côte des bandes armées, qui ravageaient les campagnes. Aussitôt il comprend que l'oracle est accompli, enrôle les étrangers à son service et renverse les onze rois. Ce récit présente encore tous les traits d'une légende populaire ; il n'en est pas moins précieux, car il rend

---

1. V., dans Movers, *die Phœnizier*, II, 10, p. 359, l'histoire d'Elissa. Ce trafic était antérieur à Psammétique, puisqu'il en est question dans Isaïe, XXIII, 3. — Gelzer, *das Zeitalter des Gyges* (*Rhein. Mus.*, t. XXXV, p. 520), rappelle qu'en Lydie, comme en Phénicie, les rois exerçaient le commerce et l'industrie. Les riches étaient tout-puissants. Cf. *Fragm. Histor. Græc.*, III, p. 397, l'histoire de Sadyattes et du fils d'Alyattes. — Ardys, fils de Gygès, l'allié de Psammétique, détrôné et chassé de son royaume, ne rougit pas même de se faire cabaretier à Kymé (*Fragm. Histor. Græc.*, III, p. 380 et s.).

2. Mais cette fuite, qui revient plusieurs fois dans les récits grecs (cf. Hérodote, II, 137, Anysis), est peut-être un souvenir de la légende d'Horus, réfugié dans les marais avec Isis pour échapper aux coups de Set, et partant de là pour reconquérir l'Égypte.

à merveille l'impression de surprise et de terreur que produisit aux bords du Nil l'apparition imprévue des hoplites grecs. De tout temps, les Égyptiens avaient été mal armés : à l'origine, ils portaient, dans les batailles, des masses de pierre et une sorte de sceptre, qui n'était guère qu'un sabre de bois. Plus tard, ils employèrent le fer, le bronze, en firent des épées, des haches, des pointes de lances ou de flèches et eurent de nombreux archers, combattant à pied ou sur des chars. Mais ils étaient surtout mal pourvus d'armes défensives. Point de casques : le roi seul et les dieux sont représentés avec le khoprish ; les autres se contentent de simples perruques, utiles d'ailleurs pour amortir les coups, aussi bien que pour se garder du soleil[1]. De petits boucliers rectangulaires par le bas, cintrés à la partie supérieure, protégeaient seulement le haut du corps. Point de cuirasses en métal, mais seulement de fortes tuniques de lin, dont une pointe aiguë perçait assez facilement le tissu, quelque serré qu'il pût être[2]. Le bas du corps était découvert, sans autre protection que la courte *shenti*, qui descendait à la moitié des cuisses et qu'on couvrit plus tard d'une sorte de tablier triangulaire, probablement en cuir[3].

Les guerriers de race grecque ou gréco-asiatique étaient autrement armés pour le combat. Dès l'époque homérique, ils ont des casques, des cuirasses, des cnémides de bronze, de larges boucliers de cuir revêtus de lames métalli-

---

1. Leurs crânes contractaient ainsi (Hérodote, III, 12) une dureté excessive, qui les distinguait, sur un champ de bataille, de ceux de leurs ennemis.

2. Les rois portaient quelquefois des cuirasses, faites de plaques de métal imbriquées ; voir celle de Ramsès III, représentée dans son tombeau à Thèbes (Rawlinson, *Hérodote*, t. IV, p. 65). Voir aussi une statue de Ramsès II à Karnak, et des fragments de la cuirasse de Sheshonk III au musée de New-York (ancienne collection Abbott).

3. Maspero, cours du Collège de France, 1888-1889 ; cf. Erman, *Ægypten*, p. 717 et s. V. les représentations de combats livrés sous la xix⁰ dynastie : Lepsius, *Denkm. Abth.* III, les *Monuments de Champollion* et ceux de Rosellini ; Rawlinson, *Hérodote*, t. III, p. 128-129, t. IV, p. 46-67 et 333-337. — L'armement varia d'ailleurs avec le temps. Ainsi, dans la description de l'armée de Xerxès, Hérodote, VII, 39, assure que le contingent égyptien avait pour équipement des casques à mailles, des boucliers bombés à large bordure, des piques de combat naval, de grandes haches d'armes ; la plupart des soldats portaient des cuirasses et de longs glaives. — A Cunaxa, en 401, Xénophon représente les auxiliaires égyptiens du grand roi comme des hoplites protégés par des boucliers de bois tombant jusqu'aux pieds (*Anabase*, I, viii, 9). Mais, au temps où nous sommes, ces réformes n'étaient pas accomplies. Du reste, les Grecs du vᵉ siècle croyaient que le casque et le bouclier étaient venus d'Égypte en Grèce (Hérodote, IV, 180), que la cuirasse des Perses avait été empruntée aux Égyptiens (Hérodote, I, 135), l'Égypte étant alors considérée par eux comme le point de départ de toutes les inventions utiles.

ques, et, pour l'attaque, des haches, des glaives à deux tranchants, de longues lances à forte pointe¹. Au vɪɪᵉ siècle, un fragment d'Alcée décrit les casques étincelants, au haut desquels flottent de blanches aigrettes faites de queues de cheval, les brillantes cnémides d'airain garnies de clous, les cuirasses de lin et les boucliers creux, les épées de Chalcis, avec les ceintures et les tuniques

Fig. 1. — Hoplite grec.

militaires, κυπαττίδες, qu'on ne saurait oublier, dit le poète, puisque nous avons été les premiers à les fabriquer². Il existe d'ailleurs des vases archaïques, des statuettes de bronze ou d'argile reproduisant, avec une exactitude frappante, tous les détails de l'armure (fig. 1). L'homme est enveloppé comme d'une carapace de métal, solide, résistante, et agencée néanmoins de manière à lui laisser la liberté de ses mouvements. Non seulement la tête est abritée par le casque, mais les diverses parties du visage sont protégées par un nasal qui descend du front, par des paragnathides mobiles, qui couvrent les joues; le rebord postérieur s'abaisse sur la nuque et rejoint la cuirasse. Celle-ci s'adapte comme une gaine autour du tronc et est terminée quelquefois par des

épaulières également métalliques. Un grand bouclier rond, garni de cuir et d'airain, s'il est adroitement manié, forme, dans un combat à l'arme blanche, le meilleur et le plus sûr des abris. Des lanières de cuir, peut-être doublées de métal, pendent de la ceinture, garantissent le ventre et les cuisses; au-devant des jambes, les cnémides achéennes font glisser le fer et dévier les coups³. Ainsi se présentaient les Ioniens et les Cariens,

---

1. V. Helbig, *das Homerische Epos*, p. 284-342. Les Libyens et leurs alliés les *Peuples de la mer*, à l'époque de la grande attaque tentée sous Mînephtah, avaient déjà, outre des couteaux de bronze, des cuirasses du même métal; elles sont citées dans les inscriptions égyptiennes, parmi les objets pris sur les ennemis. (Duemichen, *Historische Inschriften*, t. I, pl. 5. — Chabas, *Études sur l'antiquité historique*, p. 200.

2. Alcée, fragm. 56 (éd. Teubner, p. 186).

3. V. particulièrement la statuette qu'a publiée M. Perrot, *Histoire de l'Art*, t. III, p. 596, fig. 406. Elle est d'un travail assez grossier. « Mais le sculpteur a très soigneusement imité, dans le calcaire tendre, toutes les pièces de l'armure de métal, qu'il avait sous les yeux. » Après avoir décrit les différentes parties qui la composent, l'auteur ajoute : « Si cette image est le fidèle portrait d'un hoplite grec, la matière et la facture en sont bien cypriotes. Au retour d'une de ces campagnes qui, dès le temps de Nabuchodonosor et de Psammétique, conduisaient les mercenaires grecs jusque dans la vallée de

qui venaient de débarquer tout à coup dans les marais du Delta. Devant des soldats ainsi munis, on pourrait presque dire fortifiés, que pouvaient les pauvres Égyptiens, si ce n'est trembler ou s'enfuir? Leur étonnement dut ressembler à celui qu'éprouvèrent les indigènes de l'Amérique, en voyant descendre de leurs vaisseaux les Espagnols tout bardés de fer. Ce fut un effarement, un émoi général. On courut avertir Psammétique de l'arrivée de ces hommes de bronze, et lui ne s'effraya point : il reconnut bien vite les auxiliaires qu'il attendait et les prit immédiatement à sa solde. Avec le temps, en effet, le rationalisme s'était introduit dans la légende; le roi fugitif avait eu, selon Diodore, le bon esprit d'aider à l'accomplissement de l'oracle, en faisant venir des troupes de l'Arabie, de la Carie et de l'Ionie[1].

Les Cariens semblent avoir joué ici un rôle considérable. Ils étaient originaires, disaient-ils, de l'Asie Mineure[2], mais on les rencontrait fort anciennement sur les côtes et dans les îles de la mer Égée. Adonnés à la piraterie, ils écumaient les mers, unis aux Lélèges[3], et occupaient fortement certaines parties de la Grèce propre, ainsi que plusieurs des Cyclades[4]. Minos les soumit à sa puissance et les employa à former les équipages de ses navires. Au temps de la guerre de Troie, l'Iliade les cite comme des alliés de Priam[5]. Dépossédés d'une partie de leurs territoires par les colons grecs, ioniens et doriens, ils

l'Euphrate et jusqu'à la deuxième cataracte du Nil, quelqu'un de ces aventuriers grecs sera venu visiter les sanctuaires de Cypre et y faire ses dévotions; il aura tenu à y laisser la trace de son passage en s'y faisant figurer dans son armure de combat. » M. Heuzey avait déjà étudié cette statuette dans un mémoire de la *Gazette Archéologique*, 1880. Cf. des figurines conservées au musée de Boulaq et découvertes dans le Delta, MASPERO, *Guide*, p. 403, n° 5847, et plusieurs de celles qui figurent dans la collection cypriote du Louvre, par exemple les n°ˢ 43, 45, 46, etc. — V. aussi la statuette en bronze de la collection Péretié, PERROT, *Histoire de l'Art*, t. III, p. 405, fig. 277. Trouvée en Phénicie, celle-ci peut donner une idée de ce qu'étaient les mercenaires syriens engagés par Psammétique.

1. DIODORE, I, 66.
2. HÉRODOTE, I, 171. On a beaucoup discuté sur la question de savoir s'ils étaient ou non d'origine aryenne. Selon M. RAMSAY (*Journal of Hellenic Studies*, 1888, p. 350 et s.), ces discussions viennent de ce qu'on n'a pas remarqué qu'il y avait eu deux couches de population : une plus ancienne, non aryenne, et une plus moderne, conquérante, apparentée aux Grecs.
3. THUCYDIDE, I, 8.
4. V. RAOUL-ROCHETTE, *Histoire de l'établissement des colonies grecques*, t. I, p. 196 et s. Cf. *Fragm. hist. gr.*, III, 103-104; IV, 512, 1; III, 379, 47.
5. *Iliade*, X, 428. Au chant II, v. 867, Homère les appelle βαρβαρόφωνοι. D'après Philippe de Théangéla, qui avait écrit des Καρικά, leur langue contenait un grand nombre de mots grecs. V. la longue discussion de Strabon à ce sujet (XVII, p. 564, Did.). Le même auteur ajoute un peu plus loin (p. 565) que les Cariens errèrent à travers toute la Grèce, combattant pour un salaire.

durent abandonner les rivages et s'enfoncer dans l'intérieur du pays, où ils formèrent de petites confédérations, groupées autour des temples de Zeus Chrysaorios et du Zeus Stratios de Labranda. Ils devinrent dès lors un peuple tout militaire, habitué à la rude vie des montagnes, excellant à la fabrication des armes, et toujours prêt à vendre ses services aux souverains de l'Orient[1]. Les rois d'Israël et de Juda, Achab, Athalie ont auprès d'eux des Cariens[2]. En Lydie, ils remplissent la garde royale, et Gygès détrône Candaule avec l'aide d'un de leurs chefs, Arsélis[3]. Au VIIe siècle, Archiloque paraît faire de leur nom même le synonyme de mercenaire[4]. Les Cariens ne furent point amenés en Égypte par le hasard, comme le prétend Hérodote; car, depuis longtemps, ils n'avaient plus de marine. S'ils furent appelés réellement par Psammétique, ils purent être transportés de l'Asie Mineure par des vaisseaux milésiens. Quant aux Ioniens, ils venaient apparemment des environs de Milet, où les avaient recrutés des chefs de bandes, mis en relations avec le roi saïte par leurs compatriotes du Delta. Les petits États grecs de l'Asie étaient sans cesse troublés par des révolutions intérieures, qui réduisaient les vaincus à la misère ou les condamnaient à l'exil. Parmi ces victimes des discordes civiles, on devait trouver sans peine des hommes disposés à prendre du service au loin, surtout quand on faisait briller à leurs yeux, comme Psammétique, la promesse d'une haute paie et l'espoir d'un établissement définitif.

L'usage des mercenaires était dès lors très répandu en Orient. Un corps de mille Égyptiens combattait sous Benhadad II, roi de Damas, lorsque celui-ci fut défait à Karkar, en 854, par Salmanasar[5]. Des Grecs aussi servaient en Assyrie ou en Chaldée, comme ce Pythagore mentionné par Abydène sous Nergilos[6],

---

1. Ils avaient perfectionné l'armement du soldat, comme en témoigne la qualification de Καρικά donnée à plusieurs des parties qui le composent. V. Hérodote, I, 171; Strabon, p. 564; Schol. de l'*Iliade*, VIII, 193; Schol. de Thucydide, VI, 8; *Etymol. M.*, 489, 36. — Schol. de Platon, *Laches* (Ruhmk.), 322 : ὅτι Κᾶρες πρῶτοι δοκοῦσι μισθοφορῆσαι. Il explique ainsi le vers de l'*Iliade*, IX, 387 : τίω δέ μιν ἐν Καρὸς αἴσῃ. Cf. Ephore, *Fragm. histor. Græc.*, t. I, p. 239, 23.

2. II, *Rois*, 11, 4. Les textes bibliques nomment les gardes du corps tantôt Crethi, tantôt Cari. La confusion des deux noms s'explique peut-être par l'alliance intime qui existait entre les Crétois et les Cariens dans ces temps anciens, et que les historiens grecs font remonter au fabuleux Minos.

3. Plutarque, *Quæst. græcæ*, XLV.

4. Archiloque, *fr.*, 30 (éd. Teubn., p. 6) : καὶ δὴ 'πίκουρος ὥστε Κὰρ κεκλήσομαι.

5. Maspero, *Histoire ancienne*, p. 376.

6. *Fragm. hist. gr.*, IV, p. 287, fragm. 7.

et le frère d'Alcée, Antiménidas, au temps de Nabuchodorosor[1]. En Égypte, les Shardinas, faits prisonniers lors de la première guerre contre les peuples de la mer, avaient été, dès le xive siècle, incorporés dans les troupes de Ramsès II. En réalité, ils formaient, avec les tribus libyennes, établies auparavant dans le pays, comme les Maziou, les Mashouasha, la véritable armée permanente, tandis que les milices nationales, recrutées par les princes et chefs de nomes, ne devaient le service et n'étaient levées qu'en cas de guerre. Ces corps de mercenaires, entretenus par le souverain, constituaient une force régulière, toujours prête à marcher, et fournissaient les uns une sorte de gendarmerie, chargée de la police des nomes, les autres la garde royale, comme les Turcs des califes de Bagdad, les Janissaires dans l'Empire ottoman ou les Suisses dans la monarchie française. Le roi de Saïs ne dérogeait donc point aux coutumes en prenant des étrangers à sa solde. Seulement, à l'époque du Haut Empire thébain, c'étaient des vaincus qu'on enrôlait pour la conquête, des peuples soumis qu'on forçait de contribuer à la défense du territoire. Maintenant, au contraire, un simple dynaste recrutait des bandes dans les pays lointains, pour conquérir l'Égypte elle-même ; il payait chèrement leurs services, et, ayant besoin de leur aide, il contractait vis-à-vis d'eux une dette qui le mettait jusqu'à un certain point dans leur dépendance.

Psammétique avait désormais une armée solide, composée en partie d'éléments indigènes et libyens, mais dont les mercenaires ioniens et cariens, quoique en assez petit nombre sans doute, faisaient la principale force. Le plus puissant de ses rivaux était ce Paqrourou de Pisoupti, qui, après la mort de Nikou, était devenu le chef de la confédération égyptienne. Paqrourou possédait, dans la partie orientale du Delta, des territoires étendus, comprenant plusieurs nomes, avec Héliopolis, Patumos, Phacoussa, et avait fondé une ville nouvelle, qui porta son nom, Phagroriopolis. Il dut prendre une part importante à la lutte soutenue par les dynastes pour arrêter les empiètements du roi saïte, mais les monuments égyptiens ne disent rien de cette guerre : seuls, les écrivains grecs en font connaître quelques épisodes. Diodore rapporte que Psammétique livra une bataille à ses adversaires près de Momemphis, et les défit complètement : les uns

---

1. ALCÉE, fragm. 36-37 (éd. Teubn., p. 184). Cf. STRABON, Did., XIII, p. 527 ; BÉROSE, fragm. 12, 3 (dans les *Fragm. hist. gr.*, II, p. 505).

périrent dans le combat, et les autres, s'étant enfuis en Libye, ne furent plus en état de disputer la suprématie au vainqueur[1]. Quand on se rappelle les obstacles que rencontrèrent en d'autres temps Tafnakhti, dont la situation était analogue à celle de Psammétique, et Piônkhi lui-même, on a peine à croire que, cette fois, le succès ait été aussi rapide et aussi complet. Au moment où les rois du Delta et peut-être ceux de la Haute-Égypte rassemblèrent leurs forces pour le combattre, Psammétique était encore réduit à la possession de son domaine héréditaire, puisqu'ils purent s'avancer jusqu'à Momemphis, ville située sur la route de Schedia à Memphis[2], et au sud de Saïs. La place était bien choisie, s'ils voulaient, comme il semble, couvrir Memphis, la plus importante place du Nord, dont la possession eût assuré à leur ennemi une excellente base d'opérations, pour pousser ses conquêtes sur le haut fleuve. Leurs troupes, recrutées dans toute l'étendue du pays, devaient être plus nombreuses que les siennes. Mais il avait pour lui les hoplites grecs et cariens, qui, par la supériorité de leur armement et par leurs vives attaques, déconcertèrent les soldats indigènes, mal armés, manquant de solidité et d'entrain après toutes les défaites qu'ils avaient subies. La tradition jusqu'ici est donc, sinon vraie, du moins acceptable. Elle cesse de l'être, lorsqu'on prétend qu'un seul engagement suffit à ruiner les espérances des dynastes. La donnée des guerres orientales, et particulièrement des guerres égyptiennes, est à peu près toujours la même. Les armées se rencontrent, livrent une grande bataille : la victoire de l'une d'elles ne décide pas du succès de la campagne. La confédération se dissout, mais chacun des chefs qui la composaient se retire dans sa ville, dans sa forteresse; il faut, pour les en déloger, commencer une série de sièges. Le Delta conquis ainsi que Memphis, Psammétique dut recommencer, le long du Nil, une campagne en sens inverse de celle que Piônkhi avait menée, et prendre une à une les bastilles

---

1. Diodore, I, 66.
2. Strabon, Did., XVII, p. 682. D'Anville et Larcher plaçaient Momemphis sur le bord oriental du lac Mareotis. Les auteurs de la traduction in-4° de Strabon, 1805-1819 (t. V, 372, note) pensent qu'elle était située près de l'embranchement du canal de Bahireh, non loin de Terraneh, où commence la route des lacs de Natron. Wilkinson (dans Rawlinson, *Hérodote*, II, p. 212, n° 4) la croit sur le bord du désert, près de la bouche du canal Lycus, un peu au-dessous du village moderne d'Algam. — M. Wiedemann (*Geschichte Ægyptens von Psammetich I bis auf Alexander*, p. 124) conteste l'indication de Diodore, qui aurait écrit ici Momemphis au lieu de Memphis, et confondu le temps de Psammétique avec celui d'Apriès et d'Amasis.

où s'étaient retranchés ses adversaires. Rien n'empêche que cette série d'expéditions n'ait rempli les quinze années, que Diodore prête à la dodécarchie[1]. Elle se prolongea certainement, avec des péripéties, dont le souvenir s'est presque entièrement perdu. Cependant Strabon et Polyen nous ont transmis deux récits, qui paraissent se rapporter à cette période si mal connue. L'histoire contée par Polyen[2] s'écarte sensiblement des données admises par la tradition grecque. Il n'y est pas question des douze rois, mais Psammétique a devant lui un seul prince, que l'auteur qualifie de roi d'Égypte et qu'il appelle Téménthès. Celui-ci consulte l'oracle d'Amon au sujet de la royauté, περὶ βασιλείας, et le dieu lui répond d'avoir à se garder des coqs. Or, Psammétique avait alors à sa cour un chef carien, Pigrès; apprenant de lui que ses compatriotes avaient les premiers porté des aigrettes sur leurs casques, il pénètre le sens de l'oracle, enrôle un grand nombre de Cariens, et les conduit contre Memphis. Là, ayant engagé le combat près du temple d'Isis, en dehors du palais, qui en est éloigné de cinq stades, il remporte la victoire[3]. Gutschmid, qui a étudié les sources de Polyen pour les récits se rapportant à l'Égypte, établit, par des raisonnements ingénieux, que celui-ci doit être attribué à Aristagoras de Milet, qui vivait, dit Étienne de Byzance, un peu après Platon, et qui dut visiter l'Égypte sous le règne de Nectanèbe II[4].

---

1. Les annales égyptiennes indiquent la date de 666 pour la fin du règne de Taharqou, mais elles ne tiennent pas compte des tentatives de Tandamani; aussi l'an 666 marque-t-il probablement le moment où l'on fixa plus tard officiellement la date de l'expulsion des Éthiopiens. D'après ce comput, le règne officiel de Psammétique aurait commencé à la mort de Taharqou, laquelle coïncida presque avec celle de Néchao Ier. Les quinze années attribuées par Diodore à la dodécarchie représenteraient le temps de la lutte de Psammétique, roi de Saïs, contre les dynastes, et le commencement de son règne effectif comme roi d'Égypte devrait être placé vers 651.

2. POLYEN, *Strat.* VII, 3.

3. Le texte ici est évidemment corrompu. Nous adoptons les corrections de Bursian, acceptées par Gutschmid (*Kleine Schriften*, t. I, p. 169) : καὶ περὶ τὸ τῆς Ἴσιδος ἱερὸν ἔξω τῶν βασιλείων, ὧν ἀπέχει στάδια πέντε, συμβαλὼν μάχην ἐνίκησεν. — ROTH (coll. HÉROD., II, 154) supplée : κατῴκισε après τῶν βασιλείων. Les manuscrits donnent εἴσω au lieu de ἔξω, proposé par Bursian.

4. V. C. MÜLLER, *Fragm. histor. græc.*, II, p. 99, 9; GUTSCHMID, *de rerum Ægyptiacarum scriptoribus græcis*, PHILOLOGUS, X, p. 522-542, 636-700, et *de Ægyptiacis locis apud Polyænum obviis eorumque fontibus*, XI, p. 140-150 (articles reproduits dans les *Kleine Schriften*, t. I, p. 35-149, 166-178). Comme Polyen ne s'est nulle part servi d'Hérodote, et qu'il n'a pu consulter ici Manéthon ni les autres auteurs égyptiens, dont aucun ne parle de Téménthès, il a dû suivre Aristagoras de Milet, le seul écrivain qui ait consacré un ouvrage spécial à l'Égypte entre Hérodote et les contemporains d'Alexandre (GUTSCHMID, *Kleine Schriften*, t. I, p. 136 sqq.).

Il croit reconnaître, dans la substitution de l'oracle d'Amon à celui de Bouto, l'indice qu'Aristagoras aurait puisé ses informations auprès des prêtres thébains, et telle serait la raison des divergences qu'on remarque entre ses récits et ceux d'Hérodote, qui s'était renseigné surtout dans le nord de l'Égypte. Cette induction est fort douteuse, car l'oracle d'Amon, consulté par Témenthès, pourrait être et est plus probablement celui de l'oasis libyque, que consulta Alexandre. Cette histoire semble appartenir à une série de traditions venues de la Cyrénaïque. En réalité, il y a là une querelle entre deux oracles, d'un côté celui de Bouto, plus ancien et dont Hérodote avait recueilli la version, de l'autre celui d'Amon, plus récent, et procédant d'une idée différente. L'oracle d'Amon néglige les Ioniens et ne tient compte que des Cariens, les seuls que l'on pût songer à désigner par cette singulière appellation de coqs. Le nom du roi a, il est vrai, une couleur assez égyptienne : on pourrait y voir le mot *ti-Montou,* don du dieu Montou[1]. Mais Psammétique avait de nombreux rivaux, et Témenthès n'est pas le seul qui lui ait disputé la primauté. Quant au nom de Pigrès, il était de fait très usité en Carie[2]. Les circonstances du récit ne sont pas d'ailleurs en contradiction formelle avec celles que rapportent les versions déjà connues. Il peut se faire qu'après la bataille de Momemphis, le vainqueur ait eu à combattre pour prendre Memphis, défendue par un des dynastes; et on aurait ainsi, dans Polyen, la trace d'un événement négligé par les autres historiens.

Avec Strabon, nous retrouvons les Milésiens, et il s'agit, non plus d'un combat sur terre, mais d'une bataille navale. Un certain temps après l'établissement de leur comptoir de la bouche Bolbitine, ils auraient remonté avec trente vaisseaux jusqu'au nome saïtique, battu un certain Inaros, qui

---

1. Il est impossible de reconnaître, avec F. Lenormant (*Histoire de l'Orient,* t. II, p. 382), le Tafnakhti de Panoub, cité dans la liste d'Asshourbanipal. M. Maspero serait porté à reconnaître dans la forme Témenthès comme un écho du nom Tandamani (Tanouatamon) que portait le beau-fils de Taharqou, le dernier roi koushite de l'Égypte. La tradition qu'Aristagoras nous fait connaître, à travers Polyen, aurait représenté l'avènement de la XXVIe dynastie comme le résultat d'une lutte des Saïtes contre les Éthiopiens.

2. Suidas cite un poète épique de ce nom, issu de la famille royale d'Halicarnasse. Un Pigrès, fils de Seldom, est nommé parmi les petits rois cariens, qui accompagnèrent Xerxès en Grèce (Hérodote, VII, 98). La liste donnée par M. C. T. Newton (*Essays on Art and Archæology,* p. 449) et reproduite par M. Sayce (*The Karian language and inscriptions,* dans les *Transactions of the Society of Biblical Archæology,* 1887, t. IX) ne donne pas le nom; mais il se trouve, l. 52, dans celle qu'a publiée M. Haussoullier (*Bull. de Corr. hellén.,* IV, 1880, p. 308). Cf. C. I. A., p. 256, col. I, l. 35.

s'opposait à leur passage, et fondé ensuite Naucratis. A ces assertions, on a opposé des objections d'ordres divers[1]. La bataille navale, par exemple, n'aurait été imaginée que pour fournir une étymologie grecque du nom de Naucratis[2]; c'est là une simple hypothèse, qui ne suffit pas à détruire un témoignage positif, quand on ne démontre ni la fausseté ni l'impossibilité du fait. Mais, en parlant d'Inaros, Strabon n'aurait-il pas pris pour un contemporain de Psammétique Ier le Libyen, fils d'un autre Psammétique, qui, sous Artaxerxès Ier, souleva l'Égypte contre les Perses ? Il est vrai que le nom ne paraît nulle part, dans les documents assyriens ou égyptiens, à l'époque qui nous occupe; mais cet argument négatif n'a pas une très grande valeur et on pourrait même admettre une erreur de nom, sans nier, pour cette seule raison, la réalité de l'événement. En même temps qu'il tirait d'Asie Mineure des soldats ioniens et cariens, Psammétique a pu demander aux Milésiens, ses voisins et alliés, des vaisseaux, nécessaires pour mener à bien son entreprise. Tandis qu'il combattait sur terre les troupes des rois confédérés, les Milésiens auraient opéré sur le fleuve avec leur escadre. Il n'est pas douteux que la marine grecque ne fût alors très supérieure à la marine égyptienne; et une flotte, montée par des Milésiens, les plus hardis et les plus expérimentés des marins grecs, devait avoir facilement raison de celle que lui opposaient les dynastes. On s'est donc trop hâté, selon nous, de rejeter le témoignage de Strabon, qui, s'il n'est pas exact de tous points, ne présente du moins aucune contradiction avec les faits connus de l'histoire. Ces diverses traditions se rapportent, comme on le voit, à des localités situées dans le Delta ou aux environs. Comme les Grecs ne visitaient guère en ce temps que la partie septentrionale de l'Égypte, ils ont ignoré ce qui se passait dans le reste de la contrée, et leurs conteurs ne nous ont rien transmis sur les événements, dont la vallée au sud de Memphis a pu être alors le théâtre.

Ils ne disent rien non plus du secours qui aurait été prêté à Psammétique par le roi de Lydie, Gygès; cependant les découvertes des assyriologues ont apporté à ce sujet des révélations inattendues. En déclarant la guerre aux dynastes, Psammétique s'était mis par cela même en rébellion ouverte contre

---

1. V. Soldan, dans le *Rhein. Mus.*, année 1836, p. 126 et s.; Hirschfeld, *Rhein. Mus.*, 1887, pp. 209 et s.
2. C'est l'opinion de Soldan, l. c.

l'Assyrie, puisqu'il prétendait détruire à son profit l'organisation intérieure du pays, telle qu'elle avait été réglée à deux reprises par Asarhaddon et par Assourbanipal. Pendant qu'il guerroyait péniblement avec ses mercenaires grecs, une révolte générale se préparait dans tout l'Orient contre la domination ninivite. Un fils d'Asarhaddon, Shamashshoumoukin, roi de Babylone, sous la suzeraineté de son frère Assourbanipal, avait résolu de se rendre indépendant et de s'emparer du trône. Pour arriver à ses fins, il se fit l'âme d'un vaste complot, dans lequel entrèrent les chefs de la plupart des pays courbés sous le joug d'Assour : Élam, Babylonie, Arabie, Palestine, Lydie. Psammétique avait tout intérêt à y prendre part; en effet, Assourbanipal, obligé de se défendre contre une ligue formidable, serait retenu longtemps en Asie, et il ne pourrait ainsi songer à contrarier les projets du roi saïte. Celui-ci, d'ailleurs, en combattant ses rivaux, concourait au succès général de l'entreprise, puisqu'il avait pour adversaires les vassaux de l'Assyrie et voulait proclamer l'indépendance de l'Égypte. Gygès fut-il mis en rapport avec lui par les Milésiens[1], ou bien ouvrit-il de lui-même les négociations ? Le document assyrien, traduit par G. Smith, ne nous apprend rien à ce sujet[2]. « Il méprisa, dit le souverain ninivite, la volonté du dieu Assour, mon créateur, et confiant dans son propre pouvoir, ayant enhardi son cœur, il envoya ses forces au secours de Pisamilki, roi d'Égypte, qui avait rejeté le joug de sa domination. » Ceci ne contredit point la légende grecque, mais plutôt sert à l'expliquer. Gygès ne pouvait guère expédier lui-même en Égypte des troupes, dont il avait besoin contre l'Assyrie, et d'ailleurs son royaume propre ne touchait pas à la mer. Il décida les peuples maritimes, qu'il avait soumis ou qui subissaient son influence, à procurer des mercenaires à son allié. Ces conjectures sont confirmées par les dernières découvertes de l'assyriologie, et, tandis que les objections proviennent surtout d'auteurs étrangers à cette étude, tous les assyriologues admettent la lecture Pisamilki et l'expliquent. La révolte de Shamashshoumoukin éclata à Babylone en 652-651. L'envoi des auxiliaires a dû précéder un peu cette date; ainsi ce renfort arrivait fort à propos, dans les dernières années de la

---

1. Gygès avait été d'abord l'ami des Grecs. Il s'était même entendu avec les Milésiens pour la fondation d'Abydos (STRABON, Did., XIII, p. 505). Plus tard il se brouilla avec les Ioniens, attaqua Milet et Smyrne et prit Colophon (HÉRODOTE, I, 14).

2. Cylindre A du British Museum, col. III, l. 25. V. G. SMITH, *History of Assurbanipal*, p. 64-68.

guerre contre les dynastes, et contribua puissamment à assurer le triomphe de Psammétique[1].

Vers 651, celui-ci était devenu seul maître du pays ; il pouvait désormais prendre à juste titre le protocole des Pharaons et se dire roi de la double terre. Toutefois, la Thébaïde, où vivaient les souvenirs glorieux des anciennes dynasties nationales, avait conservé une administration à part. Les femmes de sang royal, descendantes des Ramessides, y remplissaient des fonctions très élevées dans le culte d'Amon. L'une d'elles était la femme du dieu, en même temps que la mère ou l'épouse du roi régnant. Peu à peu elles étaient devenues de véritables souveraines, et Thèbes formait une sorte

---

1. Le cylindre assyrien, qui mentionne la révolte de Gygès et de Pisamilki, parle un peu plus loin de la rébellion du roi de Milouhhi, que cette fois il ne nomme pas. Ce roi, comme l'avait établi G. Smith, ne pouvait être que Pisamilki. Schrader (*Die Keilinschriften und Geschichtsforschung*, dans la longue note qui court au bas des pages 386-388), considérant Milouhhi comme le nom de l'Éthiopie, en concluait qu'au moment de l'envoi des renforts par Gygès, Psammétique était devenu roi non seulement de l'Égypte (Mousour), mais aussi de l'Éthiopie. Historiquement, cette conclusion est démentie par les faits : à aucune époque, Psammétique n'a été maître de l'Éthiopie. Au point de vue philologique, Milouhhi ne peut être la transcription sémitique du nom égyptien de Méroé (Béroua). L'identification du nom assyrien a été du reste l'objet de nombreuses discussions. L'opinion la plus probable est que Milouhhi désigne une contrée de l'Égypte, la partie occidentale du Delta, confinant à la Libye. M. Krall (*Studien zur Geschichte des alten Ægypten*, IV, p. 46-47) la place, au contraire, à l'Orient, entre Gaza et Jénysos, d'après Delattre, *L'Asie Occidentale*, p. 149 et s. Ainsi, les déductions historiques, tirées de l'identification de Milouhhi avec l'Éthiopie, tombent d'elles-mêmes, et l'arrivée des auxiliaires doit coïncider avec la révolte de Shamashshoumoukin, c'est-à-dire avec les dernières années de la lutte contre les dynastes.

M. Oppert (*Journal Asiatique*, 1872, p. 82-113) avait nié la présence du nom de Psammétique dans les textes cunéiformes. D'après lui, Smith donnait au premier signe du mot une valeur fausse, et il s'agissait, dans le cylindre assyrien, non du roi, mais des rois, ou plutôt des royaumes d'Égypte, c'est-à-dire précisément des adversaires de Psammétique. M. Gelzer (*Rhein. Mus.*, 1875, p. 230-268) a montré, d'après MM. Eisenlohr et Brandis, que la lecture de M. Oppert était due à une faute d'impression du texte assyrien publié en Angleterre. De plus, G. Smith avait rapporté, de son dernier voyage d'exploration en 1874, une tablette, où se lisaient clairement les mots : *Pi-sa-mi-il-ki sar mat Musur*, Pisamilki, roi de la terre d'Égypte. F. Lenormant, qui accepte cette lecture, aussi bien que Schrader, explique l'erreur de M. Oppert par ce fait que le signe *pi* avait en même temps la valeur polyphone de *tu* (*Origines de l'histoire*, t. II, p. 343, note 2). La transcription Pisamilki prouve, dit-il, que les Assyriens avaient mal entendu le nom égyptien Psamétik et l'avaient confondu avec les noms phéniciens se terminant en *milki*, dont la véritable vocalisation nous est révélée par les documents cunéiformes. — On sait d'ailleurs depuis longtemps que, dans la conjugaison assyrienne, *t* devenait *l* devant *k*. Il faut donc renoncer à l'ancienne lecture Tusamilki (Delitzsch, *Wo lag das Paradies*, p. 257) et admettre, malgré les objections de Gutschmid (*Iahrb. für Klass. Philol.*, CVII, 1875, p. 584), Wiedemann (*Ægyptische Geschichte*, p. 606), Busolt (*Griech. Gesch.*, t. I, p. 336, note), la lecture Pisamilki = Psammétique.

de principauté spirituelle, régie par la représentante du dieu sur la terre[1]. Aussi voit-on les rois bubastites et éthiopiens rechercher la main de ces princesses, en ayant soin de placer à côté d'elles quelque personnage de rang secondaire, chargé d'exercer l'autorité en leur nom. Pour devenir, au moins en Thébaïde, un Pharaon légitime, il fallait mêler son sang à celui des Ramessides; Psammétique n'eut garde de manquer à cette règle. Ameniritis, fille du roi éthiopien Kashto et sœur de Sabacon (Shabakou), avait eu une fille, Shapenouopit, alors titulaire de la principauté thébaine. Il l'épousa, quoiqu'elle fût peut-être plus âgée que lui, et cette union toute politique consacra définitivement son autorité dans la Haute-Égypte, comme ses victoires l'avaient imposée dans le reste de la contrée. Dès lors, il n'avait plus à craindre aucune opposition, aucune résistance. L'œuvre commencée par Tafnakhti, et continuée par ses successeurs avec des fortunes si diverses, était enfin terminée, l'Égypte était redevenue une et autonome. Les rois d'Éthiopie, après Tandamani, renoncèrent à faire valoir des revendications, auxquelles le mariage de Psammétique eût enlevé à présent toute apparence de légitimité. D'autre part, les événements qui se passaient dans la Haute-Asie occupaient les forces entières de l'Assyrie. Attaqué de toutes parts, Assourbanipal avait bravement fait tête à l'orage. Babylone réduite par la famine, les tribus du nord de l'Arabie furent sévèrement châtiées, l'Élam fut mis à feu et à sang. Mais ces luttes avaient été longues et meurtrières, et le monarque assyrien en sortit presque aussi affaibli que ses ennemis. A force d'activité et d'énergie, il était parvenu à dompter ceux qui touchaient ses frontières et menaçaient l'existence de sa royauté. Mais il avait dû renoncer à soumettre l'Arménie, la Lydie, que leur éloignement plaçait à l'abri de ses coups. Pour la même raison, l'Égypte demeurait en dehors de son action. La mort de Gygès (650) délia bientôt Psammétique des engagements qu'il avait pu contracter en échange du service que le Lydien lui avait rendu. Il n'avait plus dès lors qu'à rester simple spectateur du duel engagé entre l'Assyrie et ses vassaux, et il profita du répit que lui assurait cette diversion pour réorganiser son royaume et le mettre en état de défendre son indépendance.

---

1. V. ERMAN (*Abhandl. der K. Akad. der Wissensch.* de Berlin, 1885), et surtout : MASPERO, *les Momies de Déir el-Bahari*, Mémoires de la Mission du Caire, t. I, 4ᵉ fascicule, 1889.

Dans cette première période, qui se termine par l'introduction des mercenaires, nous n'avons eu, pour nous guider, que des légendes gréco-égyptiennes, recueillies dans le Delta, à Saïs, à Naucratis. Elles présentent un fonds de vérité, mais l'invention et l'arrangement des détails sont dus en grande partie à l'imagination des colons hellènes. Aux éléments historiques que leur fournit l'Égypte, ceux-ci mêlent des idées religieuses, des données qui leur sont propres. Ainsi, ils savent que le pays était, à un moment, scindé en un grand nombre de petits États; ils conservent le souvenir du fait; mais, par un procédé facile à saisir, d'une vingtaine de principautés ils font la « dodécarchie ». Dans la pensée d'Hérodote, les oracles ont une très haute importance. En tout temps, l'histoire, telle qu'il la conçoit, apparaît soumise à cette préoccupation spéciale, montrer que les événements avaient été annoncés par les dieux et qu'ils se sont accomplis conformément aux prédictions enregistrées par les prêtres[1]. Cette manière de voir est à peu près étrangère à l'Égypte. Les dieux y font connaître leur volonté présente par des signes, mais ne se soucient guère de révéler l'avenir. Ce sont les Grecs qui font la renommée de l'oracle de Bouto, les textes égyptiens n'en disent rien. Et cependant il joue, dans le récit de la dodécarchie et de l'avènement de Psammétique, un rôle prépondérant, partagé plus tard par celui de l'Amon libyen. Tout cela, c'est l'extérieur, le côté anecdotique et légendaire, l'œuvre des conteurs. Ce merveilleux, qui enveloppe les événements et en modifie parfois le caractère, doit être éliminé avec soin ; mais, quand on a fait le départ, il reste des faits réels, qui expliquent bien l'établissement des Grecs. Les circonstances générales sont aussi favorables que possible pour leur arrivée et leur installation dans le Delta. L'Égypte est divisée, un roi de Saïs a besoin de leur concours pour la réduire, il les appelle et, grâce à eux, devient tout puissant. Le personnage nous est connu par Hérodote et par les monuments. Hérodote, que nous aimons à citer là comme partout, non seulement rappelle ses actes, mais cite des traits qui peignent son caractère, qui nous le représentent comme un prince actif, entreprenant, dénué de préjugés, curieux d'apprendre et hardiment novateur. D'un autre côté, par les monuments indigènes, nous sommes en état de nous faire une idée de son œuvre. A partir de ce moment, nous sortons de la période légendaire, les témoignages deviennent plus précis

---

1. Cf. AMÉDÉE HAUVETTE, *Revue des Études grecques*, 1888, p. 3 et s.

et plus vraisemblables, nous passons décidément de la fable à l'histoire[1].

Les dévastations commises par les Assyriens avaient accumulé bien des ruines. Les routes, les canaux, négligés depuis Shabakou, furent refaits et soigneusement entretenus ; le nouveau roi mérita la reconnaissance des prêtres en restaurant les édifices religieux. A Thèbes, le temple de Karnak et celui de Médinét-Habou furent réparés dans plusieurs de leurs parties[2] ; mais la ville, saccagée deux fois par les Asiatiques, était frappée à mort et languit désormais sans retrouver son antique splendeur. La vie se concentrait de plus en plus dans les cités du Nord. Memphis n'avait pas déchu de son rang : Psammétique l'embellit, y éleva « les propylées qui regardent le Midi », la cour de l'Apis[3], répara, entre l'an 20 et l'an 52 de son règne, le Sérapéum et et y remplaça par des galeries nouvelles les chambres souterraines creusées par Ramsès II[4]. Saïs, la cité d'origine et la résidence préférée du souverain, ne fut certainement pas oubliée. Elle avait été cruellement traitée par Assourbanipal, à la suite de la seconde révolte des dynastes[5]. Nikou, après son retour d'Assyrie, avait commencé à la restaurer; Psammétique dut achever son œuvre et travailler aux importantes constructions du temple de Nit. Sur ce point particulier, les renseignements font défaut : les ruines de Sa el-Hagar, qui ont fourni tant de monuments épars dans les musées, n'ont jamais été fouillées d'une manière méthodique et nous n'avons sur leur topographie que des indications souvent fort difficiles à interpréter. D'autres villes du Delta, comme Mendès[6], Héliopolis[7], Athribis[8], le premier fief du roi, furent également l'objet de ses faveurs. L'exemple donné par le

---

1. Cf. Hérodote, II, 154.
2. Parthey, *Wanderungen durch das Nilthal*, II, p. 464 ; Rosellini, *Monumenti Storici*, t. IV, p. 199. — Les monuments que les premiers égyptologues, Champollion le Jeune, Rosellini, Champollion-Figeac (*L'Égypte ancienne*, p. 367), attribuaient à Psammétique Ier appartiennent en réalité à Psammétique II.
3. Hérodote, II, 153. — Diodore, I, 67.
4. Louvre, stèle 239 du Sérapéum. — Mariette, *le Sérapéum*, 1re édit., pl. 36 ; cf. *Bulletin de l'Athenæum français*, 1856, p. 78.
5. Oppert, *Mémoire sur les rapports de l'Égypte et de l'Assyrie*, p. 86 ; cf. *Mémoires de l'Académie des Inscriptions et Belles-Lettres*, t. VIII, p. 608.
6. G. Austin, *On a fragmentary Inscription of Psametik I in the Museum of Palermo*, dans les *Transactions of the Society of Biblical Archæology*, t. VI, p. 287-288.
7. Table d'offrande au cabinet des Médailles (v. Wiedemann, *Geschichte Ægyptens von Psammetich I* etc., p. 127, et *Ægyptische Geschichte*, p. 611).
8. Mariette, *Notice des principaux monuments*, 1864, p. 57, n° 4 ; Maspero, *Guide du Visiteur*, p. 381, n° 5563.

Pharaon était suivi par les particuliers; partout on dotait les sanctuaires, on en fondait de nouveaux [1]. Tous ces travaux, commandés ou encouragés par le roi, imprimaient une vie nouvelle à l'industrie et aux arts. « La vallée du » Nil devint comme un vaste atelier, où l'on travailla avec une activité sans » égale [2]. » Nos musées sont pleins de monuments de toutes sortes, qui appartiennent à cette ère si féconde, inaugurée par Psammétique Ier et qu'on a spirituellement caractérisée en l'appelant l'été de la Saint-Martin de la monarchie égyptienne [3].

Délivré de la guerre civile, Psammétique s'occupa aussitôt de régler la condition de ses soldats. Il les répartit, dit-on, en trois grands corps, auxquels il assigna comme garnison les localités les mieux placées pour assurer la défense du pays [4]. A l'ouest Marea, située aux confins de la Libye, au sud Éléphantine, qui commandait la frontière éthiopienne, furent réservées aux troupes indigènes. Les Grecs, cantonnés à Daphnæ, furent chargés de surveiller l'isthme [5]. C'était un poste de confiance. L'Égypte, en effet, n'avait plus rien à redouter de l'Éthiopie, épuisée par les guerres récentes; à l'ouest, les Libyens étaient en partie égyptianisés, et Cyrène n'était pas encore fondée [6]. Du côté de l'Orient, au contraire, on était obligé de se tenir en garde contre un retour possible d'Assourbanipal. Les Grecs étaient les meilleurs soldats de

---

1. V. Wiedemann, *Inschriften aus der Saitischen Periode*, dans le *Recueil de travaux*, t. VIII, p. 65, Stèle de Naskhepen-Sokhit. — Révillout, *Revue égyptologique*, t. II, p. 32-33, Stèle de la collection Posno, aujourd'hui à Berlin : on y raconte la fondation par Pterpa d'un sanctuaire à Pharbæthus. Il faut peut-être rattacher à la même série la stèle de Psmitik-senb, publiée par M. Maspero (*Zeitschrift für Ægyptische Sprache*, 1884, p. 80). — Cf. la liste des monuments contemporains de Psammétique, donnée par M. Wiedemann, dans sa *Geschichte Ægyptens von Psammetich I*, p. 138-147, et dans sa *Ægyptische Geschichte*, p. 618-625.

2. Maspero, *Histoire ancienne*, p. 531.

3. Sayce, *The ancient Empires of the East*, p. 337 : « With the XXVIth dynasty (B. C. 660) the St Luke's summer of Egyptian history begins. »

4. On voit une organisation analogue sous Minephtah : des troupes sont cantonnées aux points les plus menacés. V. l'inscription de Karnak, l. 7 et s., et les réflexions de Chabas (*Études sur l'antiquité historique*, p. 201 et s.) D'après M. Maspero (*Études égyptiennes*, t. II, p. 188-191), le système de défense aurait été déjà constitué vers la IIIe dynastie, à peu près tel que nous le connaissons vers la XXVIe. Aujourd'hui encore, l'armée des Khédives est répartie à peu près de même : au sud entre Assouan et Ouady-Halfa, vers le nord au Caire, à Alexandrie et près de l'isthme. Partout ailleurs, on ne rencontre que de petits corps de gendarmerie, chargés, comme autrefois les Maziou, de veiller au maintien de l'ordre et de la sécurité publique.

5. Hérodote, II, 30.

6. Elle ne le fut qu'environ vingt années plus tard, en 631.

Psammétique; de plus, hostiles par instinct et par éducation aux Sémites, dont ils ignoraient les idiomes, on les sentait, par cela même, moins accessibles à la corruption. Tels furent, sans doute, les motifs qui décidèrent le nouveau Pharaon à leur confier la garde de la frontière la plus menacée. « Outre la solde convenue, dit Diodore[1], il leur octroya de riches présents et leur fixa pour résidence un emplacement qui porte le nom de Stratopeda (les camps), puis il leur fit partager au sort une grande étendue de terrain, un peu au-dessus de la branche Pélusiaque[2]. » Hérodote ajoute un détail intéressant : les terres concédées aux Ioniens et aux Cariens étaient séparées par le Nil, en sorte qu'ils s'établirent en face les uns des autres[3]. On évitait ainsi toute occasion de conflit entre les deux corps, au cas où des rivalités militaires auraient réveillé en eux le souvenir des vieilles haines nationales.

Le nom de Stratopeda, attribué à cette espèce de colonie militaire, en indique suffisamment la nature[4]. Les camps permanents des Romains peuvent en donner d'ailleurs une idée approchante. Il ne s'agit pas ici d'une ville au sens ordinaire du mot, avec des maisons et des édifices publics, dont le nombre et les dimensions augmentent, à mesure que la population s'accroît, mais de vastes terrains, mesurés par les fonctionnaires royaux, et dont le périmètre devait être enfermé dans de fortes murailles. Les soldats y occupaient sans doute de simples huttes en pisé. Un château fortifié, résidence du général et des principaux chefs de service, dominait l'ensemble, du haut de quelque éminence naturelle ou artificielle. Les fouilles dirigées par M. Fl. Petrie, en 1885 et 1886, ont fait connaître l'emplacement exact et

---

1. Diodore de Sicile, I, 67.
2. κατεκληρούχησε. Les légendes grecques rapportent que Sésostris avait partagé entre ses guerriers la meilleure partie du pays (Diodore, I, 54). En réalité, tous les rois d'Égypte en faisaient autant. Ils donnaient à leurs fidèles des domaines plus ou moins étendus, quelquefois des nomes entiers (voir, par exemple, l'histoire de la principauté de la Gazelle sous les premiers rois de la xiie dynastie; Maspero, la Grande Inscription de Béni-Hassan, dans le Recueil de travaux, t. I, p. 160-180). — Le Soleil, parcourant pendant la nuit les diverses régions de l'autre monde, en distribuait les territoires à ses compagnons, à l'exemple des Pharaons (Maspero, Les Hypogées royaux de Thèbes, p. 32-33).
3. Hérodote, II, 154. — Le nom de Στρατόπεδα est toujours employé au pluriel. C'est qu'il désigne les deux camps distincts et isolés l'un de l'autre par le fleuve. Les emplacements auxquels il s'applique sont d'ailleurs différents de celui de Daphnæ, qui était voisine du camp des Ioniens.
4. D'autres établissements, fondés à diverses époques en Égypte, ont reçu des dénominations analogues; par exemple, celui des Tyriens (Hérodote, II, 112), celui des Juifs (Josèphe, Antiq. Judaïq., XIV, 8, 2). On peut comparer encore le φρούριον des Babyloniens, occupé plus tard par une des trois légions romaines qui gardaient la province (Strabon, XVII, p. 685).

la disposition générale d'un de ces camps de mercenaires[1]. Il porte aujourd'hui le nom de Tell-Defenneh (fig. 2). C'est une localité située à dix-sept milles anglais au sud-est de Tanis, et à quarante-cinq milles au nord-ouest de Bubaste, au milieu du désert qui s'étend aujourd'hui entre le Delta et le canal de Suez, juste au bord du grand chemin que suivaient les caravanes

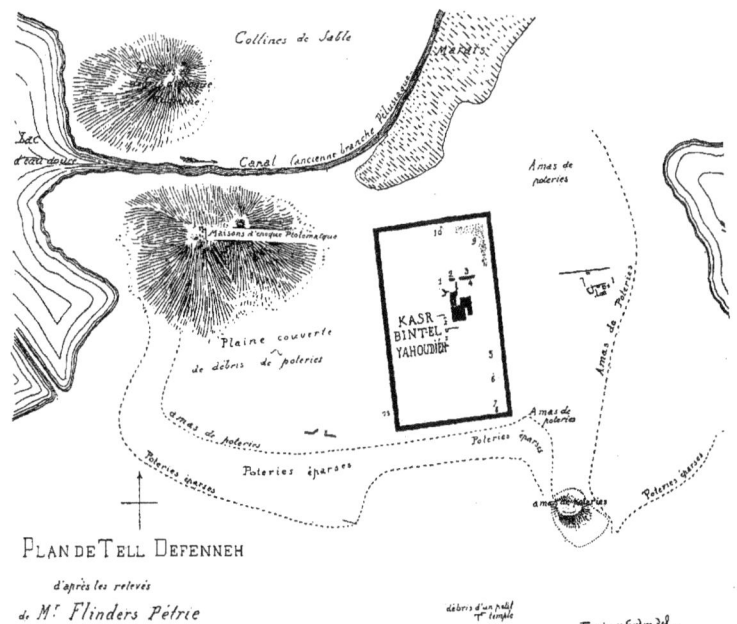

Plan de Tell Defenneh
d'après les relevés
de M.ʳ Flinders Pétrie

Légende de la figure 2. — 1. Murs de briques cuites. — 2. Blocs d'albâtre. — 3. Mur en pierre de taille. — 4. Amas de poteries. — 5. Débris d'édifices. — 6. Forgerons. — 7. Fondeurs de cuivre. — 8. Argentiers. — 9. Amas d'éclats de pierres. — 10. Débris de murs en grès.

pour passer d'Égypte en Syrie. Au point de vue militaire, la position était excellente, la plaine se trouvant fermée de trois côtés, au nord, par la bouche Pélusiaque, à l'est par le lac Menzaleh, à l'ouest par des lacs d'eau douce, et ne s'ouvrant qu'au sud, vers la route d'Asie. Aussi, dès le temps des Ramessides, y avait-on bâti un fort, dont il a été possible de reconnaître

1. Les résultats en ont été publiés, aux frais de l'*Egypt Exploration Fund,* par Flinders Petrie lui-même, dans le mémoire intitulé : *Tanis, Part II. Nebesheh (Am) and Defenneh (Tahpanhes),* Londres, in-4°, 1888.

les restes. Mais les nombreux débris, qu'on a exhumés tout autour, précisent exactement l'époque et le caractère des travaux, qui y furent exécutés sous la xxvie dynastie[1].

Trois buttes, séparées par moins d'un mille anglais, attirèrent d'abord l'attention de l'explorateur[2]. L'une d'elles était composée de millions de briques, formant un massif carré, détruit à une époque très ancienne par un incendie. C'était évidemment la citadelle, le fort central. Il était divisé à chaque étage en seize pièces et couvrait une surface considérable. Une stèle hiéroglyphique brisée, dont on a pu reconstituer une partie, avait été dédiée « au dieu Minou dans son temple »; elle témoigne à elle seule qu'une garnison a résidé en ce lieu, puisqu'un roi, dont le nom manque, y rappelle que « l'eau du Nil a été amenée par Nit pour donner la vie à ses soldats[3]. » A chaque angle, on recueillit une collection d'objets servant au sacrifice, des os de victimes immolées en l'honneur des dieux, plusieurs spécimens des briques et des instruments employés pour la construction; enfin, de petites tablettes en or, argent, lapis-lazuli, jaspe, cornaline, porcelaine, reproduisaient les noms et les titres gravés du fondateur, Ouahibrî Psamitik[4]. Le plan général avait été modifié à partir d'une certaine époque, et le noyau principal se trouve entouré, de plusieurs côtés, par des annexes, des dépendances, dont les plus anciennes, comme le prouvent les inscriptions, datent

1. L'identification, proposée par M. Petrie, de Tell-Defenneh avec l'ancienne Daphnæ, a été contestée récemment par MM. Furtwaengler et Erman (*Berl. Philol. Wochenschr.*, 19 juillet 1890, p. 917 et s., 959-60). En effet, comme nous l'avons dit, Hérodote distingue nettement Daphnæ des Stratopeda. A Daphnæ (II, 30), Psammétique Ier aurait établi une garnison-frontière, qui, d'après le contexte, serait plutôt égyptienne. La ressemblance du nom ancien et du nom moderne peut être fortuite, de même que celle du nom hébreu de Tahpanhes. L'identification est donc possible, mais non prouvée. Pour que la question pût être résolue, il faudrait des inscriptions, et la seule qu'on ait trouvée ne fournit rien à ce sujet. — Quant au nom de Defenneh, c'est probablement l'hébreu Tahpanhes et le grec des Septante, Ταφνας, Ταφναι, par corruption d'un mot égyptien resté inconnu. M. Griffith le ramène à l'égyptien *Ta-Bennout* ou *Ta-ha-pa-bennou*, le temple du Phénix (*Tanis*, II, p. 108) : c'est une conjecture et rien de plus. Une tradition, qui s'est conservée dans l'appellation locale de Kasr bint el Yahoudi, rappelle le souvenir des Juifs, qui se seraient réfugiés là, avec les filles du roi, après le meurtre de Guedaliah. V. Tomkins, *Academy*, septembre 1886, p. 172. — C'est à Daphnæ qu'Hérodote place le dénouement de la conspiration tramée contre Sésostris à son retour de Syrie (II, 107).

2. V. le quatrième Mémoire de l'*Egypt Exploration Fund : Tanis* II, *Nebesheh and Defenneh*, p. 47 et s.

3. Fl. Petrie, *Tanis*, II, pl. XLII, l. 15 et p. 107-108 : L'original porte, après le nom de la déesse, un signe que j'ai dû omettre faute d'en posséder une reproduction exacte dans le corps d'imprimerie dont nous nous servons.

4. *Ibid.*, pl. XXII, XXIII. Ces dépôts de fondation étaient d'usage commun en Égypte.

de Psammétique Ier, les plus modernes d'Amasis[1]. Dans son état primitif, le fort devait s'élever à trente pieds anglais environ au-dessus du sol ; quelques parties, mieux conservées que les autres, atteignent encore une hauteur de vingt-quatre pieds. L'entrée, placée à l'angle nord-ouest, était disposée comme dans toutes les citadelles égyptiennes, de manière à être facilement défendue, l'ennemi étant obligé, pour en approcher, de s'exposer, sur une chaussée étroite, aux projectiles des assiégés[2].

Devant le château s'ouvrait une large plate-forme, aujourd'hui dépouillée de son antique revêtement, et qui ne serait autre que la cour pavée de briques, mentionnée plus tard par le prophète Jérémie[3]. Exhaussée d'environ trois pieds au-dessus du sol naturel, elle formait, dit M. Petrie, une sorte de *mastaba*, d'où on descendait par quelques marches et qu'un fossé assez profond séparait des murs du fort. Au delà, le camp lui-même s'étendait en une aire de 2,000 pieds de long sur 1,000 de large. Les demeures des soldats

---

1. Dans celle de l'Ouest, parmi de nombreux couvercles et fragments de sceaux d'amphores, on en a trouvé plusieurs au nom de Psammétique Ier, et avec eux des tessons de poterie grecque peinte, qu'on peut rapporter au viie siècle. Quant aux autres chambres, élevées soit contre le fort au sud, soit à une certaine distance au nord, à l'est et au sud-est, elles seraient pour la plupart de date plus récente.

2. M. Petrie affirme qu'on y accédait seulement par un escalier en bois ; mais le fait ne paraît pas prouvé. Il pense que la citadelle était en même temps une résidence pharaonique, ou tout au moins un rendez-vous de chasse. Nous ne le croyons pas. La présence des sceaux d'amphores à l'estampille royale s'explique par le fait que l'approvisionnement du camp était confié à des fonctionnaires royaux. Les hiéroglyphes sculptés ou peints, les fragments décoratifs de caractère égyptien sont naturellement à leur place dans un édifice bâti par des architectes et des ouvriers indigènes. Le local appartenait au roi, les chefs militaires n'en avaient que la jouissance ; encore la partageaient-ils sans doute avec des officiers de l'armée égyptienne. Ils tiraient ce qui leur plaisait de l'Égypte ou des pays helléniques : or, les objets de provenance hellénique sont sans comparaison les plus nombreux. Un Pharaon, quelque philhellène qu'on le suppose, ne se serait pas entouré d'une pareille quantité de vases grecs. Le roi devait nécessairement venir là, si une guerre menaçait le pays vers l'Orient. En temps de paix, il y passait pour visiter la garnison ; autrement, il est peu probable qu'il s'y fût réservé une véritable résidence.

3. Jérémie, XLIII, 8-13. C'est encore là une assertion qui n'est rien moins que prouvée. Les explorateurs anglais, préoccupés, comme toujours, de confirmer les textes bibliques, ont retourné tout le sol de cette cour, sans rien découvrir autre chose que quelques anneaux et des pointes de flèches. M. Maspero, lorsqu'il était directeur général des fouilles de l'Égypte, acheta, pour le musée de Boulaq, trois barils de Nabuchodorosor, qui ne parlent que de constructions faites à Babylone (*Guide du Visiteur*, p. 402-403, n{os} 5830-5832), et qui d'ailleurs sont assez suspects. Le marchand du Caire qui les vendait prétendit d'abord qu'ils venaient de Defenneh. Pressé de questions, il finit par renvoyer à son beau-frère, qui les lui avait cédés, et celui-ci avoua qu'ils avaient été apportés de Bagdad. Ainsi tombent les inductions historiques qu'on a voulu tirer de la prétendue découverte de ces cylindres dans une localité égyptienne. Nous reviendrons plus loin sur cette question controversée de l'invasion chaldéenne en Égypte.

et des officiers s'y dressaient autour du donjon central ; le tout était enveloppé d'une muraille continue, en briques cuites au soleil, de cinquante pieds d'épaisseur, aujourd'hui complètement rasée. Les débris d'armes et d'autres objets répandus partout à la surface ne laissent subsister aucun doute sur la destination du lieu. Par delà les murs, dans la plaine, une ville avait crû peu à peu, dont on a pu relever le plan sur la longueur d'un mille environ : les lignes des rues entrecroisées se dessinent encore nettement sur le terrain, et les substructions des maisons s'élèvent par endroits d'un pied ou deux au-dessus du sable. Elle pouvait contenir environ vingt mille âmes et devait être habitée par une population mêlée, où des trafiquants de nationalités très diverses vendaient aux soldats des vivres, des armes, des objets de luxe et de fantaisie et pourvoyaient à leurs plaisirs. Des indigènes, des Syriens, des Cypriotes y vivaient côte à côte avec les Hellènes de l'Asie et des îles ; mais ceux-ci, attirés en grand nombre par la présence de leurs compatriotes mercenaires, en fournissaient l'élément principal. Les trouvailles faites dans cette localité offrent donc un intérêt particulier pour l'histoire de la civilisation hellénique et pour celle de l'établissement des Grecs en Égypte.

Les étrangers et les gens du pays ouvrirent là des bazars, avec des boutiques, où leur clientèle militaire trouvait les denrées, les objets de toutes sortes, les mieux appropriés à ses goûts et à ses besoins. A côté des marchands s'établirent, non pas des manufactures comme on l'a dit, mais des ouvriers travaillant chez eux, à l'orientale, se faisant une active concurrence et livrant une partie des produits que consommait la communauté. Dans ce mouvement du commerce et de l'industrie locale, la céramique tenait une place importante. Les poteries grecques les plus anciennes proviennent des chambres situées à l'est du château, et appartenant à un groupe de constructions qui aurait compris des cuisines et des magasins. On y remarque, outre des vases sans décors et de galbe hellénique, des stamnos de formes archaïques, à décor linéaire, ornés parfois de fleurs de lotus ou de nœuds[1]. Un fragment de cette classe, qui paraît être du viie siècle, porte un commencement d'inscription grecque ΠΕΤ[2], et on a rencontré tout

---

1. Fl. Petrie, *Tanis*, II, pl. XXIV, fig. 9. D'autres spécimens se trouvent au British Museum. Malheureusement, les dessins publiés par M. Petrie sont confus et peu satisfaisants pour la plupart.
2. Fl. Petrie, *ibid.*, pl. XXIV, fig. 11. V., plus loin, notre fig. 15.

auprès des statuettes, des idoles grossières, dont l'une entre autres rappelle certaines figures barbares, exhumées à Ilion par Schliemann [1]. Deux autres chambres, isolées vers le sud-est, étaient encombrées de fragments plus modernes, formant une couche épaisse de neuf pouces anglais; c'est de là, dit-on, que proviennent les neuf dixièmes de la poterie peinte de Defenneh [2]. Au milieu de ces tessons, on a relevé une anse au nom de Néchao et des sceaux d'amphores de Psammétique II et d'Amasis [3] (fig. 3). On est porté à en induire que tout ce qui est là remonte à la fin du viie et au commencement du vi[e] siècle, et cette induction se trouve confirmée par les caractères mêmes que présente la poterie; s'il en est ainsi, nous possédons de ce chef une collection particulièrement précieuse, puisque les fragments de vases peints qu'elle renferme peuvent être datés d'une manière exacte et rapportés à une courte période s'étendant des environs de l'an 600 au règne d'Amasis, c'est-à-dire à 570 ou peut-être quelques années plus tard [4]. Aucun des vases peints n'était entier; mais quelques-uns d'entre eux ont pu être à peu près reconstitués dans leur intégrité première. Il convient de remarquer tout d'abord que les modèles les

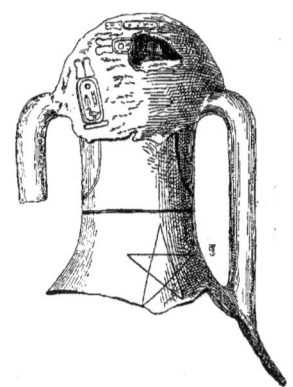

Fig. 3. — Goulot d'amphore portant encore sur le bouchon d'argile la triple empreinte du sceau d'Amasis.

1. Fl. Petrie, *Tanis*, II, pl. XXIV, fig. 1-4, surtout la fig. 2. Elle est identique à une autre, qui fut trouvée sur l'acropole de Camiros et publiée par M. Furtwaengler (*Iahrbücher d. Archæol. Instit.*, t. I, p. 154, n° 8000, fig. 6, même planche). Le fragment présente un genre de décoration, qui appartient à la dernière période du style géométrique.
2. En creusant au delà de cet amas de tessons, on a recueilli, deux ou trois pieds plus bas, nombre de vases égyptiens, déjà enfouis avant le dépôt de la poterie grecque. S'ils sont de la xxvie dynastie, c'est que cette partie de l'édifice n'était pas, sous Psammétique Ier, affectée au même usage qu'elle le fut à partir de Néchao.
3. V., par exemple, *Tanis*, II, pl. XXXVI, fig. 1-5.
4. Ils sont aujourd'hui, pour la plupart, au British Museum; quelques pièces caractéristiques ont été réservées par M. Maspero et déposées au musée de Boulaq. Les dates que M. Petrie a données pour la fabrication de ces vases sont du reste d'une précision exagérée; il les place tous entre 595 et 565. On peut admettre sans doute comme limite inférieure l'époque d'Amasis; mais les raisons alléguées pour la limite supérieure (595) ne sont nullement décisives. M. Furtwaengler (*Berl. Philol. Wochenschr.*, l. l.) fait remarquer avec raison que ces vases pouvaient fort bien être vieux d'une vingtaine d'années, lorsqu'on les mit au rebut; ils appartiendraient donc, au moins en partie, à la seconde moitié du viie siècle.

plus usuels de Defenneh manquent presque totalement à Naucratis, tandis que ceux de Naucratis n'apparaissent presque nulle part à Defenneh.

Les deux établissements grecs n'avaient probablement entre eux que peu de rapports, étant séparés par un large intervalle comprenant des territoires purement égyptiens. Leurs relations extérieures n'étaient peut-être pas tout à fait les mêmes[1], car les éléments qui dominaient dans chacun des deux centres étaient notablement différents. De plus, celui du Nord-Est était d'une date peut-être un peu plus ancienne, et son développement autour des camps des mercenaires a été sans doute plus rapide[2]. Enfin, il a duré peu de temps, jusqu'à 570 environ. Plusieurs indications, par exemple la nature de la terre employée et le choix des motifs, tendent à prouver qu'ici, comme à Naucratis, certaines catégories de vases ont dû être fabriquées sur place. C'est naturellement à celles-là que nous devons nous attacher de préférence.

Fig. 4. — Partie supérieure d'un vase rappelant la forme des situlæ égyptiennes en bronze.

1° La première comprend des vases d'un type entièrement inconnu avant les fouilles de Defenneh, et qui rappelle de très près celui des situlæ égyp-

---

1. Ainsi, les Phocéens semblent avoir tenu, à Defenneh, une place importante. C'est ce qu'on peut induire d'une remarque faite par M. E.-A. Gardner, à propos d'une certaine catégorie des vases de Cœré. M. Dummler, y reconnaissant le genre de fabrication particulier aux Phocéens, les croyait importés par ceux-ci en Italie, soit de leur métropole, soit de Naucratis, qu'ils ont contribué à coloniser. M. Gardner (*Journal of Hellenic Studies*, 1889, p. 123-134, § II) a fait voir que le type en question avait plus d'affinités avec ceux de Defenneh qu'avec ceux de Naucratis. Les sujets et les caractères égyptiens, dont on a signalé l'existence sur les hydries de Cœré, auraient donc été introduits dans la céramique hellénique par les mercenaires de Daphnæ plutôt que par les colons de Naucratis.

2. Cette prompte croissance des cités orientales n'a rien qui doive surprendre. Le même fait se reproduit à toutes les époques. Nous avons vu grandir de la même façon Ismaïlia, Port-Saïd, Suez et les villes de la côte qui sont situées dans la banlieue d'Alexandrie. Autour d'un faible noyau de population se groupent bientôt des indigènes venus du voisinage, puis des étrangers, des commerçants de toute provenance, et ce qui n'était qu'un pauvre village au début devient, en peu d'années, une ville considérable.

tiennes en bronze. Ce sont de hauts cylindres d'une argile gris-clair, légèrement renflés par le bas, avec un pied, deux petites anses et des bords plats, et portant des sujets dans un cadre réservé de chaque côté sur le col même (fig. 4)[1]. Outre les dieux ailés à queue de poisson, qui tiennent à la mythologie grecque, mais se rattachent aussi par certains côtés à la légende typhonienne[2], on y remarque parfois des sujets empruntés directement à l'Égypte (épervier posé sur une corbeille[3] (fig. 5), homme circoncis à coiffure égyptienne et brandissant un bâton[4] (fig. 6), lotus déployés en éventail[5]). Ils trahissent donc une connaissance pratique de la décoration indigène, qui a pu être acquise sur les lieux mêmes[6].

Fig. 5. — Fragment de vase représentant l'épervier sur une corbeille.

Fig. 6. — Fragment de vase sur lequel est représenté un homme combattant.

2° Une classe particulièrement fréquente à Defenneh, analogue à celle de vases exhumés à Fikellura dans l'île de Rhodes, est d'une terre gris-brun, ou de couleur crémeuse, avec des dessins rouge brun[7] ou noir[8], rehaussés de pourpre (fig. 7). Les représentations humaines y apparaissent quelquefois, mais par exception, comme sur certains vases de même espèce provenant d'Italie[9].

3° Une catégorie nouvelle est représentée principalement par des fragments d'amphores, se rapportant à la technique des vases à figures noires et du style ionien dit d'Asie Mineure, dont les analogues se retrouvent

Fig. 7. — Vase de style rhodien trouvé à Defenneh.

---

1. *Tanis*, II, pl. XXV, 1-3 ; pl. XXVI, 8. — 2. *Ibid.*, pl. XXV, 3. — 3. *Ibid.*, pl. XXVI, 1. — 4. *Ibid.*, pl. XXVI, 3, et pl. XXIX, 2. — 5. *Ibid.*, pl. XXVI, 8.
6. Les stamnoi de galbe hellénique de *Tanis*, II (pl. XXIV, 10) sont de même matière et pourraient être également attribués à des ateliers locaux, mais la décoration en est toute différente.
7. *Tanis*, II, pl. XXVIII, 1 et 2. — 8. *Ibid.*, 3 et 4.
9. Furtwaengler, *Berl. Philol. Wochenschr.*, 1890, p. 917 et s.

aussi en Italie[1]. Le système d'ornementation y est sensiblement en retard sur le dessin des figures, dont l'exécution est déjà remarquablement habile[2].

On a ramassé auprès d'eux des fragments appartenant à la fabrication attique ordinaire[3].

Selon une remarque ingénieuse de M. S. Murray[4], des sujets comme celui de Bellérophon et de la Chimère (fig. 8) devaient offrir un attrait spécial pour les Cariens, voisins de la Lycie, où ce mythe avait pris naissance. L'influence gréco-asiatique se montre également d'après lui dans une série de compositions, où figure

Fig. 8. — La Chimère et Bellérophon sur un vase de Defenneh.

Fig. 9. — Fragment de vase représentant une femme à cheval.

une femme à cheval, escortée d'un chien, avec l'oiseau volant derrière elle[5] (fig. 9). En effet, lors même qu'ils n'auraient pas apporté avec eux de tels modèles, les artisans de Daphnæ étaient placés de manière à subir de très bonne heure l'action de l'art oriental. C'est donc à l'influence égyptienne que M. Murray rapporte, sur les situlæ, les personnages ailés et barbus, dont

---

1. V. *Tanis*, II, pl. XXIX à XXXI. Scènes de danse, sphinx, hommes portant des coupes, cavaliers, guerriers combattant, etc. Nous signalerons un fragment (pl. XXX, 1) représentant un sphinx ailé, à tête de femme, debout en face d'un homme à longue barbe pointue et à longue chevelure, vêtu d'une tunique talaire, recouverte d'un large manteau, et qui semble se rapporter au mythe d'OEdipe.
2. V. Furtwaengler, *Berl., Philol. Wochenschr.*, 1890, p. 917 et suiv.
3. *Tanis*, II, pl, XXX, 3.
4. *Tanis*, II, p. 67-71.
5. *Tanis*, II, pl. XXIX, 4; pl. XXXI, 13. M. Pottier, dans : Dumont (*Céramiques de la Grèce*, p. 263) croit y reconnaître l'éphèbe cavalier. — M. Murray y voit, avec plus de raison, des femmes nues à cheval, plus asiatiques que grecques, mais qu'il faut se garder de confondre avec les Amazones. Selon lui, on pourrait placer ces vases à l'époque de Cambyse aussi bien qu'à celle d'Amasis.

le corps se termine en queue de serpent[1]. Le type, originellement typhonien[2], aurait été transformé par l'imagination grecque, comme celui des dieux du vent, fils de Borée, Zétès ou Calaïs[3]. On le sait, la légende de Persée était mise en rapport avec l'Égypte[4]; aussi, voyons-nous sur un vase de Defenneh une représentation archaïque de la Méduse[5] (fig. 10).

Fig. 10. — Fragment de vase sur lequel la Méduse était figurée.

Une figure ailée[6] fait songer à la victoire sculptée à Délos par Mikkiadès et Arkhermos. D'autres fragments montrent, au registre inférieur, des athlètes luttant, en des jeux funéraires, dont plusieurs trépieds sont le

Fig. 11. — Scènes de luttes et de chasse sur un vase de Defenneh.

prix; puis, au registre supérieur, une chasse assez semblable à celle de Calydon (fig. 11); rappelant ainsi, d'une part les scènes sculptées sur le coffre de Cypsélos et sur le trône d'Apollon Amycléen, de l'autre les peintures du vase d'Amphiaraos et du vase François[7]. M. Murray en rapproche fort à propos un vase de Cœré, dont le sujet est le même, et qu'on peut attribuer soit à la dernière moitié du viie siècle, soit aux premières années du vi^e[8]. Plus moderne est le fragment qui porte une harpye, identique à celle du vase Burgon[9], l'institution des jeux panathénaïques étant de l'année 566[10].

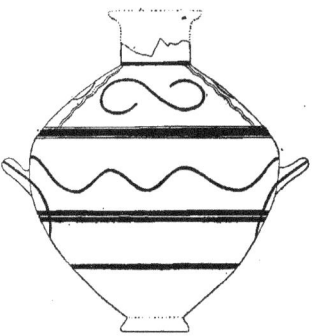

Fig. 12. — Hydrie de style rhodien.

---

1. *Tanis*, II, pl. XXV, 3. — 2. PAUSAN., V, 19, 1. — 3. PINDARE, *Pyth.*, IV, 182. — 4. HÉRODOTE, II, 91. — 5. *Tanis*, II, pl. XXVI, 10. — 6. *Ibid.*, pl. XXVI, 4. — 7. *Ibid.*, pl. XXX, 3. — 8. DUMONT, *Céramiq.*, p. 261. — 9. *Tanis*, II, pl. XXXI, 5.

10. MURRAY, dans *Tanis*, II, p. 71. Des cous d'amphores, scellées au-dessus de l'orifice principal, avec un tuyau latéral servant à l'écoulement du liquide, paraissent se rapprocher de certains types rencontrés à Mycènes, à Ialysos et ailleurs (v. pl. XXXVI, 5).

Des hydries à décor très simple[1] (fig. 12), fréquentes à Defenneh, se retrouvent à Rhodes dans les tombes du vi[e] siècle[2]. Enfin, sur les planches XXXIII à XXXVI, M. Petrie a rassemblé un très grand nombre de vases de types variés, absolument dépourvus d'ornements peints, et parmi lesquels on distingue nettement, à la différence des galbes, ceux qui sont dûs à des céramistes égyptiens ou à des céramistes grecs[3].

Quelques-uns se signalent par leurs caractères propres, comme étant notoirement indigènes ou directement imités de l'industrie égyptienne, ainsi ceux qui représentent le dieu Bès avec des restes de cartouches (fig. 13) et aussi plusieurs ampoules lenticulaires[4] (fig. 14). D'autres portent des lettres grecques (fig. 15) et cariennes[5], ou bien offrent certaines analogies avec ceux de Naucratis et se rattachent, par conséquent, au système hellénique[6]. Un nombre considérable de poteries sont au contraire toutes semblables à celles qu'on a recueillies dans des sites purement égyptiens[7]. Ces dernières ne se distinguent d'ailleurs par aucun détail qu'il importe de signaler. Ce qu'il faut surtout retenir ici, c'est d'abord qu'une notable quantité des vases de Defenneh présentent des particularités de style et de technique, qui décèlent l'existence d'une fabrique spéciale, différente de celles de Cyrène et de Naucratis; et de plus, que le témoignage des fouilles s'accorde en général d'une manière frappante avec les récits que les écrivains grecs nous ont transmis sur l'histoire de ces premiers établissements.

Fig. 13. — Vase en forme de dieu Bès.

Fig. 14. — Ampoule lenticulaire de Defenneh.

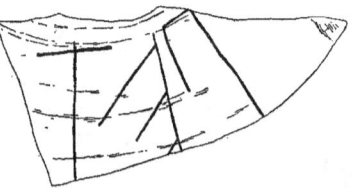

Fig. 15. — Fragment de stamnos portant les lettres ΠΕΤ en écriture rétrograde.

---

1. *Tanis*, II, pl. XXXII, 5. — 2. Furtwaengler, *Jahrb. d. Archæol. Instit.*, I, p. 149, n° 2938.
3. V. les indications et les renvois aux figures dans : *Tanis*, II, p. 64, col. 1.
4. *Tanis*, II, pl. XXXV, fig. 65, 67. — 5. *Ibid.*, pl. XXIV, 11; pl. XXXIII, XXXIV, fig. 1, 6, 10, 12, 39.
6. Par exemple, pl. XXXIII, 2; XXXIV, 26; XXXV, 44. De grands vases, exactement semblables à celui qui est reproduit pl. XXXIII, 6, ont été trouvés à Cypre dans des tombes du viie au vi[e] siècle.
7. V. les indications et les renvois aux figures dans : *Tanis*, II, p. 64, col. 1.

Les figurines qu'on a découvertes à Defenneh n'offrent qu'un intérêt médiocre. Elles peuvent se diviser en deux classes. Les unes, peu nombreuses, sont évidemment des idoles[1], rappelant celles que l'on déterre un peu partout sur les sites helléniques. On sait que la fabrication de ces espèces de fétiches s'est prolongée fort tard, parce qu'ils avaient le double mérite de coûter peu et de reproduire les vieux modèles, toujours les plus vénérés. Aussi ailleurs est-il souvent difficile de les dater; ici on peut le faire à coup sûr, et nous avons certainement sous les yeux ce qu'on exécutait ou ce qu'on achetait, vers la fin du VIIe siècle, dans une station militaire gréco-asiatique. La superstition des soldats ioniens n'était pas exigeante en fait d'art, et il est difficile de rien concevoir de plus rude que les petites images auxquelles ils adressaient leurs hommages.

Fig. 16. — Idole en pierre de Defenneh.

Fig. 17. Figurine humaine en terre cuite.

L'une (fig. 16) se compose simplement de deux pierres superposées et taillées sommairement en forme d'hexagones, dont le plus petit figure le haut et le plus grand le bas du corps. Plusieurs des couches archaïques de la prétendue Ilion nous en ont rendu d'analogues[2]. Une autre (fig. 17) consiste en une galette allongée, de terre cuite, dont le haut légèrement arrondi forme la tête, avec deux trous ronds pour les yeux et un morceau de pâte ajouté pour le nez; l'extrémité inférieure, un peu évidée, se termine par deux petits supports, servant de jambes.

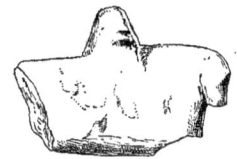

Fig. 18. — Cavalier en pierre de Defenneh.

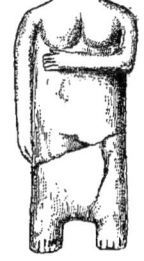

Fig. 19. — Statuette de femme en terre cuite.

Les vieux centres achéens de la Grèce propre ont fourni des modèles identiques; à Naucratis[3], nous retrouverons le cavalier de pierre (fig. 18). Enfin, une statuette de femme, en terre cuite (fig. 19), quoique bien grossière encore, prend à peu près forme humaine. La tête manque; le corps n'est qu'un cylindre aplati, terminé par deux poteaux massifs; mais les seins

---

1. *Tanis*, II, pl. XXIV, 1-4.
2. SCHLIEMANN, *Ilios.*, trad. franç., fig. 204-217, 1094-1097, et d'autres encore. M. Schliemann en a retrouvé de semblables à Mycènes.
3. *Naukratis*, I, pl. XIX, fig. 5.

sont clairement indiqués, un des bras pend le long du corps, l'autre est replié sur la poitrine. C'est l'attitude ordinaire des statues de la première période archaïque.

Les hommes ne sont guère mieux partagés ici que les dieux. Deux petites têtes en terre cuite[1] appartenaient certainement à des statuettes de guerriers, qu'on s'étonne de ne pas trouver en plus grand nombre ; elles portent le casque à cimier et rappellent certains ouvrages cypriotes (fig. 20 et 21). C'était sans doute des portraits de mercenaires, comme ceux que nous avons vus plus haut, provenant de Cypre et d'ailleurs. Une quarantaine de figurines en calcaire, trouvées dans le désert, à l'est du château, et dont M. Petrie a donné quelques échantillons[2], seraient, d'après lui, des prisonniers servant de pions ; on traçait des lignes sur le sable, et on les plantait en terre pour jouer. Ils ont tous les jambes repliées derrière eux et les coudes attachés ensemble. Les types, les coiffures, les accoutrements sont très divers ; il semble que ces personnages devaient figurer des nations soumises ; l'un d'eux paraît même avoir une tête d'animal. Quelques-uns sont des morceaux de calcaire à peine dégrossis ;

Fig. 20.   Fig. 21.
Têtes de guerriers.

d'autres expriment avec une habileté relative les caractères des nationalités qu'ils sont chargés de représenter. Que ces statuettes servissent comme instruments de jeu, le fait n'est pas démontré. Il est possible cependant. On jouait beaucoup à Defenneh, et rien n'est plus explicable dans le désœuvrement d'un camp. On a recueilli en effet, sur divers points du site, outre des dés en ivoire ou en os, plusieurs plaques de terre cuite, grossièrement divisées en carrés, trois dans un sens et dix dans l'autre, avec des pions faits de tessons de poterie arrondis, le tout reproduisant assez exactement les damiers, si nombreux dans les tombeaux égyptiens.

Dans une station militaire comme celle de Defenneh, on devait s'attendre à voir les industries métallurgiques prendre un développement considérable. En effet, le cuivre abonde et on voit, à la masse de scories qui parsèment le sol, qu'il était travaillé et fondu sur place. Il en était de même du bronze, qui apparaît sous les formes les plus diverses : têtes de flèches par centaines,

---

1. *Tanis*, II, pl. XXIV, 7, 8. — 2. Pl. XL, 8-13.

coupes, cuillers, couteaux préparés mais non encore aiguisés, tuyaux, ciseaux de tailles et d'apparence variées, sans compter des statuettes de dieux et des situlæ égyptiennes[1]. Le fer était plus commun encore ; on en faisait des mors pour les chevaux, des épées dont on a conservé plusieurs modèles (fig. 22), des couteaux, des têtes de flèches et de lances (fig. 23), répandues partout à la surface, dans la partie méridionale du camp[2], des armures à écailles imbriquées, dont on peut étudier l'ingénieuse disposition dans les figures de l'ouvrage anglais[3]. Le même métal n'était pas moins employé pour les usages civils[4] : pioches (fig. 24) et ciseaux, lames de couteaux à deux tranchants, rasoirs, forets, haches, tridents[5] et hameçons pour la pêche (fig. 25), tout cela se présente la plupart du temps en plusieurs exemplaires ; on se rend compte, en les étudiant, de mille détails concernant la fabrication des instruments de toutes sortes usités vers le VIIe et le VIe siècle. Un énorme amas de débris, parmi lesquels on a découvert jusqu'à un creuset contenant des scories mêlées de charbon, marquait, vers le sud-est, la place de l'atelier principal où l'on manufacturait le fer qui devait fournir aux soldats des ustensiles et des armes. On est donc en droit de conclure que cette fabrication avait ici une importance particulière.

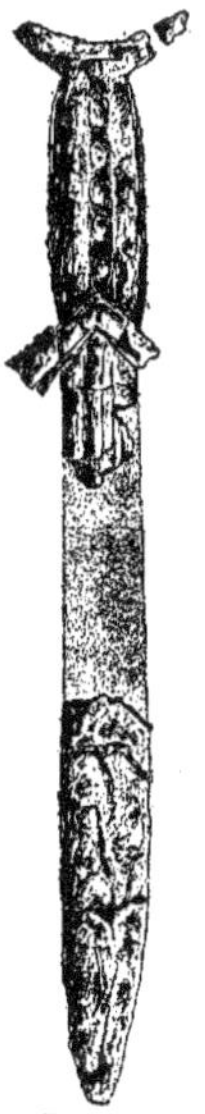

Fig. 22.

Fig. 23.

Les industries de luxe étaient également représentées, comme on pouvait

Fig. 24.

s'y attendre, autour des camps des mercenaires. Nous n'insisterons pas sur les objets émaillés : statuettes de divinités ou figurines funéraires, flacons, perles, chatons de bagues, yeux symboliques, ampoules gracieusement décorées, amulettes aux formes variées[6]. Tout cela pouvait être importé des villes voisines ou

Fig. 25.

---

1. *Tanis*, II, *Defenneh*, p. 77 et pl. XXXIX. — 2. *Ibid.*, pl. XXXVII, 12 à 16. — 3. *Ibid.*, fig. 19, 19 a, 19 b. — 4. *Ibid.*, pl. XXXVII et surtout pl. XXXVIII.

5. A propos des armes du modèle représenté fig. 3, pl. XXXVII, cf. la lance à deux pointes du soldat armé à la grecque, que l'on voit sur un bas-relief de Konieh (Iconium), Texier, *Asie Mineure*, pl. V (dans la collection Didot : l'*Univers*).

6. *Tanis*, II, pl. XLI.

exécuté ici même par des artistes indigènes. D'ailleurs, avant la garnison étrangère, il y avait eu en cet endroit des garnisons égyptiens, auxquelles on peut rapporter une partie de ces ouvrages si divers. Les scarabées y sont en assez petit nombre et d'une importance médiocre; quelques-uns portent le nom de Psammétique I[er][1] et une plaque rectangulaire reproduit les cartouches d'Apriès[2] (fig. 26). Les fabriquait-on sur place? La chose paraît peu probable, étant donnée la rareté de ces petits monuments. Cependant on a trouvé, dans le camp même, un fragment de pot, d'une matière réfractaire, contenant encore un résidu de la pâte bleue employée à cet usage. Rien n'indique, en tout cas, que cette industrie ait jamais pris ici le développement qu'elle eut,

Fig. 26. — Plaque portant les cartouches d'Apriès.

comme nous le verrons, dans les ateliers naucratites. Mais il existait certainement à Defenneh une corporation d'orfèvres qui produisait activement et exportait beaucoup au dehors. Des objets isolés, enfouis intentionnellement dès l'antiquité, nous apprennent peu de chose à ce sujet, car ils avaient pu constituer le butin de quelque soldat à la suite d'une campagne : il en est ainsi, par exemple, de cette belle anse de plateau, richement ciselée et d'un travail vraisemblablement oriental, qui était enterrée avec une livre et demie d'argent, dans un coin du camp, à l'est du château[3], ou de cette statuette d'Horus en or, qui était encore enfermée dans son petit naos d'argent[4]. Mais les anneaux, les boucles d'oreilles, les morceaux de chaînes, les yeux symboliques, et surtout cette multitude de fragments détachés d'ouvrages en or, globules fondus, lamelles enlevées par le ciseleur, feuilles préparées pour agencer des pendants ou des colliers, montrent que Defenneh fut véritablement, dans cette très haute antiquité, un centre important pour l'industrie et le commerce de la joaillerie[5]. Le nombre extraordinaire des poids de très petites dimensions, recueillis sur les mêmes emplacements, est une

---

1. *Tanis*, II, pl. XLI, 56. — 2. Pl. XL, 7. — 3. Pl. XLI, 10. — 4. Pl. XLI, 8, 9.
5. Pour l'argent, il n'en est pas tout à fait de même. On a recueilli cependant des statuettes, des uræus, quelques anneaux de prêtres égyptiens, une coupe et nombre de lingots. (Fl. PETRIE, *Tell Defenneh*, p. 76-77, pl. XLI, n°s 8, 11, 32-37.)

preuve de plus à l'appui de cette conjecture. M. Petrie induit de tous ces faits que Daphnæ pourrait être la source d'où sont partis tant d'ouvrages en or, exécutés par des artistes grecs et ornés de dessins presque orientaux, qu'on a signalé un peu partout sur les rivages de la Méditerranée. Une des sources peut-être, mais l'unique, assurément non. Rhodes, Cypre, la Crète, la Phénicie, certaines villes même de la Grèce propre, Corinthe par exemple, devraient au moins partager cet honneur avec elle.

Des inscriptions, démotiques sur plusieurs tessons, hiéroglyphiques sur des anneaux ayant appartenu à des prêtres, sur des scarabées et des ampoules de terre émaillée[1], montrent que la population, qui vivait dans les camps et aux alentours, comprenait un certain nombre, et probablement même beaucoup d'Égyptiens. Elle renfermait aussi des Asiatiques[2], venus de Phénicie et de Palestine, à la suite des mercenaires syriens, et dont la présence dans l'armée de Psammétique est mise hors de doute par les inscriptions d'Ipsamboul. Plusieurs des objets relevés à Defenneh semblent en effet garder la trace d'une inspiration phénicienne[3]. Sur une pierre à aiguiser on distingue même une légende en lettres phéniciennes et en caractères cypriotes[4]. Cypre avait donc aussi là des représentants. Toutefois, l'élément grec d'Asie Mineure devait prédominer dans cette agglomération composite, qui entourait les Stratopeda.

Les fouilles n'ont pas révélé d'une manière certaine la présence de temples grecs. Cependant on a reconnu, dans la plaine, des enclos murés, qui pourraient être des téménos ayant entouré quelque sanctuaire[5]; de plus, le musée de Gizéh possède un antéfixe complet et des fragments d'antéfixes provenant de Defenneh, qui sembleraient « indiquer la présence en cet endroit d'un temple élevé par les commerçants et les mercenaires Grecs et Cariens, soit au temps de la xxvie dynastie, soit plus tard[6]. »

Les Grecs étaient là dans une position unique, à l'entrée de la route, qui du Delta menait en Syrie et dans la Haute-Asie, c'est-à-dire au cœur du

---

1. *Tanis*, II, pl. XLI, 32-35; XL, 4.
2. V. au musée de Boulaq, n° 5821, une statuette en bronze de Mylitta nue, de fabrique babylonienne (Maspero, *Guide du Visiteur*, p. 399).
3. V., par exemple, une tête gravée sur un sceau ovale, *Tanis*, II, pl. XLI, 42.
4. *Tanis*, II, pl. XL, 1.
5. *Tanis*, part. II, Tell Defenneh, etc., p. 60.
6. Maspero, *Guide du Visiteur*, n°s 5827 et 5835.

monde oriental. Établis, grâce à la protection du Pharaon, sur le territoire de l'Égypte, ils étaient à même d'étudier directement les procédés de son industrie, et les créations d'un art tout nouveau pour eux ; avec cet esprit avisé, qui les distinguait entre tous les peuples, ils ne pouvaient manquer d'en faire bientôt leur profit. Recevant non seulement les produits des pays grecs, mais ceux qu'envoyaient, par des voies diverses, la Chaldée, l'Assyrie, l'Arabie et les côtes lointaines de l'Afrique, la ville des Stratopeda dut être, pendant la courte durée de son existence, une sorte d'entrepôt où convergèrent les marchandises de l'Orient, avant de se disperser sur les rivages de la Méditerranée, convoyées par les marins et échangées par les trafiquants hellènes. Elle fut ainsi un des points où s'opéra, dès le viie et le vi^e siècle, le mélange des nations de races diverses, qu'amenaient de tous côtés les intérêts de leur négoce ; et elle eut son heure d'influence sur la civilisation générale, à ce moment décisif, où l'art grec commençait à se dégager des imitations étrangères et à prendre conscience de lui-même.

Hérodote dit que les Stratopeda couvraient les deux rives du fleuve. En effet, de l'autre côté du canal qui longe la plaine de Defenneh, on reconnaît de nombreux restes d'habitations et aussi des tombeaux. Malheureusement, cette partie du site a été très peu fouillée. Une nouvelle campagne permettrait de recueillir sans doute une moisson très fructueuse et de distinguer peut-être, à des traits spéciaux, l'emplacement occupé par les Cariens de celui qui était réservé aux Ioniens. Jusque-là nous sommes réduits à ne former que des conjectures. Enfin, au bord des lacs voisins de l'ancienne ville, on trouve des traces encore visibles de ces chantiers maritimes, ὅλκοι τῶν νεῶν, qu'Hérodote avait vus, abandonnés depuis Amasis, avec les ruines des camps occupés par les mercenaires. Ceux-ci ne sont point les premiers ἀλλόγλωσσοι qui se soient fixés en Égypte, puisque les Milésiens probablement et certainement les Phéniciens les y avaient précédés. Ce qui est vrai, c'est que nous sommes en présence du premier établissement militaire hellénique qui ait eu une existence à part, qui ait été reconnu, réglementé par des décrets royaux. Faut-il le rapporter, comme on l'a fait, aux premières années du règne officiel de Psammétique Ier, vers 665 ? Nous ne le croyons pas. La partie orientale du Delta était alors soumise à Paqrourou, le chef de la confédération organisée par les Assyriens et, par conséquent, le principal adversaire du roi saïte. Celui-ci ne pouvait établir ses mercenaires à Daphnæ qu'après la conquête du Delta et plus probablement même après la pacification générale, c'est-à-dire entre 655 et 650 au plus tôt. « Le bras de Péluse fut désormais une voie à l'usage des Grecs, l'artère qui servait au commerce avec l'intérieur du pays, et par où aussi le trafic avec l'Arabie et l'Inde fut introduit dans le cercle d'opérations des spéculateurs grecs[1]. » A partir de ce moment, les Hellènes ne furent plus tout à fait des étrangers aux bords du Nil ; et, comme le remarque Hérodote, ils surent exactement tout ce qui s'y passait, depuis Psammétique et dans la suite.

Defenneh ne paraît pas d'ailleurs avoir été le seul poste de soldats étrangers installé dans cette partie du Delta. Un peu à l'ouest des Stratopéda, à Tell Nebesheh, M. Petrie a fouillé les ruines d'une ville antique, *Am*, voisine et par moments rivale de Tanis. Psammétique y aurait cantonné une division spéciale de ses troupes mercenaires, celle qui comprenait les Cypriotes. On a trouvé en effet des tombeaux renfermant des pointes de lances et des vases analogues à ceux de Cypre ; et, comme ils sont antérieurs, d'après leur position, à une sépulture égyptienne, qui est certainement de la xxvie dynastie, ils seraient tout au moins assez anciens dans cette dynastie. Ils se distinguent des tombes égyptiennes auxquelles ils sont mêlés, par leur orientation, par l'absence totale de figurines funéraires (oushabti) et par les objets qu'ils renferment. Ce sont principalement des têtes de lances et des fourches de bronze, dont l'usage n'est pas clairement déterminé. La ville et la nécropole ont fourni des spécimens de poteries, dont plusieurs rappellent des formes fréquentes à Cypre. On peut en conclure avec vraisemblance que des Cypriotes, et probablement des soldats, ont vécu en ce lieu. Mais il est difficile d'aller plus loin et d'affirmer qu'ils y sont venus sous Psammétique Ier. La ville paraît avoir pris un assez grand développement sous Amasis, qui rebâtit le temple principal, mais les grands monuments ne présentent aucun cartouche royal entre Ramsès III et le dernier roi de la xxvie dynastie. Les objets qu'on a recueillis peuvent dater du règne d'Amasis et, si quelques-uns

---

1. E. CURTIUS. *Histoire grecque*, trad. française. I, 526. « Les colonies fondées le long de la branche Pélusiaque par les Ioniens et les Cariens de Psammétique Ier avaient prospéré et possédaient déjà une population qu'on peut évaluer à près de 200,000 âmes. » (MASPERO, *Histoire ancienne*, p. 592.) Le chiffre de 200,000 âmes a été emprunté par M. Maspero au mémoire de LETRONNE, *la Civilisation Égyptienne depuis l'établissement des Grecs sous Psammétique Ier jusqu'à la conquête d'Alexandre*, p. 11. (*Œuvres choisies*, t. I, p. 163.)

des tombeaux sont plus anciens, ils ont pu être creusés sous quelqu'un de ses prédécesseurs immédiats, sans que rien nous autorise à remonter jusqu'au temps de Psammétique I[er][1].

Pour faciliter les relations entre les deux peuples, le Pharaon adopta une mesure qui devait avoir d'heureuses conséquences dans l'avenir. Il confia aux mercenaires, dit Hérodote, des fils d'Égyptiens, pour qu'ils leur enseignassent la langue grecque[2]. Il alla même plus loin, s'il faut en croire Diodore, et n'hésita pas à donner à ses propres fils une éducation grecque[3]. Si les Égyptiens avaient éprouvé pour les étrangers, et en particulier pour les Hellènes, cette antipathie qu'on leur a gratuitement prêtée, une telle conduite aurait dû provoquer de leur part une opposition passionnée. Rien n'indique cependant qu'ils aient refusé de se conformer aux ordonnances royales[4].

Les Cariens qui, presque toujours parlaient au moins deux langues[5], étaient naturellement désignés, ce semble, pour exercer le métier d'interprètes ; et les monuments nous apprennent que plusieurs d'entre eux l'ont exercé en effet. Ainsi un Apis de bronze du musée de Gizéh porte, avec des caractères cariens, une inscription hiéroglyphique, décrivant le dédicateur comme un interprète *(ouahmou)*[6]. On a retrouvé également à Memphis une stèle carienne[7], consacrée probablement par un des mercenaires de Psammétique. On voit que des Cariens avaient pu dès lors se fixer dans la principale ville de l'Égypte septentrionale et devenir la souche de ces

---

1. Petrie, *Tanis*, II, *Nebesheh*, p. 204 et pl. III. Cf. Furtwaengler, *Berl. Philol. Wochenschr.*, 1890, p. 920. Erman, *Ibid.*, p. 958.

2. Hérodote, II, 154. Kyaxare confia de même aux Scythes établis en Médie des enfants à qui ils enseignèrent leur langue et l'art de tirer de l'arc. (Hérodote, I, 173.)

3. Diodore, I, 67.

4. Heeren, *Politique et Commerce des peuples de l'antiquité*, II, 145, prétend, il est vrai que, victimes de la haine des indigènes pour les mercenaires, les enfants instruits par eux ne purent être reçus dans aucune classe, et qu'ainsi on fut obligé d'en créer une nouvelle, qui joignit probablement le commerce à ses autres occupations. Mais c'est là une pure hypothèse, et qui n'est appuyée d'aucune preuve.

5. Mardonius (Hérodote, VIII, 133), Tissapherne (Thucydide, VIII, 85), envoient en Grèce, pour consulter les oracles ou pour négocier, des Cariens qualifiés de δίγλωσσοι. C'est par des intermédiaires de cette nation que Cyrus le Jeune traite avec les chefs grecs. (Xénophon, *Anab.* I, 2, 17.)

6. Mariette, *Monuments divers*, pl. 106. Maspero, *Guide du Visiteur*, p. 180, n° 2576. Sayce, *Transactions of the Society of biblical Archæology*, 1887. Le nom carien, *Mavaåen* est accompagné d'un nom que M. Sayce croit égyptien et qu'il lit : *P-ram.*; mais ce nom peut être étranger, carien même. Vient ensuite un mot carien que M. Sayce traduit par analogie : l'interprète.

7. Sayce, dans les *Transactions*, l. l., Inscr. II, 4 de Memphis.

Καρομεμφῖται dont parlent les écrivains plus récents[1]. Il ne s'ensuit pas toutefois que le corps des interprètes se soit recruté exclusivement parmi eux.

Grâce aux enfants élevés à l'école des mercenaires, la connaissance du grec se répandit dans toute l'étendue du pays, et surtout dans le Delta. Hérodote, qui ne vit bien que cette partie de la contrée, assure même qu'ils formèrent plus tard une des classes de la nation[2]. Le renseignement, bien qu'exagéré, montre qu'ils s'étaient singulièrement multipliés pendant la durée de la XXVI° dynastie et à l'époque perse. Ils étaient établis là où leur présence était nécessaire, dans les ports, dans les villes où se tenaient de grands marchés, dans les localités où les monuments attiraient de préférence les voyageurs curieux. Souvent, comme l'a fait voir Lepsius[3], c'était des prêtres de rang inférieur, qui servaient de guides autour des temples célèbres, et aussi des colons grecs, qui, par leurs traductions et leurs additions fantaisistes, altéraient encore l'histoire locale, déjà mêlée de tant de légendes. Ces drogmans n'étaient peut-être pas tous aussi ignorants et fanfarons que le Chærémon dont parle Strabon, et qui accompagnait Ælius Gallus dans son voyage de touriste[4]. Cependant ceux qui renseignèrent Hérodote le trompent presque à chaque pas. Quoiqu'il cite rarement des ἑρμηνεῖς[5] et presque toujours des prêtres, il semble que les sacristains qu'il décore généreusement de ce nom méritaient d'appartenir à la classe des simples cicerones ; et les arguments prodigués par Gutschmid pour justifier les dires du voyageur grec ne prouvent point qu'il ait eu affaire souvent à de véritables membres du sacerdoce égyptien[6].

A propos de ce corps d'interprètes organisé par Psammétique Ier, Letronne remarque que « les Égyptiens font ici les avances. Ce sont eux qui veulent apprendre le grec, et non les Grecs l'égyptien : car Hérodote ne dit pas que ceux-ci aient donné à leur tour des enfants grecs pour qu'on leur

---

1. Polyen, *Strat.*, VII, 3. Steph. Byz., s. v. Cf. *Fragm. Histor. Græc.*, t. II, p. 98, Aristagoras; cf. Gutschmid, *Kleine Schriften*, t. I, p. 135 sqq.
2. Hérodote, II, 164.
3. *Chronologie der alten Ægypter*, t. I, p. 247 et suiv. ; Maspero, *Nouveau fragment d'un commentaire sur le livre II d'Hérodote*, p. 12-14. (Extrait du *Bulletin de l'Association pour l'Encouragement des Études grecques en France*, de 1878.)
4. Strabon (Did.), XVII, p. 685.
5. Hérodote, II, 3; 125.
6. *Philologus*, X, p. 643 et suiv. (*Kleine Schriften*, t. I, p. 72 sqq.)

enseignât la langue du pays. En ceci, ajoute-t-il, se montre le peu de goût qu'ils ont toujours eu pour les langues étrangères et le peu d'empressement qu'ils ont mis à les apprendre[1]. » Cette dernière observation est juste en soi : les Grecs négligeaient et semblaient mépriser les idiomes étrangers. Si les prêtres des grands sanctuaires étaient obligés de les parler quelquefois[2], on regardait comme le comble du malheur d'être réduit à désapprendre la langue de son pays pour en adopter une autre[3]. Cependant nous ne croyons pas qu'il y ait eu ici, comme le veut Letronne, un parti-pris, une résolution arrêtée : car aujourd'hui encore, les choses se passent absolument de même. Les Égyptiens, et en général les Levantins, apprennent les langues avec une facilité extrême et les parlent assez bien pour être facilement compris. Au contraire, la plupart des Grecs qui séjournent en Égypte pour leurs affaires apprennent peu l'arabe, à moins qu'ils ne soient absolument forcés de le faire; alors même ils se contentent le plus souvent de connaître les mots usuels. Il n'en fut pas autrement sans doute au temps de Psammétique; voilà pourquoi les premiers interprètes furent exclusivement des Égyptiens, et leurs successeurs des hommes de race mêlée, des Égypto-Grecs.

Délivré des embarras intérieurs et n'ayant plus rien à craindre d'Assourbanipal, Psammétique Ier pouvait désormais tourner son attention vers les affaires du dehors et songer aux conquêtes. Il avait en mains des troupes solidement organisées, que l'état de paix allait réduire à mener la vie amollissante et corruptrice des garnisons sédentaires. Les occasions d'employer cette force ne lui manquèrent certainement pas. Toutefois les monuments ne nous ont rien appris jusqu'ici des expéditions qu'il tenta pour l'utiliser et pour agrandir sa puissance. Nous n'en connaissons qu'une seule, dont les historiens grecs ont conservé le souvenir, sans doute parce que les mercenaires y avaient pris une part importante. La Syrie, à cause de sa richesse et surtout de sa situation géographique, avait été, à toutes les époques, l'objectif constant de la politique des Pharaons. Enfermés dans leur vallée du Nil par

---

1. LETRONNE, Œuvres choisies, t. I, p. 166.
2. Ainsi, dans HÉRODOTE, IV, 155, la Pythie s'exprime en libyen ; et VIII, 135, le prêtre d'Apollon Ptoos répond en carien à Mys, l'envoyé de Mardonius.
3. SOLON (Anthol. lyr., édit. Teubner, XXXII, p. 44) : « J'ai ramené bien des Athéniens dans leur patrie fondée par les dieux, alors qu'ils avaient été vendus, les uns injustement, les autres justement, et que, sous le coup de la nécessité, ils disaient la bonne aventure, *ne parlant même plus la langue attique*, et menant en bien des endroits une vie errante. »

la mer et par les déserts, ils n'avaient qu'une seule issue, par l'isthme de Suez, vers l'Asie; la première contrée qu'il leur fallait soumettre était la Syrie. Ils l'avaient conquise à la XVIIIe dynastie et longtemps gardée sous leur suzeraineté, malgré de fréquentes révoltes. Lorsque les Assyriens s'avancèrent vers l'Occident, ils la réduisirent à leur tour, et dès lors l'Égypte ne cessa de susciter, d'entretenir les rébellions de la Phénicie et de la Palestine contre les rois de Ninive. Derrière la Syrie, qui la protégeait comme un boulevard, elle se sentait à l'abri contre les attaques parties de l'Orient; menacée, elle avait le temps de préparer ses armées et de fortifier ses frontières, elle ne pouvait être prise au dépourvu. Au contraire, cette barrière tombée, elle se trouvait en quelques jours à la merci de ses ennemis. Mais les États syriens étaient trop faibles pour résister aux forces assyriennes. Il ne lui restait plus d'autre moyen que de créer une marine, de s'emparer des côtes et de tenir les Assyriens ou les Chaldéens en échec en prenant à revers leurs postes avancés de Palestine. Tel fut en effet le plan suivi par les rois de la XXVIe dynastie, depuis Psammétique Ier jusqu'à Amasis; ils s'efforcèrent d'entretenir avec les Phéniciens des rapports d'amitié très intime, et eurent soin de leur assurer toutes les facilités possibles pour leur commerce. Avec les Philistins, ils n'avaient point les mêmes ménagements à garder. Voisins du Delta, dont ils n'étaient séparés que par quelques lieues de désert, s'ils n'avaient que d'assez mauvais ports, creusés dans une côte sablonneuse, ils possédaient des places fortes qui pouvaient former comme autant de postes avancés pour la défense de l'isthme. La grande route des caravanes traversait leur territoire et se bifurquait aux environs du Carmel, pour remonter d'une part vers la Phénicie, de l'autre vers la Cœlésyrie et vers Damas; il importait à l'Égypte de la surveiller de près et de s'en assurer le libre usage. Se rendre maître de la Philistie, c'était d'ailleurs prendre pied en Syrie et se tenir prêt à tirer parti des événements. Toutes ces raisons décidèrent Psammétique à saisir la première occasion qui s'offrit de passer la frontière avec son armée; après avoir reçu sans doute la soumission de Gaza et d'Askalon, il mit le siège devant Ashdod[1]. C'était une ville importante à la fois comme marché et comme place de guerre : car il y avait deux Ashdod, l'une située au milieu des terres, μεσόγειος, entre Jamnia

---

1. V. sur Ashdod, STARKE, *Gaza und die Philistaeische Küste*, p. 209.

et Askalon, l'autre distante de six kilomètres environ, qui s'élevait près du rivage de la Méditerranée[1]. La première, solidement fortifiée, avait été prise dès le temps de Sharoukin, et était demeurée fidèle, sous ses successeurs, à l'allégeance assyrienne. Elle résista avec acharnement à tous les assauts, et le blocus qu'elle subit se serait prolongé, au dire d'Hérodote, pendant vingt-neuf ans. Ce chiffre est probablement exagéré[2], mais la contrée dut rester aux mains de Pharaon au moins jusqu'à l'invasion des Cimmériens[3]. Ceux-ci, après avoir parcouru l'Asie antérieure, vaincus par les Scythes et associés à leurs incursions, étaient descendus en Syrie vers 630 ; ravageant tout sur leur passage, ils arrivèrent jusqu'aux portes du Delta[4]. En apprenant l'approche de ces bandes qui avaient désolé l'Asie et l'avaient couverte de ruines, l'Égypte fut atterrée par l'imminence du péril, et le roi jugea sans doute qu'il serait imprudent de risquer une bataille. En négociant, au contraire, on gagnait du temps et on pouvait espérer qu'elles s'useraient par leurs propres excès et par l'influence du climat, qu'elles finiraient par se dissoudre d'elles-mêmes. Psammétique alla donc au devant des Cimmériens, dit Hérodote[5] et les décida, par des prières et des présents, à ne pas s'avancer plus loin. Justin affirme qu'ils ne furent arrêtés que par les marais[6] ; en tout cas, ils remontèrent en Syrie par Askalon, où une de leurs bandes pilla le temple

---

1. Josèphe, *Bell. Judaïc.*, I, 17. C'était la principale place des Philistins, et ce fut là, dans le temple de Dagon, qu'ils déposèrent l'arche prise sur les Israélites. (I, Sam., 2.) Wilkinson, dans l'*Herodotus* de Rawlinson, t. II, p. 204-205, remarque que ce fut toujours une place forte, comme l'indique son nom. *Shedid* en arabe signifie : fort.

2. On ne peut s'empêcher de soupçonner ici quelque méprise. « Peut-être, dit M. Maspero (*Hist. anc.*, p. 533), les interprètes chargés de renseigner Hérodote lui dirent-ils que la prise d'Ashdod tombait en l'an 29 de Psamitik Ier, soit en 637 ; peut-être aussi le chiffre était-il donné dans un de ces contes populaires qu'il a recueillis. Si l'on pouvait ajouter foi à la première hypothèse, la guerre de Syrie aurait eu lieu dans le temps où les Assyriens, déjà menacés par les Mèdes, ne pouvaient plus protéger ceux de leurs sujets qui se trouvaient à l'extrême occident de l'empire. » — Movers (*Die Phœnizier*, t. II, p. 416-418) qui accepte le chiffre d'Hérodote, en conclut que cette résistance imprévue empêcha Psammétique de pousser plus loin ses conquêtes, et il trouve dans la prophétie de Sophonie (II, 4-15) un écho de la terreur inspirée en Palestine par la présence des Égyptiens. On a rapporté avec plus de vraisemblance cette prophétie à l'invasion des Cimmériens.

3. M. Lauth, *Aus Ægypten's Vorzeit*, p. 448, pense au contraire que l'occupation fut de très courte durée. Mais son argumentation paraît peu concluante.

4. F. Lenormant, *les Origines de l'histoire*, t. II, p. 347 et suiv. ; p. 447 et suiv. ; p. 464.

5. Hérodote, I, 105.

6. Justin, II, 3.

d'Astarté, et la Philistie rentra sous la suzeraineté du Pharaon : car l'expédition de Néchao ne paraît avoir rencontré là aucune résistance.

Quoi qu'il en soit des services rendus dans cette campagne, les Grecs aimaient à se représenter comme prépondérant le rôle qu'ils avaient joué en Égypte. Psammétique, qui leur devait le trône, leur avait, selon Diodore, confié la direction des affaires militaires[1]. Le même historien rapporte ensuite, on ne sait d'après quelles sources, que, dans l'expédition de Syrie, le roi leur aurait assigné la place d'honneur à la droite de son armée, reléguant les indigènes à la gauche. Ce procédé exaspéra les Égyptiens, qui devaient voir en effet d'un mauvais œil les faveurs constamment accordées à des soudards. La tradition rapportait à cette prétendue injustice commise pendant la guerre de Philistie un événement assez étrange, l'émigration en Éthiopie d'une partie de l'armée égyptienne. Avant de discuter la réalité de cet exode, qui a été vivement contestée[2], il convient d'examiner d'abord les motifs qu'on lui attribue. La version d'Hérodote[3] diffère sensiblement de celle de Diodore. D'après lui, les corps cantonnés à Éléphantine et à Maréa n'avaient pas été relevés, bien qu'ils eussent achevé leur service régulier de trois ans ; c'est pour cela que, s'étant concertés entre eux, ils abandonnèrent Psammétique et se retirèrent chez les Éthiopiens, au nombre de deux cent quarante mille. Cependant, un détail donné incidemment par Hérodote laisse entrevoir que la tradition enregistrée par Diodore ne lui était pas inconnue. Il dit en effet que les descendants des émigrés égyptiens, les Automoles, portaient le nom d'Asmach qui signifie : ceux qui se tiennent à la gauche du roi[4]. Il semble seulement que Diodore ait tiré de cette

---

1. V. Diodore, I, 67.
2. V. surtout : Wiedemann, *Geschichte Ægyptens*, p. 134 et suiv. ; *Rhein. Mus.*, 1880, p. 364 et suiv. ; *Herodots Zweites Buch*, p. 128 et suiv.
3. Hérodote, II, 30.
4. *Asmach* a été depuis longtemps assimilé à l'égyptien *smahi*, celui qui est à la gauche (de Horrack, *Rev. archéol.*, 1862, t. II, p. 268). Cf. Ebers, *Ægypten und die Bücher Moses*, p. 300. M. Wiedemann (*Geschichte Ægyptens*, p. 135-136, *Sammlung altaegyptisch. Woerter*, p. 14) conteste cette assimilation. *Asmach* ne saurait répondre, selon lui, à *smahi*, à cause de la présence de l'*a* initial et du remplacement de *h* par χ. Mais l'*a* prothétique est fréquent dans les transcriptions grecques. Quant au χ remplaçant *h*, on a *Tiho* = Τάχως, aussi bien que *Téos*. La variante ἀσχάμ, dans certains manuscrits d'Hérodote, ne va pas non plus contre l'identification proposée : car l'orthographe du mot égyptien est tantôt *smahi*, tantôt *s.hami*. D'ailleurs l'interversion de l'*h* est un fait connu : *hmâ*, lin, copte ⲙⲁϩⲓ. Cf. *msahu* transcrit par Hérodote : χάμψαι, *crocodile*.

définition des conséquences qui avaient échappé à son devancier, ou que ce dernier avait négligées, parce qu'il n'en appréciait pas de même la valeur. On a beaucoup disserté sur la question de savoir si la droite était réellement, pour les Égyptiens, une place d'honneur. Mais les Grecs s'orientant vers le Nord et les Égyptiens vers le Midi, ne s'entendaient pas lorsqu'ils parlaient de droite ou de gauche. Si les premiers, pour des raisons religieuses, attachaient à la droite une grande importance, rien ne prouve qu'il en fût de même des seconds[1]. D'autre part, l'ennui de demeurer dans leurs garnisons au delà du temps fixé paraît être un motif bien futile pour déterminer une résolution aussi désespérée que celle qu'on prête aux guerriers. Cependant on connaît dans l'histoire d'Égypte un exemple au moins d'un fait analogue, sur lequel nous aurons à revenir plus loin. Le commandant de la garnison de Syène sous Apriès raconte, dans les inscriptions de sa statue, que les soldats qu'il avait sous ses ordres formèrent, en des circonstances pareilles, la résolution de passer en Nubie; ils ne furent empêchés que par une ruse habile de leur chef de mettre leur projet à exécution[2].

Voici maintenant, d'après Hérodote (II, 30), le récit de l'émigration. Psammétique ayant appris le départ des guerriers, se mit à leur poursuite; lorsqu'il les eut atteints, il les supplia longuement de ne point abandonner leurs pères, ni leurs enfants ni leurs femmes. Alors l'un d'eux, dit-on, lui montrant ses parties naturelles, répondit que, partout où cela serait, il y aurait pour eux des enfants et des femmes. Arrivés en Éthiopie, ils se livrèrent au roi de la contrée, qui en échange leur fit ce don : des Éthiopiens ayant formé un parti dissident, le roi ordonna aux Égyptiens de les expulser, puis d'habiter leur territoire[3]. Certaines parties de cette narration, comme la réponse des soldats, tiennent évidemment de la légende; il en est d'autres

---

1. En Égypte, temples, palais, maisons, tout était divisé d'après la course du soleil en partie sud et partie nord. Les fonctionnaires, les employés au service du roi ou des temples, les ouvriers même étaient partagés en gens de la droite et gens de la gauche, sans qu'il semble que les uns dussent être considérés comme supérieurs aux autres. La tradition conservée par les historiens grecs se rapporte à ces usages, elle contient donc encore une part de vérité; mais, si elle a pour point de départ le mot égyptien, elle l'interprète avec des idées grecques.

2. Statue de Neshor, au Louvre, A, 90. PIERRET, Recueil d'Inscriptions, 1re partie, p. 21 et suiv.

3. DIODORE, I, 67, ajoute que Psammétique envoya d'abord quelques-uns de ses généraux pour justifier sa conduite; mais, comme on ne les avait pas écoutés, il s'embarqua avec ses amis pour poursuivre les fugitifs. La conclusion est la même que dans HÉRODOTE. PLUTARQUE, de Exsilio, 7, ARISTOTE, Rhetor., III, 16, rapportent de même la réponse faite au roi. Aristote se réfère du reste au récit d'Hérodote.

qu'on peut vérifier et qui se trouvent confirmées par l'histoire monumentale. Les souverains d'Éthiopie, descendants des prêtres-rois de Thèbes, pouvaient facilement entrer en communication avec la garnison d'Éléphantine, qui confinait à leur royaume. Nous savons d'ailleurs, par la stèle de l'Excommunication [1] que le pays était, vers cette époque, agité de troubles religieux; d'autres stèles éthiopiennes, à peu près du même temps, montrent que les rois de la contrée étaient en état de guerre perpétuelle avec des voisins ou des vassaux révoltés [2]. Sur ce point, le témoignage des monuments est ainsi d'accord avec la tradition transmise par les écrivains grecs et lui prête un sérieux appui. Il ne faut donc pas se hâter, pour quelques difficultés de détail, de nier un fait accepté comme historique par l'antiquité entière. Au lieu de réfuter une à une les objections qu'on y a opposées, il vaut mieux étudier les conditions dans lesquelles l'émigration a pu se produire, les causes qui l'ont amenée et les souvenirs qu'elle a laissés. On verra que, cette fois encore, la tradition n'a réellement contre elle aucune impossibilité absolue. Hérodote expose le fait d'une manière générale, sans se rendre compte de ce qu'était l'organisation militaire de l'Égypte. Le chiffre de deux cent quarante mille hommes [3] est certainement exagéré. L'auteur l'a reproduit d'après les interprètes qui, en pareil cas, grossissaient volontiers les nombres, ne fût-ce que par esprit de patriotisme. L'armée permanente comprenait peu d'Égyptiens. Chaque nome, chaque principauté avait une milice levée par le gouverneur et entretenue par lui, dont le nombre était calculé d'après la grandeur du territoire; en cas de guerre, le chef devait la conduire à la réquisition du roi. Ce n'était là, on le voit, qu'une sorte de garde nationale, devant le service militaire en des circonstances déterminées; et c'est, croyons-nous, ce que les écrivains grecs désignent par

1. MASPERO, Revue archéol., 1871, t. XXII, p. 329 sqq.; cf. Records of the Past, t. IV, p. 95 sqq.
2. MARIETTE, Quatre pages des archives officielles de l'Éthiopie, Rev. archéol., 1865, t. XII, p. 161 sqq.; MASPERO, stèle de Horsiatef (Records of the Past, t. VI, p. 87 et suiv.); stèle de Nastosenen (Transactions of the Society of Biblical Archæology, t. IV, p. 204 et suiv.).
3. DIODORE, I, 67, dit en nombre rond deux cent mille. Le chiffre d'Hérodote est précisément celui que donne Manéthon pour les guerriers cantonnés par les rois Pasteurs dans la place forte d'Avaris. (MANÉTHON dans JOSÈPHE contre Apion, V). Il y a peut-être eu quelque confusion ou dans l'esprit des guides ou dans les notes du voyageur. Hérodote dit ailleurs (II, 165-166) que les Hermotybies fournissent cent soixante mille hommes et les Calasiries deux cent cinquante mille, quand ils sont au grand complet. Cela est aussi douteux que les chiffres donnés par Diodore, I, 54, et par Strabon pour l'époque de Sésostris. Cf. KRALL, Studien zur Geschichte des alten Ægypten, III, p. 69 et suiv.

le nom de μάχιμοι. L'armée permanente au contraire se composait surtout de mercenaires. Nous avons parlé des Shardinas incorporés sous Ramsès II ; mais les corps les plus nombreux étaient formés de Libyens, Mashouasha, Maziou, etc., qui, entrés dans le Delta comme envahisseurs, étaient devenus les défenseurs gagés du Pharaon et de l'Empire. Au premier rang étaient les Mashouasha, dont les chefs grandirent en autorité et en influence à mesure que s'affaiblissait le pouvoir des Pharaons. C'est grâce à ces bandes d'origine étrangère que commença à se former, sous les successeurs de Sheshonq, cette féodalité nouvelle, qu'on voit s'épanouir au temps de Tafnakhti et des Éthiopiens. Sous Psammétique, il y a maintenant deux catégories de mercenaires, les uns grecs, les autres libyens. Entre des soldats de races différentes à la solde d'un même État, il surgit à l'ordinaire des jalousies, des rivalités, qui amènent parfois de sanglants conflits. L'histoire de Carthage, par exemple, en offre de nombreux exemples. Étant les plus anciens au service de l'Égypte, les Libyens croyaient avoir plus de droits ; toute récompense octroyée à leurs rivaux constituait une injustice à leur égard. Le philhellénisme de Psammétique les outrant chaque jour davantage, ils résolurent de partir. Mais il n'est point nécessaire ici de serrer de trop près le texte d'Hérodote. Ceux qui étaient à Maréa n'eurent point, comme on dit, à traverser le pays tout entier. Ils étaient là aux portes de la Libye, leur lieu d'origine ; rien n'était plus facile pour eux que d'y retourner avec leurs tribus, et ils étaient déjà loin sans doute, quand le roi fut prévenu de leur fuite. Ceux d'Éléphantine se trouvaient dans des conditions différentes, mais non moins favorables pour une émigration ; ils partirent de même et furent reçus à bras ouverts par le roi d'Éthiopie, doublement heureux d'affaiblir l'Égypte et de trouver des auxiliaires à bon compte. Eux aussi formaient de véritables tribus ; mais les Grecs n'en savaient rien ; ils ne connaissaient que les Ioniens et les Cariens qui n'avaient avec eux ni femmes ni enfants, et ils ont prêté aux Libyens une réponse de mercenaires grecs.

Les monuments confirment la vraisemblance de ces conclusions. Avant la XXVIe dynastie, on rencontre souvent des commandants des Mashouasha investis de fonctions élevées. Depuis Psammétique, on n'en voit plus paraître aucun dans les textes avec les titres spéciaux qui les distinguent. La suppression de ces titres et des prérogatives qui y étaient attachées ne pouvait manquer d'indisposer les chefs militaires frustrés dans leur ambition ou, selon eux, dans leurs droits ; les plaintes de ces vieux serviteurs devaient trouver un écho au moins dans une partie de la nation. Voilà un des griefs principaux qui purent déterminer la sécession. Les guides du vᵉ siècle ignoraient tout cela, et ils en donnaient des raisons qui avaient certainement aussi une part de vérité.

On peut relever dans l'histoire ancienne et moderne, plus d'un exemple de faits semblables, qui servent à éclairer celui-ci et le confirment en l'expliquant. Pendant sa campagne dans l'Inde, Alexandre avait couru les plus graves dangers et il avait été blessé assez sérieusement au siège de la ville des Malliens. Le bruit de sa mort se répandit aussitôt dans l'armée, et de là dans les provinces soumises. A cette nouvelle, une révolte éclata parmi les soldats grecs, que le roi de Macédoine avait établis dans la Bactriane et qui s'ennuyaient déjà de vivre au milieu des nations barbares. Athénodore, puis Bicon se mirent à leur tête en promettant de les ramener dans leur patrie. Trois mille d'entre eux partirent, et Quinte-Curce affirme qu'ils purent regagner la Grèce comme l'avaient fait jadis les Dix-Mille sous la conduite de Xénophon[1]. Après la mort d'Alexandre, un mouvement plus important se produisit dans les provinces de la Haute-Asie : une partie des troupes qui les occupaient se mirent en marche, au nombre de vingt mille hommes de pied et de trois mille cavaliers, et prirent le chemin de l'Occident. Pithon, dépêché par le régent, les poursuivit avec une armée et, après avoir cherché à les gagner, fut forcé de les laisser exterminer par ses soldats, à qui Perdiccas avait promis leurs dépouilles[2]. L'Égypte, même sous la domination arabe et turque, fournit des points de comparaison, qui paraîtront peut-être plus décisifs, les événements qui s'y rapportent ayant eu à peu près le même théâtre. Ainsi, au xıᵉ siècle de notre ère, sous le règne de Mostanser, le plus faible des califes Fatimites, des rivalités se produisirent entre les soldats turcs et les nègres. Ces derniers étaient favorisés ouvertement par la mère du calife, qui était de même race qu'eux. Les Turcs en conçurent un vif ressentiment et bientôt, grâce au peu d'autorité du souverain, des luttes violentes éclatèrent entre les deux corps de troupes. Après des alternatives de succès et de revers, les nègres, désespérant de l'emporter, prirent le parti de se retirer au fond du

---

1. Quinte-Curce, IX, 27.
2. V. Droysen, *Geschichte des Hellenismus*, II, 1ʳᵉ partie, p. 42-45.

Said, tandis que plusieurs de leurs bandes ne cessaient de harceler leurs adversaires[1]. Enfin, au commencement de notre siècle, un épisode du même genre marque la fin de la lutte entreprise par Méhémet-Ali contre les Mamelouks. Après le massacre général qui avait eu lieu au Caire et dans toute l'Égypte, les forces du pacha poursuivirent les beys jusqu'au delà d'Ibrim et ceux-ci furent obligés de se jeter d'abord dans le désert, abandonnant armes et bagages. Une partie de leurs soldats se rendirent à Assouan ; ils y furent décapités comme les autres. Alors, les beys n'ayant plus assez de monde pour tenter le sort des armes, se retirèrent à Dongolah, et c'est en les poursuivant que Méhémet-Ali fut amené à soumettre les régions du Haut-Nil[2]. Sous Psammétique, les rivalités entre mercenaires n'étaient pas moins ardentes qu'elles ne le furent sous Mostanser et sous Méhémet-Ali. Seulement les Libyens, doutant sans doute de leurs forces, émigrèrent pacifiquement plutôt que de tenter la lutte. Quant à Psammétique, il savait quels dangers les Mashouasha avaient fait courir à la monarchie ; il dut se consoler assez facilement de leur départ. Cette sécession imprévue laissait un vide dans les rangs de son armée ; mais il n'en était pas réduit pour cela aux milices peu aguerries des nomes. Pour remplacer les fugitifs, il avait les Ioniens et les Cariens, c'est-à-dire une troupe solide et dévouée à sa personne ; et, par de nouvelles recrues, il pouvait en augmenter la force.

Ce n'est pas tout. L'expédition de Psammétique à la poursuite des émigrants paraît avoir laissé en Nubie des traces matérielles, dont il nous reste maintenant à discuter l'authenticité. Quelques-uns des soldats qui avaient accompagné le Pharaon, arrivés à Ipsamboul (Abou-Simbel) un peu avant la seconde cataracte, gravèrent leurs noms sur la jambe d'un des colosses taillés dans le roc par Ramsès II, à l'entrée du temple souterrain qu'il avait fait creuser dans la montagne. De ces inscriptions, les unes sont rédigées en grec, d'autres en carien, d'autres enfin, dans une langue sémitique. Les premières ont attiré l'attention des philologues et des épigraphistes comme étant un des plus anciens monuments écrits en langue hellénique et comme représentant

---

1. Ét. Quatremère, *Mémoires géographiques et historiques sur l'Égypte*, t. II, p. 355-359.
2. Mengin, *Histoire de l'Égypte sous Mohammed-Ali*, t. I, p. 386-387. Ce dernier rapprochement avait déjà été indiqué par Vivien de Saint-Martin (*Le Nord de l'Afrique*, p. 24). Les raisons que j'indique ci-dessus ont été déjà mentionnées en partie par M. Maspero (*Notes au jour le jour*, § 27) dans les *Proceedings* de la Société d'Archéologie biblique, 1891-1892.

la forme primitive de l'alphabet ionien. Voici d'abord le texte de la principale, qui renferme certains renseignements généraux au sujet de l'expédition :

```
ΒΑΣΙΛΕΟΣΕΛΘΟΝΤΟΣΕΣΕΛΕΦΑΝΤΙΝΑΝΨΑΜΑΤΙΧΟ
ΤΑΥΤΑΕΓΡΑΨΑΝΤΟΙΣΥΝΨΑΜΜΑΤΙΧΟΙΤΟΙΘΕΟΚΛΟΣ
ΕΠΛΕΟΝΗΛΘΟΝΔΕΚΕΡΚΙΟΣΚΑΤΥΠΕΡΘΕΝΙΣΟΠΟΤΑΜΟΣ
ΑΝΙΗΑΛΟΓΛΟΣΟΣΔΗΕ ΠΟΤΑΣΙΜΤΟ ΑΙΓΥΠΤΙΟΣ ΔΕ ΑΜΑΣΙΣ
ΕΓΡΑΦΕΔΑΜΕΑΡΧΟΝΑΜΟΙΒΙΧΟ ΚΑΙΠΕΛΕΡΟΣΟΥΔΑΜΟ
```

Il résulte de ce texte qu'un roi du nom de Psammétique, étant venu jusqu'à Éléphantine, amena avec lui un corps d'armée comprenant trois divisions. La première était commandée par un chef appelé aussi Psammétique ; ce général étant grec d'origine, comme l'indiquent et l'addition du nom paternel au génitif et ce nom lui-même (Théoclès), les soldats qui servaient sous ses ordres devaient être également des Grecs. Une autre division, celle des ἀλλόγλωσσοι, avait pour chef Potasimto. Une troisième enfin était formée d'Égyptiens placés sous le commandement d'Amasis (Ahmes). Le roi en question est-il Psammétique Ier ? Nous ne prétendons pas l'avoir prouvé avec évidence ; nous avons tâché seulement de montrer que sa présence à Éléphantine était possible et même probable, et qu'ainsi on devait s'en tenir au témoignage des historiens grecs. Le mot ἔπλεον confirme la narration de Diodore, qui dit que le roi s'embarqua avec ses amis, c'est-à-dire avec une partie des troupes qui lui restaient fidèles, pour poursuivre les fugitifs.

Jusqu'où se sont avancés les soldats ? l'inscription elle-même répond : jusqu'au delà de Kerkis. L'identification de cette localité a donné lieu à de nombreuses discussions. L'opinion la plus probable est celle de M. Ebers, qui la place à quelques milles au-dessus d'Abou-Simbel, vers la cataracte de Ouady-Halfa[2]. On alla, dit le texte, ἰς ὁ ποταμὸς ἀνίη, jusqu'où le fleuve le

---

[1]. Βασιλέος ἐλθόντος ἐς Ἐλεφαντίνην Ψαμματίχου — ταῦτα ἔγραψαν τοὶ σὺν Ψαμ(μ)ατίχῳ τῷ Θεοκλ(έ)ος — ἔπλεον ·ἦλθον δὲ Κέρκιος κατύπερθεν, ἰς ὁ ποταμὸς — ἀνίη. Ἀλ(λ)ογλώσ(σ)ο(υ)ς δ'ἦχε Ποτασιμτό, Αἰγυπτίο(υ)ς δὲ Ἄμασις. — Ἔγραψε δ'ἀμὲ Ἄρχων Ἀμοιβίχο(υ) καὶ Πέλεφος Οὐδάμου.

[2]. Ebers, Ægypten und die Bücher Moses, p. 162-164. — Les premiers éditeurs Yorke et Leake confondaient Kerkis avec Ipsamboul. Franz, C. I. G. 5126, après avoir cité leur opinion ajoute : videndum tamen est ne Κέρκις sit i. q. Ψέλκις (Dakke). Nulla enim causa est cur illos homines putemus ultra eum locum navigasse, cujus mentionem faciunt in inscriptione. — M. Wiedemann (Rhein. Mus. 1880, p. 304 et s.) corrige Κέρκιος en Κέρτιος et y voit l'égyptien Korti, Qort, désignant la partie du fleuve qui s'étend de la première cataracte à Éléphantine. Le roi (selon lui, Psammétique II) serait resté près de la première cataracte, tandis que les soldats poussaient jusqu'à la seconde et, dans une halte, ils auraient

permit, c'est-à-dire jusqu'à l'endroit où il cessait d'être navigable, soit pour explorer le pays, soit pour renseigner le roi[1]. Cette explication s'applique fort bien à l'expédition de Psammétique Ier, qui aurait poussé seulement jusqu'aux frontières de l'Égypte et, après avoir négocié vainement avec les fugitifs, se serait arrêté à Éléphantine. Ceux-ci continuant leur marche vers le Sud, la route était libre pour les mercenaires, et un certain nombre d'entre eux pouvaient, sans rencontrer d'obstacle, remonter jusqu'à la seconde cataracte. C'était la première fois que des Grecs et peut-être aussi des Sémites, pénétraient dans ces contrées lointaines : quelques-uns se plurent à y graver leurs noms, pour laisser derrière eux un souvenir de leur passage.

Le général grec portant le nom de Psammétique, on a supposé qu'il était né depuis l'avènement du chef de la xxvie dynastie (et alors il devait être bien jeune pour commander), ou autrement que les rapports de l'Égypte avec la Grèce étaient plus anciens que le règne de Psammétique. Cette donnée s'accorderait au mieux avec notre thèse. Mais le raisonnement est sans force si le nom de Psamitik est originaire de Libye et a passé de là en Grèce[2]. — Amasis commandait les Égyptiens et Potasimto les ἀλλόγλωσσοι. Que faut-il entendre ici par ce mot ἀλλόγλωσσοι? Les premiers éditeurs prenant αλλογλωσος

inscrit leurs noms à Abou-Simbel. Cette correction, acceptée par M. Krall (*Wiener Studien*, 1882, p. 164-166) a été rejetée par MM. Abel (*Wiener Studien*, 1881, p. 161 et s.) et Roehl (*Inscriptiones Græcæ antiquissimæ*, n° 482), le second K étant gravé très nettement sur la pierre, contrairement à ce que pensait M. Wiedemann. — Nous ajouterons que cette correction n'est pas nécessaire, le radical Kerk étant connu dans un grand nombre de lieux (Kerkasore, Girgeh, etc.). Plusieurs localités d'Éthiopie l'ont conservé aussi jusque dans les temps modernes. Ainsi Cailliaud (*Voyage à Méroé*, t. III, p. 161) cite une île de Kourkos, située vers le 17° degré de latitude, à la hauteur de Méroé, un peu au-dessus de Chendy. Il est clair que les soldats grecs ne sont pas allés jusque-là. La carte annexée au même ouvrage indique encore une île de Korkos, vers le 19° degré de latitude, non loin de l'île de Moqrât, au-dessus de la cinquième cataracte.

1. Bien des traductions différentes ont été proposées pour rendre cette partie de l'inscription. Nous nous en tenons à celle qu'ont adoptée Ross (*Archæol. Aufsætzen*, II, p. 557), Kirchoff (*Studien*, p. 40); Blass (*Hermes*, XIII, p. 381), Abel (*Egy. Phil. Kœzl.*, II, p. 347, et *Wien. Stud.*, l. l.), Wiedemann (*Rhein. Mus.* l. l.). — Ross admettait l'équation ις = εἰς. Kirchoff prend ις pour une simple erreur d'écriture : ις au lieu de ἐς, cf. ἐς Ἐλεφαντίνην. Blass et aussi G. Meyer (*Griesch. Grammat.*, p. 34) rejettent cette conjecture. Le fac-simile, disent-ils, ne donne pas, après κατύπερθε, un ν, comme on l'avait cru d'abord, mais un trait incliné peu distinct, puis un υ qui en est fortement séparé. En négligeant le premier trait, qui peut être une fente de la pierre, on a : κατύπερθε υἷς ὁ ποταμὸς ἀνίη, υἷς étant une forme dorique pour οἵ (cf. πῶς = ποῖ, ὕς = οἱ). Abel est aussi de cet avis.

2. Nous voyons, à la même époque, un neveu de Périandre, tyran de Corinthe, porter le même nom. Il n'en faut pas induire, comme on l'a fait, sans autre preuve, qu'un mariage aurait eu lieu entre le père de Périandre et une Égyptienne de la famille des rois saïtes.

pour un singulier (comme Αἰγύπτιος) considéraient Potasimto comme un Éthiopien connaissant le pays et ayant servi de guide, ainsi que l'Égyptien Amasis. Après avoir substitué l'accusatif pluriel au nominatif singulier, on a voulu reconnaître, dans les ἀλλόγλωσσοι, ou les Cariens et autres soldats ne parlant pas le grec[1], ou bien, par opposition aux Égyptiens, une division mêlée comprenant à la fois Cariens, Hellènes et Sémites[2]. Mais les Grecs ne pouvaient guère se donner à eux-mêmes un pareil qualificatif[3]. Il est peu probable d'ailleurs qu'ils fussent confondus dans une même division avec les Sémites et autres barbares. Sous le titre d'ἀλλόγλωσσοι il convient donc de réunir les soldats non égyptiens et non grecs (Phéniciens, Juifs et Arabes du désert). Potasimto est certainement un nom égyptien[4]. D'ordinaire, il est vrai, les bandes de mercenaires étaient enrôlées par un homme de leur nation, qui, les ayant formées, en prenait la direction. Mais il s'agit ici d'une troupe mêlée, d'une sorte de légion étrangère, que Potasimto pouvait avoir recrutée lui-même en Asie pour le compte du roi; et d'ailleurs, en la plaçant sous l'autorité d'un Égyptien, on prévenait les divisions qui étaient à craindre, à cause de la diversité des éléments dont elle était composée.

Voilà pour les chefs. Quant aux soldats, les graffiti d'Ipsamboul nous apportent aussi à leur sujet de curieux renseignements. Les deux premiers sont ceux qui figurent à la fin de la grande inscription comme en étant les

---

1. Blass (*Hermes*, t. XIII, p. 381).
2. Dittenberger (*Hermes*, t. XIII, p. 392). Dans cette hypothèse, Psammétique serait le général du corps tout entier, ayant sous ses ordres deux subdivisions : l'une formée par les Égyptiens, sous Amasis, l'autre par tous les étrangers, et ayant à sa tête Potasimto.
3. Hérodote parlant des mercenaires (II, 154) dit bien: πρῶτοι οὗτοι ἐν Αἰγύπτῳ ἀλλόγλωσσοι κατῳκίσθησαν. Mais l'emploi de cette expression ne se justifie pas de même dans l'inscription d'Ipsamboul. Cf. Abel, *Wien. Stud.*, 1881, p. 161 et s.
4. On lisait d'abord le nom : Δηγεποτασιμτο. Blass a corrigé en : δ' ἦχε Ποτ. Krall (*Wien. Stud.*, 1882, p. 164-166) a indiqué la formation du mot : *pe-tu-Hor-sam-taui* (le don d'Horus qui réunit les deux terres). La chute de *r* dans le nom d'Horus nous paraît difficile à admettre (cf. πετεαρπρης, πεταροηρις, etc.) et nous voyons, dans la seconde syllabe, une vocalisation du verbe *tu, ti, ta* (= donner). Le nom d'Horus n'est pas exprimé, mais simplement l'épithète *sam to (taui)*, qui suffit à le désigner; et le sens reste le même. La division proposée par Blass, Πότας Ἰμτου, tombe devant l'évidence de l'étymologie égyptienne. Nous avons rencontré deux fois ce nom, dans l'inscription de Piônkhi et dans une stèle de la collection Posno, où on voit un certain Pterpa bâtir, à Pharbætus, un oratoire à Horus de Sheden, en l'an 51 de Psammétique Ier. Potasimto, père de ce Pterpa, serait-il par hasard le même que celui qui figure à Ipsamboul? Les dates ne s'y opposent pas, et le nom qu'il porte, aussi bien que la consécration faite par Pterpa, semblent indiquer chez l'un et chez l'autre une dévotion particulière à Horus. — Le nom est d'ailleurs fréquent en Égypte.

auteurs : Archôn, fils d'Amœbichos et Peleqos, fils d'Eudamos[1]. De ce dernier, nous ne savons rien de plus ; mais l'autre paraît avoir eu un frère cité en *d* : Πύθων ὁ Ἀμοιβίχου. La série des petites inscriptions comprend sept noms incisés à la suite l'un de l'autre, plus un huitième écrit au-dessous du genou gauche d'un autre colosse de la même façade. On y voit deux Ioniens, l'un de Téos, Ἐλεσίβιος ὁ Τήϊος *(b)* et l'autre de Colophon, Πάβις ὁ Ϙολοφώνιος *(e)* ; probablement deux Rhodiens d'Ialysos, Τήλεφος ὁ Ἰαλύσιο[ς] et un autre dont le nom ne se lit plus *(c* et *i)*[2] ; deux hommes dont la nationalité n'est pas spécifiée : Κρίθις *(h)* et Ἀγέσερμο[ς] *(J)*. Le nom inscrit en *g* a été lu πασιφον et πασιφον ; la vraie lecture paraît être celle de Πασιδῶν, donnée par M. Wiedemann. Ce savant y voit un mot de forme égyptienne, composé de l'article *pa* et de l'ethnique *sidôn* = le Sidonien[3]. Ce soldat est-il un Phénicien sachant le grec, qui aurait transcrit son nom en caractères helléniques, tandis que ses compatriotes écrivaient le leur dans leur propre langue? La chose est peu probable. Il est du reste désigné par le nom de son père, et le commencement de ce nom, ὁ Ἱππο..., semble accuser une origine grecque. S'il en est ainsi, comment expliquer la formation égyptienne de son nom? La question n'est pas résolue. La dernière des inscriptions *(i)*, celle qui est incisée sur la jambe du second colosse, est ainsi conçue : ꙨΟ μλυσοβ Ꙩοκα βασιλευς Ꙩελασε τον στρατον το πρατον..... μα Ψαμειτιχ..... Le nom propre manque au commencement ; la lecture ὁ Ἰαλύσιος est très vraisemblable. Quant aux lacunes de la fin, M. Kirchhoff les comble ainsi : ὅκα βασιλεὺς ἤλασε τὸν στρατὸν τὸ πρᾶτον[ἐνθάδε ἅ] μα Ψαμειτίχ[ῳ ἦλθον]. « Moi [un tel] d'Ialysos, lorsque le roi fit avancer son armée dans le pays pour la première fois, je suis venu avec Psammétique » ; ou : « je suis venu ici avec Psammétique ». Il s'agit, bien entendu, du chef grec, fils de Théoclès. L'expression τὸ πρῶτον semble d'abord un peu étrange. Elle ne saurait faire allusion à deux expéditions différentes, qui auraient été dirigées par le roi contre la Nubie : car il faudrait supposer alors que l'inscription a été gravée par son auteur au cours de la

---

1. Le C. I. G., 5126, donnait : ἔγραψε Δαμεάρχων Ἀμοιβίχου καὶ Πηληφος Οὐλάμου (ou bien : Θουδάμου) ; Yorke et Leake : Δημιάρχων Ἀμοιβίχου καὶ Πήλεφος Οὐδήμου. MM. Kirchhoff et Blass ont corrigé en : ἔγραψε δ' ἁμὲ Ἄρχων καὶ Πέλεκος (Πέλεϙος) ὁ Εὐδάμου.

2. L'inscr. *i* donne les lettres ομλυσοβ, qui n'offrent aucun sens et qui semblent bien devoir être lues ὁ Ἰαλύσιος, venant à la suite d'un nom effacé.

3. Les noms ainsi formés se rencontrent souvent en Égypte ; ainsi : *Pa-Khari* ou *Pa-Khar*, le syrien, *Pa-nahsi*, le nègre, *Pa-amori*, l'amorrhéen, etc.

seconde, ce qui est peu croyable. Τὸ πρῶτον a donc, dans la pensée du soldat rhodien, un sens beaucoup plus général. On a voulu y reconnaître la satisfaction naïve, l'espèce de fierté qu'éprouvaient les mercenaires grecs, en atteignant des contrées si reculées, qu'elles leur avaient jusque-là paru à demi fabuleuses[1]. Mais la formule se retrouve à tout moment dans les inscriptions hiéroglyphiques. Les rois, lorsqu'ils dirigent pour la première fois une expédition dans quelque région qu'ils n'ont pas encore visitée, ne manquent jamais d'insister sur ce fait, et on peut dire que c'est là une expression constante du protocole égyptien.

M. Kirchhoff pense que les inscriptions datent toutes du même jour et, pour ainsi dire, de la même heure[2]. En effet, la mention de Psammétique se trouve partout, au commencement *(a)*, au milieu *(e)* et à la fin *(i)*, et ce Psammétique est certainement le chef du contingent hellénique, engagé au service du roi d'Égypte, son homonyme. De plus, malgré les diversités de forme que présente l'écriture, elles sont toutes tracées avec le même alphabet parvenu au même point de son développement. Elles conservent encore le Koppa phénicien, elles ont déjà le Χ et le Ψ, et l'Ο sert à figurer les sons de ο, de ω et de ου. La sifflante est représentée par $ et une fois par ⌇, que nous retrouverons dans certains fragments de Naucratis, mais la forme plus ancienne M est déjà complètement abandonnée. L'Η sert presque toujours à figurer l'*e* long (H), mais on n'a pas tout à fait perdu l'habitude de lui prêter la valeur de l'aspiration forte : car il est employé deux fois (en *c* et en *e*) pour remplacer l'esprit rude, plus moderne[3]. La forme générale des lettres est donc celle de l'alphabet ionien archaïque. Le dialecte employé est le

---

1. M. Wiedemann a compris ainsi le τὸ πρῶτον, et il y trouve un argument en faveur de l'attribution au temps de Psammétique II. Mais cette explication s'applique au moins aussi bien au temps de Psammétique Ier, lorsque les mercenaires sont encore des nouveaux-venus en Égypte et ne connaissent que très imparfaitement le pays.

2. *Studien*, p. 40 sqq.

3. Kirchhoff remarque en outre que l'E n'est jamais mis pour l'H et que la forme de l'inscription *i* : ΗΕΛΑΣΕ est une erreur du graveur pour ΗΛΑΣΕ. Les mêmes fluctuations pour la valeur de l'H se retrouvent dans les plus anciennes inscriptions de Théra, de Mélos, de Naxos. — L'absence du Z et du Ξ ne doit être qu'un simple effet du hasard. — A propos du double usage de l'H, M. Bréal (Acad. des Inscr., séance du 3 août 1888, et *Mémoires de la Société de Linguistique*, t. VI, p. 209-211, 414-415) a démontré que primitivement Η devait avoir une véritable valeur syllabique = *he*. On le rencontre en effet avec cette valeur dans quelques inscriptions où on lit : ΗΚΕΒΟΛΟΣ ΗΡΑΚΛΕΣ, à côté de ΔΕΜΕΤΕΡ par des E, etc.

dorien d'Asie Mineure, tel qu'il était parlé sur la côte sud-ouest et dans les îles voisines. M. Kirchhoff croyait que les Doriens et plus spécialement les Rhodiens étaient en majorité, et, dans ce cas, nous aurions ici l'alphabet et la langue de Rhodes. Que les habitants de cette ile aient fait usage de l'alphabet ionien, le fait n'a rien de surprenant, quand on se souvient que dès la trente-troisième olympiade, l'épopée ionienne s'y était répandue et y avait suscité des imitations. Mais M. Hirschfeld a fait observer avec raison que d'une part les deux graffiti d'Ipsamboul, qui sont sûrement rhodiens (ceux des hommes d'Ialysos) présentent une particularité constante, l'emploi du Ɇ avec la valeur de l'esprit rude, et que de l'autre ceux des Ioniens purs (de Téos et de Colophon) sont en accord complet avec la grande inscription. Ce fait semble décisif contre l'origine rhodienne, et il faudrait ainsi chercher la patrie du graveur plus près du domaine ionien, peut-être à Halicarnasse, en tout cas, dans l'hexapole dorienne. Nos inscriptions représentent l'alphabet ionien typique, sous une forme antérieure à celle des plus anciennes inscriptions milésiennes. Elles sont du VIIe siècle, et, d'après M. Hirschfeld, elles remonteraient au commencement du règne de Psammétique Ier, ce qui expliquerait le caractère archaïque dont elles sont empreintes, par rapport aux plus anciennes inscriptions relevées sur le territoire de Milet. Historiquement, une pareille assertion paraît difficile à soutenir. Comment Psammétique, qui, pendant toute la première partie de son règne, avait à lutter contre ses compétiteurs surtout dans le nord de l'Égypte, aurait-il pu pénétrer dès lors dans des régions si lointaines ? On ne voit pas quels motifs auraient pu l'y amener, quand même la voie eût été ouverte. De plus, selon Diodore, l'émigration des guerriers a suivi la guerre de Syrie, et la prise d'Ashdod ne saurait, nous l'avons vu, être placée plus haut que 637. Enfin, les mécontentements causés par les faveurs accordées aux mercenaires n'ont pas dû, ce semble, éclater aussitôt après l'avènement du roi. Il faudra donc reconnaitre que les changements survenus dans l'épigraphie ionienne se sont opérés un peu plus rapidement que ne le suppose M. Hirschfeld, et cette conclusion n'a rien de forcé ni de contradictoire. Entre l'année 635 par exemple et la première moitié du VIe siècle, l'intervalle est assez long pour donner place, sans rien précipiter, à des modifications notables. Jusqu'à la découverte de Naucratis, la priorité des textes d'Ipsamboul était généralement admise et on y cherchait volontiers les plus anciennes formes connues de l'écriture ionienne. Les archéologues anglais qui ont mis au jour les restes de la Naucratis antique ont cru trouver, sur des fragments de vases exhumés par eux, quelques spécimens d'un alphabet ionien plus archaïque. Nous examinerons plus loin cette importante question; qu'il nous suffise de dire ici qu'à notre avis l'antériorité des graffiti d'Ipsamboul demeure à peu près certaine.

A côté des inscriptions grecques et en partie mêlés avec elles, on voit, sur le colosse de Ramsès II, d'autres graffiti tracés avec un alphabet dont plusieurs signes rappellent ceux des plus anciens alphabets helléniques, tandis que les autres, d'une forme spéciale, ressemblent plutôt aux caractères cypriotes et à ceux de certains peuples d'Asie Mineure. Lepsius publia le premier[1] sept de ces inscriptions, et, s'appuyant sur ce fait que les mercenaires de Psammétique comprenaient des Cariens en même temps que des Ioniens, il n'hésita pas à y reconnaître des spécimens de l'écriture et de la langue carienne[2]. Cette conjecture a été confirmée depuis par la découverte de plusieurs autres documents écrits avec le même alphabet, et qui paraissent appartenir au même peuple. En 1872, M. Sayce tenta un premier travail de déchiffrement[3] et parvint à identifier un certain nombre de signes; mais il ne possédait alors que douze textes[4]. Il releva, en 1883-1884, trente-sept graffiti cariens gravés à la pointe du couteau sur les murs des temples d'Abydos, à côté d'inscriptions grecques, cypriotes et phéniciennes. Il put ainsi vérifier et rectifier, sur plusieurs points, les lectures qu'il avait proposées précédemment; dans un nouveau travail publié en 1887, il donna l'équivalence de la plupart des caractères et une traduction de toutes les inscriptions recueillies jusqu'alors[5]. Nous connaissons, par Étienne de Byzance et par quelques autres écrivains anciens, plusieurs mots de la langue carienne[6]. Elle paraît avoir appartenu à la même branche linguistique

---

1. LEPSIUS, *Denkmäler aus Ægypten*, t. XII, pl. 98.
2. LEPSIUS, *Briefe aus Ægypten*, p. 261 sqq.
3. Fr. LENORMANT (Comptes rendus de l'Acad. des Inscript., 1868, p. 26) n'avait fait que donner la liste des inscriptions connues; dans la *Revue archéologique*, 1870, p. 150 sqq., il en avait publié plusieurs, mais sans en essayer aucune interprétation.
4. Son mémoire est inséré dans les *Transactions of the Royal Society of Litterature*, t. X, 1872.
5. SAYCE, *The Carian Language and Inscriptions*, dans les *Transactions of the Society of Biblical Archæology*, t. IX, 1887, p. 112-154.
6. V. la liste de ces mots dans JABLONSKI, *Opuscula*, t. III, p. 96-102, rectifiée et complétée dans

que celles des Lydiens et des Mysiens. Kar, disaient les légendes, était frère de Lydos et de Mysos. Les trois peuples avaient un sanctuaire commun, le temple de Zeus Osogôa à Mylasa, et, s'ils parlaient des dialectes différents, ils devaient être du moins en état de s'entendre; plusieurs mots sont d'ailleurs cités comme étant employés à la fois en Lydie et en Carie. L'idiome carien différait essentiellement de la langue hellénique[1], tout en contenant, selon Philippe de Théangéla, un grand nombre de termes grecs introduits par l'usage[2]; mais il se rattachait certainement par les racines, par la manière de composer les mots, par l'emploi des suffixes, à la famille indo-européenne[3]. L'alphabet carien primitif dut être le syllabaire asianique, apparemment dérivé des hiéroglyphes hittites, adopté dans tout le sud de l'Asie Mineure[4] et dans l'île de Cypre, où il se conserva jusque vers les guerres médiques. Plus tard, on le remplaça par l'alphabet gréco-phénicien, tout en conservant quelques-uns des anciens signes, nécessaires pour rendre les sons qui n'y étaient pas représentés; c'est ainsi que se seraient introduits, dans l'alphabet grec lui-même, les lettres qui à l'origine y faisaient défaut. Quelques-uns des caractères cypriotes se retrouvent du reste dans les inscriptions cariennes et ont permis de déterminer la valeur de leurs correspondants cariens.

Voici la traduction des sept graffiti d'Ipsamboul, telle que l'a donnée M. Sayce : « 1, Mesnabai, fils[5] de Skhâ...; — 2, Anagore (?) (cf. 'Ανάγυρος); — 3, Messeve Harea... s aheus; — 4, Mesna[bai] (?); — 5, Mizaäi le Sraiüen (?); — 6, illisible; — 7, Khaddeh le Lérien (l'homme de Léros?), Agoresaïr (?) le

---

Sayce, op. l., p. 116 sqq. MM. Newton (Essays on Art and Archæology, Appendice, p. 445-449) et Haussoullier (Bulletin de Correspondance hellénique, 1880, p. 295-320) ont publié une longue inscription d'Halicarnasse, qui contient un grand nombre de noms propres Cariens.

1. Homère (Iliade, II, 867) les appelle Βαρβαρόφωνοι. Strabon (XIV, 662) prétend qu'ils avaient plutôt une mauvaise prononciation qu'une langue différente. Mais la remarque même de Philippe de Théangéla, qu'il cite, va contre sa théorie. L'histoire de Mys (Hérodote, VIII, 135) prouve que, du moins au temps des guerres médiques, les Grecs ne pouvaient comprendre le carien.

2. Fragm. Historic. græc., t. IV, p. 475. 2.

3. G. Meyer, dans : Bezzenberger, Beitræge, ann. 1886, p. 147-202.

4. Mysie, Lydie, Lycie, Carie, Pamphylie, Cilicie. V. Sayce, dans : Schliemann, Ilios, Appendice, II. Cf. Is. Taylor, The Alphabet, t. II, p. 108-123.

5. La syllabe ra signifierait fils, et on en a rapproché la forme Αρ-, qui se voit au commencement d'un grand nombre de noms Cariens dans la grande inscription d'Halicarnasse.

Nethupien [et] Mesnaür le Lélège ont écrit cette inscription (?)[1] ». Trois de ces noms reparaissent dans d'autres textes cariens : celui de Messeve, écrit Meseve dans un graffito d'Abydos; celui de Mizaäi, avec l'orthographe Mizaä, dans trois inscriptions copiées au même endroit. Mais là il est constamment suivi du nom du père, Madsü. A Ipsamboul, au contraire, il est accompagné d'un adjectif ethnique : rien ne nous autorise donc à identifier les deux personnages. Quant à Mesnabai, son nom a été découvert sur une stèle rapportée de Memphis par M. MOREL-FATIO, et qui est aujourd'hui au musée de Lausanne[2]. Dans l'état actuel de nos connaissances, la signification des derniers mots est évidemment sujette au doute. Mais l'identité des deux noms propres est à peu près certaine, et dès lors rien n'empêche d'admettre que le mercenaire qui figure à Ipsamboul ne soit le même individu qui a fait graver plus tard la stèle de Memphis. On peut supposer, si l'on veut, qu'il y termina ses jours en exerçant, comme d'autres de ses compatriotes, la profession lucrative d'interprète.

On le voit, les inscriptions d'Ipsamboul confirment jusqu'ici pleinement les indications fournies par Hérodote sur la composition des corps auxiliaires recrutés par Psammétique. Mais Diodore dit formellement que le roi avait fait venir des troupes de l'Arabie, en même temps que de la Carie et de l'Ionie. Le mot d'Arabie devait, dans sa pensée, s'appliquer à des pays sémitiques[3]. En effet, les statues d'Ipsamboul portent des inscriptions en une langue voisine du phénicien et de l'hébreu, qui offre d'ailleurs certaines particularités curieuses. A l'exception d'une seule, qui fut gravée isolément sur la jambe d'un colosse, et où l'on aperçoit des traces d'aramaïsme, elles paraissent avoir été exécutées en même temps et dans les mêmes conditions[4]. Elles furent

---

1. Les derniers mots sont traduits par conjecture. M. SAYCE les lit *mesaira ekethon*, et croit y voir un verbe à la troisième personne du pluriel. Dans les vocables *Lairàn, Nethupän, Lelekhàn* (?), la finale *àn* serait une terminaison adjective indiquant la nationalité.
2. Fr. LENORMANT, *Revue archéologique*, 1870, p. 151-152.
3. On donnait d'ailleurs ce nom au désert voisin de l'Égypte, qui s'étend entre le Nil et la mer Rouge, et qui était habité ou parcouru par des populations de cette race.
4. BLASS (*Zeitschr. der D. M. G.*, t. XIX, p. 522 et s.) va trop loin lorsqu'il affirme qu'on trouverait à peine, dans l'histoire des relations politiques et commerciales de la Phénicie et de l'Égypte, un second moment où les Phéniciens eussent pu pénétrer jusqu'en Nubie, en de semblables circonstances, les Grecs, depuis Psammétique, les ayant délogés successivement de toutes leurs stations et de toutes leurs colonies. L'expulsion des Phéniciens ne fut nulle part ni rapide ni complète ; un grand nombre d'entre

d'abord recueillies par Ampère en 1845[1]. A la suite des premiers essais d'interprétation tentés par Judas[2], Roediger[3] et Hitzig[4], les noms propres furent à peu près déchiffrés. M. A. Lévy de Breslau remarqua bientôt que les Phéniciens avaient dû écrire leurs noms pour les mêmes motifs que les Grecs, mais il n'expliqua qu'une seule des inscriptions[5]; Blau en traduisit plusieurs autres et s'attacha à préciser les circonstances historiques, qui pouvaient en éclairer le sens[6]. La plupart de ses hypothèses furent rejetées par M. F. Halévy, qui proposa une interprétation plus complète des trois premiers graffiti[7]. Enfin les éditeurs du *Corpus Inscriptionum semiticarum* sont parvenus, dans un travail d'ensemble, à résoudre une partie des difficultés que présentaient la lecture et l'explication des documents[8]. Nous reproduisons ci-dessous leur traduction, en indiquant par des points les lacunes qu'ils ont renoncé à combler : 111 *a* et *b* (d'écritures, sinon de mains différentes) : *Huc venit Abd Ptah, filius Jagoresmuni*.....[9] *Amasis Ptah[œus et Abd]as.* — 112 *a*, *b¹*, *b²*, *c¹*, *c²* (cinq inscriptions avec des noms différents, mais des titres semblables et la même suite de mots) : *Abdsakon, filius Petjehavi. Gerhekal, filius Hallumi* (2 fois). *Cusœus, filius Abdpaami* (2 fois)[10]. Ces cinq derniers

---

eux vécurent longtemps, et en Égypte particulièrement, côte à côte avec leurs concurrents grecs, puisqu'au temps d'Hérodote, on voit encore à Memphis un quartier appelé le camp des Tyriens, sans parler de Cypre, de Rhodes, de la Sicile, etc. Il existe d'ailleurs sur la route de Qosséir, à Akhmim, à El-Kab, etc., des graffiti phéniciens et araméens d'époque persane et grecque, qui suffiraient seuls à montrer le peu de sûreté qu'il y aurait à admettre des raisons *a priori* du genre de celles que M. Blass a invoquées.

1. Ampère, *Revue de Philologie*, 1ʳᵉ année. Cf. Guigniaut, *Revue de Philologie*, 1845, p. 500; F. de Saulcy, *Revue archéologique*, 1846, p. 757.
2. Judas, *Étude démonstrative de la langue phénicienne*, p. 133, pl. VI.
3. *Allgemeine Literatur-Zeitung*, Halle, 1848, p. 786.
4. *Zeitschr. der D. M. Ges.*, t. XII, 1858, p. 696.
5. Lévy, *Phœnizische Studien*, fasc. III, p. 19.
6. *Zeitschr. der D. M. Ges.*, t. XIX, p. 522 et s.
7. Halévy, *Mélanges d'archéologie et d'épigraphie sémitiques*, p. 89 et suiv.
8. *C. I. Semit.*, t. I, p. 128-137, avec une planche photographique.
9. Halévy : Ici est venu Abd-Ptah, fils de Yéter, homme de Metezule (?), frère de Masibathaï, le bourreau (?). — Ebers (*Ægypten und die Bücher Moses*, p. 162-164) lit également Itar (Iether?) et rapproche l'égyptien *it'ar* (וֹצֵר, figulus, צֵר), en ajoutant que le fils d'un potier était mieux préparé que tout autre à graver une inscription de ce genre.
10. Sur la jambe gauche du colosse (C. I. S., p. 113), on lit : « Ego Esmunjaton... adscendi ad urbem Soharu. » Cf. Brugsch, *Dictionnaire géographique*, p. 734 : « Seher, ville inconnue, avec le culte d'une déesse Sokhet, qualifiée sur une statue léontocéphale du Musée Britannique comme Sokhet, maîtresse de SHR. »

graffiti ne désignent en réalité que trois personnages, deux d'entre eux ayant répété leurs noms à part, en l'entourant d'un petit cercle. Quant au titre apparemment identique, qui suit chaque nom, il n'a pas été jusqu'ici suffisamment éclairci. M. Halévy, lisant איש על שד כש לחמה, traduit : *qui (se trouvait) sur la plaine d'Éthiopie en guerroyant*. Les éditeurs du *Corpus* expliquent, avec plus de vraisemblance, איש על par : *qui est préposé à....*; mais, pour la suite, ils évitent de se prononcer [1]. Les personnages cités paraissent avoir servi comme bas-officiers dans le corps des ἀλλόγλωσσοι, qui formait une des divisions de l'armée mercenaire [2]. Leurs noms sont de forme sémitique, sauf celui d'Amasis, qui est égyptien; l'ethnique Koushi est probablement un sobriquet, comme le Pasidon (?) que nous avons rencontré plus haut [3]. Restent trois noms purement phéniciens, composés l'un avec la préformante *Ger* (étranger, μέτοικος), les deux autres avec le mot *Abd*, serviteur. Ces derniers sont théophores, comme la plupart des noms sémitiques et aussi des noms égyptiens. Sakon est une divinité phénicienne, qu'on retrouve en Syrie et ailleurs. Quant à Phtah, c'est le grand dieu de Memphis. On sait que beaucoup de Phéniciens adoraient les dieux de l'Égypte. On leur élevait des temples sur les côtes de Syrie, et les graffiti en langue phénicienne, si nombreux dans la vallée du Nil, offrent une série de noms propres formés d'une manière analogue à ceux que nous trouvons à Ipsamboul : Abdoubast, Poêloubast, Hor..., fils de Kaschga [4]; ailleurs, on voit des Abdosir, Abdoubast, Abdou-Sib [5]. Le nom de Phtah reparaît assez souvent dans cette épigraphie courante; outre l'Abdptah d'Ipsamboul, les inscriptions d'Abydos montrent un Agliptah (veau de Phtah) et un Kotberekptah [6]. C'est qu'un grand nombre

---

1. M. J. DERENBOURG, comparant avec l'inscription de Cittium (86 A), pense qu'il s'agit ici d'officiers préposés à la porte, et que Abdsakon, Gerhekal et Cusæus (Cusi, כשי) étaient des *hadjib*, huissiers de la chambre, velarii, de quelque prince. Il lit : שדך, qui signifierait : *le seuil*, et la phrase ainsi restituée : אש על שדך הסם, signifierait : le préposé au seuil de la porte d'Amasis.

2. Si la traduction de M. J. Derenbourg était exacte, ils sembleraient plutôt avoir été attachés au service d'Amasis, que l'inscription grecque a mentionne comme étant le chef des Égyptiens; mais cette hypothèse est peu vraisemblable. Nous croyons donc devoir nous en tenir à l'explication du *Corpus*.

3. On le retrouve en Judée. Ainsi le père du prophète Sophonie s'appelle Koushi.

4. J. et H. DERENBOURG, *Les Inscriptions phéniciennes du temple de Séti à Abydos*, dans la *Revue d'Assyriologie et d'Archéologie orientale*, t. I, p. 83, 93-95.

5. CLERMONT-GANNEAU, *le dieu Satrape et les Phéniciens dans le Péloponèse*, p. 6-9; et *Recueil d'Archéologie orientale*, t. I, p. 183-186, 190-192.

6. J. et H. DERENBOURG, *ouvr. cité*, nos 11 et 46.

de Phéniciens résidant en Égypte habitaient un des quartiers de Memphis, et ils aimaient à se réclamer du dieu qui leur donnait l'hospitalité dans sa ville.

Les textes d'Ipsamboul sont gravés en caractères inégaux et de formes peu régulières, qui font voir ce qu'était l'écriture populaire dans les colonies sémitiques d'Égypte vers la seconde moitié du viie siècle. « Ils font usage du ה quiescent, à la fin des mots, pour indiquer la voyelle e. Cet usage est conforme à celui des Hébreux et des Moabites, tandis que les Phéniciens employèrent l'*aleph* dans le même but [1]. » L'explication de cette particularité se trouve peut-être dans un passage d'Aristéas, qu'il convient d'examiner, parce qu'on a voulu en faire un argument pour attribuer tous les graffiti d'Ipsamboul au règne de Psammétique II [2]. Dans le récit romanesque qu'il a consacré à l'histoire de la traduction des Septante, cet auteur, d'une véracité très douteuse, parle d'une campagne faite par Ptolémée Soter en Syrie, et rapporte qu'après avoir soumis la contrée, le roi emmena avec lui 100,000 Juifs pour les établir en Égypte, et choisit parmi eux 30,000 soldats exercés qu'il plaça dans ses forteresses. Puis il ajoute : « Déjà auparavant il en était venu un assez grand nombre avec le roi de Perse, et, avant ceux-là, d'autres auxiliaires avaient été envoyés pour combattre avec Psammétique contre le roi d'Éthiopie ; mais ils étaient moins nombreux que ceux qui furent amenés par Ptolémée, fils de Lagos [3]. » Voilà tout ce que dit Aristéas ; aucune désignation plus précise ne spécifie celui des Psammétique auquel il fait allusion. M. Wiedemann estime que Psammétique Ier doit être forcément exclu, « parce qu'il fut en guerre avec la Syrie et qu'ainsi les peuples de cette contrée ne lui ont certainement pas envoyé de secours [4] ». On trouverait sans peine dans l'antiquité de nombreux exemples de mercenaires se battant contre leurs compatriotes pour servir celui qui les paie, et d'ailleurs Psammétique fut en guerre avec les Philistins, non avec la Syrie tout entière. Les Phéniciens étaient, avec les Grecs, ses meilleurs amis. Les Juifs s'obstinaient, malgré leurs prophètes, à mettre leur espoir en la protection du Pharaon, et des émigrés palestiniens résidaient dans plusieurs villes d'Égypte. Rien ne

---

1. Halévy, *Mélanges d'archéologie et d'épigraphie*, p. 95-96.
2. Wiedemann, *Rhein. Mus.*, 1880, p. 364 et suiv.
3. Aristeas, *de legis divinæ ex hebræa lingua in Græc. translatione*, édit. Van Dale, p. 234-235.
4. Psammétique III étant également hors de cause, le témoignage d'Aristeas et, par suite, les inscriptions d'Ipsamboul ne pourraient se rapporter, d'après M. Wiedemann, qu'au règne de Psammétique II.

s'oppose donc à ce que des Syriens au service de Psammétique Ier aient gravé leurs noms à Ipsamboul, en même temps que les Cariens et les Grecs ; les données de l'épigraphie ne contredisent point celles de la tradition antique.

Il est vrai qu'on n'a pas découvert jusqu'ici à Éléphantine ou aux environs le nom de notre Psammétique ; mais il ne s'ensuit nullement qu'il n'y ait pas été gravé et surtout que le roi n'ait jamais été à Éléphantine. Psammétique II a pu faire une campagne en Éthiopie, comme le rapporte Hérodote, sans qu'on soit obligé pour cela d'attribuer au temps de son règne les inscriptions d'Ipsamboul. Quant à l'identification de Psammétique, fils de Théoclès, avec un général Hor, fils d'Aufrer, connu par une inscription du Louvre, elle est forcée et réellement ne supporte pas l'examen[1].

Les auteurs anciens sont unanimes sur le fait de l'émigration, et tous d'un commun accord l'attribuent à l'époque de Psammétique Ier. Quand on nous dit que c'est là une fable, imaginée pour expliquer l'existence d'une colonie égyptienne en Éthiopie, on fait une supposition gratuite. En effet, la colonie existait, on la connaissait au temps d'Hérodote, qui place le pays des Automoles à cinquante-six jours de trajet au delà de Méroé, ce qui nous amènerait vers la presqu'île formée par le Bahr el-Azrek et le Bahr el-Abyad à partir de leur réunion, c'est-à-dire fort loin au-dessus de Khartoum, vers le 10e degré de latitude nord[2]. De tout temps on a reconnu dans la population

---

1. Adoptant la traduction de M. Halévy pour l'une des inscriptions sémitiques : *Gerhekal, fils de Helem, serviteur du général Hor*, M. Wiedemann rapporte à cet Hor la statue du Louvre A, 90, qui le représente comme un grand dignitaire, gouverneur de l'Égypte méridionale sous Apriès. Ce personnage, si haut placé sous Apriès, *pouvait* déjà être officier supérieur sous Psammétique II, et il ne serait autre que le Psammétique de la grande inscription d'Ipsamboul. Les Grecs de l'armée royale l'auraient désigné par ce dernier nom, tandis que les Sémites lui donnaient de préférence celui de Hor ! — Mais le père de ce Psammétique s'appelle Théoclès dans l'inscription grecque, tandis que le Hor du Louvre a pour père Aufrer. L'objection est grave : M. Wiedemann la résout en disant que les Grecs remplaçaient souvent les noms égyptiens, qu'ils avaient peine à prononcer, par des noms grecs rappelant le son ou le sens du nom égyptien. Seulement *Aufrer* ne présente avec *Théoclès* aucun rapport ni de son ni de sens. De plus, si on admettait l'hypothèse de M. Wiedemann, ni l'un ni l'autre des deux noms ne serait exactement reproduit dans les inscriptions : car le personnage représenté par la statue du Louvre s'appelait réellement Neshor Psamitik-menkh. Enfin, le *Corpus Inscriptionum Semiticarum* n'admet point la traduction de M. Halévy : « le général Hour », et si ce point vient à manquer, toute l'argumentation tombe. — En résumé, Psammétique avait pour père un Grec ; il commandait à des Grecs ; on peut supposer qu'il était né en Égypte, mais il était certainement d'origine hellénique, et n'a ainsi rien à voir avec l'Égyptien Neshor, fils d'Aufrer, contemporain de Psammétique II.

2. Hérodote, II, 29-30. Les indications d'Hérodote sur la longueur du chemin paraissent ici exagérées ; il faudrait donc probablement chercher le pays des Automoles plus près du confluent des deux rivières.

qui habitait ces régions les descendants des transfuges égyptiens. Strabon, d'après Érathostènes, les mentionne sous le nom de Σεμβρῖται, qu'il traduit par ἐπήλυδες, étrangers, et assure qu'ils sont gouvernés par une femme, laquelle tient également sous son autorité la grande île de Méroé[1]. Un auteur du IIe siècle avant notre ère, qui avait composé plusieurs livres sur l'Éthiopie, Aristocréon, cité par Pline, nomme Ésar et Daron comme étant les principales villes de l'État fondé par eux[2]. Bion de Soles, qui avait écrit sur le même sujet, remplace le nom d'Ésar par celui de Sapé « et ipso nomine, ajoute Pline, advenas ait significari[3] ». Pomponius Mela, dans sa description de l'Éthiopie, mentionne aussi les Automoles, comme des émigrants venus de l'Égypte[4]. Sans doute une partie de ces témoignages procède plus ou moins directement de celui d'Hérodote. On voit néanmoins que le souvenir de l'exode des guerriers égyptiens s'est perpétué à travers toute l'antiquité, sans que nulle part l'authenticité en ait été suspectée. Les objections présentées récemment ne paraissent pas assez fortes pour qu'on soit autorisé à le reléguer dans le domaine de la légende.

Les dernières années de Psammétique semblent s'être écoulées au milieu d'une paix profonde. Il les employa à refaire l'Égypte épuisée par les guerres désastreuses de la période précédente[5], à préparer, sans doute avec l'aide des Hellènes et des Phéniciens, une flotte en état de tenir la mer, et surtout à reconstituer l'armée désorganisée par la désertion d'une partie de ses soldats.

---

1. Strabon, XVI, 656. Au l. XVII, 668, il dit que les Sembrites obéissent aux souverains de Méroé. Il les cite encore au l. II, p. 97-98, dans le passage où il décrit la forme générale de la terre.
V. Aussi Hésychius, s. v. Μαχλοίονας.

2. Fragm. hist. græc., t. IV, p. 333, fr. 1, d'après Pline, l. VI, § 35.

3. Fragm. hist. græc., t. IV, p. 351, fr. 3. Vivien de Saint-Martin (Nord de l'Afrique, p. 127) assimile le nom de Sapé à celui de Sobah, que portent plusieurs localités, notamment un site ruiné, à huit lieues au-dessus de Khartoum, emplacement d'une ville considérable. (Cf. Cailliaud, Voy. à Méroé, t. II, p. 206 et suiv.; Lepsius, Briefe, trad. angl., p. 162, etc.) Cette ville, qui existait encore au XVIe siècle de notre ère (Ranusio, I, p. 205), est décrite au Xe siècle par un auteur arabe (Ibn-Sélim, cité par Makrizy), comme une cité florissante, où résident les rois d'Aloa. Du site de Méroé à celui de Sobah, il y a environ soixante lieues, ce qui répondrait à la notation de Ptolémée. (V. Ptolém. IV, 7, § 21, édit. Tauchn.) — Le colonel Chaillé-Long (L'Afrique centrale, trad. franç., p. 25-26) signale, dans cette contrée, les Arabes Hassanieh et Bagarrah comme différant, par leur couleur, le contour de leur visage et la délicatesse de leurs membres, des races nègres qui les entourent, et il se demande s'ils ne seraient pas les descendants des Égyptiens déserteurs, mélangés aux Éthiopiens indigènes.

4. Pomponius Méla, III, 9.

5. Diodore, I, 67 : τὰ δὲ κατὰ τὴν Αἴγυπτον διατάξας καὶ τῶν προσόδων ἐπιμελόμενος.

Il lui fallait de nouveaux mercenaires pour tenir la place de ceux qu'il avait perdus, et c'est du côté de la Méditerranée, des pays grecs qu'il dut être amené à les recruter. Les historiens grecs ne le disent pas d'une manière formelle; Diodore semble pourtant le laisser entendre, lorsqu'il parle d'une alliance conclue avec les Athéniens et avec d'autres nations helléniques[1]. Mais, en ce qui concerne les Athéniens, la valeur de ce renseignement est plus que douteuse. Ceux-ci ont joué un grand rôle en Égypte vers le IVe siècle. Leurs historiens cherchèrent alors à les introduire dans le catalogue des peuples qui avaient été, dès l'origine, en rapport avec l'Égypte. Toutefois, des faits comme ceux que l'on voit mentionnés, d'après Philochore, dans les Scholies d'Aristophane, ne peuvent se rapporter au règne de Psammétique Ier; si on en admet l'authenticité, on est forcé de les faire descendre jusqu'au temps des révoltes de l'Égypte contre les Perses, c'est-à-dire à l'époque d'Inaros, vers 463, et du Libyen Psammétique, qui régnait vers 445 dans la partie occidentale du Delta[2]. Sous Psammétique Ier, nous ne rencontrons aucune trace positive de relations établies entre l'Égypte et la Grèce propre. Si de nouveaux mercenaires furent vraiment enrôlés par lui, ils le furent dans la Grèce asiatique et dans les îles, qui lui avaient fourni ses premiers auxiliaires, et qui, par eux ainsi que par les Milésiens et les colons de Defenneh, étaient en communications constantes avec le Delta.

Néanmoins, l'armée ne fut pas reformée assez tôt sans doute pour permettre au vainqueur d'Ashdod de poursuivre ses avantages en Syrie, bien que les circonstances fussent pour lui plus favorables que jamais. Pendant le cours de son long règne, la situation dans la Haute-Asie s'était en effet singulièrement modifiée. Au commencement, l'Assyrie était toute-puissante et l'Égypte, gouvernée par des vassaux, formait une de ses provinces. Les innombrables guerres que dut soutenir Assourbanipal ne cessèrent de l'affaiblir. La révolte de Shamashoumoukin l'avait mise à deux doigts de sa perte; malgré de continuelles victoires, toujours chèrement achetées, l'Empire se dissolvait chaque jour, et les provinces lointaines se soustrayaient à sa suzeraineté, sans qu'il fût possible de songer à les ramener dans le devoir. Un an après la mort d'Assourbanipal, en 625, Babylone se

---

1. Diodore, I, 67.
2. Schol. Aristoph., ad Vesp., 718. Fragm. histor. græc., t. I, p. 398-399, fr. 90.

proclamait indépendante sous Naboupaloussour, et les Mèdes de Cyaxare envahissaient l'Assyrie. Bientôt Ninive allait tomber sous leurs coups pour ne plus se relever jamais. Psammétique avait eu le rare privilège de voir s'écrouler la grande puissance asiatique, qui avait été depuis un siècle si redoutable à l'Égypte. Des royaumes nouveaux, la Chaldée, la Médie, naissaient du démembrement de cet empire ; mais jusqu'à la chute de Ninive, ils ne pouvaient être en état de menacer la monarchie égyptienne fortement reconstituée[1]. Ainsi, du côté de la Syrie, le Pharaon trouvait maintenant le champ libre, et les dévastations des Cimmériens lui avaient préparé les voies, en réduisant le pays à une complète impuissance. Mais, lors de la révolte de Naboupaloussour, il était déjà arrivé à la vieillesse ; il se soucia peu de tenter, avec des forces diminuées, de périlleuses aventures, il aima mieux consacrer ses derniers jours à des réformes utiles et à de pacifiques entreprises. N'était-ce pas assez pour lui d'avoir enfin mené à bien l'œuvre des Saïtes, interrompue tant de fois, depuis Tafnakhti jusqu'à Nikou, par de cruels revers de fortune ? Lorsqu'il mourut en 610, après quarante années au moins de domination effective[2], cette Égypte, qu'il avait prise abattue et divisée contre elle-même, il la laissait unie et forte, animée d'une vie nouvelle, bien pourvue pour les grandes expéditions que ses successeurs voudraient accomplir. La dynastie était si bien affermie à présent, que la transmission du pouvoir s'opéra régulièrement : Néchao monta sur le trône d'Horus sans rencontrer aucune résistance.

1. La destruction de Ninive, dont la date a été très controversée, ne paraît pas avoir eu lieu avant les dernières années du viie siècle, probablement entre 608 et 606.
2. Les annales officielles faisaient remonter son avènement à l'an 666, date de la mort de Taharqou. Mais son règne effectif ne commence qu'après la chute des dynastes, c'est-à-dire, comme l'indique Diodore (I, 66) avec beaucoup de vraisemblance, environ quinze années plus tard (651-650).

CHAPITRE II

LES MERCENAIRES DEPUIS NÉCHAO JUSQU'A AMASIS

Néchao. — La marine égyptienne, stationnaire depuis la xviiie dynastie. — Progrès de la marine phénicienne et de la marine grecque : la dière, l'éperon, la trière. — Chantiers de Néchao sur les deux mers. — Le Périple de l'Afrique. — Le canal du Nil à la mer Rouge.
 L'expédition de Syrie : l'armée s'avance jusqu'à l'Euphrate. — Présent du Pharaon au temple des Branchides. — Chute de Ninive. — Naboukodorossor en Syrie. — Néchao vaincu à Karkemisch. — Alliances secrètes avec les princes syriens. — Prise de Jérusalem. — Mort de Néchao. — Résultats de son règne.
Psammétique II. — Les Éléens en Égypte. — Expédition en Éthiopie. — Nombreux monuments. — Un fonctionnaire égyptien, chef du pays des Hanebou.
Apriès. — Soulèvements en Syrie. — Vaine tentative d'Apriès. — Il bat les Tyriens sur mer et conquiert la Phénicie.
 Expédition en Cyrénaïque : défaite d'Irasa. — Révolte des soldats indigènes : proclamation d'Amasis. — Les mercenaires défendent Apriès : seconde bataille de Momemphis. — Popularité d'Apriès chez les Grecs. Le vase en forme de tête casquée. — Mort d'Apriès.
Amasis. — Le récit d'Hellanikos. — La prétendue invasion de Naboukodorossor.
 Destruction des Stratopeda : les mercenaires transférés à Memphis. — Faveurs qui leur sont octroyées aux dépens des temples.
 Alliance avec la Lydie : défaite de Crésus. — État de l'Asie : Cyrus.
 Prospérité de l'Égypte. — Population.
 Anciennes relations avec Cypre. — Conquête de l'île. — Influence de l'art et des coutumes de l'Égypte sur les habitants.
 Philhellénisme d'Amasis. Présents aux dieux grecs. — Alliance avec Cyrène. — Liens d'amitié avec Polycrate.

  Néchao était un prince énergique, impatient de mettre en œuvre les ressources que son père lui avait préparées et de profiter des avantages que la fortune lui offrait. Il rêvait d'augmenter l'étendue de ses domaines et de recommencer, avec d'autres moyens, les exploits des vieux Pharaons. Il avait vu les Grecs à l'œuvre et avait apprécié leurs services ; il parlait, dit-on, leur langue, et il avait besoin de leur concours pour exécuter ses desseins. Les mercenaires hellènes allaient donc être plus que jamais, sous son règne, les soutiens du trône et les favoris du souverain. Pour augmenter sa puissance et assurer son influence au dehors, une flotte lui était nécessaire. Psammétique avait-il déjà travaillé à la former? il est permis de le supposer, mais aucun document précis ne vient appuyer cette conjecture. Il n'en est pas de même en ce qui concerne Néchao. Hérodote affirme qu'il construisit des trières, tant sur la mer du Nord que sur le golfe Arabique : on voyait encore, au ve siècle avant notre ère, les restes des chantiers de construction [1].

L'Égypte avait eu des vaisseaux de guerre même au temps de l'ancien Empire [2]. Sous la XVIIIe dynastie, les Thoutmès avaient des flottes sur la Méditerranée [3]; Hatshopsitou envoyait une escadre par la mer Rouge, au pays de Pounit, afin d'en rapporter des parfums, des arbres exotiques et d'autres objets précieux [4]. Ramsès III (xxe dynastie) était en état, comme nous l'avons vu, de livrer, à l'une des embouchures du Nil, une véritable bataille navale contre les peuples de la mer, et l'examen des sculptures de Médinet-Habou semble prouver que la marine égyptienne était supérieure alors à celle de ces tribus barbares. Les vaisseaux de Ramsès, d'une forme plus allongée que ceux de l'ennemi, sont pontés; et, sur le plancher qui les recouvre, les soldats et les rameurs se trouvent à la fois, protégés par un bordage. Terminés à l'une de leurs extrémités en pointe relevée, à l'autre en tête d'animal, ils portent, à la proue et à la poupe, un petit château, où des archers sont postés. Le bâtiment n'a qu'une large voile, suspendue par une vergue, et le mât est surmonté d'une gabie, où se tient un frondeur. La masse de l'avant était placée trop haut pour agir utilement comme bélier et ouvrir une voie d'eau dans le flanc du navire ennemi ; mais on savait, par une manœuvre spéciale, le heurter assez violemment pour le chavirer d'un seul coup, lui et son équipage. Les navires des peuples de la mer, tels qu'ils sont représentés à Médinet-Habou [5], sont moins heureusement construits pour l'attaque. La disposition de l'avant et de l'arrière, redressés également

---

1. Τῶν ἔτι οἱ ὁλκοὶ ἐπίδηλοι. II, 159. Cf. IV, 42.

2. V. l'inscription d'Ouni, E. DE ROUGÉ, *Recherches sur les six premières dynasties de Manéthon*, p. 126-127.

3. MASPERO, *De quelques Navigations des Égyptiens* (Revue historique, 1879, p. 4-33); CHABAS, *Études sur l'antiquité historique*, 2e édit., p. 307 et *passim*.

4. Les textes et les représentations relatifs à cette expédition ont été publiés par MARIETTE, *Deir el-Bahari*, et par DUEMICHEN, *Die Flotte einer Ægyptischen Koenigin*.

5. ROSELLINI, *Monum. reali*, pl. 127.

suivant une ligne presque verticale, devait nuire à la stabilité de l'ensemble[1]. De plus, les guerriers qui les montent n'ont, comme arme offensive, qu'une longue épée à deux tranchants, qui ne permet de combattre qu'à l'abordage. Les bâtiments égyptiens, au contraire, portent de nombreux archers, qui peuvent atteindre l'ennemi de leurs flèches, à longue portée.

Mais plusieurs siècles s'étaient écoulés depuis le temps des invasions maritimes, et la position relative des peuples méditerranéens avait changé. Tandis que les Égyptiens restaient à peu près stationnaires, les Grecs, aussi bien que les Phéniciens, avaient accompli de réels progrès. Nous connaissons, grâce aux monuments assyriens, la marine phénicienne de la fin du VIIIe siècle. Un des bas-reliefs de Koyoundjik[2] représente le siège d'une ville maritime, probablement Tyr ou Sidon, par les troupes de Sennachérib, et on voit les habitants s'enfuir sur mer avec leurs femmes et leurs trésors. Leurs navires sont de deux sortes. Les uns n'ont pas de voiles et marchent à la rame seulement; l'avant et l'arrière se relèvent également au-dessus de l'eau, comme les deux anses d'un vase. Deux rangs de rameurs superposés sont placés de telle sorte qu'on aperçoit la tête et le buste de ceux de la rangée supérieure, tandis que les autres, complètement cachés, manœuvrent, de l'intérieur, des avirons qui passent par des sabords de nage, percés dans les flancs de la carène. Au-dessus des premiers, un bordage assez haut dissimule le pont sur lequel sont assis les fugitifs, hommes et femmes. A côté de ces grosses barques et en nombre égal, voguent des bâtiments de construction toute différente, mieux agencés pour la navigation et pour le combat. Ceux-ci ont un mât et une voile; l'arrière se recourbe, en montant assez haut pour dépasser le bordage. Leur quille est allongée et plus plate, et elle est armée à l'avant d'un fort éperon en forme de soc, au-dessus duquel l'avant paraît coupé perpendiculairement comme un mur. Ici encore, on aperçoit deux rangs de rames disposées comme précédemment, mais la partie supérieure est plus élevée et semble comporter à la rigueur deux planchers superposés. Ce sont là évidemment des navires de guerre, plus solidement établis, capables

---

[1]. Il en était encore de même aux temps homériques, comme on le voit par l'épithète ὀρθόκραιρος. *Il.*, VIII, 231, XVIII, 573; *Od.*, XII, 948. Cf. Helbig, *Das Homerische Epos*, p. 157.

[2]. V. Layard, *Monum. of Nineveh*, pl. 71; *Nineveh and its Remains*, p. 386, 389, 395. Cf. une représentation provenant de Khorsabad, p. 383. V. aussi Helbig, *das Homerische Epos*, p. 77-79; Perrot, *Histoire de l'Art*, t. III, p. 34, f. 8, 9.

de combiner l'action de la voile et de la rame, et aussi de briser les vaisseaux ennemis avec leur longue pointe, probablement enfoncée sous l'eau. Cependant ces machines à plusieurs étages sont bien lourdes à mouvoir, et leur hauteur disproportionnée devait compromettre la solidité de leur assiette. Ainsi, dès la fin du viiie siècle, les Phéniciens se servaient de la dière, et ils en avaient fait un instrument de combat, en la munissant de l'éperon. A qui revient l'honneur de ces deux découvertes si importantes dans l'histoire de l'art nautique? Nous ne saurions le dire[1]. Toujours est-il que les Grecs, à peu près à la même époque, en avaient adopté le principe. Certains vases du style du Dipylon, où figurent des scènes de navigation et même des combats sur mer, nous renseignent avec une suffisante exactitude sur l'état de la marine hellénique en ces temps si reculés. Les grandes barques qui sont représentées sur ces vases sont très habilement disposées pour des expéditions de guerre ou de piraterie[2]. Au contraire des lourds vaisseaux phéniciens, qui s'élèvent au-dessus de l'eau comme un édifice, elles sont basses et légères ; on y reconnaît de véritables πλοῖα μακρά, aux formes sveltes, élancées, et partout on les voit munies d'un ἔμβολος aigu, peut-être revêtu de métal. L'avant et l'arrière se sont abaissés, et l'allongement des flancs a permis d'augmenter le nombre des rameurs[3], par conséquent de donner plus de rapidité à la marche et d'obtenir une force d'impulsion plus grande pour l'attaque. Ces barques agiles, aisées à manœuvrer, éventrent, de leur éperon placé à fleur d'eau[4], la carène du vaisseau, qu'elles viennent

---

1. PLINE (II, 56) attribue l'invention des rostra aux Étrusques.
2. CARTAULT, *Monuments publiés par l'Association des Études grecques*, t. II, p. 33-58 et les planches correspondantes; *la Trière athénienne*, pl. I et II ; HELBIG, *Das Homerische Epos*, p. 77, f. 13, 14; RAYET et COLLIGNON, *Histoire de la Céramique*, p. 29. — Cf. pour les navires grecs archaïques, CESNOLA, *Cyprus*, p. 259; PERROT, *Histoire de l'Art*, t. III, p. 720; COMPARETTI, *Museo ital. di Antichità Classica*, t. II, p. 883 et s. et l'*Atlas*; F. LENORMANT, *La Grande-Grèce*, t. I, p. 266.
3. D'après le discours d'Alcinoüs aux Phéaciens (*Odyss.*, VIII, 35-36), il semble que l'équipage d'un vaisseau homérique se composât de cinquante-deux personnes ; mais une partie seulement d'entre eux devaient manœuvrer les rames. L'*Iliade* dit que les vaisseaux béotiens sont montés par cent vingt hommes (II, 510), ceux de Philoctète par cinquante (II, 719-20), et Thucydide (I, 10) remarque que c'est apparemment une manière d'indiquer les plus grands et les plus petits. Tous les hommes d'équipage étaient à la fois soldats et matelots. V. aussi THUCYDIDE, I, 13, 14.
4. En effet, comme l'a remarqué M. Cartault (*La Trière athénienne*, p. 74), « il semble que (sur les vases du Dipylon) l'artiste ait voulu nous montrer non point le navire tout entier, mais seulement les parties supérieures à la ligne d'eau ».

heurter de leur pointe. Ordinairement, deux files horizontales de rameurs sont assises le long du plat-bord ; mais un fragment de vase laisse voir que déjà les Grecs connaissaient, comme les Phéniciens, l'usage de la dière[1]. Le timonier est à l'arrière, sur un plancher entouré d'une balustrade ; le château d'avant, fortifié de même, forme un réduit, où se postent des guerriers, pour lancer des armes de trait. D'autres se tiennent, pendant la bataille, entre les deux rangs de rameurs. Une seule voile rectangulaire, analogue à la voile égyptienne, semble égaler en largeur les deux tiers de la longueur du vaisseau. Mais elle ne sert qu'à opérer les traversées, et le navire paraît être surtout un engin de guerre, une arme de combat. Toute sa force est dans l'ἔμβολος, dont il est, pour ainsi dire, le manche, et les dispositions générales semblent calculées pour en rendre l'effet plus redoutable.

La trière fut-elle inventée par les Phéniciens ou par les Grecs ? la question n'est pas résolue[2]. Selon Thucydide (I, 13), « les Corinthiens furent, dit-on, les premiers qui, pour les constructions navales, adoptèrent un système analogue à celui d'aujourd'hui, et les premières trières grecques furent construites à Corinthe » ; mais la date n'est nullement précisée. L'auteur ajoute bien en effet que l'ingénieur corinthien Aminoclès fit pour les Samiens quatre vaisseaux de guerre, trois cents ans avant la guerre du Péloponèse, c'est-à-dire en 704 ; mais il l'appelle simplement ναυπηγός et ne désigne que par l'expression générale de ναῦς les bâtiments qu'il construisit à Samos. On a remarqué d'autre part que les vases à représentations navales, vraisemblablement plus récents que les autres vases du Dipylon, avaient dû être fabriqués en Attique vers le milieu du VIIe siècle, l'idée de figurer des combats sur mer ayant été sans doute inspirée par un événement récent, la première bataille navale livrée aux Corinthiens par Corcyre, en 664[3]. Ils seraient ainsi contemporains de Psammétique Ier ; et comme on n'y retrouve aucune indication qui puisse se rapporter à des trières, celles-ci auraient été construites pour la première fois, soit à Corinthe, soit ailleurs, dans la seconde moitié du siècle. Le nouveau mode de construction navale se répandit peu à peu dans toute l'étendue de la Méditerranée orientale ; cepen-

---

1. *Monuments publiés par l'Association des Études grecques*, t. II, pl. IV, fig. 2 et 3. PLINE (VII, 56) croit que les premières birèmes ont été construites par les Érythréens.
2. MOVERS (III, c. 8) dit qu'elle fut inventée à Sidon vers 725.
3. KROKER, dans le *Jahrbuch des deutsch. archæol. Instit.*, 1886, p. 113.

dant, les trières étant coûteuses et difficiles à établir, le nombre en fut pendant longtemps assez restreint. Polycrate, au VIᵉ siècle, employait surtout les pentécontores [1], et un peu plus tard, vers le commencement des guerres médiques, si les tyrans de Sicile et les Corcyréens possédaient un certain nombre de trières, la principale force navale des Éginètes et des Athéniens consistait encore en navires à cinquante rameurs [2]. Toutefois Néchao paraît avoir apprécié dès l'abord la supériorité du système nouveau, puisqu'il eut à cœur de l'appliquer en Égypte et ouvrit à cet effet des chantiers sur les deux mers. Sur la Méditerranée, il employa sans doute les ingénieurs grecs, et son principal arsenal dut être placé dans le voisinage de Defenneh. D'autre part, les Phéniciens connaissaient la mer Rouge de longue date [3], et c'est à eux qu'il s'adressa pour tenter le périple de l'Afrique; on est donc porté à croire qu'il leur confia plus spécialement le soin d'organiser de ce côté sa flotte de trières. Ainsi, grâce à l'initiative de son souverain, l'Égypte allait monter au rang de grande puissance maritime, et l'ambition du conquérant n'était point, comme le dit Hérodote, l'unique mobile de ses entreprises. L'Égypte, redevenue forte et prospère, reprenait ses traditions en tous sens. Elle allait marcher contre la Syrie pour ressaisir la domination qu'elle y avait longtemps exercée; mais Néchao entendait également renouer, avec le pays des Aromates, les relations qu'elle avait liées aux plus anciens temps et qu'avaient entretenues la reine Hatshopsitou, les rois Haremhabi, Ramsès III et Ramsès IV. Il comptait sur les produits de ces contrées mal connues pour s'enrichir lui-même et pour enrichir son peuple. Voilà pourquoi il envoya une escadre phénicienne à la découverte, avec ordre de faire le tour de l'Afrique. Plus tard, on racontait en Égypte que ces hardis marins avaient réellement accompli le voyage en trois ans et étaient rentrés dans la Méditerranée par le détroit des Colonnes [4]. Le fait a été contesté [5], et il ne nous appartient pas d'en discuter la vraisemblance. Des

---

1. Hérodote, III, 39.
2. Thucydide, I, 14.
3. Ils avaient des établissements à Élath et à Atsiongaber au temps de Salomon. Il faut ajouter d'ailleurs que le commerce d'Ophir avait cessé depuis plus de trois siècles.
4. Hérodote, IV, 42.
5. Bredow, Dissertat. geographiæ et Uranolog. : Herodoti specim., 1804; Gossellin, Recherches sur la géographie des Anciens, t. I, p. 205 et s.; Juncker, Neues Jahrb. für Philol., supplément, VII, p. 368 et s.; U. Berger, Geschichte der Erdkunde bei den Griechen, p. 37 et s.

juges très compétents en ont fait voir tout au moins la possibilité [1], et les circonstances mêmes qui inspiraient des doutes à Hérodote, tendent à prouver la vérité du récit. En formant un pareil projet, Néchao n'était point dirigé par les vues élevées et toutes modernes qu'on lui a trop libéralement prêtées ; il songeait peu à faire avancer la science géographique ou à répandre la civilisation au loin. Ce qu'il voulait sans doute, et, dans ces limites, l'entreprise était déjà assez méritoire, c'était ouvrir des voies au commerce en des régions peu visitées, et étendre sa renommée en augmentant ses ressources, ainsi que celles du pays.

Ce fut une pensée du même ordre qui présida à la réfection du canal des deux mers. La Basse-Égypte était maintenant en rapport avec les côtes de la Méditerranée orientale, et ses relations avec les contrées du Midi et de l'Orient allaient être multipliées par le développement de la navigation sur la mer Rouge. La fertile vallée du Nil produisait, dans les bonnes années, plus que ne consommaient ses habitants; elle avait donc intérêt à trouver des débouchés nouveaux et à attirer chez elle les marchandises étrangères, pour faciliter les échanges. La branche Pélusiaque était fréquentée par les navires phéniciens et cypriotes, et les Grecs d'Asie Mineure s'en servaient pour pénétrer dans le pays, aussi bien que de la branche Canopique. Les marchandises venant de l'Arabie ou des côtes de l'Afrique étaient, aux époques anciennes, débarquées à Qocéyr ou aux environs; on les transportait de là par terre jusqu'à Coptos, d'où elles étaient convoyées par les bateaux du Nil, soit vers Thèbes, soit vers Memphis. Sous la xxvi⁰ dynastie, Thèbes, nous l'avons vu, avait perdu son importance au profit des nomes septentrionaux, où se concentrait maintenant l'activité commerciale de la contrée. Il y avait d'ailleurs sept jours de marche entre Coptos et la mer Rouge, et la traversée du désert était pénible, malgré les stations établies et les puits creusés sur la route à des intervalles à peu près réguliers. Aussi préférait-on naviguer jusqu'au fond du golfe Héroopolite, qui se terminait alors vers l'endroit qu'on appelle aujourd'hui le Seuil du Sérapéum. On y débarquait les marchandises pour

---

1. LARCHER, *Hérodote*, vol. III, p. 458-464. — RENNEL, *The geographical system of Herodot*, p. 672 et s. — HEEREN, *Ideen über die Politik*, etc., 1 Theil, p. 20 et suiv. *Trad. franç.*, t. II, p. 87-94. — UKERT, *Geogr. der Griechen und Römer*, 1ʳᵉ partie, p. 46 et suiv. — MALTE-BRUN, *Histoire de la Géographie*, t. I, p. 11. — VIVIEN DE SAINT-MARTIN, *Histoire de la Géographie*, p. 31-32. — ROBIOU, *Les Périples de l'Afrique, Revue archéologique*, 1861, t. I, p. 191 et suiv.

les amener par terre à Bubaste ou dans quelque ville voisine : le trajet était moins difficile, mais la perte de temps et les frais restaient considérables. Néchao résolut de rétablir la communication qui avait existé jadis entre le fleuve et la mer. Il n'avait pour cela qu'à relier la branche orientale du Nil avec le golfe Héroopolite, les Lacs Amers étant, à cette époque, réunis par un chenal au golfe de Suez.

On a prétendu que l'idée de cette entreprise avait été suggérée à Néchao par les Grecs, Périandre ayant formé vers le même temps le dessein de couper l'isthme de Corinthe[1]. Mais, en pareille matière, les Égyptiens avaient peu à apprendre des Grecs ; et les Phéniciens avaient autant d'intérêt que ces derniers à voir exécuter un tel travail. Il n'avait rien d'ailleurs de très difficile, car il s'agissait alors, non de traverser l'isthme en ligne droite, mais de joindre une branche du Nil à un golfe peu éloigné[2], le point d'attache étant situé sur la branche Pélusiaque, à Patoumos, un peu au-dessous de Bubaste[3]. De plus, le canal avait été creusé longtemps auparavant, et les monuments nous apprennent, contrairement à l'opinion des Anciens[4], qu'il servait déjà aux contemporains de Séti Ier et de Ramsès II[5]. Il suffisait d'en suivre les traces au travers d'une plaine en culture, le Ouady-Toumilât, traversée autrefois par un des bras du Nil[6], en lui donnant la profondeur et la largeur nécessaires pour le passage des vaisseaux du temps[7]. Il est peu probable qu'un ouvrage exécuté dans ces conditions ait coûté la vie à cent

---

1. LETRONNE, *Mémoire sur la civilisation égyptienne*, dans les *Œuvres choisies*, t. I, p. 170.

2. Voici, d'après M. O. RITT (*Histoire de l'isthme de Suez*, p. 24, note 1), les dimensions approximatives du canal de Néchao. Longueur, en chiffres ronds, 90,000 mètres; largeur, à la ligne d'eau, 30 mètres; largeur au plafond, 20 mètres ; largeur à la ligne de terre, sans le bourrelet des berges, en moyenne, 40 mètres; profondeur totale, 6 mètres; cube à déplacer, 21,600,000 mètres cubes.

3. RAWLINSON, *Herodotus*, t. II, p. 244. Cf. NAVILLE, *The store city of Pithom*.

4. ARISTOTE, *Météorol*. I, 14 ; STRABON, XVII, p. 683 (Did.); PLINE, VI, 29.

5. MASPERO, *Histoire ancienne*, 4e édit., p. 228. Cf. LINANT DE BELLEFONDS, *Principaux travaux d'utilité publique exécutés en Égypte*, p. 182 et suiv.

6. *Description de l'Égypte*, t. XI, p. 112 et suiv.

7. La largeur du canal, qui varie sensiblement selon les points où elle a été mesurée, devait être, d'après LEPÈRE (*Description de l'Égypte*, t. XI, p. 67), de 35 à 40 mètres à la ligne d'eau. Sa profondeur était plus variable encore, le lit étant encaissé en quelques parties de 4 à 5 mètres. Elle s'accroît jusqu'à 8 mètres, en s'éloignant du golfe, jusqu'à l'extrémité, où le canal présente les plus grandes dimensions. Cf. *Description*, t. XVIII, p. 341 et suiv.

vingt mille hommes[1] et il est à peu près certain, quoi qu'en dise Hérodote, qu'il fut terminé par Néchao. L'oracle qui l'aurait arrêté, en lui prédisant qu'il travaillait pour un Barbare, n'est qu'une explication inventée après coup pour justifier une erreur de fait, à savoir que le travail serait resté inachevé, puisqu'il fut repris sous Darius. On a voulu en diminuer l'utilité en observant que la faiblesse de la pente entre la mer Rouge et Bubaste devait rendre la navigation possible pendant deux ou trois mois au plus[2]. Mais la branche de Péluse, qui aujourd'hui n'existe plus, était alors une des plus grandes ; elle pouvait alimenter le canal et le rendre praticable pendant toute la saison où le Nil est lui-même navigable, depuis juin jusqu'en avril. Les établissements helléniques de Daphnæ étaient bien placés pour tirer parti de la situation nouvelle que la réouverture du canal faisait aux étrangers comme aux indigènes ; ils durent être, sous les premiers rois saïtes, un des marchés les plus considérables du Delta, car l'importance de Naucratis date surtout de leur destruction. De Daphnæ à Bubaste, on pouvait remonter directement le Nil et de là gagner l'intérieur du pays[3]. Tout un système de canaux faisait communiquer entre elles les diverses localités du nord de l'Égypte ; on allait par eau à Mendès, à Xoïs, à Saïs, à Athribis, à Létopolis, à Memphis. La communication entre les deux mers une fois rétablie dans ces conditions nouvelles, le commerce international devait prendre un essor inattendu. Désormais, les produits de l'Afrique équatoriale et de l'Arabie,

---

1. HÉRODOTE, II, 158. Dans une entreprise pareille, accomplie en des conditions beaucoup plus mauvaises, Méhémet-Ali ne perdit que dix mille hommes (MASPERO, *Hist. anc.*, 4ᵉ édit., p. 537). — « Il est admissible, dit M. O. RITT (*Histoire de l'isthme de Suez*, p. 24), que Néchao, voyant déjà la difficulté de traverser le chenal (qui faisait communiquer la mer Rouge avec les lacs Amers) et prévoyant que cela augmenterait, ait essayé de le creuser. Ce serait alors que l'envahissement accidentel de la tranchée par la mer aurait causé la mort d'un grand nombre d'hommes, accident à la suite duquel Néchao aurait renoncé à sa tentative, laissant ainsi inachevé, non le canal de jonction du Nil au golfe Héroopolite, mais le curage du chenal de communication entre le golfe et la mer. » Cf. MENANT, dans le *Recueil de travaux relatifs à la Philol. et à l'Archéol. égypt. et assyr.*, t. IX, p. 31 et suiv.

2. LETRONNE, *Recueil des inscriptions de l'Égypte*, I, p. 194 ; LEPÈRE, *Description de l'Égypte*, t. XI, p. 115.

3. O. RITT, *Histoire du canal de Suez*, p. 26. L'auteur pense, du reste, que « les moyens manquant pour établir sans danger une communication immédiate entre les eaux du canal et celles du golfe, dont les niveaux étaient différents, on dut laisser un certain intervalle non creusé entre la fin du golfe (Héroopolite) et le canal ». Mais la distance était très faible, et les marchandises pouvaient ainsi être facilement transbordées.

sinon ceux de l'Extrême-Orient, pouvaient parvenir aisément dans le Delta et de là se répandre, par les vaisseaux grecs, égyptiens et phéniciens, dans toutes les parties de la Méditerranée. L'importance d'un pareil résultat n'a pas besoin d'être démontrée; les conséquences en auraient été plus étendues et la civilisation générale en aurait plus largement profité, si ce grand effort n'eût été paralysé trop tôt par les guerres que l'Égypte et aussi les Phéniciens eurent à soutenir contre la Chaldée.

Pressés de tous côtés par les Mèdes et les Babyloniens, les derniers rois d'Assyrie ne se défendaient plus qu'à grand'peine; mais la résistance de Ninive n'en immobilisait pas moins autour d'elle les forces de la Chaldée, et Naboupaloussour ne devait pas songer à les diviser, avant d'avoir consommé définitivement la ruine des Assyriens. D'autre part, la Syrie, affaiblie par tant d'invasions successives, était une proie facile à conquérir. Néchao pouvait donc reprendre sans crainte la route qu'avaient suivie autrefois les Pharaons de la xviii⁰ dynastie. Il partit, au printemps de l'année 608, à la tête d'une armée, dont faisaient certainement partie les Ioniens et les Cariens. Franchissant l'isthme, il monta jusqu'aux frontières de la Palestine, sans rencontrer aucune résistance. Il avait fait prévenir le roi de Juda qu'il marchait vers l'Euphrate, lui enjoignant de laisser le passage libre[1]; mais Josias, qui venait d'achever à Jérusalem la réforme religieuse commencée par Ézéchias, avait confiance en la protection divine et se croyait invincible. Il se posta avec ses troupes près de Megiddo, au débouché du Carmel, là même où Touthmès III avait remporté jadis une brillante victoire[2]. Cette fois, il y eut à peine combat. Josias fut frappé d'une flèche au moment où il parcourait le front de ses bataillons pour enflammer leur courage. Mortellement blessé, il donna l'ordre de la retraite et, rentré dans Jérusalem, il y mourut aussitôt. Laissant de côté la Judée, Néchao poursuivit sa marche et s'empara de l'antique ville de Qodshou (Kadesh), qu'Hérodote appelle Kadytis[3]. Ce fut

---

1. Josèphe, *Ant. J.*, X, 5 ; II *Rois*, XXIII, 29; II *Chroniques*, XXXV, 20 et suiv.

2. Hérodote (II, 159) écrit : Magdôlos. Il y avait plusieurs Migdôl en Égypte (V. Hécatée, fr. 282) et en Palestine. Hérodote entendait peut-être désigner ici celle qui est dans le lot de Nephtali (Josué, XIX, 38); mais il peut[l']avoir simplement confondue avec Megiddo.

3. On a beaucoup disserté sur la Kadytis d'Hérodote. On a cru y voir Gaza, Gath, Kadesh Barnea, ou même Jérusalem. (Walckenaer, *Opuscula*, I, p. 152; Hitzig, *de Kadyti;* Wesseling, *ad Herodotum*, III, p. 5; Baehr, *Excurs. ad Herod.*, t. I, p. 470-471.) — Etienne de Byzance donne Κάδυτις, Κάνυτις et Κάρδυτος, les deux dernières formes d'après Hécatée. M. Maspero (*Histoire ancienne*, 4ᵉ édit., p. 539)

une prise de possession opérée pacifiquement plutôt qu'une véritable conquête. En trois mois, toute la contrée était soumise[1]. Arrivé au bord de l'Euphrate, Néchao revint en arrière et s'établit à Riblah, au centre de l'Aram, pour recevoir les tributs et les hommages des peuples qui rentraient sous la suzeraineté de l'Égypte. Une sorte d'alliance défensive y fut conclue entre les États de l'Asie antérieure[2]. Apprenant que les Juifs, sans attendre son bon plaisir, avaient proclamé le second fils de Josias, il le manda près de lui et, l'ayant déposé, il l'emmena prisonnier, après avoir mis sur le trône son frère aîné Joïakim, et imposé au pays un tribut de cent talents d'argent et un talent d'or[3]. En souvenir de cette heureuse expédition, il consacra sans doute de riches offrandes dans les temples de l'Égypte[4]; mais il n'oublia point les dieux des mercenaires, comme s'il eût attribué aussi à leur protection la rapidité de ses faciles succès. C'est à l'Apollon des Branchides qu'il voulut envoyer, en témoignage de piété reconnaissante, le vêtement qu'il avait porté pendant la campagne de Syrie[5]. Une telle préférence accordée au dieu des Milésiens témoigne de l'importance que ces derniers avaient déjà prise en Égypte par leur commerce, par le concours qu'ils avaient prêté au roi pour la création de sa marine, et peut-être pour le recrutement de ses auxiliaires. Tel est le premier de ces hommages publics, dont on verra les rois saïtes se montrer prodigues envers les divinités helléniques. De pareils actes devaient être jugés sévèrement par la classe sacerdotale et par le peuple égyptien; mais les souverains attachaient assez de prix aux services rendus par les soldats et les marins étrangers, pour braver l'irritation qu'ils pouvaient causer. Déjà les conquêtes de la XVIII° dynastie avaient introduit des dieux asiatiques; maintenant les dieux grecs avaient, eux aussi,

---

pense qu'il s'agit en réalité de cette ville de Kadesch-Qodshou, bien connue par les monuments égyptiens, et dont le nom revient si souvent dans les inscriptions historiques de la XVIII° et de la XIX° dynastie. — Sur Kadesch, voir SAYCE, Les Hétéens, trad. franç. de MENANT, p. 105-106.

1. II Rois, XXIII, 31.
2. MOVERS, die Phönizier, t. II, 1, p. 420.
3. II Rois, XXIII, 33-35.
4. Un grand scarabée du musée de Boulaq, n° 2957, le seul monument qui nous reste des guerres de Néchao, le représente debout, entre Isis qui lui remet son arme et Nit qui lui donne une petite image du dieu guerrier Montou ; deux prisonniers renversés occupent le registre inférieur. (MASPERO, Guide du Visiteur, p. 122.) Cf. MARIETTE, Monuments divers, pl. 48, c.
5. HÉRODOTE, II, 159.

droit de cité aux bords du Nil, et l'Apollon des Milésiens semblait devenir, à côté de Râ et de Nît, un des protecteurs avoués de la dynastie régnante.

Cependant Ninive avait fini par tomber sous les coups des coalisés[1]. Son dernier roi, Saracos[2], après une défense héroïque, s'était enseveli sous ses ruines. Tant qu'avait duré la lutte, Néchao était resté paisible possesseur de la Syrie. Même après la chute de Ninive, le roi de Babylone ne se crut pas assez fort pour faire valoir immédiatement les droits, dont la défaite de l'Assyrie semblait lui assurer l'héritage[3]. Retenu sans doute par la crainte des Mèdes, ses dangereux alliés, et n'osant pas dégarnir ses frontières du Nord, il se recueillit pendant trois années; puis, les préparatifs terminés, il confia à son fils Naboukodorossor le commandement d'une armée, destinée à opérer au delà de l'Euphrate. Néchao avait prévu l'attaque, et ses forces étaient prêtes. Au lieu d'attendre l'ennemi, il marche résolûment à sa rencontre et traverse de nouveau la Syrie avec des troupes nombreuses, pour faire lever le siège de Karkemisch. La Judée trembla en voyant passer cette grande armée, et Jérémie fit entendre un de ces chants de haine patriotique où se complaisait son génie. « Qui donc monte là comme un fleuve, avec des flots qui se précipitent comme ceux d'un fleuve? C'est l'Égypte qui monte comme le Nil, et comme des courants ses eaux s'émeuvent, et elle dit : Je monterai, je couvrirai la terre, je détruirai villes et habitants. Montez, chevaux, retentissez, chariots; qu'ils marchent, les guerriers de Kousch et de Phout, tenant le bouclier et les Loudim, qui manient et bandent l'arc. Voici le jour du Seigneur, Dieu des armées, jour de vengeance où il frappera ses ennemis. L'épée dévorera, elle sera rassasiée et enivrée de leur sang : car il se fait un sacrifice au Seigneur Dieu des armées, au pays du Nord, sur l'Euphrate[4]. » On a voulu chercher dans ce morceau lyrique des renseignements sur la composition de l'armée de Néchao. Phout et Kousch représentent probablement les peuplades barbares, les neuf arcs des inscriptions égyptiennes[5], dont on avait enrôlé les

---

1. A une date qui n'est pas exactement déterminée, entre 608 et 605.
2. La forme originale du nom de Saracos n'est pas connue d'une manière certaine.
3. On sait que Bérose, parlant de Néchao (Müller-Didot, *Fragm. histor. græc.*, t. II, p. 506), le présente comme un satrape d'Egypte, de Syrie et de Phénicie, qui se serait révolté contre Nabopolassar.
4. Jérémie, XLVI, 7-12.
5. III III III'

recrues pour remplacer les émigrants, partis sous Psammétique I*er*. Quant au mot de Loudim, on serait tenté d'abord d'y voir une allusion aux auxiliaires envoyés jadis par Gygès, les Grecs et les Cariens d'Asie Mineure pouvant se confondre, dans la pensée du prophète, avec leurs voisins les Lydiens. Mais Loudim pourrait bien n'être qu'une transcription hébraïque de l'égyptien *rotu, lotou*[1], les hommes et en particulier les hommes d'Égypte, par opposition aux étrangers[2]. Cette fois, la valeur des mercenaires, aussi bien que celle des Égyptiens, fut impuissante contre les forces de la Chaldée, commandées par un général impétueux et habile. La victoire fut vivement disputée, s'il est vrai, comme le dit assez vaguement Josèphe[3], que Néchao perdit plusieurs myriades d'hommes, πολλὰς μυριάδας. La joie cruelle que fait éclater Jérémie laisse entrevoir qu'il y eut là pour les Égyptiens un véritable désastre. « Monte en Galaad, s'écrie-t-il, et prends du baume, vierge fille de l'Égypte ; en vain tu multiplies les remèdes, de guérison il n'y en a plus pour toi. Les nations ont appris ta honte, et ton cri a rempli la terre : car le fort a trébuché sur le fort, et tous deux sont tombés ensemble. » Vaincus dans le nord de la Syrie, les souverains de l'Égypte n'ont qu'un parti à prendre : se replier au plus vite sur le Delta, et la nécessité de cette manœuvre s'impose si clairement, qu'on la voit se reproduire à toutes les époques de l'histoire, depuis les Pharaons jusqu'aux Mameloucks. Ils se hâtent de regagner leurs frontières, pour les mettre en état de défense et pour réorganiser leurs troupes : c'est ce que Néchao fit aussitôt après sa défaite. Aucune des forteresses de Syrie n'avait de garnison; depuis longtemps, du reste, elles étaient habituées à se soumettre d'elles-mêmes au vainqueur, quel qu'il fût. Naboukodorossor put donc traverser librement le pays, et il se préparait à passer en Afrique, lorsqu'il apprit tout à coup que son père venait de mourir. Peu rassuré sur les dispositions du peuple chaldéen, il s'empresse « de régler, dit Bérose, les affaires de l'Égypte et du reste du pays[4] » et court à Babylone avec une faible escorte, en traversant le désert d'Arabie.

1.
2. V. les explications différentes données par F. Lenormant, *Les Origines de l'histoire*, t. II, p. 415 et 435.
3. Josèphe, *Ant. J.*, X, 6. Cf. Bérose, *Fragm.*, 14.
4. C'est-à-dire de la Judée.

Dès qu'il se sent affermi sur le trône, il reprend la campagne, conquiert l'Aram entier et soumet le Phénicien Ithobaal ; le roi de Juda lui paie tribut et se reconnaît son vassal.

Cependant Néchao ne perdait point courage. La politique constante des Pharaons était de dresser la Syrie comme une barrière entre eux et les empires orientaux : tout en refaisant son armée, il noua des alliances secrètes avec les peuples syriens, Juda, Ammon, Moab, une partie de la Phénicie. Ce fut le roi de Juda qui, malgré les conseils de Jérémie. donna le signal de la rébellion. Soumis une première fois, il recommence bientôt la lutte ; mais, par la rapidité de ses mouvements, Naboukodorossor déconcerte les coalisés et les empêche de se réunir. Il se jette sur la Judée, qu'il ravage lui-même jusqu'au torrent d'Égypte, pendant qu'un de ses corps d'armée paraît devant Tyr et qu'un autre assiège Jérusalem. Joïakim meurt pendant le siège, et son fils Jékoniah, contraint de se rendre, est emmené à Babylone avec les trésors du temple et quarante mille captifs (597). Néchao mourut deux ans plus tard, sans avoir pu reprendre l'offensive ni même porter secours à ses alliés. Son règne finissait mal. Cependant la défaite de Karkémisch, qui ruinait pour un temps l'influence égyptienne en Syrie, n'avait point entamé l'Égypte elle-même ; et les grandes entreprises tentées par son souverain devaient être, malgré tout, fécondes en résultats pour l'avenir. Sans doute il avait trouvé le terrain préparé et les voies ouvertes, mais il n'avait point failli aux traditions de sa maison. Avec l'aide des Phéniciens, des Grecs de Defenneh et des Milésiens, il avait créé une marine puissante ; en rétablissant le canal de Sésostris, il avait donné au pays le moyen d'utiliser ses ressources naturelles et d'augmenter son trafic ; enfin, si la circumnavigation de l'Afrique ne produisit point les conséquences qu'il en attendait, la pensée qui avait inspiré un pareil projet n'en était pas moins une grande pensée. Comme son père, il accueillit toujours les étrangers avec bienveillance et ne craignit pas de donner aux Hellènes des témoignages publics de son affection et de son estime. Leurs colonies du Delta purent grandir en paix et prospérer sous la haute protection du maître ; les trafiquants, les artisans de tous métiers, venus des côtes d'Asie Mineure, se fixèrent en plus grand nombre autour des camps des mercenaires, et le commerce international prit une extension chaque jour plus considérable. Néchao, malgré ses revers, mérite donc une place d'honneur dans la série des princes saïtes de la xxviᵉ dynastie. « Il fut, comme on l'a dit, un roi énergique, taillé sur le modèle des grands Pharaons, et à qui il ne manqua, pour égaler la gloire des Thoutmos et des Séti, que des ressources semblables aux leurs[1]. »

Néchao avait régné seize ans (610-594)[2]. Son fils Psammétique II, qu'Hérodote appelle Psammis et Manéthon Psammouthis[3], était un enfant lorsqu'il monta sur le trône[4], et son règne très court (594-589) ne fut marqué par aucun événement important.

D'après une tradition conservée par Hérodote[5], les Éléens qui avaient la présidence des jeux olympiques et se flattaient d'en avoir réglé équitablement le programme, voulurent avoir là-dessus l'avis des Égyptiens. Psammis, consulté par eux, convoqua les sages de son royaume; après une délibération en forme, ceux-ci décidèrent que les Éléens, pour assurer l'impartialité absolue des jugements, devaient interdire à leurs athlètes l'accès du concours. Cette légende fut mise plus tard au compte d'Amasis[6]; et M. Lauth ne craint pas de la rapporter à un roi de la xxiiiᵉ dynastie, Psimouth (Ψαμμοῦς)[7]. M. Clermont-Ganneau a montré, par de nombreux exemples,

1. Maspero, *Histoire ancienne*, 4ᵉ édit., p. 536.
2. C'est le chiffre donné par Hérodote (II, 159) et confirmé par deux stèles de Florence et de Leyde. (Leemans, *Lettre à Rosellini*, p. 125-132.) D'après Manéthon, il n'aurait régné que six ans. Il n'était pas le fils de la princesse thébaine Shapenouopit, mais d'une autre femme de Psammétique Iᵉʳ. Shapenouopit n'avait eu qu'une fille, Nitocrit, que son père Psammétique épousa, peut-être pour réserver les droits de la principauté de Thèbes. Elle n'eut pas d'enfants, mais elle adopta une fille de Psammétique II et de Takhoti, Onkhnas Nofir-ib-ri, qui devint plus tard la femme d'Amasis. V. Maspero, *Les Momies de Deir el-Bahari* (*Mémoires de la Mission du Caire*, t. I, p. 754 sqq.).
3. M. Maspero (*Annuaire de l'Association des Études grecques*, 1877, p. 136 sqq.) a expliqué les raisons philologiques de ces transformations du nom égyptien. M. Wiedemann (*Herodots Zweites Buch*, p. 568) rejette cette explication. Voir les théories particulières exposées par M. Lauth, au sujet de Psammouthis, *Aus Ægyptens Vorzeit*, pp. 425, 452, 454.
4. Son sarcophage a été retrouvé en 1883 par M. Maspero, dans un village voisin de Damanhour, où il avait été probablement transporté de Saïs. En voyant les dimensions du sarcophage (1ᵐ45 de long, 0ᵐ55 de large, 0ᵐ32 de profondeur), on est porté à croire que Psammétique II mourut avant d'arriver à l'âge d'homme. (V. *Zeitschr.*, 1884, p. 79, et *Guide du Visiteur*, p. 25-26.)
5. Hérodote, III, 160.
6. Diodore, I, p. 95.
7. Lauth, *Aus Ægyptens Vorzeit*, p. 425. En parcourant la liste des deux cent quarante-huit vainqueurs d'Olympie, l'auteur a remarqué que, pendant les cinq premières olympiades (776-756), des Éléens ont plusieurs fois remporté le prix, tandis qu'à partir de cette époque et pendant très longtemps il n'en paraît plus un seul. Il en conclut que les Éléens avaient suivi le conseil du roi, qu'Hérodote appelle

que des influences orientales s'étaient exercées très anciennement dans le Péloponèse, et particulièrement en Élide [1]. C'était le seul pays de la Grèce où l'on cultivât le byssus, et la principale industrie des femmes de Patrai consistait à tisser des résilles et des vêtements avec les fibres de ce végétal. « Les Éléens, dit Pausanias [2], étaient grands amateurs de divinités étrangères. Ils faisaient des libations, non seulement aux dieux helléniques, mais aux dieux libyens, à Héra Ammonia et à Parammon. Ils étaient allés consulter l'oracle de Libye à une époque très reculée; on voyait encore, au temps de Pausanias, dans le sanctuaire d'Ammon, des autels dédiés par eux avec des inscriptions relatant l'objet de la demande, la réponse, les noms des envoyés éléens. » Or, la Libye, et en particulier l'oasis d'Ammon, confinait au Delta. Malgré les détails romanesques qui agrémentent le récit comme toujours, il n'est donc pas impossible d'admettre l'existence de relations anciennes entre l'Égypte et les Éléens; la démarche qu'on prête à ceux-ci montre d'ailleurs la haute idée que se faisaient les Hellènes de la justice des Égyptiens et de la sagesse de leurs rois. Les Grecs se sont toujours plu à compléter la liste des souverains étrangers qui avaient eu part aux grands jeux, soit comme concurrents, soit comme arbitres; sans doute, ils ont cherché, par ce détour, à y faire entrer le nom d'un Pharaon égyptien.

En dehors de ce conte, les historiens anciens ont conservé peu de souvenirs du règne insignifiant de Psammétique II. Il ne vécut pas assez longtemps pour venger la défaite de son père Néchao. Les circonstances, cependant, semblaient être favorables à l'Égypte. Naboukodorossor avait assez à faire de surveiller les agissements des Mèdes, et surtout les entreprises des Perses, devenus, après les dévastations d'Assourbanipal, maîtres d'une grande partie de l'Élam. Les roitelets syriens, trop faibles pour s'affranchir à eux seuls du joug babylonien, tournaient toujours leurs regards vers l'Égypte, dont ils attendaient leur délivrance. Sédécias, roi de Juda, quoiqu'il fût la créature de Naboukodorossor, n'en écoutait pas moins les conseils des grands,

---

Psammis. Mais ce roi, contemporain de la 51ᵉ olympiade, au lieu d'être Psammétique II, serait un Tanite de la xxiiiᵉ dynastie, successeur d'Osorkon III, Psimouth, qui régna précisément de 766 à 756, et dont le nom aurait été légèrement déformé par l'historien grec. — PLUTARQUE (*Quæst. Platon.*, p. 1000 A) rapporte la sentence à un des sept Sages.

1. CLERMONT-GANNEAU, *Le dieu Satrape*, p. 49-63.
2. PAUSANIAS, V, XV, p. 11. Parammon désignerait ici Hermès.

qui le poussaient à conclure une alliance avec le Pharaon[1]. Les rois de Moab et d'Ammon, ceux de Sidon et de Tyr intriguaient, négociaient sans cesse pour le décider à recommencer la guerre. Mais l'Égypte se contentait prudemment d'entretenir leurs espérances, sans rien faire pour les soutenir.

Hérodote[2] affirme en passant que Psammis fit une expédition en Éthiopie[3]. On ne possède aucun renseignement sur cette campagne, à laquelle on a voulu rapporter les graffiti des soldats grecs, cariens et sémites à Ipsamboul. Nous nous sommes efforcé de montrer que nulle raison décisive ne nous obligeait à modifier sur ce point la tradition acceptée par l'antiquité entière. De l'argumentation de M. Wiedemann, que nous avons précédemment combattue, un seul fait est à retenir : le général Nesihor Psamitik-menkh[4] dut être un des principaux chefs de la campagne dirigée contre l'Éthiopie. Celle-ci fut sans doute une simple course militaire, entreprise pour ramasser du butin et des esclaves, plutôt que pour soumettre définitivement la contrée.

Le hasard a fait parvenir jusqu'à nous un grand nombre de monuments de Psammétique II ou de ses contemporains, et provenant de toutes les parties de la vallée du Nil[5]. Ils contribuent à nous éclairer sur le développement de l'art égyptien pendant la période saïte, mais ils ne contiennent aucune indication pour l'histoire, aucune allusion au séjour ou à la condition des Grecs. Cependant on a retrouvé, sur l'un d'entre eux, un titre qui paraît se rapporter au commandement des mercenaires, et qui mérite ainsi de notre part un examen spécial. L'inscription gravée sur le sarcophage d'un prince héréditaire, Auf-âa, surnommé Nofiribri-miri Nit, lui attribue, entre autres fonctions, celles de commandant de châteaux *(Kherp hâti-u)* et de chef des pays des Hanebou *(mir set-u ha-u neb-u)*[6]. Nous avons déjà rencontré

---

[1]. Jérémie, XXVIII, 9 et suiv.; Ézéchiel, XVII, 15 et suiv.

[2]. Hérodote, II, 161.

[3]. Plusieurs inscriptions hiéroglyphiques gravées sur les rochers d'Éléphantine, à Bégeh, à Philæ, à Konosso, constatent la présence de Psammétique II à la frontière méridionale de l'Égypte. V. Champollion, *Notices manuscrites*, t. I, p. 163, 225, 616, 631; Lepsius, *Denkm.*, III, 274, d, e.

[4]. Inscription de la statue du Louvre, A, 90.

[5]. On n'y rencontre pas d'ailleurs de date plus avancée que celle de l'an 3. V. l'énumération de ces monuments dans : Wiedemann, *Geschichte Ægyptens von Psammetich I*, etc., p. 158-163.

[6]. Musée du Vatican. V. Wiedemann, dans le *Recueil de travaux*, t. VI, p. 117. Le cartouche-prénom de Psammétique II entrant dans la formation du surnom de notre personnage, il a dû vivre

cette appellation de *Hanebou* aux époques anciennes, et nous avons vu qu'elle devait posséder alors un sens très général et s'appliquer vaguement à tous les peuples du Nord, aux habitants des îles et de la Méditerranée. Mais, du jour où les Égyptiens furent en relations directes et continues avec l'Hellade, l'idée qu'elle représentait se précisa nécessairement, et, comme les Grecs de l'Asie Mineure et des îles étaient les mieux connus des étrangers qui arrivaient du Nord par la mer, ce fut à eux surtout et aux Cariens qu'on dut l'attribuer d'une manière plus spéciale¹. Le mot reparaît encore dans l'inscription presque contemporaine de la statue de Nesihor, que nous étudierons plus loin, et dans des circonstances qui en déterminent nettement la valeur. Sur le sarcophage d'Auf-âa, il est précédé du signe des pays étrangers (⌂, *set*). C'est là, croyons-nous, une imitation de la forme archaïque du même titre; il est, d'ailleurs, conforme aux habitudes des Égyptiens de considérer comme vassales les contrées qui leur fournissaient des auxiliaires. Ces deux exemples prouvent qu'à l'époque saïte des fonctionnaires égyptiens, appartenant à des familles nobles et occupant des postes très élevés, pouvaient exercer sur les mercenaires de toutes races une autorité supérieure, soit comme surveillants et administrateurs, soit comme généraux et comme chefs militaires.

Sous le successeur de Psammétique II, Apriès, les Grecs vont être mêlés plus que jamais aux affaires de l'Égypte². Nous ne savons pas s'il employa jamais la flotte de guerre de Néchao. Allié des Phéniciens, qui étaient comme lui les ennemis de la Chaldée, il n'avait point à opérer

sous ce roi et probablement aussi sous Apriès. — A cette époque, l'expression *Kherp hâti-u* se rapporte d'ordinaire au grand temple de Nit à Saïs.

1. Sous Nectanèbe II, un monument hiéroglyphique montre le roi faisant des offrandes à diverses divinités, qui lui répondent : « Je donne que les Hanebou (les Grecs) redoutent ta puissance », etc. (*Revue égyptologique*, t. II, p. 62, note 1). Au temps des Ptolémées, dans les décrets bilingues, ce même vocable est traduit par Ἴονες, bien qu'on emploie aussi alors la simple transcription : *Ouinin*. A Edfou, dans la liste des neuf peuples, Hanebou désigne « les îles de la mer et les nombreuses et grandes terres du Nord », et on invoque le dieu local Hor Houditi, en lui disant : « Tu es le prince, chef des Hanebou. » Sans doute, entre l'époque ptolémaïque et celle des Psammétichides, il y a plusieurs siècles d'intervalle. Mais, sous la dynastie saïte, les Grecs étaient déjà partout en Egypte, et il fallait bien un nom pour les désigner : on dut prendre celui que donnent déjà les vieux textes, et qui reparaît dans les plus récents.

2. Apriès était probablement fils de Néchao, et il avait pris comme nom principal le cartouche-prénom de son grand-père Psammétique Iᵉʳ ⊙𓋹𓍑 Ouah-ib-rî.

sur les côtes; c'est par le centre de la Syrie que ses armées s'étaient dirigées vers l'Euphrate[1], comme celles des anciens conquérants égyptiens. Aussi n'est-il question nulle part, dans les récits grecs, d'une action combinée entre la flotte du Pharaon et ses troupes de terre. Cependant, les trières de Daphnæ étaient, comme l'indique Hérodote, destinées à servir des projets de conquête; et c'est, en effet, le rôle que nous leur voyons jouer sous Apriès. Les princes syriens continuaient à nouer des intrigues avec l'Égypte. L'avènement d'un nouveau souverain augmenta leurs espérances et les décida à agir. Juda et la Phénicie, Moab et Ammon se soulevèrent tous à la fois. A cette nouvelle, Naboukodorossor entre en Syrie et établit son quartier général à Riblah. Une partie de ses forces ravage la Phénicie et commence le blocus de Tyr, tandis que le gros pénètre en Judée et assiège Jérusalem. Contrairement aux prédictions de Jérémie, Apriès n'abandonne pas ses alliés. Il s'avance avec une armée nombreuse; déjà il avait atteint Gaza, lorsque le général chaldéen Nebuzaradan, informé de sa marche, quitte le siège de Jérusalem et court à sa rencontre. Le roi d'Égypte, vaincu selon les uns[2], selon d'autres[3] intimidé par l'énergie de son adversaire, rentre précipitamment dans le Delta. Jérusalem, assiégée de nouveau, est prise, la moitié de ses habitants sont emmenés en captivité, et ceux qui restaient se voient bientôt forcés, à la suite d'événements tragiques, de se réfugier en Égypte. Apriès les accueille avec faveur et leur concède des terrains à Daphnæ, près des camps des mercenaires[4]. Moab et Ammon étaient soumis (586). Une dernière révolte en Judée avait amené la destruction totale de Jérusalem (582). Tyr seule résistait toujours et Naboukodorossor allait être forcé, pour en finir, de traiter avec son roi Ithobaal III (574)[5]. Restait

---

1. On a prétendu, il est vrai, que la flotte égyptienne avait débarqué des troupes sur la côte de Syrie. Mais il est difficile d'admettre qu'on ait pu transporter par mer une armée comme celle de Néchao ; le débarquement n'était guère possible alors qu'en un seul point du littoral, au port de Joppé (Jaffa), et, comme cette ville appartenait probablement aux Egyptiens, il était inutile de s'y arrêter.
2. Josèphe, *Ant. J.*, X, 7.
3. Jérémie, XXXVII, 7.
4. On s'est demandé comment certaines idées cosmographiques d'origine juive avaient pu être connues des premiers philosophes grecs. C'est en Égypte peut-être qu'il convient de chercher l'explication du fait. Là, en effet, bien plus qu'en Phénicie ou dans l'île de Cypre, au milieu de cette population de Daphnæ, formée d'éléments si divers, les Juifs purent se trouver en contact journalier avec les Grecs.
5. Ménandre, dans Josèphe, *contre Apion*, I, 21.

l'Égypte, tant de fois menacée comme elle par les prophètes juifs. Préoccupé exclusivement de justifier leurs prédictions, Josèphe prétend que, cinq ans après la ruine de Jérusalem et dans la vingt-troisième année de son règne, Naboukodorossor envahit l'Égypte, puis qu'ayant fait périr Apriès, il le remplaça par un autre roi et emmena à Babylone la colonie juive[1]. Jusqu'ici, les monuments chaldéens ne disent rien de cette conquête, et les historiens grecs, qui ont puisé aux sources égyptiennes, contredisent absolument les affirmations du chroniqueur juif. Bien loin que l'Égypte ait été envahie, c'est elle qui, à un moment donné, prend l'offensive et s'attaque aux peuples vassaux de la Chaldée. Cette brillante expédition eut lieu nécessairement entre 574, date de la capitulation de Tyr, et la guerre de Cyrénaïque qui précède la révolte d'Amasis (569)[2]. Par suite de quelles circonstances Naboukodorossor fut-il empêché de s'y opposer? On l'ignore. Hérodote[3] nous apprend seulement qu'« Apriès porta la guerre en Syrie et livra une bataille navale aux Tyriens ». Diodore est un peu plus explicite. « Apriès, dit-il, se mit à la tête d'une nombreuse armée de terre et d'une flotte considérable, s'avança contre Cypre et la Phénicie; il prit d'assaut Sidon et porta la terreur dans les autres villes de Phénicie. Il vainquit dans une grande bataille navale les Phéniciens et les Cypriotes, et retourna en Égypte chargé de butin[4]. » Si les Phéniciens, qui avaient combattu Naboukodorossor avec tant de courage, lui restèrent fidèles cette fois, ce fut assurément par crainte de sa puissance; de plus, étant déjà dépossédés par les Grecs d'une partie du commerce méditerranéen, ils devaient voir avec une inquiétude jalouse grandir près d'eux la marine égyptienne, qui pouvait en si peu de temps bloquer leurs ports et menacer leur domaine continental. Cette rivalité explique l'intervention de l'élément cypriote, mentionné sans commentaire par les écrivains anciens[5]. Évidemment, il ne s'agit pas ici des Grecs,

---

1. Josèphe, *Ant. J.*, X, 9.
2. Maspero, *Histoire ancienne*, p. 555, note 4.
3. Hérodote, III, 161.
4. Diodore, I, 68. Il n'y a guère là, du reste, qu'une paraphrase du passage d'Hérodote. Un seul fait pourrait indiquer une source différente, peut-être Éphore ou Théopompe : c'est que Diodore joint Cypre à la Phénicie, comme elles sont toujours mises en rapport chez les Grecs. Mais quel que soit l'intermédiaire, il a lui-même évidemment emprunté le fonds au livre d'Hérodote.
5. Elle est aussi une preuve de la date. Ce n'est pas pendant qu'ils étaient en guerre contre Naboukodorossor que les Phéniciens pouvaient être hostiles à l'Égypte; au contraire, alors ils étaient plutôt ses alliés.

mais des Phéniciens de Cypre qui, ayant les mêmes intérêts que leurs compatriotes de Syrie, partageaient leurs craintes et furent amenés à partager leurs dangers. La victoire navale remportée par Apriès eut pour conséquence probable la soumission momentanée d'une partie de l'ile; et les Égyptiens furent ainsi à même d'apprécier l'importance que pouvait avoir pour eux la conquête d'un pays si riche et si heureusement placé. Aussi, s'obstineront-ils à la recommencer à toutes les époques, depuis Amasis jusqu'aux Ptolémées. Quant à la côte de Syrie, elle fut conquise tout entière, et Apriès ne se contenta pas d'y exercer une suzeraineté nominale. Il y établit des garnisons, puisqu'il y fonda des temples, et s'assura ainsi la libre disposition, si utile pour sa marine, des arsenaux et des ports. Les nombreux restes de l'art égyptien qu'on a trouvés dans les villes phéniciennes, depuis Arados jusqu'à Sidon, se rapportent sans doute à des époques diverses; plusieurs, cependant, sont marqués au nom d'Apriès. Ils appartiennent généralement, par le style, à la période de l'art saïte, et il est permis de penser que l'influence égyptienne se fit sentir alors en Phénicie avec non moins de force qu'au temps de la XVIIIe et de la XIXe dynastie[1].

La flotte qui venait d'opérer avec tant de succès contre les vassaux de Naboukodorossor avait été construite dans les chantiers de Daphnæ par des ingénieurs grecs; elle devait être montée en partie par des équipages grecs. En effet, la fortune des mercenaires enrôlés dans l'armée de terre depuis Psammétique Ier avait dû attirer aussi de nombreux marins, que l'appât d'une haute solde avait retenus en Égypte. Les rois saïtes, du moins au début, ne pouvaient rien sans eux. Leurs sujets, nous l'avons vu, étaient restés étrangers aux progrès accomplis dans les pays helléniques; pour la construction navale et pour la manœuvre, ils avaient tout à apprendre. Avec des ouvriers nombreux et bien dirigés, on peut à la rigueur construire rapidement une flotte; plus aisément encore on pourrait l'acheter toute faite; mais il est plus difficile et plus long de former d'habiles marins. Pour manœuvrer les trières, il avait donc fallu recruter un grand nombre de matelots hellènes. Les Milésiens, installés à la bouche Bolbitine, puis à Naucratis, étaient mieux que personne en état de fournir ces auxiliaires

---

1. V. RENAN, *Mission de Phénicie*, p. 26 et suiv., p. 179. Cf. E. DE ROUGÉ, *Revue archéologique*, 1863, t. II, p. 194 et suiv.

indispensables. Les chefs des mercenaires purent également servir d'intermédiaires naturels entre l'Égypte et les Grecs d'Asie Mineure. Les chantiers dont parle Hérodote attirèrent autour d'eux toute une population d'ouvriers grecs et de marchands, dont le trafic avait pour objet les mille fournitures nécessaires à la marine. Ainsi cette colonie militaire s'augmentait sans cesse d'éléments nouveaux, et les services qu'elle rendait au pays et au roi lui donnaient chaque jour plus d'importance. Lorsque les Phéniciens, alliés à la Chaldée, furent devenus par là même les ennemis du Pharaon, le commerce grec bénéficia nécessairement de cette situation nouvelle et dut profiter des avantages qu'elle lui faisait, au moins pour un temps. Aucun historien n'indique le nombre des mercenaires sous Psammétique Ier et sous Néchao ; aucun ne mentionne l'introduction en Égypte de nouvelles bandes destinées à remplir les vides que la guerre creusait dans leurs rangs. Nous savons seulement qu'ils étaient trente mille sous Apriès [1] ; et, comme les rapports entre l'Égypte et les Hellènes étaient devenus de plus en plus fréquents depuis Psammétique Ier, on peut croire que le chiffre donné par Hérodote est le plus élevé que les troupes mercenaires aient atteint sous les Saïtes jusqu'au règne d'Amasis.

Enivré par ses succès en Syrie, Apriès se crut désormais supérieur à la fortune. La guerre de Cyrène allait le détromper cruellement. Fondée vers la fin du VIIe siècle (631) par les Doriens de Théra, Cyrène avait grandi rapidement et était devenue « le point de départ de tout un groupe de colonies, le centre d'une petite Grèce. Il se forma autour d'elle une nation adonnée à l'agriculture, qui gagna du terrain et réussit à imprégner de civilisation hellénique tout un morceau du continent africain [2]. » Battos Ier, établi d'abord dans l'île de Platea, avait gagné les hauts plateaux et bâti sa nouvelle cité au milieu d'une contrée admirablement fertile, arrosée par des sources abondantes. Bientôt les Grecs s'unirent par des liens étroits aux peuples voisins, Asbystes et Giligames, et formèrent une race mêlée, énergique et entreprenante [3]. Battos II appela de nouveaux colons qui, sur la foi d'un oracle, accoururent en foule du Péloponèse, de la Crète et des îles. On refit le partage des terres, et les Libyens indigènes furent en partie

1. Hérodote, II, 163.
2. Curtius, *Histoire grecque*, t. I, p. 573.
3. Hérodote, IV, 156 et suiv. Cf. Thrige, *Res Cyren.*, c. 22-24.

dépossédés. Leur roi, Adikran, incapable de se venger à lui seul, se retourna vers Apriès, se reconnut son vassal et l'appela à son secours: Le Pharaon, qui ne voyait pas sans quelque défiance l'accroissement rapide de la colonie, et qui en convoitait les richesses, reçut avec empressement les ouvertures qui lui étaient faites. Craignant sans doute de mettre à une dangereuse épreuve la fidélité de ses mercenaires, il recruta une armée composée exclusivement d'éléments indigènes[1], puis il entra en campagne, éclairé et soutenu par les Libyens d'Adikran. Les Cyrénéens l'attendirent en la contrée d'Irasa, près de la fontaine Thestès. Les Égyptiens comptaient sur la supériorité du nombre et méprisaient des adversaires qu'ils auraient dû craindre, ayant vu d'autres Grecs combattre si vaillamment dans leurs rangs. Ils furent mis en déroute si complète, qu'un petit nombre d'hommes seulement purent regagner le Delta. Ce revers inattendu eut de funestes conséquences pour Apriès. On s'imagina en Égypte qu'il avait sciemment envoyé les indigènes à une mort certaine, afin de se débarrasser d'une force qu'il redoutait et de gouverner à son gré, avec l'aide des seuls mercenaires. La haine contre ces étrangers n'avait pas diminué depuis Psammétique Ier, les rois n'ayant cessé de les traiter avec faveur, et le peuple, nous l'avons dit, devait regarder comme sacrilèges les offrandes faites à leurs dieux. La honte de la défaite d'Irasa, surtout le grand nombre des morts, exaspérèrent les Égyptiens, et la révolte eut pour chefs ceux qui avaient échappé au carnage. Apriès ne comprit pas d'abord le danger et se flatta de tout apaiser, sans être obligé de combattre. Il dépêcha aux rebelles un homme qu'il croyait sûr, Amasis, qui, malgré la bassesse de sa naissance[2], s'était, grâce à ses talents et à la souplesse de son caractère, élevé peu à peu jusqu'aux plus hauts grades. Celui-ci chercha-t-il à calmer les révoltés par des paroles conciliantes, ou bien les encouragea-t-il sur-le-champ par des excitations calculées? on ne sait. Pendant qu'il les haranguait, un soldat, s'approchant par derrière, lui posa un casque sur la tête, et tous le proclamèrent roi[3]. Il accepta sans hésiter et, prenant le commandement,

---

1. HÉRODOTE, IV, 159.

2. Nous reproduisons ici les détails du récit d'après les sources grecques. Les monuments égyptiens semblent montrer, au contraire, qu'Amasis appartenait à une famille considérable dans l'État.

3. HÉRODOTE, II, 162. DIODORE, I. 68. Le casque de guerre, le *khopersh*, était, en effet, une des

il se disposa à marcher contre son ancien maître. Celui-ci se mit en défense ; mais, avant d'en venir aux mains, il voulut tenter un dernier effort. Il envoya Patarbémis, homme considérable parmi les rares Égyptiens qui lui demeuraient attachés, avec ordre de lui ramener Amasis vivant. Amasis répondit avec une audace cynique aux admonestations du messager, puis il promit de rejoindre le roi en personne et d'en amener d'autres avec lui. Apriès était d'un caractère orgueilleux et irritable. « Il pensait qu'un dieu lui-même ne pourrait lui enlever la royauté, tant son trône était solidement assis[1]. » La fureur d'un tel homme ne devait connaître aucun frein. Voyant Patarbémis revenir seul, il se vengea sur lui de l'insuccès de sa mission, et donna ordre de lui couper le nez et les oreilles. Cette cruauté insensée le priva de ses derniers partisans. Dès lors, il n'avait plus que ses 30,000 mercenaires, qu'il appela près de lui dans Saïs. Aussitôt qu'il les eut réunis, il prit la campagne : la rencontre eut lieu près de cette même ville de Momemphis, où Psammétique Ier avait jadis triomphé de ses rivaux[2]. La petite troupe des auxiliaires ioniens et cariens plia cette fois sous le nombre, et la victoire, chèrement disputée, resta aux Égyptiens d'Amasis.

Ce dernier usa de modération envers un rival, que son impopularité rendait maintenant inoffensif. Il lui laissa le rang, l'appareil extérieur de la dignité royale, se contentant de figurer à côté de lui comme un égal et d'exercer réellement la plénitude du pouvoir. Jusqu'à la mort d'Apriès, on voit le cartouche du roi vaincu placé à côté de celui du vainqueur, comme s'ils avaient partagé également l'autorité et qu'Apriès eût librement associé au trône son ancien général[3]. En réalité, il était prisonnier dans son palais de

---

marques de la dignité royale ; le souverain seul pouvait le porter, et ce détail montre que l'auteur du récit connaissait bien les choses de l'Égypte.

1. Hérodote, II, 169. Ézéchiel, en son langage figuré, le représente (XXIX, 3, 9) comme un monstre couché au milieu de ses fleuves et disant : « Ils sont à moi, mes fleuves, et je les ai faits pour moi. » Cette indication est curieuse; elle fait voir quelle idée on avait alors en Chaldée de la puissance égyptienne.

2. Hérodote, II, 163, 169. Diodore, I, 68, dit : περὶ τὴν Μαρείαν κώμην, qui serait, d'après les traducteurs de Strabon, t. V, p. 372, un lieu différent de la Maréa du lac, et situé sur le Nil, non loin de Momemphis.

3. Champollion, Monuments, t. IV, pl. cccxliv, 1. Cf. Wiedemann, Geschichte Ægyptens von Psammetich I, p. 120, 167 et suiv.; Piehl, Petites Études égyptologiques, p. 29-36; Révillout, Revue égyptologique, IIe année, p. 96-98. — M. Wiedemann fixe le règne commun d'Apriès et d'Amasis de 570

Saïs et il y vécut ainsi quelques années, défendu, ce semble, contre ses sujets par la protection d'Amasis. Il y avait, du reste, autant de politique que de générosité dans cette conduite du nouveau souverain. Passant tout à coup de la condition privée à la royauté, il ne pouvait se flatter de conquérir d'emblée le respect et l'obéissance de tous[1]. La présence à ses côtés du roi déchu semblait autoriser son usurpation; il eut soin de la légitimer, d'ailleurs, en épousant une fille de Psammétique II, Onkhnas Nofiribri, qui, adoptée par Nitocris, représentait à ce titre les droits des princesses thébaines.

Les derniers revers d'Apriès n'effacèrent point sa gloire d'autrefois, et on répétait encore au temps d'Hérodote, « qu'il avait été le plus heureux des anciens rois[2] ». Les Grecs prisaient surtout les succès maritimes, et ils savaient gré au Pharaon de leur avoir donné l'occasion de vaincre leurs rivaux, les Phéniciens. Aussi son nom fut-il chez eux très populaire. On le retrouve à Rhodes, sur des aryballes en terre vernissée, extraits des tombeaux de Camiros[3]. Que ces vases soient de fabrication locale ou aient été importés par les Phéniciens, pour nous leur signification historique reste ici la même. Nous ferons remarquer, cependant, que les Rhodiens avaient alors autant de relations avec l'Égypte qu'avec la Phénicie, et les découvertes de Defenneh et de Naucratis nous induisent à penser que l'origine de ces vases pourrait être cherchée sur le sol égyptien même[4]. La supposition paraît plus probable encore pour l'aryballe du Louvre, figurant une tête casquée, et qui provient, dit-on, de Corinthe (fig. 27). M. Heuzey, qui lui a consacré une remarquable étude[5], reconnaît que ce petit monument « n'a été fabriqué ni en Grèce, ni par des ouvriers grecs. Il est fait de cette terre blanche, à texture sableuse, que recouvre une

Fig. 27. — Aryballe figurant la tête casquée d'Apriès.

à 574. C'est dans cet intervalle qu'il place la prétendue invasion de Naboukodorossor en Égypte. Apriès aurait conspiré avec le roi de Chaldée, et ces intrigues seraient la cause de sa mort. Tout cela est essentiellement conjectural.

1. Cf. l'histoire du bassin d'or, dans HÉRODOTE, II, 172.
2. HÉRODOTE, II, 161.
3. V. PERROT, *Histoire de l'art*, t. III, pl. V, et p. 680-682.
4. Nous reviendrons plus loin sur cette question.
5. *Gazette archéologique*, 1880, p. 145 et suiv.

glaçure, le plus souvent colorée en bleu, et que l'on nomme communément faïence égyptienne. » Le casque présente une forme « intermédiaire entre l'ancien *aulopis* des aryballes peints et le casque à fronton des aryballes grecs façonnés en relief. » Il a les paragnathides à charnières, mais le nasal a presque entièrement disparu, et les traits verticaux qui ornent le couvre-nuque rappellent « les rayures du klaft ou de la coiffure d'étoffe des rois égyptiens ». Et les deux côtés du timbre portent un cartouche encadrant le nom hiéroglyphique d'Ouahibri[1]. L'auteur estime que le style égyptien n'est pas absolument pur ; il en conclut que l'ouvrage est sorti des ateliers de la Phénicie, mais « d'une école qui serait de très près le style de l'Égypte ». Ne serait-il pas plus naturel de penser qu'il a été fait en Égypte par quelqu'un de ces ouvriers de nationalités diverses, qui vivaient à Daphnæ auprès des mercenaires et la plupart du temps travaillaient pour eux ? C'est l'un d'eux, certainement, qu'il a essayé de représenter, en copiant aussi exactement que possible et le type du visage et les détails de la coiffure ; puis, pour compléter son œuvre, il y a gravé un cartouche royal, qui en fixe la signification et la date. « Au VIIe siècle et au VIe, dit encore M. Heuzey, à l'époque des rois de Saïs, l'expansion des aventuriers et des mercenaires grecs dans la Méditerranée orientale avait pris les proportions d'un grand mouvement historique, d'un fait capital de la civilisation antique. Il était naturel que l'art égypto-phénicien reproduisît leur image et figurât *ces hommes de bronze* sous le masque guerrier qui avait tant effrayé les populations du littoral. On s'explique aussi que le nom du roi Apriès se trouve associé à la représentation, puisque c'était grâce au concours des mercenaires qu'il avait subjugué une partie de la Phénicie et battu les flottes phéniciennes. » Ces considérations demeurent vraies, si on accepte notre hypothèse, et elles conservent toute leur valeur. Nous avons donc là, pour ainsi dire, le type du mercenaire au commencement du VIe siècle, et le fait qu'il est marqué au cartouche d'Apriès semble associer le nom de ce roi au souvenir de l'institution. D'ailleurs, certains monuments égyptiens mêmes témoignent de l'importance qu'elle avait prise dans le pays. Parfois les sculpteurs étaient obligés de faire une place à des inscriptions votives ou

---

1. Nous acceptons cette donnée ; mais le cartouche pourrait également désigner Psammétique Ier, qui avait pour prénom Ouahibrî. Le vase pourrait être alors un peu plus ancien.

funéraires gravées au nom de ces étrangers. C'est ainsi, nous l'avons vu, qu'un Apis de bronze trouvé au Sérapéum[1] porte une légende bilingue, désignant un interprète carien et qu'on voit, sur plusieurs stèles, figurer des noms de soldats cariens, à côté de scènes religieuses qui ont trait au culte de l'Égypte. M. Sayce en a recueilli trois, provenant, l'une de Zagazig, près de Bubaste, et les deux autres de Memphis. Une de ces dernières, aujourd'hui au musée de Boulaq[2], montre précisément Apriès présentant des offrandes au grand dieu local Phtah-Sokar-Osiris, et une légende en langue carienne, qui court dans le cintre depuis le dieu jusqu'au roi, relate encore le nom d'un Carien avec celui de son père et celui de sa ville natale[3].

L'amitié des Grecs avait été une des principales causes de la chute d'Apriès. L'abaissement auquel il était réduit n'apaisa point le ressentiment de ses sujets. « Ils reprochèrent à Amasis de manquer de justice en nourrissant l'homme qui le haïssait le plus ainsi qu'eux-mêmes. Il le leur livra donc, et, l'ayant étranglé, ils l'inhumèrent en la sépulture de ses aïeux ; elle est dans l'enclos d'Athéna (Nît), tout près du temple, à gauche en entrant. » La tradition recueillie par Hérodote[4] paraît ici conforme à la vérité historique. Un fragment à peu près contemporain du logographe Hellanicos montre bien comment, grâce aux récits des interprètes et aux erreurs commises par leurs auditeurs, les événements les mieux connus prenaient en peu de temps une teinte complètement légendaire. Ici, le roi détrôné ne s'appelle plus Apriès, mais Patarmis, par suite d'une confusion évidente avec le Patarbémis d'Hérodote[5]. Amasis, qui était d'une très humble origine, serait entré dans ses bonnes grâces en lui envoyant, pour son anniversaire, une couronne composée des plus belles fleurs de la saison. Patarmis enchanté l'invite à un festin, en fait son ami ; puis, l'ayant nommé général, il l'envoie combattre les Égyptiens révoltés, et ceux-ci le proclament roi en haine de Patarmis[6]. Gutschmid s'est ingénié à dégager de cette légende assez puérile des détails

---

1. MASPERO, *Guide du musée de Boulaq*, p. 182, n° 2576 ; MARIETTE, *Monuments Divers*, pl. 106 a.
2. MASPERO, *Guide du Visiteur*, p. 357, n° 5426.
3. SAYCE, *The Karian Inscriptions*, dans les *Transactions of the Society of Biblical Archeology* (t. IX, p. 146, 1872).
4. HÉRODOTE, II, 169.
5. BOECKH, *Manetho und die Hundsstern Periode*, p. 332.
6. MÜLLER-DIDOT, *Fragm. hist. græc.*, t. I, p. 66, fr. 151 ; Athén., XV, 680 B.

qui, selon lui, combleraient heureusement certaines lacunes du récit d'Hérodote[1]. Pour nous, nous ne pouvons voir là qu'un de ces mille contes enfantés par l'imagination populaire travaillant sur des données historiques, dans les communautés gréco-égyptiennes du Delta. Et celui-ci trahit clairement son origine. Naucratis, on le sait, était célèbre par ses couronnes et ses bouquets; or, c'est par un envoi de ce genre qu'Amasis se concilie l'affection de son souverain. Le détail cité par Hellanicos est ici, on peut le dire, une vraie marque de fabrique.

Amasis ne venait pas plutôt de battre les mercenaires, qu'il allait avoir besoin d'eux. En effet, Naboukodorossor ne renonçait pas à ses prétentions sur les contrées occidentales conquises autrefois par l'Assyrie. Se considérant, depuis la chute de Ninive, comme l'héritier naturel de ses rois, il regardait l'Égypte comme une province qui lui appartenait, et c'est ainsi, nous l'avons vu, qu'il faut comprendre le passage bien connu, où Bérose représente les souverains égyptiens comme de simples satrapes investis par Nabopalassar[2]. Un document chaldéen[3] nous apprend qu'en l'an 37 de son règne (568), Naboukodorossor envoya une armée pour combattre les troupes d'un roi de Misir[4] dont le nom, effacé en partie, se termine par la syllabique *su*, qui peut être la fin du nom d'Amasis[5]. L'inscription a beaucoup souffert; on y voit seulement que les deux rois rassemblèrent leurs forces, et il est impossible d'en tirer rien de plus précis. S'il y a eu une bataille, on ne sait sur quel territoire elle s'est livrée. Tout ce qu'on peut dire, c'est que l'expédition, étant mentionnée par les annales chaldéennes, avait dû se terminer à l'avantage du roi de Babylone. Combinant ces données si vagues avec celles de l'inscription de Nesi-Hor, que nous avons déjà plusieurs fois rencontrée, M. Wiedemann pense que Naboukodorossor

---

1. Ainsi le récit d'Hellanicos signifierait qu'Amasis avait été recommandé à Apriès par un de ses courtisans, Patarbémis, qui lui avait fait obtenir le commandement d'une partie de l'armée. Aussi est-ce comme ami que ce dernier est envoyé près de lui au moment de la révolte. La négociation n'ayant produit aucun résultat, le roi est en droit de se croire trahi, et voilà pourquoi il se montre si cruel envers Patarbémis. V. GUTSCHMID, *Philolog.*, X, p. 341-342 (*Kleine Schriften*, t. I, p. 61-62).

2. *Fragm. hist. græc.*, t. II, p. 506.

3. PINCHES, dans les *Transactions* de la Société d'Archéologie biblique, t. VII, p. 219-225. Cf. *Academy*, 1891, 11 avril et 23 mai, à propos du nom de Pudhu-Yavan.

4. On connaît par les inscriptions assyriennes un pays de Misir situé au delà de Ninive. Mais Misir est probablement ici une transcription chaldéenne de l'assyrien Musur = l'Égypte.

5. La finale *su* peut, en effet, appartenir au nom d'Ahmas qui, selon l'usage des transcriptions babyloniennes, donnerait : A-ma-a-su.

avait envahi l'Égypte et s'était avancé jusqu'aux frontières de l'Éthiopie; puis, il aurait été chassé par les troupes égyptiennes que commandait Nesi-Hor, et cela pendant le règne commun d'Apriès et d'Amasis[1]. M. Maspero a démontré qu'il s'agissait là, non point d'une campagne dirigée contre des envahisseurs chaldéens, mais d'une série de mesures prises par le personnage en question pour réprimer une révolte de mercenaires cantonnés à Éléphantine[2]. Les soldats mutinés sont désignés par les noms de : Amou, Sati et Hanebou = Asiatiques, Bédouins et Hommes du Nord, c'est-à-dire Grecs et Cariens. Ces divisions correspondent, en effet, clairement, comme on le voit par les inscriptions d'Ipsamboul, aux nationalités diverses que comprenaient les troupes mercenaires. Mécontents peut-être d'avoir trop longtemps séjourné dans leur poste-frontière, comme autrefois les soldats de Psammétique Ier, ceux-ci voulaient le quitter sans ordre, afin de gagner le nome d'El-Kab. Nesi-Hor, ne disposant pas des forces nécessaires pour châtier la rébellion naissante, dissimule avec eux. Il feint d'approuver leur projet et, au lieu de les faire passer en Nubie (To-qens), « où le voisinage de la frontière aurait pu rendre plus libres leurs mouvements, il les envoie vers l'endroit où le roi les attend avec des troupes fidèles et les décime[3]. » L'événement auquel le texte fait allusion n'est, au reste, daté que par la présence du nom d'Apriès (Hâibrî Ouahibrî). Il doit donc se rapporter au temps où ce souverain régnait seul, car il n'est fait aucune mention du nom d'Amasis. D'autre part, le monument babylonien traduit par M. Pinches ne cite qu'un roi de Misir, dont le nom finit par *su*, et qui est *peut-être* Amasis(?). Il n'y a donc aucune relation à établir entre les deux documents, et le seul fait qui demeure établi, c'est que Naboukodorossor, vers la fin de son règne, remporta quelques avantages sur des troupes du pays de Misir. Mais rien,

---

1. *Zeitschrift für Ægyptische Sprache*, 1878, p. 2-6. JOSÈPHE (*Ant. Jud.*, X, 9, 7) assure que l'invasion eut lieu cinq ans après la destruction de Jérusalem, la vingt-troisième année du règne de Nabuchodorossor. Celui-ci aurait tué le roi régnant et en aurait mis un autre sur le trône, c'est-à-dire qu'il aurait remplacé Apriès par Amasis. Mais on voit que Josèphe n'a d'autre but que de montrer en tout cela l'accomplissement des prophéties. Pour les mêmes raisons, tous les auteurs ecclésiastiques ont adopté cette version.

2. *Zeitschrift*, 1884, p. 87-89. C'est aussi l'opinion de M. Brugsch (*Ibid.*, p. 93-97).

3. MASPERO, l. c. Cette localité, Schas-Hirit, où se trouvait alors le roi, est, comme l'a fait voir Brugsch (l. c.), confirmé par Golénischeff (*Une Excursion à Bérénice*, dans le *Recueil*, t. XIII, p. 93, note 1), la ville qui porta plus tard le nom de Bérénice.

jusqu'ici, n'autorise à soutenir qu'il ait envahi l'Égypte, et surtout qu'il l'ait conquise tout entière. On cite, il est vrai, à l'appui de cette conjecture, un fragment de Mégasthènes, où Naboukodorossor est représenté comme ayant surpassé Hercule, conquis la plus grande partie de la Libye et même l'Ibérie, dont il aurait transporté les habitants sur la côte orientale du Pont[1]. Le même auteur attribue à Téarcon (Taharqou) une expédition dans le nord de l'Afrique jusqu'aux colonnes d'Hercule. Ces légendes, de date récente, sont dénuées, l'une comme l'autre, de tout fondement historique, et, dans l'antiquité même, on les traitait déjà comme de pures fables[2].

De toute façon, la guerre dont parle le document assyrien ne changea rien à la condition d'Amasis, qui demeura roi d'Égypte après comme avant. Bérose l'a fort bien compris, et d'ailleurs, le fragment cunéiforme ne paraît guère se rapporter aux faits qu'il avait en vue. Amasis était arrivé au pouvoir comme représentant du vieux parti égyptien, hostile aux étrangers et mécontent de l'importance croissante qu'ils avaient prise sous les derniers règnes. Il avait combattu à la tête des troupes indigènes les mercenaires, qui défendirent à peu près seuls Apriès, abandonné par la plupart de ses sujets. Leur valeur lui était connue, et l'expérience avait montré quel fond pouvait faire sur eux le souverain qui les payait. Il avait donc tout intérêt à les attacher à sa personne. Pourtant il fallait donner une satisfaction, au moins apparente, au parti national qui les haïssait et ne songeait qu'à les expulser. D'ailleurs, il n'était pas, vis-à-vis des Grecs et des Cariens, dans la même situation que ses prédécesseurs. Ceux-ci leur devaient beaucoup, car ils les avaient aidés à remporter des victoires; ils avaient contribué grandement à établir d'abord, puis à augmenter leur puissance. Amasis, au contraire, les avait eus pour ennemis, il avait dû lutter contre eux et les vaincre. De lui

---

1. Fragment reproduit par Josèphe, *Contre Apion*, I, 20 (*Fragm. hist. gr.*, t. II, p. 507). Le même conte est donné par Eusèbe, d'après Abydène et par Moïse de Chorène. V. *Fragm. hist. gr.*, t. IV, p. 283, 8 et p. 284, 9, 10, 11.

2. Une tradition inconnue d'Hérodote nous a été transmise par Polyen (*Strateg.*, VII, p. 4) : « Dans la guerre contre les Arabes, Amasis, dit-il, plaça derrière les Égyptiens les statues des dieux qu'ils honoraient le plus, afin qu'ils combattissent avec courage, croyant avoir les dieux pour témoins, et ne voulant pas les abandonner à l'ennemi comme une proie. » Gutschmid (*Philol.*, X, p. 692-693, et *Kleine Schriften*, t. I, p. 138) estime que cette anecdote aurait été empruntée au livre d'Aristagoras sur l'Égypte. Dans la guerre dont il est question ici, les Arabes auraient été les alliés de Naboukodorossor, et l'événement aurait eu lieu dans les premières années du règne d'Amasis.

les Grecs avaient tout à redouter. Il pouvait les dépouiller de ce qu'ils possédaient et les chasser sans qu'ils eussent le droit de se plaindre. Les garder à sa solde et les changer de garnison, c'était encore une faveur inespérée. Aussi les deux partis furent-ils contents, lorsqu'il ordonna de détruire les établissements de la branche Pélusiaque, qui y étaient installés depuis près d'un siècle. Les camps des Ioniens et des Cariens furent supprimés, ainsi que les chantiers pour les constructions navales, qu'avait fondés Néchao. La ville cosmopolite, qui s'était formée aux environs et avait pris un grand développement, se trouva ruinée du même coup; les marchands, les ouvriers qui la peuplaient, se virent réduits à chercher ailleurs un refuge. L'accès de la bouche Pélusiaque, la plus fréquentée depuis Psammétique Ier, fut interdit au commerce extérieur. La branche Canopique lui fut désormais seule ouverte, à l'exclusion de toutes les autres, et la perception des droits de péage put être ainsi régularisée au profit du trésor égyptien. Ces mesures ont assurément un côté fiscal, mais ce qu'il faut y voir surtout, ce sont des précautions militaires prises contre un ennemi redoutable. En effet, le roi de Babylone, maître de la Cœlé-Syrie et de la Palestine, pouvait à chaque instant s'avancer jusqu'à l'isthme et menacer le Delta. Il eût été imprudent de laisser à la frontière, en contact immédiat avec l'extérieur, une population d'étrangers, n'ayant avec l'Égypte que des liens commerciaux. On avait pu le faire sous Psammétique Ier, les mêmes dangers n'existant pas. Maintenant, il importait davantage de se garder du côté de la Syrie. Il fallait donc substituer aux étrangers une population et un corps d'armée indigènes. Plus tard, sous Nectanébo, les mesures prises pour la défense du pays, d'après les conseils des généraux grecs, furent inspirées par le même esprit. Il y avait là des nécessités matérielles qui, à une époque comme à l'autre, en déterminèrent l'adoption; on voit d'ailleurs, par ce qui se passa au temps de Cambyse, que le système général de défense avait été bien conçu, puisqu'il fallut alors que le roi de Perse, pour pénétrer dans le Delta, fût dirigé par un ancien mercenaire d'Amasis, le Grec Phanès.

S'ils perdaient les Stratopeda et la ville qui les entourait, les Grecs trouvaient une compensation sérieuse dans les avantages faits à Naucratis et à tous ceux qui voudraient s'y établir. Néanmoins, l'ensemble de ces mesures semblait apporter de graves restrictions à la liberté de leur commerce et à la diffusion de leur influence dans le pays. A ce titre, elles étaient faites pour plaire aux

Égyptiens et pour indisposer ceux des étrangers qui, dépossédés tout à coup, étaient contraints d'émigrer dans une autre partie de la contrée. Quant aux mercenaires, loin de renoncer à leurs services, Amasis chercha à se les attacher par de nouveaux bienfaits. Il continua de leur servir la haute paye qui assurait leur recrutement et garantissait leur fidélité. Au moment de la révolte, Apriès les avait appelés autour de lui et cantonnés à Saïs, parce qu'il avait besoin d'eux pour se défendre contre les rebelles. C'était là une disposition transitoire dictée par les nécessités du moment. Amasis, qui les trouvait trop loin de lui à Daphnæ, les installa à Memphis, dit Hérodote, afin d'en former sa garde du corps contre les Égyptiens. Les monarques orientaux en usent généralement de la sorte; pour maintenir l'ordre et se garantir contre les rébellions, ils ne se fient qu'aux soldats mercenaires. A partir de ce moment, les Ioniens et les Cariens purent contracter des mariages avec les femmes indigènes; et ils occupèrent des quartiers à part dans Memphis, la plus grande ville de l'Égypte[1]. Les enfants nés de ces unions mixtes servirent, comme on l'a vu, à recruter la classe des interprètes et adoptèrent les mœurs du pays. Il s'opéra ainsi, entre les étrangers et les indigènes, longtemps avant les Ptolémées, une sorte de fusion beaucoup plus intime qu'à Daphnæ, où l'élément exotique dominait presque exclusivement, et la faveur dont jouissaient les gardes du corps facilita des alliances, où la politique royale trouvait son compte.

Amasis fit plus encore. Pour assurer l'entretien de ses soudards et le paiement de leur dû sans grever le trésor royal, il ne craignit pas de mettre la main sur les richesses sacrées. Un document démotique, rédigé à l'époque des Ptolémées[2], dit formellement qu'Amasis avait dépouillé d'une partie de leurs revenus les temples des trois villes du nord de l'Égypte, Bubaste, Héliopolis et Memphis, et il énumère en détail les quantités de blé, bestiaux, étoffes, bois de chauffage, parfums, lins, redevances de toutes sortes, que chacun d'eux fut tenu d'abandonner tous les ans aux

---

1. *Fragm. hist. gr.*, t. II, p. 98, 5. Polyen, *Strateg.*, VII, p. 3. Steph. Byz., s. v. Καρικόν.
2. Il a été découvert dans un manuscrit de la Bibliothèque nationale par M. E. Révillout, qui en a publié divers extraits avec traduction et commentaires, dans la *Revue égyptologique*, t. I, p. 49 et suiv., 145 et suiv.; t. II, p. 1 et suiv., 52 et suiv.

soldats auxiliaires[1]. Ces spoliations, officiellement réglées par « ordre du conseil », se continuèrent sous les règnes suivants, mais les prêtres n'oublièrent pas le nom de celui qui en avait été le premier auteur; plusieurs siècles après, ils l'accusaient encore d'avoir appelé sur l'Égypte les malheurs de l'invasion et de la domination étrangère. Amasis eut beau restaurer, agrandir des temples, en construire de nouveaux dans toutes les parties de l'Égypte[2], il ne parvint pas à rentrer dans les bonnes grâces de la caste sacerdotale, et on se plut à raconter des anecdotes, où sa mémoire était couverte d'odieux ou de ridicule. De fait, aucun de ses prédécesseurs saïtes, malgré leur affection avouée pour les étrangers, n'avait osé s'attaquer aux privilèges des dieux, et la révolution qui l'avait mis sur le trône avait manqué complètement son but : la situation des mercenaires était restée plus forte et mieux assise que jamais. L'élément militaire et l'élément commercial, rapprochés auparavant et jusqu'à un certain point mélangés dans les établissements de la branche Pélusiaque, se trouvèrent désormais séparés. Naucratis fut, pour les marchands, une ville privilégiée, un port libre, tandis que les soldats vécurent auprès du roi, placés plus directement qu'autrefois sous son autorité et dans sa main. En somme, la condition générale des Grecs ne se trouva nullement diminuée, comme nous le verrons en étudiant l'histoire de Naucratis.

Quant à l'Égypte, bien qu'elle s'adonnât tout entière aux travaux de la paix, elle ne restait point indifférente aux grands événements qui agitaient alors et qui allaient transformer l'Asie. Depuis la conclusion du traité de 585[3], qui avait reconnu le cours de l'Halys comme limite séparant l'empire de Lydie et celui des Mèdes, la trêve s'était maintenue entre les deux peuples. Crésus, tout en envoyant, comme ses prédécesseurs, de riches présents aux dieux des Hellènes[4], n'avait cessé de guerroyer contre les villes grecques d'Asie[5]; il les avait soumises l'une après l'autre, ainsi que les nations bar-

---

1. Le texte semble indiquer qu'une partie au moins des auxiliaires furent établis dans des terres dépendant du nome de Saïs. V. *Revue égyptologique*, t. I, p. 60.
2. V. Hérodote, II, 175, 176. De nombreux textes égyptiens mentionnent diverses autres constructions datant du règne d'Amasis. Cf. Wiedemann, *Geschichte Ægyptens von Psammetich I*, etc., p. 187-191.
3. Entre Alyattes et Cyaxare, grâce à la médiation du Cilicien Syennésis et du roi de Babylone Labynéthos Nabounâhid (Hérodote, I, 74).
4. Hérodote, I, 50-52, 92.
5. Hérodote, I, 26-28.

bares de l'intérieur, depuis l'Halys jusqu'aux rivages du Pont-Euxin. L'empire mède tombé sous les coups de Cyrus, il se sentit menacé à son tour et chercha des alliés. Le roi de Babylone Nabounâhid avait tout à craindre des Perses et entra volontiers dans la ligue formée pour arrêter leurs progrès. Les Lacédémoniens, adroitement flattés par les messagers de Crésus [1], acceptèrent également les ouvertures qui leur étaient faites. De son côté l'Égypte, tranquille et prospère, voyait avec inquiétude grandir une puissance qui allait remplacer, dans la Haute-Asie, l'Assyrie détruite et la Chaldée abaissée. Amasis était donc prêt à traiter avec le roi de Lydie, comme Psammétique avait fait jadis avec Gygès [2]. Il promit d'envoyer par mer 120,000 hommes bien équipés qui, avec la cavalerie lydienne, les mercenaires thraces, les forces du roi de Babylone et les peuples tributaires de la Lydie, Barbares et Grecs, devaient former une grande armée, placée sous le commandement suprême de Crésus. Trompé par un oracle ambigu, celui-ci eut le tort d'attaquer trop tôt et sans attendre l'arrivée de ses alliés. Après une bataille indécise, il renvoya ses mercenaires et se replia sur Sardes, suivi de près par Cyrus; sa capitale se rendit après un siège de quelques jours. En voyant les Perses s'avancer malgré la rigueur de la saison, Crésus avait adressé aux coalisés un appel des plus pressants. Mais, lorsque ses hérauts arrivèrent auprès d'eux, Sardes avait déjà succombé et le roi était prisonnier [3]. La ligue se trouva dissoute par le fait, et Amasis n'eut plus qu'à attendre les événements. Cyrus devait achever la soumission de la Haute-Asie et de Babylone, avant de pouvoir songer à se porter contre l'Égypte, que son éloignement mettait à l'abri d'une attaque prochaine [4]. Amasis profita de ce répit que lui accordait la fortune, pour se consacrer tout

---

1. Hérodote, I, 69-70.
2. Hérodote, I, 77. Cf. Xénophon, *Cyrop.*, l. VI, c. II, § 10-11. L'auteur décrit en détail l'armement des Égyptiens. Ils portaient, dit-il, de grands boucliers les couvrant jusqu'aux pieds, de longues lances et des coutelas (κόπισι, c'est le Khopesh des monuments égyptiens). Au livre VII, I, § 30-45, il raconte avec un grand luxe de détails la bataille livrée par Cyrus aux troupes de Crésus, la brillante conduite des Égyptiens qui leur vaut un traitement honorable : le vainqueur, en effet, leur assigne pour séjour les villes de Larisse et de Cyllène, voisines de Cyme et de la mer, et Xénophon assure y avoir retrouvé leurs descendants. Xénophon avait vu les troupes égyptiennes à Cunaxa et il devait bien connaître leur armement. Ce qu'il raconte ici peut reposer sur une tradition, que seul il nous a conservée.
3. Hérodote, I, 77-86.
4. Babylone ne fut prise qu'en 538.

entier aux affaires intérieures, dirigeant l'administration par lui-même, développant les relations commerciales, les soumettant à une réglementation exacte, veillant au recrutement de son armée et à l'entretien des places-frontières[1]. S'il faut en croire Hérodote, il fut d'ailleurs admirablement servi par les circonstances. « Le fleuve prodigua les biens à la contrée, et la contrée aux hommes, et le nombre des villes habitées s'éleva, dit-on, jusqu'à vingt mille[2]. » Pline[3], Pomponius Méla[4] ont reproduit, sans le discuter, le chiffre donné par Hérodote. Diodore[5], probablement d'après Hécatée d'Abdère, dit qu'aux temps anciens l'Égypte avait plus de dix-huit mille villes et gros villages et, sous Ptolémée Ier, plus de trente mille, nombre qui s'est conservé jusqu'à son temps[6]. Tout cela est d'une exagération qui trahit la légende. Du reste, le bonheur comme les revers, n'allait point sans quelque prodige : aussi avait-on vu sous Amasis un crocodile mesurant plus de vingt-six coudées[7], et Tacite rapporte, on ne sait d'après quelle source, que le Phénix s'était montré à Héliopolis pour la première fois depuis Sésostris[8]. L'Égypte, il est vrai, jouit alors d'une prospérité sans exemple et se couvrit de monuments qui rappelaient les merveilles accomplies sous les anciens rois.

Amasis ne renonçait pas pour cela aux projets de conquête, qu'avaient poursuivis sans relâche tous les rois de la lignée saïte. On ne sait combien

---

1. Hérodote, II, 173. Diodore (I, 94-95) le met au nombre des principaux législateurs de l'Égypte avec Mnévès, l'interprète inspiré du dieu Thot, avec Sasychès, Sésostris et Bocchoris. « Il fit, dit-il, des ordonnances sur le gouvernement des provinces et sur l'administration intérieure du pays. » Du reste, les traditions anciennes semblent l'avoir représenté comme un roi législateur. Ainsi Hérodote (II, 177) raconte que Solon lui avait emprunté l'idée de cette loi, qui proscrivait l'oisiveté en obligeant tout citoyen à faire connaître ses moyens d'existence.
2. Hérodote, II, 177.
3. Pline, V, 11.
4. Méla, I, 9, 9.
5. Diodore, I, 31.
6. Sous Vespasien, Josèphe (de B. J., II, 16, 4) comptait sept millions et demi d'habitants dans la vallée du Nil. Théocrite, sous Philadelphe, parle de 33,333 villes (Idyll., XVII, p. 82-90). Mais M. Lumbroso (Économie politique de l'Égypte, p. 71-72) a expliqué l'origine de ce chiffre singulier. La triplicité étant, dans l'écriture hiéroglyphique, une des expressions du pluriel, les Grecs ont maladroitement interprété cette expression, en voyant sur les monuments des chiffres qui représentaient les revenus de l'État. Cf. Letronne, Sur la population de Thèbes, Œuvres, 1re série, t. I, p. 126 et suiv.
7. Ammien Marcellin, XVII, p. 6.
8. Tacite, Ann., VI, p. 28.

de temps se maintint en Phénicie la domination égyptienne ; les monuments qu'elle a laissés semblent pourtant indiquer qu'elle eut une certaine durée. Que Naboukodorossor ait repris, sous Amasis, les conquêtes faites en Syrie par Apriès, on peut le supposer d'après le document babylonien dont nous avons parlé plus haut, mais on n'en a jusqu'ici aucune preuve certaine. En tout cas, si la Phénicie était rentrée nominalement sous la domination chaldéenne, elle dut, sous les indolents successeurs de Naboukodorossor, lui être unie par un lien des plus faibles. Et Cypre, isolée par la victoire d'Apriès, était à la merci d'un ennemi l'attaquant avec une flotte bien montée. Rien n'empêche donc qu'Amasis n'en ait entrepris la conquête sous les premiers successeurs de Naboukodorossor (561-555) ou pendant le règne de Nabounâhid (555-538)[1]. On serait tenté de croire d'abord qu'il profita de la chute définitive de Babylone, et de placer son expédition vers 538. Cette hypothèse paraît cependant moins vraisemblable. Cyrus, vainqueur des Mèdes, des Lydiens et de la Chaldée, était désormais le maître du monde ; l'Égypte seule restait à soumettre, et Amasis avait tout à craindre, car il avait eu le tort d'entrer naguère dans l'alliance du roi de Lydie, Crésus. Il devait éviter avec soin tout motif, tout prétexte de guerre. Or, quelque éloignée que fût Cypre, elle était, ce semble, une dépendance naturelle de la Phénicie, et celle-ci faisait partie de l'héritage de Babylone, qui passait maintenant aux Perses, comme celui des Assyriens avait passé jadis aux Chaldéens[2]. Une expédition entreprise à ce moment contre l'île aurait pu paraître une attaque indirecte contre l'autorité des Perses. Si, au contraire, elle était déjà accomplie, Amasis put conserver une possession acquise, sans se mettre pour cela en hostilité contre Cyrus, avec lequel il semble avoir prudemment entretenu des relations assez amicales[3].

Les Cypriotes avaient été vaincus avec les Tyriens par la flotte d'Apriès, mais l'île entière n'avait pas été conquise. Laissant de côté la Phénicie

---

1. Ni HÉRODOTE (II, 182), ni DIODORE (I, 68) ne fournissent aucun indice permettant de fixer la date.
2. Comme le remarque LEY (*Fata et conditio Ægypti sub imperio Persarum*, p. 44-45), si la Phénicie fit partie de l'empire de Cyrus, ce ne fut qu'après la prise de Babylone (538). Or, il pense, comme nous, que la conquête de Cypre par Amasis est antérieure à cette date.
3. V. l'histoire du Médecin égyptien, HÉRODOTE, III, 1, et celle du mariage de Cyrus avec une fille d'Apriès envoyée en Perse comme la fille d'Amasis, III, p. 2. Quelle que soit la valeur de ces contes égyptiens, ils semblent montrer qu'Amasis cherchait à ménager le roi des Perses.

abattue et impuissante, Amasis comprit toute l'importance que présentait pour lui la soumission de Cypre. Située en face du Delta, elle était vraiment la clef de la Méditerranée orientale; elle pouvait devenir, pour le commerce égypto-grec, comme un vaste entrepôt, d'où ses flottes rayonneraient librement vers toutes les côtes de la mer Égée. Elle possédait alors ce qui manquait le plus à l'Égypte, de vastes forêts pouvant fournir des matériaux pour la construction des navires. Le sol y était d'une rare fertilité, il renfermait des gisements de cuivre exploités dès les temps homériques[1], et d'où sortait le minerai le plus estimé pour la fabrication du bronze. Répartie inégalement entre les Phéniciens qui occupaient le sud et les Grecs qui avaient colonisé surtout l'ouest et le nord, elle était divisée en une série de petits royaumes indépendants, qui avaient fait partie de la ligue organisée par Crésus[2]. L'abaissement de la Phénicie avait relâché les liens qui unissaient les villes insulaires à leurs métropoles du continent, incapables maintenant de les protéger contre une attaque venue de l'Égypte. Amasis, prince philhellène entre tous, se présentait comme le protecteur naturel, le bienfaiteur des cités grecques; il les délivrait sinon du joug, du moins des prétentions dominatrices, et en partie de la concurrence des Phéniciens. Quoique étranger, il semblait disposé à prendre, comme plus tard Évagoras, la tête d'une confédération grecque. Aussi, ne paraît-il avoir rencontré aucune résistance. Il soumit les cités, et sans doute leur imposa le tribut. Puis il chercha à gagner l'affection de ses nouveaux sujets par des avances habilement calculées, ornant les temples de leur grande déesse et lui prodiguant de riches présents[3]. En même temps, il attirait en Égypte des Cypriotes en grand nombre; Hécatée assure qu'une des îles du Nil, peuplée de leurs colons, avait pris le nom de Kypros[4]; de plus, les inscriptions du temple d'Osiris à Abydos et les sépultures de Tell Nebesheh montrent qu'ils avaient fondé des établissements en divers points de la vallée.

C'était l'Égypte qui semblait venir maintenant au devant de la Grèce. Cypre est en effet un des principaux points où s'est opéré le mélange des

---

1. V. *Iliade,* XI, 17-20, et les *Commentaires* d'Eustathe.
2. Xénophon, *Cyrop.,* VI, 2, 10.
3. Diodore, I, 68. Cf. Engel, *Kypros,* t. I, p. 253.
4. *Fragm. hist. gr.,* t. I, p. 20, fr. 286.

idées et des formes, des conceptions religieuses et des conceptions artistiques, enfantées par l'Orient d'une part et de l'autre par le monde grec. Au temps du premier empire chaldéen, Shargina Ier l'avait conquise ainsi que la Syrie et il avait dressé sa statue sur le rivage opposé au continent[1]. L'action de l'Égypte s'y était fait sentir sous la xviiie et la xixe dynastie. Dans les annales de Touthmès III figurent plusieurs fois les tributs d'Asi, lingots de bronze et de plomb, pierre bleue, minerai de cuivre et dents d'éléphant[2]. En dehors de ce dernier produit, apporté évidemment du dehors, le reste provenait de l'île, et un autre passage du même document[3] fait voir qu'on y fabriquait, à cette époque, des chars habilement incrustés d'or et d'argent. Amon-Ra, dans le discours qu'il adresse au même roi, dit, à la ligne 16 : « Je t'ai donné d'écraser les contrées de l'Ouest; Kefa (la Phénicie) et Asi (Cypre) sont sous ta terreur[4]. » Ainsi, l'influence égyptienne s'étendait certainement alors sur Cypre. Les flottes pharaoniques avaient pu en visiter les côtes; cependant aucun texte connu ne mentionne une expédition spéciale, ayant pour but de la conquérir. D'ailleurs, elle était alors assez intimement liée au sort de la Phénicie, pour que la soumission de cette dernière contrée amenât les villes cypriotes à payer tribut au vainqueur. Sous la xxe dynastie, Ramsès III, après avoir repoussé l'invasion qui menaçait l'Égypte, porta à son tour la guerre chez les peuples qui s'étaient coalisés pour le combattre. Un pylône de Médinet-Habou énumère les trente-neuf cités ou tribus, qu'il se vante d'avoir réduites[5]; et dans le nombre paraissent Salomaski, Katian, I-mar, Sali, Ital, où on a reconnu avec toute apparence de raison, Salamine, Kition, Marion, Soli et Idalion[6]. Si donc Cypre ne fut pas régulièrement soumise au xviie et au xiiie siècle avant notre ère, une partie au moins de l'île fut certainement alors tributaire des Pharaons, et, par conséquent, en relations directes avec l'Égypte. Au viiie siècle, après la conquête de la Phénicie par les monarques assyriens, les petits rois cypriotes reconnurent d'eux-mêmes leur suzeraineté

---

1. Sayce, *The ancient Empires*, p. 370.
2. E. de Rougé, *Mémoire sur quelques monuments du règne de Thoutmès III*, dans la *Revue archéologique*, 1860. Brugsch, *Histoire d'Égypte*, éd. angl., t. I, p. 337-341; 359. Cf. *Records of the past.*, t. II, p. 27.
3. Brugsch, *Hist.*, éd. angl., t. I, p. 362.
4. E. de Rougé, *Revue archéologique*, 1861, II, p. 199-201. Maspero, *du Genre épistolaire*, p. 85-89.
5. Duemichen, *Historische Inschriften*, t. I, pl. XI-XII.
6. Brugsch, dans Schliemann, *Ilios*, trad. franç., p. 981.

et leur envoyèrent des tributs¹ ; et l'Assyrie, par l'intermédiaire des Phéniciens, devint la principale inspiratrice des artistes cypriotes². Le relèvement de la puissance pharaonique produisit en Phénicie et dans les régions environnantes une renaissance du goût égyptien, qui se manifesta certainement à Cypre avant la conquête d'Amasis³.

Les Grecs eux-mêmes reconnaissaient, du reste, que les relations de Cypre avec l'Égypte étaient beaucoup plus anciennes. Plusieurs fois, les poèmes homériques semblent, par la manière dont ils en parlent, mettre les deux pays en rapport. Ainsi Ménélas, au retour de Troie, visite Cypre, la Phénicie et l'Égypte⁴. Ailleurs, Ulysse raconte aux prétendants que les Égyptiens, après avoir tué ou réduit en servitude ses compagnons, le livrèrent lui-même à un étranger, leur hôte, Dmétor, fils d'Iasos, homme puissant, qui commandait à Cypre et qui l'emmena en son propre pays⁵. Dans la légende de Cécrops, Cypre tient la même place que Rhodes dans celle de Danaos : la colonie égyptienne y aborde avant d'aller se fixer en Attique. Cette tradition paraît être, il est vrai, assez moderne, et elle s'est formée peut-être chez les Grecs du Delta postérieurement à l'époque qui nous occupe⁶. Le voyage du devin Phrasios, venu de Cypre en Égypte sous le règne de Busiris, n'est pas moins fabuleux sans doute⁷. Ces récits, néanmoins, semblent conserver le souvenir de relations très anciennes. Avec l'introduction des Grecs en Égypte, elles devinrent plus fréquentes et plus régulières. Il y avait des Cypriotes à Naucratis, probablement dès le temps de Psammétique Iᵉʳ. Les Phéniciens de Cypre furent battus avec ceux de Tyr par Apriès, et Amasis fit de la grande île un poste avancé contre l'Asie, surtout un centre d'opérations pour ses entreprises commerciales⁸.

---

1. OPPERT, *Inscriptions des Sargonides*, pp. 19 et 21. Dans les inscriptions assyriennes, Cypre est appelée Jatnan.
2. PERROT, *Histoire de l'Art*, t. III, p. 522.
3. HEUZEY, *Catalogue des figurines du Louvre*, p. 119; PERROT, *Histoire de l'Art*, t. III, p. 525.
4. *Odyssée*, IV, 83.
5. *Odyssée*, XVII, 440-443. Dans le récit fait à Eumée au chapitre XIV, il prétendait avoir été conduit par un marchand en Phénicie. Cette nouvelle version semble prouver qu'on allait d'Égypte à Cypre aussi bien que d'Égypte en Phénicie. Cf. la réponse, déjà citée plus haut, d'Antinoüs, XVII, 448.
6. On trouvera cités et discutés dans ENGEL (*Kypros*, t. I, p. 183-184) les textes des auteurs anciens qui ont parlé du passage de Cécrops en Cypre, avant son établissement en Attique.
7. ENGEL, *Kypros*, t. I, p. 182-183.
8. HÉRODOTE (VII, 90) assure qu'une partie des habitants de Cypre étaient originaires d'Éthiopie. Le

Cypre, comme la Phénicie, à laquelle elle se rattache de si près, n'est point originale ni inventive. Peuplée d'éléments divers, soumise tantôt à l'Égypte, tantôt à l'Assyrie, elle ne parvient pas, comme les autres contrées helléniques, à se dégager de la tyrannie de ces influences contradictoires. Le développement de l'art y reste asiatique autant que grec, et nulle part l'action de l'Orient ne se perpétue avec autant de ténacité et de puissance. La sculpture, au temps de la XXVIᵉ dynastie, y rappelle l'Égypte par les costumes, les attitudes, l'ornementation des statues, tout en conservant dans l'expression et le type des physionomies, une certaine personnalité qui distingue presque toujours les ouvrages cypriotes de leurs modèles étrangers[1]. La domination égyptienne ne se prolongea pas au delà du règne d'Amasis; elle a laissé néanmoins des traces nombreuses et profondes. C'est que l'influence de l'Égypte s'exerçait depuis longtemps et s'exercera toujours, même au temps de la souveraineté assyrienne, dans les villes cypriotes comme dans les villes phéniciennes, qui ne cessaient de trafiquer avec elle, d'étudier ses procédés, d'imiter ses œuvres d'art. Lors même que l'esprit hellénique eut triomphé partout de l'esprit oriental, les sculpteurs de Cypre conservèrent souvent, dans le choix des poses, dans les détails de l'ajustement et de la coiffure, des restes de leurs habitudes primitives[2]. Au VIᵉ siècle, ils adoptent ouvertement

mot Éthiopie, à l'époque d'Hérodote, a un sens très vague. Les Phéniciens sont originaires d'Éthiopie. Céphée, roi d'Éthiopie, dont le nom rappelle l'égyptien Kefa (= Phénicie) est mis en rapport avec Cypre (*Fragm. histor. gr.*, t. III, p. 31, 12) et avec Héraklès (*Fragm. histor. gr.*, t. I, p. 145) comme avec Persée (*Ibid.*, p. 131). Or, il y avait à Marseille un Hercule nègre. Les figurines de Cypre reproduisent des types africains représentant peut-être ce dieu. On peut se demander cependant si ces têtes, d'une vérité surprenante, n'auraient pas été copiées sur nature, à Cypre même, d'après des Éthiopiens venus au temps d'Amasis. Cf. Heuzey, *Catalogue*, p. 198. — On lit dans Étienne de Byzance, s. v. Ἀμαθοῦς : « On y adore Adonis-Osiris. Les Cypriotes et les Phéniciens considèrent la ville comme égyptienne. » Peut-être faut-il voir là une allusion à quelque tradition ancienne qui aurait placé à Amathonte l'établissement des colons éthiopiens. Cf. G. Colonna-Ceccaldi, *Monuments de Cypre*, p. 145.

1. Perrot, *Histoire de l'Art*, t. III, p. 540 et suiv.; Heuzey, *Catalogue*, p. 129-130 ; Dumont, *Terres cuites orientales*, p. 24 et suiv.

2. Cependant, « jusque sous les formes égyptiennes et assyriennes, on entrevoit déjà l'action d'un troisième élément d'origine différente. C'est l'influence manifeste de l'art grec archaïque, tel qu'il s'était constitué vers la fin du VIIᵉ siècle, dans les îles et dans les colonies grecques de la côte d'Asie, portant lui-même des traces fraîches de sa double éducation égyptienne et orientale, mais se distinguant, dans sa rudesse primitive, par des traits profondément originaux. » Heuzey, *Catalogue*, p. 130-231. Cf. plus loin, p. 134 : « On trouve (dans les ouvrages des artistes cypriotes) le tableau complet et instructif du chaos égypto-assyrien, ou, si l'on veut, phénicien, d'où les peuples de la Méditerranée n'auraient jamais tiré un art nouveau sans l'intervention du génie grec. »

presque toutes les modes égyptiennes. Le klaft ou le pschent se substituent au bonnet national[1], les longues tuniques se trouvent à côté de la simple shenti, ornée sur le devant des uræus adossées[2], la barbe disparaît; le type même du visage se modifie; on s'efforce de combiner certains traits du galbe égyptien avec les traits du type local, animé par ce sourire de la bouche et des yeux qui est une des caractéristiques de l'archaïsme grec comme de la décadence égyptienne. Les sphinx ailés ornent la partie supérieure des stèles funéraires, où figurent aussi des masques d'Hathor[3]. Les harpies, les sirènes, dérivées des représentations égyptiennes de l'âme, apparaissent sous forme d'oiseaux à tête humaine[4]. Les divinités grotesques, les dieux-embryons de l'Égypte sont copiés par les céramistes avec des variantes qui en modifient souvent la signification et la nature, mais qui ne laissent point de doute sur leur origine. Bès, qui préside aux bords du Nil à la joie et à la parure, devient un puissant chasseur qui va prêter plus d'un trait à la Gorgone et à l'Héraklès grec. Tantôt il prend des proportions colossales[5], tantôt, dans les terres cuites, il se réduit à n'être qu'un nain difforme, porté parfois sur les épaules de quelque Aphrodite grossière. Horus lui-même se montre avec sa tête d'épervier plantée sur un corps d'homme[6].
— Les scarabées se multiplient, ainsi que les sceaux et cachets, intaillés d'images composites, où les mythes égyptiens se mêlent à ceux des religions orientales. Si les terres vernissées sont rares et peut-être importées, en revanche les patères de métal, les plats d'argent, les coupes de bronze ont été trouvés en assez grand nombre. Phéniciens ou cypriotes, les artistes qui les ont travaillés semblent hantés surtout par le souvenir des bas-reliefs égyptiens. Ici, le Pharaon debout, la perruque surmontée d'une large coiffure osirienne, menace de sa massue un groupe de prisonniers agenouillés, qu'il a saisis par la chevelure et qui l'implorent de leurs mains symétriquement tendues[7]. Là, ce sont des scènes de chasse, des hommes luttant contre les animaux réels ou fantastiques du désert, comme dans les peintures sépulcrales de Sakkarah ou de Beni-Hassan[8]; ailleurs, des dieux à figure bestiale saluant le lever du soleil, figuré par le disque que soulève entre ses pattes un

---

1. PERROT, *Histoire de l'Art*, t. III, fig. 356, 357 et *passim*. — 2. *Ibid.*, p. 358, 359, 360. — 3. *Ibid.*, fig. 152. — 4. *Ibid.*, fig. 410. — 5. *Ibid.*, fig. 386. — 6. *Ibid.*, fig. 413. — 7. *Ibid.*, fig. 546. — 8. *Ibid.*, fig. 544.

scarabée aux ailes éployées; le siège d'une ville ou le défilé triomphal d'une armée qui rentre à la suite du Pharaon après la victoire[1], puis des pastorales où l'on voit réunis côte à côte tous les motifs aimés des peintres et des sculpteurs de l'Égypte : les vaches qui paissent ou allaitent leur veau, les taureaux qui se battent pour une génisse, enfin des bergers surpris par le lion, l'un d'eux déjà terrassé, les autres attaquant l'animal avec leurs flèches ou leurs lances. Çà et là, dans les espaces libres, auprès du roi ou des dieux, sont gravés des cartouches rectangulaires, garnis de caractères hiéroglyphiques; ceux-ci manquent de netteté, sans doute, et sont la plupart du temps assemblés au hasard, comme il arrive à des artisans qui les tracent sans les comprendre; mais l'intention n'en est pas moins évidente, le plagiat n'en est pas moins flagrant.

Ainsi, vers la fin de la domination saïte, l'Égypte exerce à Cypre une suprématie réelle. L'élément égyptien y devient prédominant et il laisse, dans toutes les œuvres indigènes, une empreinte forte et durable. Cependant, malgré l'indolence de leur caractère, malgré une longue habitude de la soumission, les Cypriotes n'abdiquent pas tout espoir d'indépendance. La poésie cyclique était depuis longtemps acclimatée dans l'île, et Salamis osait disputer aux villes d'Ionie l'honneur d'avoir vu naître Homère. Maintenant, les rapports avec le monde hellénique se multiplient et réveillent chez les Cypriotes l'instinct de la liberté. Solon, après avoir visité Amasis, devient, à Aipéia, l'hôte de Philokypros; bientôt, en 504, on verra l'île entière, sauf Amathonte, prendre une part active à la révolte de l'Ionie. Rien ne peut plus arrêter « l'ascendant et l'expansion désormais irrésistibles de la race grecque, le grand fait général de cette époque, sur lequel même reposait en partie la force apparente des Pharaons.[2] » Toutefois, la courte domination des Saïtes aura marqué son passage par des souvenirs que les révolutions politiques n'effaceront pas; rien ne montre mieux la puissance de la civilisation égyptienne que la longue persistance de son action dans une contrée qui, de si bonne heure, avait échappé à son influence directe.

Amasis ne perdait pas une occasion de mériter l'affection des Grecs et de mettre leurs dieux dans son parti. Lorsque les Delphiens vinrent en Égypte

---

1. Perrot, *Histoire de l'Art*, t. III, fig. 547, 548.
2. Heuzey, *Catalogue*, p. 119.

quêter pour la reconstruction de leur temple incendié vers 548, ils en rapportèrent une cargaison de 1,000 talents d'alun, ou environ 25,000 kilogrammes pesant, dont la vente devait être pour eux d'un produit considérable[1]; » et les Grecs d'Égypte qui prospéraient sous la protection royale, contribuèrent pour leur part en versant une somme de vingt mines, probablement d'or[2]. Athéné, que l'on se plaisait à confondre avec la Nit de Saïs, recevait dans son temple de Lindos, fondé, disait-on, par les filles de Danaos[3], deux statues de pierre, formant sans doute un groupe où le roi était représenté en adoration devant la déesse[4], et une cuirasse de lin, d'un travail si merveilleux, qu'elle fit l'admiration de toute l'antiquité[5]. Le roi en avait envoyé une semblable aux Lacédémoniens comme présent de bonne amitié[6]; elle était aussi de lin, dit Hérodote, « brodée d'une multitude de figures diverses, ornée d'or et de laine d'arbre[7], tellement que chacun de ses fils la rendait digne d'admiration. Enfin, quoique légère, elle ne contenait pas moins de trois cent soixante fils, tous visibles. » A cause de son amitié pour Polycrate, Amasis avait dédié à Héra, la grande déesse de Samos, deux images en bois, le représentant lui-même, et qu'on montrait encore du temps d'Hérodote, placées derrière la porte du temple[8].

---

1. Letronne, *Mémoires sur la civilisation égyptienne*, t. I (1re série) des OEuvres choisies, p. 178. L'alun d'Égypte était d'excellente qualité (Pline, XXXV, 15), principalement celui qu'on recueillait au sud de la grande oasis. Rawlinson, *Herodotus*, t. II. p. 272. Cf. *Description de l'Égypte*, t. XVI, p. 285. Hérodote, II, 180.

2. C'est l'opinion de Letronne, l. l.; il fait remarquer que la leçon des mss. d'Hérodote, qui semble signifier vingt mines d'alun, donne l'idée d'une contribution vraiment dérisoire, et qu'il faut suppléer le mot χρυσοῦ à la suite de εἴκοσι μνέας. Vingt mines d'or représentaient quatre talents d'argent ou environ 22,000 francs.

3. Hérodote, II, 182; Diodore, V, 58; Apollodore, II, 1, 4.

4. Clermont-Ganneau, *Études d'archéologie orientale*, p. 17. L'auteur, pour justifier cette opinion, rappelle la scène sculptée en tête de la stèle d'Yahwmélek et les renseignements donnés dans la stèle même; puis le décret de Rosette, stipulant qu'on élèvera, dans chaque temple, au roi (Ptolémée V) une image, qui portera le nom de Ptolémée, et qu'auprès de cette image sera placé le dieu principal du temple, lui présentant l'arme de la victoire, le tout disposé à la manière égyptienne.

5. Une cuirasse semblable est représentée dans le tombeau de Ramsès III à Thèbes. Rawlinson, *Herodotus*, t. II, p. 275, en reproduit le dessin. Pline, XIX, 1, raconte que le consul Mucianus vit encore la cuirasse d'Amasis à Lindos et fit l'expérience des trois cent soixante-cinq fils sur ce qui en restait de son temps. Cf. les remarques et les rapprochements d'Ameilhon, *Commerce des Égyptiens*, p. 230. V., sur l'art de la broderie chez les Égyptiens, Maspero, *Archéologie égyptienne*, p. 285.

6. Hérodote, III, 47.

7. C'est-à-dire de coton. — Du reste, elle ne parvint pas à destination, ayant été enlevée par les Samiens.

8. Hérodote, II, 182.

Cyrène, l'ennemie d'Apriès, était devenue l'alliée d'Amasis. Pour resserrer encore les liens qui l'unissaient aux Cyrénéens, « il résolut de se marier dans leur pays, soit qu'il désirât une femme grecque, soit par affection pour eux. Il épousa donc, selon les uns, la fille de Battos; selon d'autres, celle d'Arcésilas; et selon d'autres encore, celle de Critobule, homme considérable de la cité[1] ». Elle s'appelait Ladiké : Hérodote raconte à son sujet une histoire qu'il nous serait difficile de reproduire, et il ajoute qu'à la suite d'un vœu à Aphrodite, Ladiké fit faire une statue à la déesse, pour la consacrer à Cyrène; elle fut érigée en dehors de la ville, et elle y était encore à l'époque d'Hérodote. Mais Athéné était la principale divinité de la Cyrénaïque. Amasis, qui l'honorait comme une déesse égyptienne, celle-là même dont il se proclamait le fils[2], lui dressa à Cyrène une statue ou peut-être un bas-relief doré, où il était représenté faisant l'offrande devant elle[3].

Ces libéralités octroyées à des villes grecques, ces hommages rendus à des dieux helléniques avaient répandu son nom partout, et on se plaisait à reconnaître en lui un souverain éminemment philhellène. Solon l'avait visité avant de se rendre à Aipéia, chez Philokypros, et avait profité de son expérience. Souvent même on lui faisait honneur de la consultation donnée aux ambassadeurs éléens. C'était le type du roi oriental, prudent et avisé, capable de résoudre des devinettes ou des questions difficiles, et qui, tout en aimant les étrangers, sait faire le bonheur de son peuple.

---

1. Hérodote, II, 181.
2. Le nom complet d'Amasis est : Ahmas-si-Nit, Ahmès fils de Nit.
3. Plutarque (*De Mulier. virtut.*, 25) rapporte une série de faits empruntés à l'histoire de Cyrène et où le nom d'Amasis se trouve encore mêlé. Arcésilas, successeur de Battos l'Heureux, le vainqueur d'Apriès, ayant été assassiné par son frère Laarchos, celui-ci fut tué à son tour par Polyarchos, qui implora le secours du Pharaon et réussit à faire proclamer roi son neveu, Battos le Boiteux. « Hérodote (IV, 160-161) raconte ces événements sans parler d'Amasis et sa version fut adoptée, avec quelques modifications, par Nicolas de Damas (*Fr. histor. gr.*, t. III, p. 387). L'intervention n'est mentionnée que par Plutarque et par Polyen (*Strat.*, VIII, 4), mais remonte évidemment à un auteur plus ancien, peut-être à Hellanicos de Lesbos, qui paraît avoir raconté avec quelque détail certains faits de l'histoire des derniers rois d'Égypte (Cf. *Fr. histor. gr.*, t. I. p. 66). Le passage d'Hérodote se trouve d'ailleurs englobé dans des récits d'origine cyrénaïque; ses informants avaient intérêt à se rappeler des faits glorieux pour leur patrie, comme la défaite d'Apriès à Irasa (IV, p. 159), nullement des faits aussi humiliants qu'une intervention du Pharaon. D'autre part, le succès tout pacifique obtenu par Amasis n'était pas de nature à laisser une trace dans l'esprit des Égyptiens. Tout cela explique qu'Hérodote n'ait fait aucune allusion au rôle joué par l'Égypte en cette affaire. » Maspero, *Histoire ancienne*, 4ᵉ édit., p. 591, note 1.

Quant aux rapports d'amitié qu'il entretint avec le tyran de Samos, Polycrate, les récits qu'en font les auteurs grecs sont mêlés de beaucoup de légendes. Les prétendues lettres échangées entre les deux souverains, l'anecdote de l'anneau et la rupture qui en fut la suite[1], ce sont là autant de fables dues à l'imagination des conteurs ; il n'en est pas moins très probable que des relations ont existé entre Polycrate et Amasis. Tous deux avaient une marine puissante, et le champ de leur action n'était pas le même. Polycrate aspirait à soumettre les îles de la mer Égée, Amasis à conserver Cypre et à dominer sur la Méditerranée orientale. Ils avaient intérêt à se soutenir mutuellement pour arrêter du côté de la mer les progrès des Perses qui, un jour ou l'autre, menaceraient leurs conquêtes. De plus, par sa situation même au milieu de la Grèce asiatique et insulaire, Polycrate était en état de rendre des services particuliers au roi d'Égypte, en lui fournissant des recrues pour compléter, pour augmenter, au besoin, ses corps de mercenaires. L'union des deux princes s'explique donc d'elle-même par la communauté de leurs intérêts, et la légende ici n'a fait que broder sur un thème historiquement vrai[2].

Ainsi, partout et en tous sens, s'étaient multipliées les relations de l'Égypte avec les Hellènes. Ce roi, qui semblait être monté sur le trône pour opérer une réaction contre eux, était devenu, par la force même des choses, leur meilleur ami et leur plus ferme soutien. De ces mercenaires qu'il avait vaincus, il avait fait sa garde personnelle, il les avait logés près de lui, en confirmant, en augmentant les privilèges accordés par les rois ses prédécesseurs. Malgré les mesures restrictives qui fermaient aux étrangers les branches du Nil, à l'exception de la branche Pélusiaque, et, malgré la destruction de Daphnæ, le rapide accroissement de Naucratis, les avantages assurés à ses habitants avaient fourni au commerce grec de larges compensations. Les Hellènes n'avaient donc point à se plaindre de la nouvelle situation qui leur était faite. Maîtres d'un port franc, d'une ville libre qu'ils avaient le droit d'administrer, de gouverner à leur guise, ils étaient chez eux ; ils pouvaient désormais, en se conformant aux règlements royaux, donner à leurs affaires une extension qu'elles n'avaient point prise sous les règnes précédents, et l'Égypte du Nord

---

1. Hérodote, III, 40-43 ; Egger, *Des documents qui ont servi aux anciens historiens grecs*, p. 8-9.
2. Plus tard, lorsque Polycrate proposa à Cambyse des trirèmes et des soldats pour attaquer l'Égypte, Amasis avait disparu, et le Samien voulait se débarrasser, en l'envoyant à la mort, d'un parti dont il avait tout à craindre. Hérodote, III, 44.

allait devenir un des marchés les plus fréquentés par leurs négociants. Ces heureux résultats étaient favorisés d'ailleurs par la longue paix dont la contrée ne cessa de jouir pendant le règne d'Amasis. Il la maintint, nous l'avons vu, grâce à la politique prudente dont il usa vis-à-vis de la Perse; et la sagesse de son administration intérieure, l'impulsion donnée aux travaux publics, à l'industrie, à l'agriculture, contribuèrent pour une grande part à cette prospérité qui faisait l'étonnement et l'admiration des étrangers. Autant que les Psammétichides, il se plaisait dans la société des Grecs; aussi est-il resté avec Psammétique Ier, le plus populaire de ces Pharaons de la xxvie dynastie qui forcèrent l'Égypte à sortir enfin de sa voie accoutumée et la jetèrent hardiment dans le grand courant de la civilisation occidentale. Une telle œuvre, accomplie par eux avec résolution et avec persévérance, leur assure une place à part dans l'histoire du monde antique; on peut dire sans exagération que de leur avènement date une ère nouvelle, aussi féconde pour les peuples gréco-asiatiques que pour leur propre pays.

DEUXIÈME PARTIE

LES MARCHANDS. NAUCRATIS

CHAPITRE PREMIER

LA FONDATION DE NAUCRATIS

Le site : Tell-Nebireh. Les fouilles de MM. Petrie et E.-A. Gardner.
Époque probable de la fondation. — Texte d'Eusèbe. — Vraisemblance de la tradition rapportée par Strabon. — Les données historiques. — Les légendes grecques. — L'anecdote sur le voyage d'Hérostrate confirmée par les trouvailles de Nebireh. — Voyages des Samiens et des Mityléniens.
Arguments fournis par les découvertes récentes. — Les scarabées. — Le stratum de cendres; premier comptoir brûlé. — Témoignage des vases : sa valeur. — Les inscriptions céramiques. Discussions qu'elles ont soulevées.
Succession et dates probables des événements : Naucratis, bâtie après un incendie, vers la fin du règne de Psammétique Ier.

Le site de Naucratis a été longtemps méconnu. Sur la foi des auteurs anciens mal compris, on le cherchait vers Dessouk, sur la même branche que Saïs (la Bolbitine), du même côté et un peu plus près de la mer[1]. Cependant, dès le commencement de notre siècle, une note de la traduction de Strabon, publiée de 1805 à 1819, en indiquait avec beaucoup de sagacité l'emplacement probable, sur le canal de Chabour, dans une localité dont le nom el-Neqrach rappelait d'une manière frappante le nom ancien de Naucratis[2].

---

1. Les indications données par d'Anville (*Mémoires sur l'Égypte*, p. 79-80) sont erronées.

2. STRABON, traduction de Laporte du Theil, Gosselin, Coray et Letronne, t. V, p. 373. Ce village, dit la note en question, est à 21,000 mètres au sud-est de Damanhour ou Hermopolis parva, à 2,000 mètres environ au sud de la position que M. Walckenaër a donnée à Naucratis dans sa carte. — M. Petrie

C'est, en effet, tout près de là, à Tell-Nebireh[1], que M. Petrie, dans ses fouilles de 1884-85, en retrouvait les restes, à proximité d'un canal dérivant de la branche Canopique et sur la rive gauche de ce canal, par conséquent sans communication directe avec Saïs[2]. On y a reconnu, outre les fondations des maisons, qui permettent de reconstituer en partie le plan de la ville, les restes de plusieurs des temples cités par Hérodote et par Athénée. Une multitude de fragments de toute sorte, statuettes, ustensiles variés, amulettes et surtout tessons de poterie, ont été exhumés sur tous les points du site. Parmi les fragments céramiques, il y en a un grand nombre qui portent des légendes écrites en grec et reproduisant des noms grecs. Une inscription sur pierre a de plus fourni un décret porté par les citoyens de Naucratis pour honorer un prêtre d'Athéné, qui avait rendu des services à sa ville natale[3]. Une autre mentionne la construction d'une palestre par plusieurs personnages, dont les noms sont exclusivement grecs[4]. Il ne saurait donc subsister aucun doute sur l'identification des ruines qui, d'ailleurs, n'a pas été contestée. Une pareille trouvaille aurait dû, ce semble, nous éclairer d'une manière définitive sur l'époque de la fondation de Naucratis, et mettre fin aux longues controverses que cette question avait soulevées[5]. Il n'en a rien été cependant, les monuments exhumés ayant donné lieu à des interprétations très diverses. Les auteurs mêmes de la découverte y trouvaient des raisons pour reculer la date de la fondation jusqu'au milieu du VIIe siècle. Les savants allemands, au contraire, n'y ont pas reconnu un seul fait qui fût de nature à infirmer l'interprétation traditionnelle du témoignage d'Hérodote; rien ne prouve,

ne paraît pas avoir eu connaissance de cette note, du moins au commencement des fouilles. Ce sont les indications données par Ptolémée et par la carte de Peutinger, qui l'ont surtout guidé dans ses recherches. Une note de M. Griffith, dans *Naukratis* II, fait allusion à celle des traducteurs de Strabon.

1. Tell-Nebireh est en face de Tell-Neqrasch, sur le même canal. La position de Neqrasch, ou plutôt Nôqrash, a été très peu fouillée : M. de Rochemonteix avait, dès 1882, proposé à M. Maspero d'y reconnaître le nom et le site de Naucratis.

2. Fl. PETRIE, *Naukratis*, I, c. I. Les fouilles de Nebireh ont été faites pour le compte de la Société anglaise *Egypt Exploration Fund*. Elles furent dirigées en 1884 et 1885 par M. Petrie, puis, en 1886, par M. E.-A. Gardner. On trouvera les détails de la découverte au jour le jour dans une série d'articles envoyés au journal *The Academy*, de 1884 à 1887, et dans les deux volumes publiés par l'*Egypt Exploration Fund* sous le titre de : *Naukratis* I et II.

3. *Naucratis*, I, pl. XXX, 3.

4. *Ibid.*, pl. XXXI, 4.

5. SOLDAN, *Naukratis*, *Rhein. Mus.*, t. IV, ann. 1826, p. 126 et suiv.

selon eux, l'existence d'une ville grecque, sur l'emplacement de Tell-Nebireh, avant le règne d'Amasis (570)[1].

Pour arriver à résoudre le problème, il convient de reprendre d'abord les textes anciens et de voir quelles inductions on est autorisé à en tirer, puis d'examiner les indications fournies par les monuments et les textes qu'ils contiennent. Hérodote raconte qu'Amasis, qui aimait les Grecs, accorda des faveurs à quelques-uns d'entre eux et, de plus, donna à ceux qui venaient en Égypte la ville de Naucratis pour s'y fixer, καὶ δὴ καὶ τοῖσι ἀπικνευμένοισι ἐς Αἴγυπτον ἔδωκε Ναύκρατιν πόλιν ἐνοικῆσαι[2]. On en a conclu que Naucratis n'avait été fondée que sous Amasis, en s'appuyant sur une phrase du même historien, qui assure que cette ville était autrefois, τὸ παλαιόν, le seul marché de l'Égypte et qu'il n'y en avait point d'autre. Seulement, l'expression τὸ παλαιόν manque ici de clarté : par rapport au temps où a vécu Hérodote, elle pourrait signifier l'époque d'Amasis, qui l'a précédé de plus d'un siècle ; mais elle peut également s'appliquer, dans sa pensée, à une période plus ancienne. Le premier passage n'est pas moins ambigu : le mot πόλιν désigne-t-il une ville déjà existante, qu'Amasis assigna aux Grecs comme résidence officielle, ou bien l'auteur veut-il dire qu'on leur permit de la bâtir, afin de l'habiter ensuite? Les deux opinions ont été soutenues, mais la première nous paraît infiniment plus vraisemblable.

Nous avons indiqué plus haut le synchronisme établi, dans la traduction latine du Canon d'Eusèbe, entre la thalassocratie milésienne et la fondation de Naucratis[3]. Heyne adoptait cette donnée, malgré les difficultés qu'elle présente, et il voyait dans le récit d'Hérodote, que nous examinerons plus loin, une preuve que Naucratis existait dès le commencement du VIIᵉ siècle (23ᵉ olympiade, 688)[4]. D'après cela, Naucratis, fondée en 752, serait plus ancienne que les premières colonies établies par les Milésiens dans le nord de l'Asie Mineure, ce qui paraît peu vraisemblable. Nous avons vu que les

---

1. V. surtout Hirschfeld, *Die Gründung von Naukratis*, dans le *Rhein. Mus.*, 1887, p. 209 et suiv.
2. Hérodote, II, 178.
3. Saint Jérôme, édit. Migne, t. VIII, p. 365-366.
4. Heyne, *De Castoris epochis* (*Nov. Comment. Soc. Gœtting.*, t. II, p. 50 et suiv.) Cf. Wyttenbach, *Animadv. in Plutarch. Op. mor.*, II, p. 201. Raoul Rochette (*Histoire de l'établissement des colonies grecques*, t. III, p. 165 et suiv., 307 et suiv.) expose les diverses opinions exprimées par les auteurs anciens, sans s'arrêter à des conclusions précises.

Milésiens avaient pu aborder de très bonne heure à la bouche Bolbitine du Nil et y élever ce qu'on appelle le τεῖχος ; il n'est guère admissible toutefois qu'ils se fussent hasardés dans l'intérieur du pays, soit sous les dynasties indigènes, soit au temps où les luttes des Assyriens et des Éthiopiens leur rendaient peu accessible et peu sûr. En réalité, les fragments grecs d'Eusèbe ne donnent rien sur Naucratis. Le premier livre reproduit, il est vrai, d'après Diodore, un aperçu des thalassocraties, où il est question des Milésiens ; mais dans le passage correspondant du Canon, la version arménienne, qui est ici très complète, n'en fait aucune mention. Seule, la traduction de saint Jérôme contient la phrase : *Mare obtinent Milesii annis 18* ; il s'agit donc d'une addition faite arbitrairement au texte original par le traducteur, qui, ayant trouvé la thalassocratie milésienne indiquée au premier livre de la Chronique, pouvait en venir facilement à la citer de nouveau dans le Canon, à l'endroit correspondant. Bien plus, après *mare obtinent Milesii*, la phrase suivante : *Construxeruntque urbem in Ægypto Naucratim*, « qui, contrairement à toute analogie, ajoute encore un fait historique à la simple mention de la thalassocratie, et dans laquelle, rien que le passage subit du présent au parfait cause une surprise désagréable, manque précisément dans les meilleurs manuscrits de saint Jérôme, et paraît être comme une seconde interpolation d'une main encore plus moderne[1] ». On voit que le soi-disant témoignage d'Eusèbe, non seulement ne remonte pas à l'ouvrage de Castor sur les thalassocraties, mais est l'œuvre d'un interpolateur relativement très récent, et dont l'autorité ne mérite, à aucun titre, d'être prise en considération. Quant à Étienne de Byzance et à Suidas, ils se bornent à combiner la donnée de la thalassocratie milésienne avec les indications fournies par Strabon, et ne nous livrent aucun renseignement nouveau.

Il faut donc éliminer ces traditions sans valeur pour arriver à celle qui nous a été transmise par Strabon. La partie du texte qui a trait à l'établissement du τεῖχος Μιλησίων, a été discutée précédemment. La seconde, qui se rapporte à la fondation de Naucratis, est ainsi conçue : « Après un certain temps (χρόνῳ), les Milésiens ayant remonté jusqu'au nome saïtique et vaincu Inaros dans un combat naval, fondèrent la ville de Naucratis un peu au-dessus de

---

1. Soldan, *Rhein. Mus.*, 1836, *Naucratis*, p. 126 et suiv.

Schedia[1]. » La présence de ce nom d'Inaros a mis les critiques en défiance[2]. On accuse Strabon d'avoir commis un grossier anachronisme et d'avoir fait vivre sous Psammétique Ier le Libyen, fils d'un autre Psammétique qui, deux siècles plus tard, se révolta contre Artaxerxès[3]. Ce reproche, toutefois, ne repose que sur une simple hypothèse. Strabon a emprunté le nom à une source qui nous est inconnue; il est dans les habitudes des Grecs de préciser volontiers un récit en y attachant un nom propre, dont l'authenticité est souvent fort contestable. Admettons donc une erreur possible sur ce point et voyons si le fait en lui-même offre réellement quelque vraisemblance. Au début du règne de Psammétique, les Milésiens ont déjà une factorerie fortifiée près de la bouche Bolbitine. Ils deviennent naturellement les alliés d'un prince, leur voisin, qui cherche partout des auxiliaires pour mener ses projets à bonne fin. Tandis qu'il faisait venir d'Ionie et de Carie des bandes de mercenaires, rien n'empêche qu'il ait demandé aux Milésiens de l'aider avec leurs vaisseaux, et dès lors l'Inaros de Strabon serait ou bien l'un des dynastes égyptiens ou un général chargé par eux d'opérer sur le Nil avec une flotte, pendant qu'ils combattaient Psammétique sur terre. Les Milésiens avaient tout intérêt à favoriser l'entreprise du roi saïte et à contribuer par tous les moyens à la défaite de ses compétiteurs ; car l'avenir de leur commerce en Égypte dépendait du succès de ses armes. D'accord avec lui, ils auraient donc remonté le fleuve avec leurs navires, mieux équipés, mieux armés que ceux des Égyptiens, et remporté sur eux une victoire facile. S'ensuit-il que, pour prix de leurs services, ils aient obtenu immédiatement l'autorisation de fonder Naucratis? Nous ne connaissons aucun document qui permette de répondre à cette question. On s'est demandé comment et pourquoi les colons s'étaient établis dans une localité si lointaine. M. Petrie fait remarquer que leur objectif principal était le commerce, et qu'ils devaient s'y livrer, surtout pendant l'inondation, lorsque, les cultivateurs étant condamnés à l'oisiveté, la moisson faite, il était facile d'aller par eau d'une ville à l'autre, et de trafi-

---

1. STRABON (éd. Didot), XVII, p. 681.
2. SOLDAN, *Rhein. Mus.*, l. c. Cf. HIRSCHFELD, *Rhein. Mus.*, 1887, p. 209 et suiv.
3. La guerre suscitée par cet Inaros dura de 460 à 453, et il finit par être crucifié. Quant au Psammétique père d'Inaros, il serait, selon LETRONNE (*Recueil des Inscriptions de l'Égypte*, t. II, p. 360), le successeur de l'Étéarque, roi des Ammoniens, dont parle Hérodote (II, 52) et descendrait des deux Psammétique d'Égypte, I et II.

quer avec des gens qui en avaient et le temps et les moyens. Naucratis était proche de Saïs, sur un canal toujours accessible et qui permettait de gagner le haut pays, sans naviguer sur le Nil, grossi alors et trop rapide[1]. Ces observations sont justes en elles-mêmes ; mais les Grecs n'ont pas eu sans doute la liberté du choix. Naucratis avait dû exister d'abord comme ville égyptienne ou comme simple bourg. Sa situation à l'entrée de la Libye, et en avant de Saïs, la désignait comme une position militaire importante pour des rois, qui faisaient de cette dernière ville leur résidence habituelle. Il est possible que Psammétique ait cantonné là quelques-uns de ses mercenaires ioniens, afin de les avoir à sa portée et de protéger sa capitale. Ils furent naturellement mis en communication avec les Grecs, queles courants amenaient vers la branche Canopique. Nebireh est, en effet, sur le chemin qui conduisait vers Memphis les commerçants venant de la Méditerranée. La ville grandit ainsi peu à peu, comme celle qui s'était formée autour des Stratopeda, et elle devint considérable surtout lorsque Amasis, fermant les autres branches du fleuve, lui accorda des privilèges exclusifs. Les Grecs, habitués à s'installer au voisinage de la mer, n'auraient pas été d'eux-mêmes s'enfoncer aussi avant dans l'intérieur, se perdre au milieu d'une population étrangère, dont les dispositions étaient douteuses et peut-être hostiles. Le roi seul pouvait désigner un pareil site, et il dut y être amené surtout par des raisons d'ordre militaire. Les négociants étaient là dans sa main, aussi bien que les soldats ; enfermés de toutes parts entre des villes et des bourgades indigènes, ils ne pouvaient se laisser aller à aucune velléité d'indépendance. La position offrait pour eux des avantages dont ils surent profiter bien vite ; mais ce n'est pas la considération de ces avantages qui les y avait amenés. L'installation des Grecs dans une ville égyptienne n'était pas plus difficile ici qu'à Defenneh. D'ailleurs, l'histoire de l'Égypte moderne, aussi bien que celle de l'Égypte ancienne, fournirait plus d'un exemple de semblables mesures prises par des souverains ou même par de simples pachas. Sur ce premier centre égyptien, les fouilles ont révélé très peu de chose ; on verra cependant que Naucratis, à l'époque grecque, renfermait encore des éléments certainement indigènes.

---

1. HÉRODOTE, II, 97.
2. *Naukratis* I, p. 10-11.

Quant au nom lui-même, il peut cacher un nom égyptien déformé[1], auquel on est parvenu à donner une apparence hellénique, et l'étymologie qu'en ont suggérée les Anciens est sans valeur, comme tant d'autres ; mais rien ne prouve non plus que l'histoire du combat naval ait été, comme on l'a dit, inventée pour la soutenir.

Le témoignage de Strabon, attribuant la fondation de la ville aux Milésiens, n'est pas un témoignage isolé. Diverses légendes couraient à ce sujet dans le monde antique, dont on n'a malheureusement conservé que de rares débris. Sans parler de Charon et de Philistos, dont les écrits sont perdus[2], l'Alexandrin Apollonius, qui passait quelquefois, lui aussi, pour un enfant de Naucratis, composa, outre ses *Argonautiques,* un poème intitulé : Κτίσις Ναυκράτεως[3]. Cette œuvre est également perdue ; mais Athénée en a résumé un épisode, les amours d'Apollon et d'Ocyrhoé, et il en a même cité quelques vers[4]. Ocyrhoé était une nymphe, fille du fleuve Imbrasos, qui arrosait la ville de Samos. Ayant passé à Milet pendant une fête d'Artémis, elle est poursuivie par Apollon, qui déjà est sur le point de l'enlever ; elle implore le marin Pompilos qui, pour la sauver, la fait monter à bord de son navire ; mais le dieu, apparaissant tout à coup, pétrifie le vaisseau de Pompilos et le change lui-même en poisson. Cette histoire, reproduite par Élien[5], semble mettre en rapport la ville de Milet et celle de Naucratis, sujet principal de l'ouvrage d'Apollonius. Ce n'est là, il est vrai, qu'une légende poétique, et le texte d'Athénée ne nous laisse pas même entrevoir la nature du lien qu'elle prétendait établir entre les deux cités. Celle qu'a enregistrée le Scholiaste de Théocrite est d'une forme plus précise, mais ne présente pas plus de garanties d'authenticité. Il y est question d'un certain

---

1. On serait tenté d'y voir un mot composé comme No-chrat (noui-t Khroti), la ville de l'enfant. Brugsch (*Dict. géographique*, p. 1319) dit que le nom sacré de Naucratis était Pi-Ranent. Les divinités du nome naucratite étaient, d'après les listes d'Esné, Sokhet et le dieu Hiq. Brugsch rapproche du nom de Naucratis, celui de No-grahut, ville du serpent. Le serpent (grahut) est le dieu d'une ville du Delta, Thoukou ; il convient de remarquer que la forme grecque n'a pas, comme le mot égyptien, l'aspirée *h*. — Le nom moderne de Neqrach paraît dérivé de Naucratis, quoiqu'il suppose l'accentuation Ναυκράτις, au lieu de Ναύκρατις. V. Griffith, dans *Naukratis* II, p. 80 et suiv.

2. Suidas assure qu'ils avaient écrit des récits ou des discours, où ils traitaient de leur ville natale. Cf. *Fragm. Hist. græc.*, t. IV, 360 et 477.

3. *Fragm. Histor. græc.*, t. IV, 313.

4. Athénée, VII, 283 D.

5. *Hist. Anim.*, XV. 23.

Nilée, Milésien, qui aurait fondé Naucratis, toujours à la suite d'un combat, et qui aurait donné son nom au Nil[1]. Tout cela, il faut le reconnaître, est d'une mince utilité pour l'histoire. Mais à Milet même, une tradition constante paraît avoir fait honneur aux colons indigènes de la première fondation de Naucratis. Cette croyance y subsistait encore à la fin du second siècle de notre ère, puisqu'une inscription de cette époque appelle Milet « la métropole de nombreuses et importantes cités sur le Pont, *en Égypte,* et partout sur la surface de la terre habitée[2]. » De telles expressions, dans la pensée des rédacteurs du document, devaient s'appliquer à Naucratis, qui fut une ville grande et florissante, plutôt qu'au modeste τεῖχος, construit auparavant sur le rivage septentrional du Delta[3]. Les découvertes de M. Petrie, loin de contredire la tradition, semblent plutôt la confirmer. Les objets les plus anciens, les inscriptions les plus archaïques recueillis à Tell-Nebireh, proviennent du temple d'Apollon, incontestablement érigé par les Milésiens à leur dieu national[4]. Ils seraient donc venus ici les premiers, et ils y auraient vécu un certain temps seuls ou à peu près seuls, avant d'être rejoints par les autres peuples helléniques, dont Hérodote a énuméré les noms.

Mais nous n'en avons pas fini avec les légendes. En voici une qui mérite d'autant plus d'attention, qu'elle vient d'un écrivain naucratite, Polycharme, cité encore par Athénée[5]. Vers la 23ᵉ olympiade (689-686), Hérostrate, dit-il, un de nos compatriotes, qui faisait le commerce et qui parcourait de nombreux pays, ayant abordé un jour dans l'île de Cypre, à Paphos, acheta une statuette archaïque d'Aphrodite, de la hauteur d'un empan, et partit pour Naucratis en l'emportant avec lui. Comme il approchait de l'Égypte, il fut surpris par une tempête soudaine ; les marins, ne sachant plus où ils étaient, se réfugièrent tous auprès de la statue d'Aphrodite, la priant instam-

---

1. Schol. de Théocrite, sur Idylle, XVII, v. 98. Cf. Idylle, VII, v. 114.
2. C. I. G. 2878. Lebas-Waddington, III, n° 212. L'inscription est de l'époque romaine, 195 après Jésus-Christ.
3. C'est à cette colonie que paraît faire allusion Eschyle (*Prométhée enchaîné,* 807-815) : « De là le fleuve te conduira à la terre deltaïque du Nil, où les destins te permettent à toi et à tes enfants de fonder une lointaine colonie. » M. Vivien de Saint-Martin, qui a fait le premier ce rapprochement (*l'Afrique du Nord,* p. 9), remarque que les Grecs du vᵉ siècle avaient, sur les contrées du Haut-Nil, des renseignements plus étendus que nous n'en avions il y a quarante ans, avant le pacha d'Égypte.
4. Fl. Petrie, *Naukratis* I, ch. 2 et 3.
5. Athénée, XV, 676, A. B.

ment de les sauver. La déesse, favorablement disposée pour les Naucratites, remplit aussitôt l'espace qui l'entourait de myrtes verdoyants, dont l'odeur suave se répandit par tout le navire, au moment où tous les passagers désespéraient déjà de leur salut et étaient secoués par les nausées du mal de mer. Puis, le soleil ayant reparu, ils aperçurent le port et arrivèrent à Naucratis. Hérostrate débarqua alors avec la statue et, prenant les myrtes verts qui lui étaient apparus soudain, il les consacra dans le temple d'Aphrodite; il offrit un sacrifice à la déesse, lui dédia la statue et, ayant invité à un festin dans le temple même ses parents et ses amis, il donna à chacun d'eux une couronne de myrtes, qu'il appela dès lors « couronne naucratite. » D'après ce récit, Naucratis, au commencement du viie siècle, existait depuis un certain temps déjà, puisque Aphrodite y avait un temple, et que, d'après le témoignage des fouilles, celui d'Apollon semble être plus ancien. La date que rappelle Athénée est-elle exacte? Engel[1] incline à penser, d'après Strabon, que Naucratis aurait été réellement fondée sous Psammétique Ier. Toutefois, cette donnée n'exclut pas, dit-il, l'existence d'un commerce plus ancien, des marchands grecs pouvant être déjà précédemment établis en cet endroit. Nous avons vu, en effet, que des Milésiens avaient dû se fixer auparavant en Égypte, mais à la bouche Bolbitine, et ils ne pouvaient guère s'installer à Naucratis avant la pacification générale. Faudrait-il, avec M. Heuzey[2], remplacer, dans l'indication de l'Olympiade, le nombre 23 par le nombre 53? La correction nous paraît numériquement trop forte[3]; si l'on fait tant que de supposer une erreur de copiste, la confusion du ϰ avec le μ serait aussi aisée à commettre que celle du ν, et nous dirions alors que Naucratis existait vers la 43e olympiade (607-604). Un fait intéressant à constater ressort du récit de Polycharme, c'est qu'elle fut, dès l'origine, en relations suivies avec les côtes et les îles d'Asie Mineure. Cypre était une station intermédiaire, où les trafiquants devaient forcément aborder au cours de leurs longues navigations. De l'Ionie, de Rhodes et aussi de la Grèce propre, on y passait pour

---

1. Engel, *Kypros*, t. I, p. 250.
2. Heuzey, *Catalogue des figurines de terre cuite*, p. 11. Ol. 53 = 568-565; l'anecdote se rapporterait ainsi au temps d'Amasis.
3. A plus forte raison celle de Letronne (*Mémoires sur la civilisation égyptienne*, OEuvres, 1re série, t. I, p. 163, note 4), qui remplace εἴϰοσι par ἑϰατόν et ramène ainsi l'événement à l'an 367, « vers le temps des voyages de Platon et d'Eudoxe ».

aller en Phénicie ou en Égypte. Le temple d'Aphrodite dont parle Polycharme fut réellement, comme nous le verrons, érigé de très bonne heure. D'ailleurs la statue rapportée par Hérostrate rappelle immédiatement à l'esprit ces petites idoles trouvées en grand nombre dans les nécropoles de Cypre, tantôt debout et nues, pressant leurs seins de leurs deux mains rapprochées, tantôt assises et comme écrasées sous le poids d'une lourde parure; déesses de la nature, importées de la Haute-Asie par l'entremise des Phéniciens, transformées plus tard par les artistes grecs, qui surent en tirer leur Aphrodite, c'est-à-dire le type de la beauté achevée, de la perfection idéale[1]. Les ruines de Naucratis nous ont rendu quelques échantillons de ces figurines grossières, qui tiennent encore de si près, par la rudesse de la forme et par l'imperfection du procédé, aux essais maladroits des premiers modeleurs orientaux[2]. Elles sont pour nous un commentaire vivant du récit de Polycharme : ceux qui les vénéraient dans leurs demeures ou qui les consacraient dans les temples pouvaient, aussi bien qu'Hérostrate, leur attribuer des miracles. La fable conservée par Athénée a donc, en un certain sens, une réelle valeur historique. Elle indique avec assez de clarté la direction générale que prit dès l'abord le commerce de Naucratis et, par suite, la nature des influences qu'il contribua à faire prévaloir.

Une autre indication est fournie par ce que rapporte Hérodote du voyage de Colæos[3]. Celui-ci était un marchand samien, qui, entre 640 et 630, se rendait en Égypte pour faire du commerce. Il est d'abord poussé par les vents sur la côte de Libye, à l'île de Platée, où il ravitaille le Crétois Corobios, envoyé en reconnaissance par les Théréens avant la fondation de Cyrène. Puis, il se remet en route et cherche de nouveau à gagner le Delta; mais le vent d'est souffle toujours, et, « comme par une impulsion surnaturelle », l'entraîne jusqu'à Tartessos, au delà des colonnes d'Hercule. Il n'était certainement pas le premier de ses concitoyens qui eût pris la route de l'Égypte, et la persistance même qu'il met à vouloir y arriver prouve qu'à Samos on connaissait

1. Perrot, *Histoire de l'art*, t. III, p. 626 et *passim*, et les figures 374 à 384.
2. *Naukratis*, II, c. VI, et pl. XIV, fig. 8, 11, 12; XV, 5. Elles sont toutes drapées. Ces figures, dit M. E.-A. Gardner, ne se distinguent pas des figures analogues trouvées à Cypre. Quelques-unes pourraient être la statue haute d'un empan et de style archaïque, qu'Hérostrate apporta de Paphos. — Elles ont d'ailleurs été trouvées dans le temenos du temple d'Aphrodite.
3. Hérodote, IV, 152.

déjà bien le pays, les ressources qu'il offrait et les bénéfices qu'il était possible d'en tirer. Sans doute, le but de son voyage pouvait être Daphnæ ; mais on sait, d'autre part, que les Samiens entretinrent de bonne heure des relations avec Naucratis : c'est un Samien, Xanthos, qui y amène la courtisane Rhodopis[1]. Les Mityléniens les suivirent de très près. Ainsi voit-on le frère de Sapho, Charaxos, transporter du vin de Lesbos au marché de Naucratis[2]. Il racheta à grands frais l'esclave de Xanthos; puis, revenu à Mitylène, il fut cruellement raillé par sa sœur. Il est vrai que Sapho vécut, dit-on, jusque vers 568 ; mais elle était dans tout l'éclat de son talent vers la fin du VIIe siècle[3]. Le voyage de Xanthos, la renommée acquise par la courtisane, le séjour de Charaxos et son retour dans sa patrie, tout cela suppose un certain temps écoulé ; et Naucratis, on le voit par cette histoire, était déjà une ville de plaisir, donc une ville riche et florissante, existant depuis nombre d'années[4].

Voilà ce que nous apprennent les Anciens sur les origines de Naucratis ; voyons maintenant quels éléments nouveaux apportent les découvertes récentes. Au milieu des maisons de la ville antique, M. Petrie a mis au jour les restes d'une fabrique de scarabées, dont les ouvrages, façonnés en terre émaillée, d'une pâte bleuâtre verte ou jaune, sont, au premier aspect, assez semblables à ceux que l'on recueille partout en Égypte. Si on les étudie de plus près, on se rend pourtant compte qu'ils diffèrent notablement de ceux que fabriquaient les vrais Égyptiens. Ils portent, pour la plupart, des images de divinités égyptiennes ; mais un grand nombre d'entre eux sont couverts de dessins rappelant plutôt les combinaisons hybrides, qui caractérisent l'art gréco-oriental. Ceux-là mêmes qui se rapprochent davantage des motifs empruntés directement à l'Égypte, décèlent néanmoins un autre

---

1. Hérodote, II, 135.
2. Strabon (éd. Did.), XVII, 686; Hérodote, ibid.; Suidas, s. v. Ῥόδωπις.
3. Clinton, Fasti Hellen. 3. O. Muller (Histoire de la Littérature grecque, trad. franç., t. III, p. 96-97) attribue à la vieillesse de Sapho, ou du moins à la fin de sa vie, les vers dirigés contre Charaxos ; mais la raison qu'il donne de cette opinion, c'est que Naucratis ne serait devenue une ville grecque que sous Amasis. Or, c'est là précisément ce qu'il faudrait démontrer.
4. Soldan (Rhein. Mus., l. c.) rejette cet argument en faveur de l'ancienneté de Naucratis, parce que, selon Hérodote (II, 134), Rhodopis florissait (ἥν ἀκμάζουσα) sous Amasis. Mais Sapho appelle « Doricha » la courtisane aimée de son frère (V. Strabon, l. c.), et Athénée la distingue avec soin de Rhodopis (XIII, 596 B-E), avec laquelle Hérodote l'a confondue.

art, une autre manière. Les symboles n'y sont point disposés dans l'ordre habituel, ou ils sont sensiblement défigurés par la fantaisie de l'ouvrier, qui très visiblement n'en comprenait pas le sens[1]. Ce sont des imitations imparfaites, exécutées d'après des modèles du pays, mais par une main étrangère. Plusieurs de ces petits objets sont presque identiques à ceux qu'on a trouvés à Rhodes, dans les tombeaux de Camiros[2]. Ils ont été certainement travaillés sur place, puisqu'on a déterré auprès d'eux une quantité assez considérable de moules; lorsqu'on les avait coulés dans ces moules, on incisait les figures dans la pâte revêtue ensuite d'une glaçure vitreuse, ressemblant à l'émail. La manufacture d'où ils sortaient produisait également en grande abondance d'autres ornements ou amulettes du même genre, oudjas, figures de divinités, groupes divers, animaux, perles, etc. Les plus intéressants de ces scarabées sont pour nous ceux qui portent l'empreinte hiéroglyphique de noms royaux. Nous devons éliminer d'abord ceux dont les inscriptions mentionnent des rois antérieurs à Psammétique Ier, par exemple Séti Ier, Sheshonqou IV, Piônkhi et plusieurs des derniers Ramessides[3]. Ceux-là ont pu être importés comme des objets de curiosité, ou comme des modèles devant fournir des motifs de décoration aux artistes. Mais ceux qui contiennent des cartouches de la XXVIe dynastie ont une signification tout autre. Ils désignent des rois contemporains, et la série, telle qu'ils la présentent, offre une particularité très importante à signaler. On y voit figurer en effet les noms ou les prénoms des deux premiers Psammétique et de Ouahibri (Apriès). Ceux de Nikou font défaut, sans doute par un simple effet du hasard. Mais pas un scarabée n'est gravé au nom d'Amasis (Ahmas). M. Petrie en induit que la période d'activité de cette fabrique correspond au règne des souverains nommés sur les scarabées, et qu'elle a cessé vers le temps d'Amasis[4]. On a déterré en outre, avec les scarabées, de nombreux fragments de poterie grecque de divers styles[5]. Il paraît donc presque certain que les étrangers, qui modelèrent

---

1. Petrie, *Naukratis*, t. I, pl. XXXVII et XXXVIII, pp. 5 et 36-38.
2. Salzmann, *Fouilles de Camirus*. On en a également découvert de pareils sur divers points de la Grèce, de l'Italie et, pour parler d'une manière plus générale, sur toutes les côtes de la Méditerranée.
3. Quelques-unes des lectures proposées par M. Petrie ont été contestées dans un article non signé de l'*Athenæum*, 9 octobre 1886, p. 471-472.
4. *Naukratis*, I, p. 5.
5. *Naukratis*, I, p. 21-22.

les amulettes et les scarabées pseudo-égyptiens étaient Grecs, ou tout au moins qu'il y avait des Grecs à Naucratis avant Amasis.

Au-dessous de la limite inférieure du terrain qui renferme les scarabées, apparait une couche de deux pieds d'épaisseur, composée entièrement de cendres et de charbon, « qui forme le plus ancien stratum dans presque toute la moitié méridionale de la ville »[1]; et M. Petrie, calculant la moyenne pour l'accumulation des débris, estime que le lit de deux pieds représente à peu près le travail d'un demi-siècle. Pour expliquer cette conflagration générale, il propose deux hypothèses différentes : 1° les Grecs se seraient installés en cet endroit pendant la période assyro-éthiopienne, c'est-à-dire avant 670 ; l'incendie aurait eu lieu pendant les guerres entre les Assyriens et Taharqou, vers 670. Ce premier comptoir devait comprendre seulement des constructions légères en bois et en torchis, qui n'ont laissé après elles qu'un amas de cendres[2]. Les vraies maisons de briques ne furent bâties que sous Psammétique Ier; c'est alors aussi que les Grecs élevèrent des temples solides et dédièrent les vases dont on a recueilli les fragments. Le commencement de cette période des temples se placerait entre 650 et 630. — 2° Le premier établissement daterait du règne de Psamitik Ier et de l'année 650 environ. L'incendie serait accidentel et aurait éclaté en temps de paix. La reconstruction de la ville et la fondation des temples devraient être repoussées alors entre les années 610 et 600. Cette seconde supposition est celle qui satisfait le moins M. Petrie. Elle offrirait cependant l'avantage de fournir un terrain de conciliation entre les opinions extrêmes. Il est assez inutile de disserter sur la date de la première fondation, quand nous n'avons d'autres documents à interroger que du charbon et des décombres réduits à l'état de poussière. Toutefois, la seule présence de ce stratum carbonisé, si les débris de poterie grecque qu'on y a rencontrés ont subi, eux aussi, l'action du feu, suffirait à prouver l'existence d'un premier comptoir hellénique, antérieur à la vraie ville, qui fut construite à un niveau plus élevé. L'absence de restes égyptiens ne prouve pas, comme on l'a dit, qu'il n'y ait jamais eu là de ville indigène, parce que le site n'a pas été fouillé en entier, et qu'il pourrait s'en trouver

---

[1]. *Naukratis*, I, p. 5.

[2]. Les demeures des colons devaient ressembler un peu à celles des fellahs, que décrit M. Maspero (*Archéologie égyptienne*, p. 6). Ils avaient fait sans doute un grand usage du bois, même pour les temples, s'il y en avait dans l'enceinte de cette première station milésienne.

d'enfouis soit à Tell-Nauqrash, soit dans les autres parties, où n'ont pas porté les recherches des explorateurs. Ce qu'on peut affirmer seulement, c'est que la première factorerie grecque semble avoir disparu dans un grand sinistre, dont la cause demeure inconnue, et avoir fait place à un établissement définitif.

En fouillant le sol de la ville antique et surtout les enceintes des premiers temples, ceux d'Apollon et d'Aphrodite, on a exhumé une quantité énorme de tessons de poterie, que M. Gardner évalue au nombre de plus de 150,000. Pas un seul vase n'est tout à fait complet, mais quelques fragments ont été heureusement rapprochés; plusieurs sont de dimensions assez considérables pour qu'on puisse se rendre compte du style qui a présidé à leur décoration et, par suite, de la date approximative des objets dont ils ont fait partie. Ceux qui appartiennent, par la forme et par les caractères du dessin, au système le plus archaïque, devraient fournir des indices précieux sur l'âge probable de la ville, où ils se trouvaient enfouis. Toutefois, de pareils témoins ne peuvent être consultés qu'avec une extrême réserve. En effet, grâce à une méthode rigoureuse, la science contemporaine a déterminé assez exactement les grandes lignes de l'histoire de la céramique ancienne; elle a réussi à en distinguer nettement les périodes successives, mais quand il s'agit de définir la durée de chacune d'elles, de fixer des dates, il est souvent impossible d'arriver à une entière certitude. La mode varie avec les contrées, avec le goût personnel des individus; il serait donc la plupart du temps hasardeux de prétendre marquer à quel moment précis tel système a été définitivement abandonné, ici ou là, dans la pratique des ateliers. M. Petrie, dont les recherches ont été conduites avec un soin minutieux, n'a pas manqué de noter les différents niveaux auxquels furent recueillis les débris de poterie, et particulièrement dans la grande tranchée ouverte au temenos d'Apollon. Malgré toutes ces précautions, les conclusions auxquelles il s'est arrêté seraient sujettes à de nombreuses contestations. Les vases trouvés dans l'enceinte des temples proviennent-ils de dépôts établis à dessein, véritables *favissæ,* ou bien avons-nous affaire à de simples amas formés tout à fait au hasard? Ces fragments ont été entassés par dépôts successifs, mais à des intervalles de temps éloignés et irréguliers, probablement lorsque les prêtres, voyant leurs sanctuaires encombrés de dons sans valeur, étaient forcés de se débarrasser du trop-plein et de le jeter au rebut. Par conséquent, des objets d'époques diverses se sont trouvés réunis, sans qu'on soit toujours en droit pour cela de les considérer comme contemporains. De plus, les dévots pouvaient consacrer à leur dieu des vases relativement anciens, qui, dans la couche où ils ont pris place, sont ainsi rapprochés de vases beaucoup plus modernes. Or, la discussion portant sur un intervalle de quatre-vingts ans (650-570), des monuments de cette nature, et qui se présentent dans une telle confusion, ne sauraient apporter, on le sent, des renseignements bien précis. L'art grec est justement alors dans une période de transition, période brillante et féconde, mais dont les limites extrêmes sont nécessairement vagues et imparfaitement définies. Il obéit encore à l'impulsion venue de l'Orient, mais non plus avec une docilité entière; tout en imitant ses premiers maîtres asiatiques, il commence à dégager son originalité propre et à trouver des accents personnels. Il est condamné, par suite, à bien des tâtonnements, à bien des incertitudes. Là où il se trouve en contact direct avec l'Orient, le style archaïque oriental a dû se maintenir plus longtemps. En outre, chaque artiste, selon son tempérament particulier, mêle, en des proportions irrégulières, les éléments anciens et les éléments nouveaux; tantôt c'est l'invention qui domine, tantôt l'imitation plus ou moins libre, et il résulte de ce mélange des combinaisons singulières, faites pour dérouter le jugement des plus habiles connaisseurs. Enfin, dans des colonies éloignées des grands centres de production, certains procédés de fabrication, certaines habitudes de style peuvent se perpétuer longtemps encore, après qu'on y a renoncé partout ailleurs.

M. Cecil Smith, qui a écrit un chapitre spécial « sur la poterie peinte » dans l'ouvrage de M. Flinders Petrie[1], remarque que ni le style géométrique pur, ni celui des Iles ne sont représentés dans la collection si considérable des vases de Naucratis : ces deux systèmes de décoration avaient donc cessé d'être en usage avant la fondation de la ville. Un grand nombre des fragments archaïques découverts à Nebireh se rattachent clairement au style oriental. Plusieurs d'entre eux rappellent, et par la matière et par le décor, des types relevés par Salzmann dans les fouilles de Camiros. Ils appartiennent, pour la plupart, à cette période de compromis où certains dessins géométriques sont encore combinés avec des motifs d'origine asiatique ou égyptienne, ani-

---

1. *Naukratis*, I, ch. VI, p. 46-54.

maux réels ou fantastiques, lions, taureaux, cerfs, oiseaux, et surtout oiseaux aquatiques; où les fleurs de lotus, les palmettes, les tresses se multiplient à côté des méandres, des grecques, des croix gammées et autres ornements plus anciennement employés. Ce genre composite se retrouve à Milo, à Santorin et dans d'autres îles de la mer Égée, et il paraît avoir fleuri pendant des centaines d'années dans toute l'étendue du monde gréco-oriental. Les archéologues s'accordent à penser qu'il s'est développé entre le xe et le viie siècle, en même temps que se produisait ailleurs le style géométrique de la seconde période, que tous deux se sont mêlés plus ou moins selon les fabriques, et qu'ils se sont conservés dans certains pays, comme à Cypre, par la force de la tradition, alors même que l'ascendant du génie grec avait pris partout le dessus. Ainsi, le style oriental était en pleine floraison au viie siècle, et son déclin commencerait à peine dans la première moitié du vi^e. Si l'on constate à Naucratis la présence d'une quantité de fragments qui s'y rapportent, cela ne prouve donc ni pour ni contre la théorie des explorateurs anglais et la date de 650.

D'autre part, prétendre, comme on l'a fait, que rien n'a été retrouvé qui doive remonter au delà du vi^e siècle, c'est aller trop loin, croyons-nous. Ce qu'il faut dire, c'est que les objets en litige pourraient être à la rigueur du vi^e aussi bien que du viie siècle, contemporains d'Amasis aussi bien que de Psammétique Ier. Le style du Dipylon n'est représenté nulle part dans les fragments de Naucratis. Cependant, nous l'avons vu, il paraît avoir été en faveur vers 660, au moins dans une partie du monde grec; il ne saurait avoir été abandonné tout à coup et complètement pendant la période qui nous occupe (de 660 à 610). L'absence totale de vases de ce style tient probablement à ce fait que les principaux centres de fabrication n'étaient pas, comme on l'a cru quelquefois, dans l'Asie Mineure ou dans les îles voisines, mais bien plutôt dans la Grèce occidentale, dans les Cyclades, en Attique, c'est-à-dire en des contrées qui ne furent point, dès l'abord, en communication directe et régulière avec l'Égypte. Pendant la seconde moitié du viie siècle, la production de cette céramique diminua insensiblement, même dans les pays où elle avait été le plus à la mode, et fut remplacée peu à peu par la céramique à décors orientaux, qui, celle-là, venait de l'Asie Mineure, de Cypre, de la Phénicie. Or, tous les témoignages historiques et monumentaux montrent, en effet, que ce sont les Grecs de l'Orient, qui ont les premiers pénétré en Égypte, s'y sont fixés et y ont vécu. Ce sont leurs ouvrages que nous devions retrouver en Égypte, avec leurs méthodes préférées et l'expression de leur goût propre; et c'est bien là, en effet, ce que nous ont rendu toutes les découvertes faites récemment à Naucratis.

Les Rhodiens, par exemple, suivirent de près les Milésiens aux bords du Nil. Il y en avait, nous avons pu le constater, parmi les soldats de Psammétique Ier qui gravèrent leurs noms à Ipsamboul. D'autre part, on a signalé des analogies frappantes entre la céramique de Rhodes et celle de Naucratis. Un certain nombre des tessons exhumés récemment dans cette dernière ville rappellent, à s'y méprendre, les vases découverts jadis par Salzmann dans les tombeaux de Camiros. La division des registres, le choix des ornements, la manière de les disposer sont presque identiques des deux parts. Les uns et les autres sont revêtus d'une couverte blanche, qui semble particulière en ce temps aux fabriques de Rhodes et de Naucratis. Cependant, sauf l'usage de cette couverte, qui tient à des procédés spéciaux et aussi à la nature des matériaux employés, le reste paraît se rattacher à un ensemble de principes qui furent adoptés pendant longtemps dans une moitié au moins du monde hellénique[1]. Voilà donc une source d'informations qu'il convient, non pas de négliger absolument, mais de reléguer au second plan : car elle pourrait suggérer des arguments aux partisans des deux thèses contradictoires, et elle n'autorise en somme aucune conclusion solidement motivée.

Restent les inscriptions céramiques, et c'est là le point sur lequel les savants anglais et allemands ont fait porter l'effort principal de la discussion. M. E.-A. Gardner en a relevé environ sept cents, gravées sur des poteries d'époques et de styles divers, recueillies dans une tranchée ouverte au téménos d'Apollon Milésien. Un grand nombre d'entre elles, ne comprenant que des monogrammes ou des fragments inintelligibles, doivent être tout d'abord mises hors de cause. Le reste se compose, pour la plus forte part, de simples dédicaces à Apollon, formant une série d'une importance considérable, puisqu'elle s'étendrait sur une période allant de 650 à 520 avant notre

---

1. Les fouilles récentes exécutées dans plusieurs localités de la côte méridionale d'Asie Mineure semblent indiquer que les ateliers établis dans les villes principales de ce district et dans les îles du sud de l'Archipel subirent très anciennement l'influence de l'art égypto-phénicien. V. RAYET et COLLIGNON, *Histoire de la Céramique grecque*, ch. III.

ère[1]. Voici comment l'épigraphiste anglais justifie cette assertion. Sur les fragments d'un très beau vase fabriqué, d'après le style de la décoration, dans la dernière moitié du vi^e siècle, on remarque une inscription soigneusement gravée, qui indique comme donateur le Grec Phanès. C'est la seule à laquelle on puisse attribuer un caractère historique : Phanès ne serait autre que le chef mercenaire qui abandonna Amasis pour Cambyse, et donna à ce dernier les moyens de conquérir l'Égypte. Elle se trouverait ainsi datée presque sûrement de l'année 530 à l'année 526. Si on la prend comme point extrême, — la prospérité de Naucratis ayant, dit-on, décliné à partir de l'époque perse, — il suffit de suivre pas à pas la longue série des sept cents inscriptions recueillies dans le téménos d'Apollon pour remonter sans interruption jusqu'à 650, date probable de la fondation de Naucratis. Les dédicaces qu'elles contiennent peuvent se grouper sous un petit nombre de formules. Les unes marquent le caractère votif de l'offrande : ὁ δεῖνα ἀνέθηκε τὡπόλλωνι, ou τἀπόλλωνι. D'autres, et c'est la majorité, expriment seulement la possession de l'objet par le dieu, Ἀπόλλωνος. Quelques-unes enfin font parler l'objet lui-même, avec une forme curieuse du vocatif, Ἄπολλω (ou Ὠπόλλω) σός ou σόν, ou encore σο (= σοῦ) εἰμί. Gravées par des Milésiens, elles sont écrites avec l'alphabet ionien et témoigneraient ainsi des modifications qu'il a subies graduellement dans cet intervalle de plus d'un siècle. L'auteur les a divisées en vingt classes[2], dont les premières, comprenant les plus archaïques, seraient antérieures à celles d'Ipsamboul, reléguées par suite au temps de Psammétique II. Les lettres qui les caractérisent offrent de si grandes ressemblances avec les originaux phéniciens, qu'on est obligé de les reconnaître pour les plus anciens spécimens d'écriture grecque, en les plaçant sur la même ligne que les inscriptions de Théra, mais dans une division à part[3]. Une inscription tracée sur un vase probablement rhodien (cl. XIV) présente un alphabet analogue à celui des textes d'Ipsamboul, qui seraient eux aussi écrits par des Rhodiens[4]. Or, cinq classes au moins, à Naucratis, précèdent chronologiquement ce graffito rhodien, et quelques-unes d'entre elles contiennent des

---

1. M. E.-A. Gardner a exposé sa théorie à ce sujet dans le chap. VII de l'ouvrage de M. Fl. Petrie, *Naukratis*, I, p. 54-63, et dans un article du *Journal of Hellenic Studies* (t. VII, 1886, p. 220-240).
2. *Naukratis*, t. I, pl. XXXV A.
3. *Journal of Hellenic Studies*, t. VII, 1886, l. l.
4. V. ce que nous avons dit à ce sujet, p. 88.

formes tellement moins développées, qu'on ne peut s'empêcher de les croire séparées de celles-ci par un intervalle de temps considérable. Il faudrait donc renoncer à regarder les inscriptions d'Ipsamboul comme le plus ancien type de l'alphabet ionien, puisque, d'une part, elles seraient plus récentes que les premières de Naucratis et que, de l'autre, elles ne représenteraient qu'une variété locale.

Voici maintenant quels seraient les traits caractéristiques du véritable alphabet ionien primitif, tel que les monuments de Naucratis nous le font connaître. O et ω sont déjà différenciés, ε apparaît couché sur la ligne, les pointes en bas, ⊓, dans une position qui rappelle de très près la forme hiératique de l'hiéroglyphe égyptien, ⊔. Le μ est formé de trois traits au lieu de quatre, parce qu'on n'éprouve pas le besoin de le distinguer du ν et du *san*, ces lettres ayant alors des formes différentes et, par suite, aucune confusion n'étant à craindre. Le ν est identique à l'original phénicien, et, cette lettre étant telle, le σ doit nécessairement conserver ses quatre branches pour n'être pas confondu avec elle. Mais il affecte encore deux autres formes, dont on n'explique pas la provenance. Cet alphabet ne procède pas de celui de Théra, puisqu'il a des formes plus anciennes pour certaines lettres (ε, ν, σ). Il est donc parallèle et tout aussi primitif. A propos de l'ω qui n'apparaît pas, dit-on, d'ordinaire, avant le milieu du VIe siècle, M. Gardner nous semble commettre une pétition de principe, en arguant qu'il existait, puisqu'on le trouve à Naucratis à une date antérieure : c'est là justement ce qu'il faudrait démontrer. Des commencements de l'η à Naucratis, nous ne savons rien par les inscriptions archaïques, qui, par un malheureux hasard, se trouvent n'en renfermer aucun [1]. Quant aux caractères, dont les exemples font défaut [2], Φ, X, Ψ, ils auraient été empruntés aux signes syllabiques de Cypre par les Milésiens qui, dans leurs navigations vers le sud, faisaient volontiers escale dans cette île [3]. Une remarque importante à ajouter, c'est que, dans le temple d'Aphrodite, où l'on a déterré également une grande quantité de vases inscrits, aucun

---

1. On rencontre, il est vrai, à Naucratis, l'η fermé, par exemple aux n°⁸ 38, 39, 166, probablement aussi aux n°⁸ 36 et 37 (*Naucratis*, t. I, pl. XXXII), mais à l'état isolé, sur des tessons qui n'ont rien conservé de plus.
2. Toujours dans les inscriptions des premières classes, que M. Gardner considère comme plus anciennes : car, pour les autres époques, les exemples ne manquent pas.
3. L'Ω viendrait de la même source et dériverait du signe cypriote qui répond à KO.

exemple ne s'est rencontré des formes extraordinaires signalées plus haut. Enfin, M. Gardner fait observer qu'il serait incroyable que les seules formes inconnues qu'on a relevées à Naucratis soient précisément telles, qu'elles semblent établir une transition naturelle entre l'alphabet grec dérivé et l'alphabet d'origine primitive.

Cette théorie du savant anglais fut contestée par MM. Kirchhoff[1] et Bechtel[2], et surtout par M. G. Hirschfeld, qui l'a discutée dans un mémoire publié au *Rheinisches Museum*[3] et dans plusieurs lettres adressées au journal *The Academy*[4]. Les épigraphistes allemands refusaient de voir, dans les différences de formes signalées par M. Gardner, des témoignages authentiques des changements survenus dans l'alphabet ionien. Insistant sur le petit nombre de ces formes, sur le peu de garanties que peuvent offrir des inscriptions incisées, ou plutôt grattées la plupart du temps avec beaucoup de négligence, ils y reconnaissaient simplement des variétés individuelles, dues au caprice ou à l'inhabileté de ceux qui les ont tracées. L'alphabet ionien nous est connu en Asie par les inscriptions des colonnes d'Éphèse, contemporaines de Crésus (v. 550), par celle de Cheramyes, peut-être un peu plus ancienne, par la stèle de Sigeion, qui est du commencement du vi[e] siècle. Ces monuments ont l'H, l'Ω et le Σ. A Milet, au-dessous des inscriptions des Branchides, qui ont l'B, d'autres, comme celles d'Eudemos, d'Hermesianax, portent déjà l'H. Si cette dernière forme apparaît dans les pays ioniens, et en particulier milésiens, dès le premier quart du vi[e] siècle, on peut accorder pour l'adoption complète de l'H toute la première moitié du vi[e] siècle. Quant au Σ et à l'Ω, on les observe dès le viie, dans les deux autres textes des Branchides. Or, à Naucratis, l'B est à peu près hors d'usage ; la proportion de B à H est de 1 à 6 ; donc, nous sommes dans la première moitié du vi[e] siècle ; donc Hérodote a réellement voulu dire qu'Amasis avait, le premier, fait de Naucratis une ville grecque. Les Milésiens, remontant de leur τεῖχος du nord

---

1. *Studien zur Geschichte des Griechischen Alphabets*, p. 43-47.
2. *Die Inschriften des Ionischen Dialekts*, p. 153.
3. T. XIII, 1887, p. 209 et suiv., et t. XLIV, p. 461-467.
4. Année 1887, 14 mai, p. 347 ; 9 juillet, p. 29 ; 16 juillet, p. 43-44 ; 20 août, p. 122-123 ; 27 août, p. 139. (Lettres de MM. GARDNER et HIRSCHFELD.) — Année 1889, 14 septembre, p. 174. (E.-S. ROBERTS.) V. aussi dans l'*American Journal of Archæology*, 1887, p. 102-110. (J.-H. WRIGHT.) Cf. SAYCE, *Some Greek Graffiti from Abydos*, dans les *Proceedings* de la Société d'Archéologie Biblique, t. X, p. 377 et suiv.

après la destruction des Stratopeda, y ont gardé une installation séparée; de même les Samiens et les Éginètes, parce que, comme eux, ils avaient auparavant d'autres établissements en Égypte. Les inscriptions d'Abou-Simbel, qui sont d'origine ionienne et appartiennent au règne de Psammétique Ier, ont le σ à trois branches, o = o, ου et ω, Β = η, et représentent réellement un degré plus ancien dans le développement de l'alphabet ionien, dont on peut noter ainsi les phases principales :

1. — VIIe s. : o = o, ου et ω, Β = η (Téos, Colophon, Abou-Simbel, Samos. Variété rhodienne : Β = η et esprit rude).

2. — VIIe s. (2e moitié ou fin) et commencement du VIe : Σ, Ω, H (Milet, Naucratis).

3. — VIe s. (depuis la 2e moitié) : Σ, Ω, H (Milet, Naucratis, Éphèse, Samos, Proconnèse).

Les degrés 1 et 2 diffèrent essentiellement, et l'intervalle chronologique qui les sépare semblera peut-être court, étant donnée l'importance des changements qu'il a vus se produire. Mais les textes d'Abou-Simbel se rapporteraient au commencement du règne de Psammétique Ier, et ainsi l'écriture des soldats serait encore celle de la première partie du VIIe siècle [1].

M. Gardner s'était efforcé de réfuter, dans une série d'articles publiés par l'*Academy*, l'argumentation de ses contradicteurs. En 1889, il donna, dans le IIe volume de *Naukratis*, ses conclusions définitives [2]. S'attachant aux trois premières classes des inscriptions [3], il constata que les formes anormales (pour ε, μ, ν, σ) y étaient plus nombreuses que les formes normales; qu'elles étaient identiques entre elles [4], bien que trahissant des mains différentes, et

---

[1]. HIRSCHFELD, *Rheinisches Museum*, 1887, l. l. Nous avons exposé plus haut les raisons pour lesquelles cette dernière opinion nous paraît contestable. Les conclusions de M. Kirchhoff, dans sa dernière édition des *Studien*, s'accordent avec celles de M. Hirschfeld, sauf pour la date des inscriptions d'Abou-Simbel, qu'il place comme lui dans le règne de Psammétique Ier, mais plutôt vers la fin, tandis que M. Hirschfeld les fait remonter, à tort selon nous, jusqu'au commencement du même règne.

[2]. *Naukratis*, t. II, c. IX, p. 72-74. Les inscriptions des temples d'Aphrodite, des Dioscures, de Héra n'ont pas apporté d'éléments nouveaux à la discussion. Quelques-unes (n°s 786 à 793 et 840), incisées sur des vases noirs, représenteraient le dialecte éolien de Lesbos et mériteraient, à ce titre, une attention particulière.

[3]. *Naukratis*, t. I, pl. XXXV, A. Le classement est établi d'après le style de la poterie, sur laquelle sont gravées les inscriptions.

[4]. C'est là du reste, un point contestable; pour le σ et pour le μ en particulier, on peut citer des différences de formes très importantes.

n'étaient donc pas uniquement dues au caprice et à l'ignorance de leurs auteurs ; de plus, qu'elles n'étaient pas des déviations naturelles des lettres grecques, mais qu'on pouvait les dériver de caractères phéniciens ou d'autres influences plus ou moins directes. Donc, les inscriptions de ces premières classes étaient les plus anciennes de Naucratis, et elles dataient réellement du VIIe siècle.

Jusqu'ici la question avait peu avancé, chacun des adversaires gardant la position qu'il avait choisie au début, lorsqu'en 1889 M. Hirchsfeld publia, au *Rheinisches Museum,* une nouvelle dissertation sur les inscriptions de Naucratis [1]. Cette fois, la thèse du savant allemand n'était plus tout à fait la même. Il maintenait toujours l'antériorité des inscriptions d'Ipsamboul, antériorité que les découvertes de Naucratis ont contribué à prouver [2]. Mais il abandonnait la théorie d'après laquelle le ϟ aurait précédé chronologiquement le Σ. Admettant l'identité du ϟ avec le signe qui, dans l'abécédaire de Cœre, occupe la place du *tsade* phénicien, il reconnaissait, comme l'avait déjà suggéré M. Gardner [3], que le ϟ pouvait provenir du *tsade,* tandis que le Σ avait été tiré directement du *schin,* au lieu d'être une forme du ϟ, complétée postérieurement par l'addition d'un quatrième trait. Dès lors, il ne fallait point chercher à établir de relation chronologique entre ces deux formes, dont l'origine était différente et ne se rapportait pas aux mêmes caractères phéniciens. Il suit de là que la conception généralement adoptée d'un alphabet ionien primitif, un et identique dans toutes ses parties, serait une conception fausse. En réalité, il se serait formé de bonne heure, dans l'écriture des peuples ioniens, deux groupes distincts, l'un (Téos, Colophon, Éphèse ? Halicarnasse ?) ayant adopté le *tsade,* l'autre (Milet) se servant du *schin* pour figurer le son *s.* Cette séparation se serait opérée de très bonne heure, au plus tard dans le VIIIe siècle, lorsque tous les Ioniens avaient déjà les lettres complémentaires Φ, Χ, Ψ et rendaient par l'Ⱨ non seulement l'aspiration forte, mais aussi l'$\bar{e}$ long. Au VIe siècle seulement, les deux éléments auraient été réunis, et cela parce que l'écriture de la puissante Milet était alors devenue dominante. Ainsi, ce qu'on

---

1. *Rheinisches Museum,* t. XLIV, p. 461-467.
2. En effet, on voit plusieurs Téiens établis à Naucratis employer déjà, au VIe siècle, le Σ et l'H (*Naukratis,* I, pl. XXXII, n° 209 ; XXXV, n° 700), tandis qu'à Ipsamboul un Téien et un Colophonien écrivent ϟ et Ⱨ.
3. *Journal of Hellenic Studies,* t. VII, p. 237.

désigne d'ordinaire comme alphabet ionien aurait été d'abord l'alphabet de Milet et serait devenu, dès le vɪᵉ siècle, l'alphabet de l'Ionie[1].

D'autre part, nous avons tâché de montrer, dans un autre travail[2], que la discussion n'avait peut-être pas été jusqu'ici placée sur son véritable terrain. On paraissait trop oublier, selon nous, que les inscriptions de Naucratis ont été gravées en Égypte, et que les Grecs, qui les ont incisées, vivant dans un milieu étranger, avaient pu en subir l'influence d'une manière plus ou moins inconsciente. Pour expliquer certaines formes singulières, comme l'ε couché sur la ligne ⊓, il n'était pas nécessaire, par exemple, de recourir, comme M. Gardner l'avait fait, à l'existence probable de formes phéniciennes, qui n'ont pas encore été retrouvées sur les monuments. Et la question qui se présentait était celle-ci : Étant donnée la ressemblance flagrante d'un caractère grec inusité avec le signe égyptien représentant le même son, et les inscriptions qui renferment ce caractère ayant été rédigées en Égypte, les Grecs n'ont-ils pu connaître certains signes hiéroglyphiques et hiératiques et être amenés à en faire presque instinctivement leur profit ? Cette donnée une fois admise, nous avons pris un à un la plupart des signes inconnus, qui faisaient l'objet principal du débat, et, par une analyse minutieuse de leurs formes graphiques, nous avons tâché de prouver qu'ils pouvaient s'expliquer simplement par une imitation immédiate des caractères hiératiques correspondants. Nous avons pu résoudre ainsi certaines difficultés, dont les épigraphistes n'avaient pas même voulu aborder l'examen, par exemple, pour le σ, dont le dessin étrange et souvent très varié déroute, à première vue, quiconque n'a pas une certaine connaissance de la paléographie égyptienne. Ces formes d'apparence assez bizarre se résolvent pourtant toutes dans celle du *sa* hiératique, en hiéroglyphe ; si on les suit dans les diverses inscriptions où elles figurent, on peut se rendre un compte exact des transformations successives que le caractère a subies, transformations dont la chronologie serait difficile à établir, le caprice du graveur ayant un grand rôle dans l'adoption de telle ou telle forme, mais qui semblent pourtant se simplifier de plus en plus, pour arriver, comme dernier

---

1. M. Hirschfeld a traité encore les mêmes questions dans la *Berlin. Philol. Wochenschrift*, 1890, 19 juillet, p. 914, et il les a résumées dans la *Revue des Études grecques*, 1890, p. 221-229. Ses conclusions sont les mêmes, et il reconnaît que les inscriptions les plus anciennes de Naucratis *peuvent* remonter jusqu'au vɪɪᵉ siècle.

2. D. MALLET, *Revue archéologique*, 1889, t. I, p. 84-91 et 204-211.

terme, au ς à trois branches de l'alphabet milésien. Toutes ces variétés que nous avons relevées procèdent, en somme, d'un même type, s'en éloignant ou s'en rapprochant plus ou moins, mais s'y rattachant par des liens intimes et facilement reconnaissables[1]. La ressemblance est plus frappante encore peut-être pour une des formes du μ, que nos devanciers avaient absolument négligée et qui reproduit, d'une manière incontestable, une des figures hiéroglyphiques de l'*m*, ⊂⊐.

De ces observations il résulte que, si on fait la part des négligences possibles et probables, il reste néanmoins un certain nombre de signes affectant des formes spéciales, qu'on peut, sans rien forcer, ramener les unes au phénicien, les autres, et ce sont les plus nombreuses, à l'hiératique égyptien, prototype lui-même de l'alphabet phénicien. Les Grecs en Égypte se sont trouvés sans aucun doute en contact avec les Phéniciens, accueillis et favorisés comme eux par les princes saïtes. Toutefois, les fouilles de Naucratis ont produit très peu d'objets phéniciens. L'hypothèse d'une influence directe de l'Égypte et de son écriture ne paraît donc pas devoir être écartée *a priori*. Les Grecs sans doute étaient peu curieux, comme on l'a dit, d'apprendre les langues étrangères. Il en était ainsi surtout lorsqu'ils vivaient au milieu de nations barbares, dont ils pouvaient constater au premier coup d'œil l'infériorité absolue. Mais en Égypte la situation était bien différente. Ce pays avait une réputation de sagesse légendaire; l'épopée homérique l'avait dépeint dans un lointain un peu vague, mais avec les couleurs de la plus brillante poésie. Les Grecs, en y arrivant, s'attendaient à contempler des merveilles, et ils trouvaient en effet une civilisation raffinée, des institutions savantes, un art puissant et original; ils ne pouvaient mépriser un peuple de qui ils avaient tant à recevoir. Si la classe des interprètes fut formée surtout d'Égyptiens initiés à l'étude de la langue grecque[2], les Grecs n'affectèrent pas tous de rester, par un orgueil mal placé, dans une ignorance complète

---

1. V. dans *Naucratis*, t. I, pl. XXXII et XXXIII, les n°⁸ 1ᵇ, 3, 4, 79, 153, 302, 177, 149, 156. Quant au σ figuré par une ligne brisée $\gtrless$, qui se trouve une fois à Abou-Simbel et aussi à Naucratis, n° 305, il vient, croyons-nous, du signe phénicien dont l'origine est le signe hiératique de l's. (V. E. DE ROUGÉ, *Sur l'origine égyptienne de l'alphabet phénicien*, p. 69.) Dans sa discussion avec M. Hirschfeld, M. Gardner avait renoncé à faire usage de l'inscription, n° 305, où se trouve ce signe, parce qu'elle est gravée sur un vase de fabrication relativement moderne. On comprendra que nous n'éprouvions pas le même scrupule, notre thèse étant toute différente de la sienne.

2. HÉRODOTE, II, 154.

de l'idiome du pays. Les marchands, pour faciliter leurs transactions, avaient besoin d'en prendre au moins une certaine teinture. Ceux à qui leur profession assurait plus de loisir et qu'une curiosité intelligente portait à étudier les choses de l'Égypte, certains artisans même, comme les fabricants de scarabées, qui copiaient journellement des inscriptions, des symboles hiéroglyphiques, étaient obligés de se rendre à peu près compte des procédés de l'écriture égyptienne. On sait que les prêtres, qui furent presque partout les premiers à faire usage de l'écriture, se tenaient au courant des choses étrangères, histoire et langage, et savaient au besoin faire parler à leurs dieux des idiomes barbares[1]. Or, ce sont des prêtres qui ont dû le plus souvent tracer les dédicaces incisées sur les vases de Naucratis. De plus, il y avait, dans la ville même et aux environs, des populations indigènes, avec lesquelles on était en rapports continuels; bon gré mal gré, il fallait prendre quelque teinture des hiéroglyphes et de la langue du pays. Du reste, aujourd'hui encore, il en est à peu près de même ; les Grecs qui font le commerce en Égypte et dans le reste de l'Orient apprennent un peu d'arabe, ils en savent assez pour les besoins de leur trafic, mais généralement ils le parlent et l'écrivent fort mal. Cependant cette intelligence, même imparfaite, qu'ils en ont forcément acquise, les amène à mêler des lettres arabes aux lettres helléniques, quelquefois même à déguiser leurs mots grecs sous des caractères arabes plus ou moins déformés. Les Naucratites du VIIe et du VIe siècle, quelques-uns du moins, ne firent pas autrement, et il faut reconnaître que rien n'est plus naturel. Ils vivaient au milieu des Égyptiens, concluant chaque jour avec eux des marchés, des échanges de toutes sortes. Ils avaient sous les yeux les hiéroglyphes monumentaux, ils eurent certainement entre les mains des papyrus, si nombreux à toutes les époques, et en particulier sous la XXVIe dynastie. La pénétration dans l'écriture naucratite d'un certain nombre de formes hiératiques n'a donc rien qui puisse nous surprendre[2].

Si on admet la justesse de ces vues, on devra reconnaître que la plupart des formes particulières aux inscriptions naucratites caractérisent, non pas

---

1. V. Curtius, *Histoire grecque*, tr. Bouché-Leclercq, t. II, p. 63 et suiv.
2. Les libertés prises avec les caractères grecs, les imitations de formes égyptiennes sont d'autant plus vraisemblables, que nous sommes à une époque où l'alphabet n'est pas absolument fixé, où il est d'un usage assez récent, où, de ville à ville, de district à district, on emploie des formes différentes, où tout, dans l'écriture, est encore un peu flottant.

le type primitif de l'alphabet ionien-milésien, mais un état de ce même alphabet particulier à Naucratis, ou plus exactement encore à certains habitants de Naucratis. Elles apparaissent en effet sur un très petit nombre de vases, et cela s'explique aisément, de telles imitations ayant quelque chose non seulement de local, mais de réellement individuel. Elles ne pouvaient être adoptées que par des Grecs sachant déjà un peu d'égyptien, et ceux-là devaient être en minorité : de fait, on ne relève pas une douzaine de graffiti, sur sept cents, qui en conservent la trace. Cette proportion fournit peut-être une indication curieuse : en tous cas, elle apporte une preuve de plus à l'appui de l'opinion que nous avons exprimée.

Il ne faut donc pas chercher, comme on l'a fait, dans l'existence de ces formes spéciales un argument en faveur de leur ancienneté relative. De tels emprunts ont pu se produire assez tard chez les Grecs de Naucratis, aussi bien que et plus facilement encore qu'à l'origine ; et l'archaïsme des vases ne détermine nullement l'âge des graffiti, qu'on a pu y tracer longtemps après leur fabrication. De plus, rien n'autorise à placer même les premières inscriptions de Naucratis avant celles d'Ipsamboul. Si la distinction établie entre les deux groupes de l'alphabet ionien est exacte, elles pourraient être à peu près contemporaines, et, pour ainsi dire, parallèles. La grande majorité de celles de Naucratis est plus récente, personne ne le conteste. Mais les particularités dignes de remarque, que présentent quelques-unes d'entre elles, sont dues, croyons-nous, à l'influence du milieu dans lequel ont été rédigés les textes qui les contiennent.

L'épigraphie ne fournit donc, pas plus que la poterie peinte, d'argument absolument décisif pour fixer la date de la fondation de Naucratis. Mais de l'étude des inscriptions il ne ressort non plus aucun fait qui empêche d'admettre l'existence d'un établissement grec sur le site de Naucratis avant le règne d'Amasis. M. Hirschfeld, qui avait d'abord soutenu cette dernière opinion, avoue maintenant, avec une entière franchise, que ses idées se sont modifiées sur ce point ; il admet que, si les découvertes archéologiques tendent à faire remonter la fondation au viie siècle, les témoignages épigraphiques connus ne sont point de nature à infirmer cette conclusion.

Il reste à expliquer, avec cette donnée, la succession probable des événements : nous allons tenter de le faire, sans rien sacrifier des résultats déjà obtenus. La tradition transmise par Strabon concorde avec les découvertes de MM. Petrie et Gardner pour nous engager à placer la fondation de Naucratis par les Milésiens dans la seconde moitié du vii° siècle, et nous avons vu précédemment que les circonstances historiques les plus favorables se trouvaient en effet réunies pour rendre cet événement possible à une telle date. Ce premier établissement ne fut point une ville véritable, mais une simple factorerie, comme le τεῖχος Μιλησίων, dont il n'entraina point nécessairement l'abandon. Moins étendue évidemment que ne fut plus tard la cité panhellénique, la petite colonie grecque vécut modestement pendant la dernière partie du règne de Psammétique Ier. Une catastrophe, peut-être accidentelle, vint tout à coup l'arrêter dans son développement, un incendie la réduisit en cendres. Construite en matériaux très légers, elle devait disparaître sans laisser de traces : il n'en reste en effet que le stratum carbonisé, qui suffit cependant à en attester l'existence. Car, du milieu de ces décombres pulvérisés par le feu, on a pu retirer quelques objets de fabrication grecque, des débris de poteries, et, au-dessous même de la couche de cendres, une amphore qui paraît aussi d'origine hellénique. La ville brûlée était donc, non pas égyptienne, mais grecque et, selon toute probabilité, milésienne. A quelle époque fut-elle reconstruite sur de nouveaux plans? Les vases et les inscriptions permettraient, comme on l'a vu, de placer cette restauration dans un intervalle comprenant toute la fin du vii° siècle, c'est-à-dire les dernières années de Psammétique Ier et le règne de Néchao. Si l'on s'en tient au témoignage de Strabon, et au style de la poterie la plus ancienne, on est porté à préférer le temps de Psammétique. C'est alors que furent bâties les maisons de briques, les temples également en briques revêtues de stuc, celui d'Apollon, celui d'Aphrodite : alors qu'est véritablement fondée une ville grecque, enrichie promptement par le commerce et l'industrie, et qui devient bientôt grande et florissante; alors que l'on commence à fabriquer des scarabées pseudo-égyptiens à côté des vases grecs, et que Naucratis prend place parmi les grands marchés du monde gréco-oriental.

Cette hypothèse concilie jusqu'à un certain point les théories opposées et n'est pas démentie par les faits. De la fin du règne de Psammétique Ier (c'est-à-dire entre 625 ou 620 et 610) jusqu'à l'avènement d'Amasis (570), il s'est écoulé de quarante à quarante-cinq ans, et, si on descend jusqu'à Néchao, une trentaine d'années seulement. En ce qui concerne la céramique, une révolution soudaine ne s'est pas accomplie dans les méthodes de fabrication et de décoration pendant cette courte période. Au contraire, les changements dans les procédés et dans le style s'opérèrent lentement; il fallut un assez long temps pour qu'ils pussent prévaloir, surtout dans les pays éloignés du centre de l'action hellénique, et pour qu'on y renonçât sans retour aux pratiques, aux habitudes anciennes. Quant aux scarabées, la présence des noms qu'on y a relevés s'accorde parfaitement avec la thèse que nous soutenons. Assurément, le témoignage négatif tiré de l'absence d'un cartouche ne constitue pas une preuve absolue. Il suffirait que, dans de nouvelles fouilles, le nom d'Amasis apparût sur quelque scarabée sorti de notre manufacture naucratite, pour que les considérations qui portent sur ce point du débat dussent être en partie modifiées; mais l'ensemble de nos conclusions n'en serait pas sensiblement infirmé. Les différences qui existent entre l'alphabet des mercenaires à Ipsamboul et celui des plus anciennes inscriptions de Naucratis constitueraient sans doute une objection grave contre ce système, si on continuait à considérer les graffiti d'Ipsamboul comme notablement antérieurs à ceux des Milésiens de Naucratis. Mais elle tombe d'elle-même, dès qu'on admet, avec M. Hirschfeld, que les uns et les autres représentent, non pas deux états successifs, mais deux états parallèles de l'ancien alphabet ionien[1]. On pourra donc résumer ainsi les conclusions de toute cette discussion, pour en faire voir l'enchaînement régulier :

1° Établissement primitif des Milésiens sur le site de Naucratis, après 650, c'est-à-dire après la victoire définitive de Psammétique Ier sur les dynastes;

2° Émigration des guerriers à la suite de l'expédition de Syrie, inscriptions d'Ipsamboul, vers 630;

3° La factorerie milésienne est dévorée par un incendie, puis rebâtie avec des matériaux plus solides; les temples sont fondés et les inscriptions grecques commencent à Naucratis, vers la fin du règne de Psammétique Ier.

Tel serait à peu près l'ordre des faits, ainsi qu'il nous paraît ressortir à la fois et des témoignages anciens et des découvertes récentes. Le texte d'Hérodote, si on l'examine sans parti pris, n'y contredit nullement : il permet en effet de supposer à Naucratis l'existence d'une ville grecque antérieure à

---

1. D'ailleurs, une partie des mercenaires qui ont écrit leurs noms à Ipsamboul étaient venus en Égypte avant la fondation de Naucratis, et ils apportaient l'alphabet ionien à un état plus ancien, tel qu'il était sur les côtes de l'Asie Mineure ou dans les îles au moment de leur départ.

Amasis; il assure que ce dernier roi donna à ceux qui y venaient des terrains pour bâtir des autels et des enceintes sacrées, mais il n'affirme nulle part qu'il n'en existât pas déjà d'autres. Il parle de l'Hellénion construit à frais communs par des Ioniens, des Doriens et des Éoliens. Enfin il remarque que trois peuples différents élevèrent à leurs divinités protectrices des sanctuaires particuliers. Mais il ne prétend aucunement fixer l'ordre chronologique de ces diverses fondations; il est d'ailleurs imparfaitement renseigné ou tout au moins incomplet, nous en avons la preuve, puisqu'il existait certainement à Naucratis des temples dont il n'a pas parlé. Hérodote n'a donc pas tout dit et il ne pouvait tout dire. Il s'est contenté d'indiquer les faits principaux, et, comme la grandeur de Naucratis datait surtout du temps d'Amasis, il s'est attaché surtout à caractériser le rôle de ce souverain, son attitude vis-à-vis des Grecs; mais il ne lui a point attribué, quoi qu'on dise, l'honneur de l'avoir fondée.

CHAPITRE II

LA VILLE. — LES TEMPLES

La première factorerie milésienne. — Développement progressif de la ville. — Rues; maisons; quartiers pour chaque métier. — Pas de murailles. — La nécropole. — Une ville grecque du vi⁰ siècle.
Les temples. — Leur nombre. — Matériaux. — Décoration.
Temple et téménos d'Apollon milésien. — Fragments ayant appartenu à deux édifices superposés. — Temple, téménos et autel d'Aphrodite. — Chapelle des Dioscures. — Téménos de Héra. — Palæstre. — Les temples non retrouvés.
Le Grand Téménos, probablement l'Hellénion. — Les constructions qu'il renfermait. — Divers usages auxquels pouvait servir cette vaste enceinte.

Naucratis, nous l'avons dit, paraît avoir été d'abord un établissement surtout milésien. Parmi les inscriptions céramiques provenant de Tell-Nebireh, toutes celles qui, par la nature de leurs signes, par les caractères de la poterie où elles figurent, sont désignées comme étant les plus anciennes, ont été trouvées en un même point, dans la tranchée creusée au téménos du temple d'Apollon, et cet Apollon y est presque toujours qualifié de *milésien*. La série se continue pendant une période de plus d'un demi-siècle, jusqu'à l'inscription du vase de Phanès. Tous les graffiti provenant des autres temples remontent certainement moins haut. En outre, le mur méridional du téménos d'Apollon a été utilisé, en grande partie, pour former la limite septentrionale du téménos irrégulier, et probablement plus récent, qui entourait le temple de Héra. Ces faits confirment d'une manière frappante le témoignage de Strabon. Puisque les Milésiens semblent avoir eu, les premiers, un sanctuaire à eux sur le site de Naucratis, ils ont dû être autorisés avant les autres à y former un établissement. Combien de temps a duré cet état de choses et dans quelle condition a vécu cette première colonie milésienne, c'est ce que l'on ne saurait dire. Les histoires naucratites sont perdues, et nous ne sommes point guidés ici, comme nous l'étions pour les mercenaires, par la série des événements extérieurs, où ceux-ci se trouvaient mêlés. On en est donc à peu près réduit aux conjectures, et les légendes mêmes qui, prudemment interprétées, mettent au moins sur la trace de l'histoire, sont malheureusement en très petit nombre. Nous avons mentionné déjà, d'après Polycharme, celle du voyage d'Hérostrate. Étienne de Byzance nous en a conservé une autre, qui mérite d'autant plus d'être examinée, qu'elle vient d'un écrivain milésien, Aristagoras : ainsi semble se retrouver partout ce lien qui unissait les deux villes, comme une métropole à sa colonie. Aristagoras avait probablement publié une description de l'Égypte, et, venant à parler de Gynæcopolis, il donnait trois récits différents pour expliquer l'étymologie de ce nom[1]. La cité ayant été surprise par l'ennemi, pendant que les hommes travaillaient aux champs, les femmes auraient réussi à le repousser avec perte; ou bien, le roi du pays ayant voulu enlever ses enfants à la femme du monarque, celle-ci se serait armée avec sa famille et aurait triomphé de l'agresseur. A côté de ces deux versions, qui prêtent aux femmes une attitude héroïque, en voici une troisième, d'un caractère différent, et qui nous intéresse davantage, car elle offre cette fois des analogies curieuses avec l'une des traditions que nous avons déjà rencontrées[2]. Les Naucratites remontaient, dit-on, le fleuve, et les autres Égyptiens de la contrée faisaient tous leurs efforts pour les empêcher de débarquer; seuls les habitants de Gynæcopolis, frappés de terreur, se seraient conduits comme des femmes et n'auraient rien fait pour les chasser de leur territoire. Si l'on remplace le nom des Naucratites par celui des Milésiens, ce récit, qui avait été également recueilli par Artémidore, ne paraît pas sans rapport avec celui de Strabon, que nous avons commenté plus haut; on serait tenté d'y voir une allusion aux résistances que les indigènes auraient

---

1. *Fragm. hist. græc.*, t. II, p. 99, fr. 6, Aristagoras d'après Étienne de Byzance.
2. GUTSCHMID (*Philolog.*, t. X, p. 696, cfr. *Kleine Schriften*, t. I, p. 143-144) estime que l'expédition à laquelle Aristagoras fait allusion aurait eu lieu au temps de la lutte d'Apriès contre Amasis; il croit à l'invasion de Naboukodorossor et pense que, tout étant troublé dans le pays, les Grecs de Naucratis ont pu se mêler aux affaires de l'Égypte, sous prétexte de défendre le roi protecteur des mercenaires. — Gynæcopolis, au temps de Strabon (XVII, 682, éd. Did.) et de Pline (V, 9), était le chef-lieu d'un nome situé au sud de celui de Naucratis. Elle paraît avoir échangé son nom, sous les Antonins, contre celui d'Andropolis, cité par Ptolémée, qui ne parle plus de Gynæcopolis. C'est l'opinion de CELLARIUS, l. IV, c. I; de D'ANVILLE, *Mémoires sur l'Égypte*, p. 70-71; de TOCHON, *Recherches sur les méd. des nomes*, p. 225-228; de LETRONNE, *Notes de la traduction de Strabon*, t. V, p. 370-371. Cependant LARCHER (*Traduction d'Hérodote*, VIII, p. 43) croit qu'Andropolis était la même ville que l'Archandroupolis dont parle HÉRODOTE (II, 97).

opposées aux Milésiens, lorsque ceux-ci remontèrent le Nil pour venir s'installer dans l'intérieur du pays. On pourrait y retrouver encore le souvenir de quelque lutte soutenue par les immigrants aux premiers temps de leur séjour, et expliquer ainsi les traces d'incendie constatées dans les explorations récentes. Toutefois, la volonté royale aurait eu raison enfin de l'hostilité des indigènes, et la ville, reconstruite avec des matériaux plus solides, ayant désormais une existence officielle, n'avait plus à redouter les attaques de ses voisins.

Psammétique Ier, en permettant aux Milésiens de fonder Naucratis, de même qu'en installant les mercenaires à Daphnæ, n'était point sans doute dirigé par ces vues larges et toutes modernes qu'on lui a prêtées trop libéralement[1]. Les Milésiens lui avaient rendu des services, comme les mercenaires, et avaient peut-être contribué à lui donner la victoire ; il les récompensa et les favorisa pour se les attacher davantage. Le commerce l'avait enrichi, s'il faut en croire Diodore, et il enrichissait également les Grecs. Le roi avait besoin d'eux, et ils ne pouvaient lui inspirer aucune crainte : car ils étaient divisés, ne formaient point un peuple compacte, capable de s'unir pour une action guerrière. D'autre part, ils possédaient de nombreux vaisseaux, et leur activité était sans égale. Ils couraient d'une extrémité à l'autre du monde méditerranéen, faisant des échanges avec les peuples riverains et fondant partout de nouvelles colonies. Ils étaient donc, pour le commerce, des intermédiaires précieux. Jadis les Phéniciens en avaient été les seuls agents ; maintenant les Hellènes leur faisaient de toutes parts une ardente et souvent heureuse concurrence. Aussi les faveurs furent-elles partagées entre les deux peuples, qui l'un et l'autre, d'ailleurs, quoique en proportions inégales, fournissaient des auxiliaires aux armées du Pharaon. L'établissement des Phéniciens à Memphis est probablement plus ancien, mais nous ne saurions l'affirmer, parce qu'il ne nous est connu que par les écrivains grecs. Hérodote l'a vu au ve siècle et l'a signalé, sans en raconter l'histoire[2]. Pour les établissements grecs, il était mieux informé et il a pu donner des indications plus précises. Celui de Naucratis semble n'avoir été d'abord qu'un simple comptoir, trafiquant avec les cités égyptiennes les plus rapprochées, communiquant

---

1. LETRONNE, *Sur la civilisation égyptienne*, Œuvres, 1re série, t. I, p. 167-168.
2. HÉRODOTE, II, 97.

indirectement avec Saïs par le canal et la branche Canopique, et directement avec Memphis seulement pendant le temps de l'inondation. Les autres grandes villes du Delta étaient assez éloignées et, pour s'y rendre, il fallait faire une navigation compliquée à travers le lacis enchevêtré des canaux. Placée dans de telles conditions, Naucratis se trouvait dans un état d'infériorité évidente, comparée aux établissements de Daphnæ. Voisins de la mer, ceux-ci étaient facilement accessibles ; on y arrivait tout droit par la branche Pélusiaque et sans rencontrer aucun obstacle. De plus, c'était une agglomération cosmopolite, où des intérêts multiples et variés amenaient des étrangers de tout pays. Aussi le grand mouvement du commerce hellénique se faisait-il par la branche de Péluse, et il devint plus actif encore depuis Néchao, par la réfection du canal des deux mers, qui ne pouvait, en aucune façon, profiter aux négociants de Naucratis. Cette première factorerie végéta ainsi obscurément sous les successeurs de Psammétique Ier, et peut-être n'aurait-elle jamais acquis plus de renom que le modeste τεῖχος Μιλησίων, si, tout à coup, au siècle suivant, sa condition n'avait été changée par les décrets d'Amasis : au reste, elle n'a guère laissé de traces que le stratum carbonisé découvert par M. Fl. Petrie, et qui doit être, à son avis, du milieu du VIIe siècle. Cette épaisse couche de cendres et de charbon s'étend sous la partie méridionale de la ville, et ne se continue pas au nord. On en a conclu que la première installation milésienne avait occupé surtout le sud[1] ; mais il pourrait se faire que les constructions élevées de ce côté aient été seules brûlées, tandis que l'incendie épargnait celles du nord. Parmi les décombres carbonisés, on a recueilli[2] une grande amphore en terre brune, décorée de lignes rouges et portant le signe ⋀ peint en blanc, puis d'autres poteries très grossières, en terre rouge, des amphores de couleur foncée, aux parois épaisses, et d'autres à couverte blanche, striées de raies rouges ; enfin un beau vase brun à couverte noire, cerclé de lignes rouges et blanches sur la panse, et à la partie supérieure duquel sont incisées de longues feuilles, remplies d'un engobe blanc. M. Petrie assure que ces divers objets présentent un caractère grec-archaïque très marqué, et ne peuvent être attribués avec vraisemblance à des fabriques égyptiennes. En tout cas, voilà ce qui reste, ou du moins ce

---

1. L'hypothèse est appuyée par ce fait que la poterie trouvée vers le sud, vers 300 pouces anglais de profondeur, paraît plus ancienne que celle qui est enfouie au même niveau dans la partie septentrionale de la ville.

2. *Naukratis*, I, p. 21.

qu'on a retrouvé de la factorerie primitive. Reconstruite après l'incendie, elle

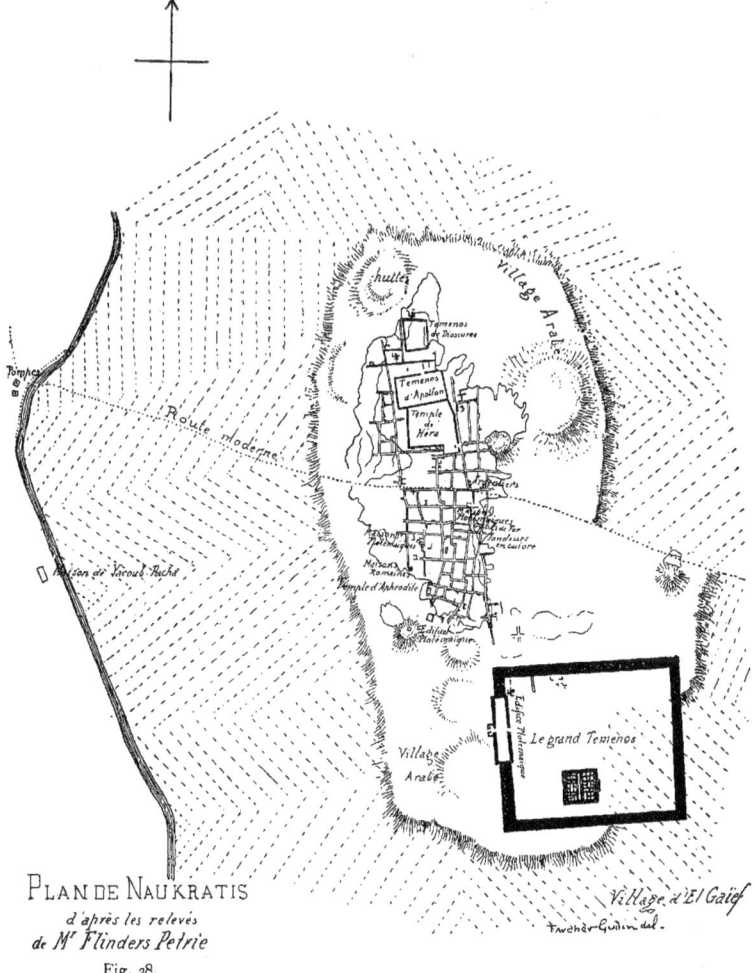

Plan de Naukratis
d'après les relevés
de M. Flinders Petrie
Fig. 28.

prit une tout autre physionomie; elle eut des maisons en briques, dont on a pu reconnaître les bases.

Elle couvrit peu à peu l'espace déterminé par les principaux édifices, dont les ruines ont été mises au jour. Du nord au sud, elle s'étendait sur une longueur d'environ 800 mètres (un demi-mille anglais), avec une largeur de 400 mètres de l'est à l'ouest. Ces mesures, comme l'a remarqué M. Hirschfeld, étaient à peu près celles d'une ville grecque moyenne. La surface occupée comprenait, pour prendre des exemples connus, à peu près les deux tiers de celle d'Assos, les trois cinquièmes de celle de Mantinée[1]. Elle formait comme un grand rectangle s'allongeant parallèlement au canal, qui rejoignait la branche Canopique à une assez grande distance vers le sud. Le temple des Dioscures s'élevait dans la partie nord du site, tel que nous le connaissons par les fouilles, tandis qu'à l'extrémité méridionale fut bâti le Grand Téménos qu'on a identifié avec l'Hellénion. On rencontrait, entre ces points extrêmes, les temples d'Apollon Milésien, de Héra et d'Aphrodite, et autour d'eux, les habitations particulières, les ateliers, les boutiques; plus tard, la palæstre, dont l'emplacement n'a pas été reconnu, mais dont l'existence est assurée par une inscription du IVe siècle. Les rues très étroites (7 à 8 pieds) couraient en lignes peu régulières à travers la masse des constructions en briques crues ; il est souvent assez difficile d'en suivre la trace, à cause de la ressemblance que présentent les murailles anciennes et la boue durcie qui les a depuis longtemps recouvertes. Cependant on a pu en suivre la direction par les entassements de coquilles et d'os rejetés des maisons, et aussi par les raies de poussière qu'a laissées après elle la pierre employée jadis pour combler les ornières et les trous[2]. Elles sont orientées, en général, les unes vers le canal dans le sens de la largeur, les autres du nord au sud, dans le sens de la longueur[3]. Les maisons sont d'ordinaire très exiguës, groupées en îlots de formes variées, et composés d'un petit nombre d'habitations, quelquefois même d'une seule. Leur étendue si restreinte ne semble pas avoir comporté l'existence d'une cour découverte, d'une aula[4]. Quelquefois elles se compo-

1. *Berlin. Philolog. Wochenschrift*, 1890, p. 911.
2. *Journal of Hellenic Studies*, 1886, p. 202 et suiv. *Naukratis*, I, p. 9.
3. V. les plans, *Naukratis*, I, pl. XL et XLI, et *Proceedings of the Archæol. Instit.*, I, 1878.
4. Ces maisons étaient construites en briques. Après l'époque homérique et jusqu'à la période romaine, la plupart des habitations grecques, et même des édifices publics, étaient bâtis soit en pierres, soit en briques, le choix des matériaux étant imposé par la nature du sol. (V. Helbig, *Das Homerische Epos*, p. 97; cf. p. 67-69.)

saient d'une rangée de petites chambres, disposées côte à côte le long de la rue. C'était là sans doute des boutiques, analogues à celles qu'on voit aujourd'hui dans les bazars, et où les petits commerçants étalaient, sous des auvents, leurs marchandises aux yeux des acheteurs. Certaines villes orientales, avec leurs ruelles resserrées entre deux lignes de constructions basses, donnent une idée assez juste de l'aspect que devait présenter l'ensemble. A l'intérieur des maisons, les briques qui formaient les murs étaient revêtues d'une couche de stuc décoré de motifs peints; on a relevé en plusieurs endroits des restes de ce revêtement colorié, conservant encore des traces d'ornementation grecque[1].

Les ouvriers d'un même métier paraissent avoir été groupés par quartiers, selon la coutume ancienne. Ainsi la quantité de débris céramiques dont le terrain était encombré et la présence d'un assez grand nombre de fours ont permis de marquer la place où les potiers vivaient; c'était à l'est du téménos de Héra. Non loin de là et plus au sud, travaillaient les fondeurs de fer, comme le prouvent les amas de minerai et de scories, et le grand nombre d'instruments, d'outils très variés, qui datent apparemment du vi[e] siècle. A droite et à gauche habitaient les orfèvres et les fondeurs de cuivre. Vers l'ouest, et dans le voisinage du temple d'Aphrodite, était la fabrique de scarabées, d'amulettes et autres objets en terre émaillée[2].

Naucratis ne fut jamais entourée d'une muraille continue; ce qu'on avait pris d'abord pour une partie de l'enceinte fortifiée[3] n'était autre chose que les fondations d'un édifice d'époque ptolémaïque[4], sorte de fort élevé vers l'est de la ville, dont il ne subsiste qu'une seule tour, et qui était précédé d'une circonvallation parallèle à la première. Il semble d'ailleurs que, vers la moitié du vi[e] siècle, la plupart des villes ioniennes d'Asie Mineure n'étaient pas fortifiées, puisque en 546, après la prise de Sardes par Cyrus, elles se hâtèrent de construire des murailles, pour se défendre si elles étaient attaquées[5]. De

---

1. Les anciennes habitations de Théra étaient déjà décorées de bandes de couleur et de fleurs peintes sur le fond blanc de l'enduit. (V. Fouqué, *Santorin*, p. 110-111.) Il en était de même à Tirynthe. (Schliemann, *Tyrinthe*, VIII-XI.)
2. *Naukratis*, I, c. V et pl. XLI.
3. *Academy*, 30 janvier et 6 février 1886.
4. *Naukratis*, II, p. 14.
5. Hérodote, I, 141. Cependant, d'après le même historien, Milet paraît avoir été déjà fortifiée,

plus, les souverains égyptiens n'auraient point souffert sans doute que la colonie étrangère pût devenir assez forte pour être tentée de se soustraire à leur autorité. La protection royale devait lui suffire, et Amasis, en détruisant les citadelles de Daphnæ, n'entendait pas permettre aux Grecs d'en élever, pour leur propre compte, de nouvelles à Naucratis.

La nécropole était à quelque distance au nord de la ville ancienne. Malheureusement, elle se prolonge sous un village moderne et sous un cimetière arabe, et c'est dans la partie non explorée que se trouvent certainement les tombes les plus intéressantes. Le reste ne contenait que des sépultures du ve au iiie siècle[1], c'est-à-dire d'une époque où l'on prétend que Naucratis avait cessé d'être très florissante[2].

Les fouilles dirigées sur ce point par M. Gardner ont permis de reconnaître du moins que les Grecs, même à ces époques plus récentes, n'avaient point renoncé à leurs coutumes propres; nulle part en effet, on ne voit trace d'embaumement. Les cercueils étaient en terre cuite ou en bois. De ces derniers il ne reste rien autre chose aujourd'hui que les ornements qu'on y avait fixés, têtes de gorgone ou de bœuf, griffons et rosaces en poterie; en outre, on a recueilli là, comme partout, de petits objets destinés à l'usage des morts, lampes, vases, miroirs de bronze, strigiles, quelques bijoux en mauvais état et même une pixis peinte, encore à demi pleine de fard. Mais de ce côté, on le voit, les recherches ont été forcément incomplètes, et elles permettraient encore une riche moisson, si on pouvait les reprendre en expropriant le hameau de fellahs, auquel on a été contraint de les arrêter. Il faut bien le dire, du reste, les fouilles n'ont pu être pratiquées avec une méthode rigoureuse que dans les enceintes des temples et sur les emplacements de quelques ateliers spéciaux. Ailleurs, ce sont les Arabes qui se sont chargés de déblayer le terrain, pour en extraire les matériaux qui pouvaient leur être utiles, et la provenance des objets relevés par eux n'a pu être que rarement établie avec une exactitude suffisante.

lorsque les rois de Lydie, Sadyatte (628-617), puis Alyatte (617-560) faisaient la guerre aux Milésiens. (HÉRODOTE, I, 17-22.)

1. *Academy*, 1885, 13 décembre; 1886, 2 et 30 janvier; 6 février; 27 mars; 17 juillet. *American Journal of Archæol.*, 1886, p. 180-181. Cf. *Naukratis*, II, c. II, p. 21-29.

2. Cette opinion, émise par M. Petrie (*Naukratis*, I. p. 8), paraît d'ailleurs fort contestable, puisqu'on attribue précisément à cette période la reconstruction de la plupart des temples.

M. Petrie avoue lui-même que les indications fournies par son plan général ne sont pas toutes d'une certitude absolue, en ce qui concerne le tracé des rues et la disposition des maisons. Néanmoins on peut se rendre à peu près compte maintenant de ce qu'était la ville antique. Elle offre d'autant plus d'intérêt, qu'on n'a guère découvert jusqu'ici d'autres villes grecques du même temps. Les ruines de Mycènes, de Tirynthe, d'Orchomène, sont beaucoup plus anciennes; d'autres, en plus grand nombre, datent du ve ou du ive siècle; on ne connait pas de ville complète, qui remonte au viie ou au vi^e. C'est en Asie Mineure qu'on pourrait trouver les meilleurs points de comparaison, puisque les colons naucratites en venaient pour la plupart. Mais on ne possède que des renseignements très incomplets sur les cités de la Grèce asiatique. Au reste, ces métropoles différaient sans doute grandement des colonies établies par elles dans des contrées étrangères; et de ces colonies elles-mêmes, si nombreuses qu'elles aient été, Naucratis est la seule que nous connaissions aussi bien. Elle devait, au moins par ses traits généraux, ressembler assez aux autres établissements helléniques pour qu'on puisse se faire, d'après elle, une idée approximative de ce qu'ils étaient à une époque si reculée. Cependant les conditions particulières de la vie en Égypte avaient imposé ici des nécessités spéciales, qui contribuaient à lui donner une physionomie à part. Bâtie sur un terrain plat, à peine accidenté par quelques ondulations insensibles, elle n'avait point d'acropole dominant les demeures de ses habitants et renfermant dans son enceinte les sanctuaires de ses divinités protectrices. Il n'est pas même certain qu'elle eût une agora, où fût concentrée, comme ailleurs, toute la vie publique de la cité. Ayant reçu de bonne heure des émigrants de cités diverses, elle forma en réalité comme une agglomération de plusieurs colonies, réunies entre elles par la communauté de leurs intérêts, mais ayant chacune leur culte, leurs dieux propres, et se distinguant par des caractères, des aptitudes, des usages spéciaux. La fondation de l'Hellénion ne mit que plus tard une certaine unité dans cet assemblage d'éléments divers. Pour les édifices religieux, pas plus que pour les maisons des particuliers, on n'avait point, comme dans la Grèce continentale ou insulaire, le marbre et la pierre à portée. Aussi n'employa-t-on le calcaire que dans certaines parties du premier temple d'Apollon. Mais les Grecs d'Asie Mineure connaissaient de longue date les constructions en briques, et, vivant dans les plaines du Delta, ils ne pouvaient songer à faire venir des matériaux, dont le transport eût été trop difficile et trop coûteux. Pour dissimuler le ton sombre de la brique, ils savaient d'ailleurs la revêtir d'une enveloppe de stuc, sur laquelle étaient appliquées, à la détrempe, des peintures ornementales. Ce système de décoration, employé aussi dans la Haute-Asie[1], était d'un usage commun dans tous les pays qu'ils occupaient. Au reste, les préoccupations artistiques ne furent point celles assurément qui dominèrent dans l'esprit des premiers colons. Ce qu'ils cherchaient avant tout, c'était de nouveaux débouchés pour leur commerce. En construisant leurs premières demeures au bord du canal dérivant de la branche Canopique, ils ne pouvaient soupçonner le développement que prendrait un jour cette factorerie isolée, dont les débuts étaient si humbles. Ils n'en ouvrirent pas moins à l'activité hellénique une voie, qui devait être parcourue avec éclat par leurs heureux successeurs, et la situation même de ce poste avancé sur le sol de l'antique Égypte lui assurait dans les rapports de la Grèce avec l'Orient une place considérable.

Daphnæ vécut, en effet, trop peu de temps pour laisser aux Hellènes le loisir de s'initier complètement aux connaissances acquises depuis tant de siècles par les sujets des Pharaons. Dans ce court intervalle qui s'étend de 630 à 570, ils ne firent guère qu'en prendre la curiosité et le goût. A Naucratis, au contraire, jouissant d'une longue sécurité, d'une indépendance garantie par l'autorité souveraine, ils furent à même de s'approprier les résultats d'un enseignement, qui se dégageait pour eux sans effort de la simple contemplation des œuvres, de la vie même et du travail des hommes, auxquels ils se trouvaient continuellement mêlés.

Sous Psammétique Ier et ses successeurs immédiats, Naucratis ne paraît pas avoir eu d'histoire. Elle se contente de vivre obscurément, abritée sous la protection royale, recevant peu à peu des immigrants, qui augmentent sa population et apportent des éléments nouveaux à son activité commerciale. Les Grecs avaient eu dès le principe le droit d'y exercer librement leur culte : car les plus anciens temples semblent être contemporains des premiers temps de la ville elle-même, et on sait que toute colonie hellénique débutait par la consécration d'un sanctuaire. Nous connaissons par les écrivains anciens l'existence de cinq temples à Naucratis. Hérodote signale, au temps

---

1. Cf. Beulé, *Fouilles et découvertes*, t. II, p. 204-205.

d'Amasis, ceux de l'Apollon Milésien, de la Héra de Samos et du Zeus des Éginètes, et Polycharme parle, comme on sait, d'un temple d'Aphrodite, auquel on serait venu en pèlerinage dès la 23ᵉ olympiade (688). On a retrouvé de plus une chapelle élevée aux Dioscures, et dont la date n'est pas exactement déterminée[1]; enfin une inscription, apparemment du ivᵉ siècle, est rédigée en l'honneur d'un prêtre d'Athéné, qui avait rendu à la ville de Naucratis des services signalés, en y remplissant les fonctions de συγγραφοφύλαξ. La pierre était rare, nous l'avons dit, aux environs de Naucratis. Aussi n'y a-t-on pas rencontré ces tambours de colonnes ou ces blocs taillés, qui ont coutume de guider les explorateurs dans les ruines des édifices grecs. Pour les dieux comme pour les hommes, on employait la brique crue, et on l'habillait de stuc, variant l'uniformité des teintes blanches ou crémeuses par des dessins d'ornement coloriés en bleu, rouge et jaune. Du reste, comme on l'a remarqué avec raison, c'est à la nature même de ces matériaux sans valeur que nous devons d'avoir conservé quelques débris des monuments de Naucratis; le marbre ou la pierre eussent été enlevés par les indigènes, pour en faire la chaux dont ils enduisent leurs maisons.

L'Apollon des Branchides avait été de bonne heure connu et vénéré en Égypte; nous avons vu, dès l'année 608, Néchao lui consacrer la cuirasse qu'il portait pendant la guerre de Syrie. Les fouilles de 1884-1886 ont montré que le temple d'Apollon Milésien avait été, en effet, le premier de tous. Après la catastrophe qui détruisit leur premier établissement dans la seconde moitié du viiᵉ siècle, les Milésiens semblent avoir remonté un peu au Nord, puisque le temple qu'ils érigèrent à leur dieu était bâti, avec son téménos, vers l'extrémité septentrionale de la ville. On a retrouvé les restes de deux édifices, élevés successivement sur le même point, et le premier, le seul qui doive nous occuper ici, est, selon toute probabilité, de la fin du viiᵉ siècle. En effet, de nombreux fragments de vases archaïques, recueillis dans l'enceinte du téménos, peuvent, sans trop de chances d'erreur, être rapportés à cette date. Les quelques débris de l'édifice lui-même, qui ont été mis au jour, ne contredisent pas cette hypothèse. Construit sur une petite

---

1. Peut-être existait-il encore d'autres temples dans les parties de la ville qui n'ont pas été complètement fouillées.

butte sablonneuse, à peu près au milieu d'un téménos rectangulaire de 140 pieds anglais sur 260, il avait sa façade tournée vers l'ouest, c'est-à-dire vers le canal, façade étroite, que M. Petrie estime avoir été de 25 pieds au plus de largeur, sur une longueur du double environ. Si on considère les mesures du téménos, prises en dehors des murs (280 pieds : 165), on remarquera qu'elles correspondent à peu de chose près à celles du temple des Branchides à Milet[1]. C'est là une coïncidence frappante, et qui probablement n'a rien de fortuit. Les Milésiens de Naucratis, ne pouvant songer à reproduire ici le grand édifice dont s'enorgueillissait leur métropole, en rappelaient du moins le souvenir en donnant des dimensions presque semblables au mur de l'enceinte extérieure. Quant au sanctuaire, ce n'était qu'une modeste chapelle, sans autre prétention que de suffire aux besoins du culte local. Dans les conditions où il fut établi, son exiguïté n'a rien qui doive nous surprendre. Les anciens temples grecs étaient souvent de proportions très restreintes. Celui d'Apollon à Délos, découvert par M. Homolle, a 20 mètres de long sur 7 mètres et demi de large; « une colonne de la Madeleine couchée y tiendrait à peine[2] ». L'Héraion d'Olympie n'avait que 21 mètres sur 9[3]. A Acrœphiæ, les grands côtés du temple d'Apollon Ptoos mesuraient 23 m. 30, les façades 11 m. 80[4]. L'importance du premier édifice élevé par les Milésiens dut être proportionnée à celle de leur factorerie naissante; lorsqu'ils le reconstruisirent plus tard, la ville s'était agrandie, mais ils n'y possédaient que leur part, et ils se contentèrent du terrain que leurs ancêtres avaient consacré. Le second temple recouvrit presque exactement le premier, et on utilisa, pour en former le pavage, une partie des matériaux provenant de celui qui l'avait précédé. C'est ainsi qu'il est parvenu jusqu'à nous quelques rares débris de la façade primitive, construite en calcaire ou peut-être simplement revêtue de blocs de calcaire sculpté[5] : un gorgerin (?) décoré avec un motif de lotus en bas-relief, des restes de moulures, avec perles, oves et langues portant des traces de

---

1. HIRSCHFELD, *Berl. Philol. Wochenschrift*, 19 juin 1890, p. 312. Ce dernier avait 108 mètres de long et 49 mètres de façade. Le téménos de Naucratis aurait eu à l'extérieur 98 mètres sur 57; à l'intérieur il avait 260 pieds anglais sur 140, soit 91 mètres sur 53.
2. S. REINACH, *Esquisses archéologiques*, p. 152.
3. BEULÉ, *Hist. de l'art*, etc., p. 17; REINACH, *op. l.*, p. 176.
4. *Bulletin de correspondance hellénique*, 1885, p. 475.
5. V. les fragments du premier et du second temple d'Apollon, *Naukratis*, I, pl. III, XIV, et XIV A.

couleurs, une base de colonne et un morceau de tambour de 1 pied 6 pouces de diamètre[1]. Un fragment de volute, dont la perte ne saurait être trop vivement déplorée, fut malheureusement détruit par les Arabes, avant qu'il fût possible d'en prendre même un dessin. Les quelques membres qui ont pu être conservés intacts ou du moins photographiés à temps suffisent néanmoins pour reconstituer à peu près la colonne, qui était du style proto-ionique (fig. 29). Elle est fort intéressante à étudier, notre temple ayant probablement précédé celui d'Artémis à Éphèse (580), où furent fixées les proportions du canon ionien. Fût-il contemporain ou même postérieur, il ne faudrait pas s'attendre à retrouver ici la richesse de cet Artémision, dont Crésus avait payé la plupart des colonnes[2]. Le chapiteau à volutes reposait sur un gorgerin sculpté, s'appuyant lui-même sur le fût, rayé de vingt-cinq cannelures à arêtes vives[3]. Les sculptures du gorgerin consistent en une rangée de perles, séparées entre elles par deux filets, qui en suivent la courbure; au-dessus régnait une autre rangée de moulures allongées en forme de langues, bordées chacune d'un filet, et sur cette seconde rangée était posé le chapiteau. Sur deux fragments de calcaire paraissent, comme à l'Érechtéion, les fleurs et les boutons de lotus alternés, si fréquents dans les peintures céramiques, et ce trait, exceptionnel dans les monuments grecs, semble dénoter une influence égyptienne, importante à constater ici, dans un des plus anciens édifices connus de l'architecture proto-ionique. M. Petrie assure que ces morceaux appartenaient au gorgerin d'une autre colonne,

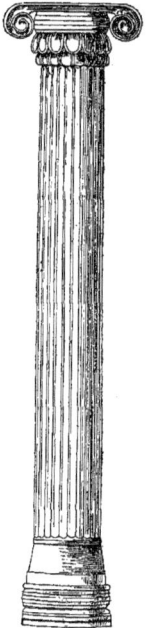

Fig. 29. — Colonne ionique de Naucratis, d'après la restitution de M. Petrie.

différente de celle que nous venons de décrire. Cependant, d'après le dessin qu'il en donne, on dirait qu'ils ont fait partie d'une surface plane, et on pourrait dès lors les rapporter à la décoration d'une frise, ornant soit la partie supérieure de la façade, soit le mur extérieur de la cella. Quant

---

1. Cf. *Classical Review*, 1887, p. 26-27.
2. Hérodote, I, 92. Cf. *Journal of hellen. Studies*, 1889, p. 1-10.
3. *Naukratis*, I, pl. III.

à la base, elle comprenait deux séries principales de moulures, un coussinet convexe, au profil découpé par des cannelures horizontales, et au-dessous un tambour cylindrique, varié par plusieurs raies horizontales parallèles. Elle formait ainsi un support aux courbes élégantes, qui devait se rejoindre par une section conique ou cylindrique au corps même de la colonne. Il en était ainsi du moins au temple archaïque d'Éphèse, rebâti par Chersiphron à une époque voisine de celle qui nous occupe[1]. Le chapiteau et le gorgerin, restaurés par Elsey Smith d'après les fragments découverts, présentent la même disposition que nous voyons ici. Le profil des bases puissantes, qui supportaient tantôt des bas-reliefs circulaires, tantôt de simples cannelures, est d'un dessin beaucoup plus compliqué naturellement et plus riche que celui des colonnes de Naucratis. Néanmoins les unes et les autres procèdent des mêmes principes, se rattachent au même système architectural ; les bases naucratites semblent abréger et résumer les traits essentiels qui distinguent celles de l'Artémision. On sent que l'architecte qui les a dessinées était du même pays et se réclamait des mêmes traditions. Seulement, les ressources dont il disposait étaient moindres, il appartenait peut-être aussi à une génération un peu antérieure, il vivait en un temps où l'esprit ionien n'avait pas encore produit ses inventions les plus brillantes. Les tambours des colonnes étaient en calcaire ; on en ignore le nombre et on manque de données précises pour évaluer le rapport du diamètre à la hauteur totale. Les explorateurs n'ont pu déterminer le nombre des colonnes ni se rendre compte si l'édifice était divisé en deux pièces, cella et opisthodome ; mais, d'après les dimensions du tambour retrouvé, on voit assez que le temple était de très médiocre étendue. Les murs étaient probablement en briques, recouvertes de stuc peint, la pierre étant réservée pour les colonnes et les ornements extérieurs. Quelques morceaux de calcaire, portant des restes de feuillages sculptés ou des perles, avec des restes de couleur bleue, une palmette qui devait former l'acrotère d'un des angles du fronton, sont donnés comme ayant fait partie encore du premier temple, sans doute parce que celui-ci est caractérisé par l'emploi du calcaire, le second par celui du marbre. Mais cette raison n'est pas décisive. Au reste, quand on voit la manière dont plusieurs de ces trouvailles ont été faites, sans que les circonstances locales pussent être sérieusement constatées, on se

---

1. Murray, *Journal of hellen. Studies*, 1889, p. 1-10, fig. 4 a, 5.

demande si l'attribution des divers fragments reproduits mérite une confiance absolue et si une partie des débris qu'on prête au premier temple n'ont pas réellement appartenu au deuxième. Les analogies que présentent certains motifs ornementaux avec ceux de l'Érechtéion s'expliqueraient ainsi d'une manière plus naturelle et plus simple. Quant au mur du téménos, il paraît contemporain du second temple ; mais l'étendue de l'enceinte consacrée a probablement très peu varié, aussi bien que celle du sanctuaire.

Le temple d'Aphrodite reconnu dans la seconde série des fouilles, dirigées par M. Gardner en 1885-1886, était situé vers le sud-ouest de la ville, dans la partie la plus centrale et la plus peuplée, à peu près à égale distance du téménos d'Apollon Milésien et de ce qu'on a appelé le Grand Téménos[1]. Trois temples ont été élevés là l'un au-dessus de l'autre, à des dates qu'on peut fixer approximativement vers 600, 400 et 300. Le premier, certainement très antérieur à Amasis, était divisé vers le milieu par un mur, percé d'une porte, faisant communiquer entre elles deux salles, une cella et un opisthodome ; mais il ne reste aucune trace des colonnes ou des piliers, qui auraient soutenu un portique extérieur. Les murs, construits comme toujours en briques crues, étaient couverts intérieurement d'un enduit de plâtre, visible encore sur une partie considérable de leur surface, mais qui n'a gardé nul vestige de peinture ni de décoration d'aucune sorte. Le plancher était formé d'une couche de mortier très épaisse, et ce mode de pavage s'étendait à une cour tracée au-devant du temple, jusqu'à un autel extérieur, où on accédait par plusieurs degrés. L'autel était une sorte de caisse carrée, consistant en quatre murs de briques, et dont le vide intérieur était rempli avec les cendres des victimes, qu'on y avait brûlées[2]. La configuration du téménos est fort irrégulière sur deux de ses côtés ; au moment où fut tracé le plan, l'emplacement était donc, en partie au moins, entouré déjà de maisons, et l'architecte avait été obligé sans doute de sacrifier la symétrie, pour ne point léser les intérêts des habitants établis dans le voisinage[3].

Hérodote ne dit rien de ce temple d'Aphrodite, et on a lieu d'en être

---

1. *Naukratis*, II, p. 33-37 et pl. I.
2. La même disposition se retrouve à l'autel de Zeus d'Olympie. Cf. l'autel de Héra Lacinia près de Crotone, LENORMANT, *La Grande-Grèce*, t. II, p. 222.
3. Les parties nord, ouest et nord-est sont contemporaines du premier temple ; le côté oriental est un peu plus récent, mais il a précédé encore la fondation du second temple.

surpris, quand on voit un écrivain naucratite le présenter comme existant dès la 23ᵉ olympiade. Sans accepter cette donnée évidemment inexacte, on peut admettre qu'il aurait été bâti du moins vers le commencement du vıᵉ siècle [1]. Son existence seule prouverait des relations très anciennes entre Cypre et Naucratis : car il doit avoir été fondé par des adorateurs de l'Astarté gréco-phénicienne, c'est-à-dire par des Cypriotes. En effet, dans la tranchée ouverte vers le nord du téménos, outre de très beaux spécimens de poterie archaïque, on a relevé des statuettes, d'un type également très primitif, analogues à celles que les marchands comme Hérostrate consacraient à l'Aphrodite locale [2]. La légende se trouve ainsi confirmée d'une manière assez inattendue, au moins dans ses éléments essentiels. En outre, les fragments provenant du téménos d'Aphrodite paraissent plus récents que ceux qu'on a recueillis au téménos d'Apollon ; et ceci s'accorde encore fort bien avec la tradition, qui fait venir des Milésiens avant tous les autres sur le site de Naucratis.

Dès le commencement des travaux, on avait recueilli quelques inscriptions dédicatoires au nom des Dioscures. Le nombre de ces dédicaces augmentant, on fut amené à découvrir, au nord du temple d'Apollon et séparé seulement par une rue et quelques groupes de maisons, le téménos en forme de trapèze et le petit temple, qui leur étaient consacrés [3]. Une ville comme Naucratis, où les Grecs ne pouvaient aborder qu'après de longues et dangereuses traversées, devait professer une dévotion particulière aux héros qui apaisaient les tempêtes. De plus, le culte des Dioscures était en honneur dans l'île de Cypre et particulièrement à Kittion [4]; et on pourrait encore attribuer aux Cypriotes la fondation de ce petit sanctuaire. Il est impossible de préciser la date à laquelle il fut érigé ; les débris qu'on y a exhumés et les objets ramassés aux alentours ne fournissent pas à ce sujet d'indications claires. Il doit être postérieur au premier temple d'Apollon : car on a trouvé, auprès de l'un des piliers et à 18 pouces anglais au-dessous de la base, un tesson de vase grossier, portant une dédicace à Apollon Milésien et provenant certainement du téménos

---

1. V. plus haut, p. 152-154.
2. *Naukratis*, II, p. 57-58, pl. XIV, 4, 7, 8, 12; XV, 5.
3. *Naukratis*, II, p. 9, 30-32, pl. I, et pour la situation dans la ville, pl. IV et fig. 28 du présent volume.
4. Heuzey, *Catalogue*, p. 195-196.

voisin. D'après les calculs de niveaux établis par M. Petrie, il serait à peu près contemporain du second temple milésien[1]. Cependant le caractère d'une partie des vases et des inscriptions paraît indiquer une date plus haute ; il peut se faire que, là comme ailleurs, un premier édifice ait été remplacé plus tard par un autre, bâti sur le même emplacement. Celui dont les restes subsistent n'avait vraisemblablement qu'une seule chambre, la cella, et sa façade était tournée vers l'ouest, selon la coutume reçue pour les chapelles des héros. C'était une variété du temple à antes, les deux murs latéraux avançant de chaque côté, de manière à former un pronaos, au fond duquel s'élevait un portique de quatre piliers rectangulaires, dont deux isolés et deux s'appuyant aux murs latéraux. La mesure de leurs bases donne 34 pouces anglais sur 17, avec des entre-colonnements de cinq fois la largeur du pilier, ou 85 pouces. Le mur de la cella était revêtu de stuc, peint de couleurs encore très brillantes (rouge, bleu et jaune) au moment où on en a relevé les fragments ; et, malgré l'exiguïté de ces débris, on a pu y reconnaitre des méandres, variés apparemment par des étoiles inscrites dans des carrés, motif qui apparaît assez fréquemment dans les décorations grecques.

Le temple de Héra est probablement de date plus récente que ceux d'Apollon et d'Aphrodite. Hérodote le signale, ainsi que celui du Zeus Éginète, comme existant au temps d'Amasis ; et l'ancienneté des relations de Samos avec l'Égypte nous porte à croire qu'il devait exister auparavant. Vitruve assure que l'immense Héraion de Samos avait été construit dans le style dorique par Rhœkos, qui avait séjourné dans le Péloponèse[2]. S'il est venu en Égypte, comme l'affirme Diodore, on pourrait supposer qu'il avait bâti de même le petit Héraion de Naucratis. Mais c'est une conjecture que rien ne justifie présentement : car on n'a pas rencontré un seul fragment offrant un caractère architectural déterminé. L'enceinte, ayant été creusée et déblayée en très grande partie par les Arabes, est celle qui a fourni le moins de débris céramiques et d'inscriptions. On avait pris d'abord l'emplacement en question pour celui de la palæstre[3] ; mais cette dernière n'est pas antérieure au

---

1. *Naukratis*, I, p. 19; II, p. 32.
2. Cf. BEULÉ, *Histoire de l'art*, p. 170; P. GIRARD, *Bulletin de Correspondance hellénique*, 1880, p. 394.
3. *Naukratis*, I, pl. XLI.

IVᵉ siècle[1], et la présence de plusieurs vases dédiés à Héra montre que son temple s'élevait en réalité dans cette partie de la ville[2]. Le téménos des Samiens avait dû être délimité postérieurement au téménos d'Apollon. En effet, celui-ci forme un rectangle parfait, tandis que l'autre, suivant vers le nord un de ses grands côtés, est terminé vers l'est et surtout vers le sud par une muraille fort irrégulière : ainsi les quartiers qui entouraient l'enceinte dans ces deux sens existaient probablement déjà, lorsqu'elle fut définitivement tracée et fermée d'un mur continu. M. Gardner a mis au jour les ruines de plusieurs constructions différentes renfermées dans ce grand espace, une entre autres, longue de 56 pieds et large de 19 environ, qui pourrait être le temple cherché[3]; mais contrairement à la règle usitée pour les grands dieux, le temple aurait été alors orienté du nord au sud. On a déblayé encore les restes d'un autre édifice, avec la base de deux piliers, posés sur un plancher de plâtre, et dont le niveau est supérieur à celui du bâtiment précédent[4].

A voir d'une part la situation et l'étendue du téménos, de l'autre la multiplicité des constructions qu'il paraît avoir contenues, on serait tenté de penser qu'il a pu servir, successivement ou peut-être même simultanément, à plusieurs usages. Outre l'inscription relative à la fondation de la palæstre, on en a relevé, aux environs du même site, une autre portant ces mots : ἱερὸν Διὸς ἀποτροπαίου. Il y avait donc là, ce semble, autre chose que le temple de Héra. Si, comme il est assez probable, la ville s'étendait plus loin vers le nord, jusqu'au village arabe et à la nécropole, le prétendu téménos en occupait à peu près le centre, et nulle position n'eût été mieux choisie pour y établir l'agora et les monuments publics qui en formaient comme l'accompagnement naturel.

C'est dans les parties non explorées vers le nord-est ou vers le nord-ouest qu'il faudrait chercher peut-être le téménos du Zeus d'Égine : car les dédicaces au Zeus thébain, qui ont été découvertes, semblent se rapporter, comme

---

1. V. l'inscription reproduite en fac-similé dans *Naukratis*, I, pl. XXX, 4, et dans PETRIE, *Ten Years Digging in Egypt*, p. 44, fig. 30.
2. *Naukratis*, II, p. 60-61 et pl. IV.
3. *Naukratis*, II, pl. IV.
4. Les piliers sont à 9 pieds de son extrémité sud et en ligne avec le mur extérieur.

l'a indiqué M. Petrie, à Zeus Ammon, c'est-à-dire à l'Amon égyptien, plutôt qu'à une divinité d'origine grecque.

Athénê avait aussi un temple à Naucratis, et il devait en être ainsi : car les Hellènes avaient assimilé, par une sorte de jeu de mots, l'Athénê grecque à la Nit égyptienne, et la ville faisait partie du nome saïte, c'est-à-dire du domaine appartenant en propre à la déesse Nit. Ce temple d'Athénê avait pu être érigé par les Rhodiens de Lindos, et le culte de la Nit grecque devait être bien connu en Égypte, du moins au temps d'Amasis, puisqu'on voit ce Pharaon envoyer des présents à son temple de Lindos. Un prêtre d'Athénê est en effet mentionné dans une inscription, à laquelle nous avons fait allusion plus haut[1]. Si le texte est de date relativement récente, le sanctuaire que desservait ce prêtre, qui était en même temps un des fonctionnaires publics de la cité (συγγραφοφύλαξ), pouvait remonter à une époque plus ancienne. Toutefois, MM. Petrie et Gardner n'en ont pas retrouvé d'autre souvenir, et ils n'en ont exhumé aucun reste.

Des temples que nous avons étudiés jusqu'ici, ceux d'Apollon et d'Aphrodite sont les seuls qui aient certainement fait partie de la première cité milésienne, à laquelle s'étaient bientôt adjoints des colons cypriotes et probablement aussi des Rhodiens[2]. Les conditions de la vie se trouvèrent absolument changées, lorsque les décrets d'Amasis eurent fait de Naucratis le séjour obligé de tous les Grecs venant en Égypte. Alors dut être construit le Grand Téménos, qui, par ses dimensions et son importance, répond bien à l'idée qu'on peut se faire de l'Hellénion d'Hérodote. « A ceux qui n'avaient pas dessein de se fixer et se bornaient à trafiquer par mer, Amasis, dit-il, donna des emplacements où ils pussent ériger des autels et des temples. Le plus grand de ces enclos sacrés, le plus célèbre, le plus utile, celui qu'on appelle Hellénion, a été bâti en commun par les Ioniens de Chios, de Téos, de Phocée et de Clazomène, par les Doriens de Rhodes, de Cnide, d'Halicarnasse et de Phasélis et par les Éoliens de la seule Mitylène ; en outre, les Éginètes ont construit pour eux-mêmes, ἐπ' ἑωυτῶν, le téménos de Zeus, les

---

1. *Naukratis*, I, pl. XXX, et Petrie, *Ten Years Digging in Egypt*, p. 38, fig. 24 : ἡ πόλις ἡ Ναυκρατίτ[ων] — Ἡλιόδωρον Δωρίωνος φιλο[πατρίδα] — τὸν ἱερέα τῆς Ἀθηνᾶς διὰ βίου [καὶ τὸν] — συγγραφοφύλακα, ἀρετῆς καὶ [εὐνοίας] — ἕνεκα τῆς εἰς αὐτήν.

2. V. plus loin ce qui concerne la céramique.

Samiens celui de Héra, les Milésiens celui d'Apollon . » En lisant ce texte, on croirait que tous les téménos ont été fondés à peu près ensemble, au temps d'Amasis. Mais la position qu'occupe le Grand Téménos semble montrer à elle seule qu'il est sensiblement plus moderne. Relégué à l'extrémité sud et presque en dehors de la ville, il semble n'en pas faire partie intégrante ; on dirait qu'il a été construit après coup, lorsque Naucratis, forcée de s'étendre, obtint sans doute du roi philhellène de nouvelles concessions de terrain. M. Petrie le croit au contraire contemporain des premiers temples, et il justifie cette hypothèse en comparant les dimensions des briques dont il est construit avec celles d'autres monuments plus anciens et plus récents[2]. Mais de pareils calculs, intéressants et utiles lorsqu'on raisonne sur de longues périodes, cessent d'être probants, quand on a à décider entre des monuments séparés par trente ou quarante ans au plus[3]. Une enceinte de cette étendue, plus grande à elle seule que toutes les autres réunies, et couvrant presque un tiers de la surface totale de la ville[4], ne saurait dater du temps où les Milésiens étaient presque seuls à Naucratis, avec quelques colons des îles ; elle devenait presque nécessaire, du jour où, les stratopéda étant supprimés, la nouvelle cité allait être le seul marché grec autorisé pour toute l'Égypte. Les simples chapelles qu'elle avait possédées jusque-là, avec leurs enclos particuliers, ne pouvaient plus suffire aux besoins d'une population démesurément accrue. La plupart des villes d'Asie y étaient maintenant représentées, et la communauté d'intérêts les obligeait à former « une grande compagnie commerciale, une *amphictyonie* en petit[5], » afin d'assurer la protection de leurs nationaux et la bonne gestion de leurs affaires. Il fallait à cette association un établissement commun, où chaque cité eût ses magistrats désignés, délibérant ensemble sur les questions générales, où les citoyens

---

1. Hérodote, II, 178.
2. Ainsi, celles des murailles de Saïs, bâties vers 650, ont 17.2 × 8.0 ; celles de Kom Afrin (vers 600) : 16.3 × 7.4 ; et les mesures seraient à peu près les mêmes pour les briques du Grand Téménos : 16.3 × 8.3. V. *Naukratis*, I, p. 26 et 89.
3. M. Gardner (*Naukratis*, II, p. 72) ne réclame pas pour l'Hellénion une date plus ancienne que le règne d'Amasis.
4. La citadelle de Tirynthe est six fois plus petite, et le château (Burg) de Mycènes couvrirait seulement les trois quarts de la surface occupée par le Grand Téménos (Hellénion). Cfr. Hirschfeld, *Berl. Philol. Wochenschr.*, 1890, p. 915.
5. Curtius, *Hist. grecque*, trad. franç., t. I, p. 530.

pussent se réunir à leur appel, où il fût possible aussi, dans un danger pressant, de rassembler les marchandises et de se défendre au besoin contre les attaques du dehors. Toutes ces conditions diverses semblent bien avoir été remplies par la construction du Grand Téménos[1]. C'était un vaste enclos de 850 pieds sur 750, et pouvant contenir sans peine cinquante à soixante mille hommes. Une forte muraille, de 50 pieds d'épaisseur en moyenne et d'une hauteur de plus de 40 pieds, l'enveloppait de toutes parts. A l'intérieur de cet énorme rectangle, s'élevaient plusieurs groupes de constructions ; les plus petites, vers le nord, étaient réservées peut-être à l'administration et aux gardiens ordinaires. Dans la partie sud se dressent encore deux blocs considérables de maçonnerie, dont l'un, presque entièrement détruit, contenait des chambres séparées par des passages au rez-de chaussée[2]. L'autre, mieux conservé, occupe à lui seul un espace de 200 pieds carrés, avec des murs ayant encore 30 pieds de haut, et qui ont pu monter jusqu'à 50 ou 60[3]. Celui-ci présentait des dispositions singulières, qui n'ont été rencontrées jusqu'ici dans aucun autre monument grec. Ainsi, le rez-de-chaussée manquait absolument d'ouvertures, et il semble que l'entrée fût placée à 17 pieds au-dessus du sol environnant, soit qu'on y accédât par un escalier aujourd'hui détruit, soit que, pour plus de précaution, on n'y parvînt que par des degrés de bois, appliqués contre le mur extérieur. L'édifice était divisé intérieurement en vingt-six chambres, unies entre elles par des couloirs, qui ouvraient sur un large corridor, traversant l'édifice dans toute sa longueur[4]. Ces chambres et ces passages devaient avoir un plancher de bois, prenant son appui sur une sorte de banquette en retrait, ménagée tout autour dans l'épaisseur des murs ; et il restait ainsi, au-dessous du premier étage, toute une série de caves ou celliers, descendant jusqu'à la base de l'édifice et n'ayant pas de communication entre eux. Au-dessus du premier plancher, on doit supposer qu'il en existait un ou plusieurs autres, formant des étages différents, jusqu'à la hauteur du toit. Enfin l'entrée, tournée vers l'intérieur du téménos, était flanquée de deux petites pièces, où pouvaient loger les gardiens.

1. *Naukratis*, I, p. 23-34 ; pl. XL, XLII et XLIII.
2. Les fouilles sur ce point ne paraissent pas avoir été suffisamment poussées.
3. Cette masse était à peu près d'un tiers plus grande que celle du Parthénon ou celle du temple de Zeus à Olympie. (Hirschfeld, *Berl. Philol. Wochenschrift*, 1890, p. 915.)
4. *Naukratis*, I, pl. XLIII.

Les précautions prises pour empêcher l'accès des étages supérieurs, l'existence de ces caves profondes, sans issue à l'extérieur, toutes ces dispositions si particulières rendent assez vraisemblables les conjectures formées par M. Petrie pour expliquer la destination du bâtiment. En temps de paix, on pouvait en faire un entrepôt, surveillé et administré par les magistrats de la cité. En temps de guerre, on pouvait s'y défendre comme dans un fort, et résister encore à l'ennemi, lors même qu'il aurait déjà fait brèche au mur d'enceinte. On avait là une sorte de citadelle, facile à approvisionner pour longtemps et en état de soutenir un siège. L'entrée du téménos, comme on devait s'y attendre, était tournée vers l'ouest, du côté du canal, par où arrivaient les navires, par où on déchargeait les marchandises pour les apporter dans la ville. A l'origine, elle était sans nul doute étroite et fortifiée à la manière antique, afin de pouvoir, en cas d'attaque, retenir plus longtemps les assaillants. Mais elle avait été probablement ruinée, par suite d'événements dont on ignore et la nature et la date. Refaite sous Ptolémée Philadelphe, en un temps de prospérité et de calme, où les Grecs n'avaient rien à craindre de l'hostilité des indigènes, elle ne garda pas son caractère primitif, et, au lieu d'une porte de forteresse, on fit une entrée monumentale, comprenant un édifice divisé en plusieurs salles et précédé de deux pylônes en briques, revêtus de pierre calcaire[1].

L'Hellénion renfermait assurément un temple, élevé à frais communs par l'association des villes gréco-asiatiques et dédié à quelqu'une des grandes divinités, dont le culte était reconnu par tous les Hellènes. Il constituait ainsi un centre religieux, où sacrifiaient les négociants grecs, quelle que fût leur origine. Mais il était surtout un centre commercial, et on comprend sans peine l'intérêt qu'attachaient les cités fondatrices à revendiquer pour elles seules le choix des magistrats, qui en avaient la direction. Cependant trois métropoles, Égine, Samos et Milet[2], avaient tenu à conserver pour leurs colons une position indépendante et possédaient des temples à part. On doit

---

1. *Naukratis*, I, p. 26 et s.; pl. XXV, XXVI. On a trouvé les dépôts de fondation au nom de Ptolémée II, comprenant de nombreuses plaques de métal et des ustensiles divers. M. HIRSCHFELD (*Berl. Phil. Wochenschr.*, 1890, p. 916) se demande, à ce propos, si on ne pourrait, en comparant le poids des plaques métalliques, or, argent, bronze, etc., déterminer la valeur de ces différents métaux à l'époque des premiers Ptolémées.

2. C'est l'ordre dans lequel les cite HÉRODOTE, II, 178; il n'en faut rien conclure, bien entendu, sur l'ordre chronologique de la fondation des trois sanctuaires.

en induire que leurs établissements particuliers avaient déjà pris, avant le règne d'Amasis, une importance spéciale. Nous ne savons rien de celui des Éginètes, qui était probablement peu antérieur à la création de l'Hellénion. Car la grande puissance maritime d'Égine date précisément de cette époque, et ses citoyens purent conquérir en peu de temps une place considérable dans la colonie grecque[1]. Quant aux Milésiens et aux Samiens, les récits traditionnels et le témoignage des fouilles nous ont appris qu'ils étaient installés dès le début sur le site de Naucratis. On s'explique aisément que les uns et les autres aient prétendu garder les bénéfices d'une situation depuis longtemps acquise, et qu'ils ne se soient pas volontiers mêlés et confondus dans la foule des nouveaux émigrants. Leurs petits temples suffisaient aux besoins du culte, et les enceintes relativement étendues, dont ils les avaient entourées, pouvaient servir de lieu de réunion pour délibérer en commun et pour traiter les questions commerciales. Ainsi ils ne se crurent point obligés de s'unir aux autres colons pour faire respecter leurs droits et pour faire valoir leurs intérêts. Hérodote ne parle pas des Cypriotes ; cependant ils étaient dès le principe assez nombreux à Naucratis pour y avoir un temple à eux, celui d'Aphrodite, et nous verrons plus loin qu'ils y exercèrent une réelle influence. Mais au temps d'Hérodote, devenus depuis un siècle sujets de l'Empire perse, ils avaient sans doute cessé d'y former une communauté distincte, et les origines de la colonie étaient déjà assez lointaines, pour que le souvenir de leur ancien état fût maintenant presque oublié.

Lorsque fut constituée la grande société qui avait l'Hellénion pour siège principal, les Rhodiens, qui étaient arrivés des premiers en Égypte et dont on rencontre partout la trace à Naucratis, durent y prendre une place considérable, que leur garantissaient d'ailleurs le développement de leur marine, l'esprit entreprenant et l'activité de leurs colons. Les villes de Camiros, Ialysos et Lindos étaient certainement représentées dans l'administration centrale, et il est vraisemblable qu'elles avaient chacune leurs délégués spéciaux. L'élément ou plutôt le caractère ionien n'en devait pas moins dominer dans l'ensemble, les Doriens de la Grèce orientale ayant adopté en

---

[1]. « Grâce à l'activité de leur trafic maritime, ils étaient toujours au courant des progrès nouveaux » de la civilisation grecque; on les vit parmi les premiers marins qui abordèrent en Égypte et en Italie. » E. Curtius, *Hist. grecque,* trad. franç., t. II, p. 95.

partie les mœurs et même le langage de leurs voisins du littoral asiatique. La population de marchands qui fréquentait l'Hellénion était du reste extrêmement mêlée. Hérodote laisse entendre en effet que le marché n'était pas réservé exclusivement aux représentants des neuf villes associées; quoique jaloux des privilèges que leur reconnaissait la convention primitive, ils souffraient pourtant que d'autres Grecs y vinssent exposer leurs marchandises et sacrifier aux dieux. S'ils participaient ainsi au téménos, c'était sans y avoir droit. Mais cette tolérance contribuait à augmenter le mouvement des affaires, et elle profitait à tous les Hellènes qui trouvaient là, en Égypte, une véritable agora grecque, un coin de terre consacré selon leurs rites et régi selon leurs lois. C'était pour eux comme une vaste Bourse de commerce, où l'on pouvait discuter librement et fixer, pour l'importation et l'exportation, les tarifs des denrées, les prix des objets fabriqués. Aussi ce téménos devint-il en peu de temps le plus renommé et le plus utile, οὐνομαστότατον καὶ χρησιμώτατον, de ceux que la libéralité des Pharaons avait permis d'élever en Égypte. Le rôle des premiers occupants, qui s'étaient par orgueil tenus en dehors de l'association, se trouva dès lors notablement diminué, et les Milésiens, qui revendiquaient l'honneur d'avoir fondé Naucratis, y perdirent leur ancienne prédominance. Les enclos d'Apollon et de Héra étaient peu de chose désormais à côté de cette grande enceinte, où la Grèce de l'Orient et bientôt celle de l'Occident allaient de toutes parts envoyer leurs trafiquants. Par son étendue et par ses dispositions intérieures elle satisfaisait à toutes les exigences. On y trouvait à la fois une forteresse et des entrepôts, des autels pour les sacrifices et des emplacements appropriés pour l'exposition et la vente des marchandises. Si Naucratis a été, après Daphnæ, comme un trait d'union entre le monde grec et une partie du monde oriental, c'est surtout à partir du jour où le téménos des neuf villes devint le rendez-vous de tous les Grecs. Leur commerce d'abord y gagna en extension et en importance, il s'exerça sur des produits auparavant rares ou inconnus, il découvrit de nouveaux débouchés. Mais la civilisation générale y trouva aussi son compte, car l'ancien comptoir milésien était à présent une cité panhellénique, et, favorisée comme elle l'était par la bienveillance du souverain, il semblait que rien ne pût arrêter désormais le progrès de sa richesse et de sa grandeur.

CHAPITRE III

L'INDUSTRIE

La Céramique : son importance. — Imitation des motifs orientaux. — Ressemblances avec les poteries rhodiennes. — Les vases de fabrication locale. — Division de ces vases en catégories distinctes. — Examen des subdivisions proposées par M. E. Gardner. — Les vases provenant des autres fabriques grecques. — Influence très restreinte de l'Égypte sur la céramique de Naucratis. Explication de ce fait. — Données fournies par les découvertes de Naucratis pour l'histoire de la céramique grecque. — Les vases de Cyrène, de Lesbos. — Nicosthènes. Le potier Amasis. — Insuffisance des recherches concernant la terre dont les vases sont faits.
La TERRE VERNISSÉE : procédé tout égyptien. — Imitations grecques à Naucratis et peut-être à Rhodes. — La fabrique de scarabées. — Classification des objets découverts : sujets égyptiens ; sujets mixtes. — Durée de cette industrie.
La MÉTALLURGIE. — Le fer : ustensiles nombreux. — Le cuivre. — Les métaux précieux.
Les FLEURS : Leur abondance en Égypte. — Développement que prend alors chez les Grecs le goût des fleurs. — Les couronnes naucratites. — Leur composition. — Les bouquetières de Naucratis.

La céramique paraît avoir été une des industries les plus activement exercées à Naucratis. Athénée nous apprend qu'on y faisait de son temps un genre de coupes tout à fait spécial : « Elles sont, dit-il, en forme de phiales et semblent être façonnées non pas au tour, mais à la main ; elles ont quatre anses et une large base aplatie et sont revêtues d'une couverte, qui leur donne l'aspect de l'argent. » Et il ajoute, dans une sorte de parenthèse : « Il y a beaucoup de potiers à Naucratis, et de là vient que la porte de la ville voisine du quartier qu'ils habitent s'appelle la porte Céramique[1]. » Il semble qu'à l'origine également les potiers y furent très nombreux et produisirent avec ardeur, et on voit, par le témoignage d'Athénée, que les anciennes traditions s'y conservèrent avec une curieuse persistance. Ces coupes à couverte argentée rappellent en effet les vases archaïques à couverte blanche. La fabri-

---

1. ATHÉNÉE, XI, 480 E.

cation à la main et non au tour, l'habitude d'ajouter quatre anses au lieu de deux, ce sont là encore autant de souvenirs des vieilles coutumes et des vieilles méthodes. Les exemples de cette fidélité au passé ne sont pas rares dans l'histoire des arts industriels. M. Maspero a découvert dans le Delta les restes d'un atelier de céramistes de l'époque chrétienne, et il a pu constater que des moules à sujets païens pour les vases, les plaques découpées, s'y conservaient à côté de moules chrétiens et étaient employés concurremment avec eux. Il en fut de même à Naucratis, et certaines formes, certains motifs purent s'y perpétuer ainsi jusqu'à des temps relativement très modernes. « Quoi qu'il en soit, comme l'a remarqué M. Pottier, le texte d'Athénée, si bien informé en tout ce qui touche Naucratis sa patrie, montre que cette cité disposait de ressources argileuses, qui avaient pu lui permettre dès une haute antiquité de fabriquer elle-même ses poteries[1]. » En effet, dans la multitude des fragments qui encombraient une grande partie du site, plusieurs présentent des caractères particuliers, qui semblent les désigner comme ayant été travaillés sur place. Le plus sûr et le meilleur moyen de les distinguer des autres eût été d'étudier avec soin la nature de la terre avec laquelle les vases ont été modelés[2]. Or ce travail ne semble pas avoir été fait avec l'exactitude et la précision nécessaires. Pour établir des distinctions entre les diverses classes de céramique, on semble s'être appuyé surtout sur les particularités que présentent l'aspect de la glaçure et le système décoratif ; une telle manière de procéder peut conduire, on le sent, à plus d'une méprise.

Au moment où s'établirent les ateliers de Naucratis, l'imitation des œuvres orientales était en grande faveur. On copiait également l'Égypte et l'Assyrie, mais on ne les connaissait pas de la même manière. L'Assyrie, la Babylonie étaient des contrées lointaines où s'aventuraient seulement quelques individus isolés[3]. Les modèles chaldéens ou assyriens ne parvenaient aux pays grecs

---

1. Dans Dumont, *Céramiques de la Grèce*, p. 308.
2. Celle qui servait en Égypte pour la confection de la poterie est très délayée, d'un grain très fin, au point que, lorsqu'elle est pulvérisée, elle ressemble à du plâtre. Quand elle a subi l'action du feu, elle prend une teinte jaunâtre ou tirant sur le rouge, suivant le degré de la cuisson. On trouve partout, à l'entrée des vallées, des ouadys, de la terre propre à être employée par les potiers. A Naucratis, comme partout en Égypte, on a dû se la procurer dans les mêmes conditions, et on l'a travaillée selon les usages auxquels étaient destinés les vases. Il y a là une série de recherches à faire qui aurait dû précéder l'étude détaillée des différents types.
3. V. *Fragm. hist. gr.*, t. IV, p. 282. Strabon, éd. Didot, XIII, 527. Alcée, fr. 36-37 (éd. Teubner).

qu'après avoir accompli des pérégrinations compliquées et souvent après avoir éprouvé de sérieuses modifications. L'Égypte au contraire commençait à être régulièrement fréquentée par les navigateurs grecs, qui livraient directement à leurs clients de l'Archipel les objets achetés dans le pays même. Néanmoins, comme les motifs, empruntés d'abord indirectement à l'Assyrie et à l'Égypte, avaient été adoptés de longue date dans les ateliers helléniques, ceux-ci continuèrent longtemps encore à les employer concurremment, tels qu'ils les avaient reçus des Syriens. Dans les conditions particulières où ils se trouvaient placés à Naucratis, les potiers grecs auraient dû, ce semble, incliner de préférence dans le sens du goût égyptien. S'il n'en fut point ainsi cependant, c'est qu'avant de venir en Égypte ils s'étaient formés dans leur pays sous l'influence de l'art composite, inauguré et transmis par les Phéniciens. Ils apportaient avec eux leurs habitudes de travail, leur système de décoration tout fait : aussi la prédominance du style égyptien est-elle beaucoup moins accusée dans leurs œuvres qu'on ne serait disposé à le croire tout d'abord.

Si l'on considère maintenant les procédés de fabrication, on voit que la céramique grecque avait déjà passé par plusieurs phases très diverses. Les ouvriers de l'époque mycénienne avaient cherché à revêtir leurs poteries d'un engobe de ton uniforme; mais leurs essais n'ayant pas pleinement réussi, on s'attacha, dans la période suivante, à polir la surface avec assez de soin, pour que l'épiderme même pût servir à la peinture de fond et de soutien. Les vases du type des Iles et aussi ceux du Dipylon étaient exécutés d'après ce système. Puis on revint au premier, et les progrès que la technique avait réalisés dans l'intervalle permirent de l'appliquer cette fois avec plus de bonheur. Les procédés nouveaux ont-ils été inventés en Asie Mineure? L'histoire de la céramique dans cette partie du monde grec est trop mal connue pour qu'on puisse l'affirmer avec certitude. C'est à Rhodes, en tout cas, qu'ils paraissent avoir été employés avec le plus de perfection et de succès. C'est là que des artisans expérimentés apprirent à envelopper l'argile d'une couverte blanche imperméable et solide, sur laquelle furent appliqués d'abord des ornements monochromes, puis, un peu plus tard, une décoration variée par des retouches noires et rouges, donnant à leurs ouvrages une riche harmonie[1]. Ce mode de fabrication obtint bientôt une grande

---

1. E. POTTIER, *Bulletin de correspondance hellénique*, 1890, p. 376-382.

vogue[1] et il se répandit promptement jusque dans les colonies d'Afrique. Dès le moment de la découverte de Naucratis, on a signalé des analogies remarquables entre de nombreux fragments recueillis à Nebireh et les vases extraits des nécropoles rhodiennes, en particulier de celle de Camiros. L'identité est souvent si complète, qu'on peut, sans trop de témérité, attribuer à des Rhodiens la fondation d'ateliers de céramique à Naucratis. Nulle contrée grecque, à l'exception de Cypre, n'avait été plus anciennement en rapport avec les Phéniciens; par eux elle avait connu l'art égyptien, de même que les arts de la Haute-Asie. Mais, de très bonne heure aussi, elle envoya ses navigateurs trafiquer dans le Delta. Ils durent y être attirés dès le règne de Psammétique Ier par la présence de leurs compatriotes engagés comme mercenaires dans l'armée de ce Pharaon[2], et quand on voit d'autre part Amasis envoyer des présents à l'Athéna de Lindos, on est en droit de penser que les Rhodiens occupaient depuis longtemps en Égypte une place très importante. Il n'est donc pas impossible que l'élément rhodien ait dominé parmi les céramistes de Naucratis et même que certains des vases de Rhodes aient été fabriqués à Naucratis d'après des modèles rhodiens[3].

Les fragments céramiques que l'on a considérés comme étant de fabrication naucratite peuvent se diviser en deux classes principales. La première comprend de nombreux vases couverts à l'extérieur d'une glaçure blanchâtre, à décors polychromes, et noirs à l'intérieur, avec des motifs empruntés au lotus. La glaçure, peu résistante, s'écaille facilement. Les dessins y sont peints en brun, parfois rougeâtre, et rehaussés par des engobes pourpres, avec quelques touches de blanc surajouté. Les lignes incisées y sont très rares. La forme la plus fréquente est celle des coupes de dimensions variées : sur un pied assez bas s'adapte un récipient au galbe arrondi, au-dessus duquel s'évase une sorte de cône renversé, aussi long à lui seul que les deux parties réunies[4].

1. On a trouvé un fragment de vase du type naucratite dans les fouilles récentes de l'acropole d'Athènes (*Journal of Hellenic Studies*, 1889, p. 269). On en a aussi découvert à Tanagra.
2. V. les inscriptions d'Ipsamboul.
3. A Camiros, on a recueilli aussi un fragment gravé de *Tridacna squamosa*. D'autres fragments semblables ont été relevés à Daphnæ et surtout à Naucratis. Comme ces derniers présentent des états différents dans la gravure, ils ont dû presque certainement être travaillés en Égypte ; ces coquilles ne se trouvent en effet que dans la mer Rouge.
4. *Naukratis*, I, pl. X, 1, 3.

Dans cette première catégorie, on peut distinguer plusieurs subdivisions. Ainsi les coupes les plus simples n'ont pour ornement à l'intérieur que de simples bandes brunes avec des lignes croisées sur le plat bord[1]. D'autres ajoutent aux lignes concentriques quelques motifs géométriques[2], parfois même des animaux et des figures humaines[3]; quelques-unes enfin des nègres, dessinés ici d'après nature d'après des indigènes de la vallée du Haut-Nil[4]. Une autre série appartenant à la même classe se rapproche davantage par la forme et par la taille du type des cratères[5]. Elle est remarquable par la richesse du coloris et par l'entente de la décoration, toujours appliquée au pinceau, sans aucune trace d'incision au grattoir. M. Gardner en a reproduit de très beaux spécimens dans *Naukratis,* II (pl. V, VII), et surtout dans le *Journal of Hellenic Studies* (1887, pl. LXXIX).

Outre les caractères ordinaires à ce style, le dernier montre à l'extérieur un sphinx aux ailes recoquillées, de la tête duquel part un long ornement recourbé et terminé en spirale. La chevelure, soigneusement frisée sur le front, paraît retenue au sommet de la tête par des bandelettes entrelacées et trois lourdes tresses descendent le long du dos. Deux boucles métalliques, en forme de roues, pendent de l'oreille, cachée sous les frisures. Le vêtement, décolleté en pointe, est parsemé de taches brunes, qui reparaissent également sur ce qui reste de l'aile recoquillée. Dans le champ de couleur crémeuse on remarque deux dessins géométriques, triangles avec losanges inscrits, une rosace à six pétales et une autre formée de cercles concentriques, séparés par des pointes semblables aux rayons d'une étoile. A gauche se trouvait un quadrupède à la queue relevée, dont il ne subsiste que la partie postérieure. Les cheveux du sphinx et l'arrière-train de l'animal sont recouverts d'un engobe rouge; les contours du sphinx sont tracés au pinceau avec de la couleur jaune et les ornements avec du jaune et du noir. Quant à la bordure intérieure, très richement décorée, elle est couverte d'une large frise de lotus

---

1. L'intérieur est noir, avec des lotus et des rosaces en rouge et blanc. *Naukratis,* I, pl. V, 1-10. Quelques-uns de ces vases, provenant du temple d'Aphrodite, ont des inscriptions peintes avant la cuisson.
2. *Naukratis,* I, pl. V, 29-30 ; 11-15.
3. *Naukratis,* II, pl. V, 2 à 6; I, pl. V, 16 à 28.
4. *Naukratis,* I, pl. V, 34, 40 à 42. Pour les représentations de nègres dans l'art grec, v. *Gazette des Beaux-Arts,* 1887, I, p. 332.
5. Quelques-uns de ces vases avaient jusqu'à 14 pouces anglais de diamètre.

et de palmettes à demi cerclées en bas de deux rangées de points, les parties larges étant remplies avec de la couleur rouge, les contours fortement accusés par des lignes blanches surajoutées et se détachant sur le noir. Au-dessous vient une rangée de barreaux blancs, encadrée entre deux séries de lignes blanches, puis des bandes rouges et noires.

Fig. 30. — Coupe provenant du téménos d'Aphrodite.

M. Gardner a établi entre les vases de Naucratis de nombreuses subdivisions, d'après la grandeur, la forme, les sujets; mais nous ne pouvons le suivre dans le détail de cette classification compliquée. Il nous suffira de signaler ici les pièces les plus caractéristiques. Voici une coupe ou plutôt une sorte de bassin, provenant du téménos d'Aphrodite[1] et qui a pu être reconstitué en son entier (fig. 30). Dans la partie courbe, au-dessus du pied assez bas, règne, entre deux lignes de méandres, une frise d'antilopes paissant, et le champ est semé d'ornements géométriques. Sur le bord plat, décoré de méandres et de denticules alternant, s'élèvent deux fortes anses à renflement triple, terminées à chaque extrémité par une tête humaine en

Fig. 31. — Intérieur de la coupe.

---

1. *Naukratis*, II, pl. VI, 1-2.

relief, et au milieu de l'espace qui sépare les anses, se dressent de chaque côté deux autres têtes de femmes; toutes sont d'un caractère égyptien très marqué. A l'intérieur (fig. 31), le fond est occupé par une grande rosace cerclée d'une ligne noire, semée de petites rosettes; puis, entre deux lignes de méandres s'étale une large bande d'animaux réels ou fantastiques, un sphinx, des lions se précipitant sur un sanglier et deux oies d'Égypte fort exactement rendues, tandis que les autres animaux sont d'un dessin tout conventionnel. Ce vase mérite une attention particulière, parce qu'il est un de ceux où l'influence de l'Égypte est le plus nettement saisissable. La coiffure, l'expression des têtes qui y sont modelées en relief, le dessin des antilopes et des palmipèdes ne laissent à ce sujet aucun doute. Les dessins sont en rouge clair ou brun, avec des rehauts de pourpre. Un askion décoré d'après le même style[1], des fragments de coupes rétrécies vers le bord, comme celle que nous venons d'analyser et qui portaient aussi des frises d'animaux, mêlées d'ornements géométriques[2]; des morceaux d'un couvercle où figurent des sphinx, des lions, des oiseaux à tête humaine[3], des vases à plusieurs goulots que l'on a pris à tort pour des lampes[4], se rapportent évidemment au même faire et à peu près au même temps. Il faut citer à part des vases plus grossiers, dont la forme reste inconnue, parce qu'on n'en possède que quelques tessons isolés. Le fond est toujours blanchâtre, mais les dessins présentent des scènes de combat, où les figures des personnages sont dessinées par des lignes brunes et rehaussées parfois d'une couleur rose, qui semble destinée à imiter le ton de la chair[5]. Cette préoccupation exceptionnelle de représenter la figure humaine paraît indiquer une époque déjà un peu plus récente, et l'inhabileté relative du dessin n'est pas une objection : en effet, quand il s'agissait d'ornementation pure, les imitateurs de l'art oriental, depuis longtemps rompus à cette pratique, exécutaient les motifs traditionnels avec une sûreté de calligraphes; partout au contraire, lorsque les céramistes s'essayent à rendre les formes humaines, ils montrent d'abord une singulière gaucherie.

A côté de cette première grande catégorie, dont les spécimens sont extrêmement nombreux, M. Gardner en a placé une seconde, qu'il attribue encore aux ateliers naucratites, bien que le système décoratif en soit très

---

1. *Naukratis*, II, pl. V, 1. — 2. *Ibid.*, VIII, 1, 2. — 3. *Ibid.*, VII, 2. — 4. *Ibid.*, VII, 3. V. sur ce genre de vases, Ἐφημερ. ἀρχαιολογ., 1885, p. 171. — 5. *Ibid.*, II, p. 39 A. b.

différent. C'est ici surtout que l'analyse comparée des argiles eût été extrêmement utile pour prouver l'identité de la provenance. Sans cela, il est difficile, on le sent, de se montrer tout à fait affirmatif. La glaçure extérieure est d'un jaune brun ou quelquefois plus clair, et se rapprochant ainsi du blanc, qui distingue la première catégorie ; mais ici elle est d'une nature très résistante et n'est pas sujette à s'écailler, comme nous l'avons vu pour les vases précédents. A l'intérieur, elle est également solide et brillante, variant du rouge au brun foncé, selon la cuisson, toute différente du noir opaque qui se rencontre dans les autres, et elle est ornée simplement de bandes concentriques en rouge, blanc ou pourpre, posées à intervalles réguliers. On a voulu donner à l'ensemble de cette grande classe le nom général de vases à œil *(eye-bowls)*, à cause des yeux mystiques qui paraissent dans de nombreux échantillons de cette série; mais une telle dénomination n'est pas fort heureuse, puisque les yeux en question ne figurent pas sur une partie des vases qu'elle prétend réunir[1].

Les formes sont assez variables. Ce sont des coupes à pied, se rétrécissant vers le haut, avec une anse horizontale des deux parts[2]; l'ornementation consiste en plusieurs bandes concentriques, au-dessus desquelles sont tracés, dans le sens vertical, des groupes de cinq ou six lignes, suivant la courbure supérieure depuis le bord jusqu'à la première ligne horizontale ; ou bien des coupes à deux renflements, comme si elles étaient formées de deux vases semblables superposés, avec quatre anses étagées deux à deux, et rappelant ainsi celles que l'on a vues plus haut mentionnées par Athénée[3]. Les plus intéressants spécimens sont de grandes coupes, parfois des œnochoés sensiblement différentes du dernier type, mais qui s'y rapporteraient néanmoins à cause de la ressemblance de la décoration. Elles sont ornées de frises d'animaux, entremêlées dans le champ de dessins géométriques et de formes végétales, où dominent les lotus et les palmettes droites ou renversées[4]; une combinaison particulière, formée d'une spirale où se rattachent des pétales arrondis très distincts du lotus, quoi qu'on en ait dit, caractérise assez fréquemment les meilleures pièces de ce type. On la voit par exemple figurer dans un beau fragment cité par M. Petrie, où paraissent en outre deux lions affrontés séparés par une palmette très allongée et un lion s'élan-

---

1. *Naukratis*, II, p. 41-42. — 2. *Ibid.*, I, pl. X, 11. — 3. *Ibid.*, II, pl. VII, 1. — 4. *Ibid.*, II, pl. VII, 5.

çant sur un sanglier[1]. Le fragment publié dans le *Journal of Hellenic Studies*[2], avec un cerf entre deux lions aux mâchoires puissantes, donne une idée de l'énergie et de la sûreté de main, avec laquelle les artistes du vi[e] siècle savaient rendre l'aspect de ces animaux, malgré le caractère toujours convenu de l'ensemble. Lions, léopards, sangliers, cerfs, oies d'Égypte composent, avec les sphinx ailés, toute la faune de ces céramistes; et si les compositions sont peu variées, ce défaut est amplement racheté par la vigueur du dessin, la fermeté de l'exécution et l'entente vraiment remarquable de l'effet décoratif[3].

Une grande coupe à deux anses et à fond arrondi, sans pied, a pu être reconstituée à peu près intégralement[4]. Au-dessous du bord dont elle ne semble séparée par aucun motif linéaire, règne une frise de sphinx ailés et d'oiseaux, interrompue, de chaque côté des anses, par la fleur en spirale que nous avons signalée. Deux lignes de méandres, cerclées de bandes sombres, encadrent une seconde frise circulaire de lotus droits et de palmettes renversées; et du fond part une série de rayons divergents à pointe aiguë, qui rejoignent la dernière bande. Une œnochoé[5] d'un travail moins habile montre sur la panse les restes d'une frise d'animaux, variée par de nombreux dessins géométriques lourdement indiqués, tandis que le haut et le bas sont ornés d'une part au moyen de figures géométriques, de l'autre avec de gros boutons de lotus. On a observé que, dans plusieurs des ouvrages de ce type, les figures des frises principales sont relevées par des lignes incisées, qui ne paraissent pas dans les autres parties de la décoration, moins importantes ou moins visibles. Il y a de bonnes raisons pour leur attribuer une origine locale, puisque quelques-uns portent des inscriptions à l'Aphrodite de Naucratis, peintes sur la pâte avant la cuisson[6]. De plus, les types renfermés dans les deux catégories principales que nous venons d'examiner étaient inconnus, comme l'a remarqué M. Gardner, avant les fouilles de Naucratis, et c'est précisément à ces types qu'appartiennent la plupart des beaux vases ou fragments trouvés sur le site de Nebireh. Nous accepterons donc cette attribution comme probable, sous le bénéfice des observations que nous avons présentées ci-dessus. Outre les vases signalés comme étant de

---

1. *Naukratis*, I, pl. VI, 3 à 5. — 2. Article de M. Gardner, année 1887, pl. LXXIX. — 3. *Ibid.*, II, pl. XIII, 2, 3. — 4. *Ibid.*, II, pl. VII, 5. — 5. *Ibid.*, II, pl. XIII, 3. Cf. même planche, 2, et pl. VIII, 1, 2. — 6. V. par exemple, *Naukratis*, II, pl. XXI, inscr. n° 768.

fabrication naucratite, on a recueilli encore une multitude de fragments, se rapportant à presque tous les types connus au vi⁶ siècle, et qui ont été ou bien imités sur place ou importés par le commerce. Il serait inutile et oiseux d'entrer ici dans le détail : on trouvera l'énumération des diverses classes dans le livre de M. Gardner[1]. La division qu'il a adoptée est, comme il le reconnaît lui-même, parfois assez arbitraire ; il ne nous appartient pas de la discuter, nous noterons seulement que, dans un certain nombre de cas, l'auteur admet comme possible l'attribution de telle ou telle division aux ateliers de Naucratis[2]. Ce qui nous importe avant tout, c'est d'établir d'une manière précise les emprunts qui ont pu être faits à l'art décoratif égyptien par les potiers de Naucratis. Il nous faut donc étudier, de ce point de vue spécial, les ouvrages qu'on s'accorde généralement à reconnaître comme étant sortis de leurs mains. Les sujets sont d'ailleurs assez variés, et les fragments sont souvent de si faibles dimensions, qu'il n'est pas toujours facile de se faire une idée nette du système de décoration auquel il convient de les rattacher.

On y reconnaît d'abord des ornements géométriques : la croix gammée, la simple croix flanquée de points, les triangles opposés par le sommet ou divisés par des losanges inscrits, les méandres, les grecques, les cercles concentriques entourés de points ; ensuite des motifs qui appartiennent à la fois à l'Égypte et à l'Assyrie : torsades, palmettes, rosaces ; des portions de figures qui semblent rappeler l'Artémis persique[3]. L'ornementation égyptienne paraît cependant fournir les motifs le plus fréquemment répétés ; le plus ordinaire de tous est le lotus disposé par bandes plus ou moins larges, en fleurs ou en boutons ; puis l'œil symbolique qui a servi, comme on sait, à caractériser toute une classe de vases, et particulièrement des pinakes, fréquents à Rhodes comme à Naucratis[4]. Le sphinx ailé à tête de femme reparait aussi très souvent, mais il était devenu depuis longtemps déjà un des motifs préférés de la décoration orientale, répandue par les Phéniciens et adoptée par les céramistes grecs de l'époque archaïque. Quant aux figures de nègres[5], elles procèdent certainement de l'Égypte, aussi bien que les figurines cypriotes dont

---

1. *Naukratis*, II, p. 43-48. — 2. Ainsi (l. c.) pour les classes F a 2 et F b 3 ; H 6. — 3. *Naukratis*, I, pl. V, fig. 46.

4. On le retrouve aussi, de chaque côté du goulot, sur certaines œnochoés de Camiros. V. par exemple RAYET et COLLIGNON, *Histoire de la Céramique grecque*, p. 49.

5. *Naukratis*, I. pl. V, 41, 42.

nous avons parlé ailleurs[1]. Les animaux appartiennent à des espèces très variées : quelques-uns, lions, taureaux, sangliers[2], d'un dessin très ferme et très ressenti, viennent directement de l'art assyro-phénicien ; des chèvres, des bouquetins au museau allongé[3], des chiens chassant[4], un chien placé au-dessous d'un sphinx[5], un grand bélier dont la figure couvre presque toute la panse d'une olpé[6], peuvent être des imitations plus ou moins libres tentées par des ouvriers grecs d'après les monuments égyptiens. Il en est de même sans doute des serpents, comme celui qu'on voit sur un stamnos provenant du téménos d'Aphrodite, replié cinq fois sur lui-même et placé entre deux coqs affrontés[7]. Seuls, les oiseaux d'eau semblent presque sûrement empruntés à l'Égypte, où ils sont si nombreux, où ils occupent une si grande place et dans les hiéroglyphes et dans la décoration des monuments.

On le voit néanmoins, la part de l'Égypte n'est nullement prépondérante et, là même où on croit l'apercevoir, on est obligé d'avouer qu'elle peut fort bien n'être qu'indirecte. La vérité, c'est que le milieu ambiant n'a pas amené les céramistes grecs à renoncer à leurs méthodes, ni même à modifier très sensiblement leur manière ; que l'Égypte en somme, a exercé par Naucratis très peu d'influence sur le développement de la céramique grecque, et il n'est pas impossible, croyons-nous, d'en expliquer les raisons. Les Égyptiens avaient de tout temps modelé des vases en argile, de formes très variées et souvent d'un galbe fort élégant, mais ils semblent avoir dédaigné de les orner, pensant qu'une matière si commune et si fragile ne valait pas réellement la peine qu'on aurait pu prendre pour l'embellir[8]. Ils réservaient toute leur

---

1. V. p. 199 du présent volume.
2. *Naukratis*, I, pl. VI, 3, 5; XIII, 17; *ibid.*, II, pl. V, 2, 7; pl. VII, 2; pl. VIII, 1; pl. IX, 1-4, etc. — 3. *Ibid.*, I, pl. V, 22, 23, 52; *ibid.*, II, pl. V, 1; pl. VI, 1-2. — 4. *Ibid.*, II, pl. VI, 1. — 5. *Ibid.*, I, pl. V, 54.
6. *Ibid.*, II, pl. IX, 5. Cf. les dieux égyptiens à tête de bélier, Khnoumou, Amon, Harshafi et surtout le bélier de Mendès bien connu des Grecs. (V. Hérodote, II, 42, 46.)
7. *Ibid.*, II, pl. X, 1, premier registre. De menus tessons, publiés dans *Naukratis*, I, pl. V, 16-18, n'ont conservé que la tête du reptile. — Le serpent, d'après Dumont (*Céramiques de la Grèce*, 294), serait caractéristique de la fabrique cyrénéenne. Milchhoefer (*Die Anfænge der Kunst*, p. 181) y voit une preuve de parenté avec les monuments crétois. D'autre part, on voit, sur des vases cypriotes, le serpent dressé sur sa queue, au pied d'un arbre (V. Cesnola, *Cyprus*, p. 101). Mais nulle part la représentation des reptiles n'est aussi fréquente que dans les monuments égyptiens.
8. Sur la poterie égyptienne, v. Wilkinson, *Manners and Customs*, 2ᵉ édit., t. II, 190-194 (avec les additions de Birch); et Birch, *History of ancient Pottery*, 1ᵉʳ chapitre.

habileté et tous leurs soins pour cette poterie à glaçure vitreuse, qui, par sa solidité relative, semblait mieux faite pour durer, qui surtout avait le don de charmer l'œil par le brillant de l'émail et par l'éclat adouci de la couleur. Les Grecs au contraire ont toujours eu une prédilection marquée pour la simple poterie en terre. Ils la recouvraient volontiers d'engobes aux nuances variées, pour exprimer les différences de couleurs des objets qu'ils y figuraient. Mais aux meilleures époques ils se contentent le plus souvent d'opposer à la teinte naturelle de l'argile cuite le noir brillant du vernis, soit qu'ils l'emploient au dessin des silhouettes, soit qu'ils en forment le fond général ; puis, au moyen de lignes incisées, ils marquent les traits de force, font ressortir les muscles, soulignent les détails principaux. Nous allons les voir cependant à Naucratis imiter le travail des émailleurs égyptiens, se faire leurs dociles élèves ; mais c'est là une exception probablement unique. Partout ailleurs ils semblent avoir presque totalement ignoré ou négligé cette fabrication spéciale : la matière, il est vrai, leur faisait le plus souvent défaut, mais surtout ils ne s'étaient point trouvés ailleurs en face d'un peuple de civilisation égale, capable de leur enseigner cette technique et de leur en inspirer le goût. Au reste, les Hellènes paraissent avoir apprécié la beauté d'un vase tout autrement que les Égyptiens. Ce qu'ils y cherchaient et ce qui pour eux en faisait le prix, c'était moins le chatoiement de la couleur que la finesse du dessin, l'esprit de la composition, l'intérêt des scènes représentées. De plus, les principes de décoration qui dominaient chez les deux peuples étaient essentiellement différents. Chez les Grecs, la décoration était appliquée sur le vase et elle en suivait les contours, mais on peut dire qu'elle ne faisait pas corps avec lui, qu'elle était simplement surajoutée. Chez les Égyptiens au contraire, les seuls vases considérés comme précieux étaient ceux où la décoration, exécutée sous l'émail, était réellement incorporée avec eux ; elle subsistait aussi longtemps que l'objet lui-même, étant fixée à jamais sous cette espèce de couche métallique et transparente, qui en assurait la durée. On faisait bien aussi en Égypte de nombreuses poteries d'argile ordinaire et on les décorait souvent d'une légère ornementation florale ; mais ces poteries sans valeur ne servaient qu'aux usages quotidiens, et la peinture à l'eau, employée pour les orner, s'écaillait si facilement, qu'il n'en reste que des traces vagues, lorsqu'elle n'est pas complètement évanouie. Les dessins étaient au reste d'une simplicité élémentaire. Il n'en était pas de même chez les Grecs. Après avoir reproduit, dès la plus haute antiquité, la flore marine, les poulpes de leurs rivages, inventé ou tout au moins perfectionné le style géométrique, on les voit appliquer aux vases de terre un système de décoration analogue à celui que les Phéniciens réservaient pour leurs coupes de métal. Ils empruntent à l'Orient ses motifs ornementaux, mais ils les varient et les renouvellent. Bientôt ils s'essayent à représenter la figure humaine et déjà, au temps où nous sommes arrivés, ils sont assez sûrs de leur main pour commencer à traduire, avec une liberté ingénieuse, les fictions de leurs poètes[1]. En ce qui touche la céramique peinte, ils n'avaient donc rien à apprendre de l'Égypte.

Si les tombeaux leur étaient fermés, ils connaissaient certainement les représentations qui couvraient les pylônes et les avant-cours des temples. Or, tandis que les Phéniciens, qui n'en voyaient pas davantage, se plaisent à reproduire textuellement sur leurs patères les groupes qui les ont le plus frappés, eux au contraire n'en ont jamais copié le moindre fragment. C'est que les peintres céramistes étaient sortis depuis un certain temps déjà de la période d'initiation, d'apprentissage. Ceux qui vinrent en Égypte à la fin du VIIe siècle pour y exercer leur art avaient des méthodes arrêtées, des habitudes prises. Ils travaillaient pour leurs compatriotes, non pour les indigènes, qui n'achetaient pas leurs produits; leur système de décoration était en faveur dans tous les pays helléniques. En l'appliquant, ils étaient certains de satisfaire leur clientèle, et n'éprouvaient ainsi ni le besoin ni le désir d'en changer. Aussi bien la céramique grecque avait-elle mieux à faire que de prendre à l'Égypte des sujets qu'elle eût été réduite à pasticher servilement, sans en comprendre le sens. C'est à la légende et à la poésie nationales, à la vie hellénique, qu'elle empruntait déjà les types et les scènes dont elle illustrait ses vases. Le libre génie des Hellènes se sentait à l'aise au milieu de ces créations toutes personnelles, où chaque artiste pouvait mettre son originalité, son adresse à faire vivre et mouvoir des personnages. Il se serait mal accommodé de copier les peintures égyptiennes, ces bas-reliefs froids et compassés, où les types sont d'une convention uniforme, les visages sans expression, le dessin des formes d'une rectitude impeccable, qui n'admet guère de variété et donne peu l'idée de la vie. Aussi les céramistes de Naucratis semblent-ils

---

1. On a trouvé, paraît-il, à Naucratis, une cylix à figures noires, représentant Ulysse sous le bélier. Mais aucun des deux volumes publiés par l'*Egypt Exploration Fund* n'en donne de reproduction.

avoir volontairement oublié l'Égypte. Dans le choix des ornements, ils ont été amenés peut-être à faire, plus ou moins inconsciemment, quelques concessions au goût du pays, mais ce sont de simples concessions de détail. En fait, pas un tesson de leur poterie ne laisse deviner une seule de ces figures égyptiennes, comme on en voit sur les coupes en argent de Cypre ou de Phénicie. Tout ce qui paraît venir de l'Égypte se réduit à quelques têtes de nègres et à quelques animaux de la contrée; encore tout cela se retrouve-t-il ailleurs, aussi exact et à peu près aussi fréquent. Il n'y a donc eu là ni éducation spéciale, ni échange entre les deux peuples. Chacun d'eux a continué à travailler de son côté, en conservant les méthodes qui lui étaient propres; et la poterie naucratite du vi^e siècle ne représente point une phase particulière dans le développement de la céramique grecque archaïque, mais simplement et comme ailleurs l'épanouissement complet du style gréco-oriental [1].

Cependant les découvertes de Naucratis ont fourni quelques données précieuses, qu'il convient de résumer et qu'il importe de retenir. Elles montrent que la fabrication des types de Mycènes et des Iles avait à peu près totalement cessé vers le commencement du vi^e siècle, mais qu'elle avait cessé depuis peu de temps et que le goût n'en était pas tout à fait perdu : car, sur de très rares spécimens, on a signalé quelques imitations du style géométrique pur, mais le plus souvent elles apparaissent mêlées à des éléments plus modernes [2]. Si l'affirmation est moins permise en ce qui concerne les vases du Dipylon, leur absence, comme nous l'avons vu, paraît du moins prouver que les principaux centres de production doivent être cherchés du côté de la Grèce propre, qui ne prit aucune part à la colonisation primitive de Naucratis et qui ne paraît pas avoir été si tôt en relations avec l'Égypte.

D'autre part, la question des vases de Cyrène est éclairée d'un nouveau jour et semble bien près d'être définitivement résolue. On a pu constater tout d'abord que la technique de ces vases [3] présentait de notables différences avec celle de la poterie incontestablement naucratite. Ils se ressemblent les uns et les autres par l'emploi du brun et du rouge appliqués sur un fond blanchâtre; mais ce sont là des traits qui se retrouvent ailleurs, à Rhodes par exemple; ils dif-

1. Cf. GARDNER, *Naukratis*, II, p. 53.
2. V. C. SMITH, dans *Naukratis*, I, p. 48-49. Cf. GARDNER, *Naukratis*, II, p. 50.
3. Ce sont principalement des coupes, divisées en deux segments, qui laissent voir clairement l'in-

fèrent essentiellement par le système de décoration et par le choix des motifs. De plus, les vases du type dit de Cyrène sont très rares à Naucratis, tandis que les autres de tous styles y sont extrêmement nombreux. Enfin, l'alphabet qui paraît sur le plus connu de tous les vases cyrénaïques, la coupe d'Arcésilas de la Bibliothèque Nationale, est d'origine certainement péloponésienne, ce qui s'explique aisément par l'émigration contemporaine de Battos II [1]. Puchstein, décrivant en 1881 tous les spécimens de ce type qui étaient connus alors, les attribuait à la colonie thérienne du nord de l'Afrique [2], tandis que Lœschke les avait rattachés à une fabrique dorienne, comme Sicyone ou Sparte [3]. Les conclusions de Puchstein furent adoptées ou combattues par un grand nombre de savants [4]. Klein s'appuyant sur le témoignage de l'épigraphie, tendait à rapporter cette céramique à la Laconie [5] et Milchhœfer à la Crète [6]. M. Pottier [7], écrivant sous l'impression des trouvailles faites récemment en Égypte, et constatant que la plupart des vases du VIe siècle à couverte blanche provenaient de Naucratis, fut porté à y reconnaître plutôt qu'à Cyrène le principal centre de cette fabrication spéciale. Mais le récent travail de M. Studniczka sur la déesse Kyrene est venu apporter dans la discussion des éléments nouveaux, qui semblent de nature à lever à peu près tous les doutes [8]. Par une série de considérations historiques très plausibles, il a pu déterminer la date probable du vase de la Bibliothèque Nationale, qui serait du second Arcésilas, successeur immédiat de Battos II et contemporain d'Amasis [9]. Les

---

fluence des modèles métalliques orientaux. Il y a aussi des hydries et des cratères. V. PUCHSTEIN, *Arch. Zeit.*, 1881, pl. 10, 11, 13; DUMONT-POTTIER, *Céramiques de la Grèce propre*, p. 293 et suiv.

1. La forme du sigma, telle qu'on la rencontre plusieurs fois sur le vase d'Arcésilas, est tout à fait exceptionnelle à Naucratis. On la retrouve à Ipsamboul, à Amorgos et en Laconie.
2. *Arch. Zeit.*, 1880, p. 185; 1881, p. 215.
3. *Arch. Zeit.*, 1881, p. 34.
4. KIRCHHOFF, *Studien*, p. 65 et suiv.; WILAMOWITZ, *Homer. Untersuch.*, p. 186; BOLTE, *De Monum. ad Odyss. pertin.*, p. 7; HELBIG, *Das Hom. Epos*, p. 181; ARNDT, *Stud. zur Vasenkunde*, p. 20; RAYET, *Hist. de la Céramique*, p. 80; ROHDEN, dans Baumeister's *Denkm. d. klass. Alterth.*, t. II, 1959.
5. *Euphronios*, p. 77.
6. *Die Anfænge der Kunst*, p. 171-183.
7. Dans DUMONT, *Céramiques de la Grèce propre*, p. 298.
8. STUDNICZKA, *Kyrene eine altgriechische Göttin*, 1890. M. GARDNER (*Naukratis*, II, p. 51-52) avait déjà fourni des raisons très solides contre l'attribution de cette céramique à Naucratis. V. aussi l'important article critique, publié par E. MAASS, à propos du travail de STUDNICZKA, dans les *Göttingische gelehrte Anzeigen*, 1890, p. 337-384.
9. C'était déjà l'opinion de RAYET, *Histoire de la Céramique*, p. 84.

rapports intimes existant alors entre l'Égypte et la Cyrénaïque suffisent en effet à justifier le caractère égyptien si marqué dans les principaux détails de la composition. La fabrication de ces vases aurait continué assez longtemps à Cyrène, comme semble l'indiquer la rédaction de l'oracle rapporté par Héro-

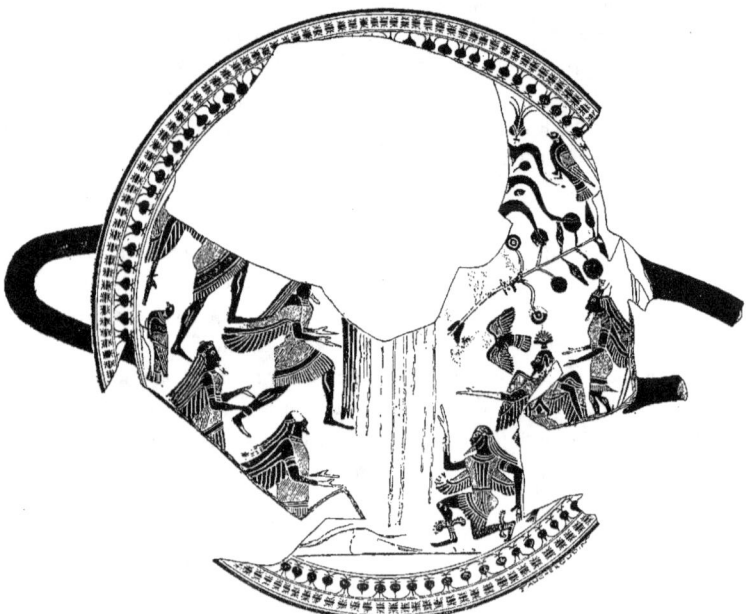

Fig. 32. — Vase de Naucratis représentant la déesse Kyrene adorée par des génies ailés.

dote[1] et qui n'a pu être imaginé que dans une ville produisant et exportant des poteries. De plus, grâce à une observation minutieuse des fragments conservés au British Museum, Naucratis elle-même vient aujourd'hui témoigner en faveur de l'origine cyrénaïque de nos vases. Une grande coupe, dont le dessin (fig. 32) publié par M. Petrie ne donnait pas une idée complète[2], présente,

---

1. IV, 163 : « Si tu trouves un fourneau plein d'amphores, ne fais pas cuire ces vases, mais abandonne-les au gré du vent. »
2. *Naukratis*, I, pl. VIII et IX.

à l'extérieur, outre la bande caractéristique de grenades à deux pistils, une frise d'animaux : coqs affrontés de chaque côté d'un entrelacs de lotus et de palmettes, aigles vus de face aux ailes éployées et sphinx de profil à ailes recoquillées. A l'intérieur, est figurée une scène dont le sens n'avait pu être exactement démêlé. On y voyait une série de personnages ailés, les mains tendues vers un grand arbre, partageant la composition dans toute sa hauteur et qu'on supposait être le silphion. M. Studniczka a démontré que la partie centrale était en réalité occupée par la nymphe Kyrène, déesse protectrice de la colonie de Cyrène, debout, avec un long vêtement à queue, et tenant dans ses mains non seulement le silphion, mais une branche de l'arbre des Hespérides, chargée de ses fruits d'or. Les démons ailés, assez fréquents sur les vases cyrénéens, ne seraient autres que des génies bienfaisants de l'air; à droite trois Boréades, avec un oiseau volant, à gauche une colombe et quatre harpies, gardiennes du jardin des Hespérides, bénissant la déesse et tendant les mains vers elle pour recevoir ses dons. En effet, c'est grâce à Kyrène[1] que, d'après certaines légendes grecques, le silphion aurait pris naissance d'une manière merveilleuse aux environs du jardin des Hespérides et dans le voisinage de la grande Syrte[2]. Enfin des fragments d'une autre coupe cyrénéenne[3], heureusement rapprochés par M. C. Smith, montrent encore la même déesse offrant une grenade à un dieu assis, qui doit être son époux Apollon, et derrière le siège de forme cyrénaïque on distingue une branche de silphion, qui se recourbe au-dessus de la tête du dieu. On le voit, ces représentations figurées, provenant de Naucratis même, se rapportent d'une manière certaine à des sujets cyrénéens ; et les vases de ce type y étant fort peu nombreux, il est tout naturel de penser qu'ils ont dû être fabriqués à Cyrène et importés en Égypte. Les relations ne pouvaient manquer d'être multipliées entre les deux colonies grecques du nord de l'Afrique, et un certain nombre de Cyrénéens pouvaient d'ailleurs habiter Naucratis, sans y former un groupe aussi important que ceux des Ioniens et des Doriens d'Asie Mineure[4].

---

1. Considérée comme une Hespéride.
2. Pline, V, 5, et XIX, 15. Cf. Théophraste, Φυτ. Ἰστ., VI, 33.
3. Provenant de Naucratis et aujourd'hui au British Museum.
4. Deux noms qui se lisent sur des fragments de vases cyrénaïques, Negomandros et Philammon, peuvent convenir aussi bien à des citoyens de Cyrène qu'à des citoyens de Naucratis.

Certaines poteries trouvées à Nebirèh sont faites d'une argile entièrement noire et on en a recueilli d'absolument semblables à Camiros. D'autre part, une tombe étrusque de Polledrara en avait fourni les premiers spécimens connus[1]. On a proposé d'en attribuer l'origine aux ouvriers naucratites[2]. Mais les fragments de ce genre sont rares à Naucratis. De plus, dans les inscriptions conservées sur quelques-uns d'entre eux, M. Gardner a reconnu les caractères du dialecte éolien et les éléments d'un alphabet, qu'il croit être celui de Lesbos ; plusieurs des dédicateurs sont d'ailleurs de Mitylène[3] : cette poterie peut donc avoir été fabriquée à Lesbos. La décoration présente, outre le rouge et le blanc, le bleu qui n'a jamais été rencontré sur aucun tesson naucratite. Les bandes de lotus ne comprennent que des boutons, jamais de fleurs ni de palmettes et elles sont accompagnées, au-dessus et au-dessous, de points inconnus sur les autres vases de la colonie grecque d'Égypte. Enfin les sujets figurés sur les deux séries, celle de Naucratis et celle de Polledrara, sont essentiellement différents. Les deux types sont donc tout à fait distincts, et rien ne permet d'attribuer au dernier une origine naucratite[4].

Un céramiste célèbre, Nicosthènes, paraît avoir laissé à Naucratis quelques traces de son activité. M. C. Smith[5] cite comme pouvant être de lui des bords de cratères presque identiques pour la forme et pour la décoration à un de ceux du British Museum qui sont signés de son nom[6] ; un fragment de cou d'amphore, avec deux lutteurs tels qu'il a coutume de les représenter ; un morceau de cylix, où le motif ornemental est absolument le même que celui d'une autre cylix signée[7] ; enfin le pied d'une coupe d'argile rouge, avec l'œil et l'inscription : ΝΙΚΟΣΘ[ένης ἐποίησ]ΕΝ. Les œuvres de cet artiste offrent un singulier mélange de styles et de manières diverses ; tout en représentant souvent des scènes mythologiques d'ailleurs fort simples, il aime les motifs orientaux, zones d'animaux, sphinx, sirènes, fleurs de lotus. Par l'exécution et aussi par certains détails, comme l'emploi des bourrelets sur la

---

1. L'Étrurie a certainement confectionné, elle aussi, ce genre de poterie spécial.
2. Cecil Smith, dans *Naukratis*, I, p. 49. Cf. Dummler, *Mittheil. d. d. Instit. Rom.*, 1888, p. 165; Baumeister, *Denkm.*, art. *Vasenkunde*.
3. *Naukratis*, II, p. 65-67.
4. Gardner, *Naukratis*, II, p. 50-51; cf. *Journal of Hellenic Studies*, 1889, p. 126 et suiv.
5. *Naukratis*, I, p. 52.
6. Klein, *Vasen mit Meistersignaturen*, n° 42.
7. Klein, n° 27.

panse et quelquefois même des reliefs, ses amphores se rapprochent des modèles métalliques. On a prétendu qu'il avait été le premier à dessiner, à l'extérieur des coupes, ces grands yeux qui sont probablement une imitation de l'œil mystique d'Horus, de l'*oudja* égyptien. C'est là une coutume qui remonte certainement plus haut. Du reste, ni l'époque ni le lieu où vécut Nicosthènes ne sont aisés à fixer[1]. Les produits de son art ont été trouvés surtout en Italie, et on a supposé que sa fabrique était à Cœré ou aux environs[2]. Sur quatre-vingts pièces de lui qui nous sont parvenues, trois ou quatre présentent cette particularité très rare de l'emploi simultané des deux systèmes de peinture, l'extérieur étant peint sur fond rouge et l'intérieur sur fond noir[3]; il semblerait ainsi appartenir à la période de transition où s'est opéré le passage des figures noires aux figures rouges, période très courte qu'on rapporte à la seconde moitié du ve siècle; et la gaucherie qu'on remarque dans un certain nombre de ses ouvrages tiendrait à une affectation d'archaïsme plutôt qu'à l'inhabileté de l'artiste[4]. D'après Loeschke[5], il aurait commencé à populariser en Attique la peinture sur couverte blanche, qui devait y atteindre plus tard une si haute perfection avec les lécythes funéraires. Mais rien ne prouve qu'il ait jamais été à Athènes, et d'autre part nous savons que cette technique avait pris, dès le vi^e siècle, un grand développement dans les colonies grecques d'Afrique. S'il est vrai, comme on l'a dit, qu'il ait occupé un grand nombre d'ouvriers et entretenu des relations commerciales avec toute l'Italie grecque et aussi avec la Grèce propre, il n'est pas impossible qu'il en ait eu également avec Naucratis et qu'il ait emprunté aux vases de fabrication locale des motifs égyptiens. La présence de son nom sur un tesson de Nebirèh permet en effet de supposer que cet artiste si varié et si inégal, qui paraît avoir puisé à tant de sources diverses, aurait connu, directement ou indirectement, les motifs ornementaux employés en Égypte par les Grecs qui s'y étaient fixés.

---

1. Sur Nicosthènes, V. *Journal of Hellenic Studies*, 1885, p. 19-29.
2. Rayet et Collignon, *Histoire de la Céramique*, p. 110.
3. L'une de ces dernières porte à la fois son nom et celui d'Epiktetos.
4. Bien entendu, quand il est question d'archaïsme voulu à ces époques, il s'agit des nécessités imposées à la fabrique pour contenter la partie de sa clientèle qui restait, malgré les progrès accomplis, attachée aux modes anciennes.
5. *Arch. Zeit.*, 1881, p. 34 et suiv.

En revanche, les fouilles de Naucratis nous ont appris peu de chose sur le potier Amasis, qu'on pouvait croire d'origine égyptienne ou tout au moins naucratite, et dont le nom est inscrit sur un certain nombre d'olpés ou d'hydries, surtout au Louvre et au British Museum. M. Petrie a cru distinguer, il est vrai, quelques-uns des caractères de son style sur deux fragments, dont l'un représente la tête d'un coq avec une partie du corps et l'autre un personnage à tête humaine, avec de grandes ailes déployées, dont on n'aperçoit plus que le haut[1]. Les deux vases portaient des dédicaces à Apollon; dans la première le nom est absent, dans la seconde il n'en reste que la fin..... ΚΕΣΤΟΣ. Il est difficile, avec des tessons isolés et si peu significatifs, de se figurer la forme du vase et l'ensemble de la décoration. La conjecture en question nous semble donc très hasardée et il faut se résigner, pour le moment, à ne rien savoir de plus sur Amasis que ce qu'on en connaissait jusqu'ici[2].

Toutefois, les diverses observations que nous venons de présenter montrent que les fouilles de Nebirêh n'ont pas été sans utilité pour l'histoire de la céramique archaïque. Elles ont fourni des exemples de presque toutes les poteries déjà connues; et, comme la date de la fondation de la ville peut être déterminée à dix ou quinze ans près, elles ont contribué par là à nous renseigner sur l'état de l'art grec en Orient, à cette époque de transition qui comprend la fin du VIIe siècle et le commencement du VIe. Elles auraient produit des résultats plus certains et par suite plus féconds, si, au lieu de s'en tenir à des discussions d'ordre secondaire, on avait abordé franchement et tout d'abord la question principale, celle qui doit primer toutes les autres : La terre est-elle égyptienne, oui ou non? Et si elle l'est dans certains cas, quels sont les types, les variétés qu'elle a servi à fabriquer? Cette difficulté une fois tranchée, les autres seraient relativement faciles à résoudre; autrement, elles ne peuvent l'être que d'une façon approximative.

Les Grecs, nous l'avons dit, ne semblent pas avoir fabriqué chez eux la céramique émaillée, qu'on appelle communément faïence ou porcelaine égyptienne[3]. L'importation des objets de ce genre constituait depuis long-

---

1. *Naukratis*, I, pl. VI, 1, 2.
2. Sur Amasis, v. POTTIER, *Revue archéologique*, 1889, I, p. 31-37.
3. On sait que les Grecs désignaient ce produit sous le nom de λίθος Αἰγυπτιακός. (V. SCYLAX, *Périple*, § 112; *Geogr. Minor.* DIDOT, I, p. 94.)

temps une des branches du commerce phénicien. On les achetait à cause de leur éclat et surtout comme amulettes, à cause des figures qu'ils portaient et des signes inconnus auxquels on attribuait un pouvoir magique. Les Égyptiens avaient inventé la technique de l'émail et ils l'avaient portée à une perfection qui n'a pu être surpassée. Avec ce soin minutieux qui les distingue, ils traçaient sur la terre encore humide et avant l'application de la glaçure des motifs d'une ornementation légère : yeux mystiques, poissons, palmettes, fleurs de lotus. Dès la XI⁰ dynastie, on savait modeler à Thèbes des animaux en relief, comme ces hippopotames de Drah abou'l Neggah trouvés dans la tombe d'un Entouf et dont le corps est historié de plantes aquatiques, figurant le milieu où ils avaient coutume de vivre. Mais c'est à Tell el-Amarna, sous Aménophis IV, que « la fabrication des émaux multicolores parait avoir atteint son plus grand développement. » Du moins est-ce là que M. Maspero a trouvé « les modèles les plus fins et les plus légers, des bagues jaunes, vertes, violettes, des fleurettes blanches ou bleues, des poissons, des luths, des grenades, des grappes de raisin[1] »; des éperviers, des vases en forme de hérisson, des statuettes d'une grâce exquise. Sous la XXVI⁰ dynastie, cet art n'avait point dégénéré : ainsi on a de ce temps des ampoules lenticulaires qui, pour le fini de l'exécution et l'habileté du dessin, ne le cèdent en rien aux ouvrages antérieurs. On comprend que les Grecs de Naucratis aient voulu imiter ces petits chefs-d'œuvre, dont la vogue était universelle. En s'appropriant les procédés de fabrication, ils pourraient vendre à meilleur marché que les Phéniciens, et ils étaient sûrs à l'avance de ne point manquer d'acheteurs. Seulement il leur fallait tout apprendre, la nature et le gisement des matières premières, la façon de les employer et de les décorer. Des indigènes durent s'installer au milieu d'eux pour diriger leurs premiers essais. La manufacture de poterie émaillée, tout à fait séparée des ateliers de céramique grecque, s'installa dans le sud-ouest de la ville près du temple d'Aphrodite[2]. Sur l'emplacement où elle était située, les fouilles ont donné un nombre considérable de scarabées, d'amulettes, de fragments de vases ou de statuettes. Si le procédé est tout égyptien, la décoration est souvent composite, et les inscriptions fourmillent de fautes. L'ar-

---

1. MASPERO, Archéologie égyptienne, p. 256.
2. V. le plan de la ville, Naukratis, I, pl. XLI, et, dans ce Mémoire, fig. 28, p. 179.

gument, a-t-on dit, prouverait aussi bien en faveur des Phéniciens que des Grecs[1]. Mais ceux-ci ne paraissent presque nulle part à Naucratis, et on a trouvé au même endroit quantité de poterie grecque, qui témoigne de la présence d'un personnel de race hellénique. Sur ce point encore il semble que l'initiative ait pu appartenir aux colons rhodiens. Les tombeaux de Camiros ont fourni tant de faïences égyptiennes, qu'on s'est demandé si des fabriques n'auraient pas existé dans l'île même. En tout cas, elles auraient été fondées, ce semble, postérieurement à celles de Naucratis et par des ouvriers ayant appris leur métier en Égypte. La poterie émaillée était faite ici sur place, puisqu'on a exhumé près de sept cents moules pour scarabées, têtes, ampoules, yeux mystiques, animaux, etc. La pâte, tendre et friable, était revêtue d'un émail dur, bleu, vert ou jaune. La matière retirée du moule, on y gravait le décor; puis le tout était recouvert d'une glaçure uniforme et cuit à un feu vif, sans trou d'évent. On a recueilli quelques boules de la composition dont on se servait après l'avoir moulue très fin, pour colorer et la pâte et la glaçure[2]. Le bleu est analogue à celui qu'employaient les Égyptiens pour obtenir le lapis-lazuli artificiel (*chesbet*). Comme eux aussi, les Naucratites émaillèrent non seulement la pâte, mais la pierre poreuse ou dure; ils furent donc en tout leurs dociles élèves. Parmi les objets provenant de Rhodes et de Naucratis, les uns paraissent nettement égyptiens, ayant été achetés soit comme curiosités soit comme modèles. Les autres en très grand nombre laissent voir, dans la manière de traiter les ornements et de grouper les caractères hiéroglyphiques, une inexpérience qui semble trahir leur origine étrangère. Cette preuve par l'ignorance n'est d'ailleurs pas décisive. Les Égyptiens, sur leurs propres monuments, commettent souvent des erreurs assez grossières pour rendre le sens douteux. Cependant les méprises sont tellement fréquentes sur les amulettes de Naucratis, qu'on est presque forcé de les attribuer à des ouvriers connaissant peu ou point la langue et la religion des bords du Nil.

En Égypte, on le sait, le scarabée était considéré comme un symbole

1. HIRSCHFELD (*Berl. Philol. Wochenschr.*, 1890, p. 914).
2. *Naukratis*, I, p. 36-38. M. Petrie mentionne encore des ampoules à vernis jaune; des morceaux de plaques minces, colorés en bleu d'un seul côté; un char à quatre chevaux, d'un travail très rude, émail vert tirant sur le jaune; plusieurs petites figures égyptiennes: œil double, éperviers, Phtah, Anubis, serpents, perles, etc.

mystique de vie. « Les plus gros avaient gardé le caractère primitif d'amulettes, les plus petits avaient fini par devenir de simples bijoux... Les signes gravés sur le plat sont tantôt de simples combinaisons de lignes, des enroulements, des entrelacs sans signification précise, tantôt des symboles auxquels le propriétaire de l'objet attachait un sens mystique et que personne, sauf lui, ne pouvait comprendre, tantôt les noms et le titre d'un individu, tantôt des cartouches royaux ayant un intérêt historique[1]. » Toutes ces variétés se retrouvent dans les planches publiées par MM. Petrie et Gardner[2]; elles comprennent en outre des amulettes à base rectangulaire ou circulaire, portant au dos des lions couchés, des hippopotames, des têtes de singes et de béliers. Quant aux scarabéoïdes, lorsqu'ils ne présentent pas au revers une figure plus ou moins exacte de l'animal sacré, ils la remplacent, comme on le voit aussi très souvent en Égypte, par une tête sommairement dessinée, où les frisures de la perruque sont rendues par de simples lignes croisées[3]. Presque tous sont de petites dimensions; quelques-uns cependant ont 2 à 3 centimètres dans leur plus grande longueur[4]. L'un des plus grands[5] est terminé, à la partie supérieure de l'ovale, par un petit appendice, qui permettait sans doute de le suspendre comme ornement central d'un collier.

Il est difficile, on le comprend, de classer d'une manière méthodique ces petits monuments, qui offrent des représentations souvent confuses, et gravées par des ouvriers, qui presque toujours devaient les exécuter sans les comprendre. La plupart des divisions qu'on a coutume d'établir entre les dessins soi-disant égyptiens, assyriens ou grecs archaïques, reposent sur des classifications, qui elles-mêmes sont loin d'être certaines. Ainsi, quand on voit des amulettes comme celles qui portent, à la face, une série de petits cercles marqués d'un point au milieu avec une rosace au revers, on serait tenté, d'après

---

1. MASPERO, *Guide du Visiteur au Musée de Boulaq*, p. 225.
2. *Naukratis*, I, pl. XXXVII et XXXVIII, et II, pl. XVIII. On peut comparer les séries de scarabées égyptiens publiées par LEEMANS, *Monuments du Musée de Leide*, t. I (Monuments religieux), pl. XXVII et suiv., II (Monuments civils), pl. XL et suiv. (Scarabées royaux); et aussi les scarabées trouvés en Sardaigne : EBERS, *Gli Scavi*, etc., dans les *Annali dell' Istit.*, 1883, p. 76-135, et les planches correspondantes.
3. V. *Naukratis*, I, pl. XXXVII, 4, 9, 11, 26, 83, 133, 141, 142, 145, et les moules pl. XXXVIII, 6 à 11. *Naukratis*, II, pl. XVIII, 55, 59-61.
4. Par exemple, *Naukratis*, I, pl. XXXVII, 14, 79, 107; pl. XXXVIII, 150-153, 162, 164, 187-189. *Naukratis*, II, pl. XVIII, 74, 75.
5. *Naukratis*, I, pl. XXXVII, 14.

les données reçues, de prêter cette décoration au système de l'archaïsme grec[1]. Et pourtant, ces motifs sont essentiellement égyptiens; ils figurent déjà sur des monuments de la VIe dynastie, et on les rencontre depuis à des époques très diverses. Ailleurs[2], voici un char monté par un guerrier, qu'on prendrait encore volontiers pour un dessin d'origine hellénique. Mais les scarabées égyptiens en montrent souvent de pareils; c'est là seulement une simplification du Pharaon sur son chariot de guerre, tel qu'on le voit justement figuré sur une autre amulette de la même collection[3]. Les griffons sont considérés presque toujours comme formant un des traits les plus caractéristiques de la décoration assyrienne. On pourrait tout aussi bien cependant leur assigner une origine égyptienne; l'animal de Set, avec son museau recourbé en forme de bec et ses oreilles dressées comme une double crête, pour peu qu'on lui ajoute des ailes, en donne aisément l'idée[4]. Il serait donc assez délicat de prétendre établir des catégories absolues dans un sujet si complexe, où les distinctions préalables n'ont point été faites ou l'ont été d'une manière hâtive et souvent fort arbitraire. Aussi nous contenterons-nous d'établir deux grandes classes, assez larges et assez vagues pour comprendre à peu près tous les motifs, sans trop préjuger de leur origine primitive, et nous diviserons nos petits monuments, d'après les représentations qu'ils portent, en sujets qui ne se trouvent qu'en Égypte, et sujets qui se trouvent ailleurs en même temps qu'en Égypte.

Parmi les amulettes de la première classe, quelques-unes portent des inscriptions lisibles, qui ne laissent pas de doute sur l'usage de l'objet où elles étaient gravées. Ainsi : santé, paix, faveur divine; — dévoué à tout dieu; — le signe du bonheur entre les deux plumes de la vérité et les deux corbeilles exprimant l'idée de la maîtrise; — la voix d'Horus est la vie; — Apet, maîtresse des charmes magiques; — charmes d'Isis, etc.[5]. Parfois on se contente d'un signe, comme celui du papyrus posé sur la terre ou au-dessus d'une barque[6]; d'un emblème comme le scorpion de Selkit[7]; d'un animal : lièvre[8],

---

1. *Naukratis*, I, XXXVII, 1 à 3; II, 1, 2. — 2. *Ibid.*, XXXVI, 134. — 3. *Ibid.*, II, XVIII, 67.

4. D'ailleurs, sous la XVIIIe dynastie, le roi dans la bataille est maintes fois comparé à un griffon. Il réunit en lui la personnalité de Set avec celle d'Horus; et sur les scarabées, par exemple, l'animal de Set remplace souvent, devant le cartouche, l'épervier d'Horus..

5. *Naukratis*, I, pl. XXVII, 107, 108, 109, 110, 114, 115. Cf. *Naukratis*, II, pl. XVIII, 52 : « pour donner le bonheur. »

6. *Naukratis*, I, XXXVII, 4 à 7; XXXVIII, 159. — 7. *Ibid.*, I, XXXVIII, 8 à 10. — 8. *Ibid.*, I, XXXVII, 12.

antilope, **chèvre**[1] ou chatte de Bastit, ces divers animaux étant presque toujours surmontés du disque solaire. Ailleurs[2], un Horus enfant assis est coiffé de l'*atef* égyptien; un dieu ou un chef se tient debout, appuyé sur le bâton de commandement[3]; un oiseau se dresse entre deux hommes, qui semblent le menacer et le saisir[4]; deux personnages, vêtus l'un du jupon court, l'autre de la longue robe, se tiennent de chaque côté de la branche dentelée du perséa, qui signifie un grand nombre d'années[5]. Des noms divins, comme Shouse-Ra, Shou-ānkh ou Mā-ankh, Amon-Ra, Hor-Ra[6], d'autres encore, placent le porteur de l'objet sous l'invocation et la protection spéciale du dieu. On trouve également des noms d'hommes, Ankh-Hor, Chonsouhes (le favori de Chonsou), Petisis, Petoubastit, etc., et souvent les appellations divines peuvent se confondre avec les appellations humaines[7].

Une série assez nombreuse comprend des noms ou prénoms royaux, tantôt seuls, tantôt dans un cartouche, précédé de l'un des deux signes royaux habituels, l'épervier d'Horus ou le griffon de Set. Plusieurs appartiennent à des souverains très anciens, soit qu'ils aient été apportés des villes égyptiennes ou copiés fidèlement par les dessinateurs de Naucratis; mais ils n'ont pas ici plus d'importance pour la chronologie que ceux qu'on a trouvés à Rhodes ou dans la Grande-Grèce. Ainsi on rencontre deux fois celui de Menkeri[8], le roi légendaire de la IVe dynastie, le Menkérès ou Mykérinos des Grecs. Le plus fréquent est celui de Thoutmès III, le conquérant de l'Asie[9]. Son cartouche-prénom, composé de trois signes assez simples, paraît du reste avoir été reproduit sans cesse par les graveurs égyptiens, et il fournissait aux Grecs un modèle facile à reconnaître et à imiter; aussi le voit-on un peu partout dans les pays visités par leurs marins, sous les formes Khopirri, Menkhopirri, Kho-

---

1. *Naukratis*, I, XXXVII, 15 à 19.
2. *Ibid.*, I, XXXVII, 122.
3. *Ibid.*, 123-125.
4. *Ibid.*, 126.
5. *Ibid.*, 121.
6. *Ibid.*, 83 à 87, 95 à 97, 93, etc.
7. Trois plaques de stéatite, dont les plus grandes ont jusqu'à 0^m,03 1/2 de longueur, sont encore des types tout à fait égyptiens. L'une porte à la face le cartouche de Thoutmès III, et au revers un entrelacs avec des uræus; la seconde un gros poisson, puis trois dieux Bès dansant au-dessus d'un crocodile; les deux côtés de la dernière offrent un lion, avec la plume et le signe de la terre.
8. *Naukratis*, I, XXXVII, 61, 62.
9. *Naukratis*, I, XXXVII, 63, 71 à 75; II, XVIII, 71, 72, 78.

pirkeri¹. Quant à Ra-men-Hor, Ra-āa-Hor², dont on a voulu faire des roitelets de la dodécarchie³, ils ne figurent ni dans la liste de Piônkhi ni dans les inscriptions assyriennes. Tout cela du reste n'a d'intérêt que pour l'histoire antérieure de l'Égypte. Il n'en est pas de même des noms de rois contemporains de l'existence de Naucratis. Celui de Psammétique revient trois fois⁴; le prénom de Psammétique II, Nofiribri, deux fois seulement⁵. Enfin le nom Ouahibri figure sur une demi-douzaine de pièces⁶; mais il peut se rapporter indifféremment à Psammétique Iᵉʳ ou à Apriès⁷. De ce que le cartouche d'Amasis n'a pas été découvert sur l'emplacement de la fabrique, on a conclu qu'elle avait dû être en pleine activité sous les premiers rois de la XXVIᵉ dynastie, et cesser de produire sous Amasis. Cette argumentation est loin d'être probante. Le nom de Néchao ne paraît pas non plus sur nos scarabées⁸, et cependant les ateliers fonctionnaient sous son règne, s'il est vrai qu'ils eussent été ouverts sous celui de Psammétique Iᵉʳ. L'absence du cartouche d'Amasis peut donc être simplement due au hasard, aussi bien que celle du cartouche de Néchao. Les conséquences historiques qu'on a voulu en tirer, cessation du travail dans la manufacture, et même arrêt général des affaires au début du règne d'Amasis, paraissent ainsi manquer de soutien.

La seconde catégorie, qui comprend les sujets mixtes ou gréco-égyptiens, est plus difficile à établir. En effet, les représentations qu'elle comporte peu-

---

1. D'ailleurs, il a été gravé souvent sans doute comme une phrase de bon augure, plutôt que comme un souvenir du roi de la XVIIIᵉ dynastie, qui l'avait porté, les trois signes qu'il contient, exprimant un des dogmes fondamentaux de l'orthodoxie égyptienne : Durable à jamais est le devenir de Ra. (V. MASPERO, *Guide du Visiteur au Musée de Boulaq*, p. 225.)

2. *Naukratis*, I, XXXVII, 49, 50, 52.

3. PETRIE, *Naukratis*. I, p. 37. V. aussi, pour les scarabées royaux, le recueil de M. PETRIE, *Historical Scarabs*, 1889.

4. *Naukratis*, I, pl. XXXVII. et p. 79 à 81; encore est-il incomplet et douteux dans le second exemple. On en peut dire autant pour le scarabée 69, *Naukratis*, II, pl. XVIII. Le graveur n'a écrit que trois des quatre signes constitutifs, ainsi disposés : *pkm*. Celui-là était bien probablement un Grec, ignorant la valeur exacte des signes qu'il reproduisait.

5. *Naukratis*, I, XXXVIII, 184 (jaspe vert); II, XVIII, 28. Menibri est un nom commun dans les dynasties du Moyen-Empire, qui ne saurait lui appartenir.

6. *Naukratis*, I, XXXVIII, 184, 185, 187; et t. II, pl. XVIII, 27, 29.

7. C'était en effet le prénom de Psammétique Iᵉʳ et le nom d'Apriès.

8. Du reste, le cartouche-prénom de Néchao ne diffère du nom et du prénom de Psammétique Iᵉʳ et d'Apriès que par l'insertion d'un *m* entre ouah et ib-ri. Quand on voit les fautes si nombreuses commises dans la gravure des noms, on peut admettre que le signe *m* ait été quelquefois omis.

vent à la rigueur se rattacher à l'Égypte d'une manière plus ou moins directe. Mais elles étaient entrées, grâce aux Phéniciens et depuis longtemps déjà, dans le domaine commun de la décoration archaïque. On les retrouve pour la plupart sur les vases du vi^e siècle, et elles fournissent aux peintres céramistes des motifs d'ornementation qu'ils varient, qu'ils transforment selon leur fantaisie personnelle; les graveurs d'amulettes, qui opèrent dans un champ beaucoup plus restreint, ne sauraient se permettre les mêmes libertés. Pour dessiner des animaux fantastiques ou réels, ils sont forcés de les réduire et de les simplifier, de s'en tenir aux éléments essentiels. Ils sont assez adroits cependant pour rendre avec justesse les traits caractéristiques des êtres qu'ils essayent de représenter. Lorsqu'ils veulent montrer, par exemple, un lion et un cerf ou une antilope, ils semblent diviser en deux registres le champ si étroit dont ils disposent, et on voit le fauve allongé s'étendre au-dessus du cerf paissant[1]; ou mieux ils disposent les deux figures en sens inverse[2], et la bête féroce paraît dévorer l'autre couchée à terre[3]; ailleurs, par un mouvement indiqué en quelques traits, un grand félin, lion ou léopard, se précipite sur un cheval, ordinairement muni de grandes ailes[4]. Quelquefois le cheval est seul, comme on le voit également dans les scarabées égyptiens[5]. Mais il prend en certains cas des formes très compliquées : ses ailes rappellent le Pégase de Persée et de Bellérophon; son corps se termine par une queue bifide de poisson ou de dragon[6]. De nombreux griffons, assis ou passants, tiennent à la fois de l'Égypte et de l'Assyrie. Les sphinx debout et passants, avec la barbe caractéristique des dieux et des rois[7], sont d'allure plutôt égyptienne; mais d'autres, accroupis, avec la tête imberbe et les grandes ailes recoquillées se terminant en pointe, rappellent ceux qu'on rencontre si souvent sur la poterie d'argile, exécutés par des Grecs[8].

Il faut reconnaître toutefois que ces tendances à se rapprocher de la manière hellénique sont rares et peu accusées chez les fabricants de scarabées naucra-

---

1. *Naukratis*, I, pl. XXXVII, 137. — 2. *Ibid.*, 138. — 3. *Ibid.*, 139. — 4. *Ibid.*, 140, 145. Cf. *ibid.*, II, pl. XVIII, 6, 7. — 5. *Ibid.*, 144.

6. *Ibid.*, 147. Cf. dans Cesnola, *Cyprus*, pl. XL, f. 18, un cheval ailé à queue de dragon. On voit aussi des figures analogues sur les scarabées sardes (V. Ebers, dans *Annali*, *l. c.*, 1883).

7. *Ibid.*, I, pl. XXXVII, 28 à 30; II, pl. XVIII, 62.

8. *Ibid.*, I, pl. XXXVII, 31. On peut en dire autant d'un quadrupède ailé, à ailes recoquillées et dentelées (*Naukratis*, II, pl. XVIII, 55); au revers, une tête de nègre, d'aspect grotesque.

tites. Si les Grecs n'ont presque rien emprunté directement à l'Égypte pour la poterie peinte, quand il s'agit de la terre émaillée, on peut renverser la proposition et dire qu'ils lui ont pris à peu près tout. C'est qu'en effet la situation des fabricants d'amulettes était tout autre que celle des potiers ordinaires. Ils ignoraient les principes d'un art tout nouveau pour eux; ainsi, n'étant que des apprentis, ils ne pouvaient que suivre et copier leurs maîtres. Et ils l'ont fait avec une docilité entière, s'attachant à reproduire de leur mieux des symboles, des légendes, dont le sens leur échappait le plus souvent. De plus, ces petits objets, couverts de signes mystérieux, prenaient aux yeux des acheteurs une importance religieuse. La superstition leur prêtait des vertus prophylactiques, agissant dans maintes circonstances de la vie. Des formules mal rédigées auraient manqué tout leur effet; on devait donc s'efforcer de les rendre avec tout le soin possible, ou du moins (car la vérification était malaisée) de leur donner une certaine exactitude d'apparence, qui les fît prendre de confiance. Il n'en était pas de même sans doute pour les petits vases ou autres objets émaillés de nature diverse. Mais là encore tous les modèles étaient égyptiens; il eût été difficile d'appliquer à cette technique les procédés de la décoration grecque; d'ailleurs, en Égypte même, on ne se servait généralement de l'émail que pour certains ouvrages d'un genre déterminé et de dimensions médiocres. Les alabastres et aryballes de Camiros[1], s'ils ont été fabriqués à Naucratis, prouveraient déjà une grande habileté de main, mais ils montreraient aussi que leurs auteurs ne s'étaient point affranchis de la tutelle de l'Égypte. Quant au vase en forme de dauphin qui porte sous le vernis le nom de Pythès, il témoigne d'une tout autre indépendance; c'est bien là réellement un ouvrage grec, exécuté librement avec les procédés de la céramique égyptienne. Il peut avoir été commandé en fabrique, comme le suppose M. Perrot, par un Grec qui en aurait fourni lui-même le dessin et la légende; mais, dût-on en faire honneur aux artistes naucratites, l'exemple n'en demeurerait pas moins tout à fait isolé. Partout ailleurs, ils sont restés de simples imitateurs, ou pour mieux dire de véritables plagiaires. Lorsqu'ils font des figurines vernissées, ce sont de petits personnages tout égyptiens, jouant de la double flûte ou portant devant eux un naos[2]; des têtes coiffées de

---

1. V. Perrot, *Histoire de l'Art*, III, pl. V.
2. *Naukratis*, II, pl. XVII, 4, 6.

la perruque et couronnées d'une guirlande de fleurs[1]; un masque d'Hathor, surmonté de la porte monumentale, flanquée de deux spirales comme dans les sistres[2]. Qu'ils aient à modeler des situlæ minuscules, des pendants d'oreilles, de grands oudjas ornés d'un lion couché[3], c'est toujours l'art indigène qui leur fournit la donnée et les motifs, et ils essayent à peine de les varier en y mêlant quelque invention nouvelle.

Tous ces ouvrages en terre émaillée furent bientôt, comme nous le verrons, exportés et répandus au loin par le commerce. Il nous suffira de remarquer ici combien il est peu naturel d'attribuer aux Phéniciens exclusivement des objets comme les vases de Camiros ou la tête casquée d'Apriès. Si un artiste phénicien avait eu l'idée de modeler une figure de soldat, n'eût-il pas représenté plutôt quelqu'un des mercenaires de sa nation qui servaient, eux aussi, dans l'armée pharaonique ?

Comment expliquer surtout la présence de lettres grecques sous l'émail d'un vase, dont la forme d'ailleurs ne rappelle en rien les habitudes orientales ? Toutes ces difficultés disparaîtraient, si on admettait que les objets en question ont pu être travaillés en Égypte, mais par des Grecs[4]; et rien n'empêche absolument de l'admettre, puisqu'il est certain aujourd'hui qu'en effet des Hellènes ont pratiqué à Naucratis l'industrie de la terre vernissée[5].

Quant à la durée de cette industrie, nous ne voyons pas quelles raisons auraient pu la faire cesser, comme on le prétend, avec le règne d'Amasis. Qu'elle ait eu comme les autres un temps d'arrêt pendant cette période troublée, mais assez courte, de la lutte entre Apriès et Amasis, le fait est possible. Les Grecs, qui avaient été du parti vaincu, purent être, après la défaite d'Apriès, l'objet de représailles violentes. La question de leur séjour en Égypte dut être agitée avec passion dans les conseils du nouveau roi; et elle eût été résolue contre eux si Amasis, comprenant mieux ses intérêts, n'avait réussi à tout concilier en détruisant les stratopeda et en réglant d'une manière nouvelle les conditions du commerce hellénique. Mais la crise une fois passée, l'industrie naucratite se releva très promptement; elle prit même, grâce aux privilèges octroyés à la colonie grecque, un essor inconnu jusque-là; il est

---

1. *Naukratis*, II, pl. XIX, 5. — 2. *Ibid.*, 15. — 3. *Ibid.*, 3, 11, 2.
4. Ou à Camiros, mais par des Rhodiens qui se seraient formés en Égypte.
5. Cf. Rayet et Collignon, *Histoire de la Céramique grecque*, p. 365, 370-371.

donc peu vraisemblable que seule la fabrique de terre émaillée ait disparu, tandis que les autres se multipliaient et s'agrandissaient de toutes parts.

Les Grecs de Naukratis ne paraissent pas s'être adonnés à la fabrication du verre, connue pourtant en Égypte depuis les plus anciennes dynasties. Les objets en verre sont si rares, qu'ils doivent être regardés comme des curiosités coûteuses et probablement importées, plutôt que comme des produits locaux et d'usage courant. Citons un sceau ou une amulette avec un lion courant (*Naukratis,* I, pl. XX, 13); un pion vert émeraude à six faces, plat à la base, aigu au sommet (23); un pendant d'oreille bleu opaque (24); une tête de femme en verre bleu foncé, à deux visages, d'un caractère tout à fait égyptien (31); enfin, une tête de nègre aujourd'hui au Musée de Boulaq.

D'après le plan publié dans *Naukratis,* I, pl. XLI, les fondeurs auraient occupé, dans la partie centrale de la ville et dans l'est, un point intermédiaire entre les ateliers des céramistes et ceux des fabricants de scarabées. M. Petrie parle des nombreux outils de fer qu'il a classés et décrits, comme ayant été déterrés surtout par les Arabes, mais à une assez grande profondeur, ce qui permettrait de les faire remonter, en grande partie, au vi^e siècle. On a trouvé d'ailleurs, sur les emplacements indiqués, quantité de scories et même quelques morceaux de fer spéculaire : ainsi le fer était réellement fondu et travaillé sur les lieux mêmes. Nous avons vu que cette industrie tenait à Daphnæ une place considérable. Peut-être, après la destruction des établissements de la branche Pélusiaque, une partie des ouvriers qu'elle y occupait se transportèrent-ils à Naukratis ; cette dernière ville put devenir à son tour un centre important pour les travaux métallurgiques. L'histoire de Rhodopis, consacrant à Delphes le dixième de ses richesses et commandant pour cela une quantité considérable de broches de fer[1], semble confirmer cette supposition ; c'était un moyen pour elle de rendre à ses concitoyens une part du bien dont ils l'avaient si généreusement comblée. A Naukratis, les armes sont naturellement plus rares qu'à Daphnæ, la ville des mercenaires; on n'y a recueilli en effet qu'une seule épée, brisée en plusieurs morceaux et privée de sa garde[2]. Avec deux fers de lance et quelques têtes de flèches, de types différents, plates, triangulaires ou à crochets[3], voilà tout ce que la ville a fourni en fait d'armes de guerre. Les outils appropriés aux usages civils et destinés à travailler

---

1. Hérodote, II, 134. — 2. *Naukratis*, I, pl. XI, f. 27. — 3. *Ibid.*, 2, 3, 4.

la pierre ou le bois sont au contraire fort nombreux et assez variés. Les haches sont de deux types, la grande à un seul tranchant, percée d'un large trou à l'arrière pour recevoir le manche en bois, et le *celt,* plus petit, avec l'emboîture profonde et le tranchant élargi [1]. Les formes sont à peu près celles qu'on retrouve partout, à Alambra [2] comme à Hissarlik [3], dans la Haute-Asie [4] comme en Europe. Les ciseaux, recueillis en grande quantité, peuvent se classer en deux catégories principales, les uns présentant de larges emboîtures où s'enfonçait un manche de bois, les autres munis d'une soie métallique, au moyen de laquelle on les fixait dans la poignée [5]. Des forets, des gouges, des pics d'une forme spéciale [6] sont également assez fréquents et montrent que l'art du menuisier, celui du charpentier, du tailleur de pierre étaient poussés assez loin dans la colonie grecque d'Égypte. On y employait, pour polir, des grattoirs en métal [7] qui rappellent ceux de nos plombiers ; les hameçons du pêcheur [8] ressemblaient tout à fait aux hameçons de bronze qu'on a trouvés dans des tombeaux égyptiens de la XVIIIe dynastie, et ils ne différaient en rien de ceux dont nous faisons encore usage. Des poinçons [9] servaient peut-être aux marins de Naucratis pour la confection des voiles, faites avec le lin de l'Égypte. Les instruments agricoles sont assez rares, comme on devait s'y attendre, les Naucratites n'ayant guère de terrains à cultiver et s'adonnant tout entiers au commerce et aux travaux de l'industrie. Des faucilles [10] étaient néanmoins forgées pour les cultivateurs des environs, ainsi que des hoyaux à large lame infléchie [11], analogues à ceux avec lesquels on retourne la terre dans tous les pays. Quant aux couteaux, on a relevé, dans la ville ancienne, quelques lames qui n'offrent pas de particularités à signaler [12]. Celui qui faisait partie des dépôts de fondation découverts sous la porte monumentale de Ptolémée II à l'Hellénion [13] a même conservé son manche, et il est probable que les formes n'avaient pas beaucoup changé dans l'intervalle qui sépare les deux époques. — Un des objets les plus curieux

1. *Naukratis*, I, pl. XI, 25 et 24.
2. V. Cesnola, *Cyprus*, pl. V.
3. Schliemann, *Ilios*, trad. française, 598-600.
4. Place, *Ninive et l'Assyrie*, II, pl. 70-77.
5. *Naukratis*, I, pl. XI, 13, 14. — 6. *Ibid.,* 10, 22, 17. — 7. *Ibid.,* 18. — 8. *Ibid.,* 8, 9. — 9. *Ibid.,* 26. — 10. *Ibid.,* 11. — 11. *Ibid.,* 3. — 12. *Ibid.,* 7.
13. *Ibid.,* I, pl. XXV, f. 2, 18. On en rencontre, au reste, de pareils en Égypte. Les haches qui se trouvaient là (1, 19), sont tout à fait semblables aux haches égyptiennes.

est cette main étendue, à l'extrémité d'une longue tige de fer[1] (fig. 33), où l'on a voulu voir un tisonnier (*poker*) servant à remuer les charbons dans le foyer. C'est en réalité un de ces encensoirs particuliers à l'Égypte, comme on les voit sur les monuments, maniés par le pharaon ou par un prêtre. Le vase d'encens était posé sur la main de métal, dont la tige figurait le bras, et on l'approchait ainsi de la statue du dieu ou du mort, pour faire monter le parfum jusqu'à ses narines[2].

Fig. 33. — Encensoir trouvé à Naucratis.

M. Petrie a décrit, malheureusement sans les reproduire, des masses de fer épaisses au milieu et s'amincissant aux deux extrémités[3], qui ne seraient autre chose, selon lui, que des lingots de métal, tels qu'on les façonnait pour la vente en gros. Toutefois, la description qu'il en donne fait songer à certains des outils découverts à Khorsabad par M. Place, dans ce magasin d'instruments en fer que renfermaient les dépendances du palais de Sargon. Malgré l'énormité de leur poids (12 kilogrammes), c'étaient des bouchardes, au dire de M. Place, et il avait vu les ouvriers de Mossoul en employer d'à peu près semblables, qu'ils manœuvraient sans manche, piquant la pierre comme s'ils l'avaient frappée avec le poing. Ces masses sont percées, près d'une de leurs extrémités, d'un trou trop petit pour qu'on y pût adapter un manche de bois, capable de les manœuvrer sans se briser ; et, d'autre part, le magasin, où tout a été trouvé en parfait état de conservation, ne renfermait aucun manche de fer[4]. M. Petrie ne mentionne aucune ouverture dans les soi-disant lingots de Naucratis. S'il en a existé une, elle pourrait, du reste, avoir été bouchée par la rouille. Au lieu d'une simple description qui reste nécessairement assez vague, il eût mieux valu donner une figure; il serait possible ainsi de savoir si l'on a vraiment affaire à des pics de même nature que ceux de Khorsabad.

1. *Naukratis*, I, pl. XI, 6. Les tisonniers étrusques sont terminés par une main recourbée. (V. Dennis, *Cemeteries of Etruria*, II, 481.)
2. V. des spécimens au Louvre, salle civ., vitrine G.
3. *Naukratis*, I, p. 39.
4. V. Place, *Ninive et l'Assyrie*, I, p. 415 et suiv.; pl. 70, 71. Cf. Perrot, *Hist. de l'Art*, II, p. 721.

La série qui a été publiée est importante à étudier pour l'histoire de la métallurgie et pour celle de la fabrication des outils, à l'époque grecque archaïque. Plusieurs de ceux que M. L. de Cesnola a ramassés à Alambra[1] offrent avec ceux-ci des points de comparaison intéressants. Les ciseaux et certaines formes de haches sont à peu près semblables à ceux qu'on a découverts dans des stations très anciennes de l'Europe du Nord[2], et nous avons vu que plusieurs types pouvaient prêter à des rapprochements avec Troie et avec l'Assyrie. Il en est plusieurs qui ne diffèrent pas sensiblement de ceux qu'on emploie encore aujourd'hui pour les mêmes usages, et il est curieux de remarquer la persistance des formes primitives en ces objets de première nécessité, dont l'invention remonte à des milliers d'années. On ne s'étonnera pas de cette persistance, si on se souvient des progrès qu'avaient déjà réalisés ces civilisations si anciennes dans la construction des édifices, et quelle habileté on y déployait pour travailler le métal, aussi bien que la pierre et le bois; les œuvres accomplies montrent qu'avec de tels instruments bien maniés on pouvait exécuter d'excellents ouvrages. On ne voit pas dans la ville d'outils propres à l'Égypte[3], comme dans les dépôts déjà cités de Ptolémée II, où se rencontre l'herminette repliée à angle droit[4], si fréquente dans les peintures des tombeaux.

On a découvert aussi un assez grand nombre d'objets en pierre, des marteaux de matières diverses, surtout de basalte et de syénite, avec un creux taillé sur chaque côté, en sorte que, pour les manier, il fallait les tenir entre le pouce et les doigts; un marteau à deux têtes en forme de sablier[5], des aiguisoirs et des forets de différentes formes, en granit, en basalte et quelquefois même en calcaire. C'est là un exemple de plus montrant, comme tant d'autres, que partout l'usage des outils de pierre s'est conservé très longtemps en concurrence avec ceux de métal[6].

Le sol de la ville était semé, sur plusieurs points, d'une notable quantité

---

1. V. Cesnola, *Cyprus*, pl. V, p. 80.
2. V., par exemple, Lindenschmitz, *Alterthüm. unser. heidnisch. Vorzeit*, I, part. V, pl. III et passim. Cf. Congrès préhistorique de Stockholm, 1874, passim.
3. L'encensoir, pl. IX, f. 6, est un objet servant au culte.
4. *Naukratis*, I, pl. XXV, f. 3.
5. Ce genre de marteau, comme on le voit par les scènes de travail figurées sur les monuments égyptiens, servait à enlever les petits grains de la pierre avant le polissage.
6. Cf. Chabas, *Études sur l'antiquité historique*, p. 337 et suiv.

de scories de cuivre[1], et le plan indique même, comme ayant été occupé par des fondeurs de cuivre, tout un quartier voisin de celui des forgerons[2]. Les relations très anciennes de Cypre avec Naucratis, l'établissement d'une colonie de Cypriotes dans une partie de la ville, permettent en effet de croire que le travail du cuivre y devait être en faveur. Mais, sur ce point, nous en sommes réduits aux conjectures, car les deux volumes de l'*Egypt Exploration Fund* ne citent aucun objet se rapportant à cette métallurgie spéciale. L'oxydation a pu en détruire un grand nombre, et le reste, au moins dans les parties explorées, a été enlevé sans doute par les pillards de tous les temps.

Dans une ville qui fut très vite enrichie par le commerce, les industries de luxe, comme la bijouterie d'or et d'argent, la joaillerie doivent avoir pris de bonne heure un assez grand développement. Malheureusement, les fouilles ne nous renseignent pas sur ce qu'on a pu faire en ce genre aux premiers temps de la colonisation. Les seuls bijoux qu'on ait déterrés sont du 1er siècle après notre ère[3]; encore furent-ils vendus et dispersés par les Arabes, qui n'en cédèrent qu'une partie aux explorateurs. Trop souvent en effet des fouilles clandestines ont pu être pratiquées sur le site, en dehors de M. Petrie. Nombre d'objets curieux, de renseignements intéressants sur l'industrie, l'art ou la vie antique sont ainsi perdus pour la science. Malgré ces fâcheuses lacunes, on voit que les industries des métaux avaient pris à Naucratis une certaine importance. Il y a loin de là à croire que cette ville ait dû être « la principale source de fer manufacturé pour les Grecs du vie siècle[4] ». On sait que l'Assyrie fut, dans la haute antiquité, le pays le plus abondamment pourvu d'armes et d'outils en fer. D'autre part, les légendes helléniques placent au nord de l'Asie Mineure et vers la Colchide, chez les Chalybes et les Saspires, le premier développement du travail des métaux; et les traditions sémitiques sur les Toubal et les Mouskhi, peuples congénères des Khiti, et devenus plus tard les Mosques et les Tibarènes, semblent confirmer ces données[5]. C'est de ce côté surtout que devait venir encore, au viie et au vie siècle, une grande partie des métaux, ouvrés ou non; amenés par terre jusqu'à la côte, ils étaient transportés par les marins grecs dans celles des régions de la Méditerranée qui se trouvaient dépourvues de richesses minières.

1. *Naukratis*, I, p. 38. — 2. *Ibid.*, pl. XLI. — 3. *Ibid.*, p. 43-44 et pl. XXVII, XXVIII. — 4. *Ibid.*, p. 39.
5. V. Büschenschütz, *Die Hauptstætten des Gewerbpfleisses*, p. 31 et suiv.

A Naucratis, on devait travailler ce qui était nécessaire pour la consommation de la ville et des environs, et dans une ville d'industrie et de commerce comme celle-ci, les constructions et les autres travaux de toutes sortes exigeaient une notable quantité d'outils en fer et en bronze. D'ailleurs, si les scories y sont en très grand nombre, le fait s'explique par la longueur du temps qu'a duré la fabrication, et aussi par l'inhabileté des ouvriers, qui perdaient, probablement, beaucoup de métal [1].

Athénée nous donne, dans son XVe livre, de curieux détails sur une industrie, qui avait pris à Naucratis, un développement extraordinaire, celle des couronnes. Là-dessus, le témoignage des fouilles ne pouvait manquer d'être nul. Dans la Haute-Égypte, où la sécheresse du sol conserve tout, on a recueilli en assez grand nombre des fleurs déposées dans les tombeaux [2], si bien que des botanistes comme M. Schweinfurth ont pu reconstituer à peu près la flore des anciennes époques. Il n'en pouvait être ainsi, on le comprend, dans le sol détrempé du Delta; aussi ne connaissons-nous les guirlandes de Naucratis que par les écrivains anciens. La Grèce homérique semble avoir ignoré l'usage des couronnes; le mot στεφάνη, qui se trouve dans l'*Iliade* [3], parait y désigner un ornement ou une certaine disposition de la chevelure; et les passages où figurent des mots de cette racine, dans l'*Odyssée* aussi bien que dans l'*Iliade*, sont interpolés ou au moins d'une authenticité douteuse [4]. Dans Hésiode, la στεφάνη χρυσείη, avec laquelle les dieux ornent la tête de la vierge façonnée par Héphæstos, n'est autre chose qu'un diadème, et les deux vers qui précèdent sont une addition postérieure à la composition du poème. En Égypte, le goût des fleurs, nous le savons par les monuments, était répandu dès les plus anciennes dynasties [5]. Les femmes portent souvent des couronnes sur la tête, les morts, sur les parois des salles sépulcrales, les dieux et les déesses, dans les temples, sont représentés respirant le parfum

---

1. On peut comparer ce qui se passait dans les mines du Laurium, où, par suite de l'imperfection des procédés, on perdait tant de minerai.
2. Par exemple autour des momies de Déir el-Bahari.
3. *Iliade*, XVIII, 597. Cf. VII, 12; X, 30; XIII, 138.
4. Par exemple, *Iliade*, V, 739; XI, 36; XIII, 736; XV, 153; *Odyssée*, VIII, 267, 288; X, 195. Ce que dit Pline (*H. N.*, XVI, 4) de l'usage des couronnes aux temps homériques parait se rapporter, d'après Heyne, au vers 28 du Ier chant de l'*Iliade*. Mais στέμμα θεοῖο signifie plutôt là une bandelette.
5. Lepsius, *Denkm.*, Abth. I, *passim*.

d'une fleur. Les bouquets sont compris parmi les offrandes funéraires les plus habituelles.

L'architecture imite, dans les chapiteaux des temples, les boutons aimés du lotus. On voit parfois, dans les représentations des stèles funéraires, Osiris assis à l'intérieur d'un naos, dont les colonnes sont les tiges mêmes de la plante, avec la fleur épanouie au sommet et deux boutons liés au-dessous, formant ainsi une sorte de bouquet; en face, un autre bouquet à triple étage, composé de grandes corolles superposées, se penche de lui-même vers le dieu, comme pour se faire respirer[1]. D'autre part, certaines anecdotes, comme celle que raconte Hellanicos[2], montrent que, dans les rapports sociaux, on faisait le plus grand cas des fleurs : c'est par un envoi de ce genre qu'Amasis serait entré dans la faveur du prétendu roi Patarmis. La civilisation égyptienne, vieille de plusieurs milliers d'années, connaissait des raffinements qu'ignoraient les Grecs encore à demi barbares. Or, on remarquera que c'est précisément vers le VIIe siècle, c'est-à-dire au moment où ils commencent à fréquenter l'Égypte, que se répand chez eux l'usage des couronnes, et bientôt il devient universel. Les poètes gnomiques et lyriques y font de fréquentes allusions[3], et la religion le consacre d'une manière assez solennelle, pour que Sapho puisse dire dans un de ses poèmes que les dieux « se détournent de ceux qui se présentent à eux sans couronne[4] ». Un vase du Louvre à peu près contemporain montre un personnage s'approchant de l'autel pour le sacrifice, la tête ornée de fleurs[5]. Sur les poteries archaïques de Cypre, comme sur les patères en métal cypro-phéniciennes, on voit souvent les dieux ou les hommes armés d'une fleur, dont la forme rappelle presque toujours celle du lotus égyptien[6]. Que les Grecs aient contracté aux bords du Nil ce goût qui leur manquait, ou qui du moins avait été jusque-là peu développé chez eux, la supposition n'a rien d'invraisemblable. Nulle part, en effet, les fleurs n'étaient plus variées et plus nombreuses que dans la vallée infé-

---

1. V. au Louvre, stèle C, 80.
2. *Fragm. hist. græc.*, I, p. 66, fr. 151, v. plus haut, Ire part., ch. II.
3. V. Theognis, 451-452, 825-826, 995-996; Solon, XV, 35; IV, 1; Archiloq., XXXVII, 2; Simon., XI, 4. (*Poet. minor. gr.*, éd. Gaisford, Oxon., 1814, t. I.) Alcée, fr. 28, 29 (éd. Teubner).
4. Sapho, fr. 77 (éd. Teubner).
5. V. Saglio, *Dict. des Antiq. gr. et rom.*, art. *Corona*.
6. V., par exemple, la patère de Dali (Perrot, III, f. 482); celle du Varvakeion, *ibid.*, f. 550; des vases d'argile : œnochoé, *ibid.*, f. 521; vase à tête humaine en relief, f. 522; vase d'Ormidia, f. 523.

rieure du Nil. Eschyle, dans une de ses pièces[1], appelait l'Égypte εὐθαλὴς Αἴγυπτος, et Hellanicos[2] raconte que les dieux eux-mêmes avaient déposé, dans une ville égyptienne, Tindion, des couronnes composées de fleurs d'acanthe, de grenadier et de vigne, qui, suspendues aux acacias du temple, avaient le privilège de ne se faner jamais. Dans une de ses comédies perdues « les Saisons », Aristophane assure qu'à Athènes on se procurait toute l'année des fruits, des couronnes de violettes, des denrées de toute sorte, et un des interlocuteurs de la pièce conclut par ce vers :

Αἴγυπτον αὐτῶν τὴν πόλιν πεποίηκας ἀντ' Ἀθηνῶν[3].

Mais le Naucratite Athénée va nous fournir des renseignements beaucoup plus précis : « L'Égypte, dit-il, à cause de la douceur de son climat et de l'habileté de ses jardiniers, produit des fleurs en abondance et continuellement, tandis que dans d'autres pays elles sont plus rares et ne s'épanouissent qu'en une saison; et les roses, les giroflées n'y manquent jamais, pas plus que toutes les autres plantes[4]. » Une telle contrée pouvait donc devenir un centre d'approvisionnement pour les fleurs, comme elle le fut bientôt pour les céréales. Lorsque le froid dépouillait les autres régions de leur verdure, les champs et les prairies du Delta étaient encore émaillés de mille couleurs; et si on donnait en Égypte une réception en plein hiver, la profusion des plantes causait aux étrangers une agréable surprise[5]. Dans les repas, du reste, elles ne constituaient pas seulement une décoration gracieuse, elles étaient presque une nécessité pour combattre les odeurs fortes, que dégageaient les poissons et les viandes, et elles contribuaient, avec les parfums artificiels, à corriger ce qu'il y eut toujours de grossier dans les habitudes de la vie antique. Les Grecs, comme les Égyptiens, en comprirent sans doute aussi le charme délicat,

---

1. *Æthiopis*, fr. 139, p. 210 (éd. Didot).
2. *Fragm. hist. græc.*, I, 66, fr. 150.
3. Aristophane, fr. 476, p. 511-512 (éd. Didot).
4. Athénée, V, 196, D. E. Héliodore parle aussi avec éloge des fleurs nilotiques (*Æthiopic.*, p. 384, l. 47), du lotus du Nil (*ibid.*, 390, 1). Cependant Pline (XXI, 18) assure que les fleurs d'Égypte étaient moins odorantes qu'ailleurs « quia nebulosus et roscidus aer est a Nilo flumine. » Cf. XXI, 40. Il ajoute néanmoins que le myrte y avait une odeur très pénétrante.
5. Athénée, V, 196 D.

mais ils n'appréciaient pas moins les services d'ordre matériel qu'elles étaient à même de rendre. De plus, on attribuait à quelques-unes d'entre elles des vertus particulières : la rose, l'ache, le laurier, la giroflée, le mélilot, avaient le don de rafraîchir les tempes[1] et de dissiper les fumées du vin; en mettant autour de sa poitrine des guirlandes de lotus, on prévenait l'ivresse ou on en détournait les fâcheux résultats; armé de ces agréables préservatifs, on pouvait boire impunément et conserver le cerveau libre[2]. Le myrte était, comme on sait, l'ornement habituel, l'accompagnement indispensable de toutes les fêtes d'Aphrodite. Ce sont des rameaux de cette plante que la déesse répand miraculeusement sur le vaisseau d'Hérostrate, lorsqu'elle signale sa présence en apaisant la tempête. Elle montrait bien par là qu'aucune autre ne pouvait auprès d'elle obtenir la même faveur. Aussi, lorsque les commensaux d'Athénée recherchent quelle était la nature particulière de la couronne naucratite, invoquant le témoignage autorisé d'un écrivain du pays, ils reconnaissent qu'elle est faite de myrte, et ils ajoutent qu'Anacréon le mariait avec les roses pour dissiper l'ivresse et éloigner les maux de tête. « Il est ridicule, dit Philonidès, de prétendre que la couronne naucratite fût formée avec le papyrus, parce que, selon Théopompe, les Égyptiens en auraient offert, avec d'autres présents, au Lacédémonien Agésilas. Pour moi, je ne vois pas quelle utilité ou quel plaisir on pourrait trouver à mêler le papyrus avec les roses, à moins qu'on ne se plaise à tresser ensemble l'ail et la rose. On dit encore souvent que la couronne naucratite était composée avec la marjolaine, qui en effet abonde dans le pays; mais le myrte égyptien l'emporte par son odeur sur celui des autres contrées, comme le rapporte Théophraste[3]. » Il est donc certain que les branches du myrte faisaient le fond de la véritable couronne naucratite; puis on y insérait probablement, on y rattachait des fleurs choisies pour la douceur de leur parfum et la beauté de leur coloris, comme dans la guirlande lesbienne, où, autour d'une tige de myrte, on tressait des violettes et d'autres fleurs odorantes[4].

1. ATHÉNÉE, III, 73 A : « Γίνεται δ'ὄντως ἐκ τῶν κιβωρίων καὶ ἄνθος στεφανωτικόν. Καλοῦσι δ' Αἰγύπτιοι μὲν αὐτὸ λωτόν, Ναυκρατῖται δὲ... μελίλωτον· ἀφ'οὗ καὶ μελιλώτινοι στέφανοι πάνυ εὐώδεις, καὶ καύσωνος ὥρᾳ ψυκτικώτατοι. »
2. V. ATHÉNÉE, XV, 674, 675. — 3. Ibid., 676, C-E. Cf. le passage de PLINE, cité précédemment. — 4. Ibid., 678, D.

Mais si le nom de naucratite était plus spécialement réservé aux couronnes de myrte, on en faisait certainement d'autres encore à Naucratis. Hésychius, au mot Ναυκρατίτης στέφανος, désigne comme portant ce nom celles de papyrus, de tilleul et de marjolaine. Le tilleul (φιλύρα), est cité ici par erreur, car il ne se trouve pas dans le Delta. Il semble, d'après ce que dit Athénée, que le papyrus frais avait une odeur peu agréable. Mais on en faisait peut-être des guirlandes se conservant longtemps, et qui, desséchées, pouvaient remplir le même office que chez nous les fleurs artificielles. Quant à la marjolaine, elle abondait, dans le pays, comme on vient de le voir, et il est probable que les στεφανηπλόκοι devaient l'utiliser dans leurs compositions florales [1].

En rapportant l'origine de la couronne naucratite par excellence à la légende d'Hérostrate et au culte primitif de l'Aphrodite cypriote, Polycharme laisse entendre par cela même que la mode des guirlandes s'établit à Naucratis dès les premiers temps de son histoire; et nous en avons une preuve certaine, puisque la couronne naucratite était déjà citée par Anacréon, qui vécut à Samos au temps de Polycrate :

Στεφάνους δ' ἀνὴρ τρεῖς ἕκαστος εἶχεν,
τοὺς μὲν ῥοδίνους, τὸν δὲ Ναυκρατίτην [2].

On peut, d'après cela, faire remonter jusqu'à une époque très haute la naissance, sinon le complet développement de cette gracieuse industrie.

Elle devait occuper un grand nombre de femmes, de jeunes filles, chargées de la confection et aussi de la vente des couronnes. Il y avait là une sorte de corporation de ces στεφανοπωλίδες, qui avaient fourni à un poète de la comédie moyenne le sujet d'une de ses pièces [3]; peut-être, si nous avions conservé la comédie d'Euboulos, y trouverions-nous quelque allusion aux bouquetières de Naucratis : car, au IVe siècle, les Athéniens étaient en rapports continuels avec l'Égypte, et ils devaient être fort au courant de ce qui se passait dans la colonie grecque du Delta.

---

1. Dioscoride, 3, 41, cite τὸ σάμψυχον τὸ Αἰγύπτιον. Pline, XXI, 35 : « Amaracum Diocles medicus et Sicula gens appellavere, quod Ægyptus et Syria sampsuchum. » On sait de plus que les lis étaient très nombreux en Égypte, puisqu'on en faisait l'Αἰγύπτιον μύρον (κρίνινον ou σούσινον).
2. Cité par Athénée, XV, 671 F.
3. *Poetarum comicorum Fragmenta*, p. 455-457.

Naucratis était toujours pleine d'une population flottante considérable, marchands, matelots, qui n'y séjournaient qu'en passant et qui, après l'ennui des longues traversées, cherchaient les plaisirs faciles, comme on en trouve d'ordinaire dans toutes les cités maritimes. Les femmes occupées à ce joli métier de fleuristes devaient contribuer pour une bonne part à leur en faciliter les moyens, et il est probable qu'elles fournissaient au monde de la galanterie, comme les *fioraie* de Venise ou de Florence, de très nombreuses recrues. Aucune d'elles sans doute n'acquit une renommée semblable à celle de la Sicyonienne Glycère, qui rivalisait pour la composition de ses bouquets avec le peintre Pausias [1]. Cependant elles avaient acquis dans leur art une remarquable habileté. Bientôt elles ne se contentèrent plus de produire pour la consommation journalière des citoyens et des voyageurs; on s'accoutuma de bonne heure à exporter leurs ouvrages dans les pays où les fleurs étaient moins abondantes ou manquaient totalement durant la saison rigoureuse [2]. On fabriqua dès lors des couronnes solides, capables de supporter les voyages d'outre-mer; nous savons en effet qu'on en confectionnait d'assez fortes pour pouvoir rouler comme de véritables cerceaux [3]. On se servait sans doute, pour leur donner plus de soutien, des tiges flexibles de l'osier, qui, d'après Anacréon, étaient aussi employées à la confection des guirlandes [4]. C'étaient celles-là sans doute qu'on transportait au loin, et dans des temps plus modernes jusqu'en Italie, où elles étaient particulièrement recherchées des dames romaines [5]. Les bouquets égyptiens, dont on peut voir de curieux spécimens dans l'ouvrage de Prisse (*l'Art Égyptien*), nous donnent une idée des modèles que le pays offrait en grand nombre aux fleuristes de Naucratis. Ils avaient su en varier l'arrangement

---

1. PLINE, XXI, 3.

2. PLINE, XXI, 3 : « Sic coronis e floribus receptis, paulo mox subiere, quæ vocantur Ægyptiæ, ac deinde hibernæ, cum terra flores negat, ramento e cornibus tincto. Paulatimque et Romæ subrepsit appellatio, corollis inter initia propter gracilitatem nominatis ; mox et corollariis, postquam e lamina aurea tenui inaurata et inargentata dabantur. » — On faisait venir des *coronæ sutiles* jusque de l'Inde. PLINE, XXI, 8.

3. Le poète tragique Chæremon parle de στέφανοι ἑλικτοί, qui étaient faites de lierre et de narcisse (ATHÉNÉE, XV, 679 F), et les Comiques mentionnent souvent les κυλιστοί ou ἐκκύλιστοι στέφανοι (ATHÉNÉE, XV, 678 E, F). Cf. POTTIER, *les Statuettes de terre cuite dans l'antiquité*, p. 137.

4. V. ATHÉNÉE, XV, 671 F. Les Égyptiens se servaient de même de branches d'arbres pour confectionner leurs grands bouquets funéraires, comme on peut le voir par ceux qui ont été trouvés avec les momies de Déir el-Bahari.

5. BŒTTICHER, *Sabina*, I, p. 228 et suiv. Cf. MARTIAL, IV, 80.

avec le goût exquis de la composition, qui distingue les Hellènes en toutes choses ; et c'est surtout grâce à leur ingénieuse adresse que ces travaux acquirent, dans toute l'antiquité, une renommée universelle. Les Grecs d'Égypte avaient trouvé là une source de profits, aisée à exploiter et qui n'en était pas moins lucrative : car la matière ne leur coûtait rien ou à peu près, et leur instinct artistique devait triompher en se jouant à composer ces petits chefs-d'œuvre. La vente en était d'ailleurs facile en des temps où les couronnes jouaient un rôle si important dans mille circonstances de la vie. Tout ce qui se rattachait au culte, les prêtres et les victimes, les objets de toute sorte qui servaient aux pompes sacrées, les convives dans les repas, les coupes mêmes et les cratères, rien ne pouvait se passer de fleurs. Et la nature en Égypte ne refusant jamais ses dons, la moisson était de tous les jours, car la flore était inépuisable.

CHAPITRE IV

L'ART

Les figurines archaïques. — L'Isis funéraire. — Pénétration de certaines idées égyptiennes, prouvée par des peintures céramiques provenant de l'Italie méridionale. — Cavaliers. — Figurines grotesques.

Les statuettes en calcaire et en albatre. — A) *Les hommes* : a) Nus et debout. — Apollons (?) archaïques. — Origine des types et signification probable. — b) Drapés et assis : Comparaison avec les statues des Branchides; personnages de caractère composite; rapprochements avec l'Égypte et Cypre. — c) Vêtus et debout : Comparaison avec des figurines de Camiros. — d) Les Chasseurs. — e) Hommes portant des animaux. — f) Musiciens.
B) *Les femmes* (toujours vêtues). — Assises : Comparaison avec des figures de Marseille et de Cymé. — b) Debout : relevant leur robe; portant une fleur, un animal. — Types analogues dans les autres centres helléniques. — La fleur, employée comme attribut, vient de l'Égypte. — c) Groupe samien. — Ce que représentent ces diverses statuettes.
C) *Les animaux*. — Imités presque toujours de l'art oriental.
Remarques générales sur la statuaire à Naucratis.
Les figurines de bronze. — Elles sont essentiellement égyptiennes et doivent provenir d'un sanctuaire ou d'un atelier indigène. — Influence des statuettes de bronze, exportées par les Phéniciens, sur les commencements de l'art hellénique. — Époque à laquelle elle s'est exercée.
Les Grecs apprennent en Égypte la pratique de certains procédés pour la fonte du bronze.

A aucune époque, Naucratis n'a produit de sculpteur célèbre, et il est probable qu'elle n'eut jamais ce qu'on peut appeler une école. Cependant, parmi les riches commerçants qui l'habitaient, plus d'un voulut sans doute s'offrir le luxe d'acheter, de commander des œuvres d'art. Malheureusement, pour la sculpture comme pour la céramique, il ne nous reste guère que des fragments, pas une statue ne nous est parvenue entière. L'étude de ces morceaux épars n'en a pas moins son intérêt pour l'histoire de l'art grec archaïque.

Si on jugeait uniquement d'après la simplicité élémentaire du travail, on serait tenté de prêter une très haute antiquité à une série de figures de pierre, que M. Petrie a réunies sur une de ses planches[1]. En réalité, ce sont des figures égyptiennes, imitées plus ou moins maladroitement par des ouvriers grecs. Elles représentaient des femmes couchées, les bras posés le long du corps, ou l'un d'eux replié sur la poitrine; le chevet qui soutient la tête indique assez qu'elles ne doivent pas être redressées comme des divinités enfermées dans un naos, mais qu'elles occupent véritablement une position horizontale. Souvent un enfant est à côté d'elles, couché à la hauteur de leurs jambes, et ce détail avait fait croire, sans autre preuve, qu'on avait affaire à des *ex-voto* offerts dans quelque temple, en commémoration d'un heureux accouchement[2]. Mais l'étude de l'archéologie égyptienne nous suggère ici une explication toute différente. Ce genre de représentations paraît avoir été en usage au moins à partir de la XXVIe dynastie et s'être continué pendant les périodes grecque et gréco-romaine. Les musées et les collections particulières en offrent un certain nombre de spécimens[3]. Dans les meilleurs d'entre eux, la personne couchée, le lit, le chevet sont rendus avec une grande exactitude. L'enfant est placé soit aux pieds de la femme, soit auprès d'elle, et parfois elle lui donne le sein. Il ne faut pas confondre ce genre de figures avec les statues à demi étendues, comme sur un lit de festin, ou dans les lectisternes d'origine orientale[4]. Nous sommes ici en présence d'une déesse mère, et cette déesse n'est autre qu'Isis allaitant son fils Horus[5]. Si les Égyptiens déposaient de telles images dans les tombeaux, ils y avaient été amenés par une série d'idées mystiques, sur lesquelles nous serons forcé d'insister, parce qu'on en retrouve la trace dans des monuments helléniques de date plus récente. Tout défunt était identifié avec le dieu mort, Osiris. Par la vertu magique des cérémonies funéraires, des formules et des prières du Rituel, il arrivait à ne faire qu'un avec le dieu lui-même; il était appelé à jouir de toutes ses prérogatives, à remplir toutes ses fonctions. Horus était son fils, et Isis devenait son épouse, comme elle était celle d'Osiris. Or, on figurait, autant que possible, dans le tombeau, soit par des peintures, soit par des objets en relief, tout ce qui était nécessaire au mort pour qu'il pût mener

---

1. *Naukratis*, I, pl. XIX, fig. 7, 8, 9.
2. Petrie, *Naukratis*, I, p. 40.
3. M. Maspero en connaît une vingtaine environ : plusieurs proviennent d'Abydos.
4. V. Heuzey, *Les Figurines du Louvre*, pl. III, fig. 2, 3, 4.
5. Maspero, *Guide du Musée de Boulaq*, p. 144, n° 1279.

dans l'autre monde la vie nouvelle, que lui assurait l'accomplissement des prescriptions ritualistiques. On lui donnait des pains, des aliments, des vases, tout un mobilier funéraire, pour que rien ne lui manquât dans cette seconde existence. On représentait aussi sa femme, ses enfants, ses parents et ses serviteurs, pour qu'il ne fût pas réduit à y vivre dans l'isolement. Mais, à côté de cette famille selon la chair, en tant qu'Osiris, il en avait une autre, celle du dieu, et c'est ainsi qu'Isis, une Isis de pierre, venait cohabiter avec lui et compléter sa vie divine [1]. La statuette, qui devait remplir cet office spécial, était quelquefois déposée simplement dans la tombe ; parfois aussi elle était prise dans la stèle funéraire, dont elle semblait faire partie intégrante. Ainsi Isis devenait la compagne du mort, comme elle était, parmi les dieux, celle de son frère Osiris. Ces idées particulières à la théorie égyptienne de l'autre monde pénétrèrent aussi chez les Hellènes, avec les doctrines orphiques, qui ont emprunté plusieurs de leurs dogmes à la religion de l'Égypte. Elles s'y répandirent en partie, grâce aux disciples de Pythagore, après la destruction de leur institut, et c'est surtout dans la Grande-Grèce qu'elles prirent leur plus complet développement. Aussi est-ce là qu'on en peut le mieux reconnaître et suivre la trace. Fr. Lenormant a relevé plusieurs monuments, inscriptions et scènes peintes, qui indiquent clairement l'existence, dans les villes de l'Italie méridionale, d'une croyance semblable à celle que nous venons de signaler aux bords du Nil. Ainsi des lames d'or de Thurioi et de Pétélia assurent au défunt la condition des héros et des dieux; l'une d'elles va plus loin et lui fait dire formellement : « J'appartiens à la fille de Déméter. » Et la signification de ce texte est précisée par deux peintures sur vases, de Ruvo et de Canosa. Le premier montre une déesse, au costume très riche, assise sur un tertre au milieu d'autres figures et se retournant vers un éphèbe, Polyétès, vêtu d'une chlamyde brodée. Entre les deux personnages principaux, un Éros dirige son vol vers la déesse et invite l'éphèbe à s'approcher d'elle. Cette déesse est ici une personnification de la Béatitude d'outre-tombe et s'appelle Eudaimonia. « La félicité du jeune homme se résume ainsi dans un hymen avec la souveraine de la demeure fortunée... Le collier qu'elle lui

---

[1]. C'est l'opinion de M. Maspero, qui, il faut le dire, est loin d'être admise par tous les Égyptologues. Cette conception sensuelle de la vie d'outre-tombe remonte, d'après lui, à une très haute antiquité; elle est mentionnée déjà dans les textes des Pyramides. — V. les inscriptions de celle d'Ounas (V^e dynastie) dans le *Rec. de trav.*, t. IV, p. 76, ll. 628-29.

offre est l'emblème des liens tout-puissants et magiques, au moyen desquels Hadès retient les morts dans son empire, et c'est Éros lui-même qui préside à cette union mystique[1]. » Sur l'amphore de Canosa, le sens de la représentation est plus nettement marqué encore. La divinité n'est plus un personnage abstrait, mais Perséphoné elle-même, la reine du monde infernal, caractérisée par les attributs qui lui sont propres; c'est elle qui appelle le mort auprès d'elle et consent à le prendre pour son époux. Et cette idée d'un hymen divin dans la mort n'est pas restée exclusivement confinée dans les villes italiotes, toutes pénétrées de l'esprit pythagoricien. Les poètes de la Grèce se la sont appropriée de très bonne heure[2]. Elle paraît dans une épigramme de Simonide, dans des épitaphes du Dipylon et de Chios. Enfin, les tragiques eux-mêmes l'ont reprise en sens inverse, lorsqu'ils font des jeunes filles mortes avant le mariage les épouses divinisées de Hadès. Nous en avons retrouvé la source probable dans une croyance égyptienne, illustrée par ces figurines couchées, qu'on ensevelissait auprès du mort. Il est donc fort intéressant de rencontrer à Naucratis ces représentations grossières, qui ont pu servir comme de véhicule matériel à la transmission d'une idée mystique d'un caractère si spécial. Les Grecs du vi[e] siècle n'en comprenaient peut-être pas la véritable portée; mais en les copiant selon leurs moyens, ils préparaient inconsciemment la pénétration des dogmes et la fusion qui devait se produire plus tard. D'ailleurs, ces idées peuvent être nées d'elles-mêmes chez les Grecs, comme elles étaient nées chez les Égyptiens. Perséphoné et Isis seraient ainsi devenues, chacune de leur côté et sans avoir pour cela rien de commun, l'amante ou l'épouse du mort. Mais, à un moment donné, les deux conceptions ont été comparées et on a été frappé de les trouver à peu près identiques. C'est par l'aperception de tels rapports que les Hellènes ont été amenés sans doute à opérer des rapprochements entre leur religion et celle de l'Égypte, à les concevoir comme formant à l'origine un même tout, ou comme procédant d'une même source ; et Naucratis a été probablement un des points principaux où se sont opérés ces curieux rapprochements.

1. Lenormant, *La Grande Grèce*, t. I, p. 410 et suiv.
2. Les villes du sud de l'Italie furent certainement en relations fréquentes avec l'Égypte. En 1886, on a trouvé à Tarente, dans un stratum archaïque, une série de figures d'un caractère tout à fait égyptien. Avec elles se trouvaient des scarabées, et on a supposé, non sans quelque vraisemblance, que tout cela pouvait venir de Naucratis. (V. *Athenæum*, 20 mars 1886, p. 396, art. de A. J. Evans.)

Quelques-unes des figures couchées de Nebirêh sont peut-être de fabrication égyptienne; cependant l'extrême inhabileté de la facture rend le fait assez peu probable. Au reste, elles sont parfois caractérisées comme grecques par la présence de certains accessoires. Ainsi, l'une d'elles (fig. 34) est étendue dans une sorte d'alcove; la paroi du fond, qui se relève assez haut entre les bordures des côtés, est décorée avec un motif de lotus, employé non à la manière égyptienne, mais à la manière grecque, et rappelant de très près ceux qui ornent les poteries peintes[1]. Si ces petits monuments ne sont pas contemporains de l'origine de Naucratis, ils paraissent dater d'une époque, où le goût archaïque était encore prédominant[2].

A la catégorie des objets archaïques semblent se rattacher aussi, au moins par la maladresse de l'exécution, des cavaliers minuscules, chevauchant un énorme quadrupède à peine dégrossi, qui ne ressemble que de fort loin à un cheval[3]; des animaux accroupis, qui rappellent assez vaguement les formes du chat, consacré à la déesse égyptienne Bastit[4]. Une figure grotesque, aux jambes écartées[5], paraît représenter la nourrice de Déméter, cette Baubo, qui, par son geste obscène, provoqua le sourire de la déesse. Celle-ci appartient exclusivement à la légende grecque, telle qu'elle s'est développée postérieurement à la rédaction de l'hymne homérique à Déméter[6], et n'a point d'analogue dans les légendes égyptiennes. Il faut croire cependant qu'à partir d'une

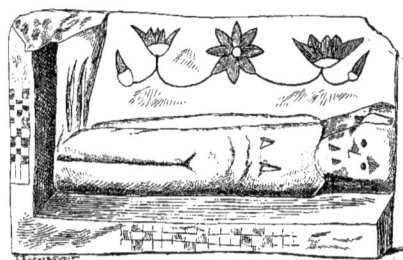

Fig. 34. — Figurine couchée gréco-égyptienne provenant de Naucratis.

---

1. *Naukratis*, I, pl. XIX, fig. 7.
2. Le British Museum possède aussi quelques têtes et des figurines en calcaire, d'un travail très peu avancé. Ce sont des masses oblongues, où la tête, les divisions des membres sont à peine indiquées; d'autres n'ont pour tête qu'une sorte de disque, avec de longs cheveux, et les bras sont repliés sur la poitrine. Ces grossières figurines présentent beaucoup d'analogie avec celles de l'archaïsme phénicien ou cypriote, qu'on rencontre dans tous les musées. Ont-elles été importées ou bien sculptées sur place à l'imitation des idoles cypriotes? Un examen sérieux de la nature de la pierre permettrait peut-être de répondre à cette question.
3. *Naukratis*, I, pl. XIX, fig. 5. — 4. *Ibid.*, 1, 3. — 5. *Ibid.*, 4.
6. V. Millingen, *Ann. de l'Instit.*, t. XV, p. 72 et suiv.; A. Maury, *Hist. des Relig. de la Grèce*, t. I, p. 478.

certaine époque, elle a été adoptée en Égypte; car on la trouve par centaines en divers endroits de la contrée, et fabriquée en toute sorte de matières. Ainsi on peut reconnaître la trace d'un double courant, auquel Naucratis aurait servi pour ainsi dire de canal. En effet, si elle a contribué, par exemple, à introduire dans la mythologie hellénique le type d'Isis plus ou moins transformé, en revanche les colons qui s'y établissent, les marchands qui en font leur quartier général ont pu apporter des légendes, des types helléniques, qui peu à peu se sont introduits dans les croyances, dans la religion populaire des habitants de la vallée du Nil[1].

De la statuaire naucratite il ne reste pas même un simple fragment donnant l'idée d'un ouvrage de grandes dimensions. Parmi les statuettes dont on a recueilli les débris[2], les plus hautes avaient d'un à deux pieds anglais tout au plus. Elles sont en calcaire ou en albâtre et proviennent des deux temples les plus anciens, ceux d'Apollon et d'Aphrodite. On a voulu en rapporter l'exécution surtout à des artistes cypriotes, ou travaillant d'après des modèles cypro-phéniciens[3]. C'est exagérer, croyons-nous, la valeur historique du récit de Polycharme. Ce qu'il y a de vrai dans ces vieilles légendes, ce sont les traits généraux; si on prétend en tirer des renseignements trop précis, on risque d'en fausser le sens. Pour les objets qui appartenaient au sanctuaire cypriote d'Aphrodite, la théorie pourrait être, à la rigueur, soutenable; mais l'autre, celui d'Apollon, est de fondation milésienne, et on y devrait plutôt trouver des renseignements sur l'art de l'Asie-Mineure. Il faut se garder du reste de donner à cette division locale un caractère exclusif, et il serait inexact de prêter aux Cypriotes tout ce qui vient du temple d'Aphrodite, aux Milésiens tout ce qui vient du temple d'Apollon. Les deux populations de colons ne sont point restées isolées; il y a eu entre elles rapprochement et mélange, elles ont vécu d'une vie commune. Les dieux des uns étaient aussi des dieux pour les autres; des

---

1. On voit encore, au British Museum des joueurs de tambourin, portant sur leurs genoux leur instrument orné de carrés en échiquier, alternativement rouges et blancs; ils proviennent de la fabrique d'amulettes, et seraient, d'après le niveau où on les a découverts, de la première moitié du vi[e] siècle. *Naukratis*, I, p. 40. Quelques-unes de ces figurines étaient d'ailleurs mêlées avec des objets relativement modernes, et peuvent n'être pas très anciennes.
2. Elles paraissent avoir été brisées intentionnellement, et les morceaux d'une même figure avaient été dispersés en divers endroits d'un même téménos.
3. GARDNER, *Naukratis*, II, p. 56 et 59.

Milésiens pouvaient sacrifier à Aphrodite, et des Cypriotes à Apollon. Et tant d'autres émigrants, venus de Rhodes, de Samos, de toutes les côtes de la mer Égée, ne consacraient-ils pas aussi des offrandes aux divinités du lieu pour se les rendre favorables? — De plus, on dédiait souvent, dans les temples des statues qui n'étaient point celles du dieu ou de la déesse qu'on y adorait. — Diviser les figures naucratites exclusivement d'après les temples où elles ont été découvertes serait donc s'exposer à d'inévitables erreurs. D'autre part, les distinguer d'après les sujets serait souvent fort difficile; car nous ne savons pas d'une manière certaine si elles représentaient des dieux ou des mortels, et, dans ce dernier cas, des prêtres ou des fidèles. Une seule classification est donc possible, celle qui consiste à les partager en deux catégories, simplement d'après le sexe : les hommes, souvent nus et se rapprochant du type des Apollons archaïques, souvent aussi habillés et paraissant alors dans des fonctions assez diverses ; les femmes, toujours vêtues, qu'elles soient d'ailleurs des déesses ou de simples dévotes. On sait en effet qu'à l'origine les types personnels n'étaient point exactement définis, et qu'ils n'ont été fixés que plus tard.

Fig. 35. — Statue en albâtre (Naucratis, temple d'Apollon).

Fig. 36. — Statue en calcaire (Naucratis, temple d'Apollon).

Les statues mâles sont plus fréquentes dans le téménos d'Apollon ; elles comportent deux grandes divisions, les figures nues et les figures habillées. Les premières, au nombre de quatre, se rapportent au type dit des Apollons archaïques. Les deux plus grandes (fig. 35 et 36), auxquelles manquent également la tête et le bas des jambes, sont d'une facture assez rude, qui tient peut-être moins à l'ancienneté qu'au peu de talent des sculpteurs[1]. Dans l'une et dans l'autre, les défauts sont nombreux, mais ils s'opposent au lieu d'être parallèles : l'une semble presque cylindrique, l'autre est plutôt quadrangulaire ; l'une a les pectoraux placés trop haut et, par suite, le torse long en même temps qu'arrondi ; l'autre a un torse très court, aplati et carré, comme celui d'un homme trapu, avec quelques saillies indiquant les muscles. Ici les deux bras tombent droit, également collés au corps ; là le droit se replie sur la poitrine. L'attitude était d'ailleurs la même, celle qu'on retrouve d'ordinaire dans les statues archaïques nues du VIIe ou du VIe siècle :

Fig. 37. — Statue en calcaire, trouvée à Naucratis.

le corps immobile, la jambe gauche légèrement portée en avant. On peut se demander si le geste du bras droit replié ne dénoterait pas un essai nouveau et, par suite, une époque un peu plus récente ; mais cette pose n'est pas plus difficile à rendre que l'autre, tant que le membre tient au corps, et les modèles ne manquaient pas dans la statuaire égyptienne de tous les temps.

Une troisième statuette (fig. 37), plus petite que les précédentes, est de proportions plus justes, ayant été exécutée sans doute par un meilleur praticien[2]. Les deux bras pendent, adhérant au corps ; on distingue sur les épaules les restes des longues tresses caractéristiques de l'ancienne coiffure ionienne : en travers du torse, de l'épaule gauche à l'aisselle droite passe une large courroie, destinée sans doute à soutenir un carquois sur le dos. L'attitude n'a pas changé, mais l'artiste est plus adroit. Les formes sont un peu plus sveltes, les diverses parties mieux équilibrées. Cependant, si on examine de près les trois ouvrages, on y constate certaines ressemblances, qui établissent entre eux un lien de parenté et les rattachent à un type commun. Les épaules sont hautes, l'attache des bras, dans les deux premières, est si forte et si lourde, que la figure ainsi élargie par le haut ressemble assez à une pyramide renversée ; les bras eux-mêmes sont gros et charnus plutôt que musclés. Ces défauts s'atténuent légèrement dans la troisième, où le travail est déjà plus libre ; les épaules

---

1. *Naukratis*, I, pl. I, fig. 3 et 4. — 2. *Ibid.*, I, pl. I, fig. 9.

tombent mieux, les bras sont plus exactement divisés. Néanmoins on y reconnaît des principes ou, si l'on veut, des préoccupations analogues, le désir de rendre une nature un peu grasse, aux formes pleines et rebondies. Ces caractères ne se retrouvent guère dans les autres figures nues du vi^e siècle, provenant de la Grèce propre ou des Iles; celles-ci sont plus musclées, plus anguleuses, et diffèrent totalement par la forme des épaules, qui donne aux nôtres une physionomie très particulière. Les statues de Naucratis ne se rapportent ni au type de Théra, ni à ceux du Péloponèse ou de Béotie. Elles viennent d'un temple milésien; on est donc tenté d'abord de les rattacher aux écoles ioniennes d'Asie. Les particularités qui les distinguent ne contredisent pas cette vue. Ce qu'on connaît de l'art ionien archaïque, par les figures des Branchides, par les statues de la nécropole de Milet, par le monument déjà plus moderne de Xanthos, laisse voir aussi dans les formes quelque chose d'un peu épais et lourd, une certaine mollesse dans les contours. Mais on n'a pas trouvé en Ionie de figures nues; on en a conclu que ce type, qui se serait développé en Grèce sous l'influence des sculpteurs crétois, était inconnu en Asie-Mineure, et qu'il s'opposait à celui de la figure virile au vêtement long, familière aux premières écoles ioniennes[1]. Cependant, il avait pénétré même dans les îles voisines de la côte asiatique, puisqu'on a retrouvé à Samos un torse de ce genre[2]; il est difficile de croire qu'il se soit avancé si près de l'Ionie et qu'il ne s'y soit pas introduit. Si toutes les statues de ce type ne sont pas des Apollons, plusieurs d'entre elles se rapportent certainement au culte de ce dieu, révéré en Ionie comme dans la Grèce propre, et qui avait à Didymes un de ses temples les plus célèbres. Il est très vraisemblable qu'on y ait consacré de ces images, qui étaient si fort en vogue depuis la seconde moitié du viie siècle; et les sculpteurs milésiens ont pu les imiter, en les modifiant selon le caractère de leurs modèles et les traditions de leurs écoles[3].

La dernière des statues d'hommes nus est acéphale comme les autres et a été trouvée non plus dans le téménos d'Apollon, mais dans celui d'Aphrodite[4]. Elle n'en fait pas moins partie de la même famille; mais elle paraît déci-

---

[1]. Furtwængler, *Archæol. Zeitung*, 1882, p. 54. Cf. Friedrichs-Wolters, *Gipsabgüsse*, p. 9.
[2]. Girard, dans les *Monuments publ. par l'Assoc. des études grecques*, 1880, p. 13.
[3]. Du reste, comme cette étude spéciale ne rentre pas essentiellement dans notre sujet, nous ne pouvons faire qu'indiquer ici une hypothèse, qui demanderait pour être justifiée des développements assez longs.
[4]. *Naukratis*, II, pl. XIV, fig. 13.

dément plus moderne, et elle nous amène à une époque où le type, répandu partout, est déjà fixé avec plus de précision, où les particularités locales se sont par conséquent effacées. Aussi, tout en étant mieux exécutée, elle est pour nous moins intéressante, parce qu'elle n'offre guère qu'une répétition sans accent, une pâle copie, affinée, mais affaiblie, des rudes originaux laissés par les maîtres primitifs. Par la sveltesse des formes, elle se rapproche de la plus récente des deux statues d'Actium [1], et de l'une de celles que M. Holleaux a découvertes à Perdicovrysi dans le temple d'Apollon Ptoos [2]. Cependant elle rappelle, par la pose du bras droit une de nos statues archaïques du téménos milésien de Naucratis, et la persistance de ce geste très particulier pourrait tenir à une tradition locale, continuée à une époque relativement moderne.

Que représentent les statuettes mâles de Naucratis? On ne peut songer à y voir des statues funéraires, comme le seraient, dit-on, les prétendus Apollons de Théra et de Ténéa [3]. On serait tenté plutôt d'y reconnaître, comme à Acræphiæ, des représentations du dieu adoré dans l'enceinte sacrée [4] : car le sol où elles étaient enfouies renfermait aussi une grande quantité de vases avec des dédicaces à Apollon Milésien. Les attributs qu'elles portaient ont disparu complètement. Deux d'entre elles, le bras droit replié sur la poitrine, ne pouvaient tenir qu'un très petit objet, probablement une fleur. Cet attribut est rare dans les statues viriles, on le trouve cependant à Cypre [5]; de plus, il est d'origine égyptienne et s'expliquerait ainsi à Naucratis plus naturellement qu'ailleurs. Quant au geste, c'est, comme nous le verrons, celui du fidèle apportant l'offrande, et il indiquerait ainsi une effigie humaine plutôt qu'une image divine. D'un autre côté, les figures aux bras pendants peuvent représenter un dieu aussi bien qu'un homme. La plus récente, avec l'attache de son carquois, serait l'archer divin, ἑκάεργος, une des épithètes de l'Apollon Milésien; elle pouvait porter d'ailleurs l'arc et la flèche, que tiennent d'autres figures archaïques du même dieu. D'après ces observations, on voit que les

---

1. Données au Louvre par M. Champoiseau. V. sur ces statues, M. COLLIGNON, *Gaz. archéol.*, 1886, 235-43.
2. *Bullet. de Corr. hellén.*, 1886, p. 66 et suiv., 270-75; p. 1887, 177-200.
3. MILCHHOEFER, *Archæol. Zeitung*, 1881, p. 54. LOESCHKE, *Mittheil. Instit.*, Abth. IV, p. 314.
4. HOLLEAUX, *Bull. de Corr. hellén.*, 1886, p. 66 et suiv.
5. V., par exemple, PERROT, *Hist. de l'Art*, III, fig. 195.

statuettes de Naucratis n'apportent pas d'arguments nouveaux pour fixer la signification des figures viriles nues. Elles ne permettent pas de rejeter l'ancienne désignation, qui en faisait indistinctement des Apollons; mais elles montrent en même temps qu'il faut se garder de l'étendre arbitrairement à toutes [1].

Les personnages habillés peuvent se diviser en deux catégories : figures debout et figures assises. L'une de ces dernières (fig. 38) rappelle, toutes proportions gardées, les statues des Branchides [2]. Assis dans un fauteuil, dont le dossier a été brisé obliquement, le personnage est coiffé d'une tiare à pointe et vêtu d'une longue robe échancrée au bas pour laisser passer les pieds, appuyés sur un tabouret. Un manteau, rejeté sur l'épaule gauche, enveloppe et soutient le bras droit, replié sur la poitrine, tandis que l'autre est abandonné sur le bras gauche du siège. Le type des Branchides dut être populaire dans la Grèce orientale, et il y suscita des imitateurs. On en retrouve le souvenir à Camiros [3], comme à Naucratis. Mais, ici, il a subi certaines modifications : la pose du bras, passé dans un pli du manteau, l'emploi du bonnet à pointe. Ces traits paraissent être cypriotes [4]. En tout cas, ils ne viennent pas de l'Égypte. Si

Fig. 38. — Statuette d'homme assis, trouvée dans le temple d'Aphrodite.

des statuettes comme celle-ci sont des œuvres locales, l'influence immédiate de l'art indigène ne s'y fait nullement sentir. Quant aux types ioniens auxquels on peut les rapporter, nous croyons, avec M. Newton, qu'ils sont en partie inspirés de l'art égyptien [5]. La fondation de Naucratis par les Milésiens dès la fin du VIIe siècle, le présent envoyé par Néchao au dieu de Didymes témoignent de l'intimité des rapports entre l'Égypte et l'Asie-Mineure. Et les statuettes de Naucratis appuient d'un fait nouveau la théorie de l'influence égyptienne [6].

1. Conze et Michaelis, *Annali*, 1861, 80. Roscher, *Lexicon*, 450. Holleaux, *B. Corr. hell.*, l. c.
2. *Naukratis*, II, pl. XIV, fig. 3.
3. Salzmann, *Nécrop. de Camiros*, pl. XX, surtout la figure de gauche; malgré la différence des sièges, ces figures devaient rappeler celles des Branchides.
4. Perrot, III, fig. 353, 414, et d'autres *passim*.
5. Newton, *Halicarnassus, Cnidus and Branchidæ*.
6. Parlant de la statuette que nous venons d'analyser et d'une autre (*Naukratis*, II, pl. XIV, 7), sur laquelle nous reviendrons plus loin, M. Lechat (*Bull. de Corr. hellén.*, 1890) constate qu'elles sont des

Les artistes de l'Ionie connaissaient depuis longtemps l'art égyptien par les petits objets que le commerce répandait chaque jour davantage; plusieurs d'entre eux avaient pu voir le pays même et étudier l'art indigène dans son propre cadre. Par les relations historiques que nous avons constatées, Milet était plus exposée que toute autre à subir l'ascendant de l'Égypte; et elle paraît en effet l'avoir subi. La disposition des colosses des Branchides fait penser à celle des sphinx, bordant les avenues sacrées; l'attitude des figures assises, les mains sur les genoux, est celle des pharaons, qui gardent l'entrée des temples. Quant au costume, c'est la robe ionienne, comme le veut la coutume du pays; sous la XXVIe dynastie d'ailleurs, on voit en Égypte des figures sacerdotales vêtues aussi de la robe longue. A Milet, il est vrai, on commence à s'essayer au jeu des draperies, que l'Égypte n'avait point connu. L'ensemble n'en conserve pas moins, avec les statues pharaoniques, une ressemblance générale qui frappe même les partisans de l'imitation assyrienne [1]. La statuette de Naucratis, inspirée des grandes statues milésiennes, établit un nouveau lien entre la colonie grecque d'Égypte et la métropole ionienne. Bien qu'elle se distingue par certaines particularités caractéristiques, elle procède en effet surtout de l'art ionien, de l'art des Branchides; et par sa présence dans un temple cypriote, elle témoigne une fois de plus de la place que les Milésiens tenaient à Naucratis, au VIe siècle.

D'autres statuettes assises sont ou copiées exactement ou inspirées de l'art égyptien. En voici une, par exemple [2], taillée dans le calcaire et trouvée au téménos d'Apollon, qui est une reproduction si flagrante des modèles égyptiens qu'on pourrait, en toute vraisemblance, l'attribuer à un sculpteur indigène. Le personnage est assis sur ses talons, dans la pose qu'on retrouve sans cesse aux bords du Nil, et il porte devant lui une tablette plate, qui doit être une table d'offrandes. Malheureusement la tête manque, et c'est elle qui nous eût permis sans doute de distinguer s'il s'agit d'une imitation grecque ou d'un véritable ouvrage égyptien.

Au temple d'Aphrodite, en voici une autre (fig. 39) [3] dont le caractère

---

produits du même art, et il ajoute : « Il y a théoriquement filiation entre ces deux statuettes d'une part, et, de l'autre, les statues de Milet. Or, qu'elle soit considérée comme directe ou indirecte, l'influence de l'Égypte sur l'art local de Naucratis est indéniable. »

1. Rayet, *Gaz. des Beaux-Arts*, 1876, t. I, p. 506-507.
2. *Naukratis*, I, pl. II, 20. — 3. *Ibid.*, II, pl. XIV, 2.

composite est cette fois bien clairement marqué. Les deux bras, qui devaient être détachés du corps, sont brisés à la hauteur des épaules. L'homme est assis, les jambes pliées et élevées, de manière que l'articulation du genou fasse un angle presque droit avec le sol. C'est encore là une posture fort usitée en Égypte, où l'on voit de nombreuses figures porter ainsi devant elles un naos ou quelque autre objet avec des inscriptions funéraires. On retrouve, à Cypre et ailleurs, des personnages dans une pose analogue, un genou levé à la hauteur de la poitrine, l'autre jambe repliée par devant et appliquée à terre dans toute sa longueur. Cette attitude, qui est celle du petit Iacchos, dérive de celle du jeune Horus, accroupi sur la fleur de lotus[1]; mais si la posture est empruntée à l'Égypte, il n'en est pas tout à fait de même du costume. Il est formé d'une tunique à plis nombreux, partagés en deux directions

Fig. 39. — Statuette assise de Naucratis, temple d'Aphrodite.

sur le torse et continuant tout droit le long des cuisses, jusqu'au-dessous des genoux. Certaines figures cypriotes portent un vêtement à peu près semblable. Ainsi deux statues, l'une au musée de New-York, l'autre au Louvre[2], ont des robes et des tuniques à plis qui paraissent être des variantes se rapportant à une même mode[3]. La coiffure, striée de lignes horizontales et verticales formant de petits carrés qui imitent des tresses, est une perruque courte à l'égyptienne, et elle semble être surmontée d'un petit bonnet conique, qui couvre seulement le devant de la tête. Quant au visage, il se rapporte au type cypriote plutôt qu'au type égyptien.

Fig. 40. — Statuette de Naucratis (temple d'Aphrodite).

Enfin, nous signalerons une figurine provenant du temple d'Aphrodite (fig. 40), et dont on a trouvé des répétitions à Rhodes[4]. M. Gardner la définit un singe à tête humaine (man headed ape)[5]. Il nous paraît plus simple d'y voir un homme assis dans une pose encore tout égyptienne, tandis que les traits du visage

---

1. HEUZEY, *Sur les Origines de l'industrie des terres cuites*, p. 11.
2. PERROT, *Hist.*, III, fig. 364 et 372.
3. On peut en dire autant des statuettes assises à l'orientale, que nous venons de signaler.
4. *Naukratis*, II, pl. XV, fig. 4. — 5. *Naukratis*, II, p. 85.

se rapprochent du type rhodien (?). Quant au costume collant, qui enveloppe au moins tout le haut du corps, on pourrait, il est vrai, le prendre d'abord pour une peau tachetée ; mais la régularité absolument symétrique des taches disposées en damier semble contredire une telle hypothèse. Il s'agit donc d'un vêtement sans manches, couvrant la tunique, et qui ne rappelle en rien le pelage du singe. Ne faudrait-il pas y reconnaître plutôt une imitation libre de cette robe au dessin quadrillé, que porte Harmakhis sur certaines stèles funéraires[1] ?

Fig. 41. — Statuette en albâtre (Naucratis, temple d'Apollon).

De petites figures en terre vernissée, découvertes en différents points de la ville et qui provenaient sans doute de la fabrique de scarabées, sont des reproductions exactes des ouvrages indigènes, comme ce personnage agenouillé, les mains jointes, dans l'attitude du recueillement et de la prière[2], et cette figurine nue, les mains posées sur les genoux[3], qui parait être une forme de Ptah patèque. Ce sont là, on peut le croire, autant d'ex-voto, sans intention iconique marquée, mais néanmoins destinés à rappeler au dieu, devant lequel ils étaient consacrés, le souvenir de la piété des donateurs.

Parmi les statuettes debout, nous signalerons d'abord une figure d'albâtre[4] dont on n'a que la tête et le haut du torse (fig. 41), couvert d'une tunique collante, à manches courtes. Une ligne légèrement creusée le traverse diagonalement et figure l'attache du carquois. Immédiatement au-dessous des manches, chaque bras est entouré d'un bracelet de métal, semblable à ceux que l'on voit sur les monuments assyriens[5]. La tête est coiffée d'un bonnet pointu, rappelant assez la mitre de nos évêques[6] ; les cheveux, passés derrière les

---

1. Voir, par exemple, *Rec. de Travaux relatifs à la Philol. et à l'Archéol. égypt.*, vol. II, 3ᵉ fasc., dernière planche : Stèle 144 de Turin, trouvée à Thèbes. Cf. CHAMPOLLION, *Panthéon égyptien*, pl. 26.
2. *Naukratis*, I, pl. II, fig. 13. — 3. *Ibid.*, fig. 15. — 4. *Ibid.*, I, pl. I, fig. 2.
5. Voir PERROT, *Hist. de l'Art*, t. II, p. 22.
6. L'usage de ces coiffures en feutre ou en laine, tantôt élevées et à pointe, tantôt basses et en forme

oreilles, tombent en une seule masse jusqu'à la naissance du cou. Le visage a un peu souffert, le type n'en est pas moins reconnaissable, et il est sensiblement le même que celui de deux têtes archaïques (fig. 42 et 43) en terre cuite et d'une tête en calcaire¹, provenant également du téménos d'Apollon. Dans tous ces exemples, le front paraît droit, les yeux sont grands et abaissés vers les coins; le nez, assez large, est légèrement relevé au bout; les joues sont grasses et pleines, et, malgré la saillie un peu forte du menton, l'expression qui domine dans l'ensemble de la physionomie est une gravité placide, qui ne manque pas d'une certaine douceur. Si l'on compare ces traits avec ceux des statues cypriotes, on verra que rien n'est plus différent. Les statuettes de Camiros offrent au contraire des analogies assez frappantes. A Rhodes aussi, le galbe du visage est arrondi, les traits sont pleins, l'expression est plus simple et plus bienveillante que dans les figures de Cypre.

Fig. 42 et 43. — Deux têtes archaïques provenant du téménos d'Apollon.

Or, M. Heuzey a montré que la fabrique rhodienne de terres cuites avait joué un rôle considérable dans le développement du premier archaïsme grec « tel qu'il se forma au contact de l'Orient, non seulement à Rhodes et chez les Doriens d'Asie, mais aussi dans toute la Grèce asiatique² ». On pourrait donc, croyons-nous, rapporter nos statuettes naucratites à ce style archaïque, qui se répandit et domina dans tant de régions diverses, sans être obligé pour cela de leur prêter une origine directement rhodienne. Elles représenteraient

---

de calottes, devait être répandu chez les marins de l'Asie Mineure et des Iles, aussi bien qu'à Cypre, vers le commencement du vi⁰ siècle. Certaines statuettes de Camiros portent de hauts bonnets, qui se rapprochent à la fois de ceux que nous voyons à Naucratis et de ceux qui couvrent la tête de plusieurs figures trouvées en Phénicie. V. SALZMANN, *Nécr. de Camiros*, pl. XX. LONGPÉRIER, *Mus. Napol.*, III, pl. XXIII, 1; pl. XX. PERROT, *Hist. de l'Art*, III, p. 540, fig. 341, 342.

1. *Naukratis*, I, pl. II, 2, 3, 5.
2. *Les Figurines antiques*, p. 10.

une variété de cette grande classe de productions artistiques, variété probablement ionienne et, puisque nous sommes à Naucratis, peut-être milésienne.

Une série de trois statuettes forme ensuite un groupe bien distinct, que nous appellerons, à défaut de mieux, le groupe des chasseurs. L'une appartient au temple d'Apollon, les deux autres à celui d'Aphrodite. La première[1] (fig. 44), qui est acéphale, se rapproche, par l'aspect général, de l'une des figures nues que nous avons étudiées plus haut[2]; mais les dimensions en sont plus grandes, et l'exécution paraît moins habile. Le torse est d'un travail si sommaire qu'on le croirait d'abord revêtu d'une tunique qui atténue la saillie des muscles; cependant, les parties viriles sont apparentes, et, le bas du corps étant certainement nu, il est vraisemblable de penser qu'il en est de même du haut[3]. La main gauche saisit fortement un objet épais et lourd, qui pend obliquement entre les cuisses, et que la droite soutient de l'autre côté, sans doute un animal tué à la chasse[4]. Les statuettes du téménos d'Aphrodite, mieux conservées, fournissent des indications plus précises. Celle qui paraît la plus ancienne[5] (fig. 45) n'a perdu que le bras gauche, qui tombait peut-être le long du corps, mais n'y adhérait pas dans toute sa longueur. Les cheveux, partagés sur le front, passent derrière les oreilles et s'étendent sur le dos en une large nappe; cette disposition ferait songer à l'Égypte, mais

Fig. 44. — Statuette de Naucratis (temple d'Apollon).

Fig. 45. — Statuette d'homme, trouvée dans le téménos d'Aphrodite.

---

1. *Naukratis*, I, pl. I, fig. 1. — 2. *Ibid.*, fig. 9. V. notre fig. 37.

3. Certaines statues cypriotes ont ainsi le haut du corps vêtu, les reins étant ceints d'une shenti qui semble ouverte par devant, mais les parties viriles ne sont pas apparentes. V. Perrot, *Hist. de l'Art*, t. III, fig. 371.

4. Une statuette de Camiros reproduit le même motif, avec la même pose. Le travail en est très rude et très archaïque, mais les formes sont minces et élancées, les épaules aiguës, la taille d'une finesse exagérée. Si le sujet traité par les deux artistes (de Rhodes et de Naucratis) paraît avoir été identique, leurs modèles étaient bien différents, et ils ne semblent pas avoir appartenu à la même école.

5. *Naukratis*, II, pl. XIV, fig. 8.

la physionomie n'a rien d'égyptien. Le vêtement paraît être une longue robe surmontée d'un justaucorps de laine. La main droite tient les pattes de derrière d'un lion, dont le corps pend inerte, le train de devant étant posé sur les pieds mêmes du personnage. Enfin, la dernière des figures de ce groupe[1] (fig. 46) est complète dans toutes ses parties. La coiffure et le costume rappellent, d'une manière générale, les habitudes cypriotes contractées sous l'influence de certaines modes égyptiennes. On distingue très nettement les deux vêtements superposés, la robe talaire partagée en deux masses par le mouvement de la jambe gauche portée en avant, puis la tunique demi-longue, serrée à la taille par une ceinture, et se terminant au-dessus du genou par une sorte de tablier en pointe, souvenir de la large bande qui ornait le milieu de la shenti. Le bras droit, pendant le long de la cuisse, porte un coutelas ou peut-être une flèche, la gauche repliée tenant un arc. Sur chaque épaule sont suspendus deux petits animaux qui se font contrepoids l'un à l'autre, par devant des chevreaux (?)[2], par derrière de jeunes sangliers. Sur la cuisse était gravée une inscription dont on ne peut lire que quelques lettres, Καλλι....., et qui donnait sans doute le nom du personnage, suivi d'une dédicace à la divinité[3].

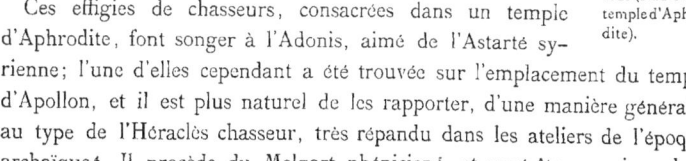

Fig. 46. — Statuette de chasseur (Naucratis, temple d'Aphrodite).

Ces effigies de chasseurs, consacrées dans un temple d'Aphrodite, font songer à l'Adonis, aimé de l'Astarté syrienne; l'une d'elles cependant a été trouvée sur l'emplacement du temple d'Apollon, et il est plus naturel de les rapporter, d'une manière générale, au type de l'Héraclès chasseur, très répandu dans les ateliers de l'époque archaïque[4]. Il procède du Melqart phénicien[5], et peut-être aussi, malgré

---

1. *Naukratis*, II, pl. XIII, fig. 5.
2. M. Gardner croit y reconnaître des levrauts, mais le fait est peu probable, le lièvre égyptien étant bien connu pour la longueur de ses oreilles.
3. *Naukratis*, II, p. 57.
4. Peut-être s'agit-il, dans le dernier cas, d'un chef des chasseurs, κυνηγοί, souvent mentionnés dans les inscriptions égyptiennes. V. Maspero, *Études Égyptiennes*, t. II, p. 178-181.
5. Cf. Bargès, *Rech. archéolog.*, p. 41-42.

certaines différences, du Gilgamès assyrien étouffant le lion, dont le Louvre possède plusieurs répliques colossales[1]. Ce motif avait été adopté par les artistes de l'Asie-Mineure, hittites ou autres, comme l'atteste un bas-relief du British Museum[2], et il était populaire à Cypre, où on voit le dieu tantôt portant un lion tué, tantôt accompagné d'un lionceau qui se pend à sa ceinture[3]. Les statuettes de Naucratis sont d'une époque où les attributs d'Héraclès n'étaient pas encore fixés avec une égale précision dans toutes les parties du monde hellénique. Le poète rhodien Pisandre l'avait cependant décrit, dès le VIIe siècle, comme étant armé de la massue et habillé de la peau du lion[4]. Mais nos sculpteurs, probablement d'origine cypriote, ignoraient l'œuvre du chantre de Camiros ou n'en ont pas tenu compte. Bien qu'ils aient travaillé en Égypte ou pour une ville grecque d'Égypte, ils n'ont rien emprunté au dieu Bès, le chasseur grotesque, qui, cependant, a fourni plusieurs traits à l'Héraclès grec[5]. Un seul détail, la coiffure, et dans une de ces figurines seulement (voy. fig. 45), semble se rapporter à l'Égypte. Encore la mode égyptienne est-elle souvent imitée à Cypre avec beaucoup plus d'exactitude; il n'est donc pas certain qu'elle ait exercé ici une action directe sur le choix de l'artiste. Quant aux costumes, ils présentent des variétés, des dispositions nouvelles, mais les éléments qui les constituent sont connus par de nombreux exemples[6].

Il faut se garder de confondre avec ces chasseurs divins les personnages qui, comme une des figurines provenant de la ville, se présentent au temple, portant un chevreau ou un faon. Celle-ci[7] tient de ses deux mains l'animal vivant, dressé contre sa poitrine, et c'est là un motif que l'on retrouve à Cypre et

---

1. Cf. aussi les divinités égyptiennes, Shou et Tafnouit, souvent figurées par deux lions. Shou est le dieu qui supporte le ciel, comme Héraclès l'a fait une fois, pour suppléer Atlas.

2. BRULÉ, *Fouilles et Découvertes*, t. II, p. 175.

3. PERROT, *Hist.*, III, fig. 389, 390. Cf. CESNOLA, *Cyprus*; et, au musée du Louvre, vitrine de Cypre.

4. STRABON, XV, 587 (Didot). ATHÉNÉE, XII, 512 F et 513 A, attribue cette première description du costume d'Héraclès à Stésichore d'Himère.

5. HEUZEY, *Bull. de Corr. hellén.*, 1884, p. 162; PERROT, *Histoire de l'Art*, t. III, p. 566 et suiv.

6. Ainsi, dans la statue d'Héraclès, que reproduit M. de Cesnola (*Cyprus*, p. 133), le vêtement se rapproche assez de celui de nos chasseurs, et on trouverait au Louvre de nombreux termes de comparaison, quoique nulle part d'ailleurs l'arrangement ne soit tout à fait le même. Cf. encore : *The Antiquities of Cyprus*, pl. XXI, XXII, XXV, et CESNOLA, *Cyprus*, p. 129 et suiv.

7. *Naukratis*, II, pl. XV, 1. Il ne reste que le torse et une partie des bras.

ailleurs¹. Les figures de ce genre, qui dérivent primitivement de représentations orientales, n'ont rien à voir avec l'Apollon ou l'Hermès criophores, dont le caractère est surtout pastoral². Ce sont ou des prêtres portant à l'autel la victime qu'ils vont sacrifier³, ou des fidèles qui viennent l'offrir au dieu, soit pour le remercier, soit pour obtenir ses faveurs. L'attitude même de la statuette de Naucratis et la pose de l'animal plaident en faveur de cette dernière interprétation, confirmée par beaucoup de statuettes de Cypre, et montrent qu'il s'agit d'un simple *ex-voto*, destiné à rappeler à la divinité le souvenir de son adorateur.

Une dernière classe comprend les musiciens, probablement attachés au culte et contribuant pour leur part à la pompe des cérémonies sacrées. Les figurines en faïence égyptienne, trouvées dans la ville aussi bien que dans le temple d'Apollon, montrent des joueurs de flûte (fig. 47), de lyre ou de cithare⁴ très imparfaitement modelés. Ces derniers sont de petits monstres, aux têtes énormes, portant des lyres carrées

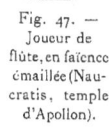

Fig. 47. — Joueur de flûte, en faïence émaillée (Naucratis, temple d'Apollon).

Fig. 48. — Joueur de lyre ou de cithare, en faïence émaillée (Naucratis, temple d'Apollon).

qu'ils frappent de leurs bras maigres et anguleux (fig. 48). Rien de plus grossier, de plus maladroitement construit que ces figurines, qui semblent les premiers essais d'un art, gêné par les difficultés spéciales d'un procédé nouveau pour lui. Un lyricine en calcaire (fig. 49), du téménos d'Aphrodite⁵, est d'une facture beaucoup plus habile. Son costume se compose de trois parties : une robe longue, dont on n'aperçoit que le bas, tombant sur des chaussures à bouts carrés, puis deux tuniques superposées, l'une courte, se terminant un peu au-dessous de la ceinture,

---

1. V., au Louvre, vitrine cypriote, plusieurs figurines en calcaire, portant de la même manière un petit animal, qui paraît être de la même espèce.
2. Veyries, *Les Figurines criophores*, p. 21 et s.
3. V. Perrot, *Hist.*, t. III, p. 589, fig. 402. Cf. Milchhoefer, *Annali*, 1880, 213-222.
4. *Naukratis*, I, pl. II, 7, 12, 18; II, pl. XVII, 4.
5. *Naukratis*, II, pl. XIV, 14.

l'autre qui descend au-dessous des mollets et se prolonge par-devant en pointe élargie. Ces vêtements, presque collants, dessinent légèrement les formes, et la seule préoccupation de rendre les plis des étoffes dénote chez l'artiste une certaine recherche du progrès. Ce sont, il est vrai, de simples lignes parallèles, comme on en voit sur certaines statues de Cypre[1], des plissés empesés plutôt que de véritables plis. L'attitude est toujours raide et immobile; mais les proportions sont meilleures; le mouvement du bras qui tient le plectrum est assez juste, quoique le dessin en soit défectueux. Malgré la sécheresse de l'exécution, il se dégage, en somme, de cette figure une certaine impression d'élégance, de grâce juvénile, qui fait le charme de beaucoup d'œuvres archaïques.

Fig. 49. — Joueur de lyre, statuette en calcaire (Naucratis, temple d'Aphrodite).

Fig. 50. — Statuette de femme assise (Naucratis, temple d'Aphrodite).

Les figures féminines sont toutes drapées. Une seule (fig. 50) est assise sur un fauteuil à dossier[2]. La chevelure, qui encadre un visage absolument fruste, tombe de chaque côté sur les épaules. Un collier, terminé par une grosse perle centrale, orne le cou. Par-dessus la tunique talaire est passée une seconde tunique plus courte et évasée par-devant. Les bras se croisent pour tenir un enfant assis sur les genoux de la femme. Ce type de déesse mère se retrouve dans la plupart des pays grecs[3]. Rhodes et Cypre, Cyrène et la Sicile, Tanagra, Corinthe, Athènes en ont fourni de nombreuses variétés[4]. Les statuettes

---

1. V., par exemple, Perrot, *Histoire de l'Art*, t. III, fig. 364.
2. *Naukratis*, II, pl. XIV, fig. 7.
3. Le Louvre possède toute une collection de figures du même genre, rapportées par M. G. Rey : elles sont assises dans un fauteuil à dossier élevé, parfois à deux pointes. L'une d'elles porte un collier tout à fait semblable à celui de notre statuette. La pose est la même. De plus, elle semble avoir aussi un enfant sur les genoux; toutefois, elle est tellement fruste, qu'on ne saurait l'affirmer avec certitude. On rencontre également, parmi les photographies de la collection Cesnola, des figures d'un type analogue. V. *The Antiquities of Cyprus*, pl. XXV.
4. Heuzey, *Les Figurines antiques du Louvre*, pl. XVIII et XL. Celles de Rhodes sont généralement coiffées de la kidaris. Cf. Salzmann, *Nécropole de Camiros*, pl. XXII.

féminines, trouvées à Marseille en 1863, assises dans une niche à fronton triangulaire, paraissent se rattacher à un culte analogue et procéder du même art. Ces figures de Marseille passèrent d'abord pour des *ex-voto* phéniciens[1]; elles sont très probablement de provenance ionienne et ont dû « être apportées de Phocée ou de quelque autre ville d'Asie-Mineure à une époque postérieure à la colonisation de Marseille; elles offrent, dit M. Heuzey, par leur attitude assise, par leurs hautes coiffures, par le caractère religieux des édicules qui les encadrent, un sujet de comparaison des plus instructifs avec les figurines rhodiennes, et concourent à désigner le vi^e siècle comme l'époque de la diffusion de cette forme très ancienne de l'archaïsme grec[2]. » Des statuettes et des terres cuites, découvertes en 1881 à Cymé[3], confirment d'une manière très frappante l'origine hellénique de celles de Marseille. Elles se rattachent sans doute, ainsi que celle de Naucratis, à cette école de sculpture ionienne, encore si imparfaitement connue, qui a créé les grandes figures des Branchides et les statues exhumées par Rayet dans la nécropole de Milet.

Elles semblent se rapporter à la religion phrygienne de Cybèle, et on voit souvent sur leurs genoux un animal, qui paraît être un lionceau. Mais l'enfant n'est pas moins fréquent, même en Asie-Mineure, par exemple dans les terres cuites de Cymé[4]; il se retrouve également à Cypre et à Rhodes. Dans certains cas, du reste, la déesse allaite le lion, qui alors tient évidemment la place de l'enfant. Cette variante établit le trait d'union entre les deux représentations principales du type, et montre qu'elles sont toutes destinées à rappeler des mythes analogues. Il en est de même de certains monuments phéniciens ou hittites, qu'on a quelquefois donnés comme assyriens, et il semble que cette conception soit empruntée de part et d'autre à un même fond d'idées religieuses. Les Grecs l'ont adoptée et plus tard modifiée, lorsque, au lieu d'asseoir le lion sur les genoux de la déesse, ils l'ont attelé à son char. La Cybèle phrygienne, confondue avec la Rhéa crétoise, c'est la Terre avec toutes les productions qu'elle enfante; il n'y a pas loin de cette personnification divine à l'Isis égyptienne, qui, elle aussi, est la Terre, fécondée par le Nil Osiris. En effet, notre petit groupe reproduit exactement la disposition des groupes

---

1. Bargès, *Rech. archéol.*, p. 112 et suiv. Cf. Clermont-Ganneau, *Rev. critiq.*, 1879, t. II, p. 148.
2. Heuzey, *Catalogue des Figurines antiques du Louvre*, p. 240.
3. S. Reinach, *Bull. Corr. hell.*, 1889, p. 543-569.
4. S. Reinach, *l. c.*

égyptiens d'Isis avec Horus[1]. L'enfant est posé de même sur les genoux de la mère, qui le soutient pareillement de la main gauche, à une certaine distance de son sein. Le costume seul diffère, parce que les sculpteurs grecs habillent leur déesse à l'ionienne; mais l'analogie des attitudes est indéniable. Et il est inutile de supposer ici l'interposition de l'art phénicien. Les Hellènes de Naucratis constatent entre les divinités égyptiennes et les leurs des ressemblances qui les frappent; les traits communs peuvent donc être ici le résultat d'une imitation directe. Quelle que soit l'origine primitive du type, ils l'ont certainement apporté avec eux; mais ils le retrouvent aux bords du Nil, et, le reconnaissant sur-le-champ, ils empruntent aux figures indigènes les détails qui leur conviennent. L'identité dans les idées amène tout naturellement et explique l'identité dans les représentations plastiques.

Fig. 51. — Fragment de statue de calcaire (Naucratis, temple d'Apollon).

Parmi les figures debout, quelques-unes ont le bras gauche collé au corps, tandis que le droit infléchi relève la robe, qui forme ainsi sur le devant un épais bourrelet de plis verticaux. Une statuette du téménos d'Aphrodite[2] offre un spécimen presque complet de ce genre, où la tête seule fait défaut. Le travail est des plus sommaires, et tout le modelé se borne à l'indication des seins, qui transparaissent sous l'étoffe et définissent le sexe. A la même classe appartient sans doute ce fragment d'une statue un peu plus grande (fig. 51), provenant du téménos d'Apollon[3] et dont il ne reste que la partie inférieure, avec le socle arrondi qui la soutenait[4]. La saillie médiane des plis y est très fortement accusée, et la tunique talaire, un peu relevée, s'évase pour laisser passer les pieds, comme dans la Héra archaïque de Samos[5] et dans la plus ancienne des

---

1. V., par exemple, au Louvre, le groupe n° 851, placé sur la cheminée de la Salle des dieux. Nous indiquons ce terme de comparaison, entre mille autres, parce que les formes y sont accusées avec une netteté et une précision qui permettent d'en saisir tous les détails. Si elles sont plus sveltes et plus allongées que dans la figurine de Naucratis, cela est dû à l'emploi du bronze et au mérite de l'artiste; mais les terres cuites vernissées égyptiennes présentent souvent un travail aussi lourd et aussi peu poussé.

2. *Naukratis*, II, pl. XIV, fig. 4. — 3. *Ibid.*, I, pl. II, fig. 4.

4. Ici, cependant, on ne voit aucune trace d'une main relevant la robe du côté droit.

5. *Bull. de Corr. hellén.*, 1881, pl. XIV.

Artémis de Délos[1]. Le vêtement tombe droit comme une gaine rigide, sans rien laisser soupçonner des formes qu'il est censé recouvrir. — Le geste si simple, qui consiste à relever la robe d'une main comme pour faciliter la marche, est un des premiers essais tentés par les sculpteurs pour donner à leurs figures une apparence de mouvement. Aussi, à l'époque archaïque, se retrouve-t-il partout, à Délos, à Cypre, à Rhodes, en Phénicie même, sur des terres cuites, que M. Heuzey attribue à l'influence de l'art grec, « venant faire concurrence aux ouvrages de l'école d'imitation égypto-assyrienne[2] ». Mais, dans ces dernières, les plis de la draperie sont rendus avec justesse, ce sont là des œuvres d'artistes, non plus de simples ouvriers. Tout en relevant sur le côté, d'un mouvement gracieux, le pan de leur robe, elles tiennent contre leur poitrine un oiseau, probablement une colombe. Plusieurs figurines de Naucratis sont dans la même attitude et portent de même un attribut, qui est tantôt une fleur, tantôt un animal, oiseau ou chevreau. Une des mieux conservées est celle que nous reproduisons ici (fig. 52)[3]. Le visage est perdu, mais il reste la base du cou, et, de chaque côté, les deux masses aplaties de la chevelure, ou peut-être d'une étoffe couvrant la tête. L'identité du costume, de la coiffure égypto-cypriote et du collier à gros grains, l'analogie que présente la double échancrure ménagée au bas de la robe, tous ces traits qui sont communs à notre statuette avec la déesse assise, représentée sur la même planche[4], permettent de rapporter les deux ouvrages à une même fabrique, le mot d'école étant ici trop ambitieux.

Fig. 52. — Statuette provenant du téménos d'Aphrodite (Naucratis).

La figure que nous venons de voir portait, sur sa main gauche, un oiseau accroupi. Une autre[5], de facture plus sommaire et dont nous n'avons guère que le torse, tient un chevreau ou un faon, les pattes repliées sous lui. Le même motif reparait dans d'autres œuvres également archaïques, ainsi à

---

1. HOMOLLE, *De antiquissimis Dianæ Simulacris*, pl. I.
2. HEUZEY, *Catal.*, p. 88-89; DE LONGPÉRIER, *Mus. Napol.*, III, pl. XXVI; PERROT, *Histoire de l'Art*, t. III, fig. 142.
3. *Naukratis*, II, pl. XIV, fig. 12. — 4. *Ibid.*, fig. 7, notre fig. 50, p. 260. — 5. *Ibid.*, fig. 8.

Cypre[1], à Thespies[2]. Dans ce dernier exemple, la présence d'un arc, que la femme tient de la main droite, semblerait la désigner comme une Artémis. Il n'en est pas ainsi des statuettes de Cypre et de Naucratis; rien ne les caractérise du reste comme étant des divinités.

Ce ne sont probablement que des adoratrices, aussi bien que celles qui viennent au temple en portant une simple fleur. L'idée de cette dernière offrande doit avoir été empruntée originairement à l'Égypte. Les sculpteurs égyptiens représentent volontiers le mort avec une fleur à la main droite; et cette donnée se retrouve continuellement dans les peintures des bas-reliefs et des tombeaux; nombre de petits oushabtis funéraires ont une fleur posée entre les deux seins[3]. Les Cypriotes, qui ont tant imité l'Égypte, emploient fréquemment le même motif. Ainsi, sur un grand vase cité par M. Murray, on voit un homme respirant le parfum d'une fleur à longue tige[4]. Sur la patère de bronze de Dali, la divinité assise, devant laquelle une longue file de femmes exécute une danse sacrée, approche de ses narines une fleur de lotus. Ailleurs, des statues viriles tiennent à la main une fleur épanouie[5] ou encore une branche de myrte[6].

Du reste, à Naucratis, les statues pourvues de la fleur sont de celles qui, par la coiffure, se rapprochent le plus des modes égyptiennes, et on les rencontre dans les deux temples les plus anciens, ceux d'Apollon et d'Aphrodite[7]. L'une d'elles n'est qu'un simple alabastron, terminé en haut par un torse de femme, voilée à l'égyptienne et munie, comme les autres, d'une fleur à trois pétales. La coiffure égyptienne se retrouve sur une tête en terre cuite du téménos Milésien, aux oreilles ornées de larges boucles, qui se détachent sur les triangles latéraux du klaft[8]. Nous citerons encore une statuette de

---

1. Heuzey, *Les Figurines du Louvre*, pl. XVI *bis*, fig. 4.
2. *Ibid.*, pl. XVIII *bis*, fig. 1.
3. Les statues féminines portent souvent une fleur, qu'elles tiennent aussi entre les seins. (Cf. Maspero, *Archéolog. égypt.*, p. 240, fig. 187; Loret, *L'Égypte sous les Pharaons*, p. 110.
4. Appendice à Cesnola, *Cyprus*, p. 394.
5. *The Antiquities of Cyprus*, pl. XVI.
6. *Ibid.*, pl. XVII. Une gemme de Cypre, à inscription cunéiforme (Cesnola, *Cyprus*, pl. XXXI, n° 2) présente, il est vrai, un homme debout, tenant une fleur; elle peut avoir été exécutée par un artiste du pays, subissant à la fois l'influence de l'Égypte et de l'Assyrie, ou pour un Asiatique, qui a commandé et fait graver l'inscription.
7. *Naukratis*, I, pl. I, fig. 6; *ibid.*, II, pl. XV, fig. 5; pl. XIV, fig. 11.
8. *Ibid.*, I, pl. I, fig. 8.

femme jouant du tympanon (fig. 53)[1]. La physionomie, la disposition de la coiffure et le collier rappellent de très près les exemples précédents. Le vêtement se compose ici d'une robe longue et de deux tuniques, dont l'une est évasée en rond à peu près à la hauteur des genoux.

Dans plusieurs de ces statuettes, les traits du visage, autant qu'on en peut juger, paraissent se rapporter à un même type; on pourrait donc les réunir en un groupe distinct, que nous compléterons par l'étude d'une autre figure en calcaire, provenant du téménos d'Apollon[2]. Celle-ci (fig. 54), à qui il ne manque guère que les pieds et le socle, est d'un faire très primitif. Enveloppée d'un long vêtement sans plis, elle a la forme d'un cylindre légèrement aplati, où l'on ne distingue que l'indication des seins. Les épaules sont très tombantes; le bras droit, d'une longueur démesurée, est appliqué contre le flanc; le gauche tient au-devant de la poitrine une coupe sans pied, de forme hémisphérique.

Fig. 53. — Femme jouant du tympanon (Naucratis, temple d'Aphrodite).

Fig. 54. — Statue en calcaire, provenant de Naucratis (temple d'Apollon).

Comparant entre elles la Héra de Samos et deux statues archaïques de l'Acropole d'Athènes, M. Lechat[3] a montré que ces trois ouvrages avaient entre eux des caractères communs, qui permettaient de les attribuer tous à des sculpteurs samiens de la seconde moitié du vi[e] siècle. Les relations intimes que Samos entretenait depuis longtemps déjà avec l'Égypte expliqueraient certaines particularités dans la pose et dans l'exécution, évidemment dues à l'influence de l'art égyptien. Cette opinion est confirmée par les ressemblances frappantes que l'on peut constater entre l'une des statues samiennes de l'Acropole d'Athènes, celle qui a conservé la tête, et deux des statuettes en calcaire trouvées dans les fouilles de Naucratis. « Dans la première[4], l'attitude générale, la pose des bras, l'absence complète du sourire, la sèche découpure du nez,

1. *Naukratis*, II, pl. XV, fig. 9. — 2. *Ibid.*, I, pl. II, fig. 1.
3. *Bull. de Corr. hellén.*, 1890, p. 136 et suiv.
4. La femme portant la coupe (fig. 54). (*Naukratis*, I, pl. II, fig. 1.)

l'arrangement de la chevelure composent un ensemble, qui offre avec la statue de l'Acropole une analogie remarquable. Mais, dans la seconde[1], il y a plus que des analogies, une incontestable ressemblance : même nez, même bouche, ovale très allongé de la tête, aplatissement des joues, et surtout cette apparence morne, totalement inanimée, tout ce qui nous a paru si caractéristique dans la statue. Une ressemblance, poussée à ce point entre deux œuvres de dimensions différentes, n'en est encore que plus notable. » Si l'on admet la justesse de ces aperçus, il faudrait en étendre les conclusions, du moins en ce qui concerne Naucratis. En outre de celles que cite M. Lechat, plusieurs statuettes en calcaire ou en terre cuite offrent, en effet, nous l'avons vu, des points de rapprochement, qui autorisent à en former une série à part. Le site du téménos de Héra n'a malheureusement fourni aucun des éléments de vérification, qu'on en pouvait attendre. Malgré ce contretemps, l'hypothèse n'en demeure pas moins vraisemblable, et on peut attribuer à ce groupe spécial des statuettes naucratites une origine samienne, ou, tout au moins, un prototype samien.

Après avoir examiné ces figures féminines, il convient d'en préciser, s'il est possible, la signification et la nature. Une seule, celle qui est assise avec un enfant sur les genoux, peut être considérée avec quelque certitude comme se rattachant à un type divin. Quant aux autres, la question est douteuse. On peut les diviser en plusieurs classes d'après l'objet qu'elles portent, ici une fleur, là un animal ou un instrument de musique. Pour la première, les représentations des tombeaux fournissent quelques indications utiles, l'usage de la fleur étant, nous l'avons vu, d'origine égyptienne. Dans les repas, dans les réceptions, tous les invités la tenaient à la main, comme aujourd'hui on la met à la boutonnière. Les figures qui ont la fleur sont donc en tenue de cérémonie; elles l'ont prise pour aller au temple; peut-être l'offriront-elles au dieu; en tout cas, c'est là comme un insigne obligé, un complément de la toilette. D'autre part, celles qui tiennent un animal sont nettement caractérisées comme apportant une offrande. Ce ne sont pas des prêtresses, car elles ne présentent pas l'objet directement à la divinité : elles le pressent contre leur poitrine, jusqu'au moment où elles vont le remettre à l'intermédiaire, chargé de l'immoler ou de le consacrer suivant les rites; leur geste est celui

---

[1]. *Naukratis*, II, pl. XV, fig. 5.

de l'apport. Celles qui ont dans les mains un instrument de musique remplissent sans doute des fonctions sacerdotales de rang inférieur, comme les chanteuses égyptiennes des temples, et elles figurent, à ce titre, dans les cérémonies du culte. Les autres paraissent être des fidèles, qui ont dédié une statue au dieu pour témoigner de leur piété ou de leur reconnaissance. Cette coutume de se faire représenter devant la divinité par une figure de pierre était, on le sait, très usitée dans l'île de Cypre. A Golgoi, à Idalion, le nombre des images divines est relativement peu considérable; c'est par centaines, au contraire, que l'on compte les effigies des simples dévots. De même en Asie-Mineure, l'avenue des Branchides était peuplée de hauts personnages, comme le tyran Charès, qui avaient tenu à honneur de figurer pour toujours dans le cortège sacré d'Apollon. Malgré la différence des proportions et des attitudes, nos statuettes doivent procéder d'une idée semblable. — Assurément, il n'y faut point chercher des portraits. Au vi^e siècle, les artistes qui produisaient les grandes statues, dont quelques-unes sont parvenues jusqu'à nous, pouvaient avoir de pareilles prétentions; mais ici nous avons affaire à de véritables objets de commerce, qui se fabriquaient à la grosse, et parmi lesquels on pouvait choisir. Les fournisseurs d'*ex-voto* ne pensaient guère à copier directement la nature, ils se contentaient de reproduire des types reçus et multipliaient, avec plus ou moins d'habileté et de bonheur, les exemplaires de cette imagerie religieuse. Ils se souvenaient néanmoins des grands ouvrages exécutés dans les métropoles asiatiques, et n'échappaient pas entièrement aux suggestions sans cesse renouvelées de l'art égyptien, qui les touchait de si près. Voilà pourquoi, jusque dans leurs essais les plus informes, on reconnaît parfois la trace de cette double influence, qui s'imposait à eux presque à leur insu.

Les animaux procèdent directement de l'art oriental. Il en est ainsi du reste dans la plupart des productions de l'archaïsme grec au vi^e siècle. Ainsi, les frises d'animaux sur les vases sont faites d'après des modèles phéniciens, dont les éléments sont empruntés à l'Égypte et à l'Assyrie[1]. Se défiant de leurs propres forces, les artistes hellènes aiment mieux copier servilement, d'après des dessins, ces êtres qui leur sont inconnus, que de s'essayer à rendre ceux

---

1. Nous ne parlons ici que de l'époque dite gréco-orientale, où dominent les fauves étrangers à la faune des pays grecs. Il en était autrement à l'époque mycénienne (V. les vases de Vaphio, S. REINACH, *Gaz. des Beaux-Arts*, 1890), au temps où les céramistes de Santorin, d'Ialysos, copiaient les poulpes, les zoophytes de leurs rivages. (DUMONT, *Céramiques de la Grèce propre*, ch. I.)

qu'ils voient autour d'eux chaque jour. A Naucratis, ils ne manquaient pas d'excellents modèles. Les Égyptiens, dès la plus haute antiquité, ont su, par des moyens simples, exprimer avec netteté les caractères qui distinguent chacune des espèces animales. Ils « avaient pour les félins une prédilection particulière..., ils ont représenté le lion dans toutes les attitudes..., et nul peuple ne l'a rendu avec pareille connaissance de ses habitudes ni avec pareille intensité de vie[1] ». Sous la XVIIIe dynastie, ils ont produit en ce genre de véritables chefs-d'œuvre, et, sous la XXVIe, ils n'étaient pas moins habiles[2]. Le travail des artistes hellènes reste, au contraire, étonnamment grossier et imparfait[3]; leurs lions ne sont pas plus vivants ni plus réels que ceux des Cypriotes, imités souvent aussi des lions égyptiens. En comparant ces ouvrages grecs avec des ouvrages indigènes contemporains[4], on voit combien les animaliers de Naucratis sont inférieurs à leurs maîtres. D'ailleurs, lors même qu'ils paraissent se livrer à la fantaisie, ils ne font guère que plagier, comme le montre cette tête d'animal fantastique[5], très semblable à l'une de celles qu'a publiées M. Heuzey[6], et qu'il attribue à l'art assyrien, quoiqu'elle vienne d'une collection égyptienne[7]. Leur manière était-elle plus libre, lorsqu'ils traitaient des sujets qu'ils pouvaient mieux connaître? Un groupe de calcaire[8], représentant un taureau conduit par un sacrificateur (fig. 55), aurait pu nous renseigner à ce sujet. Mais il est tellement endommagé, qu'il serait

Fig. 55. — Groupe en calcaire (Naucratis, temple d'Apollon).

---

1. Maspero, *Archéologie égyptienne*, p. 295.
2. Examiner, par exemple, les lions que Mariette a découverts au Sérapéum.
3. Ainsi dans *Naukratis*, II, pl. XIV, fig. 6. Cf. *ibid.*, pl. XV, fig. 9.
4. Mariette, *Monuments divers*, pl. XLI, texte, p. 11.
5. *Naukratis*, I, pl. I, fig. 7 (faïence).
6. *Les Figurines du Louvre*, pl. I, fig. 4 (de la Collection Clot-Bey).
7. V. aussi une gorgone archaïque, *Naukratis*, II, pl. XV, fig. 10, qui n'est pas sans quelque rapport avec le dieu Bès.
8. *Naukratis*, I, pl. II, fig. 21.

difficile d'en apprécier l'exécution[1]. Quant aux animaux en terre vernissée, s'ils n'ont pas été réellement modelés par des mains égyptiennes, du moins ne sont-ils que des reproductions pures et simples. Il suffit, pour s'en convaincre, de jeter un coup d'œil sur les planches de MM. Petrie et Gardner; on y voit de petites figurines, bélier, épervier d'Horus (fig. 56), lion, qu'on suspendait au moyen d'une bélière[2], et qui ont été fabriquées certainement au moyen de moules égyptiens. On en peut dire autant de ce canard au plumage multicolore (fig. 57), dont les détails sont rendus avec un sentiment exact de la nature, et qui est certainement l'œuvre d'un ouvrier habile, peut-être d'un ouvrier indigène[3].

Fig. 56. — Amulette représentant un épervier (Naucratis, temple d'Apollon).

On a remarqué que la statuaire à Naucratis était en retard sur la peinture céramique. Au vi[e] siècle, il en est un peu de même partout dans les pays grecs. Ici, les dimensions restreintes des temples permettaient-elles d'ériger dans l'intérieur des statues de grandeur naturelle, comme on le faisait à Cypre? Le fait est peu probable; du moins, dans les enclos qui les entouraient, la place ne manquait-elle pas. En tout cas, s'il y en eut, elles ont si complètement disparu qu'on est réduit, pour apprécier la sculpture naucratite, à des fragments de statuettes, et les données qu'ils fournissent sont insuffisantes pour asseoir un jugement sérieusement motivé.

Fig. 57. — Canard trouvé à Naucratis, dans le téménos d'Aphrodite.

Nous ne possédons là que les restes d'un art industriel, art de seconde main, condamné à exécuter des objets votifs pour la consommation des temples, dont les ateliers formaient comme une

---

1. La gazelle, reproduite dans *Naukratis*, II, pl. XV, fig. 6, doit être égyptienne, ou, si elle est grecque, d'époque plus moderne.
2. *Naukratis*, I, pl. II, fig. 6, 9, 10. — 3. *Ibid.*, II, pl. XIV, fig. 1.

dépendance. Les ouvrages égyptiens, apportés des villes voisines et particulièrement de Saïs, étaient sans doute fort nombreux. Ils sollicitaient l'attention des artistes locaux et leur suggéraient fatalement quelques modifications dans la manière de traiter les sujets traditionnels. Appelés à choisir entre deux motifs, les Grecs étaient tout naturellement portés à adopter le motif indigène, qui cadrait le mieux avec leurs idées et leurs habitudes. Ainsi s'expliquent les détails d'origine égyptienne, que nous avons notés au cours de cette étude, détails assez peu nombreux d'ailleurs, et presque aussi fréquents dans les îles, qui étaient en rapports constants avec l'Égypte.

L'art naucratite, tel qu'il se présente à nous d'après les débris exhumés à Nebirêh, offre cet intérêt particulier, qu'il échappe plus que partout ailleurs à l'influence de la Phénicie. Tandis qu'à Cypre, par exemple, où les colons syriens vivent à côté des Grecs, une action réciproque s'exerce des uns sur les autres et amène nécessairement une certaine pénétration entre les deux arts, ici la Phénicie n'a plus à jouer aucun rôle. Aux époques précédentes, elle a pu être un intermédiaire utile pour les métropoles; mais les colons, en abordant à Naucratis, cessent de la trouver entre eux et l'art oriental. Ils ne parviennent pas, pour cela, à s'affranchir des premières impressions reçues, et ils continuent pendant longtemps encore à suivre la voie tracée par leurs premiers inspirateurs. Toutefois, lorsqu'on distingue, dans leurs ouvrages, certains traits empruntés à l'Égypte et qu'on les retrouve à Rhodes, à Samos ou en Asie-Mineure, on est autorisé à penser que, depuis la fin du viie siècle, Naucratis a grandement contribué à les faire connaître, à les acclimater dans les contrées helléniques, par conséquent à diminuer d'autant l'influence phénicienne, dont on a souvent exagéré et surtout prolongé indûment l'action sur l'archaïsme grec.

Ces vues se trouveront encore confirmées par l'examen qui nous reste à faire des bronzes trouvés sur l'emplacement de Naucratis. Dans la partie méridionale du site, à quelques pieds au-dessous du sol, les Arabes en recueillirent, en 1885, une très riche collection. Elle fut enlevée en l'absence et à l'insu de M. Petrie; ensuite, ayant été mise en vente au Caire, elle fut acquise en partie par divers amateurs, en partie par le Musée de Boulaq. M. Petrie put en racheter seulement quelques pièces, qui aujourd'hui sont au British Museum. La plupart de ces petits monuments étaient entiers et en bon état de conservation; un tiers d'entre eux seulement étaient brisés et avaient subi l'action du feu. On ne saurait affirmer avec certitude s'ils proviennent d'un atelier ou d'une favissa, où auraient été déposés des objets votifs. Mais leur caractère égyptien est en dehors de toute contestation. En effet, ce sont des divinités indigènes, Bastit, Anubis, Nofre-Toum, Amon, Osiris, Nephthys, des groupes d'Isis avec son fils Horus, des boîtes dont le couvercle est enrichi de figures de reptiles en relief, surtout des lions, en général d'un dessin et d'une exécution fort remarquables. Rien dans tout cela qui offre aucun caractère grec[1]. Les boîtes ornées n'étaient autre chose que de petits cercueils, et plusieurs renfermaient encore les ossements des animaux sacrés, qu'on y avait ensevelis. Il est regrettable qu'on n'ait pu vérifier les circonstances, dans lesquelles avait été faite cette curieuse découverte; car on se trouvait là sur un point de la ville, où les Égyptiens avaient dû former des établissements à eux. Toutes ces figures de lions et de dieux nilotiques, ces pyxis contenant des restes d'ichneumons ou de chats, venaient presque certainement d'un sanctuaire consacré à quelque divinité du Delta[2]. De tout ce matériel, qui ne pouvait servir qu'à un culte essentiellement égyptien, une partie au moins avait dû être exécutée dans des ateliers locaux, probablement voisins de la chapelle, et par des ouvriers du pays. Nous avons vu d'autre part que la manufacture d'amulettes en terre vernissée n'avait pu être établie sans le concours d'un certain nombre d'Égyptiens. A côté de l'élément hellénique dominant, il y avait donc à Naucratis un élément indigène, dont il est impossible de déterminer l'importance; car les écrivains grecs n'en parlent nulle part et paraissent n'en tenir aucun compte. Et on ne s'étonnera pas de ce silence absolu, si on se rappelle combien, pour Alexandrie où il était considérable, les renseignements sur la ville indigène sont rares, en comparaison de ceux qu'on rencontre partout sur la ville grecque.

Il serait d'autant plus important de savoir la place tenue ici par les artistes indigènes que les statuettes égyptiennes en bronze paraissent avoir exercé une réelle influence sur la statuaire grecque archaïque. Si on examine les plus anciennes figures viriles nues, provenant des contrées helléniques, on y re-

---

1. Cependant, M. A. HIGGINS a reproduit, dans l'*Archæologia* (LI, 2ᵉ p., pl. XIII), un curieux cottabos en bronze, découvert à Naucratis; le disque supérieur est orné de têtes bachiques assez sommairement gravées.

2. On connaît à Saïs des dieux à tête de lion (BRUGSCH, *Religion und Mythologie*, p. 348 sqq.). La déesse Bastit était représentée, comme on sait, avec une tête de lionne ou de chatte.

connaît d'une part certains caractères, qui ne s'accordent pas avec le type de la race, de l'autre certains défauts de proportion, dont l'inexpérience des artistes ne suffit pas à expliquer la persistance : les épaules hautes et droites, la taille trop mince, les hanches très étroites, étant donnée la largeur des épaules; les membres inférieurs travaillés avec un soin particulier, et le détail du genou d'un dessin conventionnel et exagéré; les pieds étroits et plats, avec des doigts très longs[1]. Plusieurs de ces traits appartiennent à la race égyptienne, et on ne les retrouvait que par exception chez les Grecs, puisqu'ils disparaissent quand leurs sculpteurs savent mieux rendre ce qu'ils voient. Quant aux défauts, ils ne viennent pas de la nature, mais de l'imitation d'un modèle. Comme ce modèle, apporté par le commerce, était de petites dimensions, les proportions y étaient calculées pour produire un effet d'ensemble, sans trop tenir compte de la mesure exacte des parties. Les imitateurs, qui entreprenaient de le grandir, auraient dû rectifier d'abord ces irrégularités voulues; mais, comme ils étaient incapables de le faire, ils se bornaient à reproduire en grand les proportions relatives des figurines qu'ils copiaient; ainsi se trouvaient accentués et grossis des défauts, qui ne s'apercevaient pas dans les petits ouvrages leur servant de modèles. Cette hypothèse offre l'avantage d'expliquer clairement les faits, et elle n'est pas contredite par l'histoire. En effet, les ressemblances entre la statuaire grecque archaïque et la statuaire égyptienne sont indéniables. Non seulement l'attitude, les gestes sont les mêmes, corps immobile, bras collés aux flancs, mains fermées et adhérant aux cuisses, mais certaines particularités même s'accordent mal avec les idées religieuses des Hellènes. Ainsi, pour eux, le côté droit est non seulement le plus honorable, mais aussi le plus heureux[2]. C'est par là que viennent les présages favorables, c'est du pied droit toujours qu'il faut entrer dans les temples[3]. Or, dans la statuaire grecque archaïque, dès que les jambes cessent d'être réunies, c'est la gauche qui se met en marche. L'arrangement de la chevelure, retenue sur le front par des bandelettes, et tombant en deux masses de chaque côté du visage, imite la disposition du klaft. Il n'y a pas jusqu'aux couleurs des peintures ou des bas-reliefs égyptiens, dont l'influence ne soit nettement marquée

---

1. On a remarqué encore que l'oreille est souvent placée très haut, par exemple, dans les statues de Théra. (COLLIGNON, *Gaz. archéolog.*, 1886, sur les statues d'Actium, p. 235-243.)
2. CURTIUS, *Hist. gr.*, t. II, p. 59. Cf. A. MAURY, *Relig. de la Grèce*, t. III, p. 363, 372.
3. VITRUV., III, 4.

dans la polychromie des monuments de calcaire, trouvés récemment sur l'Acropole d'Athènes[1]. Tant de ressemblances ne sauraient être fortuites, lorsque les races diffèrent si profondément entre elles, ainsi que les idées et les habitudes. Du reste, les Grecs reconnaissaient eux-mêmes que leurs plus anciennes statues procédaient de l'art pharaonique. Strabon compare les bas-reliefs des temples égyptiens aux ouvrages étrusques et aux premiers ouvrages grecs[2]. Lorsqu'il rencontre sur son chemin quelque vieille image, dont la raideur et la pose hiératique dénotent une antiquité très haute, Pausanias ne manque pas de lui prêter une origine égyptienne ou de la présenter tout au moins comme une imitation de l'art égyptien[3]. Diodore[4] remarque que le rythme des statues dédaliques est le même que celui des figures égyptiennes. Ces opinions étaient appuyées d'un côté sur la comparaison des œuvres, de l'autre sur des traditions répandues depuis longtemps dans le monde hellénique. Les modernes, après avoir exagéré l'influence de l'Égypte, en sont venus depuis à l'atténuer, à la diminuer outre mesure. On sait que les relations des Pharaons avec les îles avaient précédé la période des grandes conquêtes thébaines et que, sous la XVIIIe dynastie, une partie des Cyclades étaient tributaires de l'Empire pharaonique. Les Hanebou, qui portaient le tribut aux bords du Nil, acquirent par cela même quelque connaissance de la civilisation du pays. Cependant, du xve au viie siècle, c'est par les Phéniciens surtout que les produits de l'art égyptien parvenaient dans les pays baignés par la mer Égée, et ceux qu'ils livraient à leurs clients étaient nécessairement de petits objets, statuettes de bronze, amulettes en pierre ou en terre vernissée, qui furent probablement les premiers modèles copiés par les artistes locaux. Vers le viiie et le viie siècle, lorsque le travail du marbre commença à Chios, à Samos, les premiers sculpteurs eurent pour les guider ces petits ouvrages, importés par le commerce sidonien et tyrien. Bientôt, du reste, l'art grec montra une certaine originalité dans l'imitation, et ses premiers essais connus dénotent déjà des recherches personnelles, qui s'affirmeront dans la suite par de nouveaux et incessants progrès. Néanmoins, dans l'attitude générale, la pose, les gestes très simples, mais caractéristiques,

---

1. POTTIER, *Revue archéologique*, 1889, t. I, p. 35.
2. STRABON, XVII, 684 (Didot).
3. PAUSANIAS, I, 42, 5; II, 19, 3; IV, 32, 1; VII, 5, 5.
4. DIODORE, I, 97.

qui distinguent les figures primitives, il est impossible de ne pas constater des analogies, qui s'imposent à l'esprit d'elles-mêmes et qui marquent d'incontestables rapports entre les créations de l'art égyptien et les plus anciennes productions de l'art hellénique. Cette première direction imprimée aux artistes hellènes par les modèles orientaux ne saurait d'ailleurs être placée à l'époque qui nous occupe. Au vie siècle, les Grecs ont pris conscience de leur force. Ils n'en sont plus réduits à copier servilement, à grandir les figurines; ils sont en état désormais de s'attaquer au modèle vivant. Mais l'Égypte leur est ouverte; ils la visitent, ils sont à même d'étudier, d'apprécier son art, et, plus ou moins consciemment, ils en subissent encore l'influence. Nous l'avons vu, par les caractères généraux qui leur sont propres, les statues des Branchides et de la nécropole de Milet attestent cette vérité, aussi bien que certaines figures de Délos, de Rhodes, de Samos. Dans cette partie du monde grec, il semble que l'action de l'Égypte se prolonge et se renouvelle, à mesure que son œuvre artistique est mieux connue. Des sculpteurs samiens passent pour avoir séjourné aux bords du Nil[1], vers la seconde moitié du vie siècle.

Si Rhœkos, si ses deux fils, Théodoros et Téléklès, sont allés réellement en Égypte, ce qu'ils y cherchaient, ce n'était pas sans doute, comme le veut Diodore, une direction artistique, mais la connaissance de certains procédés qui leur manquaient. On racontait en Grèce qu'ils avaient inventé l'art de couler le bronze. La tradition présentée sous cette forme ne supporte pas l'examen. Le bronze était depuis longtemps mis en œuvre sur des points très divers du monde ancien[2]. Mais nulle part la technique n'était aussi perfectionnée qu'en Égypte, où elle était pratiquée depuis les temps les plus reculés. On ne possède pas, il est vrai, de statuettes de bronze antérieures à l'expulsion des Hyksos; mais il en existe de la XVIIIe et de la XIXe dynastie; des pièces d'un art très avancé sont de la XXIIe, et on sait que, sous la XXVIe, les Égyptiens étaient arrivés à produire des œuvres d'une rare perfection[3]. Le portrait de la dame Takoushit, avec son long vêtement tout brodé de figures divines, est une merveille de facture, et il « date probablement des années

---

1. Diodore, I, 97.
2. Beulé, *Histoire de l'Art grec*, p. 338 et suiv.; *Fouilles et Découvertes*, p. 226 et suiv.; Saglio, *Dictionnaire*, art. Cœlatura; Dennis, *Cities and Cemeteries of Etruria*, t. I, p. 460. Cf. les légendes sur les Telchines, à Rhodes et en Crète; Strabon, X, 405, XIV, 558 (Didot).
3. Maspero, *Archéologie égyptienne*, p. 291 et suiv.

qui précédèrent l'avènement de Psammétique I[er][1] ». C'est surtout dans les images d'animaux que l'art saïte triomphait; il savait leur imprimer un caractère d'individualité des plus prononcés. Or, un grand nombre des bronzes de Naucratis offrent précisément des sujets empruntés à la nature animale. Les chefs de l'école samienne, qui s'attachèrent tout particulièrement au travail des métaux[2], ont pu apprendre en Égypte, non pas l'art de couler le bronze, mais peut-être celui de le modeler dans un moule à noyau central[3]. Que ces artistes, ayant vécu un certain temps aux bords du Nil, aient rapporté de leur voyage des impressions, des souvenirs, et que leurs œuvres s'en soient ressenties, rien n'est plus vraisemblable; mais ils n'y recueillirent pas, comme on l'a dit[4], les règles d'un canon, qui y était inconnu, puisque, en Égypte, à toutes les époques, les proportions diffèrent souvent d'une statue à l'autre. Ainsi, la statuaire grecque ne reçut point de ce fait une direction nouvelle. Elle avait, dès lors, trouvé sa voie propre, et elle la suivait avec décision. Elle pouvait demander encore aux peuples orientaux des procédés d'exécution, mais non des principes et de véritables enseignements. Nous avons pu constater, en effet, que l'action de l'Égypte avait été faible, même sur les sculpteurs de Naucratis. C'est qu'en réalité l'art grec, au temps où nous sommes, était devenu déjà un art indépendant, capable de tirer de lui-même les éléments de ses progrès.

1. Maspero, *Archéologie égyptienne*, p. 292.
2. Athénée, XII, 515 A.
3. Beulé, *Histoire de l'Art grec*, p. 338; Saglio, art. *Cœlatura*.
4. Diodore, I, 97.

CHAPITRE V

COMMERCE. — ADMINISTRATION. — MŒURS

Ancienneté du commerce égyptien. — Richesse du pays. — Administration des douanes de mer. — Développement et expansion du commerce sous les Pharaons de la XXVIe dynastie. — Supériorité, en tout temps, des exportations sur les importations.
EXPORTATIONS : *Les céréales*. Celles qui étaient consommées en Égypte. Traditions grecques sur des transports de blé à Athènes au temps de Psammétique et d'Amasis. — *Sel, natron, alun*. — *Albâtre. Pierres fines*. — *Métaux précieux*. — *Lin* et étoffes de lin. Importance de ce trafic. — *Papyrus*. Résultats produits par l'exportation du papier dans les pays grecs.
Produits venant, par la mer Rouge, de l'Arabie et des côtes d'Afrique : *Parfums*, naturels et fabriqués. Universalité de leur emploi. — *Substances médicinales*.
Produits venant de l'intérieur de l'Afrique. — Routes suivies pour y pénétrer. — *Plumes* et *œufs d'autruche*. — *Peaux* et *cuirs*. — *Ébène*. — *Ivoire*. — Concurrence faite aux Phéniciens par les Grecs. Produits des Oasis. — Les Samiens dans la Grande-Oasis.
Quelques Grecs établis en différents points de l'Égypte. Abydos.
Les petits objets égyptiens d'art industriel. — Leur diffusion dans toute la Méditerranée, par les Grecs autant que par les Phéniciens. Asie-Mineure ; Cypre ; Rhodes ; Crète ; Grèce propre ; Italie méridionale ; Étrurie ; Sardaigne ; Sicile ; Gaule.
IMPORTATIONS (possibles) : *L'huile*. Diverses huiles qu'on employait en Égypte. — Rareté des oliviers. — Leur abondance dans les pays grecs. — Traces de ce commerce. — *La laine*. Son usage en Égypte. — L'élevage des moutons. — Exportations de Milet. — Perfection du tissage. — Étoffes de luxe. — Étoffes communes. — Les Milésiens ont dû importer de la laine par Naucratis. — *Le vin*. Erreurs des auteurs anciens. La vigne cultivée en Égypte à toutes les époques. — Importations phéniciennes. — Consommation de la bière d'orge. — Les meilleurs crus des îles probablement importés. — Les amphores et les inscriptions céramiques. — Témoignage d'Hérodote. — Histoire de Charaxos.
Résumé. — Conditions générales du commerce. — Mesures restrictives d'Amasis. — Douanes et péages. Caractère particulier de la colonie grecque de Naucratis. — Association commerciale. — Importance relative des peuples qui en font partie.
Administration intérieure. — Προστάται τοῦ ἐμπορίου. — Timouques. — Fêtes de Naucratis. — Règlements du Prytanée.
Ville de luxe et de plaisir. — Les courtisanes.
Activité de la vie industrielle et commerciale.
Action de Naucratis sur la civilisation générale.

Longtemps avant l'arrivée des Grecs, l'Égypte faisait un commerce actif avec l'intérieur de l'Afrique, par l'ouest et par le sud, et elle exploitait les côtes de la mer Rouge, au moins dès la XIe dynastie[1]. D'autre part, elle était, depuis les conquêtes des Thoutmès, en relations continues avec la Syrie, par terre et par mer. Les Phéniciens, il est vrai, possédaient, dit-on, le monopole du trafic maritime. Cependant, il est difficile de croire que des marins égyptiens n'y prissent pas une certaine part. Les préjugés religieux qui les auraient retenus, les lois restrictives fermant aux étrangers l'accès du pays, tout cela, nous l'avons vu, n'existait que dans l'imagination d'écrivains récents ou mal renseignés[2]. L'infériorité des Égyptiens comme navigateurs n'est pas davantage prouvée. Leurs continuels voyages sur le Nil les préparaient à des navigations plus difficiles, et ceux que n'effrayaient pas les parages dangereux de la mer Rouge ne devaient pas craindre de s'aventurer dans la Méditerranée. Des expéditions, comme celles qui, sous la XVIIIe dynastie, avaient amené la soumission des îles, supposent l'existence de grandes flottes, dont les Phéniciens ne devaient pas faire seuls tous les frais. A la suite de ces entreprises guerrières, des relations commerciales s'établirent forcément entre l'Égypte et les contrées soumises. Les tributs portés par les personnages qui figurent au tombeau de Rekhmara[3] nous donnent une idée de ce que l'Égypte pouvait alors tirer des îles égéennes. Leurs représentants sont mêlés, il est vrai, à ceux de la Phénicie, à moins qu'on ne doive les distinguer aux deux grandes tresses, qui tombent de chaque côté du visage et qui seront plus tard un des traits caractéristiques de la coiffure ionienne[4]. Parmi les présents qu'ils apportent, dominent naturellement les armes riches, les métaux précieux, depuis les simples briques d'argent jusqu'aux vases ciselés ou repoussés, aux colliers d'or et de pierres précieuses. Ce n'étaient là sans doute que des objets de luxe, faits pour être offerts au suzerain. Mais le grand nombre de ces produits montre qu'ils formaient une des branches importantes de l'industrie et du commerce dans la Méditerranée

---

1. Le premier document connu est de cette époque (Lepsius, *Denkm.*, II, 150. Cf. Chabas, *Voyage d'un Égyptien*, p. 57; Maspero, *Sur quelques navigations des Égyptiens*, p. 8-10); mais les relations avaient dû commencer plus tôt.

2. M. Ebers (*Antichità Sarde, Annali dell' Istit.*, 1883, p. 107) croit que ce qui éloignait les Grecs des côtes d'Égypte, c'était la jalousie des marchands phéniciens, établis dans les villes maritimes du Delta, et dont la religion admettait les sacrifices humains.

3. Ph. Virey, *Tombeau de Rekhmara*, dans les *Mémoires de la Mission du Caire*, t. V, pl. V et p. 13-14. Cf. Chabas, *Études sur l'Antiquité historique*, p. 120.

4. V. plus haut, Introduction, p. 6, note 3.

orientale. Sous les dynasties suivantes, non seulement le mouvement d'expansion diminue, mais on voit l'Égypte se resserrer peu à peu sur elle-même. Depuis Ramsès IV, on ne connaît plus d'expéditions vers le Pounit, et, quant aux îles de la mer Égée, il y a plus longtemps encore qu'elles ont cessé d'être vassales des Pharaons.

Schliemann a trouvé, dans la seconde ville préhistorique d'Hissarlik, de petits objets en porcelaine verte égyptienne, détériorés par le feu, et qui, selon lui, auraient servi d'ornements de sceptre[1]. Les ruines de Mycènes, de Tirynthe nous ont rendu également un certain nombre d'objets égyptiens, apportés par le commerce, mais par le commerce phénicien. Les héros de l'épopée homérique vont en Égypte, et ils en reviennent avec de magnifiques présents, comme les cuves d'argent et les trépieds donnés par Polybos, le fuseau d'or et la corbeille offerts par sa femme à Hélène[2]. Mais nous ne voyons, dans Homère, aucune trace de relations entretenues avec la vallée du Nil. Et, pour les voyages des Égyptiens, nous n'avons que des légendes, où la mythologie tient la place principale. Cependant, au v⁰ siècle, on n'avait pas imaginé encore leur prétendue horreur pour la mer : car Hérodote, remarquant que le culte de Poséidon et des Dioscures leur était inconnu, ajoute qu'ils auraient pu l'adopter, puisque alors (c'est-à-dire anciennement) ils faisaient des voyages par mer, et que parmi les Grecs il y avait aussi quelques marins[3].

L'existence d'un commerce plus ou moins régulier avec les régions méditerranéennes est d'ailleurs prouvée par des documents hiéroglyphiques, qui ne peuvent laisser à cet égard aucun doute. Ainsi, le Papyrus Hood-Wilbour[4] nomme, parmi les fonctionnaires appartenant à la hiérarchie égyptienne, les « lieutenants des préposés au sceau de la douane de mer » 𓎘𓊪𓏏𓏭𓏲𓀀, immédiatement avant les « préposés aux provinces de Syrie et d'Éthiopie, » qui appartenaient ainsi à la même branche de

---

1. Schliemann, *Ilios*, trad. franç., p. 539-540.
2. *Odyssée*, IV, 125-130. — Le nom ethnique Αἰγύπτιος était employé comme nom propre. (*Odyssée*, II, 15.) Ceux qui le portaient passaient sans doute, eux ou leurs parents, pour être originaires d'Égypte ou tout au moins pour avoir voyagé, séjourné aux bords du Nil.
3. Hérodote, II, 43.
4. *Un Manuel de hiérarchie égyptienne* (Maspero, *Études égyptiennes*, t. II, 1ᵉʳ fasc., p. 9, et le commentaire, p. 47-50).

l'administration indigène. Plus loin, il note les « préposés aux embouchures des canaux des bas cantons » [hiéroglyphes], dont les attributions devaient comprendre non seulement la surveillance et l'entretien de ces cours d'eau, mais peut-être aussi la perception des droits imposés sur les vaisseaux qui les parcouraient; enfin, les supérieurs des gardiens des registres de la douane de mer [hiéroglyphes]. L'expression [hiéroglyphes] (la Très-Verte) s'appliquait à la fois au Nil et aux deux mers qui avoisinaient l'Égypte, et, selon M. Maspero, « le [hiéroglyphes], la maison de la Très-Verte, était l'administration générale des douanes du Nil et des deux mers [1] ». Les lieutenants dont il est question en premier lieu étaient subordonnés au « supérieur des experts du palais royal, chef de la terre entière, » et, la charge de ce dernier répondant à celle du διοικητής, la leur devait être analogue à celle des ὑποδιοικηταί de l'époque ptolémaïque [2]. Quant aux [hiéroglyphes], ils « conservaient les états des contributions levées à l'entrée et à la sortie des personnes et des objets dans les ports du Nil, de la mer Rouge et de la Méditerranée ». Si le Papyrus, qui nous a conservé ces renseignements, ne paraît pas être « antérieur aux temps qui séparent la XXIe de la XXVIe dynastie [3] », il n'est sans doute que la copie d'un document plus ancien; en tout cas, la hiérarchie qu'il décrit n'est certainement pas une création contemporaine du manuscrit qui nous la fait connaître, puisqu'elle est conforme, au moins dans ses traits principaux, à tout ce que nous savons d'autre part sur la hiérarchie des fonctionnaires du Nouvel Empire. Ainsi, l'Égypte avait, dès ce temps, une administration des douanes d'eau, laquelle exerçait son action du côté de la Méditerranée aussi bien que du côté de la mer Rouge et dans les ports du Nil. Les contributions prélevées à l'entrée et à la sortie des navires servaient à enrichir le trésor du Pharaon, comme elles enrichirent plus tard celui des Ptolémées [4]; et, dès le XVIIIe siècle avant notre ère, Cypre, la Phénicie, les îles de la mer

---

1. Maspero, *Études égyptiennes*, l. c., p. 48. — Si les distinctions établies par M. Erman (*Zeitschrift*, 1891, p. 44-45) entre les cinq noms de mers, cités dans les textes des Pyramides de Pepi Ier, Teti et Mirinri, sont vraies pour cette époque de l'Ancien Empire (VIe dynastie), le mot *uaz oïri* paraît avoir été employé d'une manière plus générale aux époques suivantes, et, sous le Nouvel Empire, il ne désignait plus seulement la mer Rouge, mais tout aussi bien la Méditerranée, et quelquefois même le Nil.
2. *Ibid.*, p. 49. — 3. *Ibid.*, p. 2.
4. Lumbroso, *L'Egitto al tempo dei Greci e dei Romani*, p. 25 et suiv

Égée, sinon encore l'Asie-Mineure, envoyaient aux bords du Nil non seulement des tributs apportés en signe de soumission ou de vassalité, mais probablement aussi des marchandises, destinées à être échangées contre celles que renfermaient les entrepôts égyptiens.

L'arrivée des Grecs au vıı^e siècle, la fondation du τεῖχος Μιλησίων, l'établissement des mercenaires ioniens et cariens à Daphnæ et celui des marchands hellènes à Naucratis, la pacification de l'Égypte, ouverte libéralement aux étrangers par Psammétique Ier, inaugurèrent un régime nouveau et imprimèrent tout à coup aux transactions commerciales une activité jusque-là inconnue. Les rois de la XXVIe dynastie, maîtres incontestés de toute la vallée du Nil, s'efforcent de restaurer la puissance pharaonique et de tourner l'esprit de leurs peuples vers les entreprises maritimes. Le centre politique de l'Égypte, depuis longtemps déplacé, se fixe plus que jamais dans le Delta, où affluent les trafiquants étrangers. Psammétique accueille avec faveur les Phéniciens et les Grecs. Néchao arme des vaisseaux sur la mer du Nord et sur la mer Rouge, qu'il met en communication directe par la réfection du canal, creusé entre le Nil et les lacs Amers. La flotte d'Apriès est assez forte pour vaincre les Phéniciens, devenus les alliés de la Chaldée, et s'emparer de Sidon. Amasis conquiert l'île de Cypre; ainsi, dans tout le bassin de la Méditerranée orientale, l'Égypte est maîtresse de la mer.

Vers la moitié du vı^e siècle, la destruction des Stratopeda, les privilèges accordés à Naucratis concentrent pour longtemps dans cette ville presque tout le commerce hellénique. Après avoir parcouru la série des événements qui ont préparé, amené cette situation nouvelle, il nous reste à examiner les conséquences qu'elle a produites pour le commerce international.

L'Égypte, sortie de l'isolement auquel les malheurs de la période précédente l'avaient condamnée, redevenue riche et prospère grâce à l'administration intelligente des rois saïtes, est maintenant en état de répandre son trop-plein au dehors. En même temps, par le développement de sa marine, par l'admission des marchands hellènes, qui s'y rendent de toutes parts, elle va devenir un des centres les plus actifs de la civilisation et du progrès. Cette étude se divisera d'elle-même en deux parties principales : nous aurons à rechercher d'une part ce que l'Égypte peut livrer au monde extérieur, de l'autre ce qu'elle reçoit de la main des navigateurs grecs. On a remarqué que, sous les Ptolémées et les Romains, ses exportations l'emportaient de beaucoup sur ses importations[1]. Il en était de même au viᵉ siècle, et il en est encore de même aujourd'hui, le pays étant très fertile et l'ensemble de la population, à l'exception des hautes classes, ayant toujours eu très peu de besoins. Dès la plus haute antiquité, la vallée du Nil recueillait, avec une facilité unique au monde, des produits aussi abondants que variés, et son industrie était parvenue, sur bien des points, à une perfection que les autres peuples ne pouvaient encore atteindre. De plus, sa position géographique lui permettait de concentrer dans ses entrepôts des produits, des denrées de provenances très diverses. Elle représentait ainsi à elle seule et résumait, pour ainsi dire, le commerce d'une partie considérable du monde ancien, et les avantages qu'elle tirait de cette situation exceptionnelle augmentaient, en des proportions énormes, la richesse de la contrée et les ressources de ses trafiquants. En échange de cette multiplicité infinie d'objets de toute sorte, elle recevait les produits des contrées méditerranéennes et de l'industrie hellénique, déjà très avancée dans les centres asiatiques et insulaires. Les Grecs lui apportaient en outre tout ce que leur marine, si développée et si florissante, allait chercher, seule ou en concurrence avec celle des Phéniciens, jusque dans les parties les plus reculées de l'Euxin et de la Méditerranée occidentale.

L'Égypte fut de tout temps extrêmement riche en céréales. Grâce aux inondations périodiques du fleuve, les travaux agricoles exigent moins de peine qu'ailleurs et produisent de meilleurs résultats[2]. Les impôts étaient payés en nature, et le grand Papyrus Harris permet de se rendre compte de la quantité énorme de blé qui était emmagasinée dans les greniers royaux[3]. Dans les bonnes années, la récolte était plus que suffisante pour les besoins des indigènes. Sans parler de l'histoire de Jacob et de Joseph, la grande inscription de Minéphtah constate que, dans un moment de famine, le roi avait fourni des grains aux peuples de Syrie et employé les nomades, les Petti-Shou, au transport de ces approvisionnements[4]. Les Phéniciens en exportaient de

---

1. Lumbroso, *Économie politique de l'Égypte*, p. 138 et suiv. Pour des raisons différentes, Tyr exportait également beaucoup plus qu'elle n'importait. V. Ezéchiel, c. 27. Cf. Helbig, *Das Homerische Epos*, p. 25-26.
2. V. le *Mémoire sur l'Agriculture*, de Girard, dans la *Description de l'Égypte*, t. XVII.
3. *Records of the Past*, t. VI, p. 22 et suiv.; Eisenlohr, *Der Grosse Papyrus Harris*, Leipz., 1872.
4. Chabas, *Études sur l'Antiq. historique*, 2ᵉ éd., p. 194; Dumichen, *Histor. Inschriften*, I, pl. I, l. 24.

l'Égypte comme de la Palestine, et, si l'on en croit Isaïe, ce trafic contribuait, pour une forte part, à enrichir les négociants de Tyr [1]. Les poètes grecs de tous les temps ont célébré la fertilité du sol égyptien. L'*Odyssée* cite par deux fois les magnifiques campagnes de l'Égypte, ἀνδρῶν Αἰγυπτίων περικαλλέας ἀγρούς [2]. On lit, dans un fragment d'Eschyle que nous avons déjà rappelé :

> ... πᾶσα δ' εὐθαλὴς
> Αἴγυπτος ἁγνοῦ νάματος πληρουμένη
> φερέσβιον Δήμητρος ἀντέλλει στάχυν [3].

D'après Diodore [4], une grande disette sévissant à Athènes, Érechthée, qui était Égyptien, aurait fait venir des bords du Nil une quantité de blé, et c'est en récompense du service rendu que les Athéniens l'auraient choisi pour roi. Sans attacher à cette légende plus d'importance qu'il ne convient, on peut se demander si l'exportation du blé commença avec les premiers établissements des Grecs dans le Delta. On serait tenté de le croire, quand on voit un poète du ve siècle, Bacchylide de Céos, parler de ce commerce comme s'il était déjà pratiqué depuis longtemps et d'une manière régulière : « Des vaisseaux chargés de froment amènent, dit-il, de l'Égypte à travers les flots brillants de la mer, la plus précieuse des richesses [5] » ; et Plutarque [6] raconte qu'au temps de Périclès, le roi des Égyptiens fit présent au peuple d'Athènes de quarante mille mesures de blé qui furent distribuées aux citoyens. Mais voici des traditions recueillies par les scoliastes d'Aristophane, et qui se rapportent précisément à l'époque dont nous avons à traiter [7]. Sous le règne d'Amasis, les Athéniens, souffrant de la disette, firent demander du blé au Pharaon. Il leur envoya ce qu'il leur fallait, καὶ ἔπεμψεν αὐτοῖς ἱκανόν, et c'est en reconnaissance

---

1. Isaïe, XXIII, 2-3. Heeren (*Politique et Commerce*, t. VI, p. 419) pense qu'on envoyait aussi du blé en Arabie et que ce fut une des raisons pour lesquelles on s'efforça, à différentes reprises, de réunir le Nil au golfe Arabique par un canal.
2. *Odyssée*, XIV, 263 ; XVII, 432.
3. *Æthiopis*, fr. 139. Lucien, dans le passage de l'*Icaroménippe* où il caractérise les occupations des divers peuples, représente les Égyptiens cultivant la terre, Αἰγυπτίους γεωργοῦντας.
4. Diodore, I, 29.
5. Athénée, II, 39 F : Πυροφόροι δὲ κατ' αἰγλήεντα πόντον νῆες ἄγουσιν ἀπ' Αἰγύπτου μέγιστον πλοῦτον.
6. Plutarque, *Périclès*, c. 55.
7. In *Plut.*, v. 178 ; in *Vesp.*, v. 718. Ces traditions venaient de l'historien athénien Philochore.

de ce bienfait qu'ils auraient conclu alliance avec l'Égypte pour combattre le Grand Roi. Le Psammétique, roi de Libye, dont parlent les mêmes commentateurs, et qui expédia trente mille boisseaux de blé en Attique, est de date plus récente et ne saurait nous occuper ici[1]. Diodore parle, il est vrai, d'une alliance conclue par Psammétique Ier avec les Athéniens[2]; mais cette indication, dénuée de preuves, mérite peu de confiance, et elle est peut-être due à une confusion de noms, dont l'origine serait dans la tradition rapportée par le scoliaste d'Aristophane. Quant aux relations des Athéniens avec Amasis, elles ne sont pas plus certaines. Le voyage probable de Solon[3] n'est pas à lui seul un indice suffisant pour permettre d'affirmer l'existence, à cette époque, de rapports réguliers entre l'Égypte et Athènes, et les fouilles de Naucratis ne nous ont rien appris à ce sujet. La formation de la légende doit dater du temps où l'on s'ingéniait, par politique, à trouver mille points de contact entre les deux peuples. De fait, on n'en voit guère au début, et il semble assez probable que l'exportation du blé vers l'Attique, pauvre en céréales, ne commença qu'après la conquête perse. Au reste, elle dut se développer rapidement, et, à coup sûr, elle existait depuis longtemps au IVe siècle, lorsque la seule interdiction de ce commerce suffisait pour arrêter le payement des impôts publics[4].

Hérodote semble confirmer cette induction, quand il dit au chapitre XXXVI : « Les autres nations vivent de froment et d'orge; pour les Égyptiens, c'est une grande honte de tirer sa subsistance de ces céréales, mais ce qui en fait le fond, c'est l'olyre, que quelques-uns appellent zéia[5]. » On a beaucoup discuté sur l'identification de l'olyre. Ce n'était ni la zéia, comme le croit Hérodote, ni le riz, comme on l'a quelquefois soutenu, mais cette espèce de sorgho commun, qu'on appelle le dourah, et qui est encore cultivé partout en Égypte[6].

---

1. Cet envoi fut fait sous l'archontat de Lysimachide, 83e olympiade, 443. Paulmier de Grentemesnil (*Exercitat.*, p. 738), cité par Letronne (*Recueil des Inscriptions de l'Égypte*, t. II, p. 360), pense avec raison que ce roi peut être le fils d'Inaros, mort en 455.

2. Diodore, I, 67.

3. Pour le voyage de Solon, voir le chapitre suivant.

4. Aristote, *De Re familiari*, op. II, p. 395, éd. Jebb. — Heeren, ouvr. cité, t. VI, p. 419.

5. Au chap. 77 du l. II, il dit encore : « Les Égyptiens se nourrissent de pain, qu'ils font avec l'olyre, et auquel ils donnent le nom de kyllestis. » Cf. Hécatée, *Fragm. Histor. græc.*, t. I, p. 20, fr. 290.

6. Pline, XVIII, 11, 15, 19, 20, et XXII, 57; Hesych., s. v.; Thesaur. H. Steph. aux mots ὄλυρα et ζεία; Hérodote, éd. Baehr, I, p. 930; Rawlinson, *Herodotus*, t. II, p. 49-50 (note); Wilkinson,

Les représentations funéraires prouvent qu'il l'était dès la plus haute antiquité, et les descriptions du *Livre des Morts*, qui nous permettent de remonter au delà de l'histoire, montrent, au séjour des bienheureux, des champs de dourah, dont les tiges de sept coudées et les épis de trois coudées sont moissonnés par les suivants d'Horus¹. Les affirmations d'Hérodote n'en sont pas moins exagérées, car elles ne sauraient s'appliquer qu'à une partie de la population, tout au plus, et Wilkinson remarque à ce propos qu'il ne semble avoir guère connu en Égypte que la mauvaise société. Autrefois comme aujourd'hui, les Égyptiens du commun savaient se contenter de peu. La viande de bœuf ou d'oie était réservée pour les jours de fête. En temps ordinaire, on mangeait du poisson frais ou salé; surtout le pays produisait une abondance extraordinaire de légumes², lentilles, poireaux, oignons, ail; de fruits, de plantes variées, de racines, qui servaient à l'alimentation journalière. On faisait du pain avec le lotus et avec d'autres plantes d'eau³, car les Égyptiens étaient mangeurs de pain, ἀρτοφάγοι, comme dit Hécatée; mais l'olyre était plus employée que tout le reste; elle formait le fond de la nourriture commune, et quelque dicton populaire, pris au sérieux par Hérodote, stigmatisait peut-être les pauvres gens, assez prodigues pour user ordinairement du pain de blé. Néanmoins, l'orge et le froment étaient aussi très répandus dans toute l'étendue du pays. S'il faut en croire Hécatée⁴, l'orge était surtout réservée pour la fabrication de la bière. Quant au blé, il figure parmi les offrandes des temples; le roi, à son couronnement, en coupe des épis qu'il présente aux dieux. Dans les scènes des tombeaux, il paraît plus fréquemment que le dourah; mais les habitudes que traduisent ces tableaux sont celles de la haute classe, des riches, des fonctionnaires entourant le pharaon. Ceux-là seulement faisaient avec le

---

Manners and Customs, t. II, p. 41-42; t. I, p. 155-156. M. Maspero a identifié le nom moderne avec l'égyptien ancien, *dourati*, *dirati*, dans ses cours à l'École des Hautes Études, 1886. Cf. WIEDEMANN (*Herodots Zweites Buch*, p. 158), qui identifie le dourah au *boti* des textes égyptiens. Mais *boti*, en copte ⲃⲟϯ, paraît signifier l'orge.

1. *Livre des Morts*, trad. Pierret, XCIX, 33; CIX, 4-5; CXLIX, 9.
2. *Nombres*, XI, 5; HÉRODOTE, II, 125; PLINE, XXI, 50 et suiv.
3. HÉRODOTE, II, 92; DIODORE, I, 80. Ce dernier assure qu'on nourrissait les enfants uniquement avec des tiges de papyrus; aussi, jusqu'à l'âge viril, ne coûtaient-ils pas plus de vingt drachmes à leurs parents. Cf. RAWLINSON, *Herodotus*, t. II, p. 63-64.
4. *Fragm. Hist. græc.*, t. I, p. 20, fr. 290; ATHÉNÉE, X, 447, et X, 418 E-C. Cf. HÉRODOTE, II, 77.

froment leur pain de chaque jour. Le reste du peuple ne consommait guère que des gâteaux de dourah. Les conditions générales de la vie étant telles, une grande quantité de blé devait rester disponible, et le trafic étranger s'efforça d'en faire son profit. On objectera peut-être que le commerce ancien, disposant de faibles moyens de transport, opérait sur des marchandises présentant, sous un petit volume, une assez grande valeur; mais il s'agit ici d'une denrée de nécessité première, et on sait d'autre part que certains États grecs se livrèrent de bonne heure au commerce des céréales. Au ve siècle, on en faisait venir de la Chersonèse Taurique; il était plus facile assurément de l'aller chercher en Égypte. Les négociants grecs, qui pénétrèrent dès le vi^e siècle dans les parties les plus lointaines du pays, l'achetaient sur les marchés des villes, et les indigènes eux-mêmes pouvaient le transporter par le Nil et les canaux jusqu'aux entrepôts helléniques. Ce n'était point là d'ailleurs une innovation, car les Phéniciens, depuis des siècles, avaient exercé le même trafic; la direction seule changeait, ainsi que les intermédiaires. Toutes les probabilités se réunissent donc pour faire croire que l'exportation du blé vers les pays grecs doit remonter aux premiers temps de la colonisation.

Les bestiaux étaient fort nombreux, et les prairies, plus ou moins marécageuses ⸗ (Pehou), formées par l'inondation à la limite des terrains cultivés, leur fournissaient d'excellents pâturages. Mais on en faisait une grande consommation dans le pays; en effet, si les vaches étaient, au rapport d'Hérodote[1], considérées comme sacrées, les bœufs étaient immolés aux dieux, et on en mangeait la chair[2]. Les habitants de Naucratis, qui n'avaient point de territoire à exploiter autour de leur ville, achetaient aux cultivateurs du voisinage les bestiaux nécessaires à leur consommation journalière; mais il est évident qu'ils ne songèrent pas à exporter au loin une marchandise

---

1. Hérodote, II, 41.
2. Hérodote, II, 39, prétend que la tête seule était réputée immonde; on la portait au marché, où les Grecs, s'il s'en trouvait, l'achetaient probablement à vil prix, puisque autrement on eût été réduit à la jeter au fleuve. Il s'agit là sans doute de quelque usage local, que le voyageur a eu le tort de généraliser et d'étendre à toute la contrée, car les monuments contredisent son assertion d'une manière formelle. Partout, on voit la tête du bœuf figurer sur les tables d'offrandes, présentées aux morts, avec les autres aliments variés dont il faisait sa nourriture habituelle. — Diodore, I, 74, signale l'habileté des Égyptiens pour l'élevage des bestiaux, et il donne à ce propos quelques renseignements, qu'il serait facile de compléter par le témoignage des monuments indigènes.

qui eût été trop encombrante pour leurs vaisseaux de médiocre tonnage. On en peut dire autant des chevaux, qu'on expédiait bien par terre en Syrie[1], mais dont les Grecs ne pouvaient se charger pour accomplir de longues traversées, sans parler des approvisionnements qu'il eût fallu emporter pour les nourrir pendant le voyage.

Beaucoup de produits naturels du sol se trouvaient en assez grande quantité, soit dans la vallée du Nil, soit dans les déserts voisins, pour fournir au commerce un fret rémunérateur. L'Égypte faisait du sel marin, comme on en fait encore sur les côtes, par l'évaporation des flaques d'eau naturelles, ou au moyen de mares artificielles[2]. Du reste, le sel était partout dans le pays, dit Hérodote, sur les montagnes comme au fond des puits[3]; il existait aussi de riches mines de sel gemme, et on n'avait pas attendu le temps des Ptolémées comme semble l'insinuer Pline[4], pour les découvrir, soit dans l'isthme de Suez et le désert Arabique, soit dans cette partie de la Libye, qui s'étendait entre l'Égypte et l'oasis d'Amon, et d'où on extrayait aussi le sel ammoniaque[5]. On exploitait aussi les salines du Fayoum, « entretenues par des sources d'eau salée situées dans la vallée et sur le bord occidental du lac Queroun[6] »; et Hérodote signale, dans les régions situées à l'ouest de l'Égypte, jusqu'au pays des Atlantes, de nombreux tertres et mines de sel[7]. Les déserts de la Libye étaient à proximité de Naucratis, et le Fayoum lui-même n'en était pas très éloigné; les Grecs pouvaient donc se procurer sans difficultés les provisions nécessaires à leurs besoins, et, s'ils le désiraient, des cargaisons ou du lest pour leurs vaisseaux.

Le natron était aussi facile à obtenir, car il abondait dans les vallées parallèles à la branche occidentale du Nil et voisines de Naucratis[8]. On le recueillait

---

1. *III Rois*, ch. X, vers. 28.
2. *Description de l'Égypte*, t. XVII, p. 250-53.
3. Hérodote, II, 12 et 108; cf. Plutarque, *de Iside*, c. 40.
4. Pline, XXXI, 39.
5. D'après Plutarque (*de Is.*, 5 et 32), les prêtres appelaient le sel marin Τυφῶνος ἀφρόν, ils le considéraient comme impur et refusaient d'en faire usage. Celui qu'on apportait de l'oasis (V. Arrien, *Anab.*, III, 4) trouvait seul grâce devant eux. Mais le peuple n'éprouvait pas les mêmes répugnances; et on employait le sel à conserver les aliments, à fabriquer des salaisons de toute espèce, dont les Égyptiens étaient friands. Sur le sel ammoniaque, voir Dinon, *Fragm. Hist. græc.*, II, 92, fragm. 15.
6. *Description de l'Égypte*, t. XVII, p. 250-253.
7. Hérodote, IV, 181-185.
8. *Description de l'Égypte*, t. XVI, p. 213 et suiv., et t. XII, p. 3. On en trouvait aussi près de Phacusa (Brugsch, *Dict. Géogr.*, p. 1348), et près d'El-Kab (*ibid.*, p. 45, 1263).

dans des fosses naturelles, où les grandes eaux de l'inondation devaient pénétrer, puisque, d'après Hérodote, elles se répandaient en dehors du Delta, du côté de la Libye comme du côté de l'Arabie, l'espace de deux journées de chemin, plus ou moins[1]. Au temps de Pline, on l'amenait dans les nitrières, et, lorsqu'elle se retirait, on traitait par l'évaporation la substance salino-pierreuse, qu'elle avait séparée du sol[2]. En Égypte, les embaumements en absorbaient comme on sait, des quantités considérables. De plus, elle servait à bien d'autres usages. Desséchée en morceaux, elle devenait assez dure, pour qu'on en pût fabriquer des vases[3]; mais le natron était employé surtout comme substance pharmaceutique. Les médecins de l'antiquité, à l'exemple des médecins égyptiens, le faisaient entrer dans la composition d'une foule de remèdes, et on le voit même plus tard figurer comme objet de consommation domestique dans les comptes de Ptolémée, fils de Glaucias[4]. Les dépôts voisins de Naucratis furent exploités de toute antiquité, et ils le sont encore de nos jours. Au temps de Psammétique et d'Amasis, la valeur de cette substance devait être estimée assez haut, car les nitrières de Macédoine, dont parle Pline[5], étaient probablement inconnues à une époque si reculée.

L'alun était aussi une des richesses du pays. Au temps de Pline, on regardait celui d'Égypte comme étant d'une qualité supérieure[6]. En Grèce, on y attachait un assez grand prix, puisqu'on voit Amasis en expédier, pour sa contribution personnelle, un poids de mille talents aux Alcméonides, lorsqu'ils entreprirent de reconstruire le temple de Delphes. Il était indispensable à l'industrie de la teinture, qui l'employait comme mordant, et Curtius remarque que les Cnidiens établis à Lipara vers 580 firent une fortune considérable, en le fournissant aux teinturiers de Panorme[7]. On lui reconnaissait aussi, et plus encore qu'au natron, de nombreuses vertus médicinales, que Pline énumère longuement; aussi était-il fort recherché dans tout le monde ancien. Il ne se trouvait pas dans la vallée même du Nil, mais dans la grande Oasis, et au sud, parmi les sables du désert. Des caravanes l'allaient chercher, à quelques

---

1. Hérodote, II, 19. — 2. Pline, XXXI, 46. — 3. Ibid.
4. Robiou, *Économie politique de l'Égypte sous les Lagides*, p. 43; Pap. du Louvre, 55 bis, Pap. de Leyde C, col. 4.
5. Pline, XXXI, 46. — 6. Ibid., XXXV, 52.
7. Curtius, *Hist. gr.*, t. I, p. 562; Strabon (Didot), p. 229.

journées de marche, et le transportaient jusqu'au fleuve, comme on faisait encore au moment de l'expédition française; et la description donnée par Girard des procédés usités pour l'extraction et de l'itinéraire suivi au commencement de notre siècle, s'appliquerait probablement avec presque autant de justesse à ce qui se faisait au temps de la XXVIe dynastie [1]. Il descendait ensuite le Nil, pour être partagé entre les principales villes indigènes; mais Naucratis en avait aussi sa part, dont elle faisait, avec bénéfice, profiter le monde grec.

Les marbres de couleur, la brèche verte de Coptos et autres matières de même nature, qui furent, sous les Ptolémées et les Romains, l'objet d'un commerce si actif, n'étaient pas encore exportés au temps des Psammétiques; mais la seule présence dans les ruines de Naucratis d'un assez grand nombre d'ouvrages en albâtre prouve que les Grecs avaient déjà un goût assez prononcé pour cette matière, facile à polir et d'une teinte agréable à l'œil. Il en existait une carrière en face de Memphis, non loin de cette localité de Tourah, dont les Grecs transformèrent le nom en celui de Troja. On en tirait aussi d'une montagne du désert Arabique, appelée par Ptolémée et par Pline Alabastrinos et Alabastrites [2], et que d'Anville a identifiée avec le Djebel-Khalil des Arabes [3]. Un peu au sud était la ville d'Alabastra ou Alabastronpolis, située dans le désert à peu près à la hauteur d'Oxyrrhinque, et dont les voyageurs modernes ont pu reconnaître les ruines [4]. On se rendait aux carrières par une vallée ouvrant en face de Benisouef, en faisant un chemin d'une trentaine d'heures [5]. Il était donc facile d'amener les blocs au fleuve et de là dans les établissements du Delta. Les anciens estimaient l'albâtre égyptien plus que celui des autres contrées qui en possédaient, comme l'Arabie, la Syrie et l'Inde; il offrait particulièrement cet avantage de pouvoir être extrait par plus grosses masses [6]. En Égypte, on en faisait mille objets divers : coupes, cuillers,

---

1. *Description de l'Égypte*, t. XXVII, p. 264 et suiv.; 285.
2. PTOLÉMÉE, IV, 5, 29; PLINE, XXXVII, 54.
3. D'ANVILLE, *Mémoires sur l'Égypte*, p. 178-9. Elle dominait la plaine d'El-Haraba ou des Chariots, ainsi appelée du grand nombre de chars qui la sillonnaient en transportant les blocs tirés de la carrière.
4. WILKINSON, *Manners and Customs*, 2e édit., t. I, p. 350, l'avait d'abord placée à Tell el-Amarna; mais elle était plutôt aux environs des carrières d'albâtre, dans le désert. (LETRONNE, *Recueil des Inscriptions de l'Égypte*, t. II, p. 439, 454.)
5. JOMARD, dans la *Description de l'Égypte*, t. IV, p. 386-388.
6. SAGLIO, *Dictionnaire des Antiquités grecques et romaines*, s. v. Alabastron.

chevets, statues, vases de différentes sortes[1] et surtout ces vases cylindriques à col étroit, connus dans les pays grecs sous le nom d'alabastra[2] et que l'on croyait préférables à tous les autres pour la conservation des parfums. Les fouilles de Nebirèh montrent qu'on ne le recherchait pas moins à Naucratis. Pour les statuettes on l'employait, nous l'avons vu, concurremment avec le calcaire[3]. Il servait aussi à fabriquer des sceaux coniques avec empreinte gravée sur le plat[4], de petits pilons[5], des vases à parfums, des coupes, des lécythes[6] et beaucoup d'autres ustensiles dont le hasard des fouilles ne nous a pas fourni d'échantillons. Comme on voit partout de petits objets et particulièrement des amulettes en albâtre, on peut se demander si des blocs de faibles dimensions n'étaient pas exportés d'Égypte par les marchands de Naucratis. Il pouvait en être de même pour la cornaline, l'obsidienne, l'onyx, le lapis-lazuli vrai ou faux ($κύανος$)[7] et nombre d'autres pierres très communes en Égypte[8], avec lesquelles on fabriquait tant de menus ouvrages, que les Grecs dispersaient dans toutes leurs stations de la Méditerranée.

Les métaux précieux alimentaient également l'industrie et le commerce des Naucratites. La Nubie avait des mines d'or connues au moins dès la XIe dynastie et régulièrement exploitées sous les Amenemhait et les Ousortesen de la XIIe, et l'or de Kousch est continuellement cité parmi les tributs, dont la liste figure sur les murailles de leurs monuments[9]. Des terrains aurifères étaient situés dans le désert montueux qui sépare le Nil de la mer Rouge vers le Djebel-Olaky, et un Papyrus de la XIXe dynastie nous en a conservé un plan très curieux, quoique fort incomplet[10]. Une route semée de quelques

---

1. MASPERO, *Archéologie égyptienne*, p. 239 et suiv.
2. Sur les diverses étymologies du mot, voyez SAGLIO, *Dict.*, l. c. On s'habitua d'ailleurs à désigner par ce mot un certain genre de vases, quelle que fût la matière dont ils étaient faits. La forme des alabastres est égyptienne à l'origine.
3. *Naucratis*, I, pl. I, fig. 1, 2, 4; II, pl. XIV, fig. 5, 7, 8. — 4. *Ibid.*, I, pl. XX, fig. 19. — 5. *Ibid.*, pl. XXV, fig. 7, 10. — 6. *Ibid.*, II, p. 29.
7. HELBIG, *Das Homerische Epos*, p. 101-104.
8. MASPERO, *Archéologie égyptienne*, p. 234 et suiv.
9. Dans les tables statistiques de Karnak, le pays des *Ouaouaït* livre à Thoutmos III (XVIIIe dynastie) des nègres et de l'or. Cf. BRUGSCH, *Zeitschr.*, 1882, p. 32, et LEPSIUS, *Die Metalle*, p. 34, 35, 39. — Si l'on ignorait l'art de frapper la monnaie, on avait du moins des anneaux de métal, dont le poids était évalué au moyen de la balance, et qui prenaient ainsi une sorte de valeur monétaire.
10. CHABAS, *Les Inscriptions des Mines d'or*, p. 30 et suiv. Cf. *Études sur l'Antiquité historique*, p. 19 et suiv. — LETRONNE (*Œuvres*, t. II, p. 440-441) rappelle, d'après Linant et Bonomi, l'existence de

stations fortifiées et munies de citernes, conduisait de Coptos aux carrières[1]. Les constructions furent réparées sous la XIXe dynastie, et Séti Ier, étant allé lui-même étudier l'état des lieux, bâtit un temple à mi-chemin du Nil, à peu près à la hauteur de Radesièh; les inscriptions qu'il porte mentionnent, outre la présence de l'or, celle du lapis-lazuli et du cuivre parmi les richesses minières du pays. Le même roi se vante d'avoir fait creuser un puits et rendu ainsi la route praticable pour les convoyeurs de l'or. Ramsès II fit exécuter de semblables travaux, comme l'indique la stèle de Kouban[2], où le pays en question est appelé région d'Akita. Diodore assure que l'une des scènes du tombeau d'Osymandias représentait le Pharaon offrant à son dieu tout l'or et l'argent que lui rapportaient les mines en une année[3], et le total était d'après lui de 3.200 myriades de mines[4]. Il a interprété à sa façon les hiéroglyphes numériques, et son calcul est plus que douteux. Quoi qu'il en soit, les gîtes aurifères continuèrent d'être exploités sous les dynasties qui suivirent la XIXe. A l'époque des guerres entre les Éthiopiens et les Assyriens au milieu des troubles de la dodécarchie, les travaux durent être ralentis, sinon tout à fait abandonnés. Mais après la pacification générale, on s'empressa de rouvrir une source de richesses, qui était loin d'être épuisée, puisqu'elle devait procurer aux Ptolémées[5] et plus tard aux souverains arabes d'inappréciables trésors[6]. Psammétique Ier s'était enrichi par le commerce, et le trafic général de l'Égypte, qui se développa si promptement et en tous sens

grandes mines d'or situées à dix journées au sud-est d'Edfou, Apollinopolis-Magna. « On ne sait, dit-il, si les Pharaons en ont tiré de grandes ressources; et malgré l'assertion d'Hécatée, qu'on extrayait annuellement pour 533,333 talents d'argent, on a lieu de croire que la plus grande partie de l'or et de l'argent qu'on employait en Égypte était apportée par le commerce avec le midi de l'Afrique, et que ces métaux y arrivaient, alors comme aujourd'hui, sous la forme de ces anneaux qu'on voit souvent amoncelés dans les bas-reliefs qui représentent des scènes de conquête et de triomphe sur l'Éthiopie. » Cf. ibid., t. I, p. 264-265.

1. GOLÉNISCHEFF, *Une Excursion à Bérénice*, dans le *Recueil de Travaux*, t. XIII, p. 75-96.
2. CHABAS, *Inscriptions des Mines d'or*, p. 22. Cf. VIREY, *Records*, nouv. sér., t. V.
3. DIODORE, I, 49.
4. Dans les temples ptolémaïques, on voit les pays miniers apporter au roi des briquettes d'or et d'argent.
5. Agatharchide, § 23, décrit en détail l'exploitation des mines sous les Ptolémées dans le voisinage de Bérénice. La description de la fête de Philadelphe (ATHÉNÉE, V, 27-34) montre quelle quantité d'or possédaient les rois grecs d'Égypte un peu après Alexandre. — Cf. BRUGSCH, *Zeitschrift*, 1890, p. 30.
6. QUATREMÈRE, *Mémoires géographiques et historiques sur l'Égypte*, t. II. p. 141, 143, 155.

sous les règnes suivants, rendait la possession des métaux précieux plus désirable, plus nécessaire que jamais. On se préoccupa donc d'en régulariser l'extraction et le transport, et en effet des inscriptions de l'époque saïte relevées dans les régions minières, prouvent que l'œuvre des anciens rois y fut reprise avec une nouvelle ardeur[1]. Les fouilles de Daphnæ et de Naucratis nous ont appris que les métaux précieux, et l'or en particulier, y étaient mis en œuvre par de nombreux artisans. Outre le produit des mines du désert, la vallée du Nil recevait aussi de l'or d'Éthiopie[2] et d'Arabie; il abondait ainsi sur les marchés égyptiens, et les négociants des deux villes grecques ne pouvaient manquer d'exporter des lingots, dont le transport était si facile et en même temps si profitable[3].

Nous parlerons plus loin du cuivre. Quant au fer, bien qu'il soit, comme le remarque Pline, le plus répandu des métaux[4], le minerai se présente souvent sous une forme qui rend l'extraction difficile. On a prétendu que ce métal n'avait été connu des Égyptiens qu'à une époque relativement moderne; mais la fausseté de cette opinion a été depuis longtemps démontrée[5]. Strabon assure qu'on en rencontrait dans l'île de Méroé, ainsi que du cuivre et de l'or[6]. Mais l'Éthiopie, sous les Saïtes, était restée un royaume à part, et les souverains de Napata devaient entraver plutôt que favoriser les relations de leurs sujets avec ceux des Pharaons. On ne connaît en Égypte, assure Wilkinson, qu'une mine de fer, qui ait été exploitée dans les temps anciens. Elle était dans le désert de l'Est, entre le Nil et la mer Rouge, en un lieu nommé Hammami, où elle fut retrouvée en 1822 par le voyageur anglais

---

1. V. ERMAN et SCHWEINFURTH, *Alte Baureste und Hieroglyphische Inschriften im Uadi Gasûs* (*Abhandlungen* de l'Académie de Berlin), 1885.
2. BRUGSCH, *Zeitschrift*, 1890, p. 30. Il montre qu'à toutes les époques les Égyptiens tiraient l'or du Midi; et il prouve qu'avec ce métal s'était introduite chez eux l'unité de poids, qui servait en Éthiopie à en apprécier la quantité.
3. Quant aux mines d'émeraude, qui furent très anciennement connues (LETRONNE, *Rec. des Inscr. de l'Ég.*, t. I, p. 454; WILKINSON, *Manners*, t. I, p. 45), elles étaient dans le Djebel-Zobara, c'est-à-dire dans la même contrée que les mines d'or et presque en face de Silsilis; elles eurent, à l'époque gréco-romaine et aussi sous les sultans arabes, une réelle importance; mais on ignore si elles étaient fréquentées sous la XXVI⁰ dynastie. Cf. LETRONNE, *Œuvres*, t. II, p. 109.
4. PLINE, XXXIV, 43.
5. WILKINSON, *Manners and Customs*, t. II, p. 47 et suiv. et Notes à l'*Herodotus* de Rawlinson, t. II, p. 119-120; MASPERO, *Guide du Visiteur au Musée de Boulaq*, p. 296.
6. STRABON, XVII, 697 (Didot).

Burton[1]. Le fer ne paraît donc pas avoir été très abondant en Égypte. Aussi ne pouvons-nous suivre M. Petrie, lorsqu'il veut faire de Naucratis « la principale source de fer manufacturé pour les Grecs du vi[e] siècle[2] ». Sans doute, les navigateurs pouvaient apporter avec eux le minerai, soit de la plaine de Lélante[3], soit des pays voisins de l'Euxin[4]. Ils pouvaient aussi en recevoir du désert Arabique par le Nil. Les forgerons semblent en effet avoir constitué à Naucratis une corporation importante. Mais s'ils exportaient réellement le fer, c'était sous la forme d'instruments de travail. Ce qu'on a pris pour des lingots est probablement tout autre chose[5]; d'ailleurs ils auraient pu être apportés ici pour être ouvrés, et non destinés à l'exportation. Quant à la ressemblance des outils de Nebirèh avec ceux qu'on a rencontrés ailleurs dans les contrées méditerranéennes, c'est là un argument assez faible, quand on voit quelles analogies offrent souvent entre eux les objets de ce genre, bien qu'ils soient incontestablement de dates et de provenances très diverses.

Les produits végétaux de l'Égypte n'étaient pas moins précieux pour le commerce que les minéraux. Un des principaux était le lin. Le pays en consommait une quantité énorme et pour les vivants et pour les morts[6]; on devait donc le cultiver et le travailler un peu partout; c'est dans le Delta toutefois que cette culture paraît avoir pris le plus grand développement[7]. Les étoffes citées dans le Papyrus Anastasi VI sont fabriquées par des ouvrières travaillant dans le voisinage de Tanis[8]. Dans les dépendances du temple de Nit, à Saïs, existaient des ateliers célèbres, d'où sortaient des tissus de choix[9]; il en était de même du reste dans la plupart des grands temples de l'Égypte, comme on le voit par le Rituel de l'embaumement[10]. Des quatre espèces de lin citées

---

1. Il constate que le métal s'y trouvait sous forme de fer spéculaire et à l'état de minerai rouge.
2. *Naucratis*, I, p. 39.
3. STRABON (Didot), X, 384. Les mines d'Eubée n'existaient plus de son temps.
4. Colchide, Pont. STRABON, I, 38; XII, 470 (Didot).
5. V. plus haut, p. 230.
6. HÉRODOTE, II, 37, 81, 86. Et les momies d'animaux étaient presque aussi nombreuses que les momies humaines.
7. V. l'inscription d'Amten, LEPSIUS, *Denkm.*, II, pl. V, et le Commentaire de M. MASPERO, dans ses *Études égyptiennes*, t. II, p. 160-161.
8. *Pap. Anastasi VI*, pl. II, l. 3; *Revue égyptologique*, t. III, p. 38.
9. V. les inscriptions de la statuette naophore du Vatican (E. DE ROUGÉ).
10. MASPERO, *Mémoire sur quelques Papyrus du Louvre*, p. 14 et suiv.; LETRONNE, *Recueil d'inscriptions*, t. I, p. 281; HEEREN, *Ideen*, t. V, p. 368; AMEILHON, *Économie politique des Égyptiens*.

par Pline[1], trois proviennent de Tanis, Péluse et Bouto, une seule vient de la Haute-Égypte, de Tentyris. Dans les temps modernes, Girard[2] indique également plusieurs provinces du Nord comme celles qui, avec le Fayoum, rapportent le plus de lin, et nomme les villes de Menouf, Chybin, Tantah, Rosette, Médine, comme fabriquant surtout et exportant les divers tissus qu'on en tire.

On rapportait aux Égyptiens l'invention du métier horizontal, et c'était d'eux que les Grecs en avaient, disait-on, appris le maniement[3]. Les textes hiératiques[4] mentionnent un assez grand nombre d'étoffes de lin, portant des noms divers, et dont on n'a pas toujours réussi à déterminer les différences spécifiques. La plus précieuse était celle que les documents indigènes appellent royale *(souten)*[5]. Le mot de *byssos* désignait probablement aussi une qualité choisie, qui, selon Hérodote, devait servir exclusivement pour l'ensevelissement des morts[6]. Ces diverses étoffes étaient de longue date estimées et recherchées à l'étranger. Sous le règne de Salomon, l'Égypte en expédiait en Palestine[7]. On les employait dans le pays à confectionner et des vêtements de luxe, comme celui dont le Pharaon fait présent à Joseph[8] ou ceux des filles de Danaos, dans les *Suppliantes* d'Eschyle[9] et aussi des tuniques communes, comme celles dont parle Hérodote[10]. On en faisait aussi des cuirasses de lin, dont l'usage était répandu dans tout le monde ancien, chez les

---

1. PLINE, XIX, 2.
2. *Description de l'Égypte*, t. XVII, p. 207 et suiv.
3. EUSTATH., *in Il*., I, 31. ATHÉNÉE, II. 48 C, nomme, parmi les tisseurs célèbres, l'Égyptien Pathymias. Helbig (*Das Homerische Epos*, p. 232) y voit le représentant d'une industrie phénicienne de style égyptisant.
4. V., par exemple, *Papyrus Anastasi VI*, etc.
5. On en a trouvé quelques spécimens sur les momies de Déir el-Bahari, aussi fins que la plus fine mousseline de l'Inde (MASPERO, *Guide du Visiteur*, p. 324, n° 5213); c'était bien l'air tissé dont parlent les anciens à propos des étoffes de Cos.
6. C'était là sans doute une prescription toute théorique, car on voit partout des momies roulées dans des tissus grossiers, souvent empaquetées avec de vieilles étoffes, de vrai linge de rebut. — Pour le byssos, assimilé quelquefois au coton, v. WILKINSON, *Manners and Customs*, 2ᵉ édit., t. II, p. 158-159, avec les notes de Birch; LETRONNE, *Recueil des Inscriptions de l'Égypte*, t. II, p. 282-283; RAWLINSON, *Herodotus*, t. II, p. 121-122, note de Wilkinson; BLUEMNER, *Die Gewerbliche Thætigkeit der Vœlker des klass. Alterthums*, p. 6-10, 126; WIEDEMANN, *Herodots Zweites Buch*, p. 167, 358-359.
7. *I Rois*, X, 28; *II Chroniq.*, I, 16.
8. *Genèse*, XLI, 42.
9. PERROT, *Hist. de l'Art*, t. III, p. 877-878. ESCHYLE, *Suppl.*, 279-284.
10. HÉRODOTE, II, 81.

Hébreux[1], chez les Grecs des temps homériques[2], comme parmi les Asiatiques de l'armée de Xerxès[3], les Étrusques[4] et les Carthaginois contemporains de Gélon[5]. Elles étaient fort à la mode au VIIe et au VIe siècle, puisque Alcée les chante dans ses vers[6], et que nous avons vu Néchao en offrir au dieu des Branchides. Les cuirasses fabriquées en Égypte étaient d'ailleurs supérieures à toutes les autres par la finesse et par la perfection du travail ; la description de celle qu'Amasis avait envoyée aux Lacédémoniens[7] ne laisse à ce sujet aucun doute. Des tissus de lin plus grossiers, mais d'une solidité éprouvée, servaient à faire des voiles de navires[8], des filets pour la chasse[9]. Avec le lin de l'Égypte on fabriqua en Grèce ces ὀθόναι[10], connues dès les temps homériques et ces σινδόνες qu'on appelait plus tard Αἰγυπτίαι[11]. Les Hellènes d'Égypte, vivant surtout dans le Delta, au centre de la production la plus active du lin, pouvaient se le procurer sans peine et l'échanger dans de bonnes conditions ; et ils étaient d'autant plus disposés à le rechercher, qu'il était d'un usage quotidien et qu'il faisait défaut dans la plupart des pays grecs. En effet, s'il abondait dans l'île de Cypre, ainsi que le chanvre[12], il ne poussait nulle part dans la Grèce Occidentale, excepté en Élide, où Pausanias le signale comme un objet d'étonnement pour les voyageurs[13]. Le coton était connu des Égyptiens ; mais il ne croissait peut-être pas dans le pays ; car Hérodote, qui l'appelle une laine d'arbre, le mentionne seulement dans un ouvrage de luxe, l'une des cuirasses d'Amasis[14], et il en parle ailleurs comme

---

1. *Exod.*, XXVIII, 32 ; XXXIX, 23.
2. *Iliade*, II, 529, 830.
3. Hérodote, VII, 63, 89, et aussi chez les Susiens : Xénophon, *Cyrop.*, VI, 4, 2, les Chalybes (*Anabase*, IV, 7, 15).
4. Helbig, *Annali*, 1874, p. 257-258.
5. Pausanias, VI, 19, 7.
6. Alcée, fr. 56, p. 186 (éd. Teubner).
7. Hérodote, II, 47. Cf. ce qu'en dit Pline, XIX, 2, d'après le consul Mucianus.
8. Athénée, I, 27 F. Les riches marchands tyriens avaient quelquefois des voiles de lin couvertes de riches broderies. *Ézéchiel*, XXVII, 7.
9. Αἰγυπτίη λινούλκος χλαῖνα, Ion, dans Athénée, X, 451 E ; Pollux, V, 26.
10. Helbig, *Das Homerische Epos*, 166, 168 et suiv., 206, 218.
11. Alciphron, III, 46. Lucien, *Deor. Concil.*, 10. Pollux, VII, 72.
12. Engel, *Kypros*, t. I, p. 301. Thrige, *Res Cyrenensium*, p. 102.
13. Pausanias, V, 5, 2.
14. Hérodote, III, 47.

d'une plante provenant de l'Inde¹ ; de plus, la σινδών βυσσίνη des momies était certainement tissée non pas de coton, mais de lin², comme l'ont prouvé les études faites au microscope par les savants modernes. Rien ne nous autorise en somme à penser que les Grecs du vɪᵉ siècle aient trouvé le coton cultivé en Égypte, où il venait sans doute de l'Extrême-Orient³. C'est donc le lin seulement qui fut exporté à l'époque ancienne, aussi bien pour les étoffes communes que pour les vêtements d'apparat. Les variétés signalées par Pline devaient exister déjà, la division des cultures n'ayant jamais beaucoup changé jusqu'à notre siècle. Strabon appelle Panopolis une ancienne habitation de tisserands en lin⁴ ; le mot παλαία qu'il emploie permet-il de remonter jusqu'aux Psammétichides? On croirait volontiers à la perpétuité de cette localisation, quand on observe qu'aujourd'hui encore Akhmîm est un des centres principaux pour la confection des étoffes communes. Du reste, l'habitude du travail domestique étant universellement répandue, « les produits de chaque district étaient soumis sur place aux procédés de fabrication, le transport des objets manufacturés étant plus facile que celui des matières premières⁵ ». En réalité, dans toutes les demeures habitées par des propriétaires terriens aussi bien que dans les châteaux royaux, il y avait des ateliers proportionnés à l'importance de l'exploitation agricole qui les alimentait, et où l'on mettait en œuvre les produits du sol. Dans les villes, les tisserands formaient, comme les autres ouvriers, une corporation dont les membres étaient réunis dans le même quartier⁶, ayant ainsi que dans les temps modernes un chef, une sorte de cheikh électif⁷. Les femmes, quoi qu'en dise Hérodote⁸, tissaient aussi bien que les hommes. C'était l'idéal du travail en famille, que, dans nos sociétés modernes, l'existence des

---

1. Hérodote, III, 106; VII, 65.
2. Letronne, *Rec. des Inscr. de l'Égypte*, t. I, p. 282.
3. Pline, XIX, 3, dit que le cotonnier était cultivé dans la Haute-Égypte, mais nous ne savons depuis quel temps. V. Woenig, *Die Pflanzen im alt. Ægypten*, p. 346.
4. Strabon, XVII, 690 (Didot) : Arrien, *Periplus Maris Erythræi*, 5 et 8, cite encore Arsinoë, et le Décret de Dioclétien, 18, 46, Antinoë, comme centres de fabrication, mais ce sont là des villes nouvelles.
5. Robiou, *Écon. polit. de l'Égypte au temps des Lagides*, p. 110.
6. Baillet, dans le *Rec. de trav.*, t. XI, p. 34-36.
7. Celui-ci était chargé de répartir entre les ouvriers la quotité de l'impôt en nature qui revenait à chacun d'eux et de régler les différends auxquels pouvaient donner lieu les transactions entre les producteurs et les acheteurs. V. *Description de l'Égypte*, t. XVII, p. 224-225.
8. Hérodote, II, 33.

grandes manufactures fait disparaître de plus en plus chaque jour. Après l'établissement des Grecs, lorsque les débouchés commerciaux devinrent plus nombreux et mieux assurés, on s'habitua sans peine à trafiquer des ouvrages qui n'étaient pas indispensables à la consommation locale, et on fut trop heureux d'obtenir en échange les objets usuels ou de luxe, importés par les négociants étrangers.

Quoique peu avancés dans la science des réactions chimiques, les Égyptiens avaient appris, par une longue expérience, à donner aux tissus des couleurs variées. Les tombeaux nous ont conservé des échantillons d'étoffes rayées, de couleurs diverses, que l'on voit reproduites dans les peintures funéraires; et Pline constate que les teinturiers de la vallée du Nil étaient réputés pour leur habileté consommée[1]. Une partie des couleurs employées provenait de substances tirées du pays même, les autres venaient, par les Phéniciens, des îles, de Babylone et du Haut-Orient, l'art de teindre comme celui de tisser étant développé depuis des milliers d'années dans ces contrées lointaines. Les Grecs, si épris de la couleur, surtout à l'époque archaïque, ne pouvaient manquer d'être séduits par l'éclat de ces étoffes aux vives nuances; et au temps d'Eschyle on reconnaissait encore à leurs broderies, reproduisant des fleurs du Nil, les vêtements des femmes de Libye[2].

Le Nil et les canaux rendaient le transport du lin et des étoffes à la fois aisé et peu coûteux. Arrivés à Naucratis, on les emmagasinait dans les vastes dépôts de l'Hellénion, jusqu'au départ des vaisseaux qui les emmenaient dans les contrées où le lin était rare ou de qualité médiocre. « Le prix des toiles de choix, dit M. Robiou[3], parlant de l'époque ptolémaïque, devait être assez élevé, puisque, dès le temps d'Hérodote, le lin d'Égypte était exporté en Grèce, et que, selon Scylax, les Carthaginois faisaient, au moyen de cet article, un commerce d'échanges jusqu'aux côtes les plus reculées de l'Afrique occidentale, ce qui pouvait maintenir à un prix rémunérateur les qualités les plus inférieures[4]. » Les Papyrus grecs nous font connaître la valeur des tissus livrés par les ouvriers égyptiens sous les Ptolémées, mais, pour le vi[e] siècle, les renseignements font défaut du côté de l'Égypte comme du côté de la Grèce;

---

1. PLINE, XXXV, 1; LORET, *L'Égypte au temps des Pharaons*, p. 174-178.
2. ESCHYLE, *Suppl.*, 279 et suiv. Cf. *Gazette archéologique*, 1877, p. 117-119.
3. ROBIOU, *Économie politique de l'Égypte au temps des Lagides*, p. 111.
4. HÉRODOTE, II, 105. Cf. POLLUX, VII, 71.

il est donc impossible d'estimer la valeur relative qui pouvait être attribuée à ces produits. Néanmoins, les faits que nous avons réunis et les indications que donne Hérodote permettent de conjecturer que les marchands de Naucratis trouvèrent dès ce temps le moyen d'exploiter une branche de commerce, qui leur promettait, dans la Grèce propre et ailleurs, des profits certains.

Un des produits égyptiens, dont l'usage va devenir de plus en plus étendu chez les Hellènes, est le byblos ou papyrus. Cette plante, propre à la vallée du Nil, poussait dans les terrains marécageux pendant et après l'inondation[1] et surtout dans le Delta, puisque sa représentation hiéroglyphique avait été adoptée dès l'origine de l'écriture comme l'idéogramme de la Basse-Égypte, en opposition à celle du lotus; et Pline signale les environs de Saïs comme un des cantons où l'on en récoltait le plus[2]. Elle était employée par les indigènes aux usages les plus divers. Avec les tiges réunies en faisceau, on construisait des barques[3]; avec les fibres, on tressait des nattes, des cordages[4], on tissait des voiles; on en fabriquait aussi des sandales et même des vêtements. Le bois étant rare, on faisait au besoin du feu avec la racine, ou bien en la cuisant dans un fourneau chauffé au rouge, on préparait un mets assez nourrissant[5]. Mais surtout les fibres intérieures, travaillées habilement, fournissaient aux scribes, dès les plus anciennes dynasties[6], un papier solide, assez lisse et pouvant conserver indéfiniment les caractères qu'on y avait une fois tracés. Pline[7] a décrit les procédés usités à l'époque romaine et les différentes sortes de papier qu'on obtenait suivant les parties utilisées et la manière de les traiter[8]. La plupart de ces papyrus étaient connus dès la plus haute antiquité comme le prouve la qualité de certains papyrus, qui sont parvenus

---

1. V. pour la récolte du papyrus, Lepsius, *Denkm.*, II, 106, *a*; Dümichen, *Resultate*, t. I, pl. VIII.
2. Pline, *Hist. Nat.*, XIII, 23.
3. Hérodote, II, 96. D'après Plutarque, *de Iside*, 18, les crocodiles respectaient les barques de papyrus, en souvenir d'Isis, qui s'en était servie pour chercher les membres d'Osiris, dispersés par Typhon. Pour la manière de les construire, voir Wilkinson, *Manners*, 2ᵉ éd., t. II, p. 205 et suiv., et fig. 403, p. 208; Dümichen, Tomb. de Ptahhotpou, dans les *Resultate*, t. I, pl. VIII.
4. Hérodote, VII, 25 et 36. — 5. *Ibid.*, II, 92.
6. Sur l'ancienneté et l'importance de cette préparation, voir Lepsius, *Chronol. der alten Ægypter*, 32-39.
7. Pline, *Hist. Nat.*, XIII, 23.
8. Wilkinson, *Manners and Customs*, 2ᵉ éd., t. II, p. 121, pense, d'après un passage de Strabon, 679-680 (Didot), que le papier était fait avec une espèce particulière, βύβλος ἱερατική ou Cyperus; voir Caylus, *Mémoires de l'Académie des Inscriptions*, t. XXVI. Dureau de la Malle, *ibid.*; N. S., t. XIX.

jusqu'à nous et qui peuvent être datés de la XII° dynastie. Au moment où les Grecs s'établirent en Égypte, la fabrication du papier était arrivée à une grande perfection, et la plante, recueillie avec soin, était l'objet d'une exploitation fort active. Nous en avons pour preuve la quantité considérable de manuscrits de la XXVI° dynastie, qu'on a retrouvés dans les tombeaux et dans les ruines. La récolte et la vente du byblos constituait-elle déjà un monopole et pouvait-elle rapporter ainsi au gouvernement un bénéfice illimité comme sous les Ptolémées, qui restreignirent l'étendue de la culture pour augmenter le prix de la denrée [1] ? Aucun texte ne le dit formellement, mais on incline à le penser, surtout quand on songe que la plante poussait en dehors des autres cultures, dans des terrains dont la propriété difficilement définie ne pouvait être attribuée qu'au roi, aux temples ou aux princes féodaux, et formaient ainsi une véritable possession d'État. Psammétique Ier, qui ne négligeait aucune occasion de s'enrichir, trouvait là une source de gain, qui s'offrait d'elle-même et ne pouvait que s'augmenter avec le temps. Les Phéniciens[2] et les autres peuples asiatiques, Syriens, Khiti, Assyriens et Babyloniens, en rapports si fréquents avec les Égyptiens depuis la XVIII° dynastie, n'avaient pu ignorer le parti que ces derniers tiraient du papier de byblos, et ils avaient probablement appris à en user pour eux-mêmes[3]. Depuis longtemps, dit Hérodote[4] les Ioniens appelaient biblos des peaux (διφθέρας), parce que, le biblos étant rare, ils se servaient (pour écrire) de peaux préparées de chèvres et de brebis[5]. Les temps anciens, dont parle l'historien (ἀπὸ τοῦ παλαιοῦ), ont-ils précédé la fondation de Naucratis ? Sans l'affirmer d'une manière positive, on peut le supposer avec quelque vraisemblance. Par les Phéniciens et surtout par les Cypriotes, on devait avoir quelque notion du papier et de l'emploi qu'en

---

1. VARRON, dans PLINE, XIII, 21.
2. MOVERS, Die Phœnizier, t. III, c. 12.
3. On a trouvé à Ninive un sceau apposé sur papyrus, et qui faisait partie d'une lettre adressée par Shabakou à Sargon, ou d'un traité conclu entre les deux rois. Plusieurs passages de l'Exode montrent le papyrus cultivé en Égypte, et le livre de Job (XIX, 23) parle de discours écrits dans un livre et gravés. En Asie-Mineure on connaissait, au temps d'Homère, l'emploi du byblos pour faire des cordages (ὅπλον βύβλινον, Odyss., XXI, 390-391). D'autre part, les σήματα λυγρά (Iliade, VI, 168) montrent qu'on savait écrire, lorsque furent composés les poèmes homériques entre le x° et le ix° siècle. Cf. Iliade, VII, 175-176; 187 et suiv.
4. HÉRODOTE, V, 58.
5. Sur les différentes matières qu'on avait employées pour écrire, voir CURTIUS, Histoire Grecque, traduct. franç. II, 60.

faisaient les Égyptiens. Il n'est pas douteux que les colons grecs, une fois installés dans le Delta, voyant par eux-mêmes les avantages qu'on en pouvait tirer, n'aient compris bien vite tout le prix d'une pareille invention. Ils l'adoptèrent donc et ils en répandirent la connaissance dans leurs métropoles. Ces feuilles volantes n'étaient ni lourdes ni encombrantes, et comme objets d'échange, elles devaient être ainsi chèrement payées. Le premier document qui en constate l'usage officiel dans la Grèce propre est un fragment du registre des dépenses de l'Érechthéion, au ve siècle[1] ; on voit qu'une feuille de papyrus coûtait alors un quart de plus qu'une planche de bois, préparée pour recevoir des comptes écrits[2]. Au vi^e siècle lorsque le byblos était encore pour les Hellènes dans toute sa nouveauté, la différence était assurément plus grande. A plus forte raison les marchands naucratites, ardents à faire profit de tout, devaient-ils rechercher avec avidité un produit si utile et si précieux. Mais cette innovation allait amener des résultats inattendus et d'une importance sans égale : car elle apparaissait à l'instant le plus favorable, et elle était faite pour aider merveilleusement les progrès de la pensée grecque et sa diffusion universelle[3]. L'épopée homérique, conservée surtout par la mémoire des aèdes, avait produit sa plus éclatante floraison. Bientôt on allait s'occuper à Athènes de fixer, par une rédaction définitive, la forme des deux poèmes nationaux et d'en assurer la durée. Pisistrate aurait certainement rencontré bien des obstacles à l'exécution de ce projet, s'il n'avait disposé des ressources que procurait déjà à la Grèce le papyrus importé d'Égypte. Presque en même temps, la prose s'essayait pour la première fois sur les côtes de l'Asie-Mineure ; mettant un mode d'expression nouveau à la disposition des logographes, des philosophes, des médecins, elle trouvait, grâce au papyrus, le moyen de transmettre à la postérité le souvenir des faits et de traduire clairement les plus hautes spéculations de la science, sans recourir au mètre poétique, condition presque indispensable de la transmission orale. Dès lors l'esprit grec pouvait se développer hardiment et produire : il n'y avait plus rien à

---

1. Egger, *Sur le prix du papier dans l'antiquité*. Lettre à A.-F. Didot publiée dans la *Revue Contemporaine* (15 septembre 1856); reproduite dans les *Mémoires d'Histoire Ancienne et de Philologie*, p. 134-135.

2. *Ibid.*, p. 138, voir aussi la réponse de A.-F. Didot à M. Egger dans la *Revue Contemporaine* (1856, l. l.).

3. Egger, *De l'Influence du papyrus égyptien sur le développement de la littérature grecque.*

craindre pour la pérennité de ses inventions. A la vérité, nous ne trouvons rien de précis dans les auteurs sur les commencements de ce trafic, qui devait tant faire pour la propagation de leurs œuvres. Mais il ne reste des écrivains de cette époque que de courts et incomplets fragments. Plus tard même, Hérodote qui détaille avec soin tous les usages du papyrus, omet précisément celui qui devait lui importer le plus, ou il ne paraît l'indiquer que par une sorte de prétérition, ἐν σπάνι βίβλων. Mais, comme l'a fait observer M. Egger, il ne s'attarde point, — c'est lui-même qui le dit — à répéter les faits connus de tous, il veut surtout exposer et décrire les faits nouveaux ou peu familiers à ses lecteurs, et c'est aussi dans ce sens qu'il faut interpréter le passage que nous venons de rappeler. « Enfin, ajoute le même savant, la célèbre anecdote d'Alcibiade, souffletant le maître d'école qui ne possédait pas un exemplaire de l'*Iliade*, prouve assez que les livres étaient alors devenus d'un usage commun et populaire. Or, deux siècles entiers ne sont pas trop pour expliquer une telle diffusion. Et nous sommes ainsi ramenés au temps de la dynastie saïtique, c'est-à-dire encore au règne de Pisistrate, à la fondation de la première bibliothèque dans Athènes, à la rédaction définitive des vieux monuments de la poésie traditionnelle, et surtout des poésies homériques[1] ». A défaut de textes précis, bien des indices très vraisemblables se réunissent donc pour nous permettre d'attribuer à la période des Psammétichides les origines de ce commerce du papyrus, qui prit peu à peu et surtout du côté de la Grèce une si remarquable extension. Sans parler de sa littérature indigène, que les étrangers ne connaissent guère que par ouï-dire, l'Égypte, par une découverte d'ordre purement matériel a, comme on le voit, contribué pour une part au développement de la littérature grecque et à sa propagation dans le monde ancien.

Outre les produits de son sol et les ouvrages fabriqués par ses habiles artisans, l'Égypte, nous l'avons dit, recevait de l'Orient par la mer Rouge et de l'intérieur de l'Afrique par le Nil et par les caravanes du Soudan une foule de produits étrangers qu'elle entreposait ou qu'elle transformait dans ses principaux centres industriels, et qu'elle pouvait ensuite livrer avec profit aux négociants grecs du Delta. Le trafic avec l'Orient et le Midi par la mer Rouge remonte très loin dans l'histoire. Les voies qui conduisaient aux grandes

---

1. EGGER, *De l'influence du papyrus égyptien*, p. 10.

carrières de pierre, exploitées pour les sarcophages, servaient en même temps au commerce; et dès la XI⁰ dynastie, une expédition commandée par Hounnou, poussa jusqu'à Qoçéyr, afin d'établir des relations directes avec les peuples riverains de la mer¹. Plus tard, une double route fut ouverte, allant de Qous (Apollonopolis-Parva) d'un côté vers Qoçéyr, de l'autre vers un point plus méridional de la côte, où s'éleva la ville ptolémaïque de Bérénice; et les membres de l'Expédition française ont pu reconnaître la direction de ces voies antiques². Les rivages méridionaux du golfe Arabique, voisins du détroit de Babel-Mandeb, étaient un des points, où devaient se rencontrer le plus facilement les Arabes, les Égyptiens, les peuplades plus ou moins sauvages de l'Éthiopie et les navigateurs venus du haut Orient par le golfe Persique³. Les flottes phéniciennes s'y rendirent au temps de Salomon et d'Hiram, pour chercher l'or et les denrées précieuses d'Ophir. Mais les Égyptiens les avaient précédées de longue date dans ces parages⁴. Sous la reine Hatshopsitou (XVIIIᵉ dynastie) leurs vaisseaux avaient pénétré dans ces contrées lointaines; ils continuèrent de s'y aventurer sous Thoutmos III, comme on le voit par les textes du tombeau de Rekhmari⁵; et, sous les rois de la XIXᵉ, de la XXᵉ dynastie, Horemhabi, Séti Iᵉʳ, Ramsès II, III et IV, ils n'en avaient pas oublié le chemin⁶. Avec les nations peu civilisées qu'ils rencontraient sur ces rivages, il leur était aisé de conclure des marchés avantageux. Ils arrivaient chez elles chargés « de toutes les bonnes choses de l'Égypte », c'est-à-dire des ouvrages de son industrie et de son art, colliers, anneaux, ornements

---

1. Lepsius, *Denkm.*, II, 50 a; Chabas, *Voyage d'un Égyptien*, p. 57; Maspero, *Sur quelques navigations des Égyptiens*, p. 8-10.

2. *Description de l'Égypte*, t. III, p. 410-415; t. VI, p. 381 et s.; t. XI, p. 383 et s. Cf. Golénischeff, *Une excursion à Bérénice* dans le *Rec. de travaux*, t. XIII, p. 75 et s.

3. M. Lieblein, dans la *Zeitschrift* (1886, p. 7-15) et dans un livre publié à Christiania (*Handel und Schiffahrt auf dem Roten Meere*), a montré que, dès une très haute antiquité, la mer Rouge était le centre d'un commerce très actif. Les désignations s'appliquant aux objets de ce commerce, ivoire, ébène, singes, gummi, étaient les mêmes en égyptien que dans les langues sémitiques et dans celles de l'Inde.

4. Comme le prouve l'existence d'un conte très ancien, découvert par M. Golénischeff. (Cf. Maspero, *Contes*, 2ᵉ éd., p. 139 et s. et p. lxxiv-lxxv.) Cf. Krall, *Studien*, IV, p. 14, expédition sous Ousortesen III.

5. Virey, *Tombeau de Rekhmarâ*. (*Mémoires de la mission du Caire*, t. V.)

6. Mariette, *Mon. div.*, pl. 88; Brugsch, *Rec. de mon.*, pl. LVII; Lepsius, *Denkm.*, III, 163, 210, 213; *Grand Pap. Harris*, pl. 77, l. 8-70. Chabas, *Rech. sur la XIXᵉ dyn.*, 59-63. Maspero, *Hist. ancienne*, 4ᵉ éd., p. 451.

de toute sorte, vases, amulettes en terre vernissée, étoffes bariolées; des objets de fabrication médiocre suffisaient pour séduire ces barbares, comme la menue verroterie des Européens éblouit aujourd'hui les sauvages. En échange de ces articles sans valeur, ils chañgeaient leurs navires d'aromates (ânti), d'arbres et d'arbustes qui les produisaient, afin de les acclimater dans la vallée du Nil; ils prenaient en outre des métaux précieux, or, électrum, de l'ivoire, du bois d'ébène, du stibium, des peaux de bêtes, des animaux vivants, singes, girafes, léopards, des hommes achetés sans doute pour servir comme esclaves[1].

Le dernier document, qui fasse mention du To-nouter, expression à peu près synonyme de Pounit, est la stèle de Piônkhi-Miamoun. Entre ces époques anciennes et celle des Ptolémées, les documents font défaut. Mais, sous les rois grecs et au commencement de la domination romaine, Agatharchide et l'anonyme contemporain d'Auguste fournissent des renseignements détaillés sur la navigation et le commerce de la mer Érythrée. Or, en étudiant les objets de ce trafic relativement moderne, on s'aperçoit qu'ils sont presque identiques à ceux du commerce pharaonique[2]. Si le mouvement s'est ralenti dans les périodes difficiles de l'histoire d'Égypte, il est certain qu'il a dû

---

[1]. Mariette, *Déir el-Bahari*, pl. 5; Dümichen, *Die Flotte einer Ægypt. Koenigin*; Chabas, *Antiq. histor.*, 152-153; Lieblein, dans la *Zeitschrift*, 1885, 127-132, et 1886, 7-15. — M. Krall (*Stud. zur Gesch. des alt. Æg.*, IV), s'est efforcé de montrer que le pays de Pounit n'avait rien de commun, comme on le croit généralement depuis Mariette (*Comptes rendus de l'Académie*, 1874, p. 247-249, et *Les Listes géogr. de Karnak*, p. 60-66) ni avec l'Arabie ni avec la côte des Somalis. Suivant lui, le nom s'appliquerait seulement à la côte africaine de la mer Rouge, depuis les environs de Saouakin jusqu'à Massouah. Mais sa démonstration ne nous paraît pas décisive. Quelques-uns des produits, cités dans les textes comme venant du Pounit, ne peuvent guère venir que de l'Arabie ou de la côte des Somalis. Une preuve d'ailleurs que « Pounit » était une expression vague, désignant une étendue beaucoup plus grande que ne le veut M. Krall, c'est que, comme il le remarque lui-même, le mot reparaît sous les Ptolémées, lorsque sont reprises les relations de l'Égypte avec les côtes méridionales de la mer Rouge. Or, nous savons par les écrivains grecs qu'à cette époque, les Égypto-Grecs s'avançaient au delà du détroit de Babel-Mandeb et au moins jusqu'au cap Guardafui (Eratosth. dans Strab., XVI, 654-655, Didot). — M. le docteur Hamy, dans son étude sur les peintures du tombeau de Rekhmari, a étudié les types des personnages représentant le pays de Pounit, les animaux et les produits qu'ils rapportent, et, après les avoir identifiés pour la plupart, il conclut que le Pounit était situé en Afrique, vers l'extrémité orientale du continent.

[2]. On voit de plus, par les comptes rendus des géographes gréco-romains, que les Grecs vont d'un seul coup jusqu'au cap Guardafui; donc ils étaient guidés dans cette partie de leur voyage par des pilotes égyptiens, et ce seul fait montre que la tradition n'avait pas été interrompue. Au contraire, lorsqu'ils veulent pénétrer au delà, ils ne s'avancent que peu à peu, n'ayant plus de guides pour les diriger dans des régions inconnues.

recommencer avec une activité nouvelle sous des rois vivement préoccupés des questions commerciales, tels qu'un Psammétique, un Néchao ou un Amasis. L'identité que l'on peut constater entre le trafic ancien et celui des temps gréco-romains prouve qu'il a dû s'exercer de même dans l'intervalle et s'appliquer aux mêmes articles, aux mêmes produits. Assurément, des flottes entières n'allaient pas, comme au temps de Strabon, jusqu'à l'Inde et aux extrémités les plus lointaines de l'Éthiopie[1]. Cependant les tentatives faites sous Néchao, le développement de la marine égyptienne sur la mer Rouge, le périple des Phéniciens, la réouverture du canal, pour éviter le transbordement des marchandises, tout cela indique déjà un assez grand mouvement d'affaires, des efforts énergiques faits pour l'entretenir et pour l'augmenter; et, sous les règnes suivants, rien ne donne à penser que les résultats acquis aient été abandonnés. Un cabotage très actif se faisait, par des vaisseaux égyptiens et phéniciens, sur les deux rivages du golfe Arabique, et des marins assez hardis pour entreprendre de tourner la Libye ne devaient pas craindre de le traverser dans les moments favorables, pour aller chercher les marchandises réunies sur les points les plus accessibles du littoral arabe ou africain. Les ports sont si peu nombreux dans cette région, qu'ils ont dû exister à peu près de tout temps. Tous ceux que nomment les Périples gréco-romains, à l'Orient Musa, Okelis, Eudaimon, à l'ouest et au sud Adulis, Aualites, Malao, Mosyllon, etc.[2], n'étaient peut-être pas également fréquentés sous la XXVIe dynastie; mais certainement, autour des havres les plus sûrs, il s'était formé depuis longtemps de petits centres, où les marchands égyptiens achetaient d'un côté les produits de l'Arabie-Heureuse et ceux qui venaient par Gerrah du golfe Persique et des régions situées au delà[3], de l'autre ceux que recueillaient les indigènes de l'Afrique équatoriale. Si l'on ne poussait pas jusqu'à l'île de Dioscoride (Socotora), on pouvait aller en longeant la

---

1. Il ne faut pas prendre trop à la lettre le chiffre de vingt vaisseaux à peine, que donne Strabon (XVII, 678, οὐδ' εἴκοσι) pour les temps anciens; cette expression paraît d'ailleurs s'appliquer, dans la pensée de l'auteur, aux temps ptolémaïques et non à ceux qui nous occupent ici.

2. Robiou, Écon. polit. de l'Ég., p. 125-147.

3. Pour le commerce avec l'Inde, voir Wilkinson, Manners, 2e éd., t. I, p. 150-154. Herren, t. V, p. 178 et s. Th.-H. Martin, Rev. archéol., 1867, t. II, 607 et s. La présence de certaines pierres précieuses dans les tombeaux de la XVIIIe dynastie et l'introduction de certaines plantes comme le *Nymphœa nelumbo* semblent indiquer l'existence de communications plus ou moins indirectes entre l'Inde et l'Égypte.

côte africaine jusqu'aux Échelles de l'encens, et en suivant celle d'Arabie, jusqu'au port qui s'appela plus tard Eudaimon (Aden). C'est aux environs du détroit, vers la riche contrée habitée par les Sabéens[1], là où les deux continents se rapprochent, que les ports devaient être les plus nombreux et les plus fréquentés; ils formaient comme les têtes de lignes de routes se dirigeant vers l'intérieur. Au nord de la péninsule, les rivages étaient peu hospitaliers. Mais les Nabatéens recevaient par terre les produits et les marchandises venus de l'Est et du Sud[2], et dès le temps d'Assourbanipal ils paraissent avoir joué un rôle assez considérable[3]. A l'époque de Salomon, les ports d'Élath et d'Atziongaber avaient pris une réelle importance, et, plus bas, celui qui s'appela depuis Leukê-Comê offrait aux vaisseaux un point de relâche, une station assez bien abritée. Le principal entrepôt pour les habitants de la vallée du Nil devait être le très ancien port, dont on a retrouvé les ruines près de Qoçéyr[4]. C'est de là qu'on se rendait en quelques jours, par le désert, à Coptos, d'où les navires chargés descendaient le fleuve jusqu'aux colonies grecques du Delta. Mais lorsque le canal des deux mers eut établi une communication facile entre le golfe de Suez et la branche Pélusiaque, les caboteurs n'eurent qu'à longer la côte occidentale, et on évita ainsi les difficultés et les pertes de temps que causaient le transbordement des marchandises et le transport à travers le désert. Dès lors les Grecs de Daphnæ et ceux même de Naucratis purent naviguer par les canaux du Delta jusqu'à Suez et à la mer Rouge.

Il reste maintenant à déterminer la nature des denrées qui firent l'objet de ce commerce. Les Égyptiens demandaient aux habitants de l'Arabie et de l'Afrique les parfums (ànti), l'encens, le kemi ($\varkappa \acute{o} \mu \mu \iota$) et d'autres substances analogues, dont les noms égyptiens n'ont pas toujours pu être identifiés. Les cérémonies du culte des dieux et des morts, ainsi que le travail compliqué de l'embaumement, en absorbaient des quantités énormes. De plus, les huiles essentielles, les onguents parfumés étaient indispensables pour la toilette des hommes aussi bien que des femmes; on brûlait des parfums dans les repas, et

---

1. SERVIUS (ad VIRG. *Georg.*, I, 57) parle d'une colonie égyptienne établie dans le pays des Sabéens.
2. DIODORE, XIX, 94; STRABON (Didot), XVI, 661-664.
3. MÉNANT, *Annales des rois d'Assyrie*, p. 271, 273.
4. Sur Qoçéyr, voir la *Description de l'Égypte*, t. XI, p. 383 et s.

pour les mêmes raisons qui faisaient prodiguer les fleurs naturelles[1]. Ils entraient encore dans la préparation des mets et surtout dans la fabrication des remèdes, dont ils formaient souvent la base principale. Servant à tant d'usages, ils étaient devenus de véritables objets de nécessité et donnaient lieu par conséquent à un trafic important.

Les principaux parmi les parfums naturels étaient l'encens, consacré partout au culte des dieux, la myrrhe, la cannelle, le cinnamome, le kommi. Les trois premiers provenaient surtout de l'Arabie-Heureuse. Hérodote, Diodore, Strabon ont décrit les procédés employés pour les recueillir[2], et ils énumèrent toute une série d'arbres ou d'arbustes, d'où suintaient les gommes odoriférantes. Athénée remarque que la myrrhe était amenée d'abord en Égypte, puis transportée de là chez les Grecs[3]; cette observation s'applique aussi justement aux autres substances que nous venons de citer. Quelques-unes étaient récoltées en Égypte même. Ainsi l'acacia *sont*, l'ἀκάνθη d'Hérodote[4], fournissait le κόμμι, dont on enduisait les bandelettes des momies pour fixer les couleurs et les rendre plus brillantes[5], et qui entra de très bonne heure dans les préparations des médecins grecs. Du reste l'Arabie et l'Afrique en produisaient également, c'était le *kemi* 𓂧𓎡𓏇𓏤 de Pounit que les marins allaient chercher sur les côtes[6].

A côté de ces produits simples venaient les parfums composés, liquides, pâtes et onguents, dont les Égyptiens possédaient le secret et qu'ils excellaient à confectionner[7]. Homère parle déjà des φάρμακα ἐσθλά de l'Égypte[8]. Plus tard, l'Égypte est toujours considérée comme la terre classique des parfums. Chez les poètes de la comédie moyenne, l'épithète Αἰγύπτιον est sans cesse ajoutée au substantif μύρον[9], et lorsqu'une espèce particulière est nommée, comme le ψάγδας, elle l'accompagne encore[10]. Du reste, parmi les noms grecs

---

1. Voir plus haut, p. 235.
2. Hérodote, III, 107, 110, 111; Diodore, I, 49; Strabon, XVI, 665-666, 658 (éd. Didot).
3. Athénée, XV, 689 c.
4. Celui dont on se servait pour construire des barques (Hérodote, II, 96). Voir sur les arbres à gomme en Égypte, Rawlinson, *Herodotus*, t. II, p. 131, n. 9.
5. Maspero, *Mémoire sur quelques papyrus du Louvre*, p. 44.
6. Dümichen, *Die Flotte einer Ægyptischen Koenigin* et *Historische Inschriften*, t. I, pl. 32.
7. Il en est de même dans les temps modernes, voir la *Descr. de l'Égypte*, t. XI, p. 439.
8. *Odyss.*, IV, 225-230. — 9. *Fragm. Comic. gr.* (Didot), pp. 370, 429, 492.
10. *Fragm. Comic. gr.* (Didot), p. 233; ψάγδας est la transcription d'un mot égyptien, ⲛ-ⲥⲟϣⲛ,

qui désignent les aromates, un grand nombre sont empruntés à l'idiome égyptien¹, c'est donc bien aux bords du Nil que les Hellènes ont appris à les connaître. Laissant de côté les nombreux textes égyptiens, nous mentionnerons ici seulement quelques-unes des essences parfumées dont parlent les écrivains grecs. Au ψάγδας vanté par Achæos, Antiphane et Anaxandride, il faut ajouter l'*huile blanche d'Égypte,* Αἰγύπτιον ἔλαιον λευκόν, qu'on extrayait des lis du Delta, comme le prouvent les épithètes de σούσινον et de κρίνινον, et qui venait surtout de Mendès². Athénée citant les parfums les plus estimés, avec leur provenance, assure que le meilleur κύπρινον était celui d'Égypte³, et on voit par le nom même qu'il avait été communiqué aux Grecs d'abord par les Cypriotes. Quant au μετώπιον, fait avec une huile extraite de noix amères, c'est en Égypte qu'il était le mieux préparé, ainsi que le μενδέσιον⁴. Le μύρον Αἰγύπτιον reparaît souvent aussi dans les ouvrages de médecine. Hippocrate désignait ainsi le μετώπιον⁵, tandis que Dioscoride applique ce dernier nom au galbanum⁶. Mais, de tous les parfums égyptiens, celui qui semble avoir été le plus en faveur chez les Grecs est le kyphi, pour lequel Plutarque, Dioscoride et Galien nous ont conservé des recettes, que l'on a pu comparer avec celles fournies par les documents indigènes. La recette de Plutarque, qui semble la plus complète, comprend seize substances différentes, dont les deux autres auteurs donnent le dosage exact. « D'après toutes les descriptions classiques, dit M. Loret, qui a lui-même fabriqué du kyphi, c'était un parfum à brûler, θυμίαμα. Qu'il ait été employé à des usages divers par les médecins grécolatins, cela ne change rien à la destination primitive du mélange, qui était de servir à encenser les dieux⁷ ». Dioscoride et Plutarque assurent en effet

п-соꙁеп. On l'appelait aussi Sagdas, ATHÉNÉE, XV, 671 C, ce qui est le véritable nom, sans l'article égyptien, п.

1. Voir la liste dans LUMBROSO, *Écon. pol. de l'Égypte sous les Lagides*, p. 134-135.

2. Hippocrate le recommande à plusieurs reprises dans son traité Περὶ γυναικ., l. I, et, au l. II, sous la simple dénomination de λευκόν.

3. ATHÉNÉE, XV, 688 F. Cf. PLINE XIII, 2. — 4. *Ibid.* — 5. GALEN., *Lex Hippocr.*, 414.

6. DIOSCOR., I, 71; THESAURUS GR. LING., au mot μετώπιον et au mot στακτός. Il ne faut pas confondre l'Αἰγύπτιον μύρον avec la στακτή, comme semble le faire Didyme (ATHÉNÉE, 689 B), le premier étant d'ordinaire un mélange assez compliqué, où il entre du cinnamome, de la myrrhe et une série d'autres ingrédients, tandis que la στακτή n'est que le liquide coulant des incisions pratiquées sur l'arbre à myrrhe ou à cinnamome.

7. LORET, *Journal asiatique*, 1887, pp. 81 et s. Parthey avait déjà fait exécuter les recettes grecques par un pharmacien de Berlin.

qu'on le mêlait avec les antidotes, qu'on l'administrait aux asthmatiques et que, dans certains cas, on l'utilisait comme purgatif, à cause de ses vertus émollientes. Les recettes hiéroglyphiques expliquées par M. Loret proviennent des temples ptolémaïques d'Edfou et de Philæ; mais elles ne font que reproduire des textes certainement plus anciens; il n'est donc pas douteux que les colons grecs du vi^e siècle n'aient eu connaissance de cette composition, qui devint bientôt si célèbre, et qu'ils n'aient contribué dès lors à en répandre l'usage[1]. D'ailleurs, c'était par le commerce extérieur seulement que ces produits pouvaient être fournis, dans des villes comme Athènes par exemple, où la profession de parfumeur et même la vente des parfums étaient considérées par la loi comme indignes des hommes libres[2].

Les médecins égyptiens étaient renommés dès les temps homériques comme les plus habiles de l'ancien monde[3]. Hérodote[4] donne l'explication de leur supériorité, lorsqu'il rapporte que chacun d'eux se consacrait à soigner une seule espèce de maladie; ils devenaient ainsi ce que nous appellerions aujourd'hui des spécialistes. Leur réputation était si grande que l'on voit Cyrus demander à Amasis de lui envoyer le meilleur oculiste du pays[5], et que Darius Ier avait encore des médecins égyptiens à sa cour[6]. Diodore[7] entre dans de curieux détails sur les principes et la pratique de leur art, et il insiste avec raison sur le respect que l'on professait pour les prescriptions consignées dans les vieux traités manuscrits[8], dont on attribuait la rédaction aux dieux mêmes ou aux plus anciens rois[9]. Ils faisaient partie de cette bibliothèque médicale que Galien vit encore, et qui était conservée dans le temple de Memphis. Les Papyrus hiératiques et démotiques sont pleins de recettes contre les maux les plus divers; et, si la magie y tient une grande place, elles prescrivent toujours

---

1. ATHÉNÉE (XV, 691 C, D) donne, d'après Hipparque, Ménandre, Antiphane, les prix de quelques-uns des parfums les plus recherchés à Athènes. Ailleurs, 689 B, il cite ces deux vers d'Achæos :

Ἰσάργυρόν τ' εἰς χεῖρα Κυπρίου λίθου
Δώσουσι κόσμον χρισμάτων τ' Αἰγυπτίων.

2. ATHÉNÉE, XIII, 611-612; XV, 686-687. — 3. Odyss., IV, 231 et s. Cf. JÉRÉMIE, XLVI, 11.
4. HÉRODOTE, II, 84. « Il n'est pas certain du reste que cette division dont parle Hérodote ait été aussi absolue que l'historien a bien voulu le dire. » MASPERO, Hist. anc., 4e éd., p. 74.
5. HÉRODOTE, III, 1. — 6. Ibid., 129. — 7. DIODORE, I, 82.
8. Cf. ARISTOTE, Polit., III, 10; HORAPOLLON, I, 38.
9. MASPERO, Hist. anc., 4e éd., p. 73-74. Voir le Papyrus Ebers, 1; BRUGSCH, Recueil de monuments, t. II, p. 101-120; CHABAS, Mélanges égyptologiques, t. I, p. 55-79; WIEDEMANN, Herodots zweites Buch, p. 323 et suiv.

en même temps l'emploi d'une foule de substances végétales, minérales ou animales, et les savants hellènes ont fait leur profit des indications souvent utiles qu'une longue expérience avait suggérées à leurs devanciers. Le sol de la contrée était particulièrement fécond en produits végétaux, dont la thérapeutique pouvait tirer un heureux parti. Dans l'Odyssée[1], Polydamna, femme de Thôn, donne à Hélène des philtres puissants, car la fertile terre d'Égypte porte en très grand nombre des plantes médicinales, qui, mélangées, sont tantôt bonnes et tantôt funestes. On en faisait par exemple cette liqueur qu'Hélène verse dans le vin de ses hôtes, qui apaisait la douleur et la colère et faisait oublier tous les maux; et le secret n'en fut jamais perdu, puisque Diodore[2] affirme que les femmes de Thèbes savaient encore la préparer de son temps. Aristophane mentionne plusieurs fois[3] la συρμαία, une espèce de raifort, qu'on employait surtout comme vomitif et aussi contre la diarrhée[4]. Les magiciens, les empiriques savaient également combiner les mauvais philtres, les Papyrus ne laissent à ce sujet aucun doute[5]; et, quand on avait besoin d'un poison, qui fût d'une efficacité certaine, on l'allait chercher en Égypte[6]. De plus, dans les préparations pharmaceutiques indiquées par les médecins grecs, on rencontre à chaque instant des appellations de substances ou de remèdes, qui trahissent la même origine[7]. Ainsi le seul mot Αἰγύπτια servait à désigner un collyre liquide, pour dissoudre les taies qui se formaient sur les yeux[8], un onguent propre à calmer les maux d'oreilles[9], un composé de miel, d'huile, de térébenthine et de safran, qui apaisait les inflammations[10], un liniment employé contre les lésions des nerfs[11]. Les plaies et ulcères étaient fréquents, nous le savons par les Papyrus[12], et, de leur côté les Grecs signalent les Αἰγύπτια et les Συριακὰ ἕλκεα : aussi avait-on, pour les cicatriser, des

---

1. *Odyssée*, IV, 219 et s.
2. Diodore, I, 97. On l'assimile à l'opium, qui, d'après Galien (*De Antidot.*, II), venait bien à Thèbes. Cf. Wiedemann, *Herodots zweites Buch*, p. 345. Aujourd'hui encore on récolte en Thébaïde l'opium dit thébaïque. Rouyer, *Descr. de l'Ég.*, t. XI, p. 430, le signale seulement à Akhmîm.
3. Aristophane, *Pax*, 1253-1254. *Thesmophor.*, 855-857.
4. Schol. d'Aristophane, ad *Pac.*, 1253.
5. Voir, par exemple, Dévéria, *Le Pap. judic. de Turin*, p. 131; cf. *Revue égyptol.*, t. I, p. 163 et suiv., etc.
6. Josèphe, *Antiq. Jud.*, XVII, 4, 2; *Bell. Jud.*, I, 30, 7.
7. Pour la plante Νεῖλος, voir Aristote, II, 364 (éd. Jebb).
8. Gal., K. τόπ., 4, 7. — 9. Gal. K. τόπ., 4, 1. — 10. Paul., 7, 14. — 11. Gal., K. γένη, 3, 9.
12. Voir *Papyrus Anastasi IV*, pl. 9, l. 40 à pl. 10, l. 1, et *Anastasi III*, pl. 5, l. 6 à pl. 6, l. 2.

emplâtres, qui eux aussi portaient le nom d'Αἰγύπτια[1]. Il s'appliquait encore à un pessaire[2], à un antidote mentionné par Bernard dans la collection des Médecins grecs[3]. Sans doute, les sources auxquelles nous venons de puiser sont assez modernes, mais on a retrouvé, dans les Papyrus médicaux égyptiens, un certain nombre de recettes, mentionnées plus tard et d'après eux par les savants hellènes. Dès le ve siècle, nous l'avons vu, Hippocrate ne se faisait pas faute d'emprunter à l'Égypte, et on sait avec quelle fidélité la médecine gréco-romaine avait conservé les vieilles traditions[4]. Il n'est pas nécessaire d'insister davantage pour montrer jusqu'à quel point les Grecs étaient, dans ce domaine spécial, tributaires de l'Égypte ; celle-ci, en effet, possédait les plantes, recevait de l'Orient et du Midi quantité d'ingrédients, et, pour les combiner entre eux, pour les manipuler avec adresse, ses praticiens n'avaient pas d'égaux. Ainsi, parfums et substances médicinales, si nécessaires les uns et les autres pour les usages et les besoins les plus ordinaires de la vie antique, furent recherchés avec empressement, qu'ils fussent amenés de loin par le commerce ou fabriqués dans les laboratoires indigènes. Quoique les Égyptiens fussent, dans le premier cas, des entrepositaires, obligés de retirer, en plus du prix de vente, l'équivalent des frais de transport, les échanges, dans les contrées barbares où ils opéraient, devaient être si avantageux, qu'ils pouvaient livrer quand même leurs marchandises à bon compte. Les Grecs se trouvaient d'ailleurs à peu près dans la même position que les Phéniciens, et leurs exigences n'étaient pas plus grandes. Le développement que prit le luxe et d'autre part les progrès de la médecine firent entrer dans la consommation ordinaire nombre de substances nouvelles ou jusque-là peu connues. Comme on les employait généralement en assez petite quantité, elles étaient d'un transport facile, se vendaient cher et rapportaient ainsi de gros bénéfices.

Le commerce de l'Égypte avec l'intérieur de l'Afrique n'est pas moins ancien que celui de la mer Rouge. L'autorité des rois de la XIIe dynastie s'exerçait régulièrement au moins jusqu'à la deuxième cataracte, et ceux de la XVIIIe pénétrèrent plus loin encore dans la vallée du Haut-Nil. Sans doute, les ressemblances constatées entre les noms de certains peuples nègres cités sur

---

1. AÉTIUS, 15, 13. — 2. PAUL., 7, 24. — 3. BERN., *Reliq.*, p. 111.
4. Sur les médicaments employés aujourd'hui en Égypte, voir *Descr. de l'Égypte*, t. XI, p. 429-460.

leurs monuments et ceux de peuplades connues par les voyageurs modernes ne permettent pas de fixer la limite de leurs conquêtes, car on sait que les tribus nègres se déplacent graduellement vers l'Ouest et vers le Sud. Cependant, « sans parler des notions sur une grande mer intérieure située bien loin vers le Sud, on trouve, dit le docteur Hamy, dans les inscriptions de Séti Ier, d'Amenhotep III, etc., trop de noms de peuples vaincus analogues ou identiques à ceux des tribus nègres actuelles de l'hémisphère Sud, pour ne point être disposé à croire que le Nouvel-Empire a étendu fort loin dans cette direction ses explorations à main armée[1]. » Elles avaient établi des relations commerciales, dont les représentations, figurées dans les temples et les tombeaux sous forme de tributs, nous donnent une idée assez exacte. Mais avant de les étudier dans le détail, il faut savoir si, au VIIe et au VIe siècle, la situation des deux pays les rendaient encore possibles. Les destinées de la Basse-Éthiopie et celles de la Haute-Égypte s'étaient trouvées confondues sous les rois prêtres d'Amon de la XXIe dynastie, et plus tard l'Égypte entière avait été soumise par les souverains éthiopiens, de Piônkhi à Taharqou. Lorsque, après la dodécarchie, le mariage de Psammétique Ier eut affermi son autorité en Thébaïde et que l'Égypte fut ainsi reconstituée dans son intégrité jusqu'à la première cataracte, les deux royaumes se développèrent isolément; les princes éthiopiens, ne renonçant pas à leurs prétentions, continuèrent de s'arroger les titres pharaoniques de 𓊖 𓆼 rois du Sud et rois du Nord, mais sans chercher désormais à revendiquer, les armes à la main, la domination qu'ils avaient exercée temporairement jusqu'à la Méditerranée. Les stèles trouvés au Gebel-Barkal et à Dongola permettent de reconstituer à peu près l'histoire de l'Éthiopie depuis le VIIe jusqu'au IVe siècle. L'état de civilisation qu'elles nous font connaître diffère peu de celui de la période précédente; seulement on voit le centre de gravité se déplacer vers le Sud, et Mœroë succéder à Napata, qui reste néanmoins le principal centre religieux du pays. D'autre part, lorsque Psammétique Ier s'avance jusqu'à la frontière, en poursuivant les soldats fugitifs, il ne cherche pas à s'emparer de la contrée. L'expédition de Psammétique II en Éthiopie n'est elle-même qu'une course sans importance et qui paraît n'avoir produit aucun résultat durable. Les autres rois de la

---

1. HAMY, *Étude sur les peintures ethniques d'un tombeau thébain*, p. 19-20; cf. *Bulletin de la Société d'anthropologie*, 1875, p. 224.

XXVIᵉ dynastie tournent toute leur attention vers le Nord, et il faut descendre jusqu'à Cambyse pour trouver trace d'une entreprise guerrière tentée du côté du Haut-Nil. Enfin, les populations voisines de la frontière égyptienne deviennent tributaires de l'Empire Perse; mais le royaume de Napata-Mœroë n'en conserve pas moins son entière autonomie. Pour toute cette longue période, nous n'avons pas, il est vrai, de documents écrits se rapportant au commerce de l'Éthiopie avec l'Égypte. Mais la séparation politique des deux royaumes n'exclut nullement la continuation des rapports existant depuis des siècles entre les deux peuples, et que la domination des princes éthiopiens avait encore rendus plus intimes. Beaucoup d'usages leur étaient communs, tellement que les Grecs prétendaient trouver en Éthiopie les origines de la civilisation égyptienne. La langue éthiopienne différait peu de celle de l'Égypte. Les Ichtyophages que Cambyse envoie comme espions en Éthiopie, avant d'en entreprendre la conquête[1], habitaient Éléphantine et connaissaient bien le pays. Les indications précises que fournit Hérodote sur les routes du Haut-Nil[2] supposent des relations commerciales régulières avec les régions s'étendant jusqu'au delà du confluent qui réunit le fleuve Bleu au fleuve Blanc; et on voit, au temps de Xerxès, un corps d'Éthiopiens servir dans l'armée du grand Roi[3]. De plus, les produits manufacturés de l'Égypte étaient nécessaires aux Éthiopiens qui ne possédaient aucune industrie; et, pour se les procurer, ils étaient obligés d'apporter les produits naturels que leur pays avait de tout temps fournis aux riverains du Nil inférieur. Si les représentations et les textes manquent sur les monuments, c'est que les conditions n'étaient plus les mêmes qu'autrefois. Sous les Ousortesen ou sous les Thoutmos, les peuples du Midi étaient des vaincus, des sujets; les sculptures et les inscriptions les montrent faisant hommage et payant le tribut au roi ou à ses grands vassaux. Aujourd'hui, ils sont indépendants; lorsqu'ils viennent en Égypte, ce sont des particuliers pratiquant simplement des échanges avec des marchands leurs égaux, et ces transactions libres ne sauraient comme jadis fournir des sujets de tableaux, où l'orgueil des vainqueurs trouvait son compte. Pour connaître les matières auxquelles elles peuvent s'appliquer, il faudra donc recourir aux figurations anciennes, et, si on les trouve d'accord avec ce que nous apprennent les documents ptolémaïques et les récits des

---

1. Hérodote, III, 20 et suiv. — 2. *Ibid.*, II, 29-31. — 3. *Ibid.*, VII, 69.

modernes, on devra conclure que, dans l'intervalle, les objets du trafic n'ont guère changé et que, sous les Psammétiques, ils étaient à peu près les mêmes.

Voyons d'abord ce qu'apportent les gens du Sud, contemporains de Thoutmos III[1]. Ce sont des peaux de panthères et d'autres animaux sauvages, telles que les préparent encore aujourd'hui les Bedjahs; des plumes et des œufs d'autruche, venant du Darfour; du bois d'ébène, comme en produit le pays des Fundjis; de l'or en poudre, en briques ou en anneaux, de l'ivoire, qu'on trouvait encore en abondance pendant la première partie de ce siècle sur les bords du fleuve Bleu[2]; l'antimoine, si recherché à toutes les époques pour la toilette des Égyptiennes; des fruits rouges (nabéca ou alobe?), peut-être des dattes du Soudan, connus pour leurs propriétés médicinales; des singes verdets et de gros cynocéphales du genre *Hamadryas;* des girafes du Fazôgl ou du Dâr-Ferthât; des bœufs à grandes cornes, qui vivent encore au Soudan; des meutes de grands lévriers, semblables à ceux que Cailliaud signale dans son voyage à Méroé[3]; des plateaux et des paniers tressés de pailles multicolores, des chasse-mouches en crin, des bracelets d'ivoire, anneaux d'oreilles et colliers, ceintures de peaux, tous objets que les indigènes fabriquent de même et exportent aussi dans les temps modernes[4]. Une partie des marchandises que nous venons d'énumérer arrivaient en Égypte par l'Ouest, en suivant des voies connues longtemps avant Hérodote, et dont il a indiqué la direction générale, en notant même quelquefois le nombre de jours nécessaires pour les parcourir. Ainsi, on allait de Thèbes au pays des Garamantes[5], en passant par celui des Ammoniens et par Augila, en trente journées de marche; des Garamantes chez les Lotophages dans le même temps, ou chez les Atarantes en dix jours, et de là, en dix autres jours, on atteignait l'Atlas, qui était, disait-on, la colonne du ciel. Les Nasamons, nation belliqueuse habitant près de la Syrte, semblent même, d'après le récit fait par Étéarque aux Cyrénéens[6], avoir pénétré vers le Sud jusqu'au lac Tchad et au Niger. Ces peuples faisaient le commerce des caravanes et amenaient, à

---

1. Virey, *Tombeau de Rekhmara*, pl. VI, et p. 34-36. Cf. Hamy, *Étude sur les peintures ethniques*, p. 17.
2. Cailliaud, *Voyage à Méroé*, t. III, p. 68. — 3. *Ibid.*, t. III, p. 98.
4. Cf. *Description de l'Égypte*, t. XVII, p. 277 et s.; p. 410 et s.; et Manuel, dans le *Bulletin de l'Institut égyptien*, 1869-1871, p. 89 sqq. — Virey, *Rec. de Trav.*, t. VII, p. 42 (Tombeau d'Amnteh).
5. Hérodote, IV, 181-185. — 6. *Ibid.*, II, 32.

travers les déserts, des produits analogues à ceux que les Éthiopiens tiraient par eau de l'Afrique équatoriale. Thèbes, Memphis ou d'autres grandes villes situées sur le Nil étaient le but de leur voyage ; et tout cela parvenait ensuite en peu de temps dans les colonies grecques du Delta.

Diodore affirme qu'avant Ptolémée Philadelphe aucun Grec n'avait pénétré en Éthiopie, ni même jusqu'aux frontières de l'Égypte[1]. L'existence des inscriptions d'Ipsamboul suffirait à prouver l'inexactitude de cette assertion ; ce qui est vrai, c'est que le commerce du centre de l'Afrique était fait par des indigènes, non par des Grecs. Hérodote donne des renseignements exacts sur la nature et sur la longueur du trajet de la Haute-Égypte à Méroé[2], il connaissait donc bien cette route, suivie de temps immémorial par les caravanes du Soudan, et qui n'a cessé d'être régulièrement fréquentée jusqu'à la révolte du Mahdi. Sous les Ptolémées, Agatharchide nous apprend qu'on allait d'Alexandrie jusqu'en Éthiopie, c'est-à-dire jusqu'aux limites de l'Égypte, en dix jours seulement. Ayant à décrire les côtes de la mer Rouge, il parle surtout, ainsi que l'auteur anonyme du *Périple de la mer Érythrée*, des marchandises qui étaient amenées par terre dans les ports voisins du détroit. Ce qui intéresse particulièrement ces géographes, ce qui les préoccupe le plus, ce sont les chemins nouveaux, c'est le développement contemporain du trafic maritime, exercé maintenant par les Grecs. Le reste est en dehors de leur sujet, et ils n'ont aucune raison pour y prêter une attention spéciale ; mais leur silence ne prouve nullement que la voie du désert et du Haut-Nil fût abandonnée de leur temps. Elle l'était moins encore sous les Psammétiques, à une époque où la navigation du golfe Arabique était moins bien connue et nécessairement moins pratiquée. Les Grecs certainement s'aventuraient peu de ce côté, et c'est par le Nil surtout que parvenaient à Naucratis les productions variées du Soudan. Ils ne devaient pas d'ailleurs rechercher pour l'exportation toutes celles que nous avons vues mentionnées dans les textes pharaoniques. Les animaux sauvages par exemple n'avaient pour eux qu'un simple attrait de curiosité[3]. Il n'en est pas de même des plumes d'autruche, qui paraissent avoir été employées de bonne heure comme

---

1. Diodore, I, 37. — 2. Hérodote, II, 29.

3. Quelques-uns parmi les colons grecs pouvaient acheter des singes pour les dresser et les montrer, comme celui dont parle Lucien, Ἁλιεύς, 36, et qui avait été dressé, dit-il, par un roi d'Égypte.

ornements. Ces grands oiseaux se trouvaient surtout dans la partie de la Libye habitée par les nomades[1], ils étaient chassés par les Garamantes, qui en apportaient la dépouille jusqu'au Nil; de là elle passait aux Grecs[2]. On devait les connaître de longue date par les Phéniciens, car il s'en trouvait en Mésopotamie, et Xénophon raconte[3] qu'en traversant le désert d'Arabie, les soldats de Cyrus les poursuivaient, sans pouvoir d'ailleurs les atteindre. Les Naucratites contribuèrent évidemment à les faire mieux connaître. Un passage des *Acharniens* semble indiquer qu'au ve siècle on en faisait des panaches pour les casques. « Apporte ici, dit Lamachos, les deux plumes qui sont sur le casque », et, après la réplique de son partenaire, Dicæopolis, il reprend : « Belle et blanche est la plume de l'autruche.[4] » C'est à cause de sa taille sans doute qu'Aristophane, dans les *Oiseaux*[5], donne un si haut rang à l'autruche, qu'il appelle la mère des dieux et des hommes, mais un peu aussi peut-être à cause du prix qu'on attachait à son plumage. Les Grecs n'employaient pas la peau, comme les Maces de Libye[6], à couvrir des boucliers; mais, avec les plumes, ils pouvaient confectionner divers objets de luxe pour la toilette, surtout des éventails, des chasse-mouches, dont l'expérience de la vie orientale leur faisait comprendre l'utilité et l'agrément. Quant aux œufs d'autruche, ils étaient fort prisés dès la plus haute antiquité, puisqu'on les trouve déjà, façonnés en forme de vases, ornés de dessins et de peintures, dans les plus vieux tombeaux de l'Étrurie[7], aussi bien que dans les temples de Naucratis; ils continuèrent apparemment de l'être, car Lucien, au IIe siècle, parle encore des dangers que l'on courait en les cherchant[8]. Aussi bien, la

---

1. Hérodote, IV, 82.
2. Il y en avait aussi dans le désert situé entre le Nil et la mer Rouge. M. Golénischeff, dans son *Voyage à Bérénice* (*Rec. de Trav.*, t. XIII, pl. IX, fig. 17 et p. 80), a trouvé sur les rochers, qui de temps en temps bordent la route entre Kouft et Bérénice, de nombreux graffiti représentant des autruches très sommairement dessinées.
3. Xénophon, *Anab.*, I, 5, 2. — 4. Aristoph., *Acharn.*, v. 1103-1105; cf. Pline, X, 1.
5. Aristoph., *Aves*, 875-876; cf. Théophraste, *Hist. Plant.*, IV, 4, 5.
6. Hérodote, IV, 175.
7. Dennis, *Cities and Cemeteries of Etruria*, t. I, p. 457-458; Perrot, *Histoire de l'art*, t. III, p. 855 et s., fig. 625-628.
8. Lucien, *De Dipsad.*, 6. — Ils avaient d'ailleurs, au moins en certains pays, une signification funéraire, car on en rencontre souvent, dans les tombes étrusques, des imitations en terre cuite, tout le monde ne pouvant se procurer ces objets rares et, par conséquent, fort chers. Voir Micali, *Mon. ined.*, p. 57; Dennis, *l. l.*

plupart de ceux qu'on a découverts jusqu'ici paraissent venir d'ailleurs que de l'Égypte. Les caravanes africaines les transportaient aussi aux marchés des Syrtes et à Carthage, où ils étaient travaillés suivant les traditions phéniciennes. En effet, le style de la décoration rappelle de très près celui des coupes d'argent trouvées à Cypre et à Palestrina. On sait de plus que les Carthaginois étaient en relations commerciales avec les Étrusques, et que les deux peuples s'unirent au vi^e siècle pour arrêter l'expansion vers l'Ouest de la marine hellénique. Enfin, dans la nécropole de Byrsa, le P. Delattre a recueilli, entre autres objets, quinze morceaux d'œufs d'autruche gravés et peints[1] qui semblent rappeler ceux des tombeaux étrusques. Toutefois, si ces derniers viennent de la côte carthaginoise, d'autres ont dû passer par l'Égypte et les colonies grecques du Delta, comme le prouve la présence du morceau trouvé à Naucratis dans le temple d'Apollon[2]. De la gravure, il ne reste qu'un fragment de tige, portant alternativement quelques fleurs et quelques feuilles, trop peu pour comparer le style décoratif avec celui des œufs trouvés en Étrurie, ceux de Carthage n'ayant pas encore été publiés. Il est vrai que, dans les pays grecs, on n'en a pas rencontré jusqu'ici, mais la nature même de ces objets si fragiles explique leur disparition ; en outre, ils devaient être assez rares, et considérés comme des curiosités probablement très coûteuses.

Les peaux de bêtes sauvages pouvaient se vendre, au moins comme objet de luxe, sur les marchés méditerranéens[3]. A l'époque homérique, on voit les chefs porter des peaux de lion, de panthère, de loup, qu'on disposait symétriquement sur le corps, comme de véritables manteaux[4] ; les figures peintes sur les vases montrent que cette mode s'est peut-être conservée assez tard. Les pauvres s'abritaient sous de simples peaux de chèvre[5] ; mais les grands et les riches préféraient, pour se distinguer, celles des animaux exotiques,

---

1. *Revue archéologique*, 1890, t. I, p. 13.
2. *Naucratis*, I, p. 14, pl. xx, 15.
3. En Égypte, certains prêtres d'ordre supérieur sont représentés ceints d'une peau de panthère. Quant aux peaux de toute sorte, elles étaient fort recherchées, on le voit par la stèle de Horemheb, où les soldats sont accusés d'enlever chez les paysans, sans doute pour les vendre, les peaux des animaux domestiques, lors même qu'elles sont marquées à l'estampille royale. (*Rec. de Trav.*, t. VI, p. 44, et *Zeitschrift*, 1888, p. 72.)
4. Voir les passages cités et les représentations figurées dans Helbig, *Das Homerische Epos*, p. 196-197.
5. Hésiode, Ἔργα καὶ Ἡμέραι, 543-545. Cf. *Odyssée*, XIII, 436.

dont les couleurs étaient plus brillantes et le prix moins abordable aux gens du commun.

Les Égyptiens étaient particulièrement habiles à tanner, à préparer, à teindre le cuir, et les peintures des tombeaux nous initient aux procédés compliqués, par lesquels ils le rendaient propre à des usages très divers[1]. On en faisait non seulement des sandales, des chaussures de toute sorte, des outres pour conserver les liquides, mais des fourreaux d'épée, des carquois, des revêtements pour les boucliers, des coussins pour les sièges; on en couvrait extérieurement certaines parties des chars et même des instruments de musique, comme les harpes. Les morceaux de cuir peint et découpé étaient souvent estampés et portaient des figures de dieux ou de rois, des guirlandes, des rosaces et autres ornements variés. Le dais trouvé à Déir el-Bahari, et qui date de la XXIe dynastie, est dans son genre un véritable chef-d'œuvre[2]. Autrefois, les peuples tributaires apportaient en grande quantité les peaux employées à tous ces ouvrages; sous les Psammétichides, le commerce africain dut fournir aux besoins des habitants; et cette industrie était si florissante que les Grecs, qui faisaient venir du cuir de Cyrène[3], durent acheter en Égypte, pour les revendre à l'étranger, quelques-uns de ces ouvrages travaillés avec une si rare habileté.

Des bois précieux, débités en poutres ou en planches de faibles dimensions, offraient aussi une matière facile à exporter et recherchée pour les confections de certains objets de prix. Le plus estimé était l'ébène, que fournissaient l'Inde d'une part, et de l'autre l'Éthiopie, comme on le sait par de nombreux documents égyptiens[4]; Hérodote le signale expressément parmi les produc-

---

1. WILKINSON, *Manners and Customs*, 2ᵉ éd., t. II, p. 185-188. Cf. MASPERO, *Archéologie égyptienne*, p. 282-284.

2. Reproduit au trait par MASPERO, *Les Momies de Déir el-Bahari*, p. 585-589 (*Mém. de la Miss. du Caire*, t. I, 4ᵉ fasc.); en couleur, par Émile BRUGSCH, *La Tente funéraire de la princesse Isimkheb*, le Caire, 1889.

3. HERMIPPE dans ATHÉNÉE, I, 27 E.

4. WILKINSON, *Manners and Customs*, 2ᵉ éd., t. I, p. 409; t. II, p. 17, 18; t. II, p. 416. — Les textes les plus importants ayant trait au commerce et à l'emploi de l'ébène ont été rassemblés, dans l'ordre chronologique, par M. LORET, *L'Ébène chez les anciens Égyptiens* (*Rec. de Trav.*, t. VI, p. 125-130). Cf. LIEBLEIN, *Zeitschrift für Ægypt. Sprache*, 1886, p. 14; 1885, p. 128 et suiv. BRUGSCH a repris le sujet (*Zeitschrift*, 1891, p. 28 et suiv.), à propos de la stèle Wilbour, où l'ébène est compris dans l'énumération des produits éthiopiens, qui payaient la dîme au trésor du dieu Khnoumou d'Éléphantine; et BRUGSCH, *Dict. Géogr.*, p. 1034, cite l'ébène, à l'époque ptolémaïque, parmi les produits végétaux

tions de cette contrée; les régions voisines de l'Égypte, dans le tribut triennal qu'elles payaient à Darius, livraient, entre autres choses, deux cents troncs d'ébène, φάλαγγας ἐϐένου¹. Diodore, après avoir cité les gisements métalliques de l'île de Méroé, ajoute qu'elle avait aussi une quantité d'ébène² et diverses espèces de pierres précieuses. On l'employait pour les meubles de luxe, et les sculpteurs grecs en faisaient des statues de divinités ou de héros. Pausanias remarque en effet que les anciens avaient coutume de sculpter leurs xoana dans du bois d'ébène, de cyprès, de cèdre, etc.³ A Salamine⁴ et en divers endroits du Péloponèse, à Argos⁵, au mont Cyllène⁶, à Tégée⁷, il cite plusieurs figures ou groupes d'ébène, et tantôt il les rapporte aux Crétois Dipœnos et Skyllis, c'est-à-dire au vi⁰ siècle, tantôt il y reconnaît les caractères du style éginétique. Quant aux Apollons archaïques qu'il a vus à Mégare⁸, il compare l'un d'entre eux encore aux ouvrages éginètes et l'autre aux xoana égyptiens. Quelques-unes au moins de ces figures avaient dû être exécutées vers le vi⁰ siècle, c'est-à-dire en un temps où les commerçants tyriens étaient remplacés sur les côtes helléniques par les commerçants grecs, et la matière dont elles étaient faites fut vraisemblablement livrée aux artistes péloponésiens par les navigateurs de Naucratis⁹.

Une partie de ce que nous avons dit pour l'ébène s'applique à peu près de même au commerce de l'ivoire. Hérodote raconte que l'Éthiopie nourrissait des éléphants énormes¹⁰, et, de son temps, le tribut qu'elle livrait au roi de

que le nome nubien de 🔲, orthographe ancienne 🔲, livrait au temple d'Isis de Philæ.

1. Hérodote, III, 97. Cf. III, 114.
2. Diodore, I, 33, πλῆθος ἐϐίνου. Cf. Pline, XII, 8. Lucain, X, 302-305. Dioscor., *Mater. medic.*, I, 129. Moldenke, *Ueber die in alt. Text. orwœhnten Bœume*, p. 93-94.
3. Pausanias, VIII, 17, 2. Il avait d'ailleurs sur l'ébène des idées très singulières : un Cypriote lui avait appris que ce n'était pas un arbre, mais une racine que les Éthiopiens savaient découvrir et déterrer. — L'habitude qu'ont les peuples africains d'enfouir l'ébène, pour lui donner, par l'humidité, un bois plus compact et plus sombre, est évidemment l'origine de ce conte. (*Rec. de Trav.*, t. VI, p. 126.)
4. Pausanias, I, 35, 3. — 5. *Id.*, II, 22, 5. — 6. *Id.*, VIII, 17, 2. — 7. VIII, 53, 11. — 8. I, 42, 5.
9. Sur le commerce de l'ébène et de l'ivoire aux époques plus récentes, cf. Letronne, *Recueil des inscriptions de l'Égypte*, t. II, p. 38 et suiv., et Lumbroso, *Recherches sur l'Économie politique des Égyptiens*, p. 112 et suiv.
10. Hérodote, III, 144. Cf. Ezéchiel, XXVII, 15; Pline, VIII, 11 et 13. Hérodote est le premier qui emploie le mot ἐλέφας dans le sens d'éléphant (A. de Schlegel, *Ind. Bibl.*, t. I, p. 145). Cf. Quatremère de Quincy, *Jupiter Olympien*; Pausanias, I, 12, 4.

Perse comprenait, outre de l'or, des poutres d'ébène et des esclaves, vingt grandes dents d'éléphant[1]. Les Grecs paraissent avoir pris à l'Orient l'habitude de faire servir les plaques d'ivoire, comme les métaux, à l'ornementation des meubles, des portes et même des murailles. Cet usage était en effet très ancien et très répandu en Assyrie et en Chaldée, en Syrie et jusqu'en Arabie[2]. A Hissarlik, on ne voit encore que de petits objets, aiguilles, poinçons, morceaux ayant appartenu à des instruments de musique; à Mycènes[3], il y en avait probablement dans les revêtements des voûtes[4]. Homère cite un fauteuil garni d'ivoire et d'argent, une serrure à poignée d'ivoire, et ces portes d'ivoire, par où passent les songes trompeurs[5]. En ces temps très reculés, les Phéniciens étaient les seuls agents de ce commerce, signalé par Ézéchiel[6], et ils transportaient surtout l'ivoire ouvré dans leurs ateliers. A son tour, Carthage en reçut des quantités considérables par l'intérieur de la Libye et par l'Afrique occidentale, lorsque furent établis ses comptoirs de Libye[7]. On en faisait des meubles, des ustensiles de toute espèce, des boîtes renfermant des flacons à parfums, où l'on s'accorde à reconnaître les caractères ordinaires de la décoration phénicienne[8]. Lorsque les Grecs furent installés en Égypte, ils durent s'habituer à y prendre la matière brute, pour la livrer à leurs artistes, capables désormais de la travailler eux-mêmes. Pausanias[9] mentionne, en Arcadie, une statue d'Athéna Aléa, qui fut enlevée par Auguste, et qui était l'œuvre d'Endoios. Cet artiste, dont il fait un disciple de Dédale[10], semble avoir travaillé à Athènes vers la moitié du VIe siècle[11]; l'ivoire dont elle était faite avait donc pu venir de l'Égypte par Naucratis. Le même auteur parle d'une statue en or de Cybèle (Μητρὸς Δινδυμήνης), enlevée aux Proconnésiens par les habitants de Cyzique, et dont le visage serait sculpté dans des défenses

---

1. HÉRODOTE, III, 97. BAEHR (Herod., III, 114, note) pense que c'est de l'Éthiopie, par l'Égypte, que furent apportées ces quantités d'ivoire, employées par les Hébreux et les Grecs à des ouvrages d'art.
2. Voir les indications données par HELBIG, Das Homerische Epos, p. 435-438.
3. SCHLIEMANN, Ilios, traduction française, p. 327-329; 531-536.
4. SCHLIEMANN, Mykenæ, p. 45 et s. — 5. Odyssée, XIX, 55 ; XXI, 7 ; XIX, 563. — 6. EZÉCHIEL, XVII, 15.
7. Voir PERROUD, De Syrticis Emporiis, c. XI. PERROT, Histoire de l'art, t. III, p. 845 et s.
8. RENAN, Miss. de Phénicie, p. 499-501; PERROT, Hist., t. III, p. 847-848. — L'ivoire figurait pour une bonne part dans la décoration du coffre de Cypselos; mais ce monument paraît être du milieu du VIIIe siècle, c'est-à-dire d'une époque où les colonies grecques d'Égypte n'existaient pas encore.
9. PAUSANIAS, VIII, 46, 5. — 10. Ibid., I, 25, 5.
11. SILLIG, Catal. Artific., p. 199-200. BEULÉ, Histoire de l'art, p. 440-441.

d'hippopotame[1]. Si le renseignement est exact, voilà une matière qui ne peut venir que du Nil, et probablement par les Milésiens de Naucratis. Nous ne dirons rien des ivoires de l'Étrurie et de la Sardaigne, dont la provenance carthaginoise est plus vraisemblable.

A Cypre, la question paraît plus complexe, l'île étant, au vi⁰ siècle, en relations continuelles à la fois avec l'Égypte et avec la Phénicie. On remarque cependant que même les ivoires trouvés en Assyrie sont presque toujours ou de travail réellement égyptien, ou de travail phénicien portant l'empreinte de l'influence égyptienne. Si, même en Assyrie, où l'ivoire pouvait être recueilli directement, le style égyptien est prédominant, à plus forte raison devait-il l'être à Cypre, et surtout depuis la conquête d'Amasis. Les Cypriotes de Daphnæ et de Naucratis apportaient en effet dans leurs métropoles et la matière brute et probablement aussi des objets façonnés dans les colonies des bords du Nil. Il en était de même à Rhodes. Les tombeaux de Camiros renferment de nombreux fragments d'ivoire, qu'on a coutume d'attribuer indistinctement à l'art phénicien[2]. On y reconnaît effectivement des motifs de décoration familiers aux artistes de Tyr et de Sidon : rosaces, tresses, cercles concentriques[3], etc. Qu'une partie de ces objets soient venus de la côte syrienne, le fait est possible et même probable; mais il paraît hors de doute qu'un grand nombre d'entre eux sont des produits de l'industrie hellénique, s'exerçant soit en Égypte soit dans les îles égéennes. Il serait téméraire de prétendre faire exactement le départ de ce qui revient d'un côté à la Phénicie, et de l'autre à l'art gréco-égyptien. Néanmoins, dans certains spécimens, des particularités frappantes semblent dénoter une origine hellénique. Ainsi, M. Perrot reproduit[4] un visage de femme au menton osseux et pointu, encadré dans une abondante chevelure ; et, constatant la différence de ce type avec ceux que l'on rencontre sur les terres cuites sûrement phéniciennes, il se demande s'il ne conviendrait pas de « l'attribuer à des mains rhodiennes, qui l'auraient modelé dans l'île même, au temps du premier archaïsme grec. » Il faut aller plus loin, croyons-nous, et restreindre, sans exagération, la part presque exclusive qu'on a faite jusqu'ici aux Phé-

---

1. PAUSANIAS, VIII, 46, 4.
2. Voir PERROT, *Histoire de l'art*, t. III, p. 849-850.
3. Motifs, qui d'ailleurs se rencontrent également tous en Égypte.
4. *Histoire de l'art*, t. III, p. 850, f. 620; la figure est sculptée sur l'un des côtés d'un prisme.

niciens[1]. Sur quoi s'appuie-t-on en effet pour leur prêter toutes ces richesses ? Sur certaines ressemblances de style, sur la présence et le retour continuel de certains motifs, qu'on remarque en des ouvrages incontestablement phéniciens. Mais ces analogies ne suffisent pas à prouver absolument l'identité d'origine. Comme nous l'avons dit plus haut en traitant de la céramique à Naucratis, l'art grec, à ses débuts, n'échappe pas tout d'un coup à la direction que lui ont imprimée ses premiers maîtres. De très bonne heure sans doute, il marque son indépendance et exerce sur les artistes orientaux cette action en retour, que M. Heuzey a si heureusement démêlée; mais il n'arrive que peu à peu et après une série de tâtonnements à affirmer son originalité. Pendant cette période de recherches, il continue à travailler d'après des modèles empruntés à l'Orient, il les imite, il copie, en les variant parfois, les motifs que ces derniers lui ont fournis. Au viie et au vi^e siècle, ces motifs sont surtout pris à l'Égypte, dont l'influence s'exerce alors avec une intensité nouvelle. Mais les artistes de l'Asie-Mineure ou des îles grecques n'ont pas besoin de les demander maintenant à Sidon ou à Tyr. Ils ont des ateliers aux bords du Nil, ils connaissent par eux-mêmes et les monuments pharaoniques et les petits ouvrages de l'industrie indigène, ils peuvent s'en inspirer directement, tout en restant, par habitude, fidèles aux données générales, reçues primitivement de Syrie. Ainsi s'expliquent et la ressemblance de leurs œuvres avec celles des Phéniciens et les difficultés qu'on éprouve souvent à distinguer les unes des autres. Mais il serait injuste de prêter aux seuls Phéniciens cette masse d'ouvrages, trouvés dans des pays grecs, et qui peuvent aussi bien avoir été ou façonnés par des artisans ou amenés par des marins hellènes.

Il résulte de tous ces faits que, à partir du vi^e siècle, l'ivoire dut être largement exporté de l'Égypte par les marchands venus du Delta, et en même temps du nord de l'Afrique par les trafiquants cyrénéens. L'histoire de la sculpture grecque au siècle suivant en fournit une nouvelle preuve. Pausanias nous a appris que les sculpteurs archaïques l'employaient à faire des effigies de divinités. Cette branche de la statuaire va bientôt prendre, dans la Grèce propre, une importance sans précédents; et quand on voit un maître comme Phidias construire de toutes pièces des figures chryséléphantines de

---

1. Voir Helbig, *Cenni sopra l'arte fenicia* (Annali, 1873).

dimensions colossales[1], on peut se rendre compte par là de la quantité considérable d'ivoire, qui devait être importée d'Afrique et en particulier des bords du Nil sur les marchés du Péloponèse et de l'Attique. Ce commerce s'était développé sans doute dans l'intervalle qui sépare Amasis de Périclès. Toutefois, l'abondance de l'ivoire que supposent des ouvrages comme ceux de Phidias, laisse à penser que, depuis longtemps déjà, le trafic de cette matière précieuse donnait lieu, entre l'Égypte et la Grèce, à des transactions actives.

A côté de ces productions si variées, que l'intérieur de l'Afrique pouvait livrer aux Grecs par l'intermédiaire de l'Égypte, celles des Oasis tiennent certainement une assez petite place. Elles dépendaient de l'Égypte, les unes depuis la VIe, les autres depuis la XVIIIe dynastie[2]. Dans les processions des nomes, représentées sur les murs des temples égyptiens, les Oasis portent surtout du vin, qualifié d'excellent, et du raisin qui figure toujours dans les offrandes. On y trouvait aussi du natron, un minéral de couleur rouge, que Brugsch identifie avec le minium, et qui servait à la coloration des hiéroglyphes, une plante odorante, le kaiou 𓎺𓇌𓇌𓏥, dont on extrayait une huile parfumée, désignée par le même nom[3]. Quoique ces produits n'eussent rien de très attrayant pour les marchands grecs, des Samiens de la tribu Æschrionie[4] s'étaient déjà établis au temps d'Hérodote dans la Grande-Oasis, située au milieu du désert Libyque, à sept journées de marche de Thèbes[5]. Ils s'y fixèrent sans doute pour profiter des avantages que présentait au commerce une station placée en dehors de l'Égypte et formant comme un poste avancé sur la route des caravanes africaines. Ils pouvaient là traiter directement avec les nomades, qui parcouraient les contrées inconnues de l'Occident et du Midi, et faire ensuite transporter les marchandises en quelques journées jusqu'au fleuve. Ils supprimaient ainsi

---

1. Sur la statuaire chryséléphantine, voir Duruy, *Annuaire de l'Association des Etudes grecques*, 1887, p. 188 et suiv.

2. Wiedemann, *Herodots zweites Buch*, p. 98, 133.

3. Brugsch, *Reise nach der grossen Oase*, p. 79-84, et *Bulletin de l'Institut égyptien*, 1874-1875, p. 95 ; Dümichen, *Die Oasen der Libyschen Wüste*, p. 2 et suiv.

4. Panofka (*Res Sam.*, p. 81 et s.) rappelle que Polycrate avait divisé Samos en trois parties, τριχῇ, c'est-à-dire en trois tribus. Deux sont mentionnées dans l'*Etymol. magnum*, la troisième serait la tribu Æschrionie, qui aurait pris son nom d'un héros Æschrion. Voir Baehr, *Hérodote*, III, 39, note.

5. Strabon la place à la hauteur d'Abydos, ce qui est également vrai et estime de même la distance. Cf. Champollion, *l'Égypte sous les Pharaons*, t. II, 285-286.

les intermédiaires égyptiens et augmentaient d'autant leur profit. L'esprit entreprenant des Samiens, qui, dès la XXVIIe olympiade, s'aventuraient jusqu'à Tartessos, semble bien justifier l'assertion d'Hérodote. On sait d'ailleurs que d'autres Grecs pénétrèrent de très bonne heure dans diverses localités de l'Égypte. On peut suivre leurs traces à divers indices : par exemple les noms d'îles grecques donnés à certaines îles du Bas-Nil[1], et ceux de forme hellénique, qu'ils attribuèrent à des villes, où ils avaient sans doute des résidences : Anthylla[2], Archandropolis, qu'on disait avoir été fondée par Archandros, gendre de Danaos[3], et que Gutschmid suppose avoir été un comptoir établi par les Naucratites[4]. D'autre part, de nombreux graffiti grecs se rencontrent sur différents points du pays. M. Sayce en a relevé surtout un grand nombre à Abydos, où selon lui les Grecs auraient établi, dès le VIIe siècle, un oracle d'Amon, visité aussi par des Cypriotes, des Phéniciens, des Cariens. Quelques-unes même de ces inscriptions seraient aussi anciennes que celles d'Ipsamboul[5]. Les légendes grecques de basse époque allèrent jusqu'à prêter aux Milésiens la fondation d'Abydos[6]. Ces récits n'ont pas besoin d'être réfutés, et Letronne va lui-même trop loin, lorsqu'il paraît croire à l'existence d'une colonie établie dans cette ville ou dans son voisinage au temps d'Amasis, comme les Cariens et les Tyriens s'établirent à Memphis vers la même époque[7]. En réalité, les Grecs se répandirent alors partout en Égypte, comme ils font encore aujourd'hui, selon les besoins de leur trafic. Dans les grandes villes comme Memphis, ils habitèrent par quartiers et formèrent peu à peu des populations mixtes ('Ελληνομεμφῖται, Καρομεμφῖται). Mais dans les centres moins importants, ils procédèrent d'autre façon. Pour se rendre compte de

---

1. Hécatée, fr. 286 (*Fragm. Histor. græc.*, t. I, p. 20).
2. M. Griffith (*Naucratis*, II, p. 83) propose d'identifier Anthylla avec Gynæcopolis, et il croit la retrouver à Denshâl, à quatre milles au nord de Saft el-Molouk.
3. Hérodote, II, 98.
4. *Philologus*, t. X, p. 653, et *Kleine Schriften*, t. I, p. 86; cf. p. 217.
5. Voir Sayce, *Academy*, 13 février 1886; *Proceedings of the Society of Biblical Archæology*, t. XI, p. 377 et suiv.
6. Étienne de Byzance, s. v. Ἄβυδος. Diodore, V, 57, raconte qu'Héliopolis aurait été fondée par le Rhodien Aktis. Ailleurs (I, 12), il attribue la fondation de cette même ville à Ἥλιος, ce qui n'est qu'une simple interprétation du nom. Contrairement à la tradition exposée dans le *Critias* et dans le *Timée*, il ne craint pas même d'affirmer (V, 57) que Saïs aurait été fondée par les Athéniens !
7. *Mémoire sur la civilisation égyptienne*, dans les *Œuvres choisies*, t. I, p. 166.

ce qui put se passer alors, il n'y a qu'à observer ce qui se passe encore tous les jours en Égypte : le présent, en pareil cas, éclaire utilement le passé. On voit quelques Grecs, ce qu'on appelle aujourd'hui des Bakals, se rendre dans quelque ville secondaire, y former, non pas une colonie, mais une petite communauté de trois ou quatre familles. Ils font du commerce, s'enrichissent en vendant aux gens des environs les produits étrangers, souvent même ceux du pays. Ils demeurent là un certain temps, mais ne s'y fixent pas d'une manière définitive. Une fois leur fortune faite, ils ont hâte de s'en retourner dans leur patrie. Il en fut ainsi probablement sous les successeurs de Psammétique. A Abydos, dans l'Oasis voisine, comme dans de petites villes du Delta, quelques marchands milésiens, samiens, ouvraient une sorte de comptoir ; puis au bout de quelques années, ils s'en allaient, étaient remplacés par d'autres[1]. Il y eut aussi des Hellènes à l'Oasis d'Ammon, établis dans des conditions analogues. L'oracle, déjà célèbre au temps de Crésus[2], et dont la renommée fut si grande jusqu'à l'époque d'Alexandre, dut attirer les Grecs, qui de ce côté encore trouvaient pour leur trafic des avantages du même ordre que dans la Grande-Oasis. Ils n'étaient là qu'à douze journées de Memphis et formaient, comme un trait d'union à travers le désert, entre la hanse grecque de Naucratis et le royaume grec des Arkésilas et des Battos[3].

Les diverses branches du commerce d'exportation que nous avons étudiées jusqu'ici n'ont laissé et ne pouvaient laisser de traces que dans les textes des auteurs. Il n'en est pas de même des petits objets, tels que vases en terre vernissée ou en verre, figurines, amulettes, scarabées émaillés, colliers en verroterie, ivoires et autres ouvrages d'art, industrie où excellait, dès l'antiquité la plus reculée, l'habileté des artisans égyptiens. Ils étaient déjà ré-

1. Voir ce que dit à ce sujet M. MASPERO dans ses *Notes au jour le jour*, § 1 (*Proceedings*, t. XIII, p. 298-299).
2. HÉRODOTE, I, 46.
3. A Thèbes, M. SAYCE (*Proceed.*, t. VI. p. 221) n'a trouvé qu'une seule inscription cypriote dans les tombeaux des rois, où les graffiti grecs ne sont pas plus anciens que l'époque ptolémaïque. Il en conclut que l'alphabet cypriote fut abandonné seulement vers le temps d'Alexandre. — Dans le Fayoum, M. Petrie a découvert des poteries du style de Mycènes et de Santorin, à côté d'objets égyptiens, qu'il rapporte au xiiie siècle. Il y avait là, selon lui, un établissement d'étrangers, car on y a trouvé la tombe d'un homme appelé Antursha. Mais ces étrangers, pouvaient être des restes de l'invasion des peuples de la mer. Quant aux caractères cypriotes qu'il croit avoir reconnus, leur origine n'est nullement prouvée, et on peut y voir des signes égyptiens plus ou moins déformés. (Voir PETRIE, *Hawara, Biahmu and Arsinoë*, 1889.) Cf. *Academy*, 20 juillet et 30 novembre 1889.

pandus au loin, lorsque florissait en Grèce et dans tout l'archipel la civilisation mycénienne. Mais les agents de ce commerce étaient alors les Phéniciens, et ils en étaient encore presque seuls maîtres au temps où furent composés les poèmes homériques. Les Sidoniens surtout faisaient alors l'intercourse entre l'Égypte et les peuples de la mer Égée; de plus, leurs ouvriers, formés à l'école des peuples orientaux, savaient imiter, en les variant, les ouvrages exécutés soit aux bords de l'Euphrate, soit dans la vallée du Nil; et le souvenir de ce trafic se conservait encore clairement au temps d'Hérodote, comme on peut le voir par le récit de l'enlèvement d'Io à Argos[1]. A partir du vIII^e siècle, la situation n'est plus la même. Les navigateurs grecs s'avancent vers le Nord et couvrent de leurs colonies les côtes de la mer Égée, puis celles de la Propontide et du Pont-Euxin; bientôt ils pénètrent dans la Méditerranée occidentale et descendent vers le Sud jusqu'en Libye et en Égypte. Les Phéniciens ne sont plus désormais seuls maîtres de la mer, la concurrence hellénique les atteint et les presse de toutes parts. Ces produits, dont ils avaient si longtemps gardé le monopole, les Grecs vont les chercher à leur tour et les échangent, pour leur propre compte, sur tous les marchés du monde. Pour ceux dont il est possible d'apprécier la date, et qui appartiennent notoirement à des époques plus anciennes, la question de provenance peut être nettement résolue; mais, quand on a affaire à des produits exportés vers le vI^e siècle, elle devient nécessairement plus complexe. On a coutume d'attribuer encore, même pour cette période, une importance presque exclusive au commerce phénicien; il y a là, surtout en ce qui touche à l'Égypte, une exagération évidente. Les Phéniciens ont, il est vrai, partagé avec les Hellènes les faveurs des premiers Pharaons de la XXVIe dynastie; mais, ici comme partout, les derniers ont su prendre de très bonne heure une place considérable. Il conviendrait donc de déterminer avec soin la part qui, dans le commerce d'exportation, revient à chacune des deux races. Toutefois la distinction, il faut le reconnaître, est souvent fort délicate, sinon impossible à établir. Les vaisseaux grecs ont commencé par suivre les voies ouvertes de très longue date par les Phéniciens. Sur bien des points, on les voit, pendant des intervalles de temps plus ou moins longs, lutter côte à côte avec leurs adversaires pour conquérir la

---

1. Hérodote, I, 1-2.

suprématie commerciale, et les alternatives de cette rivalité nous sont encore très imparfaitement connues.

Dans des contrées comme l'Asie-Mineure et les Iles, la question de provenance paraît se résoudre d'elle-même; et il semble à peu près certain que les Phéniciens n'ont rien à y voir. Nous possédons sans doute très peu d'ouvrages égyptiens qui aient été découverts sur le littoral asiatique, mais leur rareté s'explique sans peine, les fouilles n'ayant été jusqu'ici ni très nombreuses ni très complètes. A Milet par exemple et à Éphèse, on n'a pas réussi à retrouver les plus anciennes nécropoles, et Myrina, qui a fourni de véritables trésors artistiques, est une ville relativement moderne. De plus, les innombrables bouleversements que cette région a subis au cours de l'histoire y ont rendu les trouvailles archéologiques plus difficiles et moins fructueuses. Heureusement, le témoignage même des faits est si précis, qu'il permet de se passer à la rigueur de ces preuves matérielles. Phocée, Clazomène, Cnide, Halicarnasse, Phasélis faisaient partie de la grande association qui fonda l'Hellénion sous Amasis, et Milet conserva à côté d'elles la situation considérable et, pour ainsi dire, personnelle, qu'elle y avait précédemment acquise. A coup sûr, ces métropoles ioniennes ou doriennes n'avaient pas besoin de recourir aux marins de Tyr ou de Sidon pour se procurer les objets de curiosité ou de luxe, que leurs marchands pouvaient acheter directement ou dans les villes indigènes du Delta ou dans leurs propres comptoirs de Naucratis; introduits certainement en grand nombre, ils ont été perdus ou détruits par suite de circonstances spéciales, qui en expliquent la disparition à peu près complète.

A Cypre, les conditions sont différentes. L'île avait été colonisée d'abord par les Syriens, puis par diverses tribus helléniques. Les deux peuples y vécurent longtemps côte à côte, sans trop se pénétrer mutuellement. Les Phéniciens furent les premiers en relations d'affaires avec la vallée du Nil. A partir du règne de Psammétique Ier, les Grecs Cypriotes non seulement fréquentent l'Égypte, mais y prennent pied et y demeurent. Nous avons vu, près de Daphnæ, les traces probables d'un de leurs établissements[1]; et on sait qu'à Naucratis leur sanctuaire d'Aphrodite paraît remonter presque au début de la colonisation. Dès lors, les commerçants grecs de Cypre peuvent se passer d'inter-

---

1. Cf. PETRIE (dans *Tanis*, II), *Tell-Nebesheh*, p. 18-21.

médiaires. Nous ne parlerons point ici des coupes de métal, qui, par l'ensemble de leurs caractères, se rattachent incontestablement à l'art phénicien. Les petits objets de style égyptien et de fabrication étrangère, comme les terres vernissées, sont à la vérité, moins communs à Cypre qu'on ne serait porté à le croire, étant donné les relations anciennes de l'île avec l'Égypte. Cependant on en a rencontré un peu partout, dans les centres où domina de très bonne heure l'élément grec, aussi bien que dans ceux où se maintint jusqu'au vi^e siècle l'influence phénicienne. Les ruines et les tombeaux de Salamine paraissent même avoir fourni de ces objets en plus grand nombre que ceux des autres sites, comme Amathonte ou Dali[1], où la population hellénique ne l'emporta que beaucoup plus tard. Ainsi, l'ouvrage de M. Alexandre de Cesnola contient une longue liste de scarabées[2], que la matière, les procédés de fabrication, les motifs ornementaux et les inscriptions caractérisent comme provenant de l'Égypte. Si les Phéniciens en ont fabriqué de semblables, les Grecs, nous l'avons vu, en faisaient aussi à Naucratis. Quantité de vases en verre, uni ou côtelé, blanc ou décoré de stries multicolores, peuvent être attribués aux ateliers égyptiens, tout aussi bien qu'aux Phéniciens[3]. Parmi les ouvrages en calcédoine, voici des statuettes divines, un Anubis, un dieu enfant, un Thot ibiocéphale[4], et, parmi les bronzes, un Osiris momifié, une tête du même dieu, une figure de femme[5], qui semblent avoir été taillés ou fondus en Égypte. Et nous sommes ici dans une ville d'origine achéenne, où la population a toujours été grecque en majorité, où, par conséquent, ceux des objets égyptiens qui ne remontent pas plus haut que le vi^e siècle, doivent avoir été amenés par des vaisseaux grecs beaucoup plus probablement que par des vaisseaux phéniciens. Malheureusement les cartouches qui se lisent sur certains des scarabées ne nous apprennent rien sur l'âge de ces petits monuments[6]; mais plusieurs des symboles qu'ils portent rappellent ceux que nous avons rencontrés à Naucratis et à Daphnæ, et ceux qu'on retrouve

---

1. Voir par exemple pour Amathonte, L. de Cesnola, *Cyprus*, p. 275-276. Pour Dali, voir la tasse de faïence égyptienne reproduite dans Perrot, *Histoire de l'Art*, t. III, p. 675. Les objets trouvés à Soli (Cesnola, *Cyprus*, 226) sont vraisemblablement plus modernes.
2. A. de Cesnola, *Salamina*, p. 145-154. — 3. *Ibid.*, pl. XVII, XVIII. — 4. *Ibid.*, pl. XVI, fig. 6, 10, 12; cf. fig. 20, 22. — 5. *Ibid.*, pl., IV, fig. 5, 6, 7.
6. On y voit, comme toujours, le prénom Menkhopirri de Thoutmès III, le nom d'un roi de la IVe dynastie, Menkari.

dans toutes les parties de l'Égypte. Sans pouvoir préciser l'époque, à laquelle ces divers objets ont été importés à Cypre, on est autorisé à croire qu'une bonne partie d'entre eux l'ont été par des marchands grecs, au retour des voyages qu'ils faisaient, dès la fin du vii⁰ siècle, dans les districts septentrionaux du Delta.

Si les spécimens sont assez rares à Cypre, ils sont plus nombreux à Rhodes et plus significatifs. Ceux que Salzmann a exhumés des tombeaux de Camiros appartiennent assurément à des époques assez différentes, bien qu'ils aient été trouvés souvent réunis dans les mêmes sépultures. A Rhodes comme partout les Phéniciens sont les premiers occupants. Au temps des fabuleux Telchines, Cadmus avait, disait-on, séjourné dans l'île et, après lui, d'autres chefs sidoniens y fondèrent des colonies[1]. Le Thessalien Phorbas, appelé par les indigènes pour détruire les serpents, le Crétois Althæménès, qui éleva un temple de Zeus sur le mont Atabyrios, eurent sans doute à les combattre. Athénée raconte, d'après les historiens du pays[2], l'expulsion de l'un d'entre eux, Phalantos, assiégé par le Grec Iphiklos, dans une ville d'Achaïa, qui faisait partie du territoire d'Ialysos. Cet événement paraît remonter à une date très lointaine, Ialysos étant le point de l'île où on a retrouvé les plus anciens monuments. De plus, la légende de Danaos, abordant à Lindos et y bâtissant un temple à une divinité que l'on croyait d'origine égyptienne, semble garder, nous l'avons dit, le souvenir d'anciennes relations avec le Delta. Des cartouches royaux d'une haute antiquité, comme ceux d'Aménophis III à Ialysos[3], de Khoufou, de Thoutmos III, de Ramsès II à Camiros, ne fournissent aucune donnée chronologique; mais il n'en est pas de même de ceux de la XXVI⁰ dynastie. Or, le nom de *Ouahibri* paraît sur un aryballe de la nécropole de Camiros; et ce nom peut être celui de Psammétique I⁰ʳ ou bien celui d'Apriès[4]. A quelque hypothèse que l'on s'arrête, les tombes qui renferment de tels monuments ne peuvent être antérieures à la seconde moitié du vii⁰ siècle ou à la première du vi⁰; le mobilier qu'elles contiennent (vases grecs archaïques, bijoux, etc.) montre d'ailleurs qu'on ne saurait guère les faire descendre à

---

1. Diodore, V, 58.
2. Athénée, VIII, 360, E.
3. *Gazette archéologique*, 1879, p. 201-202.
4. On sait en effet, par les tablettes de Tell el-Amarna, que le prénom du roi était souvent employé seul. La différence de date aurait son importance pour l'histoire de la technique.

une époque plus basse. Or, cet intervalle d'un siècle environ est justement celui où nous avons vu les relations commerciales de Rhodes avec l'Égypte prendre un développement de plus en plus considérable. Avant les découvertes de M. Petrie, on s'accordait généralement à considérer comme fabriquées et importées par les Phéniciens la plupart des terres vernissées, figurines, amulettes, etc., provenant de la nécropole de Camiros[1]. Après les fouilles de Naucratis, on ne peut guère s'en tenir aujourd'hui à cette manière de voir. Si, mettant à part quelques bijoux de travail apparemment phéni-

Fig. 58. — Aryballe au nom d'*Ouahibri*, trouvé dans un tombeau de Camiros.

cien, on étudie les objets trouvés à Camiros, on reconnaîtra que beaucoup

Fig. 59. — Alabastre de style égyptien, trouvé à Camiros.

d'entre eux sont tout à fait égyptiens de facture, qu'ils soient d'ailleurs de provenance authentique ou copiés exactement par des ouvriers grecs. Outre l'aryballe d'Ouahibri (fig. 58), nous citerons par exemple une ampoule lenticulaire, où est figurée, sous l'émail vert, une divinité agenouillée, les bras étendus; d'autres objets très divers, des figurines en faïence verte, épervier, personnages agenouillés tenant devant eux un grand vase, homme debout, nageuses allongées formant le manche d'une cuiller à parfums, des alabastres (fig. 59), de petites œnochoés, des amphorisques, où sont incisés des animaux isolés ou disposés en zones concentriques, rappellent également de très près la manière des céramistes égyptiens[2]. Certains détails de composition et d'exécution laissent entrevoir cependant que ce sont des imitations étrangères plutôt que des ouvrages égyptiens. Ainsi, le dessin des animaux, qui tient parfois du style assyrien, l'arrangement des zones, analogue à celui qu'on

---

1. Voir HELBIG, *Cenni sopra l'arte fenicia;* DE LONGPÉRIER, *Mus. Napol.*, III, p. 33, 34. Cependant M. Heuzey (*Catalogue*, 1882, p. 209) avait déjà reconnu d'une manière générale la part qui, dans les importations, revenait à la marine hellénique. « On ne peut douter, disait-il, que l'île de Rhodes, en échange de ses produits, et notamment des amphores de vin grec, qu'elle envoyait chaque année en Égypte, n'ait reçu alors directement et sans aucun intermédiaire, une grande quantité d'objets de fabrique égyptienne, à une époque où cette fabrique était très florissante. »

2. Voir SALZMANN, *La Nécropole de Camiros*, pl. IV et s.

remarque dans les vases grecs archaïques, sembleraient rattacher ces produits à ceux des Phéniciens. Nous avons expliqué plus haut les raisons de ces analogies, qui ne sont pas plus décisives pour la faïence qu'elles ne l'étaient pour la céramique ordinaire. Quant aux fautes commises dans l'interprétation de certains motifs égyptiens, elles tiennent, ici comme en Phénicie, à l'ignorance de la langue et du vrai sens des symboles. Naucratis, comme Tyr et Sidon l'avaient fait avant elle, fabriquait des objets égyptisants, pour l'exportation ; les Rhodiens y prirent goût, et il s'en rencontre chez eux un si grand nombre, qu'on a supposé qu'ils avaient pu en fabriquer eux-mêmes. L'hypothèse fût-elle reconnue vraie, on pourrait dire encore que ces ouvrages sont d'origine égyptienne, les spécialistes de Rhodes s'étant probablement formés en Égypte et à Naucratis. La fréquence de ces objets prouve en tout cas l'intimité des relations entre la métropole et ses colons du Delta. Dans des pays exclusivement grecs, comme Rhodes ou l'Asie-Mineure, le trafic phénicien avait dû singulièrement diminuer au vi^e siècle, le commerce hellénique étant désormais en état de se suffire à lui-même ; en ce qui concerne l'Égypte, il devait, depuis Amasis, passer nécessairement par Naucratis.

La Crète n'était guère plus éloignée que Rhodes de l'Égypte ; malheureusement, nous la connaissons beaucoup moins. Après avoir joué un grand rôle aux temps héroïques, envoyé des colons partout, en Asie, en Grèce, en Libye, en Sicile et même en Italie, fondé le premier empire maritime avec Minos, et inventé, disait-on, la statuaire avec Dédale, elle était rentrée dans une demi-obscurité, malgré la sagesse de ses lois, que copiait Lycurgue[1], et malgré l'importance de ses traditions religieuses[2]. A l'époque que représentent les poèmes homériques, ses navigateurs faisaient en Égypte des incursions à main armée[3]. Ils connaissaient la Libye et c'est à eux que s'adressent les Théréens, lorsque l'oracle de Delphes leur ordonne d'y bâtir une ville[4]. Mais l'esprit d'entreprise paraît éteint chez eux au viiie et au viie siècle, lors du grand mouvement d'expansion qui entraîne les Grecs insulaires et asiatiques sur tous les rivages de la Grande-Mer ; et ils ne semblent avoir pris

---

1. HÉRODOTE, I, 65.
2. Voir l'histoire d'Épiménide (PLUTARQUE, *Solon*, 15).
3. Voir plus haut Introduction, p. *12-15*.
4. HÉRODOTE, IV, 151.

aucune part à la colonisation de Naucratis. Du reste, les vicissitudes de leur histoire sont assez mal connues, et, dans le domaine de l'archéologie, des difficultés d'ordres divers ont empêché jusqu'ici de poursuivre des recherches scientifiques qui promettent d'être particulièrement fécondes. Quelques fouilles exécutées dans ces dernières années ont néanmoins fourni des données du plus vif intérêt. A Cnossos, on a trouvé des poteries à décoration curviligne de l'époque mycénienne. Le sanctuaire d'Hermès Cranaos a donné des figurines d'argile et de bronze, se rapportant à la même période. Mais la plus importante des trouvailles opérées en Crète est celle de la grotte du Zeus Idéen[1], un des plus anciens et des plus vénérés parmi les sanctuaires de la Grèce archaïque. Les ex-voto dont elle était remplie comprennent des bronzes de deux sortes; ce sont d'une part des statuettes en bronze fondu, représentant surtout des guerriers, et des plaques d'ornement du même métal, où paraissent, autour d'une galère munie de ses rameurs, des sujets empruntés à la vie champêtre; de l'autre, des disques ou des boucliers au repoussé, offrant tous les caractères du travail phénicien, et où prédominent, sauf dans un seul cas, les motifs imités de l'art égyptien. A côté de ces ouvrages de fabrication phénicienne ou indigène, on a recueilli quelques objets en terre vernissée, lion couché, têtes de sphinx, dieu Bès, statuette d'homme adossée à un pilier couvert d'hiéroglyphes[2]; ces signes purement décoratifs n'offrent du reste aucun sens; de plus, la facture, les particularités du style semblent montrer qu'on a affaire, non à des produits égyptiens authentiques, mais bien à des imitations étrangères, et la nature des objets trouvés avec ceux-là permet de les attribuer en toute vraisemblance à l'industrie orientale. C'est la conclusion à laquelle est arrivé M. Orsi, qui a consacré à ces monuments une étude approfondie. Si les principaux remontent, comme il incline à le penser, du VIIIe au VIIe siècle, il faut admettre que ceux qui n'ont pas été exécutés dans des fabriques locales furent sans doute amenés en Crète par des vaisseaux syriens : car les témoignages historiques, pas plus que les résultats des fouilles, n'ont laissé apercevoir aucune trace de relations commerciales existant alors avec la vallée du Nil[3]. Les explorations ultérieures

---

1. *Museo Ital. di antichità classica*, t. II, 1888, p. 13-14.
2. Voir Halbherr (*Museo Ital.*, t. II, p. 758-759).
3. Il ne faut pas oublier cependant que des Crétois allaient en Égypte dès les temps homériques. (Voir notre Introduction, p. 12-15.)

nous réservent peut-être à cet égard quelque surprise ; mais jusqu'ici nous ne savons rien de plus, et il serait imprudent de spéculer sur des découvertes futures.

De la Grèce propre, nous ne savons rien si ce n'est la présence des Éginètes au temps d'Amasis. Mais les négociants ioniens de Chio, de Milet, de Phocée étaient en rapports avec l'Attique, comme les Doriens de Rhodes ou de Cnide avec le Péloponèse. Les trouvailles de Mycènes, de Tirynthe, de Spata font voir que les petits objets égyptiens ou égyptisants étaient recherchés de longue date sur tous les marchés de la Grèce, et la vogue en était plus grande que jamais, au VIIe et au VIe siècle. Sans doute ils ont été recueillis en petit nombre; mais, dans un pays qui a passé par tant de fortunes diverses, les monuments indigènes de cette époque ne sont pas eux-mêmes très fréquents. Égine a donné une figurine en faïence verte, représentant le dieu Bès, Phères un petit groupe de bronze, Isis avec Horus, qui ont été achetés dans ces dernières années par le musée de Berlin[1]. Le même musée possède deux petits vases revêtus d'une glaçure vitreuse, de fabrication identique à celle des terres vernissées égyptiennes, et dont l'un, modelé en forme de sphinx, servait de flacon à parfums. M. Kœhler, qui les a décrits[2], les considère comme des produits de l'industrie éginète. Cette conjecture est difficile à justifier : car ce seraient là des spécimens uniques d'un atelier, dont il ne reste nulle part aucune trace. Le petit vase en forme de tête casquée, avec le nom d'Ouahibri[3], a pu être porté à Corinthe comme un objet de curiosité, lorsque la renommée des mercenaires ioniens s'était répandue jusque dans la Grèce occidentale. Du reste, ce monument n'est pas isolé ; il est seulement le plus caractéristique d'une série dont on a retrouvé ailleurs d'intéressants échantillons. On peut en rapprocher certains aryballes, provenant de Camiros[4], de l'Attique et de l'Italie, des vases en forme de tête d'Héraklès, recueillis à Cypre et dans l'île de Cos[5]. Qu'on doive en chercher le prototype, comme le pense M. Heuzey[6], dans les représentations de guerriers casqués, qui se voient sur certains aryballes corinthiens, le fait est possible. Toujours est-il que l'ensemble n'a rien de

---

1. ERMAN, *Zeitschrift für Ægyptische Sprache*, 1890, p. 60.
2. *Mittheilungen*, 1879, pl. 19, p. 366. — 3. Voir notre fig. 27, p. 123.
4. British Museum ; Louvre (collection Campana).
5. PERROT, *Histoire de l'Art*, t. III, p. 697.
6. *Gazette archéologique*, 1880, p. 145 et suiv.

particulièrement phénicien et que la technique est tout égyptienne. Le plus simple serait d'y voir des produits grecs exécutés à Naucratis ou peut-être à Rhodes par des ouvriers formés aux bords du Nil, puis dispersés par les marins grecs sur divers points du littoral de la mer Égée. Assurément, les Phéniciens ont fait les premiers ce commerce, comme ils ont été initiés avant les Hellènes aux secrets de cette fabrication; et c'est à eux que reviennent sans doute des alabastres, comme celui du palais de Sargon à Nimroud. Mais, dans la Grèce et dans les îles de l'Archipel, au moins depuis l'époque saïte, leur rôle s'était considérablement amoindri ; et il est juste de rendre aux commerçants de l'Hellénion ce qui semble leur appartenir de droit. Qu'ils aient acheté ces produits aux indigènes ou aux artisans naucratites, ce sont toujours des objets d'exportation venus directement d'Égypte et convoyés, non plus par des navigateurs phéniciens, mais bien par des marchands grecs.

Cependant, l'activité des Hellènes ne s'exerçait plus seulement dans les eaux de la Méditerranée orientale. Depuis le VIIIe siècle, profitant de l'abaissement des Syriens harcelés par les Sargonides, ils avaient mis le cap vers l'Ouest, et, de proche en proche, ils atteignaient, ils dépassaient les Colonnes d'Hercule. Le sud de l'Italie et la côte orientale de la Sicile étaient couverts de leurs établissements; et à côté des Eubéens de Chalcis, des Mégariens et des Corinthiens, les plus hardis étaient ces Grecs de l'Asie et des Iles, que nous avons vus former en Égypte la hanse naucratite : Rhodes et Cnide osaient s'attaquer aux Chananéens de Sicile, Rhodes et Samos poussaient jusqu'en Ibérie, les Phocéens ouvraient des comptoirs à Vélia et à Pise, puis à Alalia en Corse, enfin prenaient pied à l'embouchure du Rhône et pénétraient, eux aussi, jusqu'à Tartessos.

La Grande-Grèce, peut-être faute de recherches ou d'attention suffisante, n'a guère fourni d'objets égyptiens ou d'imitation égyptienne. Cependant, en 1886, on découvrait à Tarente plusieurs dépôts d'ex-voto, provenant des sanctuaires d'Apollon et de deux divinités chthoniennes. Parmi ceux qui étaient consacrés à Perséphonè-Gaïa, M. Evans signale une série de figures exhumées d'un stratum très archaïque et qui sont, assure-t-il, d'un caractère purement égyptien[1]. Avec elles on avait recueilli des scarabées, dont il

---

1. *Athenæum*, 20 mars 1886, p. 396.

estime que quelques-uns peuvent avoir été importés de Naucratis, et des moules à gâteaux sacrés, couverts de symboles variés, rappelant ceux que M. Petrie a relevés en grand nombre sur le site de Nebirêh [1]. Mais ces objets, dont la rareté s'explique ici par des circonstances toutes fortuites, pénétraient jusqu'au cœur de la Péninsule et ils se retrouvent par centaines dans les tombeaux de l'Étrurie. Sur le territoire du Latium, une nécropole creusée dans les flancs du Mons Albanus a donné, en 1885, des figurines et des symboles égyptiens en émail bleu [2] ; à Rome enfin, on a recueilli de petits monuments du même genre, enfermés dans les terre-pleins du mur de Servius Tullius [3].

Pour expliquer l'introduction de ces produits exotiques, on recourait encore exclusivement à l'intermédiaire obligé des Phéniciens. Fr. Lenormant dans son livre sur la Grande-Grèce, a montré que les cargaisons helléniques passaient en Italie, non seulement par le détroit de Messine, dont les Chalcidiens tenaient l'entrée, mais par Sybaris et Laos, en traversant l'isthme d'un golfe à l'autre [4]. Les Étrusques, s'ils ne souffraient pas chez eux de colonies étrangères, allaient volontiers chercher, sur la côte méridionale, des marchandises dont leur luxe était avide. Or, les Grecs avaient désormais en Égypte des ateliers à eux et leurs ouvrages ne différaient pas essentiellement de ceux des Phéniciens, leurs premiers maîtres. Quand on rencontre en si grande quantité, dans les tombeaux étrusques, les amulettes, alabastres et autres objets de facture égyptienne, quand on observe d'autre part que les éléments de l'alphabet étrusque sont empruntés non à l'alphabet phénicien, mais à l'alphabet chalcidien et que les premiers artistes indigènes reproduisent des sujets grecs, on est en droit de se demander si les Phéniciens étaient les seuls agents du trafic qui apportait tout cela au centre de la Péninsule, et s'il ne faudrait pas, comme le pensait Lenormant [5], « faire une large part au premier commerce des Hellènes avec l'Italie, à l'introduction des produits gréco-asia-

---

1. Cf. *Naucratis*, I, pl. XXIX.
2. *Bullettino dell' Istituto*, 1885, p. 182-183.
3. On sait d'ailleurs que, sous ses derniers rois, Rome avait été un véritable avant-poste de l'influence hellénique dans l'Italie centrale. — M. Lafaye (*Du Culte des divinités d'Alexandrie, Catal.*, p. 286, n° 80) cite encore une figurine d'émail verdâtre trouvée à Pratica, sur la côte du Latium.
4. Voir Lenormant, *la Grande-Grèce*, t. I, p. 262 et s.
5. Lenormant, *l. c.*, p. 265.

tiques de l'Ionie. » Les Milésiens sont en effet les fournisseurs attitrés de Sybaris, ils ont avec elle des relations incessantes et en même temps ils sont, pendant la première période de Naucratis, l'âme de la colonie africaine. Ce qui se fabrique à Naucratis, ils l'exportent sur leurs vaisseaux, aussi bien que les produits de leur propre industrie, et les marchandises qui vont de Naucratis à Milet ou directement à Sybaris, puis de Sybaris à Laos, ne cessent pas un instant de passer par des mains grecques, jusqu'au jour où elles sont achetées par les commerçants latins ou étrusques. Il y a là tout au moins des probabilités sérieuses, et il importe d'en tenir compte, car on aperçoit aisément les conséquences qui en peuvent découler pour l'histoire de l'art archaïque en Étrurie et dans les contrées voisines.

En Sardaigne, le problème se pose tout autrement. Ici, les Phéniciens, et surtout ceux de Carthage ont, au VIᵉ siècle, une prépondérance incontestée. Or, les monuments égyptisants se trouvent en nombre énorme dans presque toutes les nécropoles, à Tharros, à Sulcis, à Caralis. Pour justifier une telle abondance, on a supposé l'existence d'une ancienne colonie venue d'Égypte, on a été jusqu'à rappeler, malgré l'anachronisme flagrant, la présence d'exilés Judéo-Égyptiens (?) relégués dans l'île par Tibère[1]. Ces hypothèses ne soutiennent pas l'examen. C'est ce qu'a fort bien vu M. Lieblein ; toutefois l'explication qu'il propose n'est pas plus satisfaisante. Selon lui, des Shardinas[2], après avoir servi dans les armées pharaoniques, seraient retournés dans la Sardaigne, leur première patrie, apportant des objets égyptiens, qui auraient fait école parmi les ouvriers indigènes. Mais il n'est nullement certain que la Sardaigne ait été le point de départ des Shardinas, qui envahirent l'Égypte sous la XIXᵉ dynastie, et on ne voit nulle part qu'aucuns de leurs descendants mercenaires soient jamais venus se fixer dans l'île. L'opinion de M. Ebers, qui attribue les monuments en question au commerce et à l'industrie des Carthaginois, est infiniment plus vraisemblable[3]. Il n'est pas douteux qu'au VIᵉ siècle, Carthage, qui devient la protectrice des intérêts chananéens en Occident et qui repousse, sur terre et sur mer, les envahissements de la race

---

1. Tacite, *Ann.*, II, 85 ; Suétone, *Tib.*, p. 36, et Josèphe, XVIII, 3, 5, ne nomment que les Juifs.
2. Lieblein, *Notes sur les monuments égyptiens trouvés en Sardaigne*, pp. 50 et s. — Nous avons vu (Introduction, p. 17) que des Shardinas avaient envahi l'Égypte sous Séti Iᵉʳ, puisqu'une partie d'entre eux étaient restés en Égypte comme mercenaires.
3. *Annali dell' Istit.*, 1883, p. 76-135.

grecque, n'ait réussi à s'emparer des îles Baléares, de la Corse et de la Sardaigne presque tout entière. Certaines traditions grecques rapportent bien à un Jolaos, fils d'Iphiclès, la fondation de deux villes, Olbia et Ogrylè[1], bâties au nord-est de l'île par des Athéniens et des Thespiens, mais la réunion singulière de tous ces noms éveille des soupçons très légitimes. Les villes nommées par Pausanias ont-elles précédé la conquête carthaginoise ? Y ont-elles survécu comme État grec ? On l'ignore. Et pourtant, en examinant les planches publiées par M. Ebers, on est frappé de la ressemblance que présentent nombre de scarabées sardes avec ceux qu'a reproduits M. Petrie dans le premier volume de *Naucratis*. Ainsi, les sphinx ailés à queue recourbée (*Annali*, 1883, G, 56), les lions passants surmontés du disque solaire (H, 64), les génies analogues à l'Artémis persique (G, 58), les chevaux ailés (G, 59), les cerfs, les animaux fabuleux avec des oreilles rappelant celles du dieu Set (G, 53), toutes ces figures et d'autres encore, que l'auteur classe parmi les « types du style mixte de l'Asie antérieure », on les retrouve légèrement variées, souvent presque identiques, sur les scarabées exécutés à Naucratis par des ouvriers grecs. De même pour les figurines et symboles en terre vernissée, dieu Bès, animaux sacrés, lions, béliers, crocodiles, oudjas, qui ont aussi leur contre-partie dans la colonie grecque d'Égypte. S'il était démontré que ces objets proviennent réellement des villes du Nord, et que les Grecs y ont eu de bonne heure des établissements, on pourrait les considérer, à la rigueur, comme étant arrivés par eux de Naucratis ; mais ce n'est là qu'une simple conjecture. Il demeure au contraire prouvé que les Carthaginois, à l'époque qui nous occupe, étaient maîtres presque absolus dans les eaux de la Sardaigne ; ils ont dû en exclure les Grecs à tout prix, et par conséquent la grande majorité des objets égypto-sardes a dû être apportée par leurs vaisseaux ou fabriquée par leurs artisans.

Tandis que la Sardaigne semble être une mine presque inépuisable de petits monuments égyptiens, la Sicile, pourtant si voisine, s'est trouvée d'une pauvreté extrême. Au XVIIIe siècle, on en recueillit quelques-uns dans les environs de Palerme et en particulier sur le territoire de l'ancienne ville phénicienne de Solunte. D'Orville[2] a reproduit quelques sarcophages anthropoïdes, perdus aujourd'hui, et dont les dessins de son grand ouvrage ne donnent

---

1. PAUSANIAS, X, 17, 5.
2. D'ORVILLE, *Sicula*, I, p. 43 B.

qu'une idée très imparfaite, des amulettes en faïence, lièvre, dieu Bès, alabastres, oudjas, figurines de divinités adossées à un pilier carré et munies d'un trou de suspension. — En 1877, des tombeaux voisins de Syracuse ont été explorés, au Fusco et dans le domaine Matrensa [1]; le mobilier était si archaïque, que M. Helbig incline à les croire préhelléniques [2]. En tout cas, on n'y a relevé que trois perles de collier ou boutons forés en faïence verte, dont la technique paraît égyptienne, mais dont l'ornementation en forme de pétales arrondis n'offre pas un caractère bien tranché. La Sicile a donc donné peu de chose, et seulement dans la partie phénicienne. Nous avons vu d'ailleurs que le commerce des Hellènes de Naucratis se faisait surtout par le sud de l'Italie; et c'est la Grèce propre, peu en rapport avec l'Égypte, qui colonise d'abord la Sicile. Géla, ville moitié rhodienne et moitié crétoise, nous renseignerait peut-être; mais on n'a pas songé assurément à y chercher des antiquités égyptiennes.

En Corse, les Phocéens ne firent qu'un séjour de peu de durée, et la coalition punico-étrusque les força bientôt à quitter leur comptoir d'Alalia. Rien dans les découvertes faites par Mérimée[3] à Apricciani en 1840, par M. V. Egger à Caporalino en 1873, ne paraît se rattacher au commerce qui nous occupe. On est tenté de croire que Massalia, où les Phocéens formèrent, vers le VIe siècle, une colonie qui devait être si florissante, reçut par eux des ouvrages égyptiens apportés de Naucratis; mais, là comme pour le comptoir rhodien d'Ibérie et pour Tartessos, nous sommes, faute d'explorations ou de renseignements, réduits à raisonner sur de simples hypothèses[4]. Il faut se rappeler

---

1. Mauceri, *Annali*, 1877, p. 37-58.
2. Helbig, *Das Homerische Epos*, p. 90.
3. Voir Mérimée, *Notes d'un voyage en Corse*, p. 48-49.
4. On a trouvé par hasard en 1879 dans les mines d'argent de l'Hérault des figurines de bronze de l'époque saïte, dont une représentant un Phtah-Sokaris en forme de momie, d'un fort bon style, a été communiquée à M. Maspero et publiée par lui au t. I de son *Histoire ancienne des peuples de l'Orient*. Mais aucune recherche méthodique n'a été tentée. Sur bien d'autres points, par exemple à Clermont-Ferrand (*Mélanges d'archéologie égyptienne et assyrienne*, t. III, p. 65), à Nuits (*Revue archéologique*, 1865, p. 72), à Autun (*Revue des Sociétés savantes des départements*, 1878, t. VIII, p. 72), en Alsace (Schœpflin, *Alsatia illustrata*, t. I, partie I, p. 494), on a trouvé des statuettes égyptiennes, figurines funéraires, Osiris, Isis allaitant Horus, etc. Nous pensons, avec Chabas (*Revue des Sociétés savantes*, l. c.) que ces petits ouvrages ont été apportés en Gaule comme objets de curiosité, et qu'ils ne prouvent nullement l'importation d'un rite égyptien dans la contrée. Mais il est impossible de fixer la date à laquelle ils ont pu y être introduits; en tout cas, ils y sont venus certainement à une époque plus

d'ailleurs que les monuments en question étaient petits, fragiles, aisés à enlever, et que, dans les fouilles même, on y a souvent attaché peu de prix. En outre, leur vogue avait diminué depuis l'hellénisation du monde méditerranéen; ils furent négligés et, par suite, perdus ou détruits; on n'en retrouve guère en effet que dans les nécropoles de la très haute antiquité; plus tard, la mode ayant changé, ceux qui n'étaient pas à l'abri dans les tombeaux furent exposés à d'innombrables dangers.

Cette géographie commerciale des exportations égyptiennes demeure donc nécessairement incomplète. Nous avons pu néanmoins en tracer rapidement les grandes lignes, et cet aperçu montre assez quelle en était l'étendue. Là où parvenaient les petits objets que nous venons de suivre à la trace pouvaient aussi parvenir les denrées, les produits de toute sorte, que les marins grecs emportaient avec eux, en quittant les côtes du Delta. Ainsi, ils allaient jusqu'au fond de la Méditerranée, en Italie, jusque dans le midi de la Gaule et en Espagne, échanger les marchandises variées que leur fournissait l'Égypte. La liste que nous en avons donnée est loin d'être complète, bien qu'elle soit déjà assez longue ; on voit assez quelle était, à une époque si ancienne, l'activité du commerce gréco-égyptien, la multiplicité des branches auxquelles il s'appliquait et le profit qu'en devaient tirer les colons de Naucratis.

Les importations, nous l'avons dit, n'ont jamais en Égypte balancé les exportations. Une terre si féconde, si riche de ses propres produits si facilement obtenus, n'avait pas beaucoup à demander à l'étranger. De plus, son fleuve lui apportait du Midi et de l'Orient, grâce à la courte traversée du désert Arabique, les denrées exotiques dont la valeur était le plus appréciée. Cependant, depuis le commencement du Nouvel-Empire, les relations nouées avec la Syrie et la Haute-Asie avaient créé des habitudes nouvelles, et les caravanes syriennes d'une part, de l'autre les navigateurs phéniciens s'étaient chargés d'alimenter depuis longtemps les marchés de l'Égypte pharaonique. Maintenant que les Grecs venaient comme eux trafiquer dans la vallée du Nil, qu'avaient-ils à offrir en échange des richesses si variées qu'ils trouvaient chez ses habitants ? C'est ce que nous allons tâcher d'établir.

---

récente que celle qui nous occupe. M. Lafaye (*Du Culte des divinités d'Alexandrie*, Addenda) y voit des traces du culte égypto-grec répandu, vers les premiers siècles de notre ère, non seulement en Gaule, mais dans toute l'étendue de l'Empire romain.

La nature du sol égyptien ne se prêtait pas en général à la culture de l'olivier. « Le nome Arsinoïte est le seul, dit Strabon, qui produise des oliviers, grands, beaux et chargés de fruits ; on en retirerait de bonne huile, si la cueillette était bien faite. Comme le travail est peu soigné, on en fabrique beaucoup, mais elle exhale une odeur désagréable. Il ne vient pas d'oliviers dans le reste de l'Égypte, à l'exception des jardins d'Alexandrie ; encore les olives qu'on y recueille ne sont-elles pas bonnes à faire de l'huile[1]. » Les habitants de la vallée du Nil fabriquaient diverses espèces d'huiles, mentionnées par les auteurs anciens, comme celle de cèdre, κεδρία[2], de raifort, συρμαίη[3], qui servaient surtout dans les pratiques de l'embaumement. La dernière était quelquefois aussi administrée par les médecins comme purgatif[4]. Mais la plus commune de toutes était celle de kiki, extraite du sillicypria, c'est-à-dire du ricin, qui se trouvait aussi en Arcadie[5], et à Cypre (σέσελι κύπριον[6]). Mais il y poussait spontanément et restait à l'état sauvage, tandis qu'en Égypte on le semait sur les bords des canaux et des étangs, dit Hérodote, qui décrit avec soin et la récolte des graines et les différents procédés usités pour en exprimer le suc[7]. « C'est, ajoute-t-il, un corps gras, non moins propre que l'huile d'olive à l'usage de la lampe, mais dont l'odeur est insupportable. » Aussi les Grecs ne s'en servaient-ils guère que comme purgatif. Les Égyptiens se montraient moins délicats. Non seulement tout le monde s'éclairait avec l'huile de kiki, mais les pauvres, les artisans s'en enduisaient le corps, les femmes aussi bien que les hommes[8]. Son odeur, si répugnante pour les

---

1. Strabon, XVII, p. 687 (Didot).

2. Hérodote, II, 87. On l'injectait par une fente pratiquée dans l'abdomen, et elle avait assez de force pour emporter, au bout du temps prescrit, les intestins et les viscères ; elle constituait, avec le natron, l'embaumement moyen.

3. Celle-ci était moins coûteuse encore, et les taricheutes l'utilisaient à préparer les cadavres des pauvres. Elle était bien connue en Grèce au temps d'Aristophane ; voir *Pax*, 1254 et les remarques du scoliaste.

4. Cf. Wiedemann, *Herodots zweites Buch*, pp. 324 et 363. Pline remarque (XIX, 26) que, de son temps, on semait en Égypte beaucoup de raifort, parce qu'on en tirait plus de profit que du blé et qu'aucune plante ne produisait l'huile en plus grande abondance.

5. Théophraste, *H. Pl.*, IX, 15, 5. C'est le kikâion de Jonas, iv, 6-11.

6. Dioscoride, IV, 16, 4 : κίκι ἢ κρότων, οἱ δὲ σήσαμον ἄγριον, οἱ δὲ σέσελι κύπριον.

7. Hérodote, II, 94. Il a rendu exactement le nom de la plante, que cite plusieurs fois le *Papyrus Ebers*, qu'on voit d'ailleurs représentée sur les monuments, Lepsius, *Denkm.*, III, 63, 95, et dont l'huile (*tekem*) était brûlée même dans les temples. Voir la statue A, 90, du Louvre.

8. Strabon (Didot), XVII, 699. Cf., sur l'huile de kiki, Diodore, I, 34 ; Hérodote, II, 94.

Grecs comme pour nous, n'empêchait pas qu'on la fît entrer dans la préparation des aliments. L'hérédité aidant, l'estomac des indigènes, habitués dès l'enfance à cette cuisine odieuse, ne se soulevait pas de dégoût. Les papyrus démotiques mentionnent continuellement l'huile de kiki comme une denrée usuelle, et il suffit de parcourir les papyrus grecs du Sérapéum, pour voir quelle place elle tenait dans la consommation populaire[1]. Il est vrai qu'à côté d'elle il est souvent question également de l'huile de sésame, mais on a soin de la distinguer comme une huile fine[2], qui était par conséquent plus chère et d'un usage moins commun[3]. L'arbre *baq* 𓃀𓅮𓏤, qu'on a longtemps identifié avec l'olivier, et qui ne serait autre, d'après les recherches de M. Loret, que le myrobalan ou *Moringa oleifera*[4], donnait aussi différentes liqueurs oléagineuses (la rouge, la verte, la douce), qui faisaient partie des neuf huiles sacrées, auxquelles on reconnaissait certaines vertus médicinales. Quoi qu'en dise Strabon, l'olivier existait en Égypte ailleurs que dans le Fayoum. Théophraste le signale dans une partie du nome de Thèbes, assez éloignée du Nil, mais arrosée par des sources[5]. En effet, on a retrouvé dans un tombeau thébain des branches et des feuilles encore intactes[6]. M. Loret, qui a identifié d'une manière certaine le nom égyptien de l'arbre (*t'et-t* 𓏏𓏏𓆱), l'a rencontré dans huit passages du *grand Papyrus Harris*[7]; il y est question également de plantations d'oliviers faites par ordre de Ramsès III dans la ville d'Héliopolis et dans plusieurs temples de l'Égypte[8]. L'attention que prend le roi d'insister sur ces donations pieuses, sur l'étendue du terrain qu'il leur assigne, montre du reste que c'étaient là des libéralités coûteuses et véritablement princières. Les olives sont présentées comme un fruit comestible, et exacte-

---

1. Robiou, *Économie politique de l'Égypte*, p. 117. L'usage s'en est d'ailleurs conservé jusqu'à nos jours, et les Européens qui voyagent dans les parties les moins fréquentées du pays sont parfois condamnés à en faire, par politesse, la désagréable expérience.
2. Voir Révillout, *Revue égyptologique*, t. II, p. 262 et s.
3. On faisait encore de l'huile avec le lin, la laitue, le selgam (*Brassica oleifera*), le carthame (*Carthamus tinctorius*). Voir Wilkinson, dans l'*Hérodote* de Rawlinson, t. II, p. 130-131, note 7. Cf. *Description de l'Égypte*, t. XVII, p. 229 et s.
4. Loret, dans le *Recueil de travaux*, t. VII, p. 103-106.
5. Théophraste, *Hist. Plant.*, IV, 2, 9.
6. Voir *Catal. Passalacqua*, p. 229, n° 1597.
7. Les fruits en sont cités à côté d'autres substances comestibles : miel, graisse, grenades, sel, etc. Voir *Recueil de Travaux, l. c.*
8. L'une d'elles a 53 ares, une autre 1003.

ment mesurées ; mais l'huile, à Héliopolis, paraît réservée à l'éclairage du temple de Râ ; on en fabriquait donc probablement en assez petite quantité, et elle n'était pas employée dans tous les temples. Dans le nome même d'Arsinoë, la culture en était-elle pratiquée, sous les Pharaons, aussi largement qu'elle semble l'avoir été sous les Ptolémées et sous les Romains ? Il est permis d'en douter, quand on voit combien est rare la mention de l'olivier dans les documents antiques[1]. La Palestine produisait, il est vrai, des oliviers magnifiques[2], et les Hébreux exportaient l'huile d'olive non seulement en Phénicie, mais aussi en Égypte[3]. Malgré cela, il semble, d'après ce que nous venons de voir, qu'elle y servait moins aux usages domestiques qu'à l'éclairage et à la confection des parfums, et qu'elle était restée en somme une denrée de luxe, réservée à certains temples, aux rois et aux plus riches personnages du pays. Les Grecs au contraire, à quelque condition qu'ils appartinssent, ne pouvaient s'en passer ; chez eux, elle jouait dans l'alimentation quotidienne un des rôles principaux, et elle était en outre employée à mille autres usages, bien connus par les auteurs anciens. L'olivier était cultivé dans la plupart des contrées helléniques ; il donnait des fruits abondants, et les procédés d'extraction étaient assez perfectionnés pour que l'huile qu'on en tirait fût de qualité excellente. Les commerçants de Daphnæ et de Naucratis en importèrent nécessairement beaucoup pour leur propre consommation ; ils durent par cela même en répandre le goût autour d'eux. Les Égyptiens, au moins ceux du Delta, s'habituèrent ainsi peu à peu à en reconnaître l'utilité, à en apprécier la valeur. La supériorité du produit grec était si grande, que les Hellènes ne pouvaient guère songer à exporter les huiles du pays, excepté celles qu'on pouvait utiliser pour les préparations médicales ; et la comparaison lui était trop avantageuse, pour que les indigènes ne fussent pas tentés de l'échanger contre d'autres produits égyptiens. Une partie des amphores, dont on a recueilli, dans les ruines des deux colonies grecques, les innombrables débris, ont pu servir au transport de l'huile, comme le reste au transport du vin. Une tradition, conservée par Plutarque,

---

1. M. Loret ne l'a rencontrée que dans le grand *Papyrus Harris*. Cependant l'abondance des huiles parfumées semble indiquer que l'olivier était moins rare qu'on ne pense. Des couronnes en feuillage d'olivier sont quelquefois représentées dans les tombeaux.
2. Volney rapporte qu'il en a vus, dans la Schéphéla, qui croissaient à la hauteur des hêtres.
3. Ezéchiel, xxvii, 17 ; *II Chroniques*, ii, 10 ; Osée, xii, 2.

indique qu'au vᵉ siècle du moins les Grecs faisaient couramment le commerce d'huile avec l'Égypte. Après avoir rappelé que Protos, qui bâtit Marseille, Thalès et Hippocrate ne dédaignaient pas plus que Solon de trafiquer pour s'enrichir, il ajoute que Platon vendit de l'huile en Égypte, pour subvenir aux frais de son voyage [1]. Une pareille idée devait venir en effet tout naturellement à un habitant de l'Attique, qui fut de tout temps la terre classique des oliviers. Elle ne serait pas venue toutefois à un voyageur comme Platon, s'il n'eût été certain à l'avance de se défaire aisément de sa cargaison et d'y trouver son profit. C'est que, depuis un siècle au moins, il avait été précédé par de nombreux marchands grecs, qui avaient accoutumé à ce trafic les habitants du Delta, et qui sans doute y avaient fait leur fortune.

La laine était en Égypte d'un usage universel. On a prétendu que l'élevage des moutons y avait été peu en honneur, parce qu'ils étaient, disait-on, représentés rarement dans les tableaux agricoles. Ils y paraissent au contraire fréquemment; mais il y en a de deux sortes : les uns, à cornes droites, à poil long et droit, qu'on a volontiers confondus avec certaines espèces de chèvres ; les autres à cornes rabattues et à poil frisé. On en voit de nombreux troupeaux, figurés et mentionnés avec chiffres à l'appui, sur les monuments des premières dynasties [2], et de même sous le Nouvel-Empire, à El-Kab [3] et dans les tombeaux thébains [4]. La chair de mouton paraît avoir été peu employée comme aliment. Elle n'est jamais offerte sur les autels, et nulle part on ne voit de mouton tué pour la table [5]. C'était surtout pour la laine qu'on pratiquait l'élevage des brebis. Hérodote nous apprend que, par-dessous leur tunique de lin, les Égyptiens portaient communément des manteaux de laine blanche ; il ajoute qu'on n'entrait pas dans les temples avec des étoffes de laine, et c'eût été une impiété d'en couvrir les morts [6]. De plus, il était défendu aux prêtres, sans doute par mesure de propreté, de porter autre chose que

---

1. PLUTARQUE, *Solon*, 2.
2. LEPSIUS, *Denkm.*, II, pl. 9, 127, 132. ROSELLINI, *Monumenti civili*, pl. XXXVI, 2.
3. CHAMPOLLION, *Monuments*, pl. CXLII.
4. Voir CHABAS, *Études sur l'antiquité historique*, 2ᵉ édit., p. 403-404, d'après PRISSE.
5. PLUTARQUE, *de Iside*, 72, dit que les Lycopolitains seuls en mangeaient, d'autres assurent qu'on s'en abstenait partout, POLYEN, *Strateg.*, VII, 9. En fait, nous savons que cet animal était considéré comme sacré à Saïs et en Thébaïde (STRABON, XVII, 699), où on a trouvé, ainsi qu'ailleurs du reste, des momies de moutons soigneusement embaumées.
6. HÉRODOTE, II, 81.

des vêtements de lin[1]. Ceux de laine étaient certainement d'un usage ordinaire pour le reste du peuple. S'ils étaient généralement interdits pour l'ensevelissement des morts à cause de la vermine qu'ils auraient pu engendrer, la prescription était quelquefois violée : car on en a trouvé sur certaines momies dans les tombeaux, sur les cadavres des ouvriers dans les carrières de Tourah et même parmi les débris de la grande Pyramide[2]. Le fait qu'aucune étoffe de laine n'est mentionnée dans le grand *Papyrus Harris* ne prouve rien : car il n'y est question que des offrandes faites par le roi aux temples, c'est-à-dire d'objets exclusivement destinés aux prêtres, et regardés comme purs : or, la laine ne se trouvait pas dans ce cas. On a soutenu que les vêtements qui en étaient fabriqués ne se voyaient jamais dans les représentations monumentales ; cependant les grands manteaux, qu'on y rencontre quelquefois, pourraient fort bien être de laine. D'ailleurs, dans les scènes figurées, les hommes sont presque toujours occupés à quelque travail manuel ; et, lorsqu'on y vaquait, en Égypte comme partout, on déposait le vêtement de dessus pour avoir les membres libres. Si tout le monde, sauf les prêtres, portait le manteau de laine, il semble que l'Égypte dût produire cette substance en assez grande quantité. Dans l'Égypte moderne, les étoffes de laine portées par les Fellahs sont fabriquées dans tous les villages, avec le produit de la tonte des moutons qu'on y élève[3]. La laine est filée par les hommes et par les femmes, pendant qu'ils gardent leurs troupeaux ou dans les moments de loisir que leur laissent les travaux de l'agriculture. Celle du Fayoum est de qualité supérieure, aussi les métiers y sont-ils nombreux, et ce sont les provinces de Gharbiyèh et de Charqyèh, qui fournissent la matière brute, ouvrée dans la plupart des ateliers du Delta. Ces renseignements, empruntés aux savants de l'expédition française, s'appliqueraient probablement avec la même justesse aux contemporains des Psammétiques.

Reste à savoir si les Égyptiens de cette époque ont éprouvé le besoin de recourir pour la laine au commerce grec. D'après ce que nous avons vu, la quantité ne paraît pas leur avoir fait défaut, au moins pour l'usage ordinaire. Observons cependant qu'il n'est jamais question d'étoffes de laine exportées

---

1. Hérodote, II, 37.
2. Voir Birch dans Wilkinson, *Manners and Customs*, 2ᵉ éd., t. II, p. 157.
3. *Description de l'Égypte*, Mém. de Girard, t. XVII, p. 208, 219-220.

comme celles de lin hors de l'Égypte, et que la Syrie Damascène, qui en fournissait à Tyr, l'Arabie même ont pu, comme le suppose Heeren, en importer sur les bords du Nil[1]. Mais, pour la qualité, nous savons que, chez les Grecs, on était arrivé à tisser des étoffes de laine d'une perfection remarquable. Dès les temps homériques, ce travail était une des principales occupations des femmes, qui fabriquaient avec la laine des tapis, des couvertures de lit, des manteaux (χλαῖναι[2]). Si le chitôn ionien, emprunté, ce semble, aux Syriens, était plutôt fait de lin[3], le vêtement dorien, qu'Hérodote lui oppose[4] et qui fut conservé longtemps par les femmes du Péloponèse, après que les Athéniennes eurent adopté celui de l'Ionie[5], devait être nécessairement d'une autre matière, et, par conséquent, de laine. Au VIe siècle, Milet avait atteint pour la fabrication de ces étoffes une supériorité sans égale. La réputation de ses moutons, nourris dans la grasse vallée du Méandre, était si bien établie et la qualité de leurs toisons si universellement reconnue, que Polycrate, qui tenait à posséder en tout les meilleures espèces, faisait venir les siens de Milet, comme il demandait ses chiens à l'Épire et ses chèvres à Scyros[6]. Les lois données vers cette époque aux Locriens par Zaleucos et dont Diodore nous a en partie conservé le texte[7] apportent encore à ce sujet un curieux témoignage. Le législateur interdit aux hommes comme un luxe excessif de porter des anneaux d'or et des manteaux semblables à ceux de Milet, ἱμάτιον ἰσομιλήσιον. Les Sybarites, dont le goût était si délicat, n'achetaient d'autre laine que celle de Milet[8]; et ce commerce avait été la cause de l'union si intime, qui exista longtemps entre les deux villes[9]. Aristote[10] nous a laissé une description du magnifique manteau dont le Sybarite Alcisthènes se montra paré à la procession solennelle du temple de Héra Lacinia, et dont les broderies disposées en trois zones,

---

1. Heeren, *Polit. et Commerce*, trad. franç., t. VI, p. 98 et suiv.
2. Helbig, *Das Homerische Epos*, pp. 165 et suiv.
3. *Ibid.*, p. 161 et suiv.
4. Hérodote, V, 87-88.
5. Voir Studniczka, *Beitr. zur Geschichte der altgriech. Tracht* (*Abhandl. des archäol. epigr. Semin. der Universität*, Vienne, VI, 1, p. 1-30. Cf. Helbig, *l. c.*
6. Alexis et Klytos dans Athénée, XII, 540 D.
7. Diodore, XII, 21.
8. Timée dans Athénée, XII, 519 B.
9. Hérodote, VI, 27, deuil des Milésiens à la nouvelle de la chute de Sybaris.
10. *De mirabil. Auscult.*, ch. 96.

comme les peintures des vases, représentaient : en haut les animaux sacrés des Susiens, en bas ceux des Perses, et au milieu une série de divinités grecques, placées entre les figures d'Alcisthènes lui-même et du fleuve Sybaris[1]. Les tapis et les étoffes de Milet continuèrent d'être recherchés au ve siècle, comme on le voit par plusieurs passages des auteurs comiques[2]. Or, les Milésiens se sont établis à Naucratis avant tous les autres Grecs, et ils y ont toujours tenu une place à part. Une des premières importations qu'ils durent tenter fut celle de leurs tissus précieux, et ils en firent naître sans doute le goût chez les riches Égyptiens. Le commerce des lainages ordinaires se développa aussi avec le temps, car l'activité de l'industrie milésienne était capable de suffire à toutes les demandes. Il semble toutefois que l'Égypte, habituée à se contenter de ses propres ressources, dut rechercher d'abord la qualité plutôt que la quantité, les pièces artistement ouvrées et aux brillantes teintures. Il y avait là pour les marchands grecs une source de profits grandement rémunérateurs, et le succès des produits milésiens dans la vallée du Nil égala sans doute celui qu'ils obtenaient sur les côtes lointaines de la Méditerranée occidentale.

Les Grecs importèrent-ils dès l'origine de la colonisation beaucoup de vin en Égypte ? On serait tenté de le croire, d'après ce que disent les auteurs classiques[3]. Hérodote affirme en effet avec une assurance singulière, que la contrée ne possède pas de vignes[4]. Il est vrai qu'il se charge lui-même, dans maints passages, de réfuter sa propre erreur, car il remarque qu'on donnait

---

1. C'était, comme dit Fr. Lenormant (*La Grande-Grèce*, t. I, p. 283), la merveille du genre. Pris par Denys de Syracuse, il fut vendu par lui aux Carthaginois pour 120 talents. On peut en rapprocher la robe brodée que porte la statue de bronze de la dame Takoushit, aujourd'hui au Musée d'Athènes, et qui provient de Bubastis. Elle est divisée également en plusieurs zones, mais figurant ici des divinités égyptiennes. M. Maspero (*Archéologie égyptienne*, p. 292) l'attribue aux années qui précédèrent l'avènement de Psammétique Ier.

2. Euboulos dans Athénée, XII, 553 B; Amphis, *ibid.*, XV, 691 A ; cf. Aristophane, *Lysistr.*, 729; *Ranæ*, 542; Théocrite, *Idyll.*, XV, 125-126; Ælien, *Hist. anim.*, XVII, 4. Rambach, *de Mileto ejusque Coloniis*.

3. Aussi, E. Curtius (*Hist. gr.*, trad. franç., t. I, p. 530) affirme-t-il que « déjà sous Amasis... Naucratis était un marché de premier ordre pour les produits grecs, notamment pour le vin et l'huile. »

4. Hérodote, II, 77. Et il ne parle pas ici, comme au chapitre 92 par exemple, d'une région spéciale, celle des marais, et des coutumes, des cultures particulières à ses habitants : car il dit, au commencement du chapitre : αὐτῶν δὴ τῶν Αἰγυπτίων οἱ μὲν περὶ τὴν σπειρομένην Αἴγυπτον οἰκέουσι, il s'agit donc bien du pays en général.

du vin aux prêtres¹, qu'on en distribuait chaque jour quatre coupes aux guerriers², que, dans la seule fête de Bubaste, on en buvait autant que dans tout le reste de l'année³, et il montre le fils de l'architecte de Rhampsinite enivrant avec du vin les soldats chargés de garder le trésor⁴. Plutarque, empruntant au roman d'Hécatée d'Abdère des renseignements controuvés, assure de son côté que les rois ne buvaient pas de vin, si ce n'est une quantité déterminée par les prescriptions sacerdotales ; il ajoute qu'on n'en répandait pas comme libation dans les cérémonies religieuses : cette offrande était désagréable aux dieux, parce que la vigne était née du sang de leurs ennemis⁵. Depuis Psammétique seulement les rois auraient commencé à en boire. De tout cela on a conclu que l'usage du vin avait été introduit en Égypte par les Grecs. Mais, sur les monuments égyptiens de toutes les époques, on voit les rois et des particuliers faire aux dieux et aux morts des libations de vin, avec des vases de forme spéciale⁶ ; on en gardait des provisions dans les magasins des temples, et on a retrouvé, au Ramesseum thébain, les celliers remplis de grands vases, rappelant de très près les amphores classiques, et portant écrite en hiératique, sur la panse, la date de la récolte, avec la mention : vin de transport⁷. Les inscriptions hiéroglyphiques des plus anciennes dynasties distinguent avec soin le vin rouge et le vin blanc, et elles en citent jusqu'à seize espèces différentes. Les peintures du tombeau d'Ei-Meri publié par Champollion⁸ représentent la cueillette, le foulage des grappes, la mise dans les amphores ; et les légendes ne laissent aucun doute sur la nature des opérations figurées dans les tableaux. Au tombeau d'Amten, contemporain de Snefrou (IIIᵉ dynastie), sont décrits, parmi les domaines du défunt, des vignobles, avec le produit desquels on fait, dit le texte, du vin en très grande quantité⁹.

---

1. Hérodote, II, 37. — 2. *Ibid.*, II, 168. — 3. *Ibid.*, II, 60. — 4. *Ibid.*, II, 121.

5. *De Iside et Osiride*, 6. Le vin passe en effet dans certains cas pour représenter le sang des ennemis de Râ, les partisans de Typhon, partant celui des ennemis du roi.

6. Les représentations sont innombrables dans tous les recueils. Voir sur le vin en Égypte, Ebers, *Ægypten und die Bücher Mose's*, p. 323-330; Wiedemann, *Herodots zweites Buch*, p. 172 et s. Erman, *Das alte Ægypten*, p. 177 et s.

7. Maspero, *Guide du musée de Boulaq*, p. 287.

8. *Monuments de l'Égypte*, t. II, p. 477 sqq.; cf. Rosellini, *Monumenti civili*, pl. xxxvii, xxxviii. Lepsius, *Denkm.*, II, 53, etc. Wilkinson, *Manners and Customs*, 2ᵉ éd., t. II, p. 147 et s. Erman, *Das alte Ægypten*, p. 277 et s. Cf. Brugsch, *Die Ægypt. Græberwelt*, pl. IV, n° 154, tombeau de Ti, etc.

9. Lepsius, *Denkm.*, II, 7 b; Maspero, *Journal asiatique*, 1889, t. I, p. 390, et *Études égyptiennes*,

Pahournofir, qui vivait vers le même temps qu'Amten, sous les premières dynasties memphites, portait, entre autres titres, ceux de primat des vignobles, curateur du nome Libyque, [hieroglyphs], et aussi ceux de régent de grand château de Maréa, curateur du canton qui produit le vin de *Siouhor-khonti-pit* [hieroglyphs], c'est-à-dire, d'après la conjecture de M. Maspero, le vin de la Marmarique[1]. Les plans de maisons et de jardins, très nombreux dans les tombes de la XVIIIe et de la XIXe dynastie, montrent partout des treilles disposées en berceau, soutenues par d'élégantes colonnettes, et sur lesquelles des ceps de vigne étendent leurs rameaux, chargés de fruits. La Bible fait plus d'une fois allusion au raisin, aux vignes de l'Égypte[2], et les Israélites les regrettent amèrement, lorsqu'ils traversent le désert. Du reste, les auteurs grecs eux-mêmes ne s'en tiennent pas aux données d'Homère ou de Plutarque. Lorsqu'ils recherchent l'origine de la vigne, si quelques-uns, comme Hécatée de Milet[3], l'attribuent à l'Étolie, ou comme Théopompe à Olympie[4], d'autres comme Hellanicos[5] la placent dans une ville d'Égypte, voisine du lac Maréotis[6]. Diodore raconte qu'Osiris découvrit la vigne à Nysa, dans l'Arabie-Heureuse, non loin de l'Égypte[7]; parlant ailleurs des avantages exceptionnels que présentent aux agriculteurs égyptiens les conditions particulières à leur sol, il ajoute cette remarque significative : les vignobles, arrosés de même, fournissent aussi aux indigènes une grande quantité de vin[8]. Ils sont aussi fréquemment cités dans les textes hiéroglyphiques, et divisés comme tout le reste en vignobles du Sud et du Nord[9]. Une liste relevée à Abydos par Mariette[10] classe géographiquement les crus du pays en quatre grandes

---

t. II, p. 231. Cf. Tombeau de Pahournofir, *ibid.*, p. 267-268; puis, pour l'époque de la XVIIIe dynastie, le jardin d'Anna, BRUGSCH et DÜMICHEN, *Recueil*, t. I, pl. XXXVI : 12 vignes; pour la XXe dynastie, le *Grand Papyrus Harris*, VIII, 5 : grands champs d'oliviers et de vignes, entourés de murs.

1. MASPERO, *Études égyptiennes*, t. II, p. 267-268.
2. *Genèse*, 40, 11; *Nombres*, 20, 5; *Psaumes*, LXXVIII, 47.
3. *Fragm. Histor. gr.*, t. I, p. 26, fr. 341. — 4. *Ibid.*, t. I, p. 328, fr. 296; cf. fr. 295. — 5. *Ibid.*, t. I, p. 67, fr. 155.
6. Le mot ἔρπις, employé par Sapho (ATHÉNÉE, II, 39 A), offre une singulière ressemblance avec le nom égyptien du vin, *arp* [hieroglyphs], copte ⲏⲣⲡ. Cf. LYCOPHR., v. 579; EUSTATH., *Ad Odyss.*, ι, p. 360. JABLONSKI, *Opuscules*, t. I, p. 431, et LACROZE, *Lex.*, p. 21, avaient déjà signalé cette analogie.
7. DIODORE, I, 15. — 8. *Ibid.*, I, 36.
9. Voir BRUGSCH, *Reise nach der grossen Oase*, p. 90-93.
10. MARIETTE, *Abydos*, t. I, pl. XXXV *a;* cf. BRUGSCH, *l. l.*

catégories : vin du Nord, vin d'Amit, c'est-à-dire provenant des cantons Est du Delta; vin d'Hamit (ou Khemit), récolté dans la partie occidentale, vers le lac Maréotis; et enfin vin de Syène, c'est-à-dire de la Haute-Égypte. Puis viennent deux crus étrangers : le vin du pays de Sati ⌇, originaire de Syrie, et celui de Siou-hor-khonti-pit, c'est-à-dire des pays situés à l'Ouest, dans le voisinage de l'Égypte. Brugsch, dans son *Dictionnaire géographique,* a relevé une série de passages, où figurent ceux de Syène[1], puis de Tanis, Am, Hâuar-amenti[2], dans le Delta, enfin ceux des oasis de Khargèh, de Dakhel et de Farafrah[3]. Dans son *Voyage à la Grande-Oasis,* il mentionne de plus la ville de Hâmi et le territoire d'un temple (Ha–ur-sekha), situés l'un et l'autre dans le voisinage d'Apis[4] et du lac Maréotis. On rencontre quelquefois, dans les documents égyptiens, certaines indications se rapportant à des contrées de la Haute-Égypte[5]; mais les meilleurs crus étaient certainement ceux de la Basse-Égypte, surtout de la région qui environne le lac Maréotis et de la province Arsinoïte. Les membres de la commission d'Égypte ont reconnu les restes de cette culture[6], encore pratiquée sur plusieurs points du Delta et du Fayoum[7]; et, dans les parties mêmes où elle est depuis longtemps abandonnée, M. Maspero a pu en relever les traces indubitables[8]. Çà et là s'élèvent encore de petits murs en pierres sèches, assez bas, comme ceux qui se voient dans les Cyclades, dans le sud de la Judée, dans certaines régions de la Grèce, partout où la vigne a été très anciennement cultivée.

1. Brugsch (*Reise nach der grossen Oase,* p. 91) croyait reconnaître, dans ce nom de localité, celui d'une ville du Delta. Mais Dümichen (*Der Grabpalast des Patuamenemap,* t. I, p. 41) a montré qu'il s'agissait de Syène, Haute-Égypte, dont le territoire était planté en vignes dans l'antiquité. (Maspero, *Études égypt.,* t. II, p. 268, note 2.)

2. Brugsch, *Dictionnaire géographique,* p. 230 et s., 496, 145, 515.

3. *Ibid.,* 496, 783, 69.

4. La ville d'Apis était la capitale du nome de Libye : elle portait aussi le nom d'Amu, et ses ruines ont été retrouvées près de Kom el-Hisn, au sud de Naucratis (*Academy,* 2 janvier 1886 ; *Naucratis,* II, 77 et s.).

5. Ainsi, on voit du vin excellent, provenant du terrain bien arrosé du temple de Ramsès II, mentionné sur un ostracon de Thèbes, de l'époque de Ramsès III ou IV (xxe dynastie), avec le nom du chef des vignerons ⌇, Thoutmos. (Wiedemann, dans la *Zeitschrift für Ægyptische Sprache,* 1883, p. 34.)

6. *Description de l'Égypte,* Girard, t. XVII, p. 122-123; p. 234-235.

7. Au xviie siècle également, on fabriquait du vin dans plusieurs districts de cette province (voir Vansleb, *Relat. de l'Égypte,* pp. 255-256.

8. Cours du Collège de France, année 1889.

Les pousses s'élevaient ainsi sur des sortes d'espaliers, exposant les fruits à l'action bienfaisante des rayons solaires. D'espace en espace, des murs plus épais montrent que les vignobles étaient enclos, précaution qu'on a toujours prise en Égypte, pour mettre, autant que possible, les fruits à l'abri des voleurs.

Si les textes égyptiens se contentent de nous donner les noms des vins indigènes, en y ajoutant toujours la même épithète[1], les écrivains grecs et latins nous renseignent mieux sur leurs propriétés spéciales et sur leur valeur comparative. Ainsi Strabon constate que le vin des environs du lac Maréotis non seulement est très abondant, mais se conserve bien et longtemps[2]. Il loue également celui de la première Oasis, située à la hauteur d'Abydos[3]. Pline signale celui de Sébennytos, dont il distingue trois espèces différentes[4], puis l'ecbolas, qui, d'après lui, amène des avortements, et d'autres encore. Mais c'est au Naucratite Athénée qu'il faut demander naturellement les notions les plus précises et les plus complètes[5]. Le Maréotique est blanc, léger, agréable et facile à digérer, il ne monte pas à la tête et procure un sommeil tranquille. Celui de Ténia, un clos spécial du même district, est meilleur encore, au goût d'Athénée; seulement, les qualités qu'il lui prête passeraient pour des défauts auprès des gourmets d'aujourd'hui. Du reste, il est surpassé encore par le vin d'Anthylla, près d'Alexandrie, une ville dont les rois grecs et perses estimaient les produits, puisqu'ils en réservaient le profit à leurs femmes pour leurs ceintures, εἰς ζώνας. On récoltait aussi du vin dans la Thébaïde, et celui de Coptos en particulier était si subtil et si digestif qu'on pouvait l'administrer impunément aux malades, même pendant la fièvre.

Le vin, comme on voit, ne faisait pas défaut à l'Égypte, et quelques-uns de ses crus acquirent même, à l'époque romaine, une véritable célébrité dans tout le monde ancien. Cependant, le pays en produisait-il une quantité suffisante pour la consommation des habitants? Il ne constituait pas,

---

1. ☥ *Nefer*, bon.
2. STRABON (Didot), XVII, 679. — 3. *Ibid.*, 691.
4. PLINE, XIV, 9. La grappe de raisin, qui figure sur les monnaies du nome Sébennytique, est une confirmation de l'opinion de Pline sur l'excellence du vin Sébennytique. Voir LANGLOIS, *Numismatique des nomes*, p. 56.
5. ATHÉNÉE, I, p. 33-34.

comme sembleraient le faire croire les récits des écrivains grecs, un luxe réservé aux rois et aux prêtres. Hommes et femmes en buvaient, et souvent plus que de raison. Les monuments représentent, avec une franchise cynique, les effets de ces excès[1], et ils sont commentés par les papyrus où les scribes ne se font pas faute de décrire les scènes figurées par les peintres et les sculpteurs. On sait du reste que le vin de Syrie était importé au temps d'Hérodote[2], et il l'était probablement de même au temps d'Ézéchiel[3], qui vante le cru de Helbôn, recherché par les Tyriens, ce χαλυβώνιον οἶνον, récolté aussi à Damas, et qu'on servait à la table des rois de Perse[4]. D'autre part, les premiers voyageurs grecs, Hécatée[5], Hérodote[6] remarquent que les indigènes boivent surtout de la bière, ζῦθος[7]. Ce genre de breuvage était en effet très goûté en Égypte[8], on en faisait même venir de Syrie, et surtout de la ville de Qati[9]. Les Papyrus hiératiques reviennent fréquemment sur la consommation de la bière, sur les maisons où on la débite, sur les inconvénients qu'elle produit lorsqu'on en abuse[10]; les comptes de Turin nous apprennent ce qu'on en distribuait aux ouvriers comme rations journalières, et le total considérable des cruches de bière assurées aux temples par Ramsès III[11] montre qu'on en usait dans toutes les classes de la société égyptienne. Tout le raisin n'était d'ailleurs pas employé à faire du vin. Dans les fêtes et les sacrifices, on en présentait des grappes aux dieux; on voit partout de ces grappes mêlées avec d'autres aliments, parmi les monceaux d'offrandes entassés devant les morts, et les festins figurés dans les tombeaux ne diffèrent pas sensiblement de ceux que pouvaient faire les vivants. Ainsi tout semble indiquer que, malgré l'existence bien prouvée d'une assez grande quantité de vignes, il y eut place en Égypte pour l'importation du vin. Mais les Grecs durent introduire surtout des vins

---

1. WILKINSON, *Manners and Customs*, t. II, p. 166 et suiv.
2. HÉRODODE, III, 6. — 3. EZÉCHIEL, XXVII, 18. — 4. STRABON, cf. XVI, 626 (Didot).
5. *Fragm. Hist. gr.*, I, p. 20, fr. 290.
6. HÉRODOTE, II, 77. Cf. DIO ACADEM., *Fragm. Hist. gr.*, IV, 391.
7. Voir la recette de la fabrication dans BERTHELOT, *Chimistes grecs*, t. I, p. 372. PIEHL, *Rec. de Trav.*, II, 127.
8. DIODORE, I, 20 ; ESCHYLE, *Suppl.*, 953 ; STRABON, XVII, 699.
9. *Pap. Anastasi*, IV, 16, 4; *Anastasi*, III, l. 8, 5, etc.
10. Voir par exemple *Anastasi*, XI, l. 8 à 12, l. 5, trad. dans MASPERO, du *Genre épistol.*, p. 30-33. Cf. ARISTOTE, cité par ATHÉNÉE, I, 34 B.
11. 466,303 cruches, voir *Grand Papyrus Harris*.

fins, provenant de vignobles déjà célèbres, et non des vins de consommation ordinaire. La France, qui, avant l'invasion du phylloxera, récoltait les meilleurs vins et en grande quantité, n'en recevait pas moins de l'étranger les produits de certains crus à la mode. De même en Égypte ; on fit venir des vins des pays grecs, par curiosité d'abord et à cause de leur renommée. La plupart des îles de la mer Égée et les côtes de l'Asie-Mineure possédaient en effet des vignobles, qui furent connus de tout temps. Les lyriques et les comiques ne se lassent pas de les vanter dans leurs poèmes[1], les géographes et les compilateurs en fourniraient, au besoin, de très longues listes. Strabon cite avec éloge les vins de Chios, de Lesbos et de Cos, ceux d'Éphèse et de Métropolis, de Mésogis et du Tmolos, de Cnide et de Smyrne[2]. Cypre était également fertile en vignes et en céréales[3], Élien et d'autres mentionnent le Pramnios, originaire de l'île d'Icaros, les crus de Thasos, de Crète, de Rhodes, de Syracuse[4]. Quant à Athénée, il énumère quantité d'autres vins grecs, dont il serait oiseux de reproduire tous les noms. Notons seulement qu'il signale celui de Milet comme une piquette, οἰνίσκος, seulement à peu près potable[5]. Il est donc très probable que les Milésiens ne se donnaient pas la peine de transporter jusqu'au Delta un produit de si peu de valeur. Il devait en être de même des Samiens, qui ne récoltaient dans leur île qu'un vin peu estimé[6].

Les travaux de A. Dumont sur les inscriptions céramiques ont permis de distinguer, d'une manière très précise, la provenance des amphores[7] fabriquées dans les pays helléniques. Thasos, Cnide et Rhodes sont les points du monde grec où elles étaient confectionnées de préférence. En étudiant la forme des vases, la nature de la terre et les empreintes des timbres, on peut affirmer presque avec certitude ce qui revient à chaque fabrique. Un grand nombre de fragments d'amphores ont été ramassés sur le site des deux colonies d'Égypte, et déposés au British Museum. Près de l'emplacement de Daphnæ, M. Petrie a recueilli des couvercles de jarres grecques du vi[e] siècle, portant l'empreinte du sceau d'Amasis. (Voir la fig. 60).

---

1. Voir Athénée, I, 28 et s. — 2. Strabon (Didot), XIV, 544. — 3. *Ibid.*, XIV, 583.
4. Élien, *Hist. var.*, XII, 31. Cf. Pline, XIV, 9 et s.; Strabon, *l. c.*, 583. Athénée, I, 30 C, déprécie d'ailleurs le Pramnios.
5. Athénée, I, 29 A. — 6. Strabon, XIV, 544.
7. A. Dumont, *Inscriptions céramiques*, Introduction.

Si la provenance de ces vases était suffisamment démontrée, on devrait admettre que des vins grecs furent importés dès cette époque et achetés par les habitants de la vallée du Nil. Malheureusement, il n'a été publié jusqu'ici aucun travail permettant de classer les couvercles d'après les timbres qu'ils portent et de se rendre compte ainsi de l'importance respective du commerce des métropoles helléniques représentées en Égypte. Thasos paraît devoir être éliminée à priori, car les relations avec le Nord et l'Occident de la mer Égée ne semblent s'être développées que plus tard. Mais Rhodes et Cnide, aussi bien que Cypre et Lesbos, ont certainement joué à Naucratis un rôle considérable. On peut admettre, jusqu'à plus ample informé, que leurs marchands ont été là au nombre des agents les plus actifs de l'importation qui nous occupe. Dumont pense que Cnide ne produisait pas de vin, ou que du moins, si elle en recueillait, ce vin était sans valeur[1]. Ayant constaté toutefois que « cette ville avait couvert de ses amphores le bassin de la Méditerranée tout entier, il suppose que Cnide, si admirablement située à la pointe méridionale de l'Asie-Mineure, avec ses ports et ses grands entrepôts, était à la tête d'une sorte de hanse, à laquelle elle donnait son nom pour raison sociale ». L'hypothèse est en effet très séduisante. Quant à Rhodes, on reconnaît partout, dans les ruines de Naucratis, des objets de toute sorte, qui rappellent le travail de ses ouvriers et la présence de ses négociants; il n'est peut-être pas une autre métropole grecque dont les relations avec l'Égypte paraissent avoir été aussi multipliées et on ne saurait guère douter qu'elle n'ait importé de très bonne heure du vin dans le Delta par ses colons de Naucratis. Si les renseignements épigraphiques font encore défaut, on sait du moins par Hérodote[2], quelle activité et quelle extension avait prise ce commerce

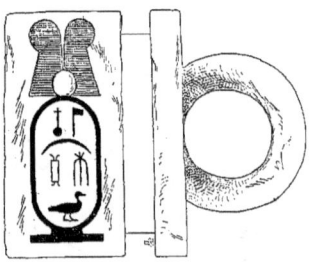

Fig. 60. — Sceau du roi Amasis.

---

1. A. Dumont, *Inscriptions céramiques*, p. 41.
2. Les témoignages de Strabon et d'Athénée paraissent contredire cette donnée. Voir Strabon (Didot), XIV, 544; Athénée, I, 32 F : ὁ δὲ Κνίδιος αἵματος γεννητικός, τρόφιμος, κοιλίαν εὔλυτον κατασκευάζων· πλείων δὲ πινόμενος ἐκλύει τὸν στόμαχον. — Hérodote, III, 6.

dès la première partie du v⁰ siècle. « De toute la Grèce, dit-il, et en outre de la Phénicie, deux fois par an, on amène en Égypte des vases de terre pleins de vin; et cependant, lorsque ces vases ont été vidés, d'un si grand nombre on n'en voit plus un seul. Où donc, demandera-t-on, sont-ils employés? Je vais le dire : le magistrat de chaque ville est obligé de ramasser tous les vases de terre et de les envoyer à Memphis, d'où on les transporte, remplis d'eau, dans le désert de Syrie [1]. Ainsi toute cette poterie, introduite et vendue en Égypte, rejoint en Syrie celle qui l'a précédée. » Les détails de ce texte curieux seraient, sur plus d'un point, sujets à discussion. Cette fois encore, l'historien a probablement généralisé plus que de raison, et il a été entraîné à le faire, pour expliquer les moyens matériels qui avaient, selon lui, favorisé l'invasion de Cambyse. Il semble néanmoins que, dès le vi⁰ siècle, les villes du Delta devaient recevoir et acheter du vin contenu dans des amphores grecques. Si on veut descendre maintenant jusqu'à l'époque ptolémaïque, on est à même de recueillir, sur la provenance des vases, des données d'un caractère plus positif; et, tout en tenant un compte sérieux de la différence des temps, on peut arriver ainsi à des inductions très vraisemblables. Néroutzos-bey a étudié, dans le *Bulletin de l'Institut égyptien*[2], plusieurs séries d'inscriptions amphoriques, découvertes pour la plupart à Alexandrie et conservées aujourd'hui dans des collections particulières. Celle de Stoddart, en Angleterre, contient 350 numéros de Rhodes, contre 60 de Cnide et seulement 5 de Thasos; dans celle de M. Démétrios, il y en a 800 de Rhodes, contre 118 de Cnide et 23 de Thasos[3]. Ces chiffres montrent assez que le commerce du vin, sous les Lagides et sous les Romains, appartenait principalement aux Rhodiens. Alliés fidèles de l'Égypte, ils étaient les fournisseurs favoris des Ptolémées, et leurs vaisseaux devaient, plus que ceux de tous les autres Grecs, fréquenter les ports d'Alexandrie. Si l'on en juge par les souvenirs variés et les traces nombreuses qu'ils ont laissés à Nebirèh, il dut en

---

1. Hérodote. Si cette information était rigoureusement exacte, elle expliquerait pourquoi on ne retrouve pas d'amphores grecques dans les villes égyptiennes. Mais il faut se garder assurément de la prendre trop à la lettre.

2. Années 1869-1871, p. 125 et s.; 1874-1875, p. 12 à 25. Voir aussi *Athenæum* d'Athènes, année 1874.

3. De plus, il faut ajouter des inscriptions en nombre insignifiant, provenant de Paros, Naxos, Cydonia, Colophon, Béryte et de quelques autres villes. D'après M. Maspero, la proportion est à peu près la même dans le lot d'estampilles qu'il avait acquis pour le Musée de Boulaq.

être de même, toutes proportions gardées, sous les Pharaons de la XXVI⁰ dynastie. Mais ils ne furent pas les seuls. Les Lesbiens, dont les vignes comptent parmi les meilleures de l'Archipel, amenaient aussi leur vin en Égypte. En racontant l'histoire du frère de Sapho, Charaxos, Hérodote, il est vrai, ne dit pas à quel genre de commerce il s'adonnait[1]; mais Strabon, se référant sans doute à une tradition ancienne, assure qu'il était venu avec une cargaison de vin de Lesbos, pour la vendre sur le marché de Naucratis[2]. Les salles basses du grand édifice reconnu par M. Petrie, dans l'enceinte de l'Hellénion, pouvaient renfermer une quantité de ces vases de terre, que les vaisseaux ioniens et doriens convoyaient jusqu'aux bouches du Nil. Parmi les fragments qu'on a retrouvés çà et là, un grand nombre étaient destinés assurément à la consommation locale; cependant le voisinage, la fréquentation quotidienne des Grecs permirent aux Égyptiens d'apprécier les mérites des meilleurs crus de la mer Égée. Le vin fut de jour en jour plus abondant, par conséquent moins cher; et, les importations s'ajoutant au produit des vignobles indigènes, l'usage en devint plus général, parce qu'il était plus à la portée de tous.

On peut se rendre compte maintenant de ce que fut, de Psammétique à Amasis, le marché de l'Égypte, et de l'importance qu'il prit, grâce au développement de la marine grecque, pour l'approvisionnement des contrées méditerranéennes. Ayant reconquis son indépendance, le pays désormais tranquille était redevenu prospère et par conséquent productif, la régularité des irrigations étant surveillée et soigneusement entretenue par l'administration royale. Dès lors, les produits de l'agriculture étaient en assez grande abondance pour alimenter une partie du commerce étranger, et ceux de l'industrie, connus depuis longtemps par les Phéniciens et recherchés dans les régions les plus lointaines, fournissaient aux vaisseaux grecs des cargaisons d'une vente assurée. Pour le commerce de l'Afrique intérieure, Naucratis avait deux concurrents possibles, Cyrène et Carthage. Mais Cyrène n'avait pas, comme Naucratis, un grand fleuve derrière elle; elle exportait surtout les riches produits de son sol et tournait toute son activité vers la mer, soumettant les Barbares voisins, mais ne cherchant guère à nouer de relations avec les peuplades sau-

---

1. Hérodote, II, 135.
2. Strabon (Didot), XVII, 684.

vages du centre. Carthage, très puissante, pénétrait le continent par le nord et aussi par l'ouest, où déjà elle envoyait des flottes et établissait des comptoirs. Mais les rapports de l'Égypte avec les nomades africains remontaient aux origines de l'histoire; de l'Occident comme du Midi, toutes les voies traditionnelles aboutissaient au Nil supérieur, et les routes du désert, bien qu'elles ne soient guère tracées, n'en sont que plus invariablement suivies ; le témoignage d'Hérodote prouve qu'elles n'avaient pas changé de son temps, et aujourd'hui encore les caravanes du Soudan les parcourent, lorsque l'état politique de la contrée les rend accessibles. Dans la mer Rouge, le trafic des côtes africaines, de l'Arabie et de l'Orient se faisait au profit de l'Égypte et ensuite du commerce grec. Le golfe d'Élath avait cessé d'en être le centre principal. Les flottes de Néchao et de ses successeurs, montées en partie par des Phéniciens, naviguaient sous son pavillon, pour approvisionner Qoçéyr et Héroopolis. De Coptos, les marchandises descendaient le Nil, convoyées par la batellerie égyptienne, qui occupait une notable partie de la population indigène, et le trajet jusqu'au Delta ne demandait pas plus d'une vingtaine de jours. A Daphnæ, on abordait, de la Méditerranée, par la bouche Pélusiaque, qui eut toujours une grande importance comme étant la plus proche de la Syrie, et qui paraît avoir été la plus célèbre au temps de la domination romaine [1]. De la mer Rouge, on y parvenait en décrivant un grand angle dont Bubaste était le sommet. Lorsque Daphnæ fut détruite, on fut obligé, pour atteindre Naucratis, de remonter le Nil jusqu'à Cercasore, pour prendre la branche Canopique, à moins de s'engager dans le réseau long et compliqué des canaux du Delta; mais les règlements d'Amasis, interdisant aux Grecs toute autre branche que celle de Canope, semblent indiquer que la navigation du canal des deux mers était réservée alors aux vaisseaux égyptiens.

Ces mesures restrictives impliquent en outre l'établissement de péages au profit du Trésor royal. Si on eût laissé les navires étrangers se disperser à leur gré sur tous les points du littoral, la contrebande eût été trop facile. Pour assurer la perception des droits, le meilleur moyen était de leur assigner un

---

[1]. PLUTARQUE, *Antoine*, 3. VIRG., *Géorg.*, I, 228. M. KRALL (*Sitzungsb. de l'Acad. de Vienne*, 1880, p. 116) pense qu'après la réforme d'Amasis, la branche Canopique fut réservée aux Grecs, tandis que l'accès des autres, celles de l'Est, aurait été permis aux Phéniciens; mais cette conjecture n'est appuyée sur aucune preuve.

passage unique, où il fût impossible d'échapper au contrôle des officiers du Pharaon. On connaît l'économie de cette institution sous les Romains et sous les Lagides. Strabon rapporte en effet qu'à Schédia, à quatre schènes d'Alexandrie, il y avait un bureau de douanes pour les marchandises qui descendaient ou remontaient le fleuve [1], et il parle même de douanes intérieures, placées à Hermopolis-Magna, entre la Haute et la Moyenne-Égypte [2]. En tout cas, au temps de César, des postes de ce genre existaient à toutes les bouches du Nil [3]. On ne voit pas trace, sous la XXVI⁰ dynastie, d'une réglementation aussi compliquée; le fisc égyptien avait simplifié la besogne en ne laissant ouverte qu'une seule des entrées maritimes. Du mode de perception des douanes sous Amasis, nous ne savons rien par les auteurs. Hérodote avait vu l'Égypte vivant sous le régime de liberté commerciale inauguré par les Perses, et on avait oublié alors les conditions plus sévères faites jadis aux premiers colons. Toutefois, l'existence d'un système de droits imposés au commerce grec résulte si naturellement des faits signalés par lui, que les historiens modernes, comme Ameilhon, Heeren, Movers, croient pouvoir l'admettre sans discussion.

Le pays entier ressentit les heureux effets de la présence des Grecs. La richesse du Trésor permit, nous l'avons vu, de pousser plus activement que jamais l'exécution des travaux publics; la marine égyptienne fut en état de tenir les Phéniciens en échec et de conquérir l'île de Cypre. Et ce ne sont pas là des résultats éphémères : car on voit, au siècle suivant, l'Égypte fournir deux cents vaisseaux à Xerxès et Tachos en équiper autant, lors de sa guerre contre Artaxerxès. Les trésors entassés à la suite d'un trafic indéfiniment prolongé avec les pays aurifères entrèrent en circulation, dit Heeren, et de nouveaux besoins firent naître de nouvelles industries. Les idées se modifièrent et s'élargirent au contact perpétuel des étrangers, et Naucratis, fut, après Daphnæ, un des éléments de cette pénétration de l'hellénisme dans la civilisation égyptienne, qui s'accomplit définitivement sous les Lagides. Les Grecs eurent à combattre sans doute les préjugés d'un peuple orgueilleux de son passé, qui les regardait encore comme des demi-barbares. Mais cette

---

1. STRABON (Didot), XVII, 680.
2. *Ibid.*, 690. Cf. MASPERO, *Notes au jour le jour* dans les *Proceedings*, 1891-1892.
3. Voir *De Bello alexandrino*, 13.

nécessité leur fut salutaire à eux-mêmes; leur isolement au milieu d'une contrée, où la défiance pouvait aisément se transformer en hostilité, les obligea à se grouper et à s'unir. On vit ces Hellènes de races diverses oublier les tendances particularistes, qui, dans leur propre patrie, leur furent trop souvent funestes : Ioniens, Doriens, Éoliens, rivaux ou ennemis dans leurs métropoles, s'entendirent ici pour protéger et défendre, au besoin, les intérêts qui leur étaient communs. Le nom d'Hellénion, qu'ils adoptèrent pour symboliser cette alliance mérite d'être remarqué comme un symptôme des plus significatifs. Les règlements, qui présidèrent aux affaires commerciales, montrent que l'accord fut complet sur ce terrain; pour la première fois peut-être, les Grecs sentirent qu'ils étaient frères et qu'en présence de l'étranger ils ne devaient former qu'un seul peuple.

Naucratis ne fut pas en effet une colonie comme les autres, où les premiers habitants apportaient de chez eux une constitution toute faite, qu'il s'agissait seulement d'appliquer, des cadres qu'il suffisait de remplir. Pendant la première période, les Milésiens durent posséder une sorte de prééminence, quoique Cypre, Rhodes et Samos paraissent, de très bonne heure, avoir tenu à côté d'eux une grande place. Lorsque fut organisée la confédération des neuf cités, celles qui demeurèrent en dehors, Milet, Samos et Égine, renoncèrent par cela même à exercer une action directe dans les affaires de la hanse naucratite. D'après tout ce que nous avons vu précédemment, d'après les traces si nombreuses qu'ils ont laissées à Nebirèh, on est tenté de croire que les Rhodiens ont pu jouer, dans la création de l'Hellénion, un rôle prépondérant. Avec des éléments aussi divers que ceux dont il était composé il fallut, pour arriver à une entente, se faire des concessions réciproques; et il est probable que, si un heureux hasard nous rendait le traité d'Aristote sur la constitution de Naucratis, on y reconnaîtrait une sorte de compromis entre les institutions des Ioniens et celles des Doriens. Malheureusement, il ne reste sur le sujet que quelques renseignements épars et d'une brièveté qui en rend l'intelligence assez difficile. Hérodote nous apprend que les villes, auxquelles appartenait le grand Téménos, avaient seules le droit de fournir les προστάται τοῦ ἐμπορίου [1], qui devaient présider à l'administration et à la surveillance des marchés. Leurs fonctions semblent se rapprocher ainsi d'une partie de celles

---

1. Hérodote, II, 178.

que remplirent plus tard en Égypte les agoranomes, si souvent mentionnés dans les textes ptolémaïques[1]. Athénée signale en outre l'existence de timouques[2], qui paraissent avoir été les magistrats suprêmes de la cité. Hésychius (s. v.) définit en effet le mot par les épithètes d'ἔντιμος, ἀξιόλογος, et il ajoute cette glose explicative : ἄρχων ἰσχυρότατος, μέγιστος. Strabon, parlant de la constitution des Massaliotes[3], dit que leur État est gouverné aristocratiquement par un Sénat de six cents membres à vie, qu'on appelle timouques. Mais rien n'indique que la valeur du mot ait été la même à Marseille qu'à Naucratis. Une inscription du *Corpus* montre qu'il y en avait aussi à Téos[4]; or, Téos est en rapports étroits avec la colonie d'Égypte. Des Téiens, nous l'avons vu, servaient parmi les mercenaires d'Ipsamboul; des noms de Téiens reviennent assez souvent dans la série des graffiti de Naucratis[5]. Téos et Phocée, métropole de Marseille, étaient l'une et l'autre des cités ioniennes, il est donc probable que les timouques sont venus à Naucratis des constitutions de l'Ionie; la magistrature qu'ils exercent paraît en tout cas différer de celle des προστάται τοῦ ἐμπορίου, avec laquelle on a voulu quelquefois la confondre[6]. Ce qui est certain, c'est que, dès l'origine, cette ville fut administrée à la manière grecque[7], et qu'elle continua de l'être pendant tout le cours de son existence. Hérodote en témoigne pour l'époque perse, et Athénée fait voir qu'au temps d'Hadrien et des Antonins elle avait toujours le même caractère exclusivement hellénique. Après la fondation d'Alexandrie, si elle perdit considérablement en richesses et en influence, elle garda du moins son administration avec les rouages spéciaux qui la distinguaient. Les villes fondées ou grécisées par les Lagides, comme Ptolémaïs, Hermopolis-Magna, Lycopolis, possèdent tous les éléments qui constituent l'organisme grec, tribus (φύλαι), archontes, Sénat[8]. Naucratis, comme on le

---

1. Voir ROBIOU, *Économie politique de l'Égypte*, p. 231-233 ; LUMBROSO, *Recherches sur l'Économie politique de l'Égypte au temps des Lagides*, p. 246-248. Les agoranomes possédaient d'ailleurs des fonctions d'un ordre beaucoup plus relevé, ainsi celles de notaires; cf. WESSELY, *Die Ægyptischen Agoranomen also Notäre*, dans les *Mittheilungen aus der Sammlung der Papyrus Erzherzog Rainer*, t. V, p. 83-114.
2. ATHÉNÉE, IV, 149 F. — 3. STRABON, IV, 149. — 4. *C. I. Gr.*, 3044.
5. Voir *Naucratis*, I, p. 60-63.
6. ULRICH (*Zeitschrift für Altwissenschaft*, 1844, t. III, p. 24).
7. Cf. LETRONNE, *Œuvres choisies*, 1re série, t. I, p. 163.
8. LUMBROSO, *Économie politique*, p. 59 ; LETRONNE, *Recueil des Inscriptions*, t. II, p. 51.

voit par un papyrus grec de la Bibliothèque Nationale, conserve toujours ses magistrats, ses coutumes à elle, ses timouques et son Hellénion [1]. Curtius pense que chaque quartier avait ses autorités particulières et sa juridiction à part, les quartiers étant administrés par les plus anciens sociétaires et pouvant, dans les cas litigieux, en appeler à la décision de leurs métropoles respectives [2]. Il a peut-être pris pour des chefs de quartier ce qui n'était en réalité que des chefs de marché. Quoi qu'il en soit, on comprend sans peine qu'une ville de population si mêlée, où plus de douze métropoles étaient officiellement représentées, devait avoir une organisation toute spéciale et bien différente de celle des colonies ordinaires.

L'exercice de la religion était absolument libre. Les neuf cités associées possédaient un temple commun dans l'Hellénion. Les trois peuples isolés gardaient leurs sanctuaires particuliers. De tout temps il dut y avoir des solennités auxquelles participa la ville entière, et peu à peu une fusion plus ou moins complète se produisit entre les colons de races diverses; du moins à l'époque d'Athénée [3], on voit que Naucratis renfermait encore un prytanée commun, où l'on célébrait des banquets aux fêtes de Hestia Prytanitis, de Dionysos et d'Apollon Komaios. C'étaient des espèces de pique-niques, pour lesquels la ville fournissait le local, les convives apportant de chez eux leurs provisions. Hermias avait décrit en grand détail le cérémonial qu'on y observait, et énuméré les seuls mets qu'il fût permis d'y présenter, sous peine d'être mis à l'amende par les timouques : un pain pur de forme plate, sur lequel on plaçait un autre pain cuit dans un moule, avec de la viande de porc, une écuelle d'orge mondé ou de légumes de saison, deux œufs, un morceau de fromage, des figues sèches, un gâteau et une couronne. Les autres jours, ceux qui voulaient y manger pouvaient venir avec quelque plat de légumes ou de graines cuites, du poisson frais ou salé, un tout petit morceau de porc, un cotyle de vin. L'entrée du prytanée était interdite à toutes les femmes, excepté aux joueuses de flûte. Dans les repas de noces,

---

1. *Pap. 60 bis.* Voir l'analyse et la discussion de ce papyrus dans LUMBROSO, *Recherches sur l'Économie politique de l'Égypte*, p. 222-223.

2. *Histoire grecque*, trad. franç., t. I, p. 530. On peut comparer, d'après l'ouvrage de HEYSE sur le *Commerce des Vénitiens au moyen âge*, le régime sous lequel vivaient, à Péra et à Galata, les commerçants génois et vénitiens pendant la durée de l'Empire byzantin.

3. ATHÉNÉE, IV, p. 149.

ajoute le même Hermias, la loi sur les mariages défendait de servir des œufs et des pâtisseries au miel. Voilà, certes, des règlements bien modestes et des menus d'une rare frugalité. Il ne faudrait pas juger des habitudes naucratites uniquement d'après ces données officielles. Les lois somptuaires ne s'édictent que dans les villes qui abusent du luxe, et les explications que donne Athénée laissent assez entendre que c'était le cas de Naucratis. En effet, un des interlocuteurs de son dialogue ayant demandé la raison de ces prescriptions si minutieuses, Ulpien répond par une citation de Lyncée[1], où il est surtout question de l'Égypte, mais où les Naucratites semblent bien avoir leur part. Un Pharaon, fait prisonnier par Ochos et brillamment traité par son vainqueur, sourit comme malgré lui de la simplicité du service. Pressé par le roi perse, il commande un festin à l'égyptienne, et Ochos émerveillé s'écrie : « Malheur à toi, Égyptien, qui as quitté de pareils régals, pour en être réduit à si maigre pitance[2] ! » Les cuisiniers grecs étaient fort habiles; ceux de Naucratis le devinrent davantage encore, en prenant à l'Égypte les raffinements qui lui étaient propres.

Comme dans toutes les villes enrichies par le commerce, et où les fortunes sont rapides, on avait hâte de dépenser en plaisirs recherchés un gain facilement acquis. L'Aphrodite qu'on adorait là était l'Aphrodite asiatique[3], venue directement de Paphos, avec toutes les pratiques voluptueuses propres à son culte. Elle était la protectrice naturelle de ces courtisanes dont la renommée fut bientôt légendaire. Hérodote remarque déjà qu'elles sont à Naucratis particulièrement aimables et gracieuses, et il rapporte tout au long l'histoire de cette Rhodopis[4], à laquelle les guides attribuaient communément la construction d'une des grandes Pyramides[5]. Née en Thrace, elle avait été, disait-on, avec Ésope le fabuliste, esclave du Samien Jadmon. Amenée en Égypte sous le règne d'Amasis, elle fut rachetée par le frère de Sapho, Charaxos de Mitylène, et, « comme elle était douée de beaucoup de grâce, elle acquit de

---

1. Peut-être, d'après la conjecture de C. Müller, s'agit-il ici d'un écrivain de Naucratis, Lycéas. (Voir *Fragm. Hist. gr.*, t. II, p. 466).

2. Cf. ce que Diodore (II, 45) raconte de Tnephachthos maudissant les premiers rois qui avaient introduit le luxe dans les repas.

3. Athénée, XV, 675-676.

4. Hérodote, II, 135. Cf. *Fragm. Hist. gr.*, t. IV, p. 307, 2.

5. Voir sur l'origine de la légende de Rhodopis, concernant la construction de la Pyramide, Piehl, *Proceedings* de la Société d'archéologie biblique, t. XI, p. 221.

grandes richesses », dont elle voulut pieusement consacrer la dîme au dieu de Delphes. La poétesse de Lesbos l'avait immortalisée dans ses vers, en raillant la passion de son frère, qui eut la folie de se ruiner pour l'entretenir. Passant de bouche en bouche, le récit admit au reste plus d'une variante. Selon Athénée, Rhodopis était bien celle qui dédia à Apollon les broches fameuses, dont parlait le poète Cratinos[1]; mais il accuse Hérodote d'avoir fait quelque confusion. S'il faut l'en croire, la courtisane aimée de Charaxos se serait appelée réellement Doricha[2], et c'est sur elle que Posidippe avait composé l'ingénieuse épigramme dont nous avons conservé le texte. Venue un peu plus tard, Archédicé fut moins fameuse; pourtant son nom parvint jusqu'en Grèce, et les compilateurs modernes en savaient sur son compte beaucoup plus long qu'Hérodote. Ainsi, Élien[3] la représente comme une femme fière, intéressée, faisant payer très cher ses faveurs, et il conte à ce propos une assez piquante anecdote. Plutarque rapporte le même trait d'une certaine Thonis, qu'il fait, par erreur, contemporaine de Bocchoris[4], mais qui était probablement, elle aussi, une Naucratite. D'après Letronne, Thaïs elle-même, quoique Alexandre l'eût trouvée établie à Athènes, devait être née en Égypte, ou issue d'un mariage mixte entre Égyptienne et Grec[5]. Naucratis était, on le voit, une petite Corinthe, une ville de luxe et de plaisir, où on pouvait se procurer des distractions de tout genre, pourvu qu'on fût en état d'y mettre le prix. Les anciens ne dédaignaient pas les illustrations du genre de celles que nous venons de rappeler; Aspasie était l'amie des plus grands hommes de son temps, et les trois cent trente-cinq courtisanes d'Athènes trouvaient des historiens, pour retracer leurs mérites et raconter leurs hauts faits[6].

---

1. ATHÉNÉE, XIII, 596 B. Les broches de Rhodopis avaient disparu au temps de Plutarque, mais les guides montraient encore la place qu'elles avaient occupée. (PLUTARQUE, De Pythiæ Orac., 14.)

2. Stein pense que Doricha était en effet le vrai nom et que ῥοδῶπις n'était qu'une épithète, devenue peu à peu un nom propre.

3. ÉLIEN, Hist. var., XII, 63. — 4. PLUTARQUE, Démétrius, c. 14.

5. LETRONNE, Œuvres choisies, 2ᵉ série, t. II, p. 85 et s. Le nom est en effet tout égyptien : Ta-Isis, celle d'Isis; cf. Pet-Isis = Pe-tu-Isis. « Ce nom fut porté par la femme du mécanicien d'Alexandre, Ctésibios, qui était Alexandrine. La courtisane Thaïs, convertie au IVᵉ siècle par saint Paphnuce, était aussi une Égyptienne. Ce même nom se retrouve sous une forme encore plus égyptienne dans Θάησις, femme nommée dans le papyrus SCHOW, 2 et 14. »

6. Voir APOLLODORE, dans ATHÉNÉE, XIII, 567 A, 583 D. Il est juste d'ajouter ici, comme correctif, la

Si on savait jouir de la vie à Naucratis, on y travaillait aussi avec ardeur. La variété de ses produits industriels, le mouvement d'exportation que suppose son commerce avec l'Égypte donnent une idée de l'activité qui régnait dans cette petite ville. Rien ne devait être plus animé que l'aspect du canal et du port, où se croisaient sans cesse des vaisseaux partant pour les pays lointains, tandis que d'autres, rangeant le quai, débarquaient leurs cargaisons, transportées ensuite aux magasins de l'Hellénion ou au domicile des armateurs (fig. 61). Entre le canal et la ville, la distance était courte[1], et ce chemin était sillonné tout le jour par une foule affairée de marchands, de portefaix, d'oisifs en quête de nouvelles et curieux d'assister au déchargement des navires. On entendait là tous les dialectes du monde grec, mêlés avec ceux du Delta et de la Libye, souvent même avec les langues de plusieurs peuples barbares. Placée dans une situation beaucoup moins favorable, Naucratis jouait, trois siècles plus tôt, un rôle analogue à celui de la grande cité d'Alexandrie. Elle concentrait les richesses de l'Égypte dans son sein pour les répandre de tous côtés dans le monde, et préparait ainsi inconsciemment la fusion des peuples dans le grand courant de l'hellénisme. Après les Phéniciens et avec eux, aucune ville ne contribua plus puissamment à faire connaître les ouvrages, à faire adopter les modes de l'Égypte, qui exercèrent sur l'art archaïque, dans toute l'étendue de la Méditerranée, une si remarquable influence. Dans l'ordre matériel, son action ne fut pas moindre. Les peuples pauvres apprirent à se procurer, grâce à

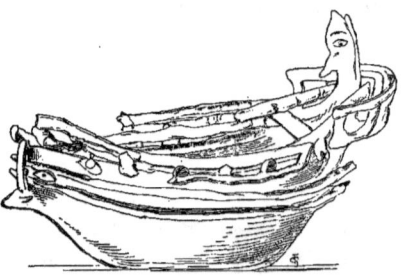

Fig. 61. — Vaisseau d'après un vase chypriote de la collection Cesnola.

---

remarque de M. A. Maury (*Hist. des relig. de la Grèce*, t. III, p. 34): « Lors même qu'ils imitaient les désordres sanctionnés par des cultes étrangers, les Grecs gardaient plus de retenue que les Asiatiques. En dépit de la considération que surent s'acquérir, par leur beauté, leur esprit ou leur talent, certaines courtisanes, elles formèrent toujours, comme le font encore les actrices, une classe à part, pour laquelle on avait plus d'admiration que d'estime. La chasteté n'en était pas moins regardée, suivant l'expression d'Euripide (*Méd.*, V, 636), comme le plus beau présent des dieux. »

1. Moins d'un demi-mille anglais.

elle, ce que la vallée du Nil produisait avec surabondance. On commença à compter, dans les régions infertiles, sur les récoltes de la vallée du Nil. Ainsi le commerce de Naucratis, en se développant chaque jour davantage, servit à prévenir les disettes, à augmenter l'état de plus en plus florissant de la Grèce. Aussi la renommée de cette ville fut-elle bientôt universelle, et sur le théâtre d'Athènes, Eschyle décrivant les courses d'Io à travers le monde, mettait dans la bouche de Prométhée une allusion « à cette terre deltaïque du Nil, où les destins, disait le héros, te permettent, à toi et à tes enfants, de fonder une lointaine colonie[1] ». C'est à elle que Platon, dans le *Phèdre*, emprunte les légendes contées par Socrate sur la religion égyptienne, sur le dieu Thot et sur l'invention des lettres[2]. C'est à elle sans doute que songeait Xénophon, lorsque, dans sa « République d'Athènes », il citait l'Égypte parmi les contrées étrangères qui envoyaient à l'Attique, devenue maîtresse de la mer, toutes les douceurs de la vie[3]. On voit qu'au IVe siècle ses négociants continuaient à faire de brillantes affaires, car Démosthène parle d'une somme de neuf talents et trente mines prise par une trière athénienne sur un seul de leurs vaisseaux de transport[4], et, plus tard, une épigramme de Callimaque met en scène un Naucratite, Timodème, qui, ayant réussi à souhait dans ses entreprises, consacre à Déméter et à sa fille la dixième partie de son gain[5]. L'Αἰγυπτία ἐμπολή, la pacotille d'Égypte, était facile à vendre et procurait de gros bénéfices; aussi, chez les romanciers de la décadence, un marchand de Naucratis est-il toujours un richard qui obtient de faciles succès[6]. Les conditions avaient cependant bien changé au IVe siècle de notre ère; mais la vieille réputation se maintenait encore au moins comme un souvenir.

Malgré tout cela, Naucratis resta toujours une ville assez peu étendue, peut-être à cause de sa situation au milieu du territoire égyptien. On y venait

---

1. *Prométhée*, 807-815. — Grâce à elle, comme l'a fait observer M. Vivien de Saint-Martin (d'après les fragments du *Prometheus solutus* et de l'*Æthiopis*), on avait déjà au VIe siècle, sur les contrées du Haut-Nil, des renseignements plus étendus que n'en possédaient les modernes avant le règne de Méhémet-Ali. (*L'Afrique du Nord*, p. 9-10.)
2. PLATON, *Phèdre*, 274 D-E, 275.
3. XÉNOPHON, *Athen. Resp.*, 2, 7.
4. DÉMOSTHÈNE, *In Timocr.*, 703. Le texte de ce passage est du reste sujet à discussion.
5. CALLIMAQUE, *Epigr.*, 40.
6. HÉLIODORE, *Æthiop.*, II, 8.

pour trafiquer, pour s'enrichir, mais on ne s'y fixait pas volontiers. Les commerçants, qui avaient fait de grandes fortunes, ne pouvant se construire, soit dans l'enceinte de la cité, soit dans les environs, des demeures à leur gré, avaient hâte de retourner dans leur patrie, s'ils voulaient étaler leur luxe et jouir largement de leur richesse. On n'a donc pas affaire ici à une de ces brillantes colonies, qui éclipsent par leur magnificence la gloire de leurs métropoles. Sauf l'Hellénion, dont les dispositions intérieures sont assez mal connues, l'architecture n'avait produit que des édifices de faibles dimensions; et les petits temples primitifs ne paraissent pas s'être jamais agrandis. Les autres arts plastiques n'ont laissé non plus que de maigres traces, et aucun souvenir dans les auteurs. La littérature elle-même n'est apparue que sur le tard, en des temps de décadence, et, à l'exception d'Apollonius[1], les écrivains que l'on cite, Charon, Lycéas, Philistos, Polycharme, Staphylos, Athénée, ne sont guère que des compilateurs. Il faut se garder néanmoins de trop rabaisser les colons de Naucratis. Leurs mérites furent d'un autre ordre, mais ils ne sont pas à mépriser pour cela. Tout en échangeant leurs produits contre ceux de la vallée du Nil, de l'Afrique et de l'Orient, ils créèrent de nouvelles industries et surent initier les artisans grecs aux secrets des fabrications étrangères. Revenus dans la patrie, au retour de leurs longs voyages, ils apportaient avec eux bien des notions nouvelles sur les hommes et sur les choses. Enfin, dès le vi^e siècle, ils firent connaître à la Grèce orientale la civilisation égyptienne et bientôt apprécier par l'Égypte elle-même les rapides progrès de la civilisation hellénique.

---

1. L'origine naucratite d'Apollonius (ATHÉNÉE, VII, 283 D) est d'ailleurs douteuse.

CHAPITRE VI

IDÉE QUE LES GRECS ONT PU SE FAIRE DE L'ÉGYPTE VERS LE VIᵉ SIÈCLE

Les Grecs illustres en Égypte au vıᵉ siècle. — Alcée. — Théodoros et Téléklès. — Solon et Amasis ; l'Atlantide. — Thalès; ce qu'il a pu apprendre de l'Égypte. — Phérécyde de Scyros. — Pythagore. — Rapports qu'on observe entre certaines de ses règles de vie et celles des Égyptiens. Différences dans les doctrines. — La Métempsycose. — La croyance à l'immortalité de l'âme. Elle apparaît déjà dans les anciens mystères. — Ce que les Orphiques ont pu emprunter à l'Égypte. — Dionysos, Zagreus et Osiris. — Images obscènes. — Date probable des emprunts.
Assimilation des dieux grecs aux dieux égyptiens. — Raisons de ces identifications. — Mythologie iconographique. Influence des images égyptiennes sur la formation de certaines légendes grecques.
Préoccupation des Grecs de rattacher leur passé à celui de l'Égypte. — Dieux égyptiens en Grèce. L'histoire ancienne du pays racontée par les interprètes. — Hérodote. — Légendes gréco-égyptiennes sur les rois de la XXVIᵉ dynastie.
Conditions spéciales à la vallée du Nil. — Recherches et hypothèses des Grecs pour expliquer les débordements périodiques du fleuve. — Ses sources.
Comment les Grecs représentent les institutions du pays. — Les classes. — Les divisions administratives. — L'organisation de l'armée.
Les mœurs égyptiennes d'après les écrivains helléns. — Vie matérielle; coutumes diverses. — Erreurs et généralisations exagérées. — Haute idée qu'ils se font des Égyptiens.
Leur admiration pour les grands travaux exécutés par les anciens rois : digues, canaux, lac Mœris; pour les monuments. Saïs et les villes du Delta; Memphis; les Pyramides; le Labyrinthe. — Pourquoi Hérodote ne dit rien de Thèbes, ni rien des tombeaux.
Conclusion.

Les premiers Grecs qui vinrent en Égypte, au vıɪᵉ et au vıᵉ siècle, furent de simples marchands. Les curieux suivirent de près : car l'esprit scientifique s'éveillait chez les Ioniens d'Asie; ils sentaient le besoin de s'instruire, de profiter des connaissances acquises par les peuples de civilisation plus ancienne. Les livres existaient à peine; voyager était presque le seul moyen de se renseigner et d'apprendre. Mais pour voyager, il fallait trafiquer, c'était une condition indispensable. Plutarque semble vouloir justifier les anciens sages de s'être livrés au commerce, en montrant que c'était alors une occupation fort en honneur. De fait, on n'avait pas le choix; si on voulait visiter les pays étrangers, à une époque où la monnaie n'existait pas ou était d'un usage encore très restreint, on ne pouvait vivre qu'en faisant des échanges; force était donc d'emporter avec soi une pacotille, un petit fonds de marchandises, de le vendre et de le renouveler pour aller plus loin. Entre temps, on étudiait les mœurs et les institutions, on s'enquérait de l'histoire et de la géographie, on tâchait de s'assimiler les sciences ou les arts, les découvertes, les procédés techniques, tout ce qui pouvait être utile et manquait encore aux Grecs. L'Égypte, avant d'être directement connue, passait, de très longue date, pour un pays de merveilles. Aussi fut-il bientôt de mode d'y rattacher par un lien quelconque les plus grands noms de la Grèce. On y faisait à tout le moins séjourner Homère, quand on ne l'y faisait pas naître[1]; et, pour prouver la réalité du fait, on trouvait dans son œuvre même, des arguments péremptoires. Ce sont là évidemment de pures rêveries. Mais, au vi[e] siècle, rien n'empêche qu'un poète voyageur tel qu'Alcée ait réellement poussé jusqu'au Delta. Issu d'une race énergique et aventureuse, il avait pour frère cet Antiménidas, qui s'engagea comme mercenaire au service d'un roi de Chaldée[2]. Lui-même il avait vu, décrit bien des contrées diverses, et, plus d'une fois, Strabon se réfère à quelqu'une de ses poésies afin d'établir la situation d'une ville ou le nom d'une rivière[3]. Pour justifier Homère de n'avoir pas signalé le nombre des bouches du Nil, il observe qu'Alcée non plus n'en avait rien dit, lui qui se vantait pourtant d'être allé en Égypte[4]. Assurément, Strabon fait allusion ici à quelque vers bien connu, et ce témoignage personnel lèverait tous les doutes, si on était certain qu'au i[er] siècle les œuvres du poète Lesbien fussent exemptes d'interpolation. C'est par Alcée sans doute et par Charaxos que Sapho a pu connaître l'Égypte et lui emprunter des mots comme ἔρπις pour désigner le vin[5]. D'ailleurs, Mitylène fut de bonne heure en rapport avec Naucratis, et

---

1. Diodore, I, 12; 96; 97. Clém. Alex., *Strom.*, I, 15; 66, 354. Lucien, *Demosth. Encom.*, 9. Aulu-Gelle, III, 11; Héliod., *Æthiop.*, III, 14, etc.
2. Strabon (Didot), XIII, 527. Voir pour la date, J. Beloch (*Rhein. Mus.*, 1890, p. 473 et s.).
3. Strabon, IX, 353, 354; XIII, 518. — 4. *Ibid.*, I, 30.
5. Une des inscriptions de Naucratis (*Naukr.*, I, p. 62, n° 532), porte : Σαφ... (altéré de Σαπ-). La restauration Σάπφω est tentante, dit à ce sujet M. E. Gardner.

elle est la seule ville éolienne, qui ait eu part à la fondation de l'Hellénion.
Une légende connue faisait d'Ésope un Éthiopien : il n'est pas étonnant que plusieurs savants modernes, Zündel et Lauth, pour ne citer que des Égyptologues, aient mis cet esclave des Samiens Xanthos et Jadmon en rapport avec l'Égypte[1]. Il vivait, dit-on, vers le VIe siècle, au temps de ce pharaon Amasis, à qui Hérodote prête de si curieux apologues. Le genre de la fable semble être d'origine orientale ; il n'apparaît que sous forme rudimentaire chez les premiers poètes grecs, dans Hérodote par exemple, dans Archiloque et Stésichore. L'Égypte au contraire en a fourni des spécimens d'une antiquité très haute ; M. Maspero a retrouvé dans un texte pharaonique, la *Dispute des membres et de l'estomac*[2]. Les fables que contient un papyrus démotique de Leyde[3], le *Lion et le Rat*, et d'autres encore, sont d'une rédaction relativement récente, mais le fonds même peut être d'époque plus ancienne. On comprend que les Grecs aient pu reconnaître, dans la vallée du Nil, un certain nombre des types que les récits ésopiques avaient répandus dans leur monde[4]. Les relations avec des familles samiennes, que la tradition prêtait à Ésope, sont peut-être le point de départ des légendes qui, beaucoup plus tard, rapprochèrent son nom de celui du roi Nectanébo[5]. Samos et l'Égypte semblaient si naturellement liées, que tout Samien célèbre devait tenir par quelque côté au pays des Pharaons. Polycrate avait été l'allié, le correspondant d'Amasis ; Pythagore s'était formé à l'école des prêtres d'Héliopolis ; Ésope qui vécut à Samos ne pouvait manquer, lui aussi, d'avoir un chapitre égyptien dans sa légende.

Pour les artistes, la tradition présente la même succession de faits que pour les poètes. Le premier de tous, le sculpteur Dédale, aurait été égyptien comme Homère, ou, comme lui, aurait habité l'Égypte. C'est là qu'il avait pris le

---

1. Zündel, *Ésope était-il Juif ou Égyptien?* dans la *Revue archéologique*, 2e série, t. III, p. 354-369 ; Lauth, *Ueber die Symbolische Schrift der alten Ægypter*, dans les *Sitzungsberichte* de l'Académie des Sciences de Münich, 1868, t. III, p. 357-358, et *Die Thierfabel in Ægypten* (ibid., p. 42 sqq.).

2. Voir *Études égyptiennes*, t. I, p. 260-264.

3. I, 384 (Leemans, *Monuments de Leyde*, 2e part., ccxv et suiv.). La fable du Lion et du Rat a été découverte par M. Lauth, *Die Thierfabel in Ægypten*, dans les *Sitzungsberichte* de l'Académie des Sciences de Münich, 1868, p. 50-51, puis traduite complètement par Brugsch dans la *Revue archéologique*, 2e série, 1878 ; cf. Révillout, *Revue égyptologique*, t. I, p. 153 et suiv.

4. Zündel, *Rev. archéol.*, 1861, I, 354 et s.

5. Voir *La Vie d'Ésope* par Planude, trad. par Lafontaine.

modèle du Labyrinthe, bâti par Mendès ou Marrhos bien longtemps avant le Crétois Minos[1]. L'attitude des vieilles statues égyptiennes ressemblait à celles des statues dédaliques; comme il fallait, pour plaire aux touristes grecs, rattacher à leurs illustrations légendaires les monuments du pays, les guides naucratites contaient que Dédale avait construit, à Memphis, le plus beau propylée du temple d'Héphæstos, et qu'en récompense on lui avait dédié à lui-même un sanctuaire dans une île voisine[2]. A côté de ces inventions naïves se conservaient aussi des souvenirs moins fabuleux. Les deux fils de Rhœkos, le grand artiste samien, Théodoros et Téléklès avaient vécu aux bords du Nil; c'est là qu'ils auraient appris les règles du prétendu canon égyptien[3], ou plutôt, comme nous l'avons vu, des procédés spéciaux pour la fonte du bronze qu'on pratiquait depuis des siècles.

Les interprètes de Naucratis ou de Memphis ne tarissaient pas sur des sujets qui devaient piquer si vivement la curiosité de leurs auditeurs. De génération en génération, les récits se complétaient, s'embellissaient de nouveaux détails, que la facile crédulité des voyageurs acceptait sans examen. Bientôt, la plupart des grands hommes de la Grèce passèrent, bon gré mal gré, pour avoir fait un stage dans la vallée du Nil. Lycurgue, après avoir étudié les lois de la Crète, était venu se mettre à l'école des prêtres égyptiens[4]. Plusieurs des sept Sages avaient puisé à la même source. Ici d'ailleurs, les données chronologiques ne présentent pas d'impossibilité matérielle; seulement il faut distinguer entre les nombreuses traditions. Ainsi Plutarque met plusieurs fois Bias de Priène en rapport avec Amasis. Tantôt il conte que le roi d'Égypte, lui ayant demandé de prendre, de la chair de la victime, le meilleur et le pire, Bias désigna la langue[5]. Tantôt il affirme que le Pharaon entretenait une correspondance assidue avec le sage ionien, auquel il proposait des énigmes toujours ingénieusement expliquées[6]. C'est là du pur roman, qu'il serait puéril de faire entrer en ligne de compte; nous n'en retiendrons qu'un détail intéressant pour nous comme trait de mœurs : le messager choisi par Amasis pour porter ses missives à Bias et aux autres sages réunis chez Périandre,

---

1. Diodore, I, 98. — 2. Ibid. — 3. Ibid., I, 98.
4. Diodore, I, 98. La date probable de la Vie de Lycurgue ne permet pas d'accepter ce récit.
5. De Audiendo, c. 2. Cf. De Garrul., c. 8. Ce trait a passé dans la légende d'Ésope.
6. Septem Sapient. Conv., c. 6, 8.

est un habitant de Naucratis, auquel l'auteur donne le nom bien approprié de Niloxenos. Selon Diogène Laërce et Suidas, Cléobule avait eu connaissance de la philosophie de l'Égypte[1]; le renseignement est assez vague comme on voit; cependant, si on remarque que Cléobule était de Lindos, une ville rhodienne, intimement liée à Naucratis, on reconnaîtra que le fait n'est pas dénué de toute vraisemblance[2]. Quant au tyran de Corinthe, Périandre, il ne quitta certainement pas la cité où il régnait, pour visiter le pays des Pharaons. Mais nous avons rappelé déjà le nom de Psammétique, donné à son neveu. Que ce nom soit venu par Cyrène, ce qui est plus probable, ou directement de l'Égypte, il semble indiquer du moins que, dans l'entourage du tyran, ce qui venait des bords du Nil était accueilli avec faveur.

Quand il s'agit de Solon, nous sommes en présence de renseignements dont la précision mérite d'être discutée. Hérodote, qui a pu recueillir la tradition à Athènes même deux siècles plus tard, cite les principales étapes des voyages, mais sans en indiquer l'ordre, sans chercher à distinguer la vérité des fables. Ses récits ont donné lieu à de nombreuses controverses; il nous appartient seulement d'examiner si Solon a vraiment visité l'Égypte. La supposition, il faut le reconnaître, s'accorde fort bien avec le caractère de l'homme, avec le genre de vie et les habitudes qu'on lui prête. Dès sa jeunesse, on le voit trafiquer sur mer, afin de refaire sa fortune, compromise par les libéralités de son père[3]. « Il avait un vaisseau à lui, sur lequel il allait écouler dans les ports étrangers des marchandises attiques et faire provision de fret pour revenir à Athènes[4]. » Est-il allé en Égypte dès sa jeunesse? Bergk le croit, sur un mot de Plutarque, qu'il interprète en ce sens[5]; mais l'interprétation paraît forcée, et nous ne savons quel degré de confiance il faut accorder au texte même de Plutarque. Celui-ci prétend citer un vers de Solon et ne doute point qu'il n'ait séjourné

$$\text{Νείλου ἐν προχοῆσι Κανωβίδος ἐγγύθεν ἀκτῆς}[6].$$

---

1. Diogène Laerce, I, 6. Suidas, s. v. Κλεόβουλος.
2. D'après Duris, il était Carien. *Fragm. Hist. gr.*, t. II, p. 482, fragm. 55.
3. Plutarque, *Solon*, c. 2.
4. Curtius, *Hist. gr.*, trad. franç., t. I, p. 392.
5. *Poet. lyr. gr.*, t. II, p. 432.
6. Plutarque, *Solon*, c. 26.

Mais le vers est-il authentique et l'application qu'en fait l'historien est-elle exacte ? Tout ce qu'on peut dire, c'est que, depuis Hérodote jusqu'à Plutarque, on a cru à la réalité du voyage ; et, au IV° siècle, un critique aussi sévère qu'Aristote acceptait la tradition comme certaine. Le fait lui-même peut donc être admis comme très probable. D'ailleurs, le vers cité par Plutarque ne présente pas d'invraisemblance. C'est bien par la bouche Canopique que Solon a dû pénétrer en Égypte, s'il y est venu sous le règne d'Amasis, et c'est dans le Delta surtout qu'il paraît avoir séjourné. On le montrait plus tard philosophant avec des prêtres de Saïs, d'Héliopolis, de Sébennytos[1], auxquels on donnait, par amour pour la couleur locale, des noms suffisamment égyptiens.

Quant à la question de date, elle est difficile à résoudre. Rien ne s'oppose assurément à ce que Solon soit allé une première fois en Égypte, pendant la première période de ses voyages, mais rien ne le prouve non plus. Tous les auteurs anciens sont d'accord pour l'y conduire, après qu'il eut donné ses lois[2]. Mais ils ne déterminent pas l'année, et, sur ce point, les divergences d'opinion sont grandes parmi les historiens modernes. Curtius prend le récit à la lettre et tient pour 593, Duncker pour 583. La plupart des critiques, préoccupés des textes d'Hérodote, qui nomme Amasis, pensent que Solon, après son archontat (594) dut passer encore bien des années à Athènes, pour compléter sa législation et en étudier les effets ; ils le font partir les uns vers 575, d'autres vers 573, et rapprochent ainsi plus ou moins l'époque de son départ de l'avènement d'Amasis[3]. L'assertion d'Hérodote ne vaut peut-être pas qu'on en prenne tant de souci. Il donne, il est vrai, comme ayant été promulguée par Amasis une loi que Solon aurait imitée, et d'après laquelle tout citoyen devait justifier devant les magistrats de ses moyens d'existence. Mais d'abord, cette loi ne paraît pas avoir été introduite à Athènes par Solon. Lysias la faisait remonter à Dracon, et Théophraste la rapportait à Pisistrate[4]. Certainement d'autre part, elle n'était pas l'œuvre d'Amasis. Elle n'existait pas

---

1. PLUTARQUE, *Sol.*, 26; *de Is. et Os.*, 10; PROCL., *in Tim.*, 31 D; DIOGÈNE LAERCE, I, 1, 15; DIODORE, I, 69, 96, 98.
2. HÉRODOTE, I, 29, 30; DIOG. LAERCE, I, IV, 50; PLUTARQUE, *Sol.*, 26. HERACL. PONTIC., *Fragm. Hist. gr.*, II, 208, 1, 5.
3. Voir, sur cette question, L. CERRATO, *Solone*, Turin, 1879, c. VI, p. 24-27; c. XVIII, p. 64-76. *Sui frammenti di Solone*, 1878, p. 80 et s.; p. 116 et s. Cf. LEPSIUS, *Chronol. der alt. Æg.*, I, p. 41.
4. Voir HARPOCR., d'après *Lysias*, s. v. ἀργίας δίκη ; POLLUX, 8, 42 ; DIOGÈNE LAERCE, I, 2, 7.

du reste en Égypte, sous la forme que semble lui prêter Hérodote; ce qui existait, et dès la plus haute antiquité, c'était le cadastre et aussi les recensements périodiques de la population, nécessaires pour fixer la quotité et assurer la perception des impôts. On voit souvent, sur les monuments, de longues rangées d'individus défilant devant un scribe, qui enregistre leurs noms, en indiquant la taxe que chacun d'eux doit acquitter. Les Grecs pouvaient assister personnellement à ces scènes, que nous ne connaissons qu'en peinture; on conçoit qu'elles leur aient donné l'idée d'une loi analogue à celle qui fut en vigueur à Athènes. Or, on y racontait que Solon était allé en Égypte au temps d'Amasis, donc Amasis devait être l'auteur de la loi en question, et Solon n'avait fait que la copier.

C'est également de Saïs qu'il aurait rapporté cette brillante légende de l'Atlantide, avec laquelle il avait projeté de composer tout un poème[1]. La vieillesse l'arrêta en chemin; et la postérité n'y aurait rien perdu si Platon, qui l'a reprise par deux fois comme un héritage de famille, avait pu la traiter jusqu'au bout dans son admirable prose. Ici deux questions se présentent : 1° le récit n'est-il qu'une invention de Platon, ou remonte-t-il vraiment jusqu'à Solon son ancêtre? 2° si ce dernier l'a vraiment recueilli en Égypte, quelle en était l'origine? Les précautions infinies que prend Platon, dans le *Timée* et dans le *Critias,* pour indiquer comment cette tradition s'était conservée dans sa famille, depuis son bisaïeul Dropide jusqu'à son cousin le second Critias, les détails qu'il donne à propos des notes prises par Solon sous la dictée des prêtres et transmises de génération en génération jusqu'à lui-même, tout cela semble indiquer que le fond du récit au moins est de provenance authentique[2]. Sans doute, au temps de Platon, la communauté d'intérêts pouvait engager les Saïtes à confondre leur passé avec celui des Athéniens, et lorsqu'ils montraient à Crantor des stèles où était gravée en hiéroglyphes l'histoire de l'Atlantide[3], leur témoignage était d'autant plus suspect, que Crantor ne pouvait en vérifier l'exactitude. Mais les mêmes raisons ne valent pas pour l'époque de Solon; et, d'ailleurs, il y a là une

---

1. PLUTARQUE, *Tim.*, 21 et s.; *Critias*, 108 et s. PLUTARQUE, *Sol.*, 26; *Posidonius*, dans STRABON, II, 84 (Didot).
2. Voir Th.-H. MARTIN, *Études sur le Timée*, pp. 257 et s.
3. PROCL. *in Tim.*, 24 B.

tradition géographique importante, qui subsiste en dehors de toute idée de flatterie intéressée, celle de l'existence d'un continent occidental, englouti depuis des milliers d'années et perdu au fond de l'Océan. Jusqu'ici on n'en a retrouvé aucune trace dans les documents égyptiens; M. Duncker[1] croit en reconnaître l'idée première dans les légendes géographiques, créées par les navigateurs phéniciens, sur la grande mer d'Occident. Le secret dont ils entouraient leurs découvertes devait en effet donner lieu à des récits merveilleux, qui, par les Tyriens de Memphis, se répandaient dans le pays. Du reste, des contes populaires égyptiens parlaient de navigations lointaines, d'îles mystérieuses, où régnaient des dieux serpents[2]. Quelque roman de ce genre peut avoir été le point de départ de la légende de l'Atlantide, que l'imagination de Platon a certainement amplifiée et embellie, et rien ne s'oppose à ce que Solon en ait recueilli les éléments à Saïs. Aussi bien, à propos de ces voyages de Solon et des autres grands hommes de la Grèce, l'important n'est-il pas de discuter chaque détail et de s'acharner à en prouver l'exactitude, mais d'en constater simplement et d'une manière générale la possibilité et la vraisemblance. « Ce qui se reflète dans ces traditions, dit très bien Curtius, c'est l'idée, d'ailleurs parfaitement juste, de la solidarité qui unissait alors les côtes de la Méditerranée, de la grande renommée de Solon et de l'intérêt très vif qu'il portait à la sagesse et aux souvenirs historiques de l'étranger. »

Thalès aussi est un des sept Sages, mais il est surtout un savant, un physicien ou physiologue. Selon Plutarque, il fit du commerce comme Solon[3], et nous avons dit pourquoi. Hérodote qui vante à plusieurs reprises son habileté comme astronome, comme ingénieur et même comme politique[4], ne dit pas formellement qu'il soit allé en Égypte, mais il semble le laisser entendre, quand il cite sa théorie sur les inondations du Nil. Les polygraphes récents l'affirment d'après des traditions anciennes, qui ont pour elles toutes les vraisemblances[5]. D'abord, Milet, sa patrie, est la première fondatrice de Naucratis,

---

1. *Geschischte des Alterthums*, t. VI, p. 249.
2. Voir MASPERO, *Contes égyptiens*, p. 139-148. Dans les plus vieilles légendes grecques, on atteignait les îles des morts en naviguant vers l'Occident.
3. PLUTARQUE, *Solon*, 3.
4. HÉRODOTE, I, 74, 75, 170; II, 20.
5. PLUTARQUE, *de Is.*, 10 et 34; *Sept. Sap. Conv.*, 2; *De Plac. philos.*, I, 3; DIOGÈNE LAERCE, I, 3, 6, 15. JOSÈPHE, *Contra Apionem*, I, 2; CLEM. ALEX., *Strom.*, I, 15, p. 352, 354.

et il est naturel qu'un curieux comme Thalès profite, pour connaître l'Égypte, de la fréquence des relations entre la métropole et sa colonie. Si les témoignages positifs sont modernes et peu probants, on peut jusqu'à un certain point les vérifier, en examinant ce que le philosophe ionien paraît avoir emprunté à l'Égypte; le travail a été fait avec une précision toute scientifique par M. P. Tannery, et nous n'aurons ici qu'à le suivre[1]. Le *Papyrus Rhind*, publié et commenté par MM. Eisenlohr et Cantor[2], nous montre ce que savaient, une quinzaine de siècles avant notre ère, sinon les savants, du moins les calculateurs et les géomètres de la vallée du Nil. Ils étaient en état de résoudre les problèmes arithmétiques à une inconnue, et cela par des procédés pratiques que la Grèce adopta et conserva longtemps, puisqu'on retrouve les mêmes données traitées d'une manière analogue dans l'enseignement tel qu'il était pratiqué à l'époque de Platon[3]. Ces procédés, quoique élémentaires, constituaient, pour les contemporains de Thalès un progrès déjà remarquable. En géométrie, les Égyptiens possédaient des méthodes d'arpentage, perfectionnées plus tard par les savants grecs, mais qui, malgré leur peu d'exactitude, n'en ont pas moins passé aux agrimenseurs romains et se sont perpétuées en partie jusqu'à la Renaissance. Thalès dut se servir de ces applications purement pratiques, pour améliorer l'arpentage de son pays ; mais il ne prit à l'Égypte ni l'arithmétique ni la géométrie, dans le sens vraiment scientifique où l'on entend aujourd'hui ces deux mots. Les théorèmes qu'on lui attribue faussement n'ont été démontrés que plus tard, et la science mathématique date en réalité de Pythagore.

En astronomie, on prête d'ordinaire à Thalès la prédiction, restée fameuse d'une éclipse de soleil[4]. Th.-H. Martin s'est efforcé de prouver la fausseté de cette tradition. M. Tannery démontre qu'elle n'avait cependant rien d'impossible[5]. Selon Eudème, il aurait découvert aussi la non-uniformité de la circu-

1. Voir P. TANNERY, *Pour la Science hellène*, p. 52-80.
2. EISENLOHR, *Ein mathematisches Handbuch*. Cf. RODET, *Journal asiatique*, 1881, t. XVIII, p. 184-232, 390-459; RÉVILLOUT, *Revue égyptologique*, 1881, p. 287 et s.
3. PLATON, *Lois*, VII, 819.
4. M. Tannery la place en 610, contrairement à l'opinion généralement reçue, qui la reconnaît dans celle de 585. Voir *Pour la Science hellène*, p. 36-39.
5. Les Chaldéens ont pu connaître la période de 223 lunaisons, qui peut servir à prédire les éclipses de soleil, aussi bien que celles de lune. Le témoignage de Diodore laisse à penser que les prêtres thébains n'étaient pas moins avancés en astronomie que les Chaldéens. Bien plus, les documents traités par

lation annuelle du soleil. Il paraît avoir simplement constaté l'inégalité de durée entre les quatre saisons astronomiques et complété les données d'Hésiode en fixant les équinoxes, ce qui pouvait se faire avec le gnomon et la clepsydre. Or, les Égyptiens étaient certainement en état de déterminer les solstices et les équinoxes, et la date que Thalès aurait indiquée pour le lever du matin des Pléiades se rapporte précisément à un climat beaucoup plus méridional que Milet. Aux Égyptiens encore il aurait pris leur année solaire vague de 365 jours, et même leurs mois de 30 jours[1], contrairement à l'usage des mois lunaires, qui se maintint chez les Grecs. Enfin, s'il indiqua la mesure du diamètre du soleil[2], on sait par Cléomède que les Égyptiens possédaient un procédé élémentaire pour déterminer cette mesure. D'après M. Zeller[3], aucun témoignage n'indique que Thalès ait emprunté aux Orientaux des connaissances philosophiques et physiques. Cependant, si on examine ce qui, grâce aux doxographes, nous reste de sa cosmologie, on voit qu'elle est presque identique à celle des Héliopolitains, qui de bonne heure prévalut dans la plus grande partie de l'Égypte. L'eau est le principe, la semence des choses; c'est de cet élément primordial que tout le reste est sorti. A la surface flotte la terre, un disque plat; et au-dessus d'elle se recourbe une voûte hémisphérique, à laquelle sont attachés les astres, dieux célestes nageant dans des barques lumineuses. Pour les Égyptiens, le chaos primordial, le Nou, était une masse informe, où tous les éléments se trouvaient confondus, jusqu'au jour où furent séparées les eaux d'en bas de celles d'en haut. La terre était une vaste ellipse, ou un quadrilatère, terminé aux angles par des montagnes soutenant la voûte du ciel, soulevée au jour de la Création par le dieu Shou. Tout autour d'elle, sur une sorte de banquette surélevée, coulait le Nil céleste, l' Ὠκεανός des Grecs, sur lequel flottait la barque du Soleil, visible pendant le jour, tandis qu'elle descendait de l'Orient vers le

---

M. Oppert ont fait voir que sur certains points, ils leur avaient fourni des modèles, et que par exemple la prétendue ère de Nabonassar était, en fait, une ère égyptienne, « celle de la période Sothiaque raccourcie de 575 ans. » (Voir *Zeitschr. für Assyriologie*, 1891, p. 103 et s.; *Journ. asiat.*, 1890, t. I, p. 312). Ces calculs étaient probablement ignorés de Thalès, mais il peut en avoir connu les résultats, et, après avoir vérifié l'exactitude de plusieurs prédictions, il se serait hasardé à en prendre une à son compte. L'événement ayant justifié son dire, sa renommée grandit d'autant.

1. Diogène Laerce, I, 27, 24.
2. Diogène Laerce, I, 24; Apulée, *Florid.*, IV, 18.
3. *Hist. de la philos. gr.*, trad. franç., I, p. 200.

Sud, puis remontant au Nord, à travers les couloirs sombres des montagnes, qui, pendant la nuit, la cachaient aux yeux des mortels. Les premiers Ioniens croyaient de même que le soleil et la lune, tant qu'ils demeuraient invisibles, circulaient sur l'Océan autour du disque terrestre[1]. Ces idées diffèrent essentiellement de celles des Chaldéens, qui se figuraient la terre comme une barque ronde renversée et creuse posée au-dessus de l'abîme, puis le firmament déployé comme une tente, pivotant autour de la montagne d'Orient et entraînant dans sa course les étoiles fixes dont sa voûte est semée, tandis qu'entre ciel et terre circulent, parmi les vents et les nuages, la foudre et la pluie, les grands animaux, qui sont les sept planètes[2]. On voit que la cosmologie de Thalès, qui ne distingue pas la région des planètes, est beaucoup moins avancée, et que les traits principaux qui la caractérisent, lui sont au contraire communs avec celle des Égyptiens. Or, Thalès étant, dit-on, le premier des Hellènes qui ait cherché à se rendre un compte exact de la structure de l'Univers, il est permis de supposer que de telles analogies ne sont pas l'effet du hasard, mais qu'elles sont dues beaucoup plutôt à des communications et à des emprunts, plus ou moins directs. Quand on dit qu'il concevait le monde comme animé et tout plein de dieux, on reconnaît jusqu'aux formes naïves du langage primitif, qui étaient restées celles de l'Égypte pharaonique. On est donc en droit de conclure, avec M. Tannery, « que c'est vraiment aux Grecs qu'appartient la gloire d'avoir constitué les sciences aussi bien que la philosophie; mais si l'originalité de leur génie éclate dès Anaximandre, le véritable chef de l'école ionienne, rien ne prouve que Thalès en particulier ait fait autre chose que de provoquer le mouvement intellectuel, que de susciter l'étincelle, en introduisant dans le milieu hellène des procédés techniques empruntés aux Barbares et en y faisant connaître quelques-unes de leurs opinions. Le même rôle a pu, au reste, être joué par beaucoup d'autres voyageurs de son temps; mais il fut sans doute l'observateur le plus sagace et le plus habile initiateur. Esprit d'ailleurs, semble-t-il, moins spéculatif que pratique[3], il n'a pas fait de longues études auprès des sanctuaires de l'Égypte;

---

1. Cf., pour ces rapprochements, Maspero, *Études de Mythologie et d'Archéologie*, t. I, p. 159 sqq., 338 sqq.; t. II, p. 205 sqq., 230 sqq., 242 sqq.
2. Maspero, *Histoire ancienne*, p. 134.
3. Cf. Platon, *République*, X, 600 A.

mais il a profité de toutes les occasions pour s'enquérir de ce qui lui semblait utile ou curieux, et il sut apprendre à ses compatriotes qu'on résolvait à l'étranger des problèmes auxquels ils n'avaient guère songé jusque-là, qu'on y avait des croyances aussi plausibles que les leurs. Ainsi, sans peut-être rien inventer ou imaginer réellement par lui-même, donna-t-il le branle à l'inconsciente activité qui sommeillait, et mérita-t-il par là ce renom que lui décernèrent ses contemporains et que la postérité la plus lointaine s'est plu à lui conserver[1]. »

Phérécyde de Scyros fut, dit-on, l'élève de Thalès et le maître de Pythagore[2]. Une phrase vague de Josèphe[3] a suffi à Tiedemann[4] pour en faire un disciple de la science égyptienne. De ses observations scientifiques on ne sait rien de bien précis. Les fragments qui nous sont restés de ses doctrines philosophiques semblent le rapprocher de la Phénicie plutôt que de l'Égypte. Une ancienne tradition rapporte qu'il s'était formé avec des écrits apportés dans son île par des navigateurs tyriens[5]. En effet, les récits qui remplissent ses généalogies nous reportent avec insistance vers les côtes de Syrie[6]. Sa manière de représenter l'Univers par un chêne ailé, supportant un voile brodé de couleurs variées, n'a rien d'égyptien ; et, si la lutte d'Ophion et des Ophionides fait penser aux combats de Set contre Horus et ses tenants, elle peut être rapprochée mieux encore de certains mythes phéniciens[7] et aussi de celui des Titans, dont les plus anciens poètes grecs avaient déjà connaissance[8]. Le seul qui paraisse vraiment emprunté à l'Égypte est celui de la navigation du Soleil et de l'Héraklès solaire, traversant la mer sur une coupe d'or[9] ; et, dès le VIIe siècle, il était déjà répandu dans tous les pays grecs,

---

1. *Pour la Science hellène*, p. 53-4.
2. Diodore, X, 3. Suidas, Φερεκύδης.
3. Josèphe, *Contra Apion.*, I, 1, cité par Eusèbe, *Præp. evang.*, X, 7. Cf. Clém. Alex., *Strom.*, I, 129. Diogène Laerce, I, 11.
4. Tiedemann, *Griechenlands erste Philosophen*, p. 157. Voir sur Phérécyde, Sturz : *Commentatio de Pherecyde utroque*, en tête des *Fragmenta*, Geræ, 1789. Cf. l'article *Phérécyde* dans le *Dictionnaire des Sociétés philosophiques* de Franck.
5. Voir Sturz, ouvr. cité, p. 10; Eusèbe, *Præpar. evang.*, I, 10. On le faisait aussi voyager jusqu'en Chaldée, et on lui donnait l'épithète de βαβυλώνιος.
6. Cf. A. Maury, *Hist. des Relig. de la Grèce*, t. III, p. 252-253.
7. Philon de Byblos, cité par Sturz, p. 54.
8. *Iliade*, XIV, 279. *Hymnus ad Apollinem*, 335. Hésiode, *Théogonie*, 629 et s., 717 et s.
9. Sturz, *Fragmenta*, p. 109; dans Athénée, XI, 470 C. Cf. Macrobe, *Saturn.*, V, 21.

puisqu'on le trouve à la fois chez Mimnerme de Colophon et chez Stésichore d'Himéra[1]. Phérécyde enseigna, dit-on, le premier avec Pythagore, l'immortalité, c'est-à-dire probablement la transmigration des âmes[2], et il serait un de ceux auxquels Hérodote fait allusion comme ayant pris ce dogme aux Égyptiens[3]; mais on sait si peu de chose sur son enseignement, qu'il vaut mieux, croyons-nous, examiner la question à propos de Pythagore.

Que ce dernier ait visité l'Égypte, tout le fait croire et rien ne permet de le démontrer d'une manière certaine. Il était de Samos, et, nous l'avons vu, nulle contrée hellénique n'était unie par plus de liens à l'Égypte et à Naucratis. Il quitta de bonne heure sa patrie, pour s'instruire et connaître les hommes, pour se faire initier aux mystères religieux et pour recueillir les enseignements des sages. A Delphes, il écouta la prêtresse Thémistocleia, en Crète il fréquenta les Curètes et fit une sorte de retraite dans la grotte du mont Ida. Un pèlerinage aux bords du Nil n'était pas plus malaisé à accomplir. Hérodote, sans rien formuler de précis à cet égard, semble reconnaître implicitement la vérité du fait. Il nomme Pythagore une seule fois, à propos du Scythe Zalmoxis, et constate qu'il n'était pas le moins fort des sophistes[4]; mais il relève ailleurs d'intéressantes analogies entre certaines coutumes observées par les Égyptiens d'une part, et de l'autre par les Orphiques et les Pythagoriciens[5]. Au siècle suivant, Isocrate le citait parmi les hommes éminents qui s'étaient formés à l'école de l'Égypte : le premier il en avait rapporté chez les Grecs les principes de la philosophie, il avait étudié avec plus de soin que tous les autres ce qui avait trait aux sacrifices et aux purifications liturgiques[6]. Un disciple d'Aristote, Aristoxène de Tarente, racontait plus tard que Pythagore, contemporain de Polycrate et de la conquête de l'Ionie par Harpagos, avait été pris en Égypte, où il vivait avec les prêtres, et emmené par Cambyse à Babylone, où il fut initié aux mystères des Barbares[7]. La légende prit peu à peu une forme plus

---

1. MIMNERME, fr. 11; STÉSICHORE, fr. 6 (éd. Teubner).
2. CICÉRON, Tusc., I, 16.
3. HÉRODOTE, II, 123. — 4. Ibid., IV, 95 : οὐ τῷ ἀσθενεστάτῳ σοφιστῇ. — 5. Ibid., II, 37, 81, 123.
6. ISOCRATE, Busiris, 226-227.
7. Il se serait réfugié aux bords du Nil pour fuir la tyrannie de Polycrate. Voir Fr. Hist. gr., II, p. 279, fr. 23. PLINE, XXXVI, 14, le fait aller en Égypte au temps de Psammétique; c'est là une erreur évidente. Il est né vers l'Olympiade L (580-576). Voir sur la date, CHAIGNET, Pythagore, I, p. 50 et s.

précise. Selon Diodore[1], les prêtres égyptiens notaient, dans leurs archives, les noms des Grecs illustres, qui étaient venus se perfectionner auprès d'eux; ils avaient notamment enseigné à Pythagore la langue sacrée, les principes de la géométrie et des nombres, ainsi que la doctrine de la métempsycose. Plutarque connaissait le nom de son maître, l'Héliopolitain Œnouphis[2]. Porphyre était mieux renseigné encore. D'après lui, le Samien aurait été éconduit d'abord par les prêtres; mais, recommandé par Amasis, à la prière de son ami Polycrate, il finit par être accueilli non sans défiance et initié aux secrets de la science et de la religion thébaines[3]. Malgré l'évidente fausseté de ces détails, il ne faut pas se hâter de nier le fonds même de la tradition. Parmi les rapprochements signalés par Hérodote entre les Égyptiens et les disciples de Pythagore, il convient d'établir d'abord une distinction importante. Les uns ont trait à des faits matériels, à des prescriptions diététiques, les autres à des croyances religieuses. Chez les Pythagoriciens, c'est une impiété d'ensevelir les initiés dans des tissus de laine, et il en est de même en Égypte, où l'usage de la laine est même interdit dans les temples[4]. Les prêtres égyptiens ne peuvent manger de poisson[5]; et le fait paraît confirmé par certains documents pharaoniques[6]. D'après Hérodote, ils ne peuvent supporter l'aspect des fèves, parce qu'ils considèrent ce légume comme impur[7]. Or, les mêmes prohibitions se retrouvent dans les règlements de vie édictés par Pythagore ou par ses disciples. Le sacrificateur ne doit se présenter à l'autel qu'avec des vêtements blancs et purs, image de l'innocence de son âme[8], et tous les ascètes portent un habit de lin blanc retenu par un cordon de lin, car ils évitent l'usage du cuir[9]. Selon Plutarque[10], le poisson en général, selon

1. DIODORE, I, 96. Cf. DIOGÈNE LAERCE.
2. *De Iside et Osiride*, 10. CLÉM. ALEX. (*Stromata*, I, 15, p. 356) lui donnait pour maître Sonchis.
3. PORPHYRE, *Vita Pythag.*, 7, 8. JAMBLIQUE (*Vita Pythag.*, 16 et s.) raconte aussi de curieuses histoires sur son arrivée, sur son séjour. Cf. DIOGÈNE LAERCE, VIII, 1.
4. HÉRODOTE, II, 81; cf. 37. — 5. *Ibid.*, II, 37. Cf. PLUTARQUE, *De Is.*, 7; *Quæst. conv.*, VIII, 8, 3; CHÆREM., dans PORPHYRE, *De Abstin.*, IV, 7, et *Fragm. Hist. gr.*, III, p. 498, fr. 4; HORAPOLLON, I, 44, etc.
6. Voir la stèle de Piônkhi (MARIETTE, *Mon. div.*, pl. VI, l. 151 et s.).
7. II, 37. HÉRODOTE se trompe d'ailleurs, quand il dit que, dans toute l'Égypte, on ne sème point de fèves et que, s'il en vient, on ne les mange ni crues ni cuites. On en a trouvé dans les tombeaux, où elles avaient été déposées comme offrandes. (Voir SCHWEINFURTH, *Pflanzenreste*, p. 362 et s.) Quant à la défense faite aux prêtres, les textes connus jusqu'ici ne la mentionnent pas.
8. DIODORE, X, fr. VIII, 6. — 9. JAMBLIQUE, *Vita Pythag.*, c. 21. — 10. PLUTARQUE, *Quæst. conv.*, VIII, 8, 1.

d'autres, certains poissons seulement, étaient défendus dans les sacrifices et les repas. Enfin, quoique l'usage semble avoir varié à l'endroit des fèves, il paraît certain qu'une partie au moins des écoles pythagoriciennes le considérait comme contraire aux observances réglées par le Maitre. Ces analogies d'une part et, de l'autre, l'unanimité des témoignages anciens donnent donc une certaine vraisemblance aux récits qui font séjourner Pythagore en Égypte[1].

Cependant, si on passe à la comparaison des doctrines, les conclusions sont tout autres. Le fonds de la philosophie pythagoricienne, c'est la théorie des nombres. « Transportant dans la théologie les principes mathématiques, Pythagore essayait, dit M. A. Maury, de donner ainsi à cette science la rigueur et l'évidence de l'arithmétique. En montrant que tout dérive de l'Un primitif, il forçait les esprits à admettre l'unité de Dieu pour point de départ, et, par la manière dont les nombres s'engendrent les uns les autres, il cherchait à expliquer comment les autres divinités avaient pu naitre du sein de la divinité primordiale. C'est de la sorte qu'il était conduit à assimiler les dieux à des nombres. Tout devenait nombre pour lui, le ciel, l'âme et la Création. L'unité ou monade donnait naissance à la dyade, et la dyade, en s'unissant à la monade, engendrait la triade, dans laquelle tout était contenu, parce qu'elle renferme le commencement et la fin. On s'élevait ainsi jusqu'à la décade, qui devenait alors le symbole du principe universel. De là, l'assimilation des grandes divinités aux douze premiers nombres[2]. » En Égypte, le polythéisme était alors et resta toujours la religion du vulgaire. Toutefois, les théologiens étaient arrivés depuis longtemps à une certaine conception, encore très imparfaite, de l'unité divine. En subordonnant les autres dieux à leur divinité suprême, les prêtres des grands temples pouvaient invoquer, dans leurs hymnes, un dieu unique, organisateur de la matière et régulateur du monde. Ce dieu primordial n'en conservait pas moins sa personnalité, son nom local : c'était Phtah à Memphis, Râ-Toumou à Héliopolis, Amon à Thèbes. Ceux-ci se confondaient, si l'on veut, en tant que créateurs de l'Univers ; ils restaient néanmoins distincts, car ils étaient censés créer par des procédés différents : ainsi ils ne formaient pas en réalité une seule

---

1. Voir Robiou, dans les *Mél. Rénier*, p. 175-192.
2. A. Maury, *Relig. de la Grèce*, t. III, p. 346.

personne, désignée sous des noms divers. Il y a loin de là, on le voit, à l'idée d'une monade abstraite, comme celle qui est à la base du système de Pythagore. La triade, telle que la conçoivent les maîtres de la théologie égyptienne, n'a rien de commun avec celle du philosophe de Samos, pas plus que l'ogdoade et l'ennéade qui jouent également un si grand rôle dans la cosmogonie de l'Égypte. Ce sont des réunions de divinités personnelles, imaginées pour rendre compte des différents actes et des différents moments de la Création ; elles sont représentées sous des formes concrètes, engendrées par des procédés matériels, qui n'ont rien à voir avec la déduction purement rationnelle, employée par les Pythagoriciens pour expliquer la formation de l'Univers. Pour se conformer aux habitudes reçues, Pythagore assigne bien des noms de divinités connues aux combinaisons abstraites fournies par sa cosmogonie mathématique; mais ce sont là comme de simples étiquettes, destinées à ménager et à rassurer la crédulité populaire et on ne voit pas quelle relation peut exister, par exemple, entre l'idée de la dyade ou de l'hexade et celle d'Aphrodite ou d'Artémis. Sur ce point l'originalité du dogme pythagoricien est donc absolument hors de doute.

Mais il est une autre partie de sa philosophie religieuse, pour laquelle les anciens le regardent comme tributaire de l'Égypte : la métempsycose. « Les Égyptiens, dit Hérodote [1], sont les premiers qui aient parlé de ce dogme, suivant lequel l'âme de l'homme est immortelle, et, après la destruction du corps, entre toujours dans un autre être naissant. Lorsque, disent-ils, elle a parcouru tous les animaux de la terre et de la mer et tous les oiseaux, elle rentre dans un corps humain, et le circuit s'accomplit en trois mille années. » Il continue en disant que des Grecs se sont emparés de cette doctrine, comme si elle leur était propre, les uns autrefois, les autres plus récemment. On serait porté tout d'abord à voir ici une méprise du voyageur interprétant, d'après ses guides, les idées qui devaient courir dans le peuple, à propos de certains tableaux du Rituel funéraire. On y voit, en effet, le défunt prendre tour à tour les formes qu'il lui plaît; d'autre part, l'âme est figurée, dans les hiéroglyphes mêmes, par un oiseau, par un bélier, par un oiseau à tête humaine. Toutes ces données, mal comprises du vulgaire, et librement commentées par les interprètes, pouvaient certainement égarer les Grecs. La

---

1. Hérodote, II, 123.

théorie de la métempsycose, telle qu'elle est brièvement exposée dans le passage d'Hérodote, ne paraît en effet nulle part dans les systèmes théologiques égyptiens, du moins ceux que nous connaissons jusqu'ici. Pourtant, on ne saurait nier à priori qu'elle ait pu exister dans certaines écoles sacerdotales du Delta, à Saïs par exemple, où notre auteur a surtout puisé ses informations. Il serait donc téméraire de l'accuser formellement d'erreur, quand il a peut-être conservé seul le souvenir d'une religion locale, dont les traces sont perdues pour nous. Toutefois, si Pythagore n'est point l'inventeur de ce dogme, il semblerait plutôt l'avoir emprunté aux peuples du Nord, aux Gètes par exemple, avec lesquels la tradition le met en rapport[1], ou aux Cimmériens de l'Euxin, chez qui cette croyance paraît avoir existé très anciennement. Les livres hermétiques font voir qu'elle exista aussi en Égypte, mais beaucoup plus tard, à une époque où le syncrétisme avait opéré une véritable fusion entre des idées de provenances très diverses[2], et sous une forme qu'elle doit aux philosophes alexandrins beaucoup plutôt qu'aux prêtres des temples pharaoniques.

La croyance à l'immortalité de l'âme a-t-elle passé, comme on l'affirme, des Égyptiens aux Grecs? C'est là une question plus difficile à résoudre. Elle remontait certainement en Égypte à l'antiquité la plus haute; ni la Chaldée, ni l'Assyrie, ni la Phénicie ne semblent l'avoir conçue avec la netteté qu'elle prit de bonne heure aux bords du Nil. Cependant, elle avait été professée en Grèce avant Phérécyde et Pythagore, qui contribuèrent seulement à lui donner plus d'autorité et de précision. On peut en apercevoir la trace presque à l'origine des plus anciens mystères, en Crète par exemple et à Éleusis, dans des sanctuaires consacrés à des divinités pélasgiques[3]. Les principaux rites qui constituaient en Attique la religion des mystères paraissent avoir été importés de Thrace et appliqués au culte autochtone de Déméter et de Koré. L'immortalité de l'âme y était figurée par la métamorphose d'un grain de blé; les initiés y subissaient des purifications symboliques, et on peut dire que l'enseignement qui en ressortait était comme une préparation à la

---

1. Voir Hérodote, IV, 94-95.
2. L'Égypte était alors en relations avec l'Inde, et le papyrus démotique de Leyde, I, 384, dont nous avons parlé plus haut, offre certaines analogies de composition avec des recueils indiens, comme l'*Hitopadésa* par exemple.
3. A. Maury, *Relig. de la Grèce*, t. II, p. 302.

mort. Bientôt le culte de Dionysos fut associé à celui des grandes déesses, et, par son caractère orgiastique, il en modifia profondément la gravité primitive. Les Grecs orientaux, en contact avec les peuples de l'Asie-Mineure et avec les Phéniciens, apportèrent le culte de Cybèle et de Sabazios, peut-être celui d'Astarté et d'Adonis. La Crète, qui s'était habituée à identifier ses grandes divinités, Rhéa et Zagreus, avec celles de la Phrygie et de la Lydie, réagit à son tour sur la Grèce et vint compliquer d'éléments nouveaux la vieille mythologie des mystères[1]. Un passage d'Hérodote[2], commenté par O. Müller[3] et par M. A. Maury[4] semble indiquer en effet qu'au VIIe siècle, le culte de Dionysos subit des altérations importantes par l'introduction dans la légende du mythe crétois de Zagreus. Or, un des traits particuliers au culte de ce dieu était la représentation d'une série de scènes figurant sa passion ($\pi\alpha\theta\acute{\eta}\mu\alpha\tau\alpha$) et sa mort. Les meurtriers, dépeçant son cadavre, en avaient fait bouillir les lambeaux dans une chaudière. Le cœur seul leur échappa et fut porté par Pallas aux pieds du trône de Zeus. Celui-ci, ayant foudroyé les meurtriers, chargea Apollon de recueillir les membres dispersés, qui furent ensevelis sur le mont Parnasse[5]. Telle était la fable racontée par les Orphiques, et qu'ils réussirent, vers le temps de Clisthènes, tyran de Sicyone, à faire entrer dans la religion officielle des mystères. Les détails les plus caractéristiques de cette légende offrent des analogies frappantes avec les récits mythiques de la mort d'Osiris. Ce dernier est tué en trahison par Set-Typhon et ses complices; son corps dépecé, les membres sont jetés au fleuve. Après de longues recherches, Isis parvient à les rassembler, sauf le phallus, qui avait été dévoré par le poisson oxyrrhynque. Puis elle l'ensevelit pieusement, et son fils Horus accomplit devant la momie les rites, qui lui assureront une vie éternelle dans l'autre monde. Voilà les principaux actes du drame mythologique, auquel put assister

---

1. Les Crétois croyaient que Zeus était mort et montraient son tombeau (CALLIMAQUE, *Hymne à Zeus*, 8-9). Cette croyance pouvait venir d'Égypte ou de Syrie. C'est elle qui provoqua la vive sortie de Xénophanes (*De Is. et Os.*, p. 71), s'adressant aux Égyptiens : « Si vous les croyez des dieux, pourquoi les pleurez-vous? etc. »
2. HÉRODOTE, V, 67.
3. Ottfr. MÜLLER, *Prolegom. zu eine wissensch. Mythologie*, p. 395.
4. A. MAURY, *Relig. de la Grèce*, t. III, p. 326-327.
5. C'est pour cela qu'on représente volontiers, à côté de Dionysos Zagreus, l'omphalos de Delphes, et de même plus tard à côté d'Antinoüs, assimilé à Dionysos Zagreus (F. LENORMANT, *Rev. archéol.*, 1874, t. II, p. 217-219).

Hérodote[1], au bord du lac de Saïs, dans l'enceinte du temple de Nit; et il était impossible qu'il ne se fît pas dans son esprit un rapprochement presque forcé avec les spectacles, dont il avait été témoin dans les fêtes nocturnes d'Éleusis. Ainsi, à ses yeux, Dionysos Zagreus ne devait être qu'une forme grecque de l'Osiris égyptien, et, la religion égyptienne étant évidemment la plus ancienne, la question d'origine n'était pas douteuse. Si l'introduction du culte de Zagreus datait seulement du vi^e siècle, la conclusion serait juste, à condition qu'on se garde d'en étendre la portée et d'identifier, d'une manière générale, Dionysos avec Osiris. La transformation du culte de Dionysos paraît avoir été accomplie par les Orphiques, auxquels on doit la rédaction de la légende que nous avons résumée. Ils furent en effet les agents principaux de ce syncrétisme religieux, qui s'opéra insensiblement dans les sanctuaires de la Grèce. Tandis que les premiers physiologues ioniens s'efforçaient de résoudre, par un simple effort de la pensée, le problème de la formation et des destinées du monde, des esprits moins hardis, portés vers la méditation religieuse plutôt que vers la spéculation philosophique, se flattaient de trouver dans les vieux dogmes révélés, la vérité tout entière. Les mystères de la Grèce, dans leur simplicité première, laissaient entrevoir une solution déjà consolante, mais encore bien incomplète. Animés d'une curiosité passionnée, les premiers Orphiques eurent à cœur de réunir les données fondamentales des cultes étrangers, s'efforçant autant que possible de les concilier entre elles et de les rapprocher de celles que fournissait la religion hellénique. Tout en subissant l'influence de la philosophie naissante, et en cherchant à systématiser leurs croyances, à fixer avec quelque précision les traits généraux de leur cosmogonie, ils s'attachèrent de préférence au côté extérieur, à la représentation des mythes, aux détails matériels, faits pour frapper les imaginations populaires. C'est ainsi que nous venons de les voir adopter, en la transformant, l'action principale du drame osirien, comme ils avaient fait entrer déjà, dans le programme de leurs spectacles sacrés, des scènes prises aux légendes d'Atys ou d'Adonis; c'est ainsi que, à l'imitation de l'Égypte, ils prescrivaient, comme Pythagore, l'usage des vêtements blancs, les purifications minutieu-

---

1. II, 170-171. Hérodote ne fut certainement pas initié à tous les mystères de Saïs, comme le furent Cambyse et Darius, d'après la statue naophore du Vatican. Mais il peut avoir assisté, par exemple, aux grandes fêtes funéraires d'Ouaga, que l'on célébrait le dix-huitième jour du mois de Thot.

sement réglées, l'abstinence de certains aliments, considérés comme impurs. Avant Phérécyde et Pythagore, ils s'étaient certainement approprié cette théorie de la transmigration des âmes, qui s'accordait si bien avec les principes de leur eschatologie. Car l'essence de la doctrine des mystères était la foi à la palingénésie, l'assurance donnée à l'âme, lavée de ses souillures, de revivre dans des conditions plus heureuses. Le dénouement final du drame, c'était toujours la vie sortant de la mort.

Pour donner aux initiés une impression plus forte et pour graver dans leurs esprits ces grandes vérités, les Orphiques ne craignirent pas de recourir aux images obscènes, inconnues aux anciens mystères, et ici encore ils se rencontrèrent avec les Égyptiens. Hérodote parle de ces processions où les femmes d'Égypte promenaient en chantant par les villages des statuettes hautes d'une coudée, avec un phallus mobile, presque aussi grand que le corps entier, et qu'elles faisaient mouvoir à l'aide de cordons[1]. Il est persuadé que le devin Mélampous avait introduit ce rite d'Égypte en Grèce, ainsi que d'autres pratiques, et que de là aussi il avait apporté le culte de Dionysos, après y avoir fait un petit nombre de changements[2]. « Comment croire en effet qu'autrement, chez les Grecs, les usages coïncident à l'égard de ce dieu? S'ils n'étaient pas d'origine récente, ils seraient conformes à ce qui s'est toujours fait en Grèce. Je ne croirai pas davantage, conclut notre auteur, que les Égyptiens aient emprunté des Grecs ni cette coutume, ni aucune autre que ce soit. » Ces rapprochements pourraient être discutés, car les représentations obscènes n'étaient pas moins fréquentes dans les cultes de la Syrie et de l'Asie-Mineure, mais ils peuvent aussi se soutenir, et, quelle que soit la valeur de l'opinion exprimée par Hérodote, elle montre une fois de plus quelle idée les Grecs de son temps se faisaient de l'influence égyptienne.

On ne saurait, il est vrai, déterminer avec exactitude l'époque où fut entreprise cette réforme de l'orphisme, qui exerça sur la religion des mystères une action si puissante. Les mystères eux-mêmes semblent n'avoir pas existé au temps des rhapsodes homériques ni au temps d'Hésiode, qui n'y font ni les uns ni les autres aucune allusion. Le devin Onomacrite, contemporain

---

1. Hérodote, II, 48-49.
2. D'autre part, il dit au ch. 171 que les rites de Déméter, appelés Thesmophories, avaient été apportés d'Égypte par les filles de Danaos et enseignés par elles aux femmes des Pélasges.

des Pisistratides, est le plus ancien en date de cette longue série de faussaires, qui, sous les noms d'Orphée et de Musée, ne cessèrent, jusqu'aux premiers siècles de notre ère, de composer des poèmes et de forger des oracles. Mais, s'il fut pris sur le fait par Hipparque, au moment où il faisait une interpolation dans ceux de Musée[1], on peut en conclure que certains écrits orphiques jouissaient déjà alors d'une autorité, qui supposait une assez longue existence. Et la rédaction de ces monuments littéraires avait dû être précédée d'une période d'incubation, pendant laquelle se préparait, plus ou moins consciemment, la fusion entre les mythes, l'adoption des coutumes nouvelles et des rites étrangers. Il n'y a donc rien d'improbable à faire coïncider cette période préparatoire avec celle du grand mouvement colonial et commercial, qui s'étend du VIIIe au VIe siècle. Les Hellènes se répandent alors en tous sens; ils apprennent à connaître les civilisations orientales, ils s'en inspirent directement, et, de même qu'ils imitent les œuvres de leurs artistes, ils empruntent à leurs religions les mythes, les personnifications divines, les pratiques, qui semblent les plus conformes aux données de leur propre culte. C'est alors précisément qu'ils commencent à fréquenter l'Égypte. Des traditions comme celle d'Érechthée apportant d'Égypte à Éleusis les rites du culte de Déméter expliquent, sous forme légendaire, l'introduction en Grèce d'idées, de coutumes égyptiennes. On comparait les sacrifices, les prêtres athéniens à ceux de l'Égypte[2]. Si dès lors on prenait à la lettre la fable platonicienne de l'Atlantide, on croyait déjà à la communauté d'origine; au IVe siècle en tout cas, cette opinion s'était déjà fait jour. Ces rapprochements, ces assimilations romanesques prouvent du moins que les rapports avec l'Égypte ne se bornaient pas à des échanges commerciaux, mais que l'esprit grec s'était de longue date imprégné d'idées égyptiennes et que celles-ci avaient été assez puissantes pour modifier, sur certains points, les croyances religieuses, la conscience morale de la race hellénique. Il suffit, pour s'en rendre compte, de se rappeler quelle était à l'origine, dans la poésie homérique, la doctrine de la vie future. Le XIe livre de l'*Odyssée* dépeint, avec une tristesse farouche, l'existence décolorée des ombres dans le séjour souterrain de l'Hadès. Le progrès est déjà sensible dans Hésiode[3]; il s'affirme surtout

---

1. Hérodote, VII, 6.
2. Voir Diodore, I, 29, qui relève encore d'autres prétendues analogies.
3. Hésiode, *Op. et Dies*, 167 et s.; *Theog.*, 730 et s.

dans Pindare, qui reconnaît à l'âme humaine une origine céleste et lui promet, après les épreuves de la vie, une communion bienheureuse avec les dieux[1]. C'est que l'enseignement de Pythagore et celui des Orphiques[2] avaient rempli l'intervalle; et il est difficile de ne pas reconnaître dans ce double courant la trace bienfaisante, quoique lointaine et détournée peut-être, des doctrines égyptiennes. E. Curtius a montré d'ailleurs avec quel soin les prêtres de la Grèce, profitant de tous les avantages que leur donnait le commerce hellène, se renseignaient sur l'histoire, la géographie, les religions étrangères, comment Delphes était un centre d'information, où convergeaient toutes les données fournies par les voyageurs, qui parcouraient le monde en tous sens[3]. Nous savons en outre que les quêteurs du temple d'Apollon allaient à Saïs invoquer la générosité d'un souverain philhellène[4]; et on avait cru découvrir, sans doute avant Hérodote, que l'oracle du dieu de Dodone se rattachait par des liens historiques à celui de l'Amon thébain[5].

Ainsi se forma l'opinion que les dieux grecs étaient originairement les mêmes que ceux de l'Égypte; et cette théorie dut être en partie élaborée dans la colonie hellénique de Naucratis. Les Grecs, conscients de leur jeunesse relative, croyaient assurer ainsi à leurs divinités le bénéfice d'une antiquité sans bornes. Les Égyptiens de leur côté se prêtaient sans peine à cette espèce de supercherie; les Pharaons, qui envoyaient des présents à Apollon, à Athéné, croyaient honorer leur Nit et leur Horus, et le respect que montraient les étrangers pour les divinités indigènes leur conciliait la bienveillance ou tout au moins la tolérance des prêtres; il y avait donc aussi un peu de politique dans cette illusion voulue. Pour atteindre le but proposé, on se contentait d'ailleurs des analogies les plus lointaines : tantôt une certaine consonance dans les noms[6], tantôt quelque parité dans les attributs, un

---

1. Pindare, *Olympiques*, II, 109 et s., éd. Christ (Teubner).
2. Sur l'enseignement des Orphiques, voir Platon, *Civit.*, II, p. 363.
3. Curtius, *Hist. gr.*, trad. franç., t. II, p. 54 et s.
4. Hérodote, II, 180.
5. Hérodote, II, 54, 55. Les prêtres thébains lui parlèrent de deux femmes enlevées de Thèbes par des Phéniciens et qui auraient institué les premiers oracles en Libye et en Grèce. D'après les prêtresses de Dodone, c'étaient deux colombes noires, qui s'étaient envolées de Thèbes. — Il est curieux de remarquer que πελεῖαι = *zerti* en égyptien, et ce mot qui signifie colombe désigne aussi les deux pleureuses, Isis et Nephthys, dans les cérémonies funéraires célébrées en l'honneur d'Osiris.
6. Par exemple pour Nȳθ et Athéné.

détail commun dans les pratiques de tel ou tel culte. Favorisé par les circonstances, ce travail s'opéra assez promptement dans les esprits, si bien qu'au Vᵉ siècle Hérodote en adoptait les conclusions, sans songer seulement à les discuter[1]. « Presque tous les noms des dieux sont venus d'Égypte, dit-il... Hormis Poséidôn et les Dioscures, dont j'ai déjà parlé, hormis Héra, Hestia[2], Thémis, les Charites et les Néréides, les noms de toutes les autres divinités ont toujours existé chez les Égyptiens; je répète ici ce qu'eux-mêmes m'ont déclaré[3]. » « Eux-mêmes », ce sont les interprètes ou quelques bas employés des temples, qui se targuaient du titre de prêtre, et qu'il croyait sur parole. Pour sept divinités seulement, il constate formellement la synonymie : Ammon = Zeus; Dionysos = Osiris; Déméter = Isis; Apollon = Horus; Artémis = Bubastis; Pan = le bouc de Mendès; Épaphos = Apis[4]. Partout ailleurs il parle des dieux égyptiens en leur donnant les appellations grecques, que l'usage des colons de Naucratis avait sans doute consacrées bien avant lui. Les motifs de ces assimilations se laissent deviner dans un certain nombre de cas. Ainsi Phtah[5] considéré à Memphis comme le constructeur du monde, et aussi comme un travailleur de métaux[6], pouvait, jusqu'à un certain point, être comparé au forgeron Héphaistos, qui le remplace partout dans Hérodote[7]. Amon est devenu Zeus[8], parce que celui-ci est le roi de l'Olympe hellénique et que, depuis l'avènement des dynasties thébaines, le dieu local avait acquis une sorte de suprématie sur ceux des autres villes égyptiennes. Si Athéné, même aux yeux d'Amasis, n'est

---

1. Cf. Zeller, *La Philosophie des Grecs*, traduction française, t. I, p. 25, note 2.
2. Héra et Hestia furent d'ailleurs assimilées plus tard à des divinités égyptiennes, Satis et Anoukis, comme on le voit par des inscriptions ptolémaïques, trouvées dans le voisinage de la première cataracte (Letronne, *Rec. des Inscr. de l'Ég.*, t. I, p. 398 et s.).
3. Hérodote, II, 50.
4. Hérodote, II, 42, 59, 144. 156, 46, 153. Pour les noms des dieux dans Hérodote, voir Gutschmid, *Kleine Schriften*, t. I, p. 85 sqq., et surtout Mariette, *Revue archéologique*, 1884, t. II, p. 343 et s. Cf. Letronne, *Recueil des Inscriptions de l'Égypte*, t. I, p. 395 et s.
5. Hérodote se contente de le désigner par le nom d'Héphaistos.
6. Sur les monuments égyptiens, son grand prêtre à Memphis porte, entre autres titres, celui de 𓁰 𓂋 𓏤 grand chef de l'œuvre.
7. Hérodote, II, 3, 99, 101, 108, 110, 112, 136, 141, 142, 176.
8. Hérodote, II, 29, 32, 42, 55, 56, 83, 143. Il y avait aussi des Amons dans le Delta, à Diospolis-Parva, Pa-khon-Amen, et dans l'Oasis. L'Amon thébain avait gardé assez de prestige pour que son petit congénère de la Basse-Égypte et du Delta fût aussi roi des dieux.

autre que la Nit de Saïs, c'est surtout la ressemblance des noms et aussi de certains attributs qui paraît avoir donné lieu à cette confusion¹. Quant à la comparaison de Dionysos avec Osiris, elle était presque forcée, puisque tous les deux sont des personnifications symboliques de la mort et de la renaissance, et elle s'imposait d'autant plus que des usages égyptiens s'étaient réellement introduits, nous l'avons vu, dans les cérémonies des mystères². Déméter, divinité chthonienne, cherchant sa fille Koré, enlevée par le souverain de l'Hadès, rappelait le rôle funéraire d'Isis, à la recherche de son époux, égorgé par Set; Isis avait une place considérable dans les représentations de la passion osirienne, comme Déméter, identifiée à Rhéa et à Cybèle, dans celle de Dionysos Zagreus³. La vache Io, dont le nom est, en égyptien, celui de l'animal lui-même⁴, et dont la légende se mêlait à celle d'une migration égyptienne à Argos, devait être aussi rapprochée tout naturellement d'Isis⁵, figurée souvent avec une tête de vache, et les détails de son histoire furent probablement complétés, sinon imaginés en grande partie par les colons grecs du Delta. L'identification de Pan avec le bouc de Mendès s'explique assez d'elle-même⁶. Quant à la déesse de Bubaste, elle était facilement rapprochée d'Artémis, car c'était, elle aussi, une chasseresse qu'on représentait armée de l'arc et des flèches⁷. La déesse de Bouto, qui était une Isis, avait sauvé le fils d'Osiris de la poursuite de Typhon en le cachant au milieu des roseaux, dans une île flottante; on pouvait trouver là certaines

---

1. Hérodote, II, 28, 59, 83, 170, 175, 182. — Ce sont aussi des analogies de son qui ont déterminé l'identification pour Épaphos = P-Hapi, le dieu Apis (II, 38, 153; III, 27-29); pour Persée (II, 91), que M. Clermont-Ganneau (*Horus et Saint-Georges*, p. 15 et s.) identifie d'autre part avec le dieu phénicien Reseph et, par suite, avec Horus. C'est Antée que M. Golénischeff assimile à Reshpou. Antée serait, d'après lui, le Zeus Hélios Sérapis, dont le nom se retrouve partout, à l'époque gréco-romaine, dans la zone voisine d'Antæopolis.

2. Hérodote, II, 29, 42, 47-49, 123, 132, 144-146, 156, 170-171.

3. II, 40-42, 59, 61, 123, 156. De plus, Isis personnifiait, elle aussi, la terre, et surtout la terre noire d'Égypte, fécondée par le Nil Osiris.

4. Copte ⲉϩⲉ, ancien égyptien 𓇋𓎛𓃒𓏛.

5. Hérodote, II, 41. Cf. I, 1, 5. On lui fit épouser plus tard un roi d'Égypte, Télégonos. Épaphos était fils de Zeus et d'Io. Sur Io en Égypte, voir Eschyle, *Prométhée*, 846 et s. A l'époque alexandrine (Callimaque, *Épigr.*, 61) l'épithète Ἰναχεία, donnée à Io comme fille de l'Argien Inachos, passa même à la déesse égyptienne Isis.

6. Hérodote, II, 46.

7. Hérodote, II, 137.

analogies avec Latone, cachant dans l'île flottante de Délos son fils, assimilé à Horus[1]. On comprend que le dieu de Paprémis devienne une forme d'Arès, quand on se rappelle qu'Anhouris était armé de la lance, que son prêtre, dans les textes hiéroglyphiques, s'appelle le combattant, et que de véritables batailles se livraient aux portes de son temple[2]. Chonsou paraît, à première vue, avoir peu de ressemblance avec Héraklès[3]. On peut dire cependant qu'il était le fils d'Amon, comme le demi-dieu grec était le fils de Zeus. Du reste, on sait assez peu de chose sur la personne et le culte de Chonsou; il est possible que, dans ses sanctuaires du Delta, certaines légendes offrissent des traits particuliers, dont on ne voit pas l'équivalent dans les temples thébains du même dieu, qui sont ceux que l'on connaît le moins mal.

Si l'on en vient à la division du panthéon, telle que la présente Hérodote, on remarquera qu'il le partage en trois générations distinctes, et cette disposition semble répondre à celle des trois ennéades, ou mieux encore aux trois dynasties divines énumérées par Manéthon au commencement de son histoire. A la vérité, les renseignements qu'il donne sur la composition des groupes ne s'accordent pas toujours avec ce que nous ont appris jusqu'ici les monuments. Selon lui, il y aurait eu d'abord une première génération de huit dieux, dont Pan faisait partie, puis une seconde de douze, à laquelle appartient Héraklès, et une troisième enfin, dont il ne précise pas le nombre, et qui comprend Dionysos (Osiris[4]). Mais, d'après ce qu'il a dit précédemment (II, 46), il semble tenir ses informations sur ce sujet de quelque interprète ou prêtre mendésien. Or, nous ne connaissons pas assez les croyances professées par le sacerdoce mendésien pour accuser ici notre auteur d'inexactitude absolue. Il pouvait y avoir, dans cette ville comme à Hermopolis, une ogdoade (khmunu), avec un dieu supérieur à sa tête. Ce qu'on appelle en

---

1. Hérodote, II, 156 : « Latone, une des huit premières divinités, habitait en la ville de Bouto, où était son oracle. Ayant reçu en dépôt Apollon des mains d'Isis, elle le sauva en le cachant dans cette île qu'on dit aujourd'hui flottante. »
2. Hérodote, II, 63.
3. Ce rapprochement est peut-être d'époque plus moderne. On trouve dans l'*Etymologicum Magnum*, au mot : Χῶνες : τὸν Ἡρακλῆν φασι κατὰ τῆν Αἰγυπτίων διάλεκτον Χῶνα λέγεσθαι. Le Pseudo-Ératosthène donne Σέμ ou Σήμ comme étant le nom de l'Héraklès égyptien. Cf. Krall, dans la *Zeitschrift für Æg. Sprache*, 1883, p. 79. Cependant Hérodote (II, 42, 83, 145) semble avoir eu quelque idée de l'assimilation avec Chonsou. En tout cas, il distingue nettement l'Héraklès grec de l'Héraklès égyptien (II, 42).
4. Hérodote, II, 145.

égyptien du nom conventionnel d'*ennéade* pouvait comprendre là un total de douze dieux[1], et on s'explique assez que les Grecs voulussent à tout prix retrouver dans la théologie égyptienne un nombre, qui était d'une importance si considérable dans leur religion nationale. En somme, la division d'Hérodote, sans être juste de tous points, est celle que pouvait concevoir un étranger, auquel on racontait la légende historique des dieux ayant régné autrefois sur la terre. Le côté fabuleux et évhémériste d'une telle théogonie, bien faite pour agir sur des esprits simples, avait servi à la répandre chez les gens du peuple; c'est ainsi qu'elle pénétra de bonne heure et peut-être dès le début parmi les colons grecs d'Égypte, et qu'elle put être recueillie par Hérodote au temps de Darius. Il ne faut point s'étonner de rencontrer dans l'exposé de ces traditions des erreurs, comme celle qui fait d'Osiris (Dionysos) une sorte de dieu épigone, de génération récente[2]. L'auteur ne connaît d'ailleurs ni la doctrine d'Héliopolis, ni celles d'Hermopolis, d'Héracléopolis et de Thèbes, qu'on s'était efforcé très anciennement de faire concorder en une sorte de système général, et qui exercèrent sur la théologie officielle une influence à peu près universelle. C'est, comme presque toujours, aux villes du Nord qu'il doit ses renseignements, et la rareté des documents égyptiens sur les dogmes particuliers à ces localités du Delta ne nous permet guère aujourd'hui d'en vérifier l'exactitude.

Parmi les pratiques de la religion égyptienne, il en est une qui dut étonner grandement et même scandaliser les Grecs, nous voulons parler du culte rendu aux animaux dans toute l'étendue du pays. Avec ce goût de l'anthropomorphisme, qui est un des traits les plus constants de leurs conceptions religieuses, ils devaient regarder comme une aberration singulière l'idée de révérer des dieux incarnés en des corps de bêtes. Pour eux, ils considéraient bien tel animal comme consacré à telle divinité, la colombe par exemple à Aphrodite, le dragon à Athéné, le corbeau à Apollon, le chien à Artémis[3]; mais ces formes bestiales ne personnifiaient presque jamais la divinité elle-

---

[1]. Les soi-disant *ennéades* égyptiennes renferment, suivant les localités, un nombre très variable de divinités (voir Maspero, *Études de Mythologie et d'Archéologie égyptiennes*, t. II, p. 245 sqq.)

[2]. Osiris fait, au contraire, partie de la grande ennéade héliopolitaine, et il y paraît au quatrième rang, après le dieu créateur Râ-Toumou, après les couples de Shou-Tafnouit et de Sibou-Nouit; il est le fils de ces deux dernières divinités.

[3]. Voir *De Is. et Osir.*, c. 71.

même[1]. En Égypte au contraire, l'épervier ou le taureau, le bélier ou le bouc, l'ibis ou le cynocéphale étaient l'incarnation visible et vivante de Râ et d'Horus, de Khnoum et d'Amon, d'Osiris et de Thot. Cette manière de concevoir et de se représenter la divinité était si nouvelle pour les Grecs et si peu d'accord avec leurs conceptions habituelles, qu'ils durent s'ingénier à en découvrir une explication plausible. Hérodote, qui affecte partout une réserve extrême dans l'interprétation des choses saintes, se garde bien de reproduire les révélations qu'il prétend avoir recueillies sur un sujet si mystérieux. « Si je disais pour quels motifs les animaux sont consacrés, je pénétrerais en mon récit jusqu'aux choses divines, dont j'évite surtout de rien raconter[2]. » Puis, laissant de côté les raisons théoriques, que ses scrupules lui commandent de tenir secrètes, il se hâte d'en venir aux faits, qu'il expose un peu au hasard, d'après ce qu'il a vu ou ce qu'on lui a raconté. Mais son instinct de Grec raisonneur l'emportant malgré tout sur son respect pour les mystères, il risque, au courant de sa narration, certains éclaircissements qui lui paraissent nécessaires. Ainsi quelques-uns des animaux seraient vénérés à cause des services qu'ils rendent, comme les ibis, qui tuent les serpents ailés d'Arabie et les empêchent de pénétrer dans le pays[3]; d'autres parce que, en quelque circonstance solennelle, un dieu a revêtu une fois leur forme : c'est ainsi que Zeus-Ammon s'était couvert de la dépouille d'un bélier pour se laisser voir à Héraklès[4]. D'autres seraient soumis à des impulsions divines, comme les chats qui, sans que rien puisse les retenir, se précipitent dans la flamme de l'incendie[5]. Quoi qu'il en soit, tous les animaux connus des Égyptiens sont par eux réputés sacrés, qu'ils vivent ou non avec les hommes. Des gardiens des deux sexes sont désignés pour les nourrir, et les dévots leur apportent de riches offrandes. Qui les tue volontairement est puni de mort; involontairement, d'une amende fixée par les prêtres[6]. Morts, ils sont embaumés, et

---

1. Il y avait cependant des exceptions à cette règle. Voir Maury, *Religions de la Grèce*, t. II, p. 58; le serpent d'Épidaure; le génie Sosipolis chez les Éléens, Pausanias, VI, 20, 2. Cf. Maury, *ibid.*, t. I, p. 450-452.
2. Hérodote, II, 65.
3. Hérodote, II, 75. Il met d'ailleurs l'explication au compte des Arabes, λέγουσι Ἀράβιοι.
4. *Ibid.*, II, 42. Comme l'a remarqué M. Maury, *Religions de la Grèce*, t. III, p. 270, le rôle que joue Héraklès dans ce conte prouve suffisamment son origine hellénique.
5. *Ibid.*, II, 66.
6. *Ibid.*, II, 65. Souvent la populace massacrait même les meurtriers involontaires, comme ce Romain

leurs momies pieusement inhumées, chaque espèce ayant sa nécropole spéciale dans la ville qui lui est plus particulièrement consacrée[1]. Quelques-uns d'entre eux, comme les crocodiles, les hippopotames, sont adorés dans tel nome et pourchassés dans le nome voisin[2]. Hérodote ne paraît pas se rendre un compte exact de l'importance relative de certains de ces cultes, comme celui de l'épervier, personnification de Râ le grand dieu héliopolitain et d'Horus, et dont l'image était devenue, dans l'écriture hiéroglyphique, l'expression même du mot dieu; celui de l'ibis et du cynocéphale de Thot, maître d'Hermopolis, du bélier de Khnoum, d'Harshafi et d'Amon, ou du bouc osirien de Mendès. Au reste, il n'essaye nulle part de résumer ses impressions en une théorie générale, et il se contente prudemment de quelques indications de détail[3].

Dans les siècles suivants, la question fut étudiée avec plus de soin et traitée avec moins de réserve : historiens et philosophes s'évertuèrent à ramasser de toutes parts et à grouper les traditions très diverses, souvent même contradictoires, qui avaient cours dans le pays; les uns enregistrant simplement des légendes pseudo-historiques contées par les guides égypto-grecs, les autres s'efforçant, par des raisonnements subtils, de prêter un sens profond à ces superstitions populaires. Néanmoins, quand on a lu les nombreux chapitres consacrés à cette curieuse étude par Diodore et par l'auteur du *De Iside et Osiride*[4], on en arrive à conclure qu'au milieu de tant d'interprétations divergentes et difficilement conciliables, la vérité n'a pas été complètement dégagée. Le culte des animaux remonte en Égypte aux époques les plus lointaines, et a précédé de bien des siècles sans doute l'aurore des temps historiques. Il se rattache aux commencements tout fétichistes de la première religion du pays, et il en a conservé jusqu'à la fin la trace ineffaçable. Les habitants primitifs de la vallée du Nil, comme certaines peuplades sauvages de l'Amérique, attribuaient-ils à des animaux l'origine de leurs principales familles, et ce

que Diodore, pendant son voyage d'Égypte, vit mettre à mort, parce qu'il avait tué un chat. DIODORE, I, 83.

1. HÉRODOTE, II, 67.
2. *Ibid.*, II, 69, 71. Cf. STRABON, XVII, 690 (Didot). DIODORE, I, 87; *De Is. et Osir.*, 72; JUVÉNAL, *Sat.*, V, 35 et s.
3. Voir les chapitres 65 à 76 du livre II d'Hérodote.
4. DIODORE, I, 83 à 90; *De Is. et Osir.*, 71 à 76. Cf. ÉLIEN, *De Nat. An.*, VI, 38; X, 14; X, 47; XII, 7. HORAPOLLON, I, hiér. 11; 12; 14. PLUTARQUE, *Quæst. Conviv.*, l. IV, Quæst. v, 2, 3, etc.

qu'on a appelé le totémisme existait-il au début de leur civilisation si antique? On serait tenté de le supposer en voyant les Pharaons se réclamer de l'épervier divin, dont ils se disent les descendants directs, et la plupart des nomes adopter pour armoiries des figures animales, qu'on retrouve non seulement sur tous les monuments hiéroglyphiques, mais encore sur les monnaies de l'époque romaine[1]. C'est là toutefois une conjecture, qui n'a pour elle que des vraisemblances, et qu'il serait impossible, on le sent, d'appuyer de preuves décisives. Toujours est-il que les Égyptiens ne paraissent pas avoir établi entre l'homme et les animaux des différences essentielles, et il ne leur répugnait nullement d'adorer une âme divine, incarnée soit dans une bête vivante, soit dans un corps à tête bestiale. La crainte ou la reconnaissance ont pu avoir leur part dans la divinisation de certaines espèces ; mais le fétichisme n'a pas besoin pour naître de ces considérations d'intérêt pratique, et l'instinct religieux s'attache souvent, comme on le voit chez maints peuples africains, à des objets dont l'utilité serait difficilement démontrée. Avec le temps, les spéculations des prêtres parvinrent à dégager de ces superstitions grossières des idées plus élevées et plus pures ; mais le peuple y demeura toujours naïvement fidèle. L'Égypte des Pharaons, aussi bien que l'Égypte ptolémaïque et l'Égypte romaine continuèrent d'adorer en vérité les taureaux Apis et Mnévis, les déesses chattes, le dieu épervier, ibis ou chacal[2]. Au IVe siècle, les poètes de la comédie moyenne, Antiphanès, Anaxandridès, Timoklès[3], poursuivaient de leurs piquantes railleries ces Égyptiens, qui font de l'anguille un de leurs principaux dieux, qui révèrent le bœuf et le chien, s'apitoient sur la maladie d'un chat, adorent la musaraigne et l'ibis. De telles pratiques n'étaient pas beaucoup moins choquantes sans doute pour les colons grecs du VIe siècle, et pour Hérodote lui-même ; aussi acceptaient-ils le fait sans comprendre, supposant, pour en excuser l'étrangeté, quelque profond et impénétrable mystère. Au surplus, leur mythologie elle-même n'admettait-elle pas aussi des formes hybrides, dieux à queue de poisson, centaures, chimères, et d'autres encore, empruntées pour la plupart à des représentations orientales ? Chez eux assurément, le rôle de ces créations bizarres était tout à fait

---

[1]. Voir Tôchon, *Recherches sur les médailles des nomes*. J. de Rougé, *Monuments des nomes*.
[2]. Voir sur le culte des animaux, Maspero, *Histoire ancienne*, p. 27-32. Cf. Tiele, *Manuel de l'histoire des religions*, trad. franç., p. 330. Perrot, dans la *Revue de l'histoire des Religions*, 1881, p. 155.
[3]. Athénée, 299 E, F, 300 A.

secondaire : il n'avait rien de comparable à celui que tenait le culte des divinités animales dans la religion égyptienne. Néanmoins l'existence de ces créations bizarres, figurées dans de nombreuses productions de leur art[1], surtout aux époques archaïques, avait déjà préparé les Hellènes à accepter avec moins de répugnance des inventions si extraordinaires. Leurs grands dieux, il est vrai, étaient toujours des hommes idéalisés, plus puissants et plus beaux que les mortels; mais, dans ses recoins les plus obscurs, leur panthéon abritait aussi quelques monstres.

Habitués à juger sur l'apparence, les Grecs devaient être amenés à chercher dans les représentations figurées des autres peuples les faits de leur propre mythologie. M. Clermont-Ganneau a montré l'action de l'imagerie phénicienne sur l'art et sur la pensée des Hellènes[2] : celle des monuments égyptiens ne fut pas moins réelle. Elle commença à s'exercer par le commerce des figurines et amulettes et par les coupes phéniciennes; la présence des Grecs sur le sol égyptien lui donna une nouvelle force. Nous avons montré, par exemple, comment l'Isis égyptienne, tenant sur ses genoux le jeune Horus, avait fourni aux coroplastes archaïques des traits particuliers, qui se sont ajoutés à la conception gréco-asiatique des déesses mères[3]. Le dieu Shou, soulevant le ciel pour le séparer de la terre, était par lui-même assez voisin de l'Atlas grec, dont la fonction de porteur du monde est déjà définie dans l'*Odyssée* (I, 52-64)[4]. D'anciens gnomons provenant de l'Asie-Mineure représentent Atlas agenouillé et portant un polos, les bras levés[5], dans la même position que le dieu égyptien, dont tous les musées possèdent des figurines en grand nombre. M. Clermont-Ganneau[6] rapporte l'histoire de Pasi-

---

1. Ces formes hybrides sont fréquentes dans l'art grec du viᵉ siècle, c'est-à-dire à l'époque qui nous occupe. Voir les articles de M. H. Lechat, dans la *Revue archéologique*, 1891, sur *les sculptures en tuf de l'acropole d'Athènes*, et en particulier le second, t. II, 12-44. Elles se retrouvent également dans les peintures des vases archaïques. Voir Rayet et Collignon, *Histoire de la Céramique*, p. 126-127, et la fig. 57, p. 125, etc.

2. Clermont-Ganneau, *Mythologie iconographique* (*Revue critique*, 1878); cf. *Recueil d'archéologie orientale*.

3. Voir, plus haut, p. 261-262.

4. Sur les représentations d'Atlas, voir Letronne (*Œuvres*, 2ᵉ sér., I, 297-316). Cf. Maspero, *Revue de l'Histoire des religions*, 1889, tirage à part, p. 26.

5. Ainsi, au Louvre, salle archaïque du rez-de-chaussée, où se trouvent les sculptures d'Assos et de Milet.

6. *Études d'archéologie orientale*, p. 84, et note 4.

phaé et du Minotaure au symbolisme et surtout aux images plastiques, d'une énergie brutale, où l'on voit le bélier ou le bouc de Mendès s'approcher de la reine pour la rendre mère. L'idée de prêter à Héphaistos une infirmité, sur laquelle l'art classique eut le bon goût de glisser légèrement, n'est peut-être pas sans rapports avec ces représentations du Phtah memphite, qui lui donnaient souvent l'apparence d'un nain difforme. Les dieux enfants, Iacchos ou Démophon, assis avec une jambe repliée, rappelaient, comme les patèques phéniciens, ces mêmes figures du Phtah embryon; et le jeune Horus portant la main à la bouche devenait simplement le dieu du silence, Harpocrate[1]. Les deux pleureuses, réunies par leurs fonctions communes auprès du dieu mort, offraient aussi des points de contact avec les divinités chthoniennes, Déméter et Koré, et les coroplastes s'inspiraient de ces ressemblances, plus apparentes que réelles. L'Isis ou l'Hathor à tête de vache, qu'on voyait partout aux bords du Nil, ne fut pas sans influer sur la formation de la légende d'Io[2]. Héraklès, qui procède en grande partie du Melqart phénicien, doit aussi beaucoup à l'Égypte. Plusieurs de ses travaux ne sont guère que des traductions infidèles de scènes égyptiennes. Ainsi, le combat contre le triple Géryon est l'interprétation d'un tableau, qui reparait partout dans les bas-reliefs des pylônes : le Pharaon menaçant de sa harpé un groupe de trois prisonniers agenouillés, qu'il tient par leurs chevelures réunies et qu'il s'apprête à massacrer[3]. Sans doute la diffusion de pareils motifs doit être attribuée principalement au commerce des objets importés par les Phéniciens. Mais au VIIe et au VIe siècle, les Grecs peuvent voir de près les originaux, ils n'achètent plus seulement aux Syriens les figurines de Bès, ils les reproduisent euxmêmes dans leurs ateliers de Naucratis; et c'est alors précisément que les poètes et les artistes de Rhodes et de Cypre fixent d'une manière définitive certains attributs, comme la peau du lion, la massue, qui, du monstre

---

[1]. Ce nom, emprunté aux Égyptiens par les Grecs, signifiait simplement Horus l'enfant, *Har pe-χroud*. Les Grecs ont transformé l'aspirée en χ.

[2]. L'anecdote d'Horus coupant la tête de sa mère Isis et la remplaçant par une tête de vache pouvait être rapprochée à la rigueur de la légende de Méduse et de sa décollation par Persée.

[3]. Les épisodes du lion de Némée, du cerf d'Arcadie, sembleraient aussi avoir leurs prototypes dans les représentations des chasses sculptées ou peintes sur les parois des tombeaux égyptiens, mais il est plus vraisemblable, croyons-nous, de les rapporter au Gilgames assyrien, connu par les pierres gravées.

égyptien, ont passé à l'Héraklès hellénique, tandis que Silène et Pappo-silène recueilleront d'autres traits empruntés au même personnage. La coupe d'or où naviguent Héraklès et le soleil lui-même, est, comme nous l'avons indiqué, une forme légèrement modifiée de la barque solaire, traversant les eaux célestes. Des amulettes très répandues montrant, comme les stèles égyptiennes, Horus sur les crocodiles, avec des serpents à la main, ont pu donner lieu à la légende d'Héraklès étouffant les serpents envoyés par Héra[1]. On sait aujourd'hui comment sont nées de confusions singulières les créations composites de la Chimère, de Cerbère et des Centaures[2]. De même, M. Heuzey a fait voir par quelles combinaisons et quelles métamorphoses on avait tiré de certains animaux fantastiques, comme le sphinx ailé, et surtout des représentations égyptiennes de l'âme, des êtres imaginaires, comme les Harpyies et les Sirènes, comment les figurines funéraires osiriennes avaient réagi sur la céramique et même sur la statuaire grecque archaïque[3].

Des idées d'un caractère plus général s'introduisirent dans le monde hellénique par des voies analogues, et l'eschatologie naïve des premiers poètes en fut notablement modifiée. Déjà les prairies d'asphodèle où errait l'ombre d'Achille n'étaient pas sans offrir de curieuses analogies avec ces champs d'Ialou qu'habitent les morts béatifiés, dans le domaine d'Osiris. A mesure que la conception se précise, les traits nouveaux qui s'y ajoutent semblent la rapprocher de plus en plus de la conception égyptienne. C'est toujours par une navigation plus ou moins longue et dirigée vers le Nord que les bienheureux parviennent au séjour de la félicité. Ces régions mystérieuses reculent de plus en plus, à mesure que se développent les connaissances géographiques, mais toujours à peu près dans le même sens. L'île de Schéria, avec les jardins enchantés d'Alkinoos, est le point de départ du mythe des îles Fortunées[4], et, au ve siècle, Pindare suppose qu'Achille habite une île bril-

---

1. Signalons encore des attributs, comme l'égide d'Athéné à tête de gorgone, qui dérive probablement, soit des égides égyptiennes à tête de lionne, soit de la peau de panthère portée par certaines catégories de prêtres, la tête de l'animal couvrant une partie de la poitrine.

2. Les dieux à tête de reptiles, les serpents à jambes humaines, les corps humains surmontés de têtes bestiales, habituaient les Grecs à inventer des compositions hybrides, comme celles de Triton, de Borée, des vents à queue de poisson ou de dragon. Le mythe des hommes changés en grenouilles par Latone est peut-être issu de quelque interprétation du même genre, Chemmis étant déjà comparée à Délos.

3. Heuzey, *Catalogue des figurines antiques du Louvre*, p. 7 et suiv.

4. Hérodote, III, 36, assure qu'on appelait en grec la Grande-Oasis l'île des Bienheureux. Cf. sur ce

lante de l'Euxin¹. La traversée accomplie par les défunts pour pénétrer dans l'autre monde, et dont il est si souvent question sur les stèles pharaoniques, s'accordait probablement avec ces idées de voyages lointains, qui remplissent les fictions des poètes grecs aussi bien que les contes des scribes égyptiens². Plus tard, on prit à la lettre la relation du voyage à Abydos, figurée sur les monuments, et on s'imagina que les morts devaient réellement se rendre dans cette ville, pour pouvoir accompagner le soleil dans sa course à travers l'Amenti³. C'est là une nouvelle preuve des erreurs auxquelles se laissaient induire les Grecs, lorsqu'ils prétendaient interpréter les tableaux religieux ou funéraires. Ici, on le sent, nous n'avons pu faire qu'effleurer le sujet en nous bornant à quelques exemples et à quelques indications rapides ; il faudrait pour le traiter se livrer à une étude spéciale, qui exigerait de longs développements.

Cette préoccupation constante de retrouver en Égypte les choses de leur pays amène les Grecs à remplacer très souvent les noms égyptiens par des noms helléniques. De Taroiou, Troiou, ils font Troja, et de Ha-benben Babylone. Déjà au temps d'Hécatée de Milet, il y avait des îles du Nil qu'on appelait Éphèse, Chios, Lesbos, Cypre, Samos⁴; Étienne de Byzance laisse entendre que d'autres encore eurent des surnoms de même origine. Parmi ceux qu'il cite, aucun ne se rapporte à la Grèce propre; sauf Milet et Rhodes, ce sont les plus importantes métropoles de l'association naucratite qui sont représentées dans cette nomenclature. Une tradition homérique, servie peut-être par quelque rapport d'assonance, fait donner à un lieu voisin de la bouche Canopique le nom d'Ἑλένειος. L'usage de ces dénominations indique assez combien les Hellènes conservent, malgré le contact avec l'Égypte, leur personnalité entière. Néanmoins, comme la civilisation égyptienne est d'une antiquité incontestée, ils aiment à se rattacher à elle par des récits d'émigrations, qui doivent constituer des titres de

nom et sur les légendes qui s'y rattachent MASPERO, *Le nom antique de la Grande-Oasis*, dans les *Études de Mythologie et d'Archéologie égyptiennes*, t. II, p. 415 sqq.

1. *Néméennes*, IV, 79-80, éd. Christ (Teubner). Cf. sur les îles des Bienheureux, LETRONNE, *Recueil des inscriptions de l'Égypte*, t. II, p. 169-170.
2. Voir le conte du Naufragé (MASPERO, *Contes*, p. 138 et s.), et l'introduction de l'ouvrage, p. LXXVI-LXXIX.
3. MASPERO, *Études égyptiennes*, t. I, p. 127 et suiv.
4. *Fragm. Hist. gr.*, t. I, p. 20.

noblesse à leurs principales cités. Ainsi Danaos et Lyncée sont des Chemmites, originaires de la Thébaïde, qui vinrent par mer à Argos ou en Achaïe[1], et le gendre de Danaos, Archandre, a donné son nom à une ville du Delta[2]. Io, fille du roi d'Argos, Inachos, avait été amenée en Égypte par des marchands phéniciens[3] ; Hélène y est venue, tantôt avec Pâris, tantôt avec Ménélas[4]. Il semble au reste que la plupart de ces légendes ne soient pas nées dès les premiers temps du séjour des Hellènes en Égypte, car ce sont plutôt les métropoles de la Grèce propre que celles de la Grèce orientale qui y sont mises en rapport avec la vallée du Nil. Rhodes seule est déjà signalée par Hérodote comme ayant été une des stations de Danaos dans sa migration vers le Nord. Les filles de l'exilé égyptien auraient fondé à Lindos un temple en l'honneur d'Athéné[5]. L'idée de faire de Cécrops et d'Érechtée des Égyptiens paraît s'être fait jour un peu plus tard[6] ; mais le rapprochement entre Saïs et Athènes remonterait, d'après la tradition platonicienne, jusqu'au temps de Solon et d'Amasis. Le récit de la visite des ambassadeurs éléens à l'un des Pharaons de la XXVIe dynastie présente peut-être un caractère un peu moins légendaire[7]. On n'en saurait dire autant de la tradition au moyen de laquelle les Doriens de Sparte rattachaient à l'Égypte la race de leurs souverains, en les faisant descendre de Danaé par Persée[8]. Le rapprochement opéré entre eux et les Égyptiens tient à une idée fausse, celle de l'existence des castes, que nous examinerons plus loin. Sans doute ils avaient de très bonne heure, ἀπ' ἀρχῆς, dit Pausanias, consulté l'Ammon libyen; ils lui consacrèrent même un temple près du sanctuaire élevé, disait-on, par Lycurgue en l'honneur d'Athéna Ophthalmitis[9]. Ce culte pénétra aussi dans la Grèce du centre, et il existait déjà, à Thèbes de Béotie, un Ammonium au temps de Pindare, qui y avait consacré une statue, œuvre de Calamis,

---

1. Hérodote, II, 91; cf. VII, 94. Sur Danaos et Ægyptos, voir Rochemonteix, dans le *Recueil de Travaux*, t. VIII, p. 192-193 (*Œuvres diverses*, p. 61-63); Lefébure, dans les *Proceedings* de la Société d'Archéologie biblique, t. XII, p. 447; Wiedemann, *Herodots Zweites Buch*, p. 370, 390, 417, 615-616.
2. Hérodote, II, 98. — 3. *Ibid.*, I, 1, 2. — 4. *Ibid.*, II, 112, 113; *Odyss.*, IV, 125 et suiv.
5. Hérodote, II, 182. Cf. *Fragm. Hist. gr.*, t. III, p. 639, Charax. — 6. Diodore, I, 29.
7. Voir plus haut, 1re partie, c. II, p. 111-112. Gutschmid (*Kleine Schriften*, t. I, p. 89-90) admet la réalité du fait.
8. Hérodote, VI, 53-55, et II, 91. Cf. Plutarque, *De Malign. Herod.*, 857.
9. Pausanias, III, 15. Cf. le vers de Phæstos, dans ses Λακεδαιμονικά, cité par le scoliaste de Pindare (*Pyth.*, IV, 16, et IX) : Ζεῦ Λιβύης, Ἄμμων κερατήφορε, κέκλυθι, μάντι.

et avait composé un hymne en l'honneur du dieu. Un vers de cet hymne a été conservé parmi les fragments du poète thébain, et, comme le remarque Letronne, c'est, avec un passage de la IVe Pythique (v. 16), la plus ancienne citation que l'on connaisse du nom de ce dieu dans les auteurs grecs. Peut-être l'établissement de ce culte tenait-il d'ailleurs à quelque idée de parenté entre la Thèbes de Béotie et celle d'Égypte, idée qui n'aurait d'autre fondement que l'identité des noms [1]. Enfin, une inscription athénienne de la IIIe Olympiade mentionne des sacrifices à Ammon, « dont assurément le culte tenait un certain rang à Athènes ». Mais il est probable que, dans la Grèce du centre comme dans le Péloponèse, il s'introduisit par les Cyrénéens, qui professaient une grande vénération pour leur voisin, l'Ammon de Libye [2]. « Entre la fondation de Cyrène et Pindare, il reste un intervalle d'au moins un siècle et demi, qui suffit et au delà pour rendre compte de l'émigration du culte de l'Oasis [3]. » Au ive siècle, on voit un sanctuaire d'Isis établi au Pirée [4]. Une inscription du Laurium en l'honneur d'Horus [5] semble prouver que là aussi s'élevait quelque chapelle égyptienne, et l'établissement de ces divers cultes avait dû être légalement reconnu, puisque la loi athénienne punissait de la peine capitale l'introduction non autorisée de divinités étrangères. Mais les associations religieuses qui obtenaient cette tolérance devaient être composées, au moins à l'origine, d'Égyptiens résidant en Attique pour leurs affaires, comme ces marchands de Kition, qui avaient construit également au Pirée un temple à leur Aphrodite-Astarté [6]. L'existence de pareils sanctuaires devait amener peu à peu l'adoption de ces cultes étrangers dans les contrées helléniques; mais au début ils restaient confinés dans les limites étroites de quelques confréries exotiques et n'exerçaient autour d'eux qu'une action nécessairement fort restreinte. D'ailleurs, il est impossible de savoir à quelle époque en remontait la première institution; nous ne sommes donc pas autorisés à voir ici l'adoption de divinités égyptiennes par les Grecs, ni à préciser aucune

---

1. Letronne, *Œuvres choisies*, 3e série, t. II, p. 86 et suiv.
2. Cf. Boeckh, *Staatshalt.*, t. II, p. 258.
3. Letronne, *l. c.*
4. Foucart, *Associations religieuses de la Grèce*, p. 127 et s.; Cf. Bouché-Leclercq, *Histoire de la Divination*, t. III, p. 388. Sur la diffusion des cultes égyptiens dans le monde grec depuis les Ptolémées, voir Lafaye, *Histoire du culte des divinités d'Alexandrie*, c. i et ii.
5. *Rhein. Mus.*, 1869, p. 476.
6. Voir Foucart, *o. c.*

date. Au viᵉ siècle, on se bornait probablement à identifier les deux panthéons, et on tâchait de se convaincre, par des rapprochements le plus souvent factices, que, sous des noms différents, les deux peuples adoraient en réalité les mêmes dieux.

Si les Grecs n'avaient de la religion de l'Égypte qu'une connaissance superficielle, ils ne connaissaient pas mieux son histoire. Celle-ci était écrite sur les monuments et aussi, disait-on, dans les archives des temples. Mais les voyageurs hellènes n'étaient pas en état de déchiffrer ces documents, qui restaient pour eux lettre morte. Il fallait donc s'en tenir aux renseignements fournis par les interprètes, et ceux-ci n'étaient nullement des lettrés, ayant étudié avec méthode des faits consignés en des annales régulières. Il n'avaient aucune idée naturellement de ce que nous appelons l'esprit critique, et ne songeaient guère à distinguer dans la tradition la vérité de la fable. Ils apprenaient, tant bien que mal les faits locaux, les légendes se rapportant à la ville et au district où ils avaient coutume de séjourner, et où ils pouvaient ainsi servir de guides; les contes merveilleux, qui frappent l'imagination, se fixaient mieux que tout le reste dans leur mémoire; et, comme ces récits se transmettaient oralement, on y ajoutait sans cesse de nouveaux détails, pour en augmenter l'intérêt. Du reste la plupart des Grecs qui venaient en Égypte étaient surtout occupés de leur négoce, et ils ne cherchaient dans les récits soi-disant historiques qu'une distraction et un passe-temps. Lorsqu'ils se trouvaient en présence d'un monument remarquable, ils étaient curieux d'en savoir l'origine, et s'ils avaient du loisir, ils écoutaient volontiers les explications données par leurs ciceroni, sans avoir ni l'envie ni le moyen d'en contrôler l'exactitude. On peut se rendre compte de ce qu'ils apprenaient ainsi, quand on voit ce qu'un homme aussi avisé et aussi instruit qu'Hérodote recueillait sur l'histoire d'Égypte, près de deux siècles après la fondation de Naucratis. Toutefois, il faut le dire, Hérodote n'est point dupe de tous les mensonges qu'on lui prodigue; c'est un esprit cultivé et plein de sens, et à chaque instant il exprime des doutes. « Que celui qui trouve croyables les récits des Égyptiens, en fasse, dit-il, son profit. Pour moi, dans tout le cours de mon ouvrage, je m'attache à rapporter ce que j'ai ouï dire de chacun[1]. » On a remarqué que la succession des faits historiques, telle

---

[1]. Hérodote, II, 123.

qu'il l'a indiquée, paraissait subordonnée à la succession des principales étapes de son voyage. Le nom de Ménès était resté populaire dans toutes les parties de l'Égypte, et il apparaissait, à l'aurore des temps historiques, comme ouvrant, après le règne des dieux, la série des dynasties humaines[1]. Parmi les trois cent trente rois qui lui succédaient, quelques noms seulement émergeaient de l'obscurité du passé, un fait dramatique ou un conte populaire les ayant sauvés de l'oubli. C'était la reine Nitocris, vengeant la mort de son frère Mœris, qui avait creusé le lac du Fayoum, Sésostris surtout, devenu le type du conquérant, et à qui l'on prêtait des exploits fabuleux, de tragiques aventures, et aussi des réformes administratives, qui avaient transformé l'Égypte[2]. Après lui, on citait des souverains imaginaires, dont les noms prétendus n'étaient que des titres royaux, Phéron, Protée[3], et, comme on tenait à faire aux Grecs leur part, on mêlait à ces inventions pseudo-égyptiennes des fables d'origine hellénique, les courses errantes du Troyen Alexandros ou la visite du roi Ménélas. Un conte populaire, tout rempli de détails pittoresques, avait conservé la mémoire d'un prétendu Rhampsinite[4], dont la trace ne s'est pas retrouvée sur les monuments indigènes. Tout cela peut nous donner une idée de ce qu'on savait à Naucratis et de ce qu'on racontait couramment aux voyageurs dans les villes du Delta et à Memphis. Les Pyramides se trouvant plus loin, plus avant dans le pays, les rois des premières dynasties, Chéops, Chéphren, Mykérinos furent, par un anachronisme étrange, transformés en successeurs de Sésostris et du problématique Rhampsinite. Asychis venait ensuite, puis cet aveugle Anysis, réfugié dans les marais du Delta pendant le long règne de l'Éthiopien Sabacos. Quant à la période des invasions assyriennes, elle était supprimée, par orgueil patriotique sans doute, et il ne restait pour la rappeler que la légende du miracle opéré par le dieu Phtah en faveur de son prêtre Séthos et aux dépens de

---

1. Hérodote, II, 99 et suiv.
2. Cf. Diodore, I, 53-58. Sésostris est appelé par lui Sesoosis. Voir, sur ce dernier nom, Piehl, *Proceedings* de la Société d'Archéologie biblique, t. IX, p. 219-220.
3. Phéron = Per-âa, le Pharaon. Protée = P-ruti, la double porte, un des nombreux titres donnés aux souverains égyptiens.
4. Ramessou Si-nit, Ramsès fils de Nit, protocole formé d'un nom pris aux dynasties thébaines et d'un qualificatif fréquent chez les rois saïtes. Voir, sur la composition de ce nom, Maspero, *Association des Études grecques*, 1877, p. 10-12 du tirage à part.

Sennachérib. Enfin, la domination des petits dynastes, vassaux tour à tour de l'Éthiopie et de l'Assyrie, avait pris la forme d'une confédération indépendante et régulière, dont tous les membres, égaux entre eux, se prêtaient une mutuelle assistance; et, comme il arrive pour toutes les révolutions anciennes, le merveilleux, les oracles jouaient un rôle décisif dans la dissolution de cette ligue. A partir de l'avènement de Psammétique, le mystère cessait pour les Grecs, les événements se passant désormais sous leurs yeux. La fable n'y perdait rien toutefois; et, dans leurs établissements du Delta, ils allaient collaborer maintenant à la composition de légendes égypto-grecques.

Parmi les rois de la XXVIe dynastie, dont ils étaient devenus les amis et les soutiens, il en est deux surtout, le premier et le dernier[1], dont la renommée semble avoir fait oublier un peu les autres, et sur lesquels on ne se lassait pas d'inventer toujours de nouvelles anecdotes. Psammétique Ier, celui qui avait ouvert le pays au commerce hellénique, méritait à ce titre une reconnaissance particulière. Aussi ne lui marchandait-on ni les preuves éclatantes de la faveur des dieux, ni les témoignages d'admiration ou de sympathie pour ses intéressantes entreprises. Ainsi, il aurait posé le premier la question de savoir quel était le plus ancien peuple du monde. Cette historiette a donné lieu à de savantes dissertations, où elle est traitée, ce semble, avec plus de sérieux qu'elle n'en comporte[2]. Les Égyptiens évidemment la faisaient tourner à leur avantage; mais, par une sorte de jalousie assurément très humaine, les Grecs l'avaient transformée, et, ne pouvant se donner le prix à eux-mêmes, ils se consolaient en le décernant aux Phrygiens, un peuple apparenté à leur

---

1. Psammétique III, successeur d'Amasis, paraît n'avoir régné que quelques mois.

2. Le mot βεκός, le premier que prononcèrent les enfants séquestrés par ordre du roi, serait, selon certains commentateurs, une imitation du cri des chèvres, leurs nourrices. D'autres y voient un de ces sons primitifs, que les enfants articulent d'eux-mêmes (ba, ma) et qui sont, dans la plupart des langues, l'origine des noms de père et de mère. (Voir Rawlinson, *Herod.*, t. II, p. 235-237. Append. au l. II, c. 1.) Strabon (Didot), VII, 292, cite un vers d'Hipponax, d'après lequel *bekos* aurait été le nom du pain chez les Cypriotes. Des égyptologues ont cru y retrouver le mot égyptien *ákou*, copte ⲟⲓⲕ, ⲛ-ⲟⲓⲕ = pain. — Krall (*Wien. Studien*, 1882, p. 33) rapproche *bekos* du copte ⲃⲉⲕⲉ, merces, d'où : ⲡⲙ̄ⲃⲉⲕⲉ = mercenarius, et il est persuadé que les prêtres, inventeurs de l'anecdote, raillaient ainsi les Cariens et, en général, les Hellènes, dont la destinée était de servir comme mercenaires. Nous n'insisterons pas sur cette explication, d'une ingéniosité un peu subtile. D'après Pausanias, I, 14, 2, et le scoliaste d'Apollonius de Rhodes (ad l. IV, v. 268), la contestation aurait été en effet entre les Égyptiens et les Phrygiens. Mais Justin (II, 1), suivi par Ammien-Marcellin (XXII, 15), prétend qu'elle eut lieu entre les Égyptiens et les Scythes, et que ce furent ces derniers qui l'emportèrent.

race; en même temps, ils y mêlaient des traits de satire, qui agrémentaient heureusement le récit[1]. Quant aux critiques modernes, qui attribuent à Psammétique l'honneur d'avoir posé le problème de l'origine du langage, ils commettent, croyons-nous, un singulier anachronisme[2]. Un Pharaon du VIIe siècle, quelque intelligent qu'on le suppose, n'avait guère de ces préoccupations purement scientifiques, et il faut attendre jusqu'au temps de Platon pour qu'elles se fassent jour dans les spéculations des philosophes grecs. Ne lui faisons point non plus trop d'honneur de l'intérêt qu'il aurait montré pour l'avancement des connaissances géographiques. Il avait eu, disait-on, la pensée d'organiser deux expéditions, qui, si elles eussent réussi, auraient en effet procuré d'intéressants renseignements : l'une avait pour but d'explorer les déserts de la Libye, l'autre de déterminer la situation des sources du Nil. Le trésorier du temple de Nit à Saïs contait gravement à Hérodote que le fleuve sortait d'un abîme insondable, entre les montagnes Krophi et Mophi[3], voisines de Syène et d'Éléphantine. Pour s'en assurer, Psammétique avait fait tresser un câble de plusieurs milliers de brasses, et, l'ayant jeté dans le courant, il n'avait pu atteindre le fond[4]. De pareilles fables, dont on reconnaît d'ailleurs l'origine dans certaines traditions égyptiennes[5], étaient faciles à réfuter, et Hérodote, qui était allé jusqu'à Éléphantine, les rejetait pour son compte. Plus tard, un disciple d'Aristote, Cléarque de Soli, prétendit que le Pharaon avait fait élever des enfants à se nourrir de poissons, afin qu'ils pussent trouver leur vie, en suivant le cours du fleuve[6]. Il ne dit rien au reste du résultat de l'entreprise[7]. Pour préparer l'expédition de Libye, toujours d'après le même auteur, le roi aurait exercé un certain nombre de jeunes gens à supporter la soif, afin

---

1. Ainsi, les chèvres avaient été remplacées par des femmes, à qui, pour les rendre muettes, on avait dû couper la langue.
2. WIEDEMANN, *Gesch. Ægypt. von Psammetich I*, etc., p. 129.
3. Konosso et Sehel; STERN, *Zeitschrift für Ægypt. Sprache*, 1884, p. 54.
4. HÉRODOTE, II, 28.
5. Voir LAUTH, *Aus Ægypten's Vorzeit*, p. 446. Cf. *Inscr. de Radesièh*, l. 7; et MASPERO, dans les *Annales de la Faculté des lettres de Bordeaux*, 1880, n° 1.
6. *Fragm. Hist. gr.*, t. II, p. 325, fr. 74, et ATHÉNÉE, VIII, 345 E.
7. Il n'avait pas été favorable, puisque les Égyptiens continuèrent à faire descendre le Nil du ciel, tandis qu'en Grèce on le faisait venir de Libye, de Mauritanie, ou de la mer Atlantique. (Voir DURIS, *Fragm. Hist. gr.*, t. II, p. 478, fr. 36; *Juba*, dans PLINE, V, 10; DICÆARQUE, *Fragm. Hist. gr.*, t. II, p. 251, fr. 52. CALLISTHÈNE, fr. 6.)

qu'ils fussent en état de traverser impunément les régions brûlées de l'Afrique; malgré cet entraînement méthodique, ils ne purent supporter longtemps les fatigues du voyage, et quelques-uns seulement échappèrent à la mort. Il suffit de rapprocher ces deux récits pour en constater le complet parallélisme, qui à lui seul en prouve assez clairement la fausseté. Avec le temps du reste, Psammétique devint une sorte de souverain idéal, à qui on octroyait généreusement toutes les gloires. Lui qui n'avait conquis que son propre royaume, et si péniblement la ville syrienne d'Ashdod, il fut mis, avec les chefs barbares Madyès et Cobos, avec l'Éthiopien Téarco, avec Sésostris et Cyrus, parmi les guerriers, qui auraient poussé le plus loin leurs courses victorieuses[1]. Son nom fut mêlé, comme celui d'un Rhampsinite, à des légendes populaires, composées probablement à Naucratis. C'est ainsi que l'on met à son compte une version de l'histoire de Cendrillon[2], dont l'héroïne n'est autre que Rhodopis, et où se rencontrent des détails rappelant le roman égyptien des deux Frères. L'imagination des conteurs grecs se plaisait à renouveler ces vieux thèmes, en les rattachant, pour en augmenter l'intérêt, aux souvenirs qui leur étaient le plus chers. Le nom de Psammétique, déjà porté en Grèce au vi[e] siècle par des personnages connus, devint même assez populaire, pour qu'on prétendît expliquer par lui des noms de localités helléniques, comme celui d'une petite île voisine de Délos, dont parle Harpocration d'après les historiens Phanodème et Sémos[3]. Plus tard enfin, lorsque la magie égyptienne fut l'objet d'un engouement général, on fit de Psammétique, comme de Nectanébo, de Néchepso ou de Pétosiris, un ami des sorciers, un adepte de leur science occulte; témoin cette lettre supposée du magicien Néphotès, qui lui recommandait la récitation d'une certaine prière à Typhon, nécessaire pour réussir dans les pratiques de la lécanomancie[4]. De pareilles pièces, forgées si longtemps après par quelque littérateur oisif, ne mériteraient que peu d'attention sans doute, si on ne savait que, dès l'époque saïte, la magie égyptienne commence à être connue

---

1. Strabon (Didot), I, 51.
2. Élien, *Var. Hist.*, XIII, 32. — Strabon (Didot), XVII, 686-687, raconte la même histoire, mais sans nommer Psammétique.
3. Ψαμμητίχη. Sémos indiquait, il faut le dire, une tout autre étymologie. Voir *Fragm. Hist. gr.*, t. IV, p. 492, fr. 2.
4. Voir le texte dans *Mnémosyne*, 1888, p. 316-347.

des Grecs, et qu'elle prit peu à peu, dans tout le monde ancien, une importance considérable[1].

Avec le dernier des rois saïtes, Amasis, l'esprit d'invention hellénique ne se donna pas moins librement carrière. On le représenta comme un homme de basse extraction, qui n'avait dû sa fortune qu'à son habileté et à l'absence de tout scrupule[2]. Lorsque, en buvant et en se livrant au plaisir, il venait à manquer de ressources, il volait aux alentours. Parfois, pour le convaincre, on le conduisait à l'oracle le plus proche, et il jugeait indigne de ses hommages le dieu qui avait été assez ignorant pour l'absoudre. Hellanikos de Lesbos nous a déjà fait connaître la manière adroite dont il avait su capter la faveur royale[3]. Arrivé lui-même au trône, il ne changea point absolument de manière de vivre, seulement il fit de son temps deux parts. « Dès le point du jour jusqu'à l'heure où le marché est rempli, il expédiait avec activité les affaires qu'on lui soumettait; puis, à partir de ce moment, il buvait, il raillait ses convives, il se montrait enjoué et frivole[4]. » Si on lui reprochait cette conduite comme indigne d'un souverain, il répondait par un apologue, celui de l'Arc tendu. Si on paraissait le mépriser à cause de sa naissance, il mettait la fable en action, et du bassin où il se lavait les pieds il fabriquait une statue divine, à laquelle les Égyptiens rendaient aussitôt les plus grands honneurs[5]. En ce qui concerne son origine, des monuments indigènes semblent prouver qu'il appartenait à une famille de rang élevé[6]. Mais, quant à son genre de vie, certains passages d'un papyrus démotique conservé à la Bibliothèque Nationale montrent que les Égyptiens d'époque postérieure concevaient le caractère d'Amasis à peu près comme les Grecs, et les deux traditions semblent se faire pendant l'une à l'autre[7]. Amasis, y est-il dit, veut boire du *kelbi* d'Égypte. Il s'embarque pour faire une promenade sur un lac, s'enivre et renvoie ceux qui s'approchent pour lui parler, en disant : « Je veux m'enivrer beaucoup. »

---

1. Cf. Brugsch, *Hist.*, éd. angl., t. II, p. 283-284.
2. Hérodote, II, 174. Diodore, I, 68, l'appelle au contraire ἀνὴρ ἐκφανής.
3. Voir plus haut, 1re partie, ch. II, p. 125-126.
4. Hérodote, II, 173. Cf. Élien, *Var. Hist.*, II, 41.
5. Hérodote, II, 173. Aristote, *Polit.*, I, 5.
6. Révillout, *Revue égyptologique*, 1880, p. 51; et 1881, p. 96. Cf. cependant Piehl, *Petites Études égyptologiques*, p. 29-36, et *Zeitschrift*, 1890, p. 9-15.
7. Voir Révillout, *Revue égyptologique*, 1880, p. 57 et s. Cf. Maspero, *Contes*, p. 209 et s.

Puis, il change d'idée et leur demande une histoire, qui puisse le tenir éveillé[1], et ses courtisans lui en content une, qui est peut-être une histoire d'amour, mais qui a l'air de se terminer par une leçon sur les inconvénients de l'ivrognerie. Les prêtres qui ont rédigé ce document n'étaient point impartiaux sans doute envers un prince, qu'ils accusaient de les avoir dépouillés de leurs revenus, pour en faire profiter ses mercenaires[2]. Il n'en est pas moins curieux de constater que leur témoignage concorde ici avec celui des Grecs. Seulement le récit égyptien paraît tourner à la confusion du souverain, tandis que, chez les Hellènes, sa passion pour la bonne chère ne diminue en rien la considération qu'ils lui ont vouée. Il demeure à leurs yeux le type du roi avisé et sage, et les écrivains postérieurs lui font volontiers honneur de la consultation donnée aux Éléens d'Olympie[3]. Il semble que, dès le temps d'Hérodote, circulaient des recueils de lettres apocryphes, dont certaines auraient été écrites par Amasis à son ami, le tyran Polycrate[4]. L'historien, en en reproduisant un spécimen, ou bien s'est laissé prendre à quelqu'une de ces fraudes innocentes, dont les littératures anciennes offrent de si nombreux exemples, « ou bien il a de lui-même eu la tentation de rédiger pour ses lecteurs des lettres, dont l'idée générale lui était seule fournie par une tradition populaire[5] ». Dans les siècles suivants, le bagage littéraire du Pharaon s'augmente; on lui prête toute une série d'énigmes destinées à exercer la sagacité de son voisin le roi d'Éthiopie et aussi celle des Sept Sages[6]. Après Psammétique, Amasis avait été, entre les Pharaons de la XXVIe dynastie, le plus philhellène de tous; aussi les Grecs ne lui ont-ils ménagé ni la reconnaissance ni les éloges, et sa mémoire s'en est bien trouvée.

Dès qu'ils arrivèrent en Égypte, les Grecs furent tout d'abord frappés de l'aspect si nouveau pour eux, qu'offrait cette longue vallée, resserrée entre

---

1. C'est une donnée fréquente, comme on sait, dans les *Contes des Mille et une Nuits*.
2. Révillout, *Revue égyptologique*, 1880, p. 59 et s.
3. Diodore, I, 95. Auparavant, nous l'avons vu, cette consultation était attribuée à Psammétique II, Psammis.
4. Hérodote, III, 39-43.
5. Egger, *Des Documents qui ont servi aux anciens historiens grecs*, p. 9 du tirage à part (*Annuaire de l'Assoc. des Études gr.*, 1875).
6. Les énigmes étaient fort à la mode dans la littérature populaire de l'Égypte, comme le montre par exemple le conte d'Apopi et de Soknounri. (Voir Maspero, *Contes*, p. 185 et s.)

deux chaînes de montagnes, qui ne laissaient à la culture que d'étroites bandes de terre, s'allongeant sur les deux rives du fleuve. Définissant l'Égypte un don du Nil[1], ils furent naturellement portés à étudier les causes de l'inondation périodique, qui assurait la fertilité du sol. Strabon s'étonne qu'elles aient été ignorées des anciens rois, puisque les Égyptiens étaient allés en Éthiopie dès le temps de Sésostris, et qu'ils devaient connaitre ainsi la nature du pays et les particularités de son climat[2]. Il aurait pu remonter en arrière beaucoup plus loin que Sésostris, car dès la XIIᵉ dynastie, la domination pharaonique avait atteint « l'endroit où le fleuve quitte les plaines d'Abyssinie pour entrer dans le littoral qu'il s'est creusé au milieu du désert[3]. » Mais le souvenir de ces expéditions lointaines, contemporaines de la Grande-Égypte, était depuis longtemps perdu ; et, si loin qu'on connût le Nil, il paraissait toujours aussi grand. Les Grecs, avec leur esprit d'investigation si facilement éveillé en tous sens, essayèrent bientôt pour leur compte d'expliquer le phénomène. Thalès avait proposé une première hypothèse, qu'Hérodote réfute sans peine, et d'après laquelle les vents étésiens, soufflant de la Méditerranée, repousseraient, pendant une partie de l'année, les eaux du Nil, les empêchant de se répandre librement dans la région septentrionale[4]. Diodore cite Hellanicos, Cadmos, Hécatée et d'autres logographes comme s'étant occupés tour à tour de cette question si controversée, mais il ne rapporte pas les opinions exprimées par chacun d'eux[5]. Néanmoins, on peut induire de ce qu'il dit plus loin que certains d'entre eux avaient adopté la théorie professée par les prêtres égyptiens et attribuant les débordements annuels à l'action du fleuve Océan, d'où descend le Nil terrestre. La véritable solution avait déjà été entrevue au Vᵉ siècle par le philosophe Anaxagore ; il pensait en effet que la fonte des neiges dans les parties hautes de l'Éthiopie amenait au fleuve, pendant l'été, une masse d'eau considérable, qui tout à coup en grossissait le cours. Hérodote rejette ces données, en déclarant que l'existence de la neige est inadmis-

---

1. Hérodote, II, 5. Arrien De Exp. Alex., V, 6, prête la même expression à Hécatée de Milet, mais il exprime un doute sur l'authenticité du livre qu'on lui attribue. Au surplus, l'expression elle-même n'est que la traduction d'une formule égyptienne ; partout, sur les monuments, « ce que donne, ce qu'apporte le Nil » signifie tous les produits de la contrée. La phrase d'Hérodote, dans le passage que nous venons de citer et aussi ce qu'il dit au c. 15, tout cela laisse entendre qu'il a pris en effet le mot aux Égyptiens. Cf. Gutschmid, Kleine Schriften, t. I, p. 40-41.
2. Strabon (Didot), XVII, 671. — 3. Maspero, Histoire ancienne, p. 105.
4. Hérodote, II, 20. — 5. Diodore, I, 37.

sible dans les contrées brûlantes situées au Sud de l'Égypte ; puis il formule, à son tour, une explication bizarre, qui ne supporte pas l'examen¹. Pourtant, si l'on en croit le témoignage de Posidonius d'Apamée², la vérité tout entière paraît avoir été reconnue de bonne heure par un ancien physiologue, Thrasyalkès de Thasos. La solution qu'il proposait fut acceptée plus tard par Aristote, transmise par lui à son disciple Callisthène et développée par Eudoxe et Ariston. Elle fut surtout mise en lumière et établie avec preuves à l'appui par Agatharchide de Cnide, dont Diodore oppose la théorie à celle d'Œnopide de Chio³. Chaque année, disait-il, des pluies continues tombaient sur les montagnes d'Éthiopie, depuis le solstice d'été jusqu'au solstice d'automne ; c'est ainsi que le Nil est resserré pendant l'hiver, le cours du fleuve n'étant alimenté que par ses propres sources, tandis qu'il grossit pendant l'été, grâce à l'abondance des eaux pluviales ; et, pour prouver la réalité d'un fait, qui paraissait aux anciens si peu vraisemblable, il s'appuyait sur le témoignage décisif des Barbares habitant les régions du Haut-Nil. Sans doute, on était loin au vıe siècle de posséder des notions aussi claires et de pouvoir formuler des opinions aussi solidement motivées. L'origine de celle-ci est pourtant très ancienne, puisqu'on en peut suivre la trace jusqu'à ce Thrasyalkès, εἰς τῶν ἀρχαίων φυσικῶν, qui l'avait lui-même reçue d'un autre⁴. Les auteurs de la traduction de Strabon publiée au commencement du siècle semblent croire que cet autre serait Thalès⁵ ; mais, d'après Diodore, Plutarque, Diogène Laërce⁶ et Hérodote lui-même, l'attribution serait inexacte ; et, si l'assertion de Strabon a quelque fondement⁷, c'est à un contemporain de Thalès, plutôt qu'à lui-même, qu'il conviendrait de rapporter l'honneur de la découverte. Il n'en demeure pas moins probable que les Grecs soupçon-

---

1. Hérodote, II, 24-26. Le soleil traversant, pendant l'hiver, les régions chaudes de l'Afrique, où le Nil prend sa source, attirerait à lui une partie des eaux transformées en vapeurs, tandis qu'au commencement de l'été, revenant vers le milieu du ciel, il n'exerce plus la même attraction sur le fleuve, qui dès lors se répand à son gré et couvre toute la vallée.
2. Cité par Strabon (Didot), XVII, 672.
3. Voir *Fragm. Hist. gr.*, t. III, p. 195, fr. 15 ; Diodore, I, 41.
4. Strabon, *l. c.*
5. Trad. de Laporte du Theil, Gosselin, Coray, Letronne, 1806-1819.
6. Diodore., I, 38 ; Plutarque, *Plac. Philos.*, IV, 1 ; Diogène Laërce, I, 1, 9.
7. Strabon croit retrouver dans l'épithète διιπετής la preuve qu'au temps d'Homère on connaissait le débordement annuel du Nil et ses causes. Les autres emplois de la même épithète dans les poèmes homériques montrent bien qu'on ne saurait lui prêter une pareille valeur.

nèrent, dès le vi⁰ siècle, l'explication véritable des inondations périodiques du fleuve. Les voyageurs, les commerçants qui pénétraient jusque dans la Haute-Égypte, avaient pu recevoir des indigènes ou même des Éthiopiens quelques informations sur les pluies annuelles dans les contrées équatoriales.

Quant au problème des sources du Nil, c'était une simple question de fait. Pour la résoudre, il fallait envoyer une expédition qui pénétrât jusqu'aux grands lacs; ni les Pharaons, ni les Ptolémées, ni les Romains eux-mêmes ne purent mener à bien cette difficile entreprise. Les renseignements fournis à Hérodote par le trésorier du temple de Saïs sont si invraisemblables, qu'il les traite lui-même comme une simple plaisanterie[1]. Les indications qu'il donne sur la navigation du Haut-Nil ont dû être prises à Éléphantine, c'est-à-dire à la porte même de la Nubie et de l'Éthiopie. L'itinéraire qu'il trace menait fort loin vers le centre de l'Afrique, puisqu'il comprend un trajet de quatre mois de navigation ou de route. Si certains points en sont assez difficiles à identifier, comme l'île de Tachompso[2], les autres se reconnaissent sans trop de peine, et l'existence de Méroé (Beroua) qui avait remplacé alors comme capitale l'ancienne Napata, ne saurait être mise en doute. Les noms mêmes des dieux qu'on y adore, Zeus et Dionysos (c'est-à-dire Amon et Osiris[3]), sont en effet ceux que l'on s'attend à trouver en Éthiopie, et le peu qu'il dit des coutumes des habitants rappelle ce que l'on sait, par les monuments du Gebel-Barkal, sur la constitution théocratique du pays[4]. De Méroé, on arrive en cinquante-six jours chez les Automoles, ce qui nous amène au voisinage de l'Abyssinie. Pour les régions situées au delà, on ne possédait que des données incertaines. Hérodote connaissait seulement par les Cyrénéens, qui l'avaient reçu d'Étéarque, roi des Ammoniens, le récit du voyage tenté autrefois par les Nasamons[5]. Ceux-ci, partant de leur pays voisin de la Cyrénaïque, traversèrent d'abord des contrées habitées, puis un vaste désert sans eau; et, se dirigeant toujours vers l'Ouest, ils parvinrent jusqu'à une

---

1. Voilà pourquoi il ne les réfute pas. Aussi ne saurait-on trouver là un argument pour nier qu'Hérodote ait vraiment poussé jusqu'aux frontières méridionales de l'Égypte.
2. C'est la localité mentionnée sur le second pylône du temple d'Isis à Philæ,
3. HÉRODOTE, II, 29, 30.
4. Voir MARIETTE, Rev. archéol., sept. 1865; MASPERO, Records of the Past, t. IV, p. 95 et s.; t. VI, p. 71, 8.
5. HÉRODOTE, II, 32, 33.

contrée marécageuse, occupée par de petits hommes, qui rappellent d'une façon singulière ces populations de nains, rencontrées vers le centre de l'Afrique par Schweinfurth, puis par Stanley au cours de son dernier voyage. Près de leur ville principale se trouvait un grand fleuve, coulant vers l'Orient, et qui nourrissait des crocodiles. Hérodote pense, comme Étéarque, que ce cours d'eau était le Nil, qui vient de la Libye et la traverse par le milieu, pour descendre ensuite vers le Nord[1]. Voilà tout ce qu'on savait au ve siècle sur les sources du Nil et sur la géographie de l'Afrique centrale. Ces notions, encore bien vagues et incertaines, on les devait en partie aux colons de Cyrène, mais aussi aux Grecs de Naucratis et à ceux qui avaient formé des établissements dans la Thébaïde et dans la Grande-Oasis[2]. Le nombre et la variété des solutions, imaginées pour rendre compte des débordements du Nil, font voir néanmoins quel intérêt les savants hellènes attachèrent dès le début à l'étude des phénomènes naturels, qui sollicitaient leur curiosité dans ces contrées mal connues. Depuis que l'esprit scientifique s'était éveillé en Ionie avec Thalès, les physiciens et les logographes ne cessaient de rassembler des informations et des documents, pour étayer les hypothèses que leur suggérait l'examen de ces importants problèmes.

Tout en étudiant avec cette ardeur passionnée les particularités si remarquables que leur offrait la géographie physique de l'Égypte, les Grecs ne perdaient point de vue les questions d'ordre tout différent, ayant trait aux divisions politiques et administratives, aux institutions et au gouvernement du pays. Ils remarquaient surtout ce qui était en opposition avec les habitudes helléniques, comme cette organisation savante des classes, qui leur fit croire à l'existence de véritables castes fermées, le fils étant tenu de succéder à son père et d'exercer le même métier[3]. Hérodote en comptait sept : prêtres,

1. Les contrées marécageuses dont il parle répondent assez bien à ce qu'on sait des régions du Bahr el-Ghazal, qui se jette en effet dans le Nil.
2. De la mer Rouge, on savait peu de chose. Les principales données que fournit Hérodote se rapportent au canal de Néchao et au Périple des Phéniciens. Les Grecs allaient probablement peu de ce côté, et le commerce devait être fait par les Égyptiens et par les Phéniciens. Cependant Hérodote (II, 11) indique les dimensions du golfe qui terminait la mer Rouge vers le Nord, et il signale le phénomène du flux et du reflux.
3. Hérodote, II, 164; Cf. VI, 60.

guerriers, bouviers, porchers, marchands, interprètes et pilotes. Au IVe siècle, Platon[1] n'en reconnaît plus que six ; Diodore[2] semble en admettre cinq, bien qu'il les réduise à trois, lorsqu'il veut montrer, par l'analogie des institutions, la communauté d'origine des Saïtes et des Égyptiens[3]. Aucune de ces divisions n'est confirmée par le témoignage des monuments indigènes, et une multitude de faits prouvent jusqu'à l'évidence qu'il n'exista jamais, au moins dans l'Égypte historique, de castes comparables à celles de l'Inde. Le fils d'un laboureur ou d'un artisan pouvait devenir un officier supérieur dans l'armée ou un fonctionnaire de haut rang dans l'administration civile, pourvu qu'il fit preuve d'habileté et qu'il fût servi par les circonstances. De plus, les inscriptions hiéroglyphiques mentionnent nombre de personnages qui ont cumulé les fonctions les plus diverses, étant à la fois prêtres, commandants de troupes, gouverneurs de provinces ou de châteaux royaux. Cependant l'exemple de fils succédant aux pères et occupant la même situation était certainement très fréquent dans la société égyptienne, éminemment conservatrice ; et c'est là sans doute ce qui a amené les Grecs, à transformer en règle absolue ce qui en fait n'était qu'une simple habitude.

La division administrative en districts ou nomes leur était bien connue. Hérodote paraît en ignorer le nombre, du moins il ne l'indique nulle part. Il se contente d'en citer dix-huit, fournissant, les uns le contingent des Hermotybies, les autres celui des Calasiries, et tous appartiennent au Delta, sauf celui de Thèbes, le seul de la Haute-Égypte dont il soit fait mention dans son livre[4]. Il appelle *nomarque* le gouverneur qui y commande, et il donne également ce titre au premier magistrat de chaque ville[5]. Ainsi, c'est devant le nomarque que chaque Égyptien est obligé, selon lui, de déclarer tous les ans quels sont ses moyens d'existence[6] ; c'est lui aussi sans doute, bien que l'auteur l'appelle ici *démarque*, qui est chargé de rassembler les vases de terre servant au transport du vin, lesquels doivent être renvoyés pleins d'eau dans le désert de Syrie[7]. Quant à la division de la propriété, il l'attribue au grand Sésostris, qui aurait partagé la contrée entre tous les Égyptiens, en leur donnant à chacun un égal carré de terre et fixant la redevance qu'ils

---

1. *Timée*, 23-24. — 2. Diodore, I, 73-74. — 3. *Ibid.*, I, 28. — 4. Hérodote, II, 165-166.
5. Voir sur le titre égyptien correspondant, [hieroglyphs], Maspero, *Études égyptiennes*, t. II, p. 31 et s.
6. Hérodote, II, 177. — 7. *Ibid.*, III, 6.

devaient payer annuellement[1]. Les Grecs s'habituèrent du reste à prêter à ce roi une foule d'institutions ou de réformes, dont l'origine leur échappait, comme ils lui attribuaient, malgré l'histoire, des conquêtes fabuleuses et des expéditions qu'il n'avait jamais faites. Rencontrant partout son nom sur des monuments, usurpés souvent ou simplement réparés par lui, ils l'entendaient sans cesse répéter par les guides[2]; aussi toutes les fondations, tous les règlements d'utilité publique lui revenaient-ils pour ainsi dire de droit. L'invention même de la géométrie était due aux inspecteurs envoyés par lui pour mesurer chaque domaine et fixer équitablement la quotité de l'impôt[3]. Plus tard les auteurs de romans historiques, comme Hécatée d'Abdère, dont Diodore a fait si grand usage, attribuèrent aussi à Sésostris le partage de l'Égypte en trente-six nomes, administrés chacun par un représentant du pouvoir royal[4].

Était-on mieux informé en ce qui touchait à l'armée ? A priori, le fait paraît probable : car les chefs des mercenaires, qui servirent sous les rois saïtes jusqu'à la conquête de Cambyse, firent partie des dernières armées pharaoniques, et furent ainsi à même d'en connaître l'organisation. Les Grecs qui vécurent à Daphnæ, autour des Stratopeda, purent acquérir également quelque notion des choses militaires de l'Égypte. Quant à Hérodote, visitant la contrée à l'époque perse, il se trouvait dans des conditions toutes différentes. Bien que la coutume des Perses fût de changer le moins possible l'administration des pays conquis, ils avaient dû, pour une province comme l'Égypte, devenue une des marches de leur Empire, prendre des précautions spéciales, soit contre les révoltes populaires, soit contre les attaques de l'extérieur[5]. Ainsi l'organisation des milices nationales ne devait plus fonctionner avec la même régularité qu'autrefois[6]; et, de fait, la grande distinction qu'Hérodote établit entre les Hermotybies et les Calasiries ne

---

1. Hérodote, II, 109.
2. Dans les pays étrangers, en Syrie, en Ionie, les inscriptions, les figures gravées dans le roc, et dont on ignorait les auteurs, étaient considérées comme des monuments de ses victoires. Hérodote, II, 106.
3. Hérodote, II, 109. — 4. Diodore, I, 54.
5. Nous en avons pour preuve la présence de garnisons perses en Égypte, signalée par Hérodote, II, 30.
6. Sur l'organisation militaire de l'Égypte ancienne, voir Maspero, *Études égyptiennes*, t. II, p. 34 et s. Cf. *Rec. de Trav.*, t. IV, p. 130 et s.; Erman, *Ægypten*, p. 688 sqq.; Max Müller, *Zeitschrift für Ægypt. Sprache*, 1888, p. 82-84.

paraît pas avoir eu la signification qu'il y attache. Du moins elle ne devait pas être circonscrite dans les limites étroites qu'il semble lui assigner : car, si l'on excepte Thèbes, dont le nom a peut-être été introduit après coup et pour donner plus de vraisemblance à la chose, toutes les garnisons où il place les Hermotybies et les Calasiries sont situées dans le Nord, et on est ainsi porté à ne voir là autre chose qu'une organisation particulière se rapportant au Delta. M. Max Müller, qui avait déjà fait cette remarque, pense néanmoins qu'une division de l'armée en deux grands corps (Haute-Égypte et Basse-Égypte) a dû exister longtemps avant l'époque perse et avant la XXVIe dynastie, et qu'elle remonte à l'époque de transition entre le Moyen et le Nouvel-Empire, la grande classe des guerriers, qui permit à la XVIIIe dynastie de faire ses conquêtes, s'étant formée vers le temps des Hyksos par les longues guerres de l'indépendance[1]. M. Maspero a montré dans ses cours au Collège de France qu'on la rencontre déjà sur les monuments des dynasties héracléopolitaines, entre l'Ancien et le Moyen-Empire : un des princes de Siout y parle des soldats du Nord armés du bouclier long et de la pique, et des soldats du Sud dont l'arme principale est l'arc[2]. La nécessité de se défendre contre les Asiatiques (Assyriens, Babyloniens, Perses) obligea l'Égypte à concentrer peu à peu ses forces vers le Nord, d'autant plus que l'Éthiopie, définitivement séparée, se renfermait désormais dans son isolement. Ainsi s'expliquent et l'espèce d'illusion qui a pu tromper les Grecs et l'exagération manifeste des chiffres que fournit Hérodote : 160,000 hommes pour les Hermotybies, 250,000 pour les Calasiries. L'ensemble de ces deux grandes divisions formait, d'après lui, une caste noble, dont les fils étaient élevés uniquement dans les arts de la guerre, et qui possédait de réels privilèges, douze arpents de terre exempts d'impôts, et des rations de haute paye pour les 2,000 hommes pris en nombre égal dans les deux corps, qui tour à tour formaient annuellement la garde royale[3]. En effet, les troupes indigènes se recrutaient dans une classe spéciale de la population, et les guerriers, μάχιμοι, recevaient du roi un fief et certains privilèges transmissibles, pour lesquels ils devaient le service militaire. Ils étaient « partagés en deux

---

1. M. Müller, *Zeitschr. für Ægypt. Sprache*, p. 82.
2. Griffith, *Inscriptions of Siût and Dêr-Pufèh*, pl. 15, l. 17-18.
3. Hérodote, II, 164 à 168.

catégories : la première, celle des hommes en activité de service, οἱ στρατευόμενοι, la seconde, celle des hommes non appelés et demeurés sur leurs terres, οἱ μάχιμοι[1]. » Dans chaque nome résidait un administrateur militaire, scribe des guerriers, commandant d'infanterie, [hiéroglyphes], qui les inscrivait sur ses registres, les mobilisait en cas de besoin et les commandait dans les batailles.

Les traits principaux de l'organisation militaire égyptienne se retrouvent donc à peu près dans la rapide description d'Hérodote. Le prêtre d'Héphaistos Séthon aurait, il est vrai, dépouillé les guerriers de leurs avantages traditionnels[2], mais on doit supposer qu'ils leur avaient été rendus plus tard, puisqu'ils en jouissent à l'époque perse. Les postes indiqués comme étant la résidence des principales divisions de l'armée, Daphnæ, Éléphantine et Maréa, sont parfaitement vraisemblables. Les Perses continuèrent à y entretenir des garnisons, sauf à Maréa, qu'il était inutile de défendre, Cyrène faisant désormais partie de l'Empire[3]. — Quant aux mercenaires et au rôle joué par eux dans les affaires du pays, les renseignements ne manquaient pas, et cette fois ils étaient directs. Si la version d'Hérodote sur l'arrivée des Ioniens et des Cariens est difficilement acceptable, ce qu'il dit de leurs établissements à Daphnæ, détruits par Amasis et transférés à Memphis, est pleinement confirmé par les découvertes récentes. Les faveurs accordées aux étrangers et qui excitent si vivement la jalousie des indigènes, la fidélité des mercenaires, qui défendent Apriès contre l'usurpateur Amasis, comme ils défendront Psamménite contre Cambyse, tout cela est rapporté avec une exactitude évidente. Mais sur l'organisation spéciale de ces troupes, composées d'éléments divers, sur la division des corps et le choix de leurs chefs, sur le mode de recrutement employé pour combler les vides faits par le temps ou la guerre, l'auteur ne nous apprend rien ; et il n'indique le nombre des mercenaires que pour le temps d'Apriès. En un mot, il nous fait connaître

---

1. MASPERO, ouvr. cit., p. 36. Ces μάχιμοι comprendraient, pour l'infanterie, les [hiéroglyphes], combattants à pied, et pour les chars les [hiéroglyphes], combattants à char (le grec παραιβάτης). MASPERO, Proceed. de la Soc. d'Archéol. bibliq., t. XIII, p. 303.
2. HÉRODOTE, II, 141.
3. HÉRODOTE, II, 30 ; cf. MASPERO, Études égyptiennes, t. II, p. 188 sqq. — Au livre VII, ch. 89, il décrit l'armement des soldats de marine formant le contingent égyptien dans l'armée de Xerxès ; cet armement semble différer en plus d'un point de celui des milices indigènes sous les Pharaons.

les actes qu'ils accomplissent ou qui les concernent, mais non la place qu'ils ont tenue dans l'ensemble du système militaire égyptien. C'est que le souvenir des faits, des événements s'était conservé, par tradition à Naucratis et même dans les villes égyptiennes, grâce aux interprètes, tandis que le reste, offrant un intérêt moindre, ou bien fut négligé par l'historien ou avait été oublié par les habitants.

Hécatée, dans sa Περιήγησις, traitait certainement de la manière de vivre des Égyptiens, puisqu'il y était question du pain dont ils se nourrissaient, de l'orge dont ils faisaient leur bière, etc[1]. Malheureusement, ce qui reste de son ouvrage est trop incomplet pour que l'on puisse se rendre un compte exact de ce que savaient et de ce que pensaient des habitudes égyptiennes les Ioniens de la fin du vi[e] siècle. Lorsque Hécatée visita la vallée du Nil, le pays était, depuis une vingtaine d'années déjà, soumis à la domination étrangère, mais, dans ces conditions même, les mœurs ne changeaient guère en Égypte[2]. Le tableau qu'en fait Hérodote ne doit donc pas différer sensiblement de celui qu'avait pu tracer son devancier, et dont il avait lui-même fait son profit. Dans la plupart des chapitres qu'il a consacrés à ce sujet, il s'est attaché surtout à faire ressortir le contraste absolu qu'il avait cru remarquer entre les Grecs et les Égyptiens. Ceux-ci, à l'entendre, ne font rien comme le reste des humains. Et, partant de ce principe, le voilà qui, avec plus de verve que de critique, énumère toute une série de coutumes d'une originalité étrange, bien faites en réalité pour donner à ce peuple une physionomie à part. Seulement tout, dans ses descriptions piquantes, n'est pas d'une égale vérité, et il convient de faire un choix. Ce qu'il dit de l'écriture des Égyptiens, de la médecine et des embaumements, de la circoncision, des fêtes auxquelles il a pu assister, des vêtements portés par le peuple, de sa façon de saluer[3], paraît en général assez exact. A propos de la nourriture et des boissons, nous avons vu précédemment que ses assertions comportent d'assez nombreux correctifs. La plupart du temps il généralise trop vite, au cours de cette longue énumération toute remplie d'amusants détails, et que Nymphodore reprit plus tard, en y ajoutant une explication historique encore

---

1. *Fragm. Hist. gr.*, t. II, p. 20, fr. 289, 290.
2. Hérodote le reconnaît formellement au chapitre 49 et surtout au chapitre 91, quand il dit : « Ils évitent d'user de coutumes grecques, et, pour tout dire, d'aucunes de celles des autres hommes. »
3. Hérodote, II, 36, 37; 84; 85-86; 59-63.

moins acceptable que les faits eux-mêmes[1]. Les monuments prouvent par exemple qu'on pétrissait le pain avec les mains plus souvent qu'avec les pieds[2]; que les hommes allaient au marché au moins autant que les femmes[3]; que les opérations du tissage étaient exécutées la plupart du temps par des femmes, et que les hommes portaient les fardeaux sur les épaules aussi bien que sur la tête. Certaines coutumes, comme celles de n'avoir qu'une coupe d'airain, de manger dans les rues, de se nourrir de dourah, de vivre en commun avec les animaux domestiques[4], étaient, comme dans tous les pays, celles du bas peuple, et elles avaient pu frapper le touriste dans ses promenades à travers les villes ou les villages; mais les classes aisées ne vivaient point, nous le savons, avec cette simplicité grossière, et il suffit de jeter un coup d'œil sur les planches de Champollion, de Rosellini ou de Lepsius, pour s'apercevoir que l'historien n'a représenté qu'une partie, la plus nombreuse mais la plus infime, de la société égyptienne. Dans tout l'Orient, sauf la Chaldée, il n'y avait qu'un seul grand État, l'Égypte, où tout fût à peu près uniforme, lois, mœurs, administration et le reste. En arrivant dans un tel pays, Hérodote s'étonna de trouver des habitudes si nouvelles pour lui et s'étendant surtout à un si grand nombre d'individus, ce qu'il n'avait pas vu jusqu'alors. Il rassembla une certaine quantité de faits, dont il avait pu être témoin, les groupa, les décrivit, en les opposant à ce qu'il connaissait et voyait chaque jour dans les pays grecs. Par une tendance qui n'est que trop naturelle aux voyageurs de tous les temps, il fut amené à généraliser outre mesure ses observations personnelles; ce qu'il avait vu exécuter par un grand nombre d'individus devait l'être de même par l'ensemble, sinon par l'universalité de la nation; c'est ainsi qu'il est arrivé à donner comme caractéristiques du peuple égyptien tout entier les habitudes des pauvres, — celles des riches, toutes différentes d'ailleurs, lui étant restées à peu près inconnues. Aussi bien la plupart des voyageurs grecs devaient-ils commettre des erreurs

---

1. *Fragm. Hist. gr.*, t. II, p. 380, fr. 21. Nymphodore prétend que Sésostris (toujours lui!) aurait imposé aux hommes le costume, les occupations, les habitudes des femmes, et cela afin de les abaisser, de les affaiblir, dans la crainte qu'ils ne fussent tentés de s'entendre un jour, de se révolter et de réclamer l'égalité des droits, ἰσομοιρίαν.

2. Voir les tableaux de Beni-Hassan, et de nombreuses statuettes dans tous les Musées.

3. Dans les peintures égyptiennes représentant des marchés, les deux sexes sont en nombre à peu près égal.

4. Hérodote, II, 35-37.

semblables, et par conséquent ses jugements donnent une idée assez juste de l'impression singulière que l'Égypte avait pu produire sur eux.

Pour ce qui est des prêtres et de leur régime de vie, il n'est pas toujours possible de vérifier les données d'Hérodote[1]. La propreté minutieuse qu'il leur prête s'accorde bien avec les idées d'un peuple, qui figurait hiéroglyphiquement le nom du prêtre par un homme se lavant ⟨𓀃⟩, et qui croyait surtout à la vertu des purifications extérieures. Les temples avaient de vastes domaines, dont les revenus entretenaient largement et les ministres du culte et leurs nombreux serviteurs; les bœufs et les oies fournissaient en effet les viandes les plus estimées, celles qui reparaissent le plus fréquemment dans les listes d'offrandes et sur les bas-reliefs monumentaux[2]. Le poisson, au moins dans certaines villes, était considéré comme impur; et, quant aux fèves, nous ne possédons pas de documents assez précis pour démentir l'assertion d'Hérodote. Les prêtres étaient fort nombreux dans les grands temples; l'hérédité des fonctions n'était pas absolue; mais les exemples en sont assez fréquents, pour expliquer une erreur, qui se rattachait, dans la pensée de l'écrivain, à la fausse théorie des castes. Les textes hiéroglyphiques nous autorisent à nier avec certitude la prétendue exclusion des femmes du sacerdoce égyptien[3]. A toutes les époques elles ont au contraire une part active dans l'exercice du culte. Beaucoup de stèles de l'Ancien-Empire nous font connaître des prêtresses d'Hathor et de Nit. Sous les rois thébains et aux époques postérieures, on rencontre d'innombrables mentions de chanteuses, de pallacides d'Amon, qui vivent dans les dépendances des temples et jouent un rôle important dans les cérémonies religieuses. Les reines, les filles royales portent le titre de divine adoratrice (*nuter tuait* 𓊹�duat𓏏); le dieu choisit parmi elles son épouse terrestre, et les descendantes des Ramessides exercent jusqu'à la fin les fonctions de prêtresse suprême, en même temps qu'elles se transmettent les droits régaliens sur la principauté thébaine. Du reste, la condition

---

1. HÉRODOTE, I, 37.
2. Les renseignements sur l'examen des victimes, sur la manière de les immoler, etc. (II, 39-41), s'accordent généralement aussi avec le témoignage des monuments égyptiens, sauf pour certains détails, comme celui qui a trait à la tête, maudite et jetée au fleuve, à moins qu'elle ne fût vendue à des étrangers (ch. 39).
3. Ici, il faut le reconnaître, Hérodote n'avait pas d'excuse : en effet, parmi les nombreuses prêtresses qu'on voit figurer sur les stèles du Sérapeum (Louvre), plusieurs furent ses contemporaines, et il avait pu les rencontrer à Memphis.

des femmes était, en Égypte, supérieure à ce que nous la voyons chez les autres peuples de l'antiquité. Les filles des Pharaons pouvaient hériter du pouvoir royal ; celles des particuliers avaient leur part des biens paternels, et pouvaient même les administrer comme de véritables chefs de famille. Elles étaient souvent égales, parfois supérieures à leurs maris, lorsque la naissance leur assurait des avantages héréditaires qui leur étaient personnels [1] ; et ce sont probablement de pareils privilèges, qui ont fait croire à Hérodote qu'elles étaient obligées de nourrir leurs parents, tandis que les garçons n'auraient pas été soumis aux mêmes prescriptions légales.

Parmi les plus curieuses descriptions que lui ont inspirées les mœurs de l'Égypte, il faut placer celle qui a trait aux banquets des riches [2]. Le repas achevé, un homme apportait dans un cercueil une momie en bois d'une coudée à deux de long, et la montrait à chacun des convives, en disant : « Regarde ceci, bois et réjouis-toi, car tu seras tel après ta mort. » L'usage dont il est question ici n'est pas relaté dans les inscriptions ni figuré dans les tableaux des hypogées ; mais on connaît des compositions littéraires qui semblent être la paraphrase du texte d'Hérodote, et qui étaient classiques en Égypte, au moins au temps de l'Empire thébain [3]. Nous en possédons deux versions, l'une chantée par un harpiste dans la syringe de Nofrihotpou, contemporain de la XIXe dynastie, l'autre insérée parmi les chants d'amour du *Grand Papyrus Harris* et qui aurait été gravée au tombeau d'un des Entew de la XIe dynastie. « Les dieux, y est-il dit [4], qui ont été auparavant et qui reposent dans leurs tombes, les momies et les mânes aussi qui sont ensevelis dans leurs tombes, quand on construit des demeures, ils n'y ont plus leur place ; qu'a-t-on fait d'eux ? J'ai entendu les paroles d'Imhotpou et de Hordidiw, que l'on chante en des chants dont le nombre est considérable ; que sont aujourd'hui leurs places ? Leur enclos est détruit, leurs places ne sont

---

1. Hérodote, II, 35. Les faits de ce genre avaient tellement frappé les Grecs, que les auteurs dont se sert Diodore déclarent formellement qu'en Égypte la femme est la maîtresse de l'homme, qui lui appartient, selon les termes du contrat dotal, et doit lui obéir. Voir, à ce sujet, Diodore, I, 27. Pour justifier cette situation exceptionnelle, on se référait à la mythologie, racontant qu'Isis, après la mort d'Osiris, jura de ne souffrir l'approche d'aucun homme, poursuivit le meurtrier, régna selon les lois et combla les hommes des plus grands biens. Depuis lors, on avait dû reconnaître la supériorité des femmes.
2. Hérodote, II, 78.
3. Maspero, *Études égypt.*, t. I, p. 172 et s. ; *Annuaire de l'Assoc. des études grecques*, 1876, p. 185 et s.
4. Maspero, *Études égyptiennes*, t. I, p. 179 et s.

plus, comme s'ils n'avaient jamais existé; personne n'y vient qui célèbre leurs qualités, qui célèbre leurs biens, qui décide notre cœur à nous hâter vers le lieu où ils sont allés. Tu es en bonne santé, ton cœur se révoltera contre les honneurs funèbres : suis ton cœur, tant que tu existes. Mets des parfums sur ta tête, pare-toi de fin lin, oins-toi de ce qu'il y a de plus merveilleux parmi les essences du dieu ! Fais plus encore que ce que tu as fait jusqu'à présent ! Ne laisse pas aller ton cœur à [l'ennemi], suis ton désir et ton bonheur aussi longtemps que tu seras sur terre, n'use pas ton cœur [en chagrin] jusqu'à ce que vienne pour toi ce jour où l'on supplie sans que le dieu dont le cœur ne bat plus écoute ceux qui supplient. Les lamentations ne font point que l'homme au tombeau est [réjoui]. Fais un jour heureux et ne sois pas inactif en lui ! Certes, homme n'y a qui puisse emporter ses biens avec lui ; certes, il n'y a personne qui soit allé et qui soit revenu ! » Cette philosophie aimable, qui prend texte du néant de la mort pour engager les vivants à jouir de l'existence terrestre, et qui a inspiré tant de poètes, depuis les sceptiques Hébreux cités par Isaïe et par le livre de la *Sagesse*, jusqu'aux lyriques de la Grèce et de Rome, elle existait déjà, comme on voit, chez les Égyptiens de l'Ancien-Empire[1]; elle s'était perpétuée chez leurs descendants, elle s'était développée peut-être et généralisée, sous l'influence des révolutions qui avaient tant de fois bouleversé la contrée et prouvé d'une manière si dramatique l'instabilité des choses humaines. Elle devait surprendre d'autan plus les Grecs chez un peuple qui passait pour essentiellement religieux et qui avait le premier, disait-on, reconnu l'immortalité de l'âme. D'ailleurs, ce scepticisme apparent n'enlevait rien aux croyances populaires[2]; il restait surtout confiné dans le domaine de la poésie, et les dévots à Osiris se consolaient en pensant à l'autre vie, où l'on pouvait accompagner le soleil dans sa course et cultiver en paix les champs bienheureux d'Ialou. On n'en conservait pas moins avec respect le souvenir et le culte des morts, on leur faisait de brillantes funérailles[3], on employait tous les moyens pour les préserver de la corruption, on accomplissait les rites et on célébrait des fêtes périodiques

---

1. Du moins si l'on en croit l'assertion du *Grand Papyrus Harris*, que nous avons citée plus haut.

2. C'était une suite naturelle des idées très anciennes, d'après lesquelles l'Amenti était un lieu de tristesse, un séjour de ténèbres et de repos absolu. L'autre point de vue devait être de date relativement moderne.

3. Voir Hérodote, II, 85 et s. Cf. Maspero, *Études égyptiennes*, t. I, p. 109 et s.

en leur honneur, et si une loi d'Asychis avait permis, dans un cas pressant, d'engager le cadavre de son père, on encourait, en ne le dégageant pas à temps, la plus grave de toutes les peines, la privation de sépulture pour soi et pour les siens[1].

Les Égyptiens, au dire d'Hérodote, du moins ceux qui habitent la partie cultivée du pays, conservant plus soigneusement que personne la mémoire des choses passées, sont les plus raisonnables, λογιώτατοι, de tous les hommes qu'il lui a été donné de connaître[2], sans doute à cause des principes d'hygiène, qui entretenaient chez eux la santé de l'esprit en même temps que celle du corps. On prête, il est vrai, à quelques-uns de leurs anciens rois des actes d'une immoralité flagrante[3]. D'autre part, les textes judiciaires égyptiens montrent que si le vol n'était pas, comme le prétend Diodore, une institution reconnue[4], il fut pratiqué du moins en tous les temps par des bandes organisées, qui ne respectaient pas plus les hypogées que les demeures des vivants[5], et, dans les contes populaires, les voleurs avaient souvent le beau rôle[6]. Les précautions prises contre les embaumeurs[7] laissent entrevoir à quels excès on pouvait se livrer, même dans les dépendances des temples ; et il suffit de lire la description de la fête de Bubaste, pour comprendre jusqu'où devait aller la licence dans ces grandes réjouissances publiques[8], qui cependant avaient la religion pour prétexte. Au moins cette religion ne commandait-elle pas, comme en Phénicie ou à Babylone, les prostitutions sacrées ; et l'enseignement qui se dégage du *Livre des Morts* semble indiquer que le sens moral de la nation se maintenait, malgré tout, à un niveau assez élevé. Aussi les Grecs paraissent-ils avoir tenu les Égyptiens en grande estime, non seulement pour l'ancienneté et la grandeur de leurs institutions, mais aussi pour la justice de leurs lois et la sagesse de leurs mœurs. Ils cherchaient volontiers, chez ce peuple d'une expérience séculaire, des modèles et des

---

1. HÉRODOTE, II, 136. — 2. *Ibid.*, II, 77. — 3. *Ibid.*, II, 126 (Chéops), 131 (Mykérinos), 121 (Rampsinite). Il s'agit là de traditions transmises évidemment par des contes populaires.
4. DIODORE, I, 80.
5. CHABAS, *Mél. égyptol.*, 3ᵉ série, t. I, p. 1 et s., 173 et s. ; t. II, p. 1 et s. ; MASPERO, *Une Enquête judiciaire à Thèbes*, *Étude sur le Papyrus Abbott* ; DÉVÉRIA, *Le Papyrus judiciaire de Turin*, etc.
6. Voir par exemple le conte de Rampsinite, HÉRODOTE, II, 121. Cf. l'histoire de la jeunesse d'Amasis (HÉRODOTE, II, 174).
7. HÉRODOTE, II, 89. — 8. *Ibid.*, II, 60. Cf. ce qui se passait au moyen âge dans les grandes foires, comme celle du Lendit, etc.

leçons. On les voit, en tout temps, enclins à témoigner pour lui une admiration excessive, plutôt qu'à le juger avec trop de sévérité ; dans les premiers siècles de leur séjour, les avantages de toute sorte, que leur procuraient et le trafic de l'Égypte et la fréquentation de ses habitants, durent les porter plus que jamais à tout voir avec indulgence.

Les Grecs ne pouvaient contempler sans étonnement les travaux considérables accomplis dès les plus anciennes époques, soit pour modifier en certaines parties le cours du Nil, soit pour régulariser le régime des eaux et augmenter la fertilité de la contrée. Ainsi, à cent stades au-dessus de Memphis, le premier des Pharaons, Ménès, détournant le fleuve, qui s'étendait auparavant jusqu'à la montagne Libyque, l'avait forcé à couler au milieu de la vallée ; puis il avait protégé par de puissantes levées le territoire où il bâtit sa capitale, l'entourant au nord et à l'ouest d'un lac artificiel, qui communiquait avec le Nil[1]. On racontait que le Delta avait été desséché peu à peu et conquis à la culture, ce qui est vrai, mais on ne s'arrêtait pas en si beau chemin, et les récits des drogmans faisaient une bien autre part à l'industrie et à l'habileté des anciens Égyptiens. Selon eux, avant Ménès, tout le pays, à l'exception du nome de Thèbes, n'était qu'un marais, et rien de ce qui existait au-dessus du lac Mœris ne se montrait hors de la surface de l'eau[2]. Hérodote acceptait sans difficulté ces données d'une exagération évidente, et il prétendait les confirmer en remarquant pour son propre compte que la nature du sol était partout la même au-dessus du lac, à une distance de trois jours de navigation. Mœris, le dernier des trois cent trente rois, successeurs de Ménès, avait creusé, disait-on, le lac de 60 schènes de tour, au milieu duquel s'élevaient deux pyramides de 100 orgyies, surmontées de colosses assis, représentant avec sa femme le souverain qui avait commandé ce grand travail. L'eau était amenée du fleuve par des canaux ; pendant six mois elle coulait dans le lac, pendant six autres mois, elle en sortait pour retourner au Nil, et les pêcheries installées sur ses bords rapportaient de grosses sommes au Trésor[3]. Les interprètes ajoutaient que le lac communiquait par un souterrain avec la Syrte, et quand on leur demandait ce qu'était devenue la masse de terre provenant de l'excavation du sol, ils répondaient qu'on l'avait jetée

---

1. Hérodote, II, 99. — 2. Ibid., II, 4, 5 ; Cf. 15. — 3. Ibid., II, 101 ; 149 ; III, 91.

au fleuve, qui l'entraînait vers la mer. L'existence de ce réservoir construit pour suppléer à l'insuffisance de l'inondation ou en recevoir l'excédent, a été généralement admise sans examen, sur la foi d'Hérodote. Les uns n'ont fait que copier son témoignage, soit, comme Diodore[1], en y ajoutant quelques détails, soit en constatant, comme Pline[2], que le Mœris n'existait plus de leur temps. Les autres, comme Strabon[3] et Ptolémée[4], se sont contentés de l'identifier avec le Birket el-Qeroun, grand lac naturel, qui a toujours formé la limite septentrionale du Fayoum. Les auteurs de la *Description de l'Égypte*[5] s'en tenaient à cette dernière hypothèse, malgré les invraisemblances qu'elle présente. Linant de Bellefonds[6] crut reconnaître, dans l'intérieur du Fayoum, l'emplacement du réservoir signalé par Hérodote, et son opinion, suivie par Lepsius, prévalut jusqu'en ces dernières années. Mais les digues, qu'il considérait comme les bords du Mœris, sont d'époque moderne, et on a retrouvé partout, sur l'emplacement qu'il assignait au lac, des habitations, des temples, remontant de la XXe à la XIIe dynastie; on ne saurait admettre l'existence de ces villages et de ces édifices en un territoire qui aurait été la moitié de l'année sous les eaux. Dans un de ses derniers cours au Collège de France, M. Maspero a résolu d'une manière toute différente la question soulevée par la description d'Hérodote. On sait, par divers calculs, que ce dernier dut visiter l'Égypte en été, c'est-à-dire dans la saison où elle est couverte par l'inondation. Or, des levées allant d'une ville à l'autre divisaient, alors comme aujourd'hui, le pays en une série de bassins, dont chacun formait ainsi, pendant le temps des hautes eaux, une sorte de grand étang artificiel. Au milieu de l'un d'eux, le voyageur avait vu se dresser sur leurs vastes piédestaux les colosses dont on a d'ailleurs retrouvé les restes. D'après les explications qu'on lui donnait sur le régime spécial du Fayoum, où l'eau s'écoulait, selon l'inondation de l'année, soit dans le Nil, soit dans un lac, il a pris pour ce lac le bassin, qu'il voyait circonscrit par des digues évidemment artificielles, et il n'a pas hésité à dire qu'il avait été creusé de main d'homme. Le Mœris, tel que l'entendaient les Grecs, n'aurait donc jamais existé, pas plus que le Pharaon auquel ils en attribuaient la construction.

---

1. Diodore, I, 51, 52. — 2. Pline, V, 9. — 3. Strabon, XVII, 671, 687, 688 (Didot). — 4. Ptolémée, IV, v, 20 et 36. — 5. *Description de l'Égypte*, t. IV, p. 485-492.
6. *Principaux Travaux d'utilité publique en Égypte*, et *Mémoire sur le lac Mœris*. Cf. Cope Whitehouse, *Proceedings* de la Soc. d'Archéol. bibl., t. XV, p. 77-86.

Prenant pour un nom royal le mot *Miri*, *Mir-oiri*, qui désignait d'une manière générale l'eau de l'inondation, ils avaient fait de ce roi imaginaire l'auteur d'un ouvrage qui n'avait pas plus de réalité que lui-même. Ce qu'ils auraient pu louer avec plus de raison, c'était l'exécution du canal, antérieur aux temps historiques[1], qui, branchant dans le Bahr-Yousouf un peu au-dessous d'Héracléopolis et répandant l'eau du fleuve vers l'Ouest, avait fertilisé le Fayoum et créé toute une province[2].

L'admiration des Hellènes, égarée par des indications peu exactes, se trompait quelquefois d'objet, et plus souvent encore de personne. Les traditions populaires se plaisaient à grouper autour d'un nom favori ce qui, en bonne justice, eût dû revenir à de nombreux rois, et s'inquiétaient peu de savoir si les faits ne contredisaient pas leurs assertions. Avant Sésostris, par exemple, il n'y aurait pas eu de canaux en Égypte. C'est lui qui avait fait creuser par ses captifs tous ceux qu'on voyait sillonner le pays et qui l'avaient rendu depuis lors impraticable aux chevaux et aux chars[3]. En même temps il faisait exhausser le sol des villes[4], de manière à en former des espèces d'îles, à l'abri des eaux de l'inondation. Plus tard, l'Éthiopien Sabacon en aurait augmenté encore l'élévation, condamnant les criminels à surélever le niveau des buttes artificielles en y amoncelant de la terre[5]. Sabacon travailla certainement à restaurer des digues, et Sésostris construisit de nombreux canaux; mais prêter à ce dernier le plan général et l'exécution de tous ceux qui assuraient l'irrigation de la contrée, c'était résumer en lui à peu près toute l'histoire de l'Égypte et enlever injustement à ses prédécesseurs une de leurs gloires les plus pures. C'est ainsi que, grâce aux relations fantaisistes de leurs interprètes et aux inductions qu'ils en tiraient, les Grecs étaient amenés à se former bien des idées fausses sur les conditions générales de la vie, et parfois même à prendre pour réalité ce qui n'était que simple illusion.

L'architecture hellénique avait déjà produit au vi^e siècle ou était en train de

---

1. Le Fayoum était organisé administrativement dès le temps de la IIIe dynastie. Voir le *Tombeau d'Amten*, et MASPERO, *Études égyptiennes*, t. II, p. 187-188.
2. M. Brugsch a lu, en 1892, à la Société de Géographie khédiviale un Mémoire, où il essaye de prouver que le lac Mœris a réellement existé près du plateau de Hawara dans le Fayoum, désigné en égyptien sous le nom de *mir-oirou*, 〈hiéroglyphes〉, le grand lac. La ville de *Shed*, dont le plateau d'Hawara est la nécropole, doit s'être élevée sur les bords du lac. (S. REINACH, *Chron. d'Orient*, Rev. archéol., 1892, t. I, p. 426.)
3. HÉRODOTE, II, 108. — 4. *Ibid.*, II, 137. — 5. *Ibid.*

produire des édifices considérables : les temples ioniens d'Éphèse ou de Samos, les temples doriens de la Sicile ou de la Grande-Grèce. Aucun d'eux cependant ne pouvait être comparé, pour la grandeur et la magnificence, à ces monuments gigantesques, dont les rives du Nil étaient couvertes dans toute l'étendue de la vallée, et le livre d'Hérodote nous a conservé comme un écho lointain de l'étonnement excité par de pareils spectacles dans l'âme des premiers colons. Arrivant à Naucratis par la branche Canopique, on pouvait aller de là en quelques heures à Saïs, la dernière capitale de l'Égypte, celle que les souverains de la XXVI⁰ dynastie avaient adoptée comme résidence ordinaire, et qu'ils ne cessèrent, pendant plus d'un siècle, d'augmenter et d'embellir. Là s'élevait « la demeure royale, palais vaste et digne d'admiration[1], » et surtout le grand enclos de Nit, la principale déesse du nome, renfermant, outre son temple, de nombreux sanctuaires, consacrés à ses divinités parèdres, les tombeaux des rois saïtes, et des dépendances de toutes sortes, habitations pour les prêtres et les serviteurs, magasins pour le dépôt des revenus livrés en nature, ateliers où se fabriquaient les étoffes sacrées. Amasis y avait ajouté des « propylées[2] admirables, surpassant de beaucoup ceux de ses prédécesseurs par leur étendue et leur élévation, par les dimensions et la qualité des pierres; d'autre part, il consacra de grands colosses et des androsphinx d'une longueur considérable[3]. » Un naos monolithe, resté à l'entrée du téménos, était de dimensions si extraordinaires, que 2,000 hommes avaient mis, disait-on, trois ans à le transporter des carrières d'Éléphantine. Dans l'enclos se trouvaient aussi les sépultures royales, une statue colossale couchée, de grands obélisques en granit, puis le tombeau d'Osiris et le lac circulaire, sur lequel on figurait dans la grande fête nocturne le mystère de sa passion[4]. Les ruines de Sa el-Hagar nous donnent encore une idée de ce que pouvait être l'ensemble au temps de la grandeur de Saïs, c'est-à-dire lorsque les Grecs la visitèrent en grand nombre, et Champollion a pu essayer, d'après le plan tracé sur le terrain et la description d'Hérodote, une restauration du temple de Nit, avec ce qu'il contenait dans son enceinte[5].

1. Hérodote, II, 163.
2. Ce que nous appelons aujourd'hui des pylones.
3. Hérodote, II, 175. — 4. *Ibid.*, II, 170, 171.
5. Voir Champollion, *Lettres*, p. 40 et s., et fig., pl. I (p. 42). Cf. *Description de l'Égypte*, t. V, p. 169 et s.

Si on en jugeait d'après Hérodote seul, les édifices des autres villes du Delta auraient été ou moins intéressants ou moins célèbres. Il ne dit rien par exemple des monuments de Tanis et de Sébennytos, de Xoïs et d'Athribis; il ne parle pas davantage des temples si importants, qui ornaient les deux grands centres religieux de Mendès[1] et d'Héliopolis[2], lesquels pourtant avaient en Égypte une importance si considérable. Mais d'autres que lui avaient fait le voyage d'Égypte et décrit peut-être ce que les hasards de la route ou les caprices des guides laissèrent échapper à son attention; ainsi, ce qu'Étienne de Byzance nous a conservé d'Hécatée au sujet du temple de Bouto et de l'île de Chembis[3] prouve bien qu'il devait au moins signaler à l'attention des voyageurs les choses qui lui avaient semblé le plus dignes d'intérêt. Hérodote n'avait pas besoin de répéter ce qui avait été bien dit avant lui; en outre, il est possible qu'il n'ait pas pénétré bien avant dans les parties lacustres de la contrée, celles qu'on appelait les marais[4]. A Bouto cependant il cite, outre le sanctuaire d'Apollon et Artémis, le temple de Latone, où réside l'oracle, et dont les propylées ont dix orgyies de hauteur[5]. Ce qu'il admire le plus dans l'enceinte, c'est le naos monolithe, un cube dont l'arête aurait eu quarante coudées; puis, dans le voisinage, l'île de Chembis, avec son vaste temple d'Apollon; mais il semble chercher là surtout une occasion de railler la crédulité de ceux qui, d'après les contes des Égyptiens, l'avaient considérée comme flottante[6]. « C'est presque toujours à propos d'un

---

1. Et cependant il traite à plusieurs reprises (II, 42, 46, 166) du culte de Mendès.
2. Quant à Héliopolis, sachant que ses habitants passent pour les plus doctes des Égyptiens, il s'y est rendu tout exprès pour savoir si les traditions de cette ville sont d'accord avec celles de Memphis. Mais il se refuse à publier ce qu'ils lui ont appris concernant les choses divines, hormis les noms de leurs dieux, et il ajoute : « Je suppose que tous les hommes les connaissent. Je n'en mentionnerai donc rien, sinon ce que ma narration me contraindra de rappeler (II, 3) ». Plus loin (II, 59 et 63), il se contente de noter que la fête d'Héliopolis est célébrée en l'honneur du Soleil, et que les assistants, comme à Bouto, se bornent à immoler des victimes. Mais, du grand temple de Râ et des annexes qui en dépendaient, on dirait qu'il n'a pas conservé même le plus simple souvenir.
3. *Fragm. Hist. gr.*, t. I, p. 20, fr. 284.
4. Il note, il est vrai, la manière dont vivaient les habitants de cette région (II, 92); mais ce n'est pas là une preuve décisive qu'il l'ait réellement connue et observée par lui-même.
5. II, 155. A Busiris, il mentionne le grand temple, où on célébrait la principale des fêtes en l'honneur de l'Isis locale.
6. C'est-à-dire d'Hécatée, un de ces Ioniens, dont il se plaît à faire remarquer les erreurs. Cette croyance n'était peut-être qu'une interprétation de certains tableaux, où l'on voit Isis agenouillée dans un buisson de lotus, avec son fils Horus auprès d'elle. La natte sur laquelle elle était posée pouvait

temple ou d'une fête qu'il cite les villes du Delta; et, de fait, dans les villes secondaires de l'Égypte, comme dans les petites cités italiennes, il n'y avait guère à voir que les monuments consacrés au culte. Hérodote visitait Bouto ou Tanis, comme on visite aujourd'hui Orvieto ou Lorette, pour admirer un temple ou pour faire ses dévotions dans un sanctuaire célèbre. Le plus souvent la ville même n'était rien : une enceinte fortifiée, quelques maisons d'apparence médiocre, où les riches et les employés du gouvernement logeaient, puis sur des monticules, d'antiques décombres accrus de siècle en siècle, des masures éphémères en pisé ou en briques crues, divisées en groupes irréguliers par des rues étroites et sinueuses. Tout l'intérêt se concentrait sur le temple et sur ses habitants, hommes et dieux [1]. » A Bubaste, par exemple, il formait une sorte d'île, entourée par deux canaux, qu'ombrageaient de grands arbres; et, bien qu'il fût sans doute un peu noyé au milieu des masures environnantes, comme les temples de Rome et comme nos cathédrales gothiques au moyen âge, de certains points de la ville, exhaussée au cours des siècles, on dominait l'édifice, resté au niveau du sol primitif [2]. On pouvait ainsi reconnaître le plan général, apercevoir le bois sacré, planté d'arbres magnifiques, entourant le naos où devait être renfermée l'image de la déesse, les propylées hauts de dix orgyies et ornés de figures remarquables, qui avaient elles-mêmes six coudées [3]. M. Naville a retrouvé récemment des restes de ce temple [4], qui remontait aux origines historiques de l'Égypte, puisqu'on y a relevé des fragments de pierre portant les cartouches de Khéphren et de Pépi Ier, et d'autres encore datant de la XIIe dynastie. Rebâti en de plus grandes proportions par les Bubastites de la XXIIe, il fut restauré et embelli par les successeurs de Psammétique. Ainsi les Grecs du VIe siècle purent le voir dans toute sa splendeur, et la description d'Hérodote prouve que l'invasion perse ne l'avait point diminuée.

En remontant le Nil par Cercasore au delà de la pointe du Delta, on arri-

être prise à la rigueur pour une sorte de radeau. Il n'y avait pas très loin de là à l'idée d'une île flottante, comme celle de Délos, où Latone s'était réfugiée et avait donné naissance à ses deux enfants divins.

1. Maspero, *Hist. anc.*, 4e édit., p. 698.

2. La position assez analogue des temples d'Edfou donne une idée de ce qu'Hérodote avait pu voir à Bubaste.

3. Hérodote, II, 138.

4. Naville, *Bubastis*, 1887-1889. Cf. Maspero, *Archéologie égyptienne*, p. 85-86.

vait bientôt à Memphis. C'est là que l'on séjournait le plus longtemps, et les drogmans helléno-memphites avaient beau jeu à retenir et à captiver l'attention des voyageurs, parmi cette foule de monuments de tous les âges, que les Pharaons n'avaient cessé de compléter et d'agrandir[1]. Ils avaient soin de rattacher à chacun d'eux les noms royaux dont le souvenir était resté le plus vivant et le plus populaire. Ménès, après avoir bâti la ville et l'avoir protégée par d'immenses travaux, avait érigé le temple de Phtah[2]. Mœris avait construit l'admirable portique qui en fermait l'entrée du côté du Nord[3]. Sésostris employait ses nombreux prisonniers à extraire et à transporter les énormes pierres, d'où l'on avait tiré les colosses qui en décoraient les abords[4]. Rampsinite éleva les propylées de l'Ouest, précédés de deux statues, qu'on disait représenter l'Été et l'Hiver[5]. Au successeur de Mykérinos, Asychis, on attribuait ceux de l'Orient, les plus beaux et les plus grands de tous[6]. Devenu maître de l'Égypte entière, Psammétique à son tour bâtit ceux du Midi, et, en face d'eux, la cour où était nourri le bœuf Apis; elle était entourée tout entière d'un portique couvert de sculptures, avec des statues colossales adossées à des piliers, et qu'on prenait pour de véritables caryatides[7]. Enfin, Amasis consacra la statue de soixante-quinze pieds, qu'on voyait couchée à la renverse devant le temple, et les deux colosses en pierre d'Éthiopie, dressés de chaque côté[8]. Les rois légendaires avaient ici leur part tout aussi bien que les autres, et on montrait aux étrangers, comme étant l'œuvre de Protée, l'hôte de Pâris et de Ménélas, un superbe enclos, situé au Sud de l'Héphæstéon[9]. A l'intérieur s'élevait le sanctuaire d'une Hathor, qu'on identifiait avec l'Astarté phénicienne (Aphrodite étrangère), et en qui Hérodote croyait reconnaître Hélène, fille de Tyndare[10]. Tout autour s'étendait le quartier qu'on appelait le Camp des Tyriens : car Memphis était devenue peu à peu une ville cosmopolite, et les Grecs eux-mêmes y eurent des établissements, un quartier à part, aussi bien que les Phéniciens; c'était l'Ἑλληνικόν et le Καρικόν[11],

1. Aussi est-ce là qu'Hérodote paraît avoir appris le plus de choses concernant l'histoire du pays.
2. Hérodote, II, 99. — 3. Ibid., II, 101. — 4. Ibid., II, 108, 110.
5. II, 121. On peut noter là encore une application de ce que M. Clermont-Ganneau appelle la mythologie iconographique. De même à Rome, au XVII° siècle, on avait affublé du nom de Pasquin la statue antique voisine de la place Navone.
6. Hérodote, II, 136. — 7. Ibid., II, 153. — 8. Ibid., II, 176. — 9. Ibid., II, 112.
10. A cause des fables contées par les interprètes sur le séjour d'Hélène chez le Pharaon Protée.
11. Steph. Byz., s. v. Fragm. Hist. gr., t. II, p. 98, 5, d'après Aristagoras.

où résidait une population moitié hellénique et moitié égyptienne, les Ἑλληνο-μεμφῖται, les Καρομεμφῖται, issus des mercenaires qui avaient épousé des femmes indigènes. Là ils étaient chez eux, non pas indépendants et autonomes comme dans leur colonie de Naucratis, mais soumis à la loi du pays, et fondus jusqu'à un certain point dans l'ensemble de cette grande cité, où se rencontraient tant de nations diverses, depuis les Nègres du Soudan jusqu'aux Chaldéens de Babylone.

De Memphis on se rendait aux Pyramides, dressées à l'horizon comme des montagnes de pierre, à qui le plateau de Libye formait un piédestal naturel. Déjà célèbres dans tout le monde méditerranéen, elles avaient donné lieu à mille légendes, variant au gré de l'imagination des drogmans [1]. Celle de Chéops aurait coûté vingt années de travail; on avait employé dix ans rien qu'à creuser dans la colline les chambres souterraines, et à construire le chemin, par où les matériaux étaient amenés à pied d'œuvre [2]. Pour conduire à bonne fin une telle entreprise, Chéops avait durement grevé son peuple; à bout de ressources, il ne craignit pas de prostituer sa propre fille, qui aurait prélevé sur son gain de quoi bâtir elle-même une autre pyramide. Le revêtement extérieur était couvert d'hiéroglyphes, où figuraient des chiffres, et les guides prétendaient y trouver le prix des légumes octroyés aux ouvriers pendant la durée du travail : la somme totale, évaluée en monnaie du ve siècle, n'allait pas à moins de 1,600 talents d'argent [3]. La Pyramide de Khéphren, moins haute que la précédente, n'avait pas exigé de moins pénibles sacrifices; aussi, dans leur haine héréditaire contre ces vieux rois, les Égyptiens évitaient de les nommer, et on désignait communément les Pyramides par le nom de Philition, un berger qui jadis paissait ses troupeaux en cet endroit. La troi-

---

1. Les Pyramides sont au nombre de soixante-dix environ. Il est curieux d'observer que, de tout cet ensemble, les Grecs n'en avaient cité que trois, plus celle d'Asychis et celles du Fayoum. La raison de ce fait, c'est évidemment qu'ils n'ont pensé à décrire que celles auxquelles s'attachait quelque conte pseudo-historique, dont ils avaient eu connaissance.

2. Hérodote, II, 124 et s.

3. Les Pyramides étaient des monuments funéraires. Or, une des formules les plus fréquentes sur les stèles comprend un proscynème à Osiris, pour qu'il donne des rations aux morts : 1,000 pains, 1,000 vases de vin, 1,000 pièces d'étoffe, etc. L'inscription de la pyramide était sans doute un proscynème de ce genre, et l'interprète qui conduisait Hérodote changea probablement les milliers d'offrandes funéraires en milliers d'objets consommés par les constructeurs. Diodore et Pline, n'ont fait que copier Hérodote, et l'erreur s'est transmise ainsi dans toute l'antiquité et jusqu'à nos jours. (Voir Maspero, *Annuaire de l'Association pour la propagation des Études grecques*, 1875, p. 16 sqq.)

sième était beaucoup moindre ; mais il s'était formé autour d'elle des légendes plus extraordinaires encore. On en faisait souvent honneur à la courtisane Rhodopis ; toutefois, Hérodote rejetait ce conte, fabriqué sans doute à Naucratis, et rapportait avec raison l'édifice au successeur de Khéphren, Mykérinos [1]. En le voyant passer sous silence le grand Sphinx, figure du dieu Harmachis, dont l'effet est si saisissant, on est porté à se demander si, depuis les travaux exécutés par les rois de la XVIIIe et de la XIXe dynastie, le colosse n'avait pas été enseveli de nouveau par les sables, au point d'en être en grande partie recouvert [2]. Mais Hérodote a laissé de côté, volontairement ou non, tant de monuments remarquables, qu'il peut avoir omis ou ignoré celui-là comme beaucoup d'autres [3].

Le Fayoum, cette fertile province, conquise sur le désert, attirait aussi les étrangers ; ils y admiraient le Labyrinthe, que l'on mit bientôt au nombre des merveilles du monde, et qui semble avoir provoqué chez Hérodote un enthousiasme sans égal [4]. C'est qu'il a vu là, non plus comme à Saïs et à Memphis, un temple perdu au milieu d'une grande cité, mais un temple isolé, avec son développement imposant et ses innombrables dépendances. Les écrivains anciens diffèrent entre eux sur le plan, sur la destination du monument et même sur l'emplacement qu'ils lui attribuent [5]. Lepsius [6] croyait l'avoir retrouvé près du village de Hawara, mais les ruines qu'il avait visitées étaient celles d'une petite ville, bâtie avec ses débris à l'époque gréco-romaine [7]. « Il ne subsiste aujourd'hui du Labyrinthe que des blocs isolés

---

1. Hérodote, II, 134.

2. Voir la stèle de Thoutmès IV, *Records of the Past*, 2e sér., t. II, p. 45 et suiv.

3. Peut-être les guides ne lui avaient-ils pas montré ; en effet, on ne voit le grand Sphinx que quand on en est tout près.

4. Hérodote, II, 148. « Je l'ai vu et l'ai trouvé au-dessus de tout ce que l'on peut dire. Car, si l'on réunissait, sous un seul aspect, tous les remparts et toutes les constructions de la Grèce, l'ensemble paraîtrait avoir coûté moins de travail et de dépense que le Labyrinthe. Quelque admiration que méritent les temples d'Éphèse et de Samos, les Pyramides déjà les surpassaient en renommée, car chacune d'elles équivaut aux plus grands édifices des Grecs. Or, le Labyrinthe l'emporte de beaucoup sur les Pyramides. » Suit la description des parties qu'il a pu visiter.

5. Diodore, I, 61, 66, 89 ; Strabon (Didot), XVII, 689, 690 ; Pline, XXXVI, 19 ; Pomp. Mela, l. I, c. 9. Cf. Letronne, *Œuvres*, 1re sér., t. I, p. 294-307, et *Nouv. Ann. des Voyages*, t. VI, p. 135-154.

6. Lepsius, *Briefe*, p. 14 et s.

7. Vassalli, rapport publié dans le *Recueil de Travaux*, t. VI, p. 37 et s. ; Fl. Petrie, *Hawara, Biahmou and Arsinoe*, p. 5. L'auteur a fait des fouilles importantes sur l'emplacement signalé par Lepsius.

du patin en pierre de taille, sur lequel il se dressait et quelques fragments d'architraves et de colonnes au nom d'Amenemhait III [1] et de Sovkounofriou [2]. Le Labyrinthe était primitivement le temple, la chapelle du double attachée à la Pyramide d'Amenemhait III, et peut-être agrandie plus tard... M. Fl. Petrie a essayé d'en restaurer le plan. C'était, d'après lui, un édifice assez irrégulier, ce qui est conforme à l'impression que laissent les passages des auteurs anciens [3]. » Si l'on en juge d'après les dessins et les textes d'un Papyrus du Fayoum, publié et commenté par M. Pleyte [4], il semble avoir formé une vaste ellipse, contenant des chapelles dédiées aux principaux dieux du nome, groupés autour de Sovkou, la grande divinité du Fayoum. Les chambres souterraines [5] pouvaient servir à l'ensevelissement des crocodiles et au dépôt des objets sacrés [6]. Les Grecs les croyaient en partie occupées par les sarcophages des douze rois, auxquels ils attribuaient l'ensemble de cette vaste construction. En cela, ils étaient trompés encore par leurs guides, et d'ailleurs les descriptions assez peu concordantes, qu'ils ont laissées de l'édifice, ne permettent pas de se faire une idée bien claire de ses dispositions intérieures.

La Moyenne et la Haute-Égypte étaient peu fréquentées par les voyageurs. Quelques marchands s'y rendaient pour trafiquer, en suivant le Nil, mais ils avaient plus de souci de leurs affaires que des curiosités du pays. Dans cette partie du pays, Hérodote lui-même ne cite guère que Chemmis, située près de Néapolis, au nome Thébaïque [7]; et il ne parle du temple de cette ville avec ses grands portiques de pierre que pour exposer à cette occasion la tradition qu'il a recueillie sur Persée et sur l'institution des jeux gymniques, fondés par le héros lui-même après son expédition contre la Gorgone. Le grand nom de Thèbes, déjà connu au temps où fut composée l'*Iliade,* n'avait rien perdu de son prestige. L'historien parle à plusieurs reprises et avec assez de

---

1. Le sixième roi de la XIIe dynastie.
2. Le dernier roi de la XIIe dynastie, celui que Manéthon appelle Σκεμίοφρις, *Fragm. Histor. græc.*, t. II, p. 560 et s.
3. Maspero, *Rev. crit.*, 1890, t. I, p. 1-2. « Il devait présenter des dispositions analogues à celles qu'on remarque au temple de Séti Ier à Abydos. »
4. *Over drie Handschr. op Papyrus, etc.* Cf. Whitehouse, *Études dédiées à Leemans*, p. 83 et s.
5. Il y en avait 1,500 selon Hérodote et 1,500 autres, bâties au-dessus.
6. Wiedemann, *Herodots Zweites Buch*, p. 529-530.
7. Hérodote, II, 91.

détail des coutumes particulières aux habitants de la Thébaïde, des fêtes du dieu principal de la cité, Zeus (Amon), de ses oracles, auxquels il rattache ceux de l'Oasis et de Dodone; il calcule avec soin les distances de Thèbes aux principaux points de l'Égypte et du désert[1]. On s'étonne qu'ayant insisté comme il l'a fait sur les monuments de Saïs et de Memphis, il n'ait pas dit un mot des constructions si grandioses qui couvraient encore les deux rives du Nil, à Karnak et à Louxor, à Médinet-Abou et à Gournah[2]. Les auteurs de la *Description de l'Égypte*[3] pensent, comme Heeren, que le livre d'Hécatée l'avait dispensé de reproduire des renseignements qu'il considérait comme inutiles, ayant déjà été développés par son prédécesseur. Il est plus probable qu'il n'avait fait que passer à Thèbes, ainsi que les touristes modernes[4], et qu'ayant appris peu de chose sur ses édifices et sur son histoire, il s'est abstenu de rien dire de ce qu'il connaissait mal[5]. Il ne faut pas oublier d'ailleurs qu'avec Hérodote on est loin encore de la période des exégètes à la manière de Pausanias. En Égypte comme ailleurs, il ne décrit pas les monuments pour eux-mêmes, pour l'intérêt artistique qu'ils peuvent présenter; ce qu'il cherche avant tout, c'est à grouper autour d'eux des informations, des récits historiques, des anecdotes piquantes. Autrement, il les néglige sans remords et semble n'y attacher qu'une importance tout à fait secondaire. Au moment où Hécatée et Hérodote visitèrent l'Égypte, Thèbes n'était plus, à proprement parler, une ville. Les dévastations successives commises par les Assyriens, puis par les Perses, avaient détruit des quartiers entiers, abandonnés depuis longtemps déjà par les habitants; plusieurs des grands sanctuaires et des palais pharaoniques avaient été non seulement pillés, mais gravement endommagés par les vainqueurs[6]. Autour des principaux groupes

1. Hérodote, II, 4, 9, 15, 42, 54-58, 83, 166; I, 182; III, 10; IV, 181.
2. Il parle seulement, II, 143, d'une grande salle où les prêtres de Zeus lui montrèrent comme ils avaient fait à Hécatée, autant de colosses de bois qu'il y avait eu de grands prêtres. Il s'agit là sans doute d'une des salles hypostyles du temple d'Amon.
3. *Descr.*, t. II, p. 188-189; p. 560-561. (Jollois et Devilliers, *Description générale de Thèbes*.)
4. Aujourd'hui les voyageurs conduits par la compagnie Cook ne restent à Thèbes que trois jours et demi.
5. M. Sayce, *The ancient Empires*, introd., et *Herodotos*, soutient qu'Hérodote n'avait pas visité le Sud de l'Égypte, et que, malgré son affirmation si précise, il n'était pas allé à Éléphantine. Cette opinion a été réfutée par M. A. Croiset, *Sur la véracité d'Hérodote*, dans la *Rev. des études gr.*, 1888, p. 159 et s.
6. Oppert, *Mém. sur les rapports de l'Égypte et de l'Assyrie* (Acad. des Inscr., Savants étrangers, t. VIII, p. 609 et s.).

monumentaux s'étaient formés des villages, à peu près séparés les uns des autres, et dont les maisons étaient bâties ou réparées avec des pierres prises aux édifices en ruine. Toutefois, les temples encore debout, avec leurs allées de sphinx, leurs obélisques et leurs colosses, leurs pylônes majestueux et leur forêt de colonnes, ne pouvaient manquer, ce semble, d'exciter la curiosité et l'admiration des étrangers, et on ne saurait trop regretter la perte du livre d'Hécatée de Milet, s'il est vrai qu'il en eût donné une description suivie. Celles que nous a laissées Diodore, peut-être d'après Hécatée d'Abdère, ne paraissent pas avoir été écrites avec un grand souci de l'exactitude[1]. Si elles répondent d'une manière générale aux principales dispositions usitées dans les temples égyptiens, il faut les rectifier et les corriger sur bien des points, pour les faire concorder à peu près avec le plan de tel ou tel édifice connu. Il est vrai que les premiers voyageurs grecs n'étaient pas préoccupés davantage d'apporter dans leurs récits une précision absolue. De plus, ils ne pouvaient parcourir que les parties extérieures des temples; c'est pour cela qu'Hérodote s'en tient toujours aux propylées, aux portiques des cours antérieures, qu'il a eu le loisir d'examiner à son aise. Le reste était interdit aux profanes, et les visiteurs n'en savaient que ce que les portiers ou les bedeaux consentaient à leur conter.

A plus forte raison, les tombeaux, sauf quelques rares exceptions peut-être[2], devaient-ils leur être fermés. Les Égyptiens eux-mêmes ne s'y rendaient qu'à certains jours pour les sacrifices et les cérémonies commémoratives, et c'est seulement à l'époque gréco-romaine qu'on verra des touristes de toute nationalité descendre dans les hypogées et y graver librement leurs noms. Parmi les graffiti grecs que M. Sayce a recueillis en Égypte, quelques-uns, nous l'avons vu, mais seulement au temple d'Osiris à Abydos, semblent remonter à une antiquité assez haute; dans les syringes de Thèbes, le savant

---

1. Voir par exemple celle du soi-disant tombeau d'Osymandias, I, 47-49. Cf. le Mémoire de LETRONNE, Œuvres, 1ʳᵉ sér., t. l, p. 222 et s.; et celui de M. de ROCHEMONTEIX, Œuvres diverses, p. 63-79; cf. Rec. de trav., t. VIII, p. 193-202.

2. Il semble que quelques-uns devaient être visités aux époques anciennes. Des scribes égyptiens ont laissé dans la chapelle de la Pyramide de Méidoum et dans les hypogées de Béni-Hassan des inscriptions qui le prouvent, et qui font voir en même temps quelles erreurs d'attribution des indigènes plus ou moins lettrés étaient amenés à commettre. Cf. PETRIE, Medum, p. 9, 40-41, pl. XXXII-XXXVI, et MASPERO, Mél. de l'Éc. des Hautes-Ét., 1878, p. 49. Mais rien n'indique que les Grecs du vıᵉ et du vᵉ siècle y eussent pénétré.

anglais n'en a relevé aucun qui puisse être antérieur à l'époque ptolémaïque[1]. Hérodote ne mentionne nulle part les peintures et les sculptures qui décoraient les parois des tombes; il est à peu près certain qu'il n'en avait pas eu connaissance, à moins que ce ne fût par ouï-dire. Les autres Grecs du VIe et du Ve siècle visitaient peu les nécropoles et n'avaient, pas plus que lui, accès dans les puits ou dans les syringes funéraires. Aussi bien les villes habitées par les vivants leur offraient-elles assez de sujets d'étude, pour qu'ils pussent se dispenser d'explorer les demeures des morts.

Logographes ou philosophes, touristes ou simples marchands, tout ce qu'ils rencontraient sur leur route était fait pour exciter leur surprise; à chaque pas surgissait devant eux quelque intéressant problème. Les interprètes, avec l'assurance propre à leur métier, n'étaient jamais embarrassés pour répondre aux questions qui leur étaient posées; il fallait bien, en tout cas, se contenter de leurs explications, que l'ignorance où l'on était de la langue ne permettait pas de contrôler. Il serait injuste assurément de reprocher aux Hellènes cette crédulité forcée. L'Égypte, avec sa civilisation tant de fois séculaire, était considérée par eux comme la source de leurs connaissances scientifiques et d'une grande partie de leurs dogmes religieux. De son histoire, on ne savait que ce qu'en révélaient les guides, sans ordre, au hasard du voyage; on débrouillait ensuite comme on pouvait le chaos de ces récits confus, et dénués de chronologie. Quant aux mœurs, aux institutions du pays, les étrangers, quels qu'ils fussent, ne pouvaient les connaître que par le dehors. Malgré tant de chances d'erreur, les Grecs recueillaient, au cours de leurs pérégrinations, un certain nombre de faits précis et de connaissances

---

1. Voir *Proceedings* de la Société d'Archéologie bibl., t. X, p. 377 et s. *Proceedings*, t. XI, p. 318-319. Cependant M. Sayce a publié, dans la *Revue des Études grecques*, 1891, p. 46, une nouvelle série d'inscriptions et de graffiti relevés par lui dans la Haute-Égypte, et il signale entre autres le nom d'un Carien, officier de Psammétique Ier. Il a découvert aussi, au nord du Gebel Abouféda, une inscription cypriote et un texte carien (*Academy*, 1890, t. I, p. 157). *Ibid.*, p. 95, il a noté, près de Silsilis, outre six graffiti phéniciens, de nombreuses inscriptions dues à des voyageurs grecs. — « Les inscriptions grecques du tombeau de Séti Ier montrent qu'à l'époque impériale on allait comme de nos jours, au Bab-el-Molouk. Hadrien et ses compagnons de voyage, et d'une manière générale tous les Occidentaux, artistes ou touristes, qui parcouraient la vallée du Nil pouvaient voir et copier, comme nous, les scènes de la vie civile et domestique, retracées dans les salles accessibles des syringes égyptiennes. » MASPERO, *l. c.* Cf. LETRONNE, *Œuvres*, 1re sér., t. II, p. 220-221, 378; t. I, p. 252-253. Mais rien n'autorise à croire qu'il en fût de même au VIe et au Ve siècle. LETRONNE (*Rec. des Inscr. de l'Ég.*, t. II, p. 509) est persuadé qu'à l'époque même de Strabon on n'entrait pas dans les pyramides.

positives. Bien qu'égarés par les contes merveilleux, qui presque toujours déformaient et faussaient l'histoire, ils commençaient à se faire quelque idée du passé lointain de l'Égypte, de son expansion et de sa puissance au temps des grandes conquêtes; et ses monuments étaient là pour attester la grandeur du rôle qu'elle avait joué dans le monde. Enfin, en remontant le Nil pour trafiquer ou pour s'instruire, non seulement on apprenait à connaître la topographie de la vallée, mais on rassemblait, chemin faisant, des notions utiles sur les parties inconnues de l'Afrique, sur la mer Rouge et sur les contrées qui la bordaient; l'horizon géographique s'étendait ainsi notablement, à la fois vers le Midi, vers l'Orient et vers l'Occident. Déjà, grâce aux recherches des logographes et des voyageurs, Anaximandre pouvait songer à dresser une carte de la terre[1].

Dans les arts et dans les sciences, l'Égypte était en état d'enseigner aux Grecs des procédés et des règles utiles, sinon nécessaires pour accélérer la marche du progrès; et, en s'ouvrant pour eux, elle s'ouvrait aussi pour le reste du monde : car les Hellènes n'étaient point, comme les Phéniciens, un peuple jaloux de conserver ses secrets et de les dérober à ses rivaux. Leur génie éminemment communicatif les portait au contraire à répandre, à faire connaître partout leurs découvertes. Déjà les côtes de la Méditerranée s'hellénisaient de toutes parts; les comptoirs commerciaux devenaient en peu de temps de grandes cités, qui rayonnaient autour d'elles et envoyaient au loin de nouvelles colonies. Depuis les Colonnes d'Hercule jusqu'au fond de l'Euxin, leurs vaisseaux mettaient en communication tous les peuples, et la Grande-Mer devenait véritablement le centre du monde. Du jour où ils furent établis en Égypte comme en Italie et en Sicile, dans la Tauride comme sur les côtes d'Ibérie, les nations cessèrent d'être isolées, ainsi qu'elles l'avaient été jusque-là malgré les navigations des Sidoniens et des Tyriens; désormais, elles purent échanger librement les produits de leur sol et les créations de leur travail. Et, dans ce grand mouvement d'expansion dû à l'activité des Hellènes, Naucratis tient une place considérable, puisqu'elle représente à elle seule non seulement le contingent de l'Égypte, mais ceux de l'Arabie et de l'Extrême-Orient, de l'Éthiopie et des contrées mystérieuses du continent africain. Voilà pourquoi nous avons dû lui faire une si grande part dans l'ensemble de cette étude.

1. Diog. Laerce, 3. Cf. P. Tannery, *Pour la Science hellène*, p. 86-87.

En effet, l'histoire de sa fondation est, à vrai dire, celle de l'établissement régulier et définitif des Grecs dans la vallée du Nil. En exposant le développement de ses industries et de son commerce, nous avons donc suivi pas à pas la marche de leurs progrès, nous avons pu en noter les résultats et les conséquences pour les métropoles helléniques d'abord, puis pour le monde méditerranéen tout entier.

Lorsque, sous le successeur d'Amasis, Psamménite (Psametik III), la défaite des armées égyptiennes amena la chute des rois indigènes et fit de l'Égypte une simple province de l'Empire perse, les mercenaires grecs combattirent encore aux premiers rangs et disputèrent chèrement la victoire. Un de leurs chefs, Phanès, avait quitté le service du Pharaon et préparé l'invasion de Cambyse. Les autres, demeurés fidèles au souverain qui les payait, punirent sa trahison par une atroce vengeance et ne cédèrent pas le champ de bataille avant d'être écrasés par le nombre. Ce qui survécut entra probablement au service des rois perses.

A partir de ce moment la condition des Grecs se trouva en Égypte notablement modifiée. Toutes les bouches du fleuve étant désormais accessibles aux navires étrangers, Naucratis perdit par le fait la meilleure partie de ses privilèges. Que les Perses se soient vengés sur elle de la résistance des mercenaires[1], nous avons vu que le fait n'était pas absolument prouvé. Ce qui est certain, c'est qu'elle n'était plus désormais pour les Hellènes le seul port franc reconnu par les nouveaux maîtres du pays; les villes situées sur la branche de Péluse et celles mêmes de la branche Canopique étaient dès lors en état de lui faire une redoutable concurrence.

Le même régime se perpétua sous les dernières dynasties indigènes; au temps des Ptolémées, la grandeur d'Alexandrie lui porta le dernier coup. Pendant toute cette période et de même à l'époque romaine, elle se trouva réduite à l'humble condition d'une petite ville de province, conservant encore quelques-unes de ses industries[2] et sans doute aussi une bonne partie de ses relations commerciales, produisant même quelques écrivains distingués, mais vivant surtout par son passé et par ses souvenirs.

1. *Naukratis*, I, p. 8; II, p. 55. — Voir plus haut, p. 224.
2. Athénée, XI, 480 E.

ADDITIONS

I

(*Introd.*, p. 6, note 3) SUR LES TRIBUTS DES KEFTI ET DES HABITANTS DES ILES

On peut voir à ce sujet l'étude publiée par M. G. Steindorff dans l'*Archæologischer Anzeiger* (1892, p. 11 et suiv.), où il discute les découvertes de M. Petrie et montre qu'il existait, au moins dès la XVIIIe dynastie, des relations commerciales suivies entre l'Égypte et le monde mycénien. « Bien des motifs qui paraissent seulement dans l'art égyptien du Nouvel-Empire sont dus à l'influence mycénienne. L'*action en retour* du monde grec sur le monde oriental remonterait ainsi au xve siècle avant notre ère. » (S. Reinach, Chron. d'Orient, dans la *Revue archéologique*, 1892, t. I, p. 406-407.)

M. Steindorff signale la ressemblance entre le costume des Kefti, qui, dans les tombeaux de la XVIIIe dynastie (Rekhmara, etc.), apportent des tributs en Égypte, et celui des hommes représentés sur certains vases mycéniens. Il fait remarquer également l'analogie frappante qui existe entre les vases portés par les Kefti et les ouvrages d'art mycéniens, et en particulier celles que présentent avec les coupes de Vaphio, et pour la forme et pour certains ornements, deux coupes reproduites par Wilkinson (II, 7, n° 274, fig. 1, 2) et par Prisse (*Histoire de l'art égyptien,* atlas II, art industriel); d'où M. O. Puchstein avait déjà conclu à considérer les Kefti des monuments égyptiens comme des représentants de la civilisation mycénienne.

Il montre de plus, en s'appuyant sur des peintures de tombeaux égyptiens, publiées récemment dans les *Mémoires de la Mission du Caire*, que cette civilisation s'étendait, dès le temps de Thoutmès III (vers 1470), non seulement aux îles de la mer Égée, mais aux Khiti, aux gens de Tounip et de Kadesch (ou plus probablement de Ked, d'après une correction de M. Piehl), c'est-à-dire aux peuples de la Syrie du Nord, des pays voisins du golfe d'Issos, et probablement à l'île de Cypre.

Quelle que soit la conclusion qu'on adopte sur l'origine de cet art et de cette civilisation, il demeure prouvé en tout cas que, depuis la XVIIIe dynastie et peut-être plus tôt, il existait entre toutes ces contrées d'une part et l'Égypte de l'autre, des rapports assez fréquents, analogues à ceux que nous ont révélés les briques de Tell el-Amarna entre l'Égypte et les contrées du Nord-Est, Assyrie, Babylonie et Mitanni.

Ce sont là des résultats, dont on ne saurait se dissimuler l'importance pour l'histoire du commerce ancien, bien longtemps avant l'époque que nous font connaître les poèmes homériques.

II

(P. 17 et suiv.) SUR LES PEUPLES DE LA MER

M. Sayce (*Academy*, 1892, I, p. 164) pense avoir trouvé, dans les tablettes de Tell el-Amarna, sous la forme *Serdani*, la mention des Shardinas, qui auraient déjà été au service des Pharaons sous la XVIIIe dynastie (Aménophis III, Aménophis IV). Si la lecture du nom est exacte, il faudrait ainsi faire remonter bien avant Ramsès II l'introduction de ces étrangers comme mercenaires dans l'armée égyptienne. Notons aussi que le même savant (*Academy*, 1891, t. I, p. 222-223), ayant constaté une ressemblance singulière entre le type des Shakalsha, figurés à Médinet-Abou, et celui des peuples latins, est porté maintenant à identifier les Shakalsha avec les Sicules, opinion qu'il avait précédemment contestée [1].

---

1. Nous ferons remarquer d'ailleurs que l'orthographe égyptienne du nom des Shakalash se prête difficilement à cette identification.

D'autre part, M. Fl. Petrie (*Kahun, Gurob and Hawara*, p. 36, 38, 40) avait exhumé, dans sa campagne de 1889, à Gurob, localité du Fayoum, le cercueil d'un officier du temple de Séti Ier, [hieroglyphs] tenu du palais dans le Fayoum, et dont le nom est [hieroglyphs] *An* ou *Anu-Tursha*. Ce nom, suivi du déterminatif des pays étrangers, paraît bien être formé avec celui des Toursha, les Tyrsènes. Qu'il s'agisse ici des Étrusques, peuple d'Occident, comme l'ont cru Lenormant, Chabas, etc., ou d'une race d'Asie-Mineure, comme le pensent MM. Maspero, Sayce, etc., ou bien que l'on concilie les deux vues, en considérant les Étrusques (d'Italie) comme la branche occidentale et les Turseni de Lemnos et de la région dardanienne comme la partie orientale de la même race, il est certain, dit M. Petrie, que cet *An-Tursha* faisait partie du peuple qui, allié avec les Lybiens, les Achéens et d'autres encore, fut en guerre avec l'Égypte à la période ramesside. Le type du visage représenté sur la caisse extérieure diffère du reste notablement du type égyptien; de plus, les oreilles sont percées en bas, ce qui est contraire aux coutumes indigènes. Des étrangers étaient donc employés par les Pharaons à la fin de la XVIIIe et au commencement de la XIXe dynastie, et il y en avait d'établis dans cette partie du pays, voisine du Delta : car, auprès du tombeau d'Antursha, on a découvert, à Gurob, un oushabti au nom d'un Hittite, *Sadi-Amia*, une statuette en bois représentant un harpiste avec la coiffure caractéristique des Hittites, des cadavres conservant encore des restes de chevelure blonde, et enfin une série de poids, qui ne sauraient rentrer dans les divisions du système égyptien.

A Kahun, ville de la XIIe dynastie, le même explorateur a rencontré des poteries qu'il croit étrangères, méditerranéennes ou, si l'on veut, égéennes, et à Gurob, ville de la XVIIIe dynastie, une quantité de vases ou de tessons qui, par la pâte, la couleur et le dessin, seraient analogues à ceux de Mycènes, de Théra et de Mitylène : ce qui permettrait d'assigner à la poterie mycénienne une date voisine de l'an 1300 avant notre ère (entre 1400 et 1200). Ajoutez à cela de nombreuses marques de potiers incisées sur les fragments de vases, quelques-unes avant la cuisson, et qui rappelleraient certaines formes archaïques des caractères cypriotes ou grecs ? (Cf. Petrie, *Illahun, Kahun and Gurob*, p. 9 et 16, et pl. I, où sont reproduits en couleur des fragments de vases égéens.)

L'auteur de ces découvertes expose à ce propos une théorie sur l'origine des syllabaires cypriote et asianique et de l'alphabet phénicien, que nous n'avons pas à discuter ici, mais qui ferait remonter jusqu'au deuxième millénaire les premiers essais tentés par les Asiatiques, à l'imitation de l'écriture hiératique égyptienne de la XIIe dynastie.

De tout cela nous ne voulons retenir ici qu'un fait, l'établissement possible en Égypte, à ces époques si reculées, d'un certain nombre d'étrangers appartenant à ces races septentrionales, qu'on appelait du nom vague de peuples de la mer.

Quant à la place occupée par certains d'entre eux, M. Sayce (*Academy*, l. c.), s'appuyant sur un papyrus acquis par M. Golénischeff, et qui n'a pas encore été publié, se croit en droit d'affirmer que les Zekkariou (Teucriens) auraient habité la côte orientale, et les Akaiouasha le nord-est de l'île de Cypre. Nous ne pouvons que reproduire ici les affirmations du savant anglais, sans songer à les discuter, puisque les documents font défaut. Nous remarquerons seulement que ces dernières données confirment l'hypothèse de M. Maspero, d'après laquelle les peuples de la mer seraient partis du Nord pour envahir l'Égypte. Il faut tenir compte cependant des vues nouvelles exposées récemment par le R. P. de Cara, qui fait venir les Pélasges comme les Hittites de l'Occident et prétend suivre les traces de leur mouvement continu d'émigration vers les contrées orientales de l'Asie-Mineure[1]. D'ailleurs, ces questions si difficiles et si complexes sont chaque jour l'objet de nouveaux travaux, et nous n'avons pu qu'indiquer très brièvement les principales solutions auxquelles elles ont donné lieu jusqu'ici.

Nous devons ajouter que les théories émises par M. Petrie ont été très sérieusement contestées par M. Cecil Torr (voir *Classical Review*, 1892, p. 126 et s., et surtout le long dialogue entre M. Petrie et son adversaire, *Academy*, 1892, t. II, p. 56, 77, 97, 117, 137, 157, 178, 198, 245, 270, 292, 317, 341, 369, 442. Cf. l'article de M. Maspero dans la *Revue critique*, 1892, t. I, p. 265 et s.)

P.-S. — M. Petrie a annoncé à plusieurs reprises dans l'*Academy,* qu'en explorant le site où était bâtie la ville de Khouenaten (Aménophis IV), il avait

---

1. M. S. Reinach, dans un Mémoire sur les monuments mégalithiques et dans divers passages de ses *Chroniques d'Orient*, a plusieurs fois exprimé des idées analogues sur l'origine des Pélasges et sur la direction de leur mouvement de l'Ouest à l'Est.

découvert de nombreuses poteries du style qu'il qualifie d' « égéen ». La décoration du palais du roi rappellerait aussi, par certaines particularités de sa décoration, les palais de l'époque mycénienne, qui ont été découverts en Grèce. Mais le travail, que doit publier à ce sujet l'explorateur anglais, n'a pas encore paru; nous devons donc nous borner à mentionner ses assertions, sans pouvoir les contrôler, ni par conséquent les discuter.

III

(P. 60) SUR UN VASE DE DEFENNEH

Nous donnons, à la page 60, la face antérieure d'une situla de Defenneh, qui représente un Borée à queue de serpent. Dans le *Journal of hellenic Studies*, 1892-1893, part. I, p. 109, M. C. Smith a reproduit et commenté la partie opposée du même vase. Elle contient un personnage ailé qu'il considère comme une harpie, analogue à celles qu'offre le plat de Cyrène, trouvé à Naucratis (voir notre fig. 32, p. 214). Il traite à ce propos la question de ces figures ailées, assez fréquentes sur les vases archaïques, et montre que les harpies, toujours représentées avec un corps humain, doivent être soigneusement distinguées des Sirènes, qui portent une tête humaine sur un corps d'oiseau, par exemple sur le monument de Xanthos. Les harpies sont des démons du vent, mais des démons hostiles, par opposition aux Boréades, qui, au contraire, sont des démons bienfaisants. On voit que les deux types opposés figuraient à la fois sur notre vase de Defenneh, mais en occupant chacun une face différente.

IV

(P. 77 et suiv.) ÉMIGRATION DES GUERRIERS ÉGYPTIENS SOUS PSAMMÉTIQUE Ier

Dans ses *Notes au jour le jour,* suite d'articles sur divers sujets, insérés aux *Proceedings* de la Société d'Archéologie biblique de Londres (numéro d'avril 1892, t. XIV, p. 322-326), M. Maspero a repris la question de l'exode des guerriers de Psammétique Ier en Éthiopie, et il s'est efforcé d'en démontrer la possibilité, en défendant la tradition ancienne contre les objections de M. Wiedemann. Nous croyons devoir résumer ou reproduire ici les nouveaux arguments qu'il a fait valoir en faveur de la thèse que nous avons nous-même soutenue.

D'abord, Psammétique Ier pouvait n'avoir avec lui qu'un petit nombre de mercenaires grecs ou cariens, au moment où les soldats égyptiens se décidèrent à opérer leur mouvement; ces derniers auraient voulu « profiter de la faiblesse momentanée du roi afin de s'en aller au plus vite, avant qu'il eût concentré le gros de son armée étrangère et recouvré la force nécessaire à les arrêter ».

En second lieu, « les campagnes successives de Taharqou et de Tandamani du Sud au Nord, celles d'Assourbanipal jusqu'à Kipkip du Nord au Sud, avaient habitué les habitants de la vallée aux mouvements des masses armées, partie par terre, partie en bateaux sur le Nil ». Le pays avait grandement souffert de toutes ces guerres. « La marche des Assyriens n'avait rencontré aucun obstacle de la part des habitants; il n'y avait pas de raison pour que la marche des soldats révoltés en éprouvât. Les Thébains, par religion et par tradition, étaient partisans de la dynastie religieuse qui régnait à Napata, et ennemis des Saïtes : des troupes qui abandonnaient les Saïtes pour aller rejoindre les Éthiopiens n'étaient pas exposées à rencontrer chez eux beaucoup d'opposition, quand même les malheurs des années précédentes leur auraient laissé la force nécessaire de s'opposer à la marche d'une armée. »

Après avoir développé un point, que nous avons indiqué plus haut (p. 80-81), la disparition soudaine des Mashouasha depuis l'époque de la XXVIe dynastie, disparition qui s'expliquerait précisément par le départ en masse dont parlent les historiens grecs, M. Maspero ajoute : « La raison pour laquelle ces Libyens d'origine se seraient dirigés vers l'Éthiopie ressort assez claire de l'histoire du temps. Les rois de Napata venaient de régner près d'un siècle sur l'Égypte, ils n'avaient pas renoncé à leurs prétentions, ils possédaient encore la plus grande partie de la Nubie; les Mashouasha, ou simplement les *soldats*, en allant les rejoindre, pouvaient espérer que leur exil serait momentané et qu'une campagne des Éthiopiens les ramènerait bientôt dans leurs foyers avec leurs anciens privilèges, campagne victorieuse comme celles de Piônkhi, de Shabako, de Taharqou, de Tandamani. Comme nous sommes moins renseignés encore sur l'histoire de l'Éthiopie que sur l'histoire d'Égypte, nous ignorons pour quel motif cette campagne n'eut pas lieu. Fut-ce querelle religieuse ou guerre civile entre deux prétendants ? Le fait certain, d'après Hérodote, c'est que le roi d'Éthiopie, quel qu'il fût, transporta cette armée qui lui arrivait au sud de son Empire. Ici encore le motif est assez apparent. Ces recrues turbulentes, laissées en Nubie, pouvaient être tentées de retourner en Égypte, ou de se créer entre l'Égypte et l'Éthiopie un domaine indépendant. Internées sur la frontière méridionale, elles la protégeaient contre les incursions des peuples du Haut-Nil, et devenaient le boulevard de Napata et de Beroua. C'est peut-être l'extension qu'elles donnèrent vers le Sud à la domination éthiopienne, qui, déplaçant le centre de gravité du royaume, fit de Beroua-Méroë la seconde capitale, puis la capitale unique de l'Éthiopie... »

V

(Ch. Ier, p. 90-91) LES INSCRIPTIONS CARIENNES

M. Sayce a signalé (*Academy*, 1891, t. II, p. 461) une inscription hiéroglyphique, publiée depuis lors dans le *Recueil de Travaux*, t. XII, p. 213-214. Elle provient de Saïs et se trouve gravée sur le socle d'une grande statue en bronze de la déesse Nit, au-dessous de laquelle on voit une ligne en caractères cariens.

Celui qui avait dédié la statue était un Carien, du nom de Si-Qarr, officier de Psammétique Ier, et fils du Carien Kapat, qui avait épousé une Égyptienne de Saïs, appelée Nit-mert-hâ-Uah-ib-ri.

Le prince saïte Ouah-ib-ri, dont le nom est inséré dans celui de la femme du Carien, serait le grand-père de Psammétique Ier, ainsi le père de Néchao. On peut inférer de là que des Cariens auraient vécu dans cette partie du Delta longtemps avant Psammétique Ier, et ceci tendrait à confirmer le témoignage de Polyen (*Strateg.*, VII), que nous avons discuté plus haut. L'inscription montre de plus que Psammétique, en récompense des services rendus par les mercenaires, avait conféré à certains d'entre eux des dignités qui leur donnaient une véritable importance à sa cour; et c'est là encore un fait à retenir pour expliquer l'irritation et la jalousie qui amenèrent l'émigration des guerriers indigènes.

M. Sayce a recueilli depuis plusieurs nouvelles inscriptions cariennes, une entre Assouan et Edfou (*Academy*, 1892, t. I, p. 333), deux autres sur les rochers entre El-Hoshàn et El-Hammâm, le village qui est immédiatement au nord de Silsilis (*Academy*, 1893, t. I, p. 248-249). Un de ces derniers textes est parmi les plus longs qu'on ait encore rencontrés, et quelques-unes des lettres qui le composent ont, paraît-il, des formes particulières.

Enfin, M. Robertson a trouvé, également près de Silsilis, une inscription en deux lignes, que M. Sayce n'hésite pas à regarder comme un spécimen de la langue lydienne. L'alphabet de l'inscription ressemble à celui de Phrygie; les caractères ont les mêmes formes que ceux qui sont gravés sur les colonnes données par Crésus au temple d'Éphèse. De plus, le texte contient les noms propres Alus Mrshtul; or, on sait par le nom Alu-attès que Alus est un mot lydien; et, puisque Mursilos signifie « fils de Mursos », le suffixe *il* ou *ul* doit avoir marqué le patronymique.

Assourbanipal nous dit que le succès de Psammétique fut dû au secours qu'il reçut de Gygès, roi de Lydie, et les Ludim ou Lydiens sont cités plus d'une fois dans l'Ancien Testament (*Jér.*, XLVI, 9; *Ezéchiel*, XXX, 5; *Gen.*, X, 13) comme étant une partie de la population égyptienne.

Nous enregistrons simplement ces conjectures, en rappelant toutefois que le mot Ludim a été expliqué tout autrement.

VI

(P. 130-131) AMASIS ET LES MERCENAIRES GRECS ET CARIENS

M. E. Révillout a publié dans les *Proceedings* de la Société d'Archéologie biblique, mars 1892 (t. XIV, p. 251-254), de nouveaux extraits du Manuscrit de Paris, dont il a été question plus haut (p. 130-131), et qu'il avait fait connaître depuis longtemps déjà sous le titre de « Chronique démotique ».

Nous relevons, parmi ces extraits, un curieux passage, se rapportant directement aux mercenaires grecs ; il y est fait mention, de la manière la plus explicite, des avantages nombreux qu'Amasis leur aurait accordés aux dépens des sanctuaires égyptiens. Le conseil du roi interdit, en l'an 6, le payement des redevances régulièrement livrées aux temples avant le règne d'Amasis, une exception étant stipulée toutefois en faveur des trois grands sanctuaires du Nord, ceux de Memphis, d'Héliopolis et de Bubaste ; puis il ajoute :

« Les Grecs (*Ouinin*), qu'on leur donne des lieux d'habitation dans les terrains du territoire de Saïs ! Qu'ils s'approprient les barques, bois de chauffage (qu'on donnait aux temples). *Qu'ils amènent leurs dieux !* »

Cette dernière phrase offre pour nous un intérêt particulier. Elle montre que non seulement les temples de Naucratis avaient été édifiés par les Grecs avec l'assentiment royal, mais que l'autorisation officielle fut donnée aux mercenaires mêmes établis sur des territoires purement égyptiens d'y professer en toute liberté le culte de leurs dieux et d'y apporter leurs images. Le philhellénisme d'un souverain d'Égypte ne pouvait guère aller plus loin ; on comprend aisément les colères que devaient soulever de pareilles mesures, et on s'explique d'autant mieux la prompte assimilation des divinités grecques aux divinités égyptiennes. C'était le seul moyen peut-être de faire accepter la présence, naturellement odieuse, de ces idoles étrangères.

Le texte reproduit ci-dessus parle bien du territoire de Saïs, mais il ne signale pas expressément la présence des étrangers dans le temple de Nit. Ils paraissent cependant s'y être introduits, du moins s'il faut en croire l'auteur de la statue naophore du Vatican, qui félicite Cambyse de les en avoir chassés et d'avoir purifié le sanctuaire. Cette profanation n'eut peut-être lieu qu'au moment de la prise de la ville, dans la période de troubles qui accompagna nécessairement la conquête et les premiers temps de l'occupation perse. Peut-être aussi les étrangers dont parle *Hor-ut'a* étaient-ils des soldats de l'armée conquérante, qui, entrés dans Saïs en vainqueurs, s'étaient cantonnés de vive force dans les édifices religieux, aussi bien que dans le palais du roi et les autres édifices civils.

VII

(P. 126-128) L'EXPÉDITION DE NABOUKODOROSSOR ET LA LOCALITÉ DE PHUT

M. Strassmaier a donné une traduction nouvelle, un peu plus complète, du texte découvert par M. Pinches, et sur lequel on s'est appuyé pour affirmer la réalité d'une invasion de Naboukodorossor en Égypte.

Il y est question des soldats de « la ville de Pudhu-Yâvan... un district éloigné qui est dans la mer ». M. Sayce (*Academy,* 1891, t. I, p. 350) a cherché à identifier ce nom de Pudhu, qui, en lettres hébraïques, équivaudrait à Phut. Il propose d'y voir le nom égyptien de Péluse, que jusqu'ici on ne connaît pas sous sa forme hiéroglyphique, les stratopeda étant placés dans le voisinage de cette ville. Ainsi s'expliquerait cette dénomination de Pudhu-Yâvan, par laquelle Naboukodorossor désignerait la contrée où séjournaient les mercenaires ioniens au service du pharaon Amasis.

M. Glaser (*Academy*, 1891, t. II, p. 77) conteste cette identification, aussi bien que celle de M. Krall, qui assimilait Phut à Cyrène. Il voit dans Pudhu-Yâvan une colonie grecque de l'Arabie occidentale et rapproche ce nom de celui de Foda, cité par Pline (= Puta de l'inscription de Darius à Béhistoun), où il a reconnu l'existence d'une colonie grecque (voir Glaser, *Skizze der Geschichte und Geographie Arabiens,* II, p. 431 et suiv.). Le nom biblique de Fut ou Put, qui n'apparaît pas avant le vɪɪɪᵉ ou le vɪɪᵉ siècle, aurait désigné, au temps de Naboukodorossor, la ville mentionnée plus tard par Pline et par Ptolémée (Πούδνου πόλις), voisine de Sabya (la Σάβη de Ptolémée), et qui aurait été située dans la province appelée aujourd'hui 'Asyr. (Cf. *Academy,* 1891, t. II, p. 117.)

VIII

(P. 176, note 2) ANDROPOLIS-GYNÆCOPOLIS

Un manuscrit d'Oxford, copié par M. Révillout et publié par M. J. de Rougé (*Géographie de la Basse-Égypte,* Rothschild, 1892), donne les identifications suivantes : ⲁⲛⲁⲣⲱⲛ = ϯⲃⲁⲕⲓⲉⲣⲃⲁⲧ = *Kharbata*. Ⲉⲣⲃⲁⲧ ou ⲁⲣⲃⲁⲧ, identifiée déjà par Champollion (*L'Égypte sous les Pharaons*, t. II, p. 256) avec la Kherbata moderne, était située à trois lieues à l'ouest de la branche Canopique et à dix lieues au nord de Lakan (Alkam). « La situation d'Andropolis, dit M. J. de Rougé, se trouve ainsi fixée d'une façon certaine dans le terrain que nous accordons au troisième nome ancien. » Il comprenait les nomes plus récents, Andropolite, Libyque et Maréotique, et avait comme limites, à l'est la branche Canopique (𓈗𓏥, ⲫⲓⲁⲣⲟ ⲛ̄ⲉⲙⲛ̄ⲧ, ou 𓈗𓏥, ὁ μέγας ποταμός de Ptolémée), à l'ouest le désert Libyque.

Quant à la ville de Gynæcopolis, elle n'est pas retrouvée (J. de Rougé, *ouvrage cité*, p. 145) : on connaît une localité appelée 𓈀𓃭𓏤, dont le nom se traduirait exactement par Andropolis-Gynæcopolis, mais elle est dans le nome Sébennyte.

IX

(P. 192-193) A PROPOS DU TEMPLE DE ZEUS A NAUCRATIS

Nous avons vu que le Zeus d'Égine avait un temple à Naukratis, et que des dédicaces au Zeus Thébain avaient été découvertes par M. Petrie au cours de ses fouilles. Il n'est donc pas invraisemblable de considérer comme étant de provenance naucratite et se rapportant au temple en question le curieux petit monument reproduit et commenté par MM. Cecil Smith et L. Griffith, dans la *Classical Review* (janvier 1891).

Il s'agit d'une bande de bronze, d'une épaisseur d'environ deux millimètres, et qui devait être fixée par des clous au piédestal en bois d'une statuette, probablement du dieu Amon. Sur la partie antérieure est représentée une scène d'offrande. Les figures ont été préalablement dessinées au trait sur la surface, puis on a frappé le métal tout autour, de manière qu'elles produisent l'effet d'un relief, tout en restant au même niveau que le champ. Elles montrent le dédicant offrant un vase au dieu Amon, accompagné d'une déesse, vraisemblablement Maut. La légende hiéroglyphique est : « Tu Amen ānkh Brsa (𓇋𓏤 𓅭) : Puisse Amon donner (ou : Amon donne) la vie à Bersa. » Et sur une autre ligne se trouve une inscription grecque en caractères archaïques, gravés sur trois faces de la base [Με]λάνθιός με ἀνέθηκε τῶι Ζηνὶ Θηβαίωι ἄκαλμα (sic). Les caractères sont semblables, dit M. C. Smith, à ceux qu'on rencontre généralement dans les inscriptions ioniennes du vi^e siècle, et spécialement à Naucratis. La forme ἄκαλμα peut être une erreur du graveur, quoique le changement du γ en κ soit connu en des cas analogues. La forme poétique Ζηνί, fréquente en poésie, mais très rare en prose dans les inscriptions de bonne époque, se retrouve précisément dans une inscription archaïque de Naucratis.

Le Ζεὺς Θηβαῖος, dont il est question ici, est sans doute celui dont le temple, signalé par Hérodote, n'a pas été retrouvé sur le site de Nébirèh, et dont le culte dans les villes gréco-égyptiennes donna lieu plus tard à celui de Zeus Ammon. On voit que l'identification, constatée par Hérodote, de Zeus avec l'Amon Thébain, avait déja été faite dès le vi^e siècle, puisque tous les caractères du petit monument que nous venons de décrire permettent de lui assigner cette date; et la découverte à Naucratis même d'inscriptions analogues, comme celle qu'a donnée M. Petrie (*Naukr.*, I, p. 61, n° 122), nous autorise à lui attribuer très probablement la même origine.

X

(P. 202 et suiv.) LA CÉRAMIQUE NAUCRATITE

Voir, à ce sujet, un article de M. C. Smith (*Journal of hellenic Studies*, 1890, p. 167-180). L'auteur donne, à la page 178, un fragment intéressant ayant fait partie d'un pinax trouvé à Naucratis, et qui est aujourd'hui au British Museum.

XI

(P. 216-217) SUR NICOSTHÈNES

« Rayet (*Céramique grecque*, p. 112) avait cru reconnaître en lui un industriel archaïsant, datant de la seconde moitié du ve siècle; cette opinion, qui a été combattue par M. Pottier (Dumont, *Céramiques,* p. 463), se trouve définitivement écartée par la découverte d'un fragment de kylix signé de son nom, dans la couche *prépersique* de l'Acropole d'Athènes ('Αρχαιολ. Δελτίον, juin 1888). » (S. Reinach, *Revue critique,* 1892, t. I, p. 306, article sur les *Wiener Vorlegeblætter für Archæol. Uebungen,* de Benndorf.)

XII

(P. 247-250) UNE STATUETTE D'HOMME, DE NAUCRATIS

M. Golénischeff avait acheté au Caire, en 1887, c'est-à-dire après les fouilles de Nebireh, une statuette d'homme, en albâtre, qui, selon toutes les probabilités, paraît provenir du site de Naucratis. M. Kieseritzky en a donné (*Jahrbuch d. deutsch. Archæol. Instit.,* 1892, pl. I, II et p. 179-184) une double reproduction photographique, accompagnée d'un important commentaire.

Les pieds manquent, comme à toutes celles dont nous avons parlé plus haut; mais celle-ci a gardé sa tête. La hauteur actuelle de la figure est de 0^m 175. Elle représente un jeune homme nu, la jambe gauche avancée, les bras serrés près du corps. La chevelure, séparée par une raie, est divisée en tresses soigneusement isolées, dont sept, courant parallèlement, tombent sur le dos, tandis que trois autres, passant de chaque côté derrière les oreilles, reviennent par-devant s'étaler sur la poitrine. Un bandeau épais, qui garde des traces de peinture rouge, retient les cheveux au-dessus du front, en laissant passer de petites boucles coloriées en noir. Le visage fin, s'amoindrissant sensiblement par le bas, présente un type tout à fait particulier. Le nez proéminent forme un angle obtus avec le front; les yeux allongés, horizontaux, ressortent un peu, les parties voisines des chairs ayant été légèrement creusées; les sourcils, les paupières et les pupilles sont relevés par de la couleur noire. La fente de la bouche, colorée en rouge, est parallèle à la ligne des yeux; la lèvre supérieure est épaisse, contrairement à l'inférieure, qui est mince et en retrait, ainsi que le menton. Une moustache et une « mouche » sont indiquées en noir. Le cou épais et conique s'attache bien aux épaules très tombantes. Ni les clavicules, ni les côtes ne sont indiquées; du reste, la construction osseuse ne s'accuse nulle part. Les hanches sont étroites par rapport à la largeur des épaules (0^m 036 : 0^m 072).

Nous avons là un nouveau spécimen du type des « Apollons » archaïques. A côté des trois écoles déjà connues (béotienne, corinthienne et théréenne), M. K. y voit l'œuvre d'une école nouvelle, bien distincte des précédentes. Tandis que les autres s'attachent à reproduire le plus exactement possible la construction osseuse du corps, celle-ci la néglige absolument et de parti pris. Or, ce serait là précisément un des caractères les plus frappants de la sculpture égyptienne, qui porte tout son effort sur le travail de la tête et se contente pour le reste de reproduire un dessin convenu, dénué de personnalité et d'accent. D'ailleurs, c'est en cela seulement que l'art indigène aurait influé sur la sculpture de Naucratis; car, en exécutant avec un grand soin la tête de son modèle, il ne s'est aucunement inspiré ni du type égyptien ni des procédés employés par les artistes de la vallée du Nil. La forme de cette tête n'en diffère pas moins essentiellement de celle des Apollons déjà connus. En effet, la plus grande largeur se trouve à la hauteur du front, et le reste du visage s'en va diminuant peu à peu, les joues étant étroites et maigres, et le menton long, tandis que, dans les statues des autres écoles, la plus grande largeur est au milieu des joues, l'ensemble formant ainsi une sorte d'ellipse, contrairement à la figure de Naucratis, dont la tête rappellerait le contour d'un œuf pointu. M. K. ne connaît qu'un profil analogue, répété plusieurs fois sur un vase de Mélos; et, comme les peintres céramistes de cette île ont subi certainement l'influence de Rhodes, si puissante également à Naucratis, la ressemblance s'expliquerait d'elle-même et confirmerait l'attribution de la statuette de M. Golénischeff.

Ces vues diffèrent, comme on peut le voir, de celles que nous avons exprimées au sujet de l'art naucratite. Elles s'en rapprochent du moins sur un point, en reconnaissant l'importance de l'action exercée par les Rhodiens sur les artistes de Naucratis. Nous avons tenu à les résumer ici, comme apportant une contribution nouvelle, utile en tout cas pour préparer la solution du problème.

XIII

(P. 256-257) LES STATUETTES REPRÉSENTANT DES CHASSEURS

M. H. Lechat a découvert en 1890 à Corcyre une très grande quantité de statuettes en terre cuite, représentant une Artémis, à laquelle devait être consacré un sanctuaire local (*Bulletin de Correspondance hellénique*, 1891, t. XV, p. 1-111, pl. I-VIII). Très souvent la déesse est accompagnée d'un animal, cerf, biche, etc., soit qu'il repose sur ses bras, soit qu'il se serre contre elle, dressé sur ses pattes de derrière, comme pour obtenir une caresse. Mais très souvent aussi on la voit tenant d'une main son arc, et de l'autre un lion, qui pend inerte, dans une position analogue à celle que nous avons signalée plusieurs fois en étudiant les statuettes de Naucratis. M. Lechat pense, comme nous, qu'il s'agit alors d'une bête tuée à la chasse, mais ici par la déesse elle-même. Il rappelle en même temps plusieurs statuettes portant des animaux, à Camiros (Salzmann, *Nécropole de Camiros*, pl. X, fig. 2; pl. IX, fig. 1 et 2) et à Khorsabad (Botta, *Le Monument de Ninive*, t. I, pl. III; Layard, *The Monuments of Nineveh*, pl. XXXV).

Dans les ouvrages naucratites que nous avons analysés plus haut, les personnages sont des hommes; les statuettes proviennent d'ailleurs d'un temple d'Aphrodite; il semblerait difficile par conséquent de les rattacher au culte d'Artémis.

XIV

(P. 258 et 264-265) FIGURES OMISES

Deux des figures exécutées par M. Faucher-Gudin pour illustrer cet ouvrage s'étant égarées au cours de l'impression, nous sommes réduit à les insérer ici, en reproduisant ou complétant la partie du texte qui les concerne :

1° P. 258, dernières lignes : « Il faut se garder de confondre avec ces chasseurs divins les personnages qui, comme une des figurines provenant de la ville, se présentent au temple en portant un chevreau ou un faon. Celle-ci tient de ses deux mains l'animal vivant, dressé contre sa poitrine, et c'est là un motif que l'on retrouve à Cypre et ailleurs. » (Voir la suite à la page 259.)

2° P. 264 (dernier paragr.) et 265. Aux figurines de femmes signalées (*l. c.*) comme portant une fleur et rappelant, par les détails du costume, les modes ou les habitudes égyptiennes, ajouter le fragment ci-joint, reproduit d'après *Naukratis*, II, pl. XV, fig. 5.

Il s'agit, comme on voit, d'une statuette brisée à peu près à la hauteur de la ceinture, et provenant du téménos d'Aphrodite. La tête est enveloppée d'une étoffe disposée à la manière égyptienne ou cypro-égyptienne. Le cou est orné du collier à gros grains, avec ornement central, que nous avons déjà rencontré sur plusieurs autres statuettes féminines. Les deux bras sont repliés sur la poitrine, et la main droite tient une fleur à plusieurs pétales, peut-être même un bouquet formé de plusieurs tiges rapprochées. L'influence de l'Égypte paraît encore ici bien nettement accusée.

XV

(P. 289-290) L'ALBATRE

M. Newberry a découvert, en décembre 1891, à dix milles au sud-est de Tell el-Amarna, la carrière de Hât-noubit 〚⛭〛 d'où les rois de l'Ancien-Empire faisaient tirer les grands autels d'albâtre destinés à figurer dans leurs pyramides. Il a reconnu là de vastes excavations s'enfonçant profondément dans les collines environnantes, et sur les parois on lit les cartouches de Khoufou (IVe dynastie), Pepi Ier, 25e année, Mirinri et Pepi II, Nofir-ka-ri (VIe dynastie); Ousortesen Ier (XIIe dynastie). Dans le voisinage se trouve une autre carrière plus petite, avec les cartouches d'Amenemhâït II et d'Ousortesen III (XIIe dynastie).

De la plus grande des excavations partait une route se dirigeant vers le Nil, à travers la plaine où s'éleva plus tard la ville de Khouenaten, et passant entre les villages actuels de Hadji-Kandyl et de Haouata. (Griffith, *Academy*, 1892, I, p. 189-190; Petrie, *ibid.*)

XVI

(P. 301-303) LE PAYS DE POUNIT

Dans un tombeau ouvert l'an dernier à Assouan et qui date de la VIe dynastie, M. Schiaparelli (*Una Tomba egiziana della VIIa dinastia*), a trouvé le nom de Pounit, qui y paraît à plusieurs reprises. L'inscription de la stèle raconte qu'il avait été amené un danseur du pays de Pounit en Égypte sous le règne d'Assi. M. Maspero (*Revue critique*, 1893, t. I, p. 358 et s.), traduit ainsi une des phrases où il est question de ce danseur : « Tu as dit tous les cadeaux qui étaient avec vous, à savoir que tu as ramené ce *dinka*, danseur du dieu, de la terre des mânes, semblable au *dinka* que le serf divin (du bélier de Mendès), Oirdidou, apporta de Pouanit au temps d'Assi..., etc. » (Cf. Erman, *Berl. Philolog. Wochenschr.*, 1893, p. 53). Le pays de Pounit était donc connu dès le temps de la Ve dynastie memphite, dont Assi est l'avant-dernier roi.

Quant à la situation et à l'étendue des contrées comprises sous ce nom, M. Maspero (*Revue critique*, 1891, t. II, p. 177-179) a montré que, si M. Krall avait raison de mettre la côte entre Massaouah et Souakin dans le pays de Pounit, il avait eu le tort de restreindre beaucoup trop l'extension du terme égyptien. En réalité, le pays de Pounit « s'étendait de Suez jusqu'au cap Guardafui sur la côte africaine, sans compter l'espace qu'il couvrait sur la côte asiatique. » Le mot de Pounit était employé comme synonyme de To-noutri (terre divine), et les « terres divines », qui, dans le principe, n'étaient autre chose que le désert situé au delà de la chaîne Arabique, derrière laquelle paraissait le soleil levant, reculèrent sans cesse vers l'Est, à mesure que les connaissances géographiques des Égyptiens s'étendaient davantage de ce côté.

Ces termes de Tonoutri et de Pounit avaient ainsi une signification assez vague, inexactement déterminée et variable selon les époques. En somme, on peut dire qu'ils désignaient d'une façon générale les régions orientales, d'où venaient surtout les parfums ânti, l'encens et autres produits de même nature.

XVII

(P. 315-316) LES ŒUFS D'AUTRUCHE

Nous avons cité dans le texte un certain nombre de localités antiques, où avaient été découverts des œufs d'autruche décorés de figures gravées. Il faut en ajouter une nouvelle, où il est intéressant de signaler leur présence.

Dans la plus grande des îles Bahreïn (Golfe Persique), c'est-à-dire là même où Hérodote (VII, 89) plaçait l'ancien habitat des Phéniciens, M. Th. Bent a exploré des tumuli, d'où il a exhumé des œufs d'autruche, en même temps que des tablettes d'ivoire et des instruments de cuivre (voir *Athenæum*, 6 juillet 1889). « Il est remarquable que les gravures sur ivoire ressemblent à celles qu'on a trouvées à Camiros et à Nimroud, tandis que les œufs d'autruche sont communs à Naucratis. » (S. Reinach, Chron. d'Orient, *Revue archéol.*, 1890, t. I, p. 299.)

XVIII

(P. 324) COMMUNAUTÉS GRECQUES EN ÉGYPTE

On sait qu'une petite ville égyptienne, Rhakotis, existait très anciennement sur une partie de l'emplacement où fut plus tard Alexandrie. M. Botti a retrouvé récemment (voir Sayce, *Academy,* 1891, t. II, p. 461), près de la localité appelée aujourd'hui Gabbari, un grand nombre d'*oushabtis* du temps de la XXVIe dynastie ; d'où il induit, avec beaucoup de vraisemblance, que là devait se trouver le site de la nécropole de Rhakotis, la ville elle-même étant située dans le voisinage immédiat. Or, on a découvert également, près de cette même localité de Gabbari, de la poterie grecque datant du vi^e siècle. Il y eut donc là encore très probablement une petite communauté grecque établie dès le début de la colonisation ; et, comme le fait observer justement M. Sayce, on pouvait aisément s'y attendre, puisque l'île de Pharos est déjà mentionnée dans l'*Odyssée*.

XIX

(P. 327-328) SALAMIS DE CYPRE

Depuis les fouilles dirigées par M. Al. de Cesnola, de nouvelles trouvailles d'objets apportés d'Égypte par le commerce grec ont eu lieu à Salamis de Cypre. MM. Munro et Jebbs (*Journal of hellenic Studies,* 1891, p. 141-143), rendant compte des découvertes faites par eux sur le site de la ville antique, mentionnent de nombreux fragments de vases provenant des fabriques naucratites. Ils reproduisent même (fig. 5) des morceaux d'un grand bowl, à bord horizontal, en argile rouge avec engobe blanc. Sur le bord court un méandre noir. A l'intérieur du goulot est peinte une ligne rouge entre deux lignes blanches. Autour de l'épaulement, une bande de traits noirs ; puis un grand animal, détaché en noir sur le fond rouge, sans lignes incisées ; dans le champ, une rosette. Dans la suite du même article se trouvent cités en plusieurs endroits, et particulièrement p. 165-166, des objets qui semblent égyptiens d'origine, et qui ont dû être apportés par les trafiquants des colonies grecques d'Égypte, figurines en porcelaine, scarabées, sceaux, etc.

Il eût été facile d'ailleurs d'augmenter la liste des petits objets égyptiens ou gréco-égyptiens trouvés sur différents points du littoral méditerranéen, en relevant ceux qui sont entrés, ces dernières années, dans les collections européennes ; mais nous ne voulions que donner un aperçu des principales directions suivies par les commerçants de Naucratis, et il nous a semblé inutile de multiplier, par de nouvelles citations, les preuves de l'étendue que ce trafic avait dû avoir dès le début de la colonisation.

XX

(P. 421-423) LE LAC MŒRIS

M. Brugsch a commencé, dans la *Zeitschr. für ægypt. Sprache*, 1892, Band XXX, p. 65-78, la publication d'un nouveau travail sur le lac Mœris.

Après avoir cité les principaux passages des écrivains anciens, il s'attache à déterminer la position de la ville de Mir-oiri ⸺, qu'il identifie avec Ptolémaïs; puis, il donne, d'après un texte d'Edfou, les mesures du lac Mœris, qui aurait couvert une surface de 10,660 aroures. Il détermine ensuite la position du *To še* (la terre du lac), ⸺, var. ⸺. Mais l'auteur annonce une suite du travail dont nous ne connaissons pas encore les conclusions.

XXI

(P. 429-430) SUR LE LABYRINTHE DU FAYOUM

Selon Manéthon, le labyrinthe avait été construit par un roi de la XII⁰ dynastie, Ἀμερής (Sync.), Μάρης (Ératosth.), nom corrompu dans Eusèbe en Λάμαρις et même *Lamparès* (*Chronic.*, p. 98) (*Fragm. Hist. græc.*, II, p. 560-561).

M. Stern a fait voir (*Zeitschr. für ægypt. Sprache*, 1885, p. 93-94) que, pour se mettre d'accord avec Hérodote et même Diodore, qui tendaient à placer la construction du labyrinthe vers le commencement de la XXVI⁰ dynastie, les abréviateurs de Manéthon avaient inscrit en tête de cette dynastie un Ἄμμερις, qui rappelle l'Ἀμερής de la XII⁰ dynastie (Mât-n-Ra, Ranmaït, prénom d'Amenemhaït III). Quant au qualificatif ethnique d'Αἰθίοψ, ajouté à son nom, on y retrouve clairement le souvenir de la domination éthiopienne, qu'on savait avoir précédé l'avènement de Psammétique Ier. C'est ainsi que la véritable tradition, conservée par l'historien national, fut malheureusement corrigée et faussée, par respect pour les légendes gréco-égyptiennes.

Entre le temps d'Hérodote et celui de Diodore, elles s'étaient multipliées à l'infini et diversifiées. Aussi ce dernier, qui les recueille et les reproduit sans critique, varie-t-il singulièrement sur l'origine du labyrinthe. Au chapitre 61 de son premier livre, il en fait le tombeau d'un roi Mendès ou Marrhos, qui aurait succédé à l'Éthiopien Actisanès. Plus loin (I, 66), il le décrit, sans le nommer cette fois, et en attribue la fondation aux dodécarques, qui d'ailleurs n'auraient pas eu le temps de l'achever, Psammétique étant devenu, après quinze années, seul maître du pouvoir dans toute l'étendue du pays. Enfin, au chapitre 89 du même livre, comme s'il avait oublié lui-même les légendes qui précèdent, il raconte qu'un ancien souverain du pays, Ménas, poursuivi par ses chiens et sauvé par les crocodiles du lac Mœris, aurait fondé sur ses bords la ville de Crocodilopolis, qu'il aurait de plus fait élever au même endroit son tombeau, une pyramide quadrangulaire, et construit ce labyrinthe qui est l'objet de l'admiration universelle.

D'après Strabon (Didot), XVII, p. 689 et 690, le roi enseveli dans le monument s'appellerait Imandès ou Ismandès (in *Epit.* : *Maindès*), un des noms égyptiens de Memnon. C'est là évidemment une forme légèrement corrompue du nom cité par Diodore, Mendès ou Marrhos, dans lequel on peut reconnaître le Μάρης ('Αμερής) de Manéthon, et par suite le prénom de Mât-n-Ra d'Amenemhaït III.

Dans Pline, nous rencontrons une appellation toute différente, mais qui peut se rapporter à la rigueur au même personnage et à la même tradition. Au livre XXXVI, chap. 19, Pline rappelle que l'on a considéré le labyrinthe tantôt comme un palais (regiam Motherudis; cf. encore le prénom égyptien Mât-n-Ra), tantôt comme un tombeau, celui du roi Mœris, et le plus souvent comme un temple consacré au Soleil. L'auteur de ce grand ouvrage, qui date de 3,600 ans, serait le roi Pétésuchos ou Tithoès. Le mot de Pétésuchos est formé avec le nom de Σοῦχος qui, d'après Strabon (Didot) XVII, p. 689, était celui du dieu crocodile adoré dans le nome Arsinoïte, à Crocodilopolis, et qui n'est qu'une transcription grecque du nom divin 𓊪𓇋𓋴𓆊. Le mot est d'ailleurs tout à fait égyptien : *pe-ti-Sovkou* (le don du dieu Crocodile). On ne saurait voir là qu'un surnom donné, aux basses époques, à un roi bienfaiteur du Fayoum, qu'on y adorait sans doute comme une émanation, un représentant du grand dieu local, Sovkou, et qui pourrait être encore Amenemhaït III. (Voir Ulr. Wilcken, *Zeitschr. für ægypt. Sprache*, 1884, p. 137-139.)

Une bonne partie des contradictions, qui paraissaient exister entre les témoignages anciens au sujet de la fondation du labyrinthe, peuvent se résoudre, comme on le voit, et se ramener à une donnée originelle, qui est la vraie, et qui, avant les remaniements des abréviateurs, devait être exprimée avec clarté dans le texte primitif de Manéthon.

D'autres auteurs ont prétendu faire du monument l'œuvre de Psammétique : cette opinion n'a pas besoin d'être discutée.

Sur le plan et les dispositions intérieures, voir Letronne, *Œuvres choisies*, t. I, p. 294-307, et *Nouv. Ann. des Voyages*, t. VI, p. 135-154.

Un fragment de modèle d'architecture en relief, acquis récemment en Égypte par M. R. von Kaufmann, a été présenté comme étant le plan du labyrinthe (*Verhandl. der Berlin. Gesellsch. für Anthropol.*, 1892, p. 302). Mais on y pourrait voir tout au plus, comme l'a fait entendre M. Brugsch, une tentative de restitution, due à la fantaisie de quelque Égyptien de l'époque romaine, travaillant, ainsi qu'un savant moderne, d'après les textes des auteurs. (S. Reinach, Chron. d'Orient, *Revue archéol.*, 1893, t. I, p. 108.)

M. Erman (*Société archéolog. de Berlin*, voir *Berlin. Philolog. Worhenschrift*, 1893, p. 574-575), ne conteste pas que celui qui a fabriqué la pierre ait voulu, en gravant un méandre, représenter conventionnellement un labyrinthe; mais le trou d'écoulement percé à l'un des coins lui fait croire que l'objet en question pourrait n'être qu'une simple table d'offrandes, de basse époque. Il fait remarquer de plus que l'idée, qui reparaît toujours, et d'après laquelle le terme « labyrinthe » serait un mot d'origine égyptienne, ne repose en réalité sur aucun fondement. De même que les Grecs ont imposé les noms qui leur étaient familiers (Memnon, Abydos, Troja, Babylone) à des localités égyptiennes, de même ils ont nommé, d'après la merveille crétoise, le monument élevé à l'entrée du Fayoum.

CORRECTIONS

P. 21, note 3, au lieu de Leiblein, lire : Lieblein.

P. 53, note 6, lire : Elle ne le fut qu'environ *vingt* années plus tard, en 631.

P. 84, note 1, au lieu de : *Griesch.*, lire : *Griech.*

P. 100, lignes 17-18, lire : sur le plancher qui les recouvre se tiennent les combattants, et aussi les rameurs protégés par un bordage.

P. 116, l. 22-23, lire : Nous ne savons pas si Néchao employa jamais sa flotte de guerre.

P. 125, note 6, lire simplement : *Fragm. Hist. græc.*

P. 126, note 4. La forme *Misir,* au lieu de *Musur,* pour le nom qui désigne l'Égypte, se retrouve continuellement dans les textes cunéiformes de Tell el-Amarna. Il ne peut donc rester aucun doute sur la signification du mot dans le document expliqué par M. Pinches.

P. 147, l. 24, au lieu de : dans le récit d'Hérodote, lire : dans le récit de Polycharme.

P. 148, l. 2 et suiv., rétablir ainsi la phrase : il n'est guère admissible toutefois qu'ils se fussent hasardés dans l'intérieur du pays, soit sous les dynasties indigènes, soit au temps où les luttes des Assyriens et des Égyptiens *le* rendaient peu accessible et peu sûr.

P. 213, l. 8, au lieu de : thérienne, lire : théréenne.

P. 248, pour la fig. 37, voir la photographie publiée dans *Naukratis,* I, pl. I, fig. 9, que notre gravure ne rend pas d'une manière suffisamment exacte. Celle-ci ferait croire en effet à l'existence d'un vêtement attaché sur l'épaule gauche et couvrant l'épaule droite. La photographie de M. Petrie donne simplement une double ligne transversale, qui parait couper le torse de gauche à droite ; ce serait la courroie, assez large, dont nous parlons dans le texte, *l. c.* Du reste, les photographies de l'ouvrage auquel nous renvoyons (*Naukratis,* I) ne sont pas des mieux réussies et ne donnent pas elles-mêmes une idée toujours très précise de l'objet qu'elles représentent.

P. 303, l. 4, au lieu de : ils changeaient, lire : ils *chargeaient* leurs navires d'aromates, etc.

P. 356, à propos des bureaux de douanes intérieures établies sur le Nil, et dont parle Strabon ; l. 6, au lieu de : douanes intérieures placées *à* Hermopolis-Magna, lire *près* d'Hermopolis-Magna. — Il y avait en effet, non loin de cette ville, deux de ces stations, l'une appelée *Thebana-Phylaké*, au point où branchait l'ancien canal conduisant du Nil au Bahr-Yousouf, l'autre nommée *Hermopolitana-Phylaké* et située un peu plus haut sur le fleuve même. (Voir MASPERO, *Procedings*, t. XIV, p. 196-200, et la carte du nome Hermopolite, placée, dans le même article, en regard de la page 189.)

P. 367, l. 8, au lieu de : dans *Hérodote*, lire : dans *Hésiode* par exemple.

P. 376, note 4, au lieu de : *Dictionnaire des Sociétés*, lire : *des Sciences philosophiques*.

P. 386, note 5. — M. V. Loret (*Zeitschr. für ægypt. Sprache*, 1892, p. 29, a montré que 𓅓𓇋𓇋𓅓 signifiait réellement le milan noir, en copte ⲟⲣⲉ, ⲧⲣⲉ, nom qui est toujours rendu, dans les traductions bibliques, par le grec ἰκτίν. Mais le sens *colombe*, *pigeon*, n'en est pas moins prouvé par d'autres passages : le même mot désignait deux espèces différentes, l'une de proie, l'autre domestique. L'analogie demeure donc frappante entre les deux traditions que nous avions comparées. L'idée générale d'êtres divins ou envoyés par les dieux sous la forme d'oiseaux subsiste, et il est toujours permis de les rapprocher des pleureuses, Isis et Nephthys, représentées si souvent dans les Papyrus funéraires sous la forme des dieux milans, 𓅓𓇋𓇋𓅓.

P. 389, note 3, dernière ligne, au lieu de : *Chousou*, lire : *Chonsou*.

P. 395, supprimer la phrase : « L'idée de prêter à Héphaistos une infirmité, etc. » En effet, la claudication d'Héphaistos est déjà mentionnée dans l'*Iliade*, et il est évident qu'on ne saurait faire remonter jusqu'à Homère l'identification du dieu égyptien Phtah avec un dieu grec.

P. 411, l. 4, au lieu de : des Saïtes et des Égyptiens, lire : des Saïtes et des Athéniens.

P. 439, l. 3, au lieu de : un officier du temple de Séti Ier, lire : du temps de Séti Ier.

INDEX ALPHABÉTIQUE

A

Abdas, soldat sémite (Ipsamboul), 92.
Abd Ptah, fils de Jagoreshmuni, soldat sémite (Ipsamboul), 92; 93, n. 1.
Abd Sakôn, fils de Petjehâvi, soldat sémite (Ipsamboul), 92.
Abou-Simbel, voir *Ipsamboul*.
Abydos, 27; graffiti cariens, 91, 323 et n. 5, 324, 347; voyage à Abydos, 397; graffiti grecs, 432-433.
Abyssinie, 407, 409.
Acacia sont, ἀκάνθη, 305.
Achaïa, ville de Rhodes, 328.
Achaïe, 328.
Achéens, voir *Akhaiouasha*.
Acræphiæ (Perdicovrysi), mesures du temple d'Apollon Ptoos, 186; statuettes, 250.
Acropole d'Athènes, vase naucratite, 202, n. 1; statue samienne, 265-266; — 273, 449.
Actisanès, roi éthiopien, 456.
Actium (statues d'), 250.
Adikran, roi libyen, appelle Apriès contre Cyrène, 121.
Adonis, 257, 382, 383.
Adulis, port sur la mer Rouge, 304.
Ægyptos, 398, n. 1.
Æschrionie, tribu de Samos dans la Grande-Oasis, 322 et n. 4.
Afrique, périple des Phéniciens, 104-105; commerce, 105, 107, 304, 305, 321, 322, 355, 364, 404, 410, 434.
Agatharchide de Cnide, 408.
Agesermos, soldat grec (Ipsamboul), 86.

Agésilas, reçoit la couronne naucratite, 236.
Agora (Naucratis?), 183, 192, 198.
Agoranomes, 358.
Agoresaïr, soldat carien (Ipsamboul), 90.
Ahmas, Ahmes, voir *Amasis*.
Αἰγυπτία ἐμπολή, 363.
Αἰγύπτιον, nom donné à des parfums, collyres, emplâtres, 308-310.
Αἰγύπτιος, employé comme nom propre (*Odyss.*), 10.
Aipéia, ville de Cypre, 140, 142.
Akhaiouasha (Achéens), 17, 22, 439, 440.
Aktis, Rhodien, aurait fondé Héliopolis, 323.
Alabastra, vases, 290; à Camiros, 329; à Nimroud, 333; en Étrurie, 334; en Sicile, 337.
Alabastra ou Alabastrônpolis, 289.
Alabastrites ou Alabastrinos mons, 289.
Alalia (Corse), 333, 337.
Alambra (Cypre), outils, 229, 231.
Albatre, statuettes à Naucratis, 246 et suiv.; objets divers, exportation probable, 289-290; carrières, 452.
Alcée, son voyage en Égypte, 366.
Alcisthènes, 344.
Alexandrie, 53, n. 4; 314, 324, 339, 358, 362, 435.
Ἀλλόγλωσσοι, 70, 83. Sens du mot à Ipsamboul, 84-85; — 93.
Alphabet étrusque, dérivé de l'alphabet chalcidien, 334.
Alphabet ionien archaïque (Ipsamboul), 87-89, 162-169.
Alphabet de Théra, 162, 163.

ALTAKOU, défaite des dynastes égyptiens par Sennachérib, 30.
ALTHÆMÉNÈS, Crétois, à Rhodes, 328.
ALUN donné par Amasis aux Delphiens, 141 et n. 1; exportation, 288-289.
ALYATTÈS, roi de Lydie, 38, n. 1; 131, n. 3; 182, n. de la p. 181, 444.
AM, ville du Delta, 348.
AMASIS, officier de Psammétique Ier (Ipsamboul), 83, 93, n. 2.
AMASIS, soldat sémite (inscriptions phéniciennes d'Ipsamboul), 92.
AMASIS, céramiste, 218 et n. 2.
AMASIS, roi d'Égypte, 57, 59, 70, 71, 75, 113, 119, 120 à 144. Sa révolte, 121-122; il laisse la vie à Apriès, et épouse Onkhnasnofiribri, 122-123; meurtre d'Apriès, 125; légende sur Patarmis (Hellanicos), 125-126; prétendue invasion de Naboukodorossor, 126-128; guerre contre les Arabes, 128, n. 2; destruction des Stratopeda, la branche Canopique seule ouverte aux Grecs, raison de ces mesures, 128-130; avantages faits aux mercenaires, 130-131; alliance avec Crésus, 131-132; gouvernement, prospérité, prodiges, 132-133; conquête de Cypre, 134-140, 281; présents aux Grecs : aux Delphiens, 140-141, 288; à la Héra de Samos, à l'Athêna de Lindos, aux Lacédémoniens; épouse Ladikê, 141-142; relations d'amitié avec Polycrate, 143; Ahmas-si-Nit, 142; les Éléens, 142, 406; A. cité, 147, 153, 156, 164, 171, 173, 176, 182, 193, 213; son nom ne paraît pas sur les scarabées de Naucratis, conclusions qu'on a tirées de ce fait, 224, 227; blé expédié à Athènes, 283-284; oculiste envoyé à Cyrus, 134, n. 3; 308; A. cité, 330, 345, n. 3, 351, 355; Amasis et les sept Sages, 367, 368, 370; — 398; légendes, 405-406, 414, 424, 427. Amasis et les mercenaires, 444-445.
AMATHONTE, 138, n. de la p. 137, 140, 327 et n. 1.
AMENEMHAÏT, 290, 430, 453, 456 et suiv.
AMENHOTPOU, officier d'Aménophis III, place des guerriers à la bouche Séthroïtique du Nil, 16-17.
AMÉNIRITIS, fille de Kashto, 50.
AMÉNOPHIS II, 5, n. 6.
AMÉNOPHIS III, 5, n. 6; représenté écrasant les Hanebou, 6; cité, 16-17, 59, 311; son cartouche à Ialysos, 328, 438.
AMÉNOPHIS IV (Khouenaten), 219, 438.
AMÉNOTHÈS, voir *Aménophis*.
AMENTI, 397, 419, n. 2.
'Ἀμεργής, 456 et suiv.
AMINOCLÈS, ναυπηγός, à Samos, 103.
AMIT, ville du Delta, produit du vin, 348.
AMMON LIBYEN, 398.
AMMON, Ammonites, peuple de Syrie, 112, 115, 117.
AMMONIENS de l'Oasis, 313, 409.
AMMONIUM en Béotie, 398, 399.
AMON, oracle, 45-46; sur des scarabées de Naucratis, 223; bronze à Naucratis, 271; cité, 379, 386; Amon = Ζεύς, 387 et n. 8; 392, 409, 431; pallacides, 417; statuette, 447-448.
AMONI, voir *Sonkheri*.
AMOU, Asiatiques, 127.
AMPOULES lenticulaires à Defenneh, 64; en Égypte, 219; à Naucratis, 220, n. 2; à Camiros, 329.
AMTEN, inscriptions de son tombeau; lin, 293, n. 7; vignes, 346-347.
AMULETTES, 156, 157; en albâtre, 290; terre vernissée, 303, 324; Étrurie, 334; Sicile, 337; commerce des Amulettes et son influence sur la mythologie figurée des Grecs, 394.
ANACRÉON et la couronne Naucratite, 237, 238.
ANAGORE, Carien (Ipsamboul), 90.
ANAXIMANDRE, carte de la terre, 434.
ANDROPOLIS, 176, n. 2; 446-447.
ANHOURIS, dieu de Paprémis = Arès, 389.
ANIMAUX, figurines, à Naucratis, 267-270; imitées de l'art oriental, 367; figures d'animaux en Égypte, 268.
ANIMAUX SACRÉS, 390-394.
ANNA (jardin d'), vignes, 347, n. de la p. 346.
ANTÉE, 388, n. 1.
ANTHYLLA, ville d'Égypte, 323, 349.
ANTI, voir *Parfums*.
ANTIMÉNIDAS, frère d'Alcée, 366.
ANTIMOINE, voir *Stibium*.
ANTINOÉ, lin, 296, n. 4.
ANTINOOS (*Odyssée*), 11, n. 3; 13, n. 2.
ANTOURSCHA, 324, n. 3; 438.
ANUBIS, bronze à Naucratis, 271; à Salamis de Cypre, 327.

ANYSIS, roi d'Égypte, 33, 38, n. 2; 401.
AOUPOUTI, prince de Tenremou, 27, n. 1.
APHRODITE, de Cypre, 139; histoire d'Hérostrate, 152-154; Aphr. de Cyrène, 142; le myrte, 236, 237, 247; Aphrodite de Naucratis, 360, 380, 390.
APHRODITE-ASTARTÉ, 399.
APIS, Amu, ville d'Égypte, 348.
APIS, dieu, 52; = Épaphos, 387, 393, 427.
APOLLON, 383, 386; = Horus, 387, 390, 425; Apollon et Ocyrhoé, d'après Apollonius de Rhodes, 151.
APOLLON AMYCLÉEN, son trône, 63.
APOLLON COMAIOS à Naucratis, 359.
APOLLON MILÉSIEN (des Branchides), 109, 267; dédicaces à Naucratis, 161-162, 190; son temple à Naucratis, 185-189, 247, 250.
APOLLON PTOOS, à Acræphiæ, 186, 250.
APOLLONS ARCHAÏQUES de Théra, Ténéa, etc., 249-250; statuettes de Naucratis, 246-251, 318, 450.
APRICCIANI (Corse), 337.
APRIÈS, son nom à Defenneh, 68, 78. Son règne, 116-126; expédition contre la Syrie et Cypre, défaite navale des Tyriens, 117, 118, 281; guerre de Cyrène, 120-121; révolte d'Amasis, 121-122; Apriès prisonnier, 122-123, son prestige aux yeux des Grecs, la tête casquée portant son nom, 123-125; A. cité, 134, 137, 142, n. 3; scarabées de Naucratis, 156, 176, n. 2; — 227, 328, 414.
ARABES parmi les mercenaires de Psammétique Ier, 85, 91; guerre d'Amasis, 128, n. 2; commerce, 302.
ARABIE, 50; sens du mot, 91 et n. 3; commerce, 105, 107, 288, 289, 303, n. 1; 304, 305, 306, 315, 344, 347, 355, 391, 434.
ARABIQUE (désert), sel. 287; fer, 292-293; — 338.
ARABIQUE (golfe), voir *Mer Rouge*.
ARADOS, ville de Phénicie, 119.
ARAM, 108, 112.
ARCADIE, 319.
ARCÉSILAS de Cyrène, 142 et n. 3; 213 et n. 1; 324.
ARCHANDROUPOLIS, ville d'Égypte, 176, n. 2; 323, 398.
ARCHANDROS, gendre de Danaos, 10, n. 1; 323, 398.
ARCHÉDICÉ, courtisane naucratite, 361.
ARCHIPEL, 4, 201; voir *Iles égéennes*.
ARCHÔN, fils d'Amœbichos (Ipsamboul), 86.
ARDYS, fils de Gygès, 38, n. 1.
ARÈS = ANHOURIS, dieu de Paprémis, 389.

ARGOS, 318, 325, 388, 398.
ARISTON, sur l'inondation du Nil, 408.
ARMÉE, ses cantonnements, 53-54; sa composition, 79-80, 412-415.
ARMEMENT comparé des Égyptiens et des Grecs, 39-41; à l'époque de Cyrus (Xénophon), 132, n. 2; sous les rois héracléopolitains, 413; des soldats de marine, 101, 413, n. 3.
ARMES à Defenneh, 66-67; à Naucratis, 228.
AROMATES (pays des), 104.
ARSÉLIS, chef carien, 42.
ARSINOÉ, ville du Fayoum, lin, 296, n. 4.
ARSINOÏTE (nome), 318, 325, 388, 398.
ARTAXERXÈS, 47, 149, 356.
ARTÉMIS = BUBASTIS, 387, 390, 425, 451.
ARTÉMIS de Délos, 263.
ARTÉMIS PERSIQUE, 380.
ARYBALLE du Louvre en forme de tête casquée, 123, 125; aryballes, 227, 329, 332.
ASARHADDON, roi d'Assyrie, 30, 31, 48.
ASBYSTES, peuple libyen, 120.
ASCALON, ville de Syrie, 75, 76.
ASHDOD, ville de Syrie, siège, 75, 76, 88.
ASI identifié avec Cypre (Maspero), 5; avec une partie de la Palestine (Brugsch), 5, n. 8; 136.
ASIE-MINEURE, 17; peuples d'Asie-Mineure alliés avec les Hittites sous Ramsès II, *ibid.*; leur civilisation, 18, 22; l'Asie-Mineure au temps de la grande colonisation, 23, 24; vases de style ionien dit d'Asie-Mineure à Defenneh, 61; citée, 153, 160, 161, n. 1; villes d'Asie-Mineure, 183; céramique, 201; statuaire, 249, 251, 258, 270; commerce, 281; petits objets égyptiens, 326, 330; vin, 351; mystères, 382, 384; Étrusques, 439, 440.
ASMACH, ASCHAM, 77, n. 4.
ASSI, roi de la Ve dynastie, 453.
ASSOS, comparée à Naucratis, 180.
ASSOUAN, 53, n. 4; 444, 453.
ASSOURBANIPAL, 31, 32 et notes, 35, 48; ses dernières luttes, 50, 52, 53, 97; — 114, 442, 444.
ASSYRIE, en rapports avec l'Égypte, 28, 31, 50, 97-98, 132; outils, 229; fer, 232; art, 267-268; ivoire, 319, 320; style assyrien, 329, 402, 438; fin de l'Assyrie, 110.
ASSYRIENS à Thèbes, 31, 32; en Syrie, 75, 108; chute, 110; — 157, 291, 299, 413, 431, 442.

ASTARTÉ gréco-phénicienne de Cypre (Aphrodite), 190, 257, 382, 427.
ASYCHIS, roi d'Égypte (Hérodote), 401, 420, 427, 428, n. 1.
ATABYRIOS, montagne de Rhodes; Zeus Atabyrios, 328.
ATARANTES, peuple de Libye, 313.
ATHÈNA, Athênê, de Lindos, présents d'Amasis, 141, 202, 399; de Cyrène, présents d'Amasis, 142; Athêna et Nît, 386, 387-388; prêtre et temple d'Athêna à Naucratis, 185, 390; Athêna Aléa (Arcadie), 319; Athêna Ophthalmitis, 398.
ATHÈNES, reçoit du blé d'Égypte, 283-284; Endoios, 319, 322; Athènes et Saïs, 398; Ammon à Athènes, 399.
ATHÉNIENS, alliés de Psammétique Ier, 97; relations avec l'Égypte, 283, 284, 332, 336.
ATHRIBIS, ville d'Égypte; Psammétique Ier, roi d'Athribis, 31; son nom assyrien Limir-pati-Assour, 36, n. 1; — 52, 107, 425.
ATLANTES (pays des), en Libye, 287.
ATLANTIDE, récit de Solon, 370-371, 385.
ATLAS, divinité, 258, n. 1; repréentations d'Atlas comparées avec celles du dieu égyptien Shou, 394.
ATLAS, montagne de Libye, 313.
ATSIONGABER, port sur la mer Rouge, 104, n. 3; 305.
ATTIQUE, voir *Athènes, Athéniens*.
ATYS, sa légende dans les mystères, 383.
AUALITES, port sur la mer Rouge, 304.
AUF-AA, Nofir ib-ri miri-Nit, chef des pays des *Hanebou*, sous Psammétique II, 115-116.
AUFRER, père de *Nesi Hor*, 95, n. 1.
AUGILA, localité de Libye, 313.
AUTOMOLES, guerriers égyptiens émigrés en Éthiopie sous Psammétique Ier, 77, 95 et n. 2; 96, 409.
AUTRUCHE, voir *Plumes*.

B

BAB-EL-MANDEB, détroit, 302, 303, n. 1.
BAB-EL-MOLOUK, 433, n. 1.
BABYLONE d'Égypte, Hâ-benben, 397.
BABYLONE de Chaldée, 50, 57, n. 3; 97-98, 110, 111, 112, 132; prise en 538, 132, n. 4; — 134; étoffes teintes, 297; Pythagore, 377, citée, 420, 428.
BABYLONIENS, 108, 299, 413, 438.
BAHRÉIN, îles du golfe Persique, œufs d'autruche, 454.
BAHR EL-ABYAD, Nil blanc, 95, 312.
BAHR EL-AZREK, Nil bleu, 95, 312, 313.
BAHR YOUSOUF, 423.
BAKALS, nom moderne des marchands en Égypte, 324.
BALÉARES (îles), 335.
BANQUETS des riches en Égypte, d'après Hérodote; le chant des harpistes, 418.
BAQ, bak, arbre d'Égypte, myrobalan, 340.
BASTIT, déesse égyptienne, chatte de Bastit, scarabées de Naucratis, 223; figurines à Naucratis, 245, 271.
BATTOS I, Battos II, Battos l'Heureux, Battos le Boiteux, rois de Cyrène, soumettent les Libyens, 120, 142 et n. 3; 213, 324.
BAUBO, dans la légende de Dêmêter, 245, 246.
BEDJAHS, peuple de Nubie, 313.
BEGEH, île du Nil, près de Philæ, 115, n. 3.
Βἐκος, nom du pain chez les Cypriotes, d'après Hipponax, 402, et n. 2.
BELLÉROPHON, peintures de vases à Defenneh, 62, 225.
BÉNI-HASSAN, localité d'Égypte, 432, n. 2.
BÉNISOUEF, ville d'Égypte, 289.
BÉOTIE, statuaire, 249.
BÉRÉNICE (Shas-Hirit), port sur la mer Rouge, 127, n. 3; 291, n. 5; 302, 315, n. 2.
BEROUA (Méroë), 49, n. 1; 443.
BÈS, dieu égyptien, vase de Defenneh, 64; à Cypre, 139; plaque de stéatite, Naucratis, 223, n. 7; 258, 268, n. 7; Crète, 331; Phères, 332; Sardaigne, 336; Sicile, 337, 395.
BESTIAUX, 286, 287.
BIAS de Priène, ses relations avec Amasis, 368.
BIÈRE d'orge, 285, 350.
BIRQET EL-QEROUN, lac au nord du Fayoum, salines, 287; le lac, 422.
BLÉ, son abondance en Égypte: Amasis et un Psammétique en envoient à Athènes, 282-284; d'après

Hérodote, les Égyptiens n'en mangeaient pas, 284-285; exportation probable, 286.
Bocchoris, roi d'Égypte, XXIV⁰ dynastie, 28, 30; législateur (Hérodote), 133, n. 1; 361.
Bokenranf, voir *Bocchoris*.
Bolbitine, une des bouches du Nil, 29, 33, 46, 119, 145, 148, 153.
Borée, Boréades, sur des vases de Defenneh, 63; vase de Cyrène à Naucratis, 215, 396, n. 2; 441.
Bouc de Mendès (Pan), 387, 389, 392, 394.
Βουκόλοι à Rhakotis, 20.
Bouquets égyptiens, 234, 238.
Bourlos, marais au Nord de l'Égypte, 29.
Bouto, ville du Delta, l'oracle, 38, 46; lin, 294; la déesse, 388-389; le temple, 425 et n. 2 ; 426.
Branchides (temple d'Apollon des), présent offert par Néchao, 109, 295; inscriptions, 164; statues, 249, 251-252, 261, 267, 274.

Bronze, à Defenneh, 66-67; figurines égyptiennes de bronze à Naucratis, 270-271; influence des petits bronzes égyptiens sur la statuaire grecque archaïque, 271-275; art de couler le bronze, 274-275; bronzes dans la grotte de Zeus Idéen, en Crète, 331; à Phères, 332.
Bubaste, ville du Delta, 32, 55, 106, 107, 130, 345, n. 1; 346, 355; fête, 420; temple, 426, 445.
Bubastis=Artémis, 387, 388.
Bubastites, XXII⁰ dynastie, 15; Libyens d'origine, 26, n. 5; rebâtissent le temple de Bubaste, 426.
Burgon (vase), 63.
Busiris, roi d'Égypte, 9 et n. 2.
Busiris, ville du Delta, avec un temple d'Isis (Hérodote), 425, n. 5.
Byblos, Biblos, voir *Papyrus*.
Byrsa (nécropole de), œufs d'autruche, 316.
Byssos, en Élide, 114; en Égypte, 294 et n. 6.

C

Cadmus, 328.
Cære (Étrurie), peintures céramiques, 60, n. 1; 63, 166.
Calaïs, 63.
Calamis, sculpteur, 398.
Calasiries, soldats égyptiens, 411, 412-413.
Callisthènes, sur l'inondation du Nil, 408.
Calydon (chasse du sanglier de), sur un vase de Defenneh, 63.
Cambyse, roi de Perse, 129, 143, n. 2; 162, 312, 353, 377, 412, 414, 435, 445.
Camiros, ville de l'île de Rhodes, 59, n. 1; nom d'Apriès à C. sur des aryballes d'origine égyptienne, 123; scarabées analogues à ceux de Naucratis, 156; vases, 159, 161; les Rhodiens de C. à l'Hellénion de Naucratis, 197; céramique, 203; *Tridacna squamosa*, 202, n. 3; 216; terre vernissée, 220, 226, 227; art, 251, 255, 256, n. 4; ivoire, 320; cartouches égyptiens, 328, 329; aryballes, 332; statuettes, 451, 454.
Canal de Suez, 55.
Canal des Deux-Mers, 105-108, 178, 304.
Canobos, 10, n. 1.

Canon égyptien, adopté par les artistes samiens Théodoros et Téléclès, 275.
Canopique, branche et bouche occidentale du Nil, 10, n. 1; 12, n. 1; 105; seule ouverte aux Grecs sous Amasis, 129, 146, 178, 355, 370; citée, 397, 424, 435, 447.
Canosa, peinture sur un vase, idées égyptiennes, 243, 244.
Caporalino (Corse), 337.
Caractères hiératiques déformés dans les graffiti grecs de Naucratis, 167-170
Caralis, ville de Sardaigne, 335.
Cariens, 15, 24; peuple militaire; servent comme mercenaires en Palestine, en Lydie; engagés par Psammétique I⁰ʳ, 41-42; Téménthès et Pigrès, 45, 46; séparés des Ioniens par le Nil, 54, 62, 69, 70; interprètes, 72-73; à Memphis, 72-73; langue, inscriptions cariennes, 72; à Ipsamboul, 89-91; à Abydos, à Memphis, etc., 91, 125, 323; noms cariens à Halicarnasse, 89, n. 6; cités 80, 82; expédition de Syrie sous Néchao, 108-113; 116; 402, n. 2; 414; inscriptions cariennes, 433, n. 1; et (Additions), 443-444.

CARTHAGE, ivoire, 319; sa puissance au vi⁰ siècle, 335-336; commerce, 354-355.

CARTHAGINOIS, thalassocratie (Bunsen), 2-3; cuirasses de lin, 295; commerce, 297, 316, 335, 336, 345.

CASTES en Égypte (Hérodote), 398, 410-411, 413.

CASTOR, chronographe rhodien, les thalassocraties, 1 et suiv., 7, n. 3; 8, 25, 148.

CASTOR, chef crétois, 12, 13, 22.

CAVALIERS, figurines archaïques, à Defenneh, 65 et fig. 18; à Naucratis, 245.

CÉCROPS, 9; 10, n. 3; en Cypre, 137, 398.

CENTAURES, 396.

CÉPHÉE, roi d'Éthiopie mis en rapport avec Cypre, 138, note de la p. 137.

CÉRAMIQUE grecque, à Defenneh, 58-64; vases d'un type particulier à cette localité, 60-61; de Fikellura, 61; du style ionien d'Asie-Mineure, 61-64; influence gréco-asiatique, 62; vases de type rhodien, 64; vases égyptiens, 64; figurines, 65-66. — A Naucratis, 158-161, 199-218; données que fournit la céramique pour la date de la fondation, 158-161; importance de cette industrie (Athénée), 199-200; les influences orientales continuent de s'exercer sur les Grecs même en Égypte, 200-201; potiers rhodiens à Naucratis, 202; vases de fabrication naucratite, 202-209; pourquoi les potiers naucratites imitent peu l'Égypte, 209-212; contribution apportée par les découvertes de Naucratis à l'histoire générale de la céramique; types de Mycènes, du Dipylon, 212; vases de la Cyrénaïque, 212-215; vases de Lesbos, 216; Nicosthènes, 216-217, 448-449; le potier Amasis, 218.

CERBÈRE, 396.

CERCASORE, ville d'Égypte, à la pointe du Delta, 355, 426.

CÉRÉALES, exportées d'Égypte par les Grecs de Naucratis, 282-286.

CHABOUR (canal de), 145.

CHALCIDIENS, 20, 334; alphabet chalcidien, ibid.

CHALCIS, ville d'Eubée, 333.

CHALDÉE, rapports avec l'Égypte, 28; devenue indépendante, lutte contre l'Égypte, 98, 108, 111, 132, 134; commerce, 281; ivoire, 319; Antiménidas, 366; Phérécyde, 376, n. 5; 416.

CHALDÉENS, leur astronomie, 373, n. 5; à Memphis, 428.

CHALYBES, fer, 232.

CHANANÉENS de Sicile, attaqués par les Rhodiens et les Cnidiens, 333.

CHARAXOS de Lesbos, frère de Sapho, à Naucratis, 155, et n. 3; 353, 360, 366.

CHARÈS, tyran ionien, sa statue dans l'avenue des Branchides, 267.

CHARITES, pas connues en Égypte (Hérodote), 387.

CHARQYEH, province de l'Égypte moderne, 343.

CHASSEURS, statuettes de Naucratis, 256-258.

CHATS, scarabées de Naucratis, 223; vénération des Égyptiens pour les chats, 391, et n. 6; 393.

CHEMBIS, CHEMMIS, île flottante à Bouto, 396, n. 2; 425.

CHEMMIS, ville de la Thébaïde, 398, 430.

CHÉOPS, 401, 420, n. 1; sa pyramide, 428; cité 453.

CHÉPHREN, 401, 426; sa pyramide, 428.

CHÉRAMYES (inscription de), 164.

CHERSIPHRON, architecte du temple d'Éphèse, 188.

CHERSONÈSE TAURIQUE, blé, 286.

CHESBET, voir Lapis-Lazuli.

CHEVAUX, 287.

CHIMÈRE, sur un vase à Defenneh, 62; origine, 396.

CHIOS, Ioniens de Chios à l'Héllénion, 193; épitaphes, 244; statuaire, 273, 332, 351; île de ce nom en Égypte, 397.

CHITÔN, Ionien, 344.

CHONSOU, dieu égyptien, Chonsou-hes, sur un scarabée de Naucratis, 223; = Héraklès, 389.

CHYBIN, localité de l'Égypte moderne, tissus de lin, 294.

CILICIE, 90, n. 4.

CIMMÉRIENS, en Syrie, traitent avec Psammétique I⁰ʳ, 76-77, 98; croyance à l'immortalité, 381.

CITADELLE de Defenneh, 56-57.

CLAZOMÈNE (Ioniens de) à l'Hellénion, 193, 326.

CLÉOBULE de Lindos, 369.

CLISTHÈNES, tyran de Sicyone, 383.

CNIDE (Doriens de) à l'Hellénion, 193, 326; en Sicile, 333; timbres d'amphore, vin, 351, 352, 353.

CNIDIENS de Lipara, alun, 288.

CNOSSOS (Crète), 331.

COBOS, chef barbare, 404.

CŒLÉ-SYRIE, 129.

COLÆOS de Samos, son voyage à Tartessos, 154-155.

COLCHIDE, fer, 232.
COLLYRES (Αἰγύπτια), 309.
COLONNES D'HERCULE, 104, 128, 154, 333, 434.
COLOPHON (soldat de) à Ipsamboul, 86, 88, 165, 166.
COMMERCE de l'Égypte aux époques anciennes, 277-279; à l'époque mycénienne, 279; données du Papyrus Hood, 279-281; commerce par les Grecs d'Égypte au viiᵉ et au viᵉ siècle, 281-282.

Exportations : Céréales, 281-286; sel, natron, alun, 287-289; albâtre, 289-290; métaux précieux, 290-292; fer, 292-293; lin, 293-298; papyrus, 298-301; produits venant par la mer Rouge, 301-305; parfums de l'Arabie, de l'Afrique et de l'Égypte, préparations pharmaceutiques, 305-310; produits de l'intérieur de l'Afrique, 310-314; plumes et œufs d'autruche, 314-316; peaux de bêtes sauvages, cuir, 316-317; ébène, 317-318; ivoire, 318-322; produits des Oasis, 322; commerce des petits objets égyptiens dans toute la Méditerranée, 324-338, (Additions), 455-456.

Importations possibles : huile, 338-342; laine, 342-345; vin, 345-354.

Résumé, 354-355; péages, 355-356; nécessité du trafic pour les voyageurs anciens, 365-366.

COPTOS (Kouft), 105; route des mines, 291, 305, 315, n. 2; vin, 349, 355.
CORCYRE (bataille navale de), 664, 103; trières, 104.
CORINTHE, Corinthiens, trières, 103, 104; vase en forme de tête casquée, 123, 332, 333.
COROBIOS, Crétois envoyé en Libye par les Théréens, 154.
CORSE, 333, 336, 337.
Cos, vin, 351.
COTON, 141 et n. 7; 294, n. 6; 295, 296.
COUCHE DE CENDRES et de charbon à Naucratis, 157-158, 178.
COURONNES (industrie des), à Naucratis, 233-239; pas de couronnes à l'origine chez les Grecs, 231; ce goût se développe chez eux vers le temps de leur établissement en Égypte, 232; exportation des couronnes, 238.
COURONNE NAUCRATITE, 153; faite de myrte, 236; citée par Anacréon, 237.
COURTISANES, à Naucratis, 360-361.
CRANTOR, 370.

CRÉSUS, s'allie avec Nabounahid, les Lacédémoniens et Amasis, 131; battu et pris par Cyrus, 132,134; colonnes d'Éphèse,164,187,444; cité, 324.
CRÈTE, 4, 11, 12 à 15, 213; petits objets égyptiens, 330-332; vin, 351; Pythagore, 377; mystères, 381, 382.
CRÉTOIS, récit du prétendu Crétois dans l'*Odyssée*, 12-15; il est bien traité en Égypte, 22; les Crétois à Milet, 24; Corobios, 154; sculpteurs, 249.
CRITOBULE, Cyrénéen, 142.
CROCODILES DIVINS, 391, 430, 457 (cf. Sovkou).
CROCODILOPOLIS, ville du Fayoum, 456, 457.
CUIR, en Égypte, 317.
CUIVRE, à Cypre, 135; à Naucratis, 231-232; en Nubie, 291.
CUNAXA, troupes égyptiennes à Cunaxa (Xénophon), 132, n. 2.
CURÈTES, prêtres crétois, 377.
CUŠEUS (Koushi), filius Abdpaami, soldat sémite (Ipsamboul), 92, 93, n. 1.
CYAXARE, 29, et n. 2; 72, n. 2; 98, 131, n. 3.
CYBÈLE, 261, 319, 382, 388.
CYCLADES, 4, 273, 348.
CYLLÈNE, ville d'Asie-Mineure, donnée par Cyrus aux Égyptiens vaincus (Xénophon), 132, n. 2.
CYLLÈNE, montagne d'Arcadie, 318.
CYME, terres cuites, 261.
CYNOCÉPHALE de Thot, 391.
CYPRE, 4 (Asi), 5, 6, n. 3; 8, 11, 13, n. 2; 28, et n. 1; 38, 64, n. 6; 66; syllabaire, 90, 163; soumise en partie par Apriès, 118; conquise par Amasis, 134-140; relations avec l'Égypte aux époques précédentes, 135-136; Cécrops à Cypre, Phrasios va de Cypre en Égypte, 137; perpétuité de l'influence égyptienne sur l'art cypriote, elle prédomine au viᵉ siècle, 138-140; histoire d'Hérostrate, 152-154; céramique, 160; temple de l'Aphrodite de Cypre à Naucratis, 190; statuaire, 263, 267; commerce, 280; lin, 295; coupes de métal, 316; ivoire, 320; petits objets égyptiens, 326-328; vin, 351, 352; citée, 357; Ile du Nil, 397; Akhaiouasha à Cypre, (Additions), 440.
CYPRIOTES, leur thalassocratie, 1, 3 (Gutschmid); à Defenneh, 58; à Tell-Nebesheh, 70-71; défaits sur mer avec les Phéniciens, 118; Dmétor, fils d'Iasos, chef cypriote (*Odyssée*), 136; Cypriotes à

Naucratis, 137, 190, 197; idoles, 245, n. 2; artistes, 246; motifs cypriotes, 251, 253, 255, 256, n. 3; 257, 258, 260, 263, 264, 267; à propos du papyrus, 299; Cypriotes à Abydos, 323; inscriptions cypriotes à Thèbes, 324, n. 3, et 433, n. 1; Cypriotes en Égypte, 326; artistes, 395; Βίχος, 402, n. 2.

CYPSÉLOS (coffre de), 63, 319, n. 8.

CYRÈNE, 53, 64; guerre contre Apriès, 120-121; alliée d'Amasis, 142; Corobios, 154; céramique, 212-215; rapports avec l'Égypte, 213-214; cuir, 317; commerce, 354; culte d'Ammon, 399; renseignements géographiques, 409, 410; citée, 414.

CYRÉNÉENS à Naucratis, 215; ivoire, 321; — 399, 409.

CYRUS, prise de Sardes, 132, 134, 181; demande à Amasis un oculiste égyptien, 308.

CYRUS LE JEUNE, 315.

CYZIQUE, 319.

D

DALI (Idalion), ville de Cypre, patère, 264, 327 et n. 1.
DAMANHOUR, Hermopolis-Parva, 145, n. 2.
DAMAS, 350.
DAMIERS à Defenneh, 66.
DANAÉ, 398.
DANAOS, 9, 10, n. 1, n. 3; 137, 141, 294, 323, 328, 398.
DANAOU (Danaens), 6 et n. 3; 19.
DAPHNÆ, 53, 56, n. 1; 107; Juifs à Daphnæ en contact avec les Grecs, 117 et n. 4; flottes construites à Daphnæ, 119; ruinée sous Amasis, 129, 130, 177, 178, 182, 184; citée, 202, 228, 292, 320, 327, 341, 351, 355, 356, 412, 414.
DARDANIENS, 17.
DÂR-FERTHÂT, contrée du Soudan, 313.
DARFOUR, 313.
DARIUS, 318, 390.
DARON (Éthiopie), ville des guerriers égyptiens émigrés sous Psammétique Ier, 96.
DÉDALE, 319, 330; en Égypte, 367-368.
DÉDICACES à Apollon Milésien, 162.
DEFENNEH, 55 et suiv., 56, n. 1; le château, 56-57; la plate-forme, le camp, la ville, 57-58. Céramique, 58-64; figurines, 65-66; métallurgie, armes, outils, 66-67; objets émaillés, orfèvrerie, poids, 67-69; Égyptiens, Asiatiques, Cypriotes à Defenneh, 69; temples, antéfixes grecs, *ibid.*; objets imités de l'industrie égyptienne, 64. Date de la fondation, 70, 97, 112; situla, 441.
DÉIR EL-BAHARI, étoffes, 295, n. 5; cuir, 313.
DÉLOS, statue de la Victoire, 63; mesures du temple d'Apollon, 186; statuaire, 263, 273, 389, 396, n. 2; 426, note de la p. 425.

DELPHES, 330, 361, 377, 386.
DELPHIENS, Amasis leur donne mille talents d'alun, 140-141.
DELTA, dieux, 4, 381, 389, 390; canaux, 8; les Milésiens y trafiquent (Bunsen), 8, 10, n. 1; 11 et n. 5; les villes du Delta, 14, 17, 21, 401; Israélites dans le Delta, 21-22; établissement des Milésiens, 25; princes du Delta vaincus à Altakou, 30, 33; seule partie de l'Égypte connue des Ioniens, 36, 38; cité, 44, 47, 55, 71, 76, 80, 97; relations avec la Méditerranée orientale, 105, 107, 108; cité, p. 111, 121, 129, 135, 154, 288; Rhodiens en rapports avec le Delta, 202; fleurs, 235, 237; centre politique de l'Égypte sous la XXVIe dynastie, 281; lin, 293-294; papyrus, 298; cité, 314, 316, 321, 326, 328, 330, 341, 343, 348, 353, 355, 362; armée, 413; le Delta aux temps préhistoriques, 421; édifices, 424, 426.
DÉMARQUES, magistrats, 411.
DÉMÉTER, 243, 245, 363, 381, 385; = Isis, 387, 388, 395.
DÉMOPHON, 395.
DENYS de Syracuse, 345, n. 1.
DÉPÔTS DE FONDATION, outils, tablettes en matières précieuses à Defenneh, 56; de Ptolémée II à l'Hellénion, 229.
DESSOUK, localité de l'Égypte moderne, 145.
DIDYMES, ville d'Asie-Mineure, 249, 251.
DIÈRE phénicienne, 101-102; grecque, 103.
DIONYSOS, 359; son culte, mystères, 382-384; = Osiris, 387, 388, 389, 390; un des dieux principaux de l'Éthiopie, 409.
DIONYSOS ZAGREUS, 382-383, 388.

DIOSCORIDE (île de), = *Socotora*, 304.
DIOSCURES, 190; temple à Naucratis, 190-191; culte, 279, 387.
DIOSPOLIS-PARVA, 387, n. 8.
DIPOENOS, sculpteur crétois, 318.
DIPYLON, vases, 102, 103; non représentés à Naucratis, pourquoi, 160; 201, 212.
DJEBEL-KHALIL, albâtre, 289.
DJEBEL-OLAKY, mines d'or, 290.
DJEBEL-ZEBARAH, mines d'émeraude, 292, n. 3.
DODÉCARCHIE, dodécarques, 36 et suiv., 51, 291, 311, 402, 430, 457.

DODONE, légende des deux colombes, 386 et n. 5.
DONGOLA, 311.
DORIEN (vêtement) en laine, 344.
DORIENS de Rhodes, Cnide, Halicarnasse et Phasélis à l'Hellénion, 193, 196-197, 255, 354, 357, 398; temples, 424.
DOUANES d'eau en Égypte, 279-281, et (Corrections), 460.
DRACON, loi attribuée à Solon, 370.
DYNASTES, voir *Dodécarchie*.
DYNASTIES DIVINES en Égypte, 389.

E

ÉBÈNE, 303, 313, 317-318, 319.
ECBOLAS, vin, 349.
EDFOU, Apollonopolis-Magna, 291, note de la p. 290, 308, 444.
ÉGÉE (Mer), 6, n. 3, 28, 135, 143, 160, 247, 273, 279, 325, 333, 351, 353, 438.
ÉGIDE d'Athéné, d'origine égyptienne, 396, n. 1.
ÉGINE, figurine égyptienne, 332; citée, 357, 447.
ÉGINÈTES, leur thalassocratie, 2; à Naucratis, 165, 357; leur temple de Zeus, 191, 193, 196; style éginétique, 318.
ÉGYPTE, sa puissance maritime sous l'Ancien-Empire, 4; divisée sous la XXVIᵉ dynastie, 7; sa première marine sous Zêt, d'après Bunsen, 8; était-elle fermée du côté de la mer jusqu'à l'époque saïte? 9 et suiv.; relations très anciennes avec la Grèce, émigrations légendaires, 9-10; l'Égypte dans l'*Iliade*, 10; dans l'*Odyssée*, le fleuve, la contrée, ses productions; Hélène, Ménélas; le récit du Crétois, son importance, 11; l'Égypte dans Hésiode et les Gnomiques, 15, n. 1; attaquée par les peuples de la mer, 17 et suiv.; précautions prises contre les envahisseurs, 20-21; état du pays vers le temps où vinrent les Milésiens (XXIIᵉ-XXVᵉ dynastie), 25 et suiv.
La céramique égyptienne et la céramique grecque, 209-212; terre vernissée, 219. — Le commerce (voir ce mot). — Sciences, cosmologie, 373-375. — La religion, d'après Hérodote, 386-390; animaux sacrés, 390-394; pénétration d'idées égyptiennes dans les pays grecs, 242-246, 394-400. — Histoire et légendes, 400-406. — Administration, institutions, 410-412; armée, 412-415. — Mœurs, 415-421. — Grands travaux, 421-423. — Monuments, 423-432; tombeaux, 432-433.
ÉGYPTIENS, leur thalassocratie d'après Eusèbe et saint Jérôme, 2, 3. Leur prétendue horreur pour la mer; époque probable de leur domination maritime, 7-9; ils reçoivent les étrangers, mais se mettent en garde contre le brigandage, 21-22. Leur marine sous la XVIIIᵉ dynastie; sous la XXᵉ (Ramsès III), 100-101; sous Néchao, 104-105. Établissements égyptiens à Naucratis, 271. Nourriture des Égyptiens, blé, orge, olyre, légumes, 284-286. Leur ancienneté, 402-403 (voir *Égypte*).
EI-MERI, I-meri, peintures de son tombeau, vignes et fabrication du vin, 246.
Ἔλαιον Αἰγύπτιον, λευκόν, σούσινον, κρίνινον, κύπρινον, 307.
ÉLATH, port sur la mer Rouge, 104, n. 3; 305, 355.
ELECTRUM, du pays de Pounit, 303.
ÉLÉENS viennent en Égypte consulter Psammétique II sur les jeux, 113-114; adorent des dieux étrangers, consultent l'oracle d'Ammon Libyen, 114, 115, n. 3; Sosipolis, 391, n. 1; leur voyage en Égypte, 398; selon Diodore, ils sont venus sous Amasis, 406.

'Ελένειος, lieu voisin de la bouche canopique, 397.
ÉLÉPHANTINE, garnison, 53, 77, 80, 83, 84, 95, 127, 424. Ichtyophages, 312; sources du Nil, 403; Hérodote à Éléphantine (?), 409; 431, n. 5.
ELESIBIOS, soldat de Téos (Ipsamboul), 86.
ELEUSIS, mystères, 381, 385.
ÉLIDE, influences orientales, 114; lin, 295.
ELISSA, 3, 38, n. 1.
EL-KAB, localité de l'Égypte moderne, 127, 342.
Ἑλληνικόν, quartier grec, à Memphis, 427.
Ἑλληνομεμφῖται, 323, 428.
ÉMAIL, objets émaillés, à Defenneh, 67-68, 156. Voir *Terre vernissée*.
"Ἔμβολος, aux navires représentés sur des vases du Dipylon, 102.
ÉMERAUDE (mines d'), sous les Ptolémées, 292, n. 3.
EMIGRATION des guerriers égyptiens sous Psammétique Iᵉʳ, 77 et suiv.; faits analogues, après la mort d'Alexandre, sous Mostanser, sous Méhémet-Ali, 81-82. Inscriptions d'Ipsamboul, 82-95. Témoignages des auteurs anciens, 95-96; (Additions), 441-443.
ENCENS, en Arabie, en Afrique, 305, 306.
ENCENSOIR de fer à Naucratis, 230, fig. 33.
ENDOIOS, statue en ivoire, mentionnée par Pausanias, 319.
ENNÉADES égyptiennes, comprennent un nombre variable de divinités, 389-390.
ENTEW, XIᵉ dynastie, chant gravé dans son tombeau, inséré parmi les chants d'amour du Grand Papyrus Harris, 418.
ÉOLIENS de Mitylène à l'Hellénion, 193, 357, 367.
EPAPHOS = Apis, 387, 388, n. 1 et 5.
ÉPERON des vaisseaux, 102, 103.
ÉPHÈSE, inscriptions des colonnes, 164, 165, 166; Artémision, 187, 188, 424, 429, n. 4; 444; île du Nil, 397; vin, 351; citée, 325.
ÉPIRE, 344.
ÉRECHTHÉE, fait venir du blé d'Égypte, 283; apporte d'Égypte à Éleusis les rites du culte de Déméter, 385; 398.
ÉRECHTHÉION, lotus sculptés, comme au temple d'Apollon Milésien à Naucratis, 187; prix du papyrus au vᵉ siècle d'après les comptes de l'Érechthéion, 300.
ÉREMBES (pays des), cité dans le récit d'Ulysse, 11.
ÉROS, 243, 244.
"Ἔρπις, nom du vin dans Sapho, 347, n. 6; 366 (= égypt. *arpi*).
ÉRYTHRÉE (mer), voir *Mer Rouge*.
ÉSAR (Éthiopie), ville des guerriers égyptiens émigrés sous Psammétique Iᵉʳ, 96.
ESMUNIATON, inscript. d'Ipsamboul, 92, n. 10.
ÉSOPE, esclave avec Rhodopis, 360; regardé comme éthiopien et mis en rapport avec l'Égypte, 367.
ÉTÉARQUE, roi des Ammoniens, 149, n. 3; 313, 409; 410.
ÉTHIOPIE, 28, 31, 53, 279. Les guerriers égyptiens en Éthiopie, 77 et suiv.; le roi d'Éthiopie les emploie pour réprimer des révoltes dans le pays 78, 79, 95; colonie égyptienne, 95, 96; expédition sous Psammétique II, 115; Céphée, roi d'Éthiopie, 138, n. de la p. 137; mines d'or, 291-292. L'Éthiopie depuis la XXIᵉ dynastie, 311-312; sous les Saïtes, 292, 304; commerce, 312 et suiv.; ébène, 317; tribut payé au roi de Perse, 318-319; citée, 402, 406, 407, 408, 409, 413, 434; 442, 443.
ÉTHIOPIENS, 11, 77 et suiv.; 80, 96 et notes; Éthiopiens à Cypre, 137, n. 8; cités, 291, 442; commerce, 302, 312; Ésope, 367.
ÉTOLIE, 16, n. 4; origine de la vigne, 347.
ÉTRANGERS en Égypte avant les Grecs, 21-22.
ÉTRURIE, ivoire, 320; petits objets égyptiens, 334, 335.
ÉTRUSQUES, tisonniers, 230, n. 1; cuirasses de lin, 295; œufs d'autruche, 315 et n. 8; commerce, 316, 334, 335; 439.
EUBÉENS, leurs colonies, 24; en Sicile, 333.
EUDAIMÔN (Aden), port d'Arabie, 304, 305.
EUDAIMONIA, sur des vases de Ruvo et de Canosa, 243.
EUDÉMOS, inscription de Milet, 164.
EUDOXE, sur l'inondation du Nil, 408.
EXPORTATIONS de l'Égypte, 281-338 (voir *Commerce*), elles l'emportent toujours de beaucoup sur les importations, 281-282.

F

Fabrique de scarabées, amulettes, objets en terre émaillée à Naucratis, 155-157, 181, 219 et suiv.
Faïence égyptienne, voir *Terre vernissée*.
Favissæ, 158; 271.
Fayoum : Salines, 287; poteries égéennes, 324, n. 3; 340, 343; vignes, 348; cité, 401; le lac Mœris, 422, 423; pyramides, 428, n. 1; le labyrinthe, 429, 430, 456-458 (Additions).
Fazôql (Soudan), 313.
Femmes en Égypte, occupations des femmes d'après Hérodote, 416; prêtresses, chanteuses, pallacides d'Amon; reines, filles royales, divines adoratrices; descendantes des Ramessides dans la principauté thébaine, 417-418; cf. 49-50.
Féodalité en Égypte, 25-26; division du pays vers la fin de la XXIII° dynastie, 27; sous la domination assyrienne, 31.
Fer, à Defenneh, mors, épées, couteaux, têtes de flèches et de lances, armures, 67; à Naucratis, les armes rares, les outils très nombreux, 228-231; le fer en Égypte, 292-293.
Fèves interdites aux prêtres égyptiens et aux disciples de Pythagore, 378, 417.
Figures de nègres sur les vases de Naucratis, 208.
Figurines archaïques à Defenneh, 65-66.
— d'Aphrodite à Cypre, 154.
— en terre vernissée à Naucratis, 220, n. 2; 254, 324.
Figurines couchées à Naucratis, leur signification, 241-245.
— archaïques de Naucratis au British Museum, 245, n. 2.
— représentant des chasseurs, 256-257, 451 (Additions).
— portant un animal, 258-259 et 263-264, 451-452 (Additions).
— de Marseille, probablement phocéennes, 261.
— de faïence à Camiros, 329; en Sicile, 337; de bronze, dans l'Hérault, 337,
— funéraires osiriennes, 396.
Fikellura, vases de ce type à Defenneh, 61.
Fleuristes de Naucratis, στεφανοπωλῖδες, 237-238.
Fleurs, goût des Égyptiens pour les fleurs, leur abondance surtout dans le Delta, 233-236, il semble que les Grecs aient pris ce goût en Égypte, 234; utilité des fleurs dans la vie antique, 235-236.
Flottes égyptiennes, sous la XVIII° dynastie, 4, 278; sous la XX°, 100-101; sous Psammétique I⁰ʳ, 96; sous Néchao, 100, 104; sous Apriès, 117, 119, 120.
Foda, ville sur la côte d'Arabie, 446 (voir *Phut*).
Fondeurs de fer à Naucratis, 181, 228-231.
Fondeurs de cuivre à Naucratis, 181, 232.
François (vase), 63.
Fundjis, peuple du Soudan, 313.

G

Gabbari, localité de l'Égypte moderne, voisine de l'ancienne Rhakotis, 455.
Galbanum, 307.
Garamantes, peuple de Libye, 313, 315.
Gath, identifiée par quelques-uns avec la Kadytis d'Hérodote, 103, n. 3.
Gaule, petits objets égyptiens trouvés dans les mines d'argent de l'Hérault, à Clermont-Ferrand, à Nuits, à Autun, en Alsace, 337, n. 4.
Gaza, expédition de Psammétique Iᵉʳ, 75; identifiée avec Kadytis, 108, n. 3; campagne de Néchao, 117.
Gebel-Barkal, montagne d'Éthiopie, 27, 311, 409.
Géla, ville de Sicile, 337.

Gélon, 295.
Géométrique (style), dans la céramique, 159, 160, et *passim*.
Gerhekal, filius Hallumi, soldat Sémite (Ipsamboul), 92, 93, n. 1.
Gerrah, ville d'Arabie, sur le golfe Persique; commerce, 304.
Géryon, l'idée de lui donner trois corps empruntée aux images égyptiennes du Pharaon, tuant trois ennemis, 395.
Gètes, leur doctrine de l'immortalité, 381.
Gharbiyeh, province de l'Égypte moderne, lin et tissus, 343.
Gilgames, peuple libyen, 120.
Gilgames, l'Hercule assyrien, 257-258, 395, n. 3.
Glycère, la bouquetière de Sicyone, 238.
Golgoi (Cypre), 267.
Gorgone, sur un vase de Defenneh, 63; à Cypre, 139; à Naucratis, 268, n. 7; — 430.
Gournah, localité de l'Égypte moderne, sur l'emplacement de Thèbes, rive gauche, 431.
Graffiti, grecs, phéniciens, cariens à Ipsamboul, 83, et suiv.; phéniciens en Égypte, 21 et n. 3; 91, n. 4 et 92 (voir *Inscriptions*).
Grande-Grèce, peintures céramiques et inscriptions grecques sur vases, se rapportant à des idées d'origine égyptienne, 243-244; petits objets égyptiens, 333-335; temples, 424.

Grande-Mer (voir *Méditerranée*), 5, 6, 20, 330, etc.
Grand Téménos, probablement l'*Hellénion* (voir ce mot) à Naucratis, 180, 193-198: fondé vraisemblablement sous Amasis, 193-194; dimensions de l'enceinte, constructions à l'intérieur, description, mesures, 195; à quoi servait cette grande enceinte, 194, 196-197, 357.
Grèce continentale, rapports légendaires avec l'Égypte, 9-10, 22; peu de relations à l'origine de la colonisation, 97, 153, 249; petits objets égyptiens, 332-333, 337; dieux égyptiens en Grèce, 399.
Grecs, à Defenneh, 58 et suiv.; ils apprennent peu les langues étrangères, 73-74; ils emploient des lettres égyptiennes à Naucratis, 167-170; à Naucratis, *passim;* en différentes parties de l'Égypte, 323-324; noms grecs remplaçant des noms égyptiens, 397.
Griffon, comparé à l'animal de Set, 222; scarabées de Naucratis, 223, 225.
Guardafui (cap), 303, n. 1 et 2; 453.
Guerriers, caste égyptienne, d'après Hérodote, 8, 413-414; leur émigration en Éthiopie, 77 et suiv.
Guézer, ville de Palestine, 7.
Gurob, localité du Fayoum, fouilles de M. Petrie, 439.
Gynæcopolis, légendes (Aristagoras), 176 et n. 2; 323, n. 2; 447 (Additions).

H

Habenben, Babylone d'Égypte (voir ce mot).
Hadès, 244, 385-388.
Hadrien, 358, 433, n. 1.
Halicarnasse, écriture, 166; Doriens d'Halicarnasse à l'Hellénion, 193, 326.
Halys, fleuve de l'Asie-Mineure, 131, 132.
Hâmi, ville de la partie occidentale du Delta, vin, 348.
Hammâmi, désert à l'est de l'Égypte, mines de fer, 292.
Hanebou, peuples du Nord au delà de la Mer, sens du mot, 4, 5, 115-116 et n. 1; — 127, 273.
Haremhabi, premier roi de la XIXe dynastie, 104, 302.

Harmakhis, forme d'Horus, 429.
Harpocrate, le geste du dieu grec pris des statues égyptiennes représentant Horus enfant, 395.
Harpyes, à Cypre, 139; vases de Cyrène, 215, 396, 441.
Harshafi, dieu d'Héracléopolis, à tête de bélier, 392.
Hathor, stèles de Cypre, 139; masque en terre émaillée, 227; à tête de vache (cf. Io), 395; prêtresses, 417; temple à Memphis, 427.
Hat-nouhit, carrières d'albâtre, retrouvées par M. Newberry, 452-453.
Hatshopsitou, reine de la XVIIIe dynastie, expédition au pays de Pounit, 7, 100, 104, 302.

HA-UAR AMENTI, ville du Delta; vin, 348.
HA-UR SEKHA, temple, vin, 348.
HAWARA, ruines d'une ville bâtie avec les débris du Labyrinthe, 429; fouilles de M. Petrie, 439.
HÉBREUX, en Égypte, 21-22; à Defenneh, 56, n. 1; cuirasses de lin, 295; huile, 341; à propos du vin, 347.
HELBÔN, ville de Syrie, vin, 350.
HÉLÈNE en Égypte, 10 et n. 1; 11, 12, n. 1; 15, n. 2; 22, 279, 398, 427 et n. 10.
HÉLIOPOLIS, 19; Pionkhi à Héliopolis, 27; citée 43, 52, 130, 133; fondée par le Rhodien Aktis, 323; citée 340, 341, 367, 370, 379, 390, 425 et n. 2; 445.
HELLÉNION (Grand Téménos), 173, 183, 193-197, 297, 326, 333, 354, 357, 359, 362, 364, 367.
HÉPHAISTOS, son prêtre Séthon, 36, 414; son temple, 368, 427; = Phtah, 387.
HÉRA, non représentée, selon Hérodote, dans le Panthéon égyptien, 387; = Satis, d'après des inscriptions ptolémaïques, 387, n. 2; Héra Ammonia vénérée en Élide, 114; Héra de Samos, sa statue, 262, 265; Héra Lacinia, 344.
HÉRACLÉOPOLIS, 390; dynasties héracléopolitaines, 413, 423.
HÉRÆON d'Olympie, mesures, 186.
HÉRÆON de Samos, 191; 424.
HÉRAKLÈS, et Busiris, 9, n. 2; 138, note de la p. 137; Hercule nègre, ibid., à Cypre, 139; Héraklès chasseur, 257-258 · Héraklès solaire, 376-377, 396; = Chonsou, 389, 391; ses travaux, 395-396.
HÉRAULT, figurines égyptiennes trouvées dans les mines d'argent, 337, n. 4.
HERCULE, voir Héraklès.
HERMÈS Cranaos, 331.
HERMÈS Criophore, 259.
HERMÉSIANAX, inscription de Milet, 164.
HERMOPOLIS-MAGNA, 27; péages, 356, 358, 389, 390, (Corrections) 460.
HERMOPOLIS-PARVA (Damanhour), 145.

HERMOTYBIES, une des deux grandes divisions de l'armée égyptienne (Hérodote), 311, 412-413.
HÉROOPOLIS, 355.
HÉROOPOLITE (golfe), 105, 106, 107, n. 3.
HÉROSTRATE, marchand; son voyage de Cypre à Naucratis, rapporté par Polycharme (Athénée), 152-154, 176, 236, 237.
HESPÉRIDES, dans la Cyrénaïque, 215.
HESTIA, non représentée, selon Hérodote, dans le Panthéon égyptien, 387; = Anoukis d'après des inscriptions ptolémaïques, 387, n. 2.
HESTIA PRYTANITIS à Naucratis, 359.
HIPPARQUE, 385.
HIPPOCRATE, 307, 310; 342.
HIRAM, 302.
HISSARLIK (Ilion), 18, 59 et n. 1; 65; outils, 229; objets égyptiens, 279.
HITTITES (voir Khiti), 109 n. de la p. 108, 258, 261, 439, 440.
HOMÈRE en Égypte, 366.
HOOD (Papyrus), fonctions se rapportant au commerce maritime, 279-281.
HOR, voir Nesi-Hor.
HOR, HORUS, 38, n. 2; à tête d'épervier, à Cypre, 139; scarabées de Naucratis, Hor-Ra, Ankh-Hor, 223; figurines, 253, 262, 269; bronze à Naucratis, 271; suivants d'Horus, 285; statuettes, Gaule, 337, n. 4; cité 376, 382; = Apollon, 387, 388, 389, 391, 394; Harpocrate, 395; Horus sur les crocodiles, 396; inscriptions du Laurium, 399; Horus à Bouto, 425, n. 6.
HOR DIDIW, 418.
HOR HOUDIT, le dieu appelé chef des Hanebou, 116, n. 1.
HOUNNOU, son expédition sur les bords de la mer Rouge, XIe dynastie, 302.
HUILE, probablement importée en Égypte par les Grecs, 339-342.
HYDRIES égyptiennes à Defenneh, 64.
HYKSOS, 21, 274, 413.

I

IACCHOS, 253, 395.
IADMON, 360, 367.
IALOU (champs d'), Champs-Élysées, 396, 419.
IALYSOS, ville de l'île de Rhodes, 63, n. 10, 85 et n. 2; 86; à l'Hellénion de Naucratis, 197, 267, 328.
IBIS de Thot, 391, 392, 393.

ICAROS, île de la mer Égée, vin, 351.
ICHTYOPHAGES d'Éléphantine, envoyés en Éthiopie par Cambyse, 312.
IDALION (Dali), patère, 264, 327 et n. 1; statues, 267.
ILES (style des) dans la céramique, 159, 201, 212; statuaire, 249; îles de la mer Égée, commerce, 278, 279, 280-281, 297, 320; noms d'îles grecques donnés à des îles du Nil, 323; petits objets égyptiens, 325, 333, 351; citées, 438. — Iles Fortunées, 396.
ILION, 17 et n. 4; 59 et n. 1; 65.
IMAGES OBSCÈNES en Égypte et dans les mystères de la Grèce, 384.
IMANDÈS, Ismandès, fondateur du Labyrinthe, 457.
I-MAR = Marion (Cypre), d'après Brugsch, 136.
IMBRASOS, fleuve de Samos, légende d'Apollon et Ocyrhoé (Apollonius), 151.
IMHOTPOU, dieu égyptien, 418.
IMPORTATIONS probables des Grecs en Égypte, 338-354.
INACHOS. 9; 10, n. 3; 388, n. 5; 398.
INAROS, 29; 46-47; 97; 148-149 et n. 3.
INDE, albâtre, 289; coton, 295-296; commerce, 304 et n. 3; ébène, 317; 381. n. 2.
INDUSTRIE, à Defenneh, 58-69; à Naucratis, 199-239.
INSCRIPTIONS cariennes, 89-91; 443-444.
— céramiques à Naucratis, 161-172; sur des cous d'amphores, 351-354.
— cypriote à Thèbes, 324.
— grecques en Égypte, 82-89; 135; 324; 432-433 et n. 1; 447-448.
— démotiques à Defenneh, 69.
— lydienne (?), d'après M. Sayce, 444.
— phéniciennes en Égypte, 91; n. 4; 92 et s.; à Abydos, 93 et n. 4.
INSTRUMENTS agricoles à Naucratis, 229.
INTERPRÈTES, 72-74; 130; 411; 414.
Io, 325; 363; 388 et n. 5; 395; 398.
IOLAOS, fils d'Iphiclès, fonde Olbia et Ogrylê (Sardaigne), 336.

IONIE, 153; statuaire, 249; 252; commerce, 335; 377; 410.
IONIENS, Ouinin, 4; 6, n. 6; 23. Ligue ionienne, 23-24; 28; les premiers Ioniens ne connaissent de l'Égypte que le Delta, 36; engagés par Psammétique Ier comme mercenaires, 42; séparés des Cariens par le Nil à Defeneh, 54; 70; cités, 80; à Ipsamboul, 86; 88; alphabet archaïque, 83; 87-89; 162-167; Ioniens en Syrie sous Néchao, 108-113; style ionien d'Asie-Mineure, 61-62; le canon ionien à Éphèse, 187; Ioniens de Chios, Téos, Phocée, Clazomène à l'Hellénion, 193; prédominance du caractère ionien, 197; écoles ioniennes de sculpture, 249; 252; chitôn, 344; commerce, 354; constitutions, 357, 358; voyageurs, 365; physiologues, 383; 414; temples, 424, 425.
IPHICLÈS, 336.
IPHICLOS expulse de l'île de Rhodes le Phénicien Phalantos, 328.
IPSAMBOUL, 69; les inscriptions du colosse, 82 et suiv.; grecques, 82-89; cariennes, 89-91; sémitiques, 91-95; époque des inscriptions, 87-89; 127; 165; sont-elles antérieures à quelques-unes de celles de Naucratis? 162-169; 172; 323; 358.
IRASA (Libye), défaite d'Apriès par les Cyrénéens, 121; 142, n. 3.
ISIS, couchée, épouse du mort, dans les tombeaux. 242-244; 246; = la Terre, 261, 262; bronze à Naucratis, 271; 298, n. 3; à Phères, 332; en Gaule, 337, n. 4; = Démèter, 387; 388; 394; 395; culte d'Isis au Pirée, 399; — citée, 386, n. 5; 418, n. 1; 425, n. 5 et 6.
ISTHME de Suez, 53, n. 4; 75; 105-108; 287; 453.
ITAL = Idalion (Cypre), 136.
ITALIE, 243; 244; 330; 332; 333; 337; 338.
ITAR, Yéter, It'ar, inscriptions sémitiques d'Ipsamboul, 92, n. 9.
ITHAQUE, 11, n. 1.
ITHOBAAL, roi de Tyr, 112; 117.
IVOIRE, exporté d'Égypte par les Grecs, 303; 313; 318-322.

J

JACOB, 282.
JÉKONIAH, roi de Juda, 112.

JÉRÉMIE, 57; 110-111; 117.
JÉRUSALEM, 7; identifiée avec la Kadytis d'Héro-

dote, 108 et n. 3; 112; siège sous Naboukodo-rossor, 117; détruite, *ibid.*, 127, n. 1.
JEUX à Defenneh, 66.
JOÏAKIM, roi de Juda, 108; sa mort, 112.
JOPPÉ, 38; 117, n. 1.
JOSEPH, 282; 294.
JOSIAS, roi de Juda, 108; 109.

JOUEURS de tambourin, figurines de Naucratis 246, n. 1.
JOUEURS de flûte et de lyre, 259-260.
JUDÉE, 38; 108; 110-112; révolte, 117; vignes, 348.
JUIFS en Égypte, 21-22; 56, n. 1; 85; (Aristéas), 94; en Sardaigne, 335.

K

KADESCH, voir *Qodshou*, 108.
KADESCH BARNÉA, 108, n. 3.
KADYTIS, ville de Syrie, identifications diverses, 108 et n. 3.
KAHUN, ville de la XIIᵉ dynastie; fouilles de M. Petrie; découverte de poteries égéennes, 439.
KAR, frère de Lydos et de Mysos, 90.
Καρικόν, quartier habité par les Cariens, à Memphis, 427.
KARKEMISCH, défaite de Néchao, 110-111; conséquences, 112.
KARNAK, 52; 53, n. 4; 290, n. 9; 431.
Καρομεμφῖται, 72-73; 323; 428.
KASCHET, KASHTO, identifié avec Zét (Lauth), 9, n. 1; roi d'Éthiopie et de la Thébaïde, 28; 30; 50.
KASR BINT EL YAHOUDI, nom moderne du site où s'élevait le château de Defenneh, 56, n. 1.
KATIAN, KITION (Cypre), 136; 190; 399.
Κεδρία, huile, 339.
KEFTI (Phéniciens), 6 et n. 3; 18; 437-438.
KEMI, κόμμι, 305, 306.
KERKIS, localité de Nubie, inscriptions d'Ipsamboul, 83 et n. 2.
KHADDEH, soldat carien (Ipsamboul), 90.
KHARTOUM, ville du Soudan, 95, 96, n. 3.
KHELBI d'Égypte, vin ou liqueur forte, 405.
KHERBATA, nom moderne d'Andropolis, 446-447 (copte ϯⲃⲁⲕⲓⲉⲣⲃⲁⲧ).

KHITI (Hittites), luttent, avec des peuples d'Asie-Mineure, contre Ramsès II, 17; 232; 299; 438, 439.
KHNOUMOU, dieu égyptien à tête de bélier, 392.
KHORSABAD, bouchardes, fer et outils en fer, 230; statuettes, 451.
KHOUFOU, voir *Chéops*.
KIKI, huile de sillicypria, 339 et n. 7; 340.
KIMIT, un des noms de l'Égypte, 26, n. 4.
KIPKIP, localité d'Éthiopie, 32; 442.
KLAFT, coiffure égyptienne, 272.
KONOSSO, île du Haut-Nil, 115, n. 3; 403, n. 3.
KOPRISH, Kopresh, casque des rois d'Égypte, 39; 121, n. 3.
KORÉ, 381; 388; 395.
KOUBAN (stèle de), mines d'or, 291.
KOUSCH, Éthiopie, 31; 110; mines d'or, 290.
KOUSHI (Cusǣus), soldat sémite (Ipsamboul), 92, 93 et n. 3.
KRITHIS, mercenaire grec de Psammétique Iᵉʳ (Ipsamboul), 86.
Κύανος = LAPIS-LAZULI (voir ce mot), 290.
KYLLESTIS, nom d'un pain égyptien, 285, n. 5.
KYPHI, parfum égyptien, 307-308.
KYPROS, nom donné par les Grecs à une île du Nil, 135. (Voir *Cypre*.)
KYRENE, déesse de Cyrène, sur un vase de la Cyrénaïque, trouvé à Naucratis, 213, 215.

L

LAARCHOS, Cyrénéen, 142, n. 3.
LABYNÉTHOS, Nabounâhid, roi de Babylone, 131, n. 3.

LABYRINTHE, 36-37; 368; 429-430; 456-460.
LACÉDÉMONIENS, s'allient avec Crésus, 132; cuirasse de lin envoyée par Amasis, 141; 295.

LAC MŒRIS, 36; 421-423; 456, 457.
LACS AMERS, 106, 107, n. 1; 281.
LADIKÈ, Cyrénéenne, épousée par Amasis, 142.
LAINE, peut-être importée en Égypte par les Grecs, 342-345; interdite dans les temples et pour les morts, 378.
Λάμαρις, LAMPARÈS, fondateur du Labyrinthe (Eusèbe), 456.
LAOS, ville de la Grande-Grèce, 334, 335.
LAPIS-LAZULI artificiel (*Chesbet*, κύανος), 220; 290, 291.
LARISSE, ville d'Asie-Mineure donnée par Cyrus aux Égyptiens vaincus (Xénophon), 132, n. 2.
LATIUM, mons Albanus, petits objets égyptiens, 334.
LATONE, LETO, 388-389; 396, n. 2; 425 et n. 6.
LEKA, voir *Lyciens*.
LÉLANTE, ville d'Eubée, fer, 292.
LÉLÈGES, 15; Mesnaür le Lélège, inscription en caractères cariens (Ipsamboul), 91.
LEMNOS, les Turseni, 439.
LESBIENS, 366.
LESBOS, 155; poteries de Lesbos à Naucratis, 216; vin, 351, 352, 354; île du Nil, 397.
LÉTOPOLIS (Sokhmou), ville d'Égypte, au nord de Memphis, à l'ouest du Nil, 107.
LEUKÈ KOMÈ, port d'Arabie sur la mer Rouge, 305.
LIBYE, 11 et n. 5; 14, n. 1; 15, n. 2; 44; 53; 114; 150; 154; 287; 297; 319; 330; 362; 386, n. 5; 399; voyages d'exploration sous Psammétique Ier, 403-404; périple des Phéniciens sous Néchao, 104-105.

LIBYENS, Tahenou, 6, n. 2; alliés des peuples de la Mer sous Séti Ier, 17; 19; 439, 442; tribus libyennes forment la garde royale des Pharaons, 26; leur armement, 40, n. 3; 53; mercenaires. 80; soumis par les rois de Cyrène, 120-121; le roi Akidran appelle Apriès, 120.
LIN, exporté d'Égypte par les Grecs, 293-298; 342. 343; 378.
LINDOS, ville de l'île de Rhodes; Danaos à Lindos, 9; présents d'Amasis à l'Athênê de Lindos, 141; 193; 328; les Rhodiens de Lindos à Naucratis. 197; 202; Cléobule, 369; temple fondé par les filles de Danaos, 398.
LOTOPHAGES, peuple de Libye, 313.
LOUDIM dans l'armée de Néchao, 110-111; 444.
LYCIE, 62; 90, n. 4.
LYCIENS, Leka, nommés parmi les peuples de la Mer, 17; sujets lyciens sur des vases de Defenneh, 62; lances à deux pointes, 67, n. 5.
LYCOPOLIS (Siout), 358.
LYCOPOLITAINS, 342, n. 5.
LYCURGUE en Égypte, 330; 368.
LYDIE, 38, n. 1; 47; 50; 90 et n. 4. Ses alliés et ses tributaires sous Crésus, 132; rois de Lydie 182, n. de la p. 181; divinités, 382.
LYDIENS, 1; 111; 134; inscription lydienne (?) en Égypte, 444.
LYNCÉE, originaire de Chemmis en Thébaïde, émigre en Grèce, 398.

M

MADSÜ, Carien, 91.
MADYÈS, roi barbare, 404.
MAGDÔLOS, Migdôl, plusieurs villes de ce nom en Égypte et en Palestine, 108, n. 2.
MAGEDDO, Megiddo, ville de Palestine, 7; 108.
MAIOUNA, Mæonie, Mæoniens, au lieu de Arouna (Ilion), d'après Chabas et Brugsch, attaque des peuples d'Asie-Mineure contre l'Égypte, 17, n. 4.
MAISONS à Naucratis, petites, sans aula; décoration, 180-181.
Μάχιμοι, la caste des guerriers égyptiens d'Hérodote, 413-414.

MALAO, port de la côte africaine sur le golfe Aualites, 304.
MAMELUCKS, 82; 111.
MANTINÉE, son étendue comparée à celle de Naucratis, 180.
MARBRES d'Égypte, exportés seulement à l'époque gréco-romaine, 289.
MARÉA, sur le lac Maréotis, garnison égyptienne, 53; 77; 80; 414; vin, 347.
MARÉA, autre localité de ce nom, sur le Nil, près de Momemphis, 122, n. 2.
MARÉOTIS (lac), 44, n. 2; 347, 348, 349.

INDEX ALPHABÉTIQUE

Μάρης, fondateur du Labyrinthe (Ératosthène), 456.
MARINE égyptienne, 4; 278; comparée à celle des peuples de la Mer sous la XVIIIe dynastie et les suivantes, 6-9; comparée à celle des peuples de la Mer sous Ramsès III, 100-101; sous Néchao, 104-105; sous Apriès, 117; 119; 120. Progrès chez les Phéniciens et chez les Grecs, 101; marine phénicienne au VIIIe siècle, 101-102; 356.
MARINS grecs au service de l'Égypte, sous Zét (Bunsen), 8; 28; sous Néchao et Apriès, 119.
MARMARIQUE, vin, 347.
MARRHOS, fondateur du Labyrinthe (Diodore), 360; 456.
MARSEILLE, Massalia, figures phocéennes, 261; Phocéens, 333; 337; Protos, 342; timouques à Marseille, 358.
MASHAOUASHA, Libyens au service des rois d'Égypte, 22; 43; leur importance sous la XXIIe et la XXIIIe dynastie, 80; ils disparaissent sous la XXVIe, raisons de ce fait, 81; 82; 442.
MASSAOUAH, 303. n. 1; 453.
MASSES de fer à Naucratis, analogues aux bouchardes de Khorsabad, 230.
MATEN, voir *Mitanni*; 5 et n. 9.
MATÉRIAUX de construction à Naucratis, 183-184; au temple d'Apollon, 188.
MAURITANIE, sources du Nil, 403, n. 7.
MAUT, déesse égyptienne, épouse d'Amon, 447.
MÂZIOU, peuple libyen, 22; au service de l'Égypte, 26; 43; 53, n. 4; 80.
MÉDECINS égyptiens, dans Homère, 11; leur habileté; oculiste envoyé à Cyrus par Amasis, 308-310.
MÈDES, 108; 110; 114; 131; chute de l'Empire Mède, 132; 134.
MÉDIE, devient indépendante, 98.
MÉDINE, ville de l'Égypte moderne, tissus de lin, 294.
MÉDINET-ABOU, Thèbes, rive gauche, 19; 20, n. 2; 52; 431; 438.
MÉDITERRANÉE (mer), 5, 6 et notes; 9; 17; 29; 38; 104, 105, 108; 135; 177; 278; 279; 281; 338; 345; 355; 362; 372; 434; 455-456.
MÉDUSE, sur un vase de Defenneh, 63.
MÉGARE, Apollons archaïques (Pausanias), 318.
MÉGARIENS en Sicile, 333.

MÉHÉMET-ALI, 82 et n. 2; 107, n. 1.
MÉLAMPOUS (le devin), aurait connu les cérémonies égyptiennes, 384.
MÉLANTHIOS, dédicace d'une statue à Zeus Thébain, 447-448 (Additions).
MÉLOS (Milo), céramique, 160; 450.
MELQART, l'Hercule phénicien, 257; 395.
MEMPHIS, 13, n. 1; 14; 15, n. 2; 19; 27; 30; 31; 44; 45; 46; 52; 93; 94; 105, 107; 130; Phéniciens à Memphis, 177; 323; communications avec Naucratis, 178; commerce, 314; 324; 353; traditions, 401; 425, n. 2; digue de Ménès, 421; monuments, 368; 426-428; mercenaires grecs à Memphis, 328, 428; Cariens, 72-73; 323, 428; — citée, 445.
MÉNAS, fondateur de Crocodilopolis, 456.
MENDÈS, roi d'Égypte, fondateur du Labyrinthe (Diodore), 368.
MENDÈS, ville du Delta, 32; 52; 107; sacerdoce de Mendès, 389; temples, 425; bouc de Mendès, 387, 389, 392; 395.
Μενδήσιον, parfum égyptien, 307.
MÉNÉLAÏTE (nome), 10, n. 1.
MÉNÉLAS en Égypte, 10 et n. 1; 11; 22; 398; 401; 427; à Cypre, 137.
MENKERI, Menkérès, Mykérinos; son nom sur des scarabées de Naucratis, 223; de Salamis, 327, n. 6; légendes, 401; 420; sa pyramide, 429.
MENOUF (Égypte moderne), lin, 294.
MENZALEH (lac), 38; 55.
MERCENAIRES, les Ioniens et les Cariens en Égypte, 41-42; armement, 30-41; mercenaires en Orient: Damas, Assyrie, Chaldée; Égypte: Shardinas, Mâziou, Mashaouasha, 42-43; 80; mercenaires syriens à Defenneh, 60; recrutement, 97; — sous Psammétique Ier, 41-98; sous Néchao, 98-113; Auf-âa, Égyptien, chef de mercenaires (?), 115-116; les mercenaires sous Apriès, 116-125; au nombre de 30,000 sous ce roi, 120; appelés à Saïs, 122; battus à Momemphis, *ibid.*; la tête casquée du Louvre, 123-125; Amou, Sati et Hanebou, 127; les mercenaires sous Amasis, 125-131: il supprime leurs camps et les ὅλκοι τῶν νεῶν, 129; il les installe à Memphis, les prend pour ses gardes du corps; — ils épousent des femmes indigènes, ont des quartiers à eux, 130-131; 143. Mercenaires ioniens placés probablement par Psammé-

tique Ier à Naucratis, 150; cités 332; 281; 412; 435; 442; faveurs qui leur sont accordées par Amasis au détriment des temples, 444-445.

MÉROÉ, Beroua, ville d'Éthiopie, 49, n. 1; 95; 96 et n. 1 et 3; 311-314; ébène, 318; — citée, 409; 443.

MÉROÉ (île de), fer, cuivre, or, 292.

MER ROUGE, 7; 105; 107, n. 1; 278, 279, 281; commerce de l'Orient par la mer Rouge, 301-305; parfums, 305-310; marchandises diverses, 314; citée, 355; 434.

MESNABAÏ, fils de Skha..., Carien (Ipsamboul), 90, 91.

MESNAÜR le Lélège, inscriptions cariennes (Ipsamboul), 90.

MESSEVE, Harea...s aheus, Carien (Ipsamboul), 90-91.

MESSINE (détroit de), 334.

MÉSOGIS, montagne d'Asie-Mineure, vin, 351.

MÉSOPOTAMIE, 315.

MÉTALLURGIE à Defenneh, 66-68; à Naucratis, 228-231.

MÉTAUX PRÉCIEUX, à Defenneh, 68-69; à Naucratis, 232; en Égypte et en Éthiopie, 290-292.

MÉTÉLITE (nome), 10 et n. 1.

MÉTEMPSYCOSE, 380-381.

MÉTROPOLIS, ville d'Asie-Mineure, vin, 351.

Μετώπιον, parfum égyptien, 307.

MIGDÔL, Magdôlos, 108, n. 2.

MILÉSIENS, leur thalassocratie d'après Eusèbe et saint Jérôme, 2; d'après Bunsen, 3; ils organisent sous Zêt la marine égyptienne (Bunsen) et obtiennent le droit de trafiquer dans le Delta, 8; ils tiennent le premier rang dans la ligue ionienne; commerce, colonies; les Milésiens ont pu aller en Égypte au VIIIe siècle, 23-25; 28; ils fondent le Τεῖχος de la bouche Bolbitine, puis Naucratis, 29 et suiv.; conditions du Τεῖχος Μιλησίων pendant la période éthiopienne et assyrienne, 32-33; bataille navale et fondation de Naucratis (Strabon), 46-47; 70; 97; 109; 112; ils fournissent des marins aux Pharaons, 119-120.

Les Milésiens à Naucratis, 147-152; 171; 175; 357; 397; inscriptions céramiques avec l'alphabet milésien à Naucratis, 162-169; résumé, 172; légende de Gynæcopolis, 176, 177; temple d'Apollon Milésien à Naucratis, 152; 185-189; 194; 197; ils perdent leur prédominance après la fondation de l'Hellénion, 198; 246; 247. Les statues de Naucratis et l'art milésien, 248-249; 256; 274. Des Milésiens auraient fondé Abydos, 323; commerce avec Sybaris, laine, étoffes, 335; 344-345.

MILET, 151, 152; alphabet, 164, 165; fortifiée pendant la guerre avec les rois de Lydie, 181, n. 5; temple des Branchides, 186; 196; statuaire, 249; 252; 261; nécropoles, 326; commerce, 332, 335; laine, 344-345; vin, 351; Thalès, 372.

MILOUHHI, 49, n. 1.

MIN, Minou, stèle dédiée à ce dieu à Defenneh, 56.

MINEPHTAH, XIXe dynastie, 7; invasion des peuples de la Mer, 18-19; 26; 53, n. 4; fournit du blé aux peuples de Syrie, 282.

MINOS, roi de Crète, 16; 330; 368.

MIRINRI, VIe dynastie, 453.

MISIR, 126, n. 4; 127; (Corrections), 459.

MITANNI, contrée du nord de la Syrie, au-dessous de l'Euphrate, 5, n. 9; 438.

MITYLÈNE, MITYLÉNIENS, 155; Éoliens de Mitylène à l'Hellénion, 193; 366-367.

MIZAAÏ, mercenaire carien (Ipsamboul), 90, 91.

MNÉVÈS, législateur inspiré par Thot (Hérodote), 133, n. 1.

MNÉVIS, taureau sacré d'Héliopolis, 393.

MOAB, MOABITES, 112; 115; 117.

MŒRIS, roi d'Égypte, d'après Hérodote, 401, 421, 427.

MŒRIS, voir Lac Mœris.

MOMEMPHIS, bataille sous Psammétique Ier contre les dynastes, 43-44 et n. 2 de la p. 44; 46; bataille sous Apriès contre Amasis, 122.

MONTOU, dieu égyptien, 109, n. 4.

MÔPHI, rocher, source du Nil, 403.

MOSYLLON, port de la côte africaine sur le golfe Aualites, 304.

MOTIFS ÉGYPTIENS sur des vases de Naucratis, 208-209.

MOUSKRI, Mosques, fer, 232.

MOUSOUR, MUSUR, nom assyrien de l'Égypte, 31; 49, n. 1; 126, n. 4; cf. Misir.

MOUTONS, à Milet, 24; 344; en Égypte, 342.

MUCIANUS, à propos de la cuirasse de lin d'Amasis à Lindos, 141, n. 5.

MURAILLES, il n'y en avait pas à Naucratis; cf. les villes d'Ionie au VIe siècle, 181-182.

INDEX ALPHABÉTIQUE

Μύρον, parfum, 306-307.
Musa, port d'Arabie sur le mer Rouge, 304.
Musée, donné comme auteur de poèmes orphiques, 385.
Musiciens, figurines de Naucratis, 259-260.
Mycènes et civilisation mycénienne, 63, n. 10; 65, n. 2; 183; étendue de l'acropole de Mycènes, 194; poteries, 201; 212; 267, n. 1; objets égyptiens, 279; ivoire, 319; citée, 324, n. 3; 325; 332; 437-438; 439; 441.

Mykerinos, voir *Menkerî*.
Myrina, ville d'Asie-Mineure, 325.
Myrsilos, nom lydien, 444.
Mys, envoyé européen de Mardonius, auquel l'oracle d'Apollon Ptoos répond en carien, 74, n. 2.
Mysie, Mysiens, 17; 90, n. 4.
Mystères, 381 et suiv.
Mythologie iconographique, 394-397.

N

Nabatéens, 305.
Naboukodorossor, 108-110; 111, 112, 114; en Syrie, 117-118; sa prétendue invasion en Égypte (Josèphe), 118 et 126-128; 176, n. 2; 446; fragment de Mégasthènes, 128; précautions prises contre lui par Amasis, 129; conquiert probablement la Syrie, 134.
Nabounâhid (voir *Labynéthos*), s'allie avec Crésus, 131-132; cité, 134.
Naboupaloussour, Nabopalassar, indépendant à Babylone, 98; 108; 110 et n. 3; les rois d'Égypte sont considérés comme ses satrapes, 126.
Nabou sezibani, nom assyrien de Psammétique Ier, 36.
Nains (population de) en Afrique, 410.
Nakht-Séti, XXe dynastie, 26.
Namrouti, roi d'Ounou (Hermopolis-Magna), 27 et n. 1.
Napata, capitale de l'Éthiopie, 27; 30; 292; 311; 312; 409; 442, 443.
Nasamons, peuple de Lybie, 313; 409.
Naskhepen-Sokhit (stèle de), 53, n. 1.
Natron, 287-288; embaumement, 339, n. 2.
Naucratis, 2; 29; 46-47; 60 et n. 1; 64; 65; 88; 89; 107; 119; 126; 129; 131; 143. Sa fondation, 145-173; site découvert par M. Petrie, 145-146; textes anciens: Hérodote, Eusèbe et saint Jérôme, 147-148; Strabon, 148-149; pourquoi les Milésiens s'établissent en cet endroit, 150; Apollonius de Rhodes, 151; scoliaste de Théocrite, 151-152; inscription à Milet, 152; Polycharme, 152-154; voyage de Colæos, les Samiens, 155-156.

Témoignage des fouilles; la fabrique des scarabées, 155-157; couche de cendres et de charbon, 157; date de la fondation d'après M. Petrie, 157; poteries grecques archaïques, 158-161; inscriptions céramiques, discussions à ce sujet, 161-170. Succession probable des événements, 170-173.

Étymologie du nom, 151 et n. 1.

La ville, 175-198: premiers temps, incendie, 175-178: reconstruction, 179; mesures; rues, maisons, quartiers pour les divers métiers, une ville du VIe siècle, 180-184; temples, 184-193; Grand Téménos (Hellénion) sous Amasis, 193-198.

Industrie. La céramique, 199-218; la terre vernissée, 218-228; la métallurgie, le fer, armes et outils, 228-233; cuivre, 231-232; orfèvrerie, 232.

L'art, 241-275; figurines archaïques. 241-246; statuettes d'hommes, 246-260; de femmes, 260-267; animaux, 267-269; caractères de l'art à Naucratis, 269-270; les bronzes, provenant d'un sanctuaire égyptien, 270-275.

Administration, 356-359; *Mœurs*, 359-360; courtisanes, 360-361.

Résumé, 362-364. — Naucratis citée, 395; 401; 410; 414; 424; 428; 429; 434; 435; 445; 447; 448; 450, 451, 452, 455.

Naucratites, 152; 153; 363; écrivains, 364; — 369.
Néapolis, ville de Thébaïde, près de Chemmis, 430.
Nébireh, site de Naucratis, 146, 147; 152, 159 et *passim*.
Nébuzaradan, général de Naboukodorossor, assiège Jérusalem, 117.

Néchao Ier, 31 ; 35 ; 52 ; 98.

Néchao II, 59 ; 77 ; 99 à 113 ; marine, 104-105 ; 355 ; le canal des deux mers, 105-108 ; expéditions en Syrie, défaite de Karkémisch, 108-112 ; sa mort, 112-113. Son nom ne s'est pas trouvé sur les scarabées de Naucratis, 156 ; 224 et n. 8 ; envoie sa cuirasse à l'Apollon des Branchides, 109 ; 251 ; cité, 443.

Nécropole de Naucratis, 182.

Nectanébo, 116, n. 1 ; 129 ; 367 ; 404.

Negomandros, nom incisé sur un vase de Cyrène, 215, n. 4.

Νεῖλος, nom du fleuve, inconnu à l'époque homérique, 10 et n. 4.

Νεῖλος, plante, 309, n. 7.

Nekhepso, roi d'Égypte, 31 ; 405.

Néléides à Milet, 24.

Néphotès, magicien, 404.

Nephthys, déesse égyptienne, bronze à Naucratis, 271 ; citée, 386, n. 5.

Neqrach, Noqrach, cf. Naucratis, 145 ; 146, n. 1 ; 151, n. 1 ; 158.

Néréides, 387.

Nesi-Hor, Psamitik-menkh, inscriptions de sa statue (Louvre), 78 et n. 2 ; 95 et n. 1 ; 115, 116 ; 126-127.

Nestor, 11.

Neuf peuples (les), peuples étrangers, soumis aux rois d'Égypte, et en tête desquels sont mentionnés les Hanebou (voir ce mot), 5, 6.

Nicosthènes, potier grec, 216-217 ; 448-449.

Niger (fleuve), 313.

Nikou, voir *Néchao*.

Nil, ses sources, 403 et n. 7 ; 409-410 ; causes des inondations périodiques du Nil d'après les Grecs, 406-409.

Nilée, Milésien, aurait fondé Naucratis, 151-152.

Ninive, 30, 31, 32 ; 98 et n. 1 ; 108 ; sa chute, 110 ; papyrus, 299, n. 3.

Nit, déesse de Saïs, 52 ; 56 ; 109, n. 4 ; 116, n. 6 de la p. 115 ; 125 ; 141, 142 ; = Athênê, 193 ; — citée, 383, 388, 401, n. 4 ; 403, 417 ; son temple à Saïs, 424 ; 443 ; 445.

Nitocris (la reine) dans Hérodote, 401.

Nitocrit, fille de Shapenouopit, 113, n. 2.

Nofir-ka-ri, VIe dynastie, son nom dans la carrière d'albâtre de Hâtnoubit, 453.

Nofre-Toumou, dieu égyptien, bronze à Naucratis, 271.

Nofri-Hotpou (tombeau de), chant du harpiste, 418.

No-grahut, nom égyptien de Naucratis, d'après Brugsch, 151, n. 1.

Nomarques, 411.

Nomes, 411.

Νόστοι, poèmes grecs, 10.

Nou, dieu égyptien, représente le chaos primordial, 374.

Nouit, déesse, femme de Sibou (Seb), 390, n. 2.

Nubie, 82 ; = *To-qens*, 127 ; mines d'or, 290 ; — citée, 409 ; 442, 443.

Nysa, ville d'Arabie, où Osiris découvrit la vigne (Diodore), 347.

O

Oasis (les), productions, 322 ; Oasis de Khargeh, de Dakhel et de Farafrah, vins, 348.

Oasis d'Ammon Libyen, 114 ; 287 et n. 5 ; 324.

Oasis (Grande-), 288 ; Samiens, 322, 323, 324 ; 410 ; île des Bienheureux, 396, n. 4.

Océan (le fleuve), 5 ; 374, 375 ; 407.

Ochos, roi de Perse, 360.

Ocyrhoé, nymphe de Samos enlevée par Apollon, 151.

Œnopide de Chio, sur les causes de l'inondation du Nil, 408.

Œnouphis, prêtre héliopolitain, maître de Pythagore (Plutarque), 378.

Ogdoades, divisions du Panthéon égyptien, d'après Hérodote, 389.

Ogrylê, ville de Sardaigne, fondée par le Grec Iolaos (Pausanias), 336.

Okélis, port d'Arabie sur la mer Rouge, 304.

Olbia, ville de Sardaigne, fondée par Iolaos (Pausanias), 336.

Olivier (en égyptien *t'et-t*), 339 ; 341.

Ὅλκοι τῶν νεῶν, chantiers de construction près de

INDEX ALPHABÉTIQUE

Daphnæ, 70; sous Néchao II, 104, sous Apriès, 120; détruits sous Amasis, 129.
OLYMPIE, origine de la vigne d'après Théopompe, 347.
OLYRE = Dourah, 284, 285.
ONKHNAS NOFIR IB-RI, femme d'Amasis, 113, n. 2.
ONOMACRITE, compose des poésies soi-disant orphiques, 384-385.
OPHION, Ophionides, dans Phérécyde de Scyros, 376.
OPHIR, 104, n. 3; 302.
OPIUM thébaïque, 309, n. 2.
OR, Nubie, 290-292; pays de Pounit, 303; Afrique intérieure, 313.
ORACLES, 38; 45-46 (voir Amon et Bouto); leur importance aux yeux d'Hérodote, 51; oracle à propos du canal des deux Mers, 107; les Éléens et l'oracle d'Amon Libyen, 114; oracle d'Amon fondé par des Grecs à Abydos (Sayce), 325; oracle d'Ammon de l'Oasis, 324; de Delphes, 330; de Dodone, fondé par des femmes de Thèbes, 386.
ORCHOMÈNE, 183.
ORFÈVRERIE, ORFÈVRES à Defenneh, 68-69; à Naucratis, 181; 232.
ORGE, servait à l'alimentation des Égyptiens, malgré l'affirmation contraire d'Hérodote, 284-285.
ORIENT, son influence sur les Grecs établis à Defenneh, 69-70.
ORIENTAL (style) dans la céramique, 159-160; à Naucratis, 203-209.
ORIGINE DU LANGAGE, expérience de Psammétique Ier, 402-403.
ORPHÉE, 385.
ORPHIQUES (doctrines), 243; 377; 381-386.

OSIRIS, 242, 243; 298, n. 3; le Nil, 261; bronze à Naucratis, 271; à Salamis de Cypre, 327; figurines d'Osiris en Gaule, 337, n. 4; la passion d'Osiris et celle de Dionysos Zagreus, 382, 383; = Dionysos, 387, 388, 389, 390; domaine d'Osiris, 396; cité, 409; 418, n. 1; 419; 424; 432.
OSORKON, roi de Bubaste à l'époque de la conquête de Piônkhi, 27.
OSYMANDIAS, son tombeau d'après Diodore, 432, n. 1.
'ΟΘόναι, tissus de lin, 295.
OUADY-HALFA, 53, n. 4; 83.
OUADY-TOUMILAT, traversé par le canal du Nil à la mer Rouge, 106.
OUAH-IB-RI, prénom de Psammétique Ier et nom d'Apriès, 56; tête casquée, 123; scarabées de Naucratis, 156; 224; à Camiros, 328, 329; inscription d'un officier carien de Psammétique Ier, 443.
OUAOUAÏT, district d'Éthiopie, tributs en or, 290, n. 9.
OUASHASHOU, peuple de la Mer, identifié par Chabas avec les Osques (?), 19.
OUDJA, amulette en forme d'œil, 156; sur des vases de Nicosthènes, 217; en Sardaigne, 336, en Sicile, 337.
OUINIX = Ioniens, synonyme de Hanebou sous les Ptolémées, 4; 5, n. 1; 116, n. 1.
OUSORTESEN (les), rois de la XIIe dynastie, 290; 312; 453.
OUSORTESEN III, 302, n. 4.
OUTILS à Defenneh, 67; en fer à Naucratis, 228-231; en pierre, 231.
OXYRRHINQUE (Pamazit), ville d'Égypte, 289.

P

PA-BARISIT, localité de l'Égypte du Nord, où Minephtah met un poste lors de l'invasion des peuples de la Mer, 19.
PAHOURNOFIR, contemporain des premières dynasties, primat des vignobles, 347.
PALERME, cercueils et petits objets égyptiens, 336.
PALESTINE, 75, 76, n. 2; 108, 119; 129; blé, 283; étoffes, 294; oliviers, 341 et n. 2.

PALESTRE à Naucratis, 146; 180.
PALESTRINA, coupe à décoration phénicienne, 316.
PAMPHYLIE, 90, n. 4.
PAN = le Bouc de Mendès, 387, 389.
PANOPOLIS (Akhmim), tisserands en lin, 296.
PAPHOS, ville de Cypre, culte d'Astarté-Aphrodite, 152; 360.
PAPRÉMIS, culte d'Anhouris, assimilé à Arès, 389.

PAPYRUS, 285, n. 5 ; usages divers, papier ; probablement exporté dès le vi^e siècle ; document de l'Erechthéion au ve siècle ; importance du papyrus pour les Grecs, 298-301.

PAQROUROU, roi de Pisoupti, chef des dynastes, 31 ; 35 ; 43 ; 70.

PARAMMON, dieu vénéré en Élide, 114.

PARFUMS, 303 ; 305-310 ; 341 ; 454.

PÂRIS en Égypte, 10 et n. 1 ; d'après Hérodote, 12, n. 1 ; 22 ; 398 ; 401 ; 427.

PASIDÔN, mercenaire de Psammétique Ier (Ipsamboul), 86 ; 93.

PASIPHAÉ et le Minotaure, légende dérivée de certaines images égyptiennes, 394-395.

PASTEURS (Hyksos), 7 ; 26.

PATARBÉMIS, officier d'Apriès, envoyé à Amasis, 122.

PATARMIS, d'après Hellanicos, roi d'Égypte détrôné par Amasis, 125-126 ; 234.

PATÈRES en métal, à Cypre, 139-140 ; celle de Dali, 264 ; décoration, 316.

PATHYMIAS, célèbre tisseur égyptien, 294, n. 3.

PATUMOS, ville égyptienne, faisant partie du domaine de Paqrourou, point où s'embranchait le canal des deux Mers, 106.

PAUSIAS, peintre de Sicyone, 238.

PÉAGES en Égypte, 355-356, 460 (Corrections).

PEAUX de bêtes sauvages apportées du pays de Pounit, 303 ; de l'intérieur de l'Afrique, 313 ; leur usage chez les Grecs, 316-317.

PÉDASOS, Pidasa, figure parmi les peuples d'Asie-Mineure qui attaquent l'Égypte avec les Khiti sous Ramsès II, 17.

PEFDJAABASTIT, Pefzaabastit, roi d'Héracléopolis à l'époque de Piônkhi, 27, n. 1.

PÉGASE, cf. les chevaux ailés sur des scarabées de Naucratis, 225.

PÉLASGES, 1 ; 14 ; 440 (voir *Pelestias*).

PÉLÉE, aurait fondé Péluse, 10, n. 1.

PELEQOS, fils d'Eudamos, mercenaire grec de Psammétique Ier (Ipsamboul), 86.

PELESTAS, Philistins ; Pélasges selon Chabas, 19 et n. 2.

PÉLOPONÈSE, 318 ; 322 ; 399, etc.

PÉLUSE, fondée par des Phthiotes, 10, n. 1 ; 19, n. 3 ; lin, 294.

PÉLUSIAQUE (branche) du Nil, 8 ; voisine de Daphnæ, 54 ; 55 ; son importance comme voie commerciale, 71 ; 105 ; 106 ; 107 ; 178 ; 305 ; 355 ; 435 ; interdite aux Grecs sous Amasis, 129.

PENTECONTORE, 22 ; 104.

PEPI Ier, VIe dynastie, 426 ; 453.

PEPI II, 453.

PÉRIANDRE, tyran de Corinthe, 84, n. 2 ; 368 ; 369 ; veut percer l'isthme de Corinthe, 106.

PÉRICLÈS, blé envoyé d'Égypte à Athènes, 283 ; l'ivoire et la sculpture chryséléphantine, 322.

PÉRIPLE de l'Afrique par les Phéniciens sous Néchao, 104-105 ; 304.

PERSÉE, 225 ; identifié avec un dieu égyptien et avec le dieu phénicien Reseph, 388, n. 1 ; cité, 398 ; à Chemmis en Thébaïde, 430.

PERSÉPHONÉ, sur des vases de la Grande-Grèce, 244 ; sanctuaire à Tarente, 333.

PERSES, 97 ; 114 ; 134 ; 312 ; 319 ; 345 ; 356 ; 412, 413, 414 ; 431 ; 435.

PERSIQUE (golfe), 302.

PÉTÉLIA, 243 (voir *Grande-Grèce*).

PÉTÉSUCHOS, fondateur du Labyrinthe, d'après Pline, 457.

PETISIS, sur un scarabée de Naucratis, 223.

PETOSIRIS, magicien égyptien, 404.

PETOUBASTIT, sur un scarabée de Naucratis, 223.

PETTI-SHOU, nomades, transporteur du blé en Syrie par ordre de Minephtah, 282.

PEUPLES DE LA MER, 17 et suiv. ; sens de cette dénomination, 17 ; attaquent l'Égypte sous Séti Ier ; d'où ils venaient, 17-18 ; envahissent de nouveau l'Égypte sous Minephtah, 18-19 ; sous Ramsès III, 19-20. Leur armement, 40, n. 3 ; leurs navires, 100-101. Additions, 438-441.

PHACOUSSA, ville du domaine de Paqrourou, 43.

PHAGRORIOPOLIS, ville de Paqrourou, 43.

PHALANTOS, Phénicien chassé de Rhodes par le Grec Iphiclos, 328.

PHANÈS, chef mercenaire grec sous Amasis, 129 ; 162 ; 435 ; vase de Phanès à Naucratis, 175.

PHARBÆTHUS (fondation d'un sanctuaire à), stèle de Pterpa, 53, n. 1.

PHAROS, île, 11 et n. 5.

PHASÉLIS (Doriens de) à l'Hellénion, 193 ; 326.

PHÉNICIE, relations avec l'Égypte, 8 ; 11 ; 13 ; 14,

n. 3; 91, n. 4; avec les Milésiens, 28; avec les rois de la XXVI⁰ dynastie, 75; sous Naboukodorossor, 112; ravagée par lui, 117; conquise sous Apriès, 118-119; influence égyptienne, 119; abaissement de la Phénicie, 135; commerce, 154; céramique, 160; art, 263; 267; sans influence à Naucratis, 270; huile, 341; vin, 353; religion, 420.

Phéniciens, leur thalassocratie, 2, 3; tributs apportés en Égypte sous la XVIII⁰ dynastie, 6 et n. 3; enlèvements par les Phéniciens, 15; relations avec les îles, 18; avec l'Égypte, 21; à Milet, 24; sous Psammétique Iᵉʳ, 33; 37; objets phéniciens à Defenneh, 69; 70; toujours en révolte contre l'Assyrie, 75; à Ipsamboul, 85; inscriptions phéniciennes en Égypte, 91, n. 2 et 92; 93; des Phéniciens adorent les dieux de l'Égypte, 93; amis de Psammétique Iᵉʳ, 94; 96; leur marine au vii⁰ siècle, 101-102; périple de l'Afrique, 104-105 et 304; cités, 106; 108; 112; battus sur mer par Apriès, 118; alliés des Chaldéens, 118, 120; Phéniciens et Grecs dans l'île de Cypre, 135; 154; établis à Memphis, 177; 201; rapports avec Rhodes, 202; commerce, 177; 278-281; 283; 286; 297; 299; 310; 315; ivoire, 319-321; Phéniciens à Abydos, 323; 325; commerce des petits objets égyptiens à Cypre, 326, 327; Rhodes, 328-330; Crète, 331; Grande-Grèce, 333, 334, 335; cités, 354; 355; 362; 376; 382; 395, 398; 427; 434; 454.

Phénix (le) à Héliopolis sous Amasis (Tacite), 133.

Phérécyde de Scyros, sa doctrine a peu de rapports avec les idées égyptiennes, 376-377.

Phères (Thessalie), groupe égyptien d'Isis et Horus, 332.

Phéron, roi fabuleux de l'Égypte (Hérodote), 401.

Phidias, la statuaire chryséléphantine, 321-322.

Philæ, le nom de Psammétique II à Philæ, 115, n. 3; recettes du kyphi, 308.

Philammon, nom incisé sur un vase de Cyrène, 215, n. 4.

Philistie, 75-79.

Philistins, 75-76; 94; voir aussi *Pelestas*.

Philition, berger dont on donnait le nom aux Pyramides, 428.

Philokypros d'Aipéia, visité par Solon à son retour d'Égypte, 140, 142.

Phocée, 325; 332; 358.

Phocéens, 24; à Defenneh, 60, n. 1; en Italie et en Corse, 333; 337.

Phorbas, Thessalien, appelé à Rhodes, 328.

Phout, Phut, en assyrien Puta, 110; 146; Additions, 446 (voir *Foda*).

Phrasios, devin cypriote, 9, n. 2; va en Égypte au temps de Busiris, 137.

Phrygie, divinités, 388; alphabet, 444.

Phrygiens, thalassocratie, 1; le plus ancien peuple du monde, 402 et n. 2.

Phtah, 19; 37; 93; Phtah patèque, 254; dieu primordial à Memphis, 279; = Hêphaistos, 387; 401; son temple à Memphis, 427.

Pierre (outils en) à Naucratis, 231.

Pierres dures, cornaline, obsidienne, onyx, lapis, etc., 290.

Pigrès, chef carien (récit de Polyen), 45; 46 et n. 2.

Pionkhi-Miamoun, Éthiopien, conquiert l'Égypte, 27-28; 32; 44; scarabées de Naucratis, 156; cité, 224; 303; 311; 443.

Pions, figurines à Defenneh, 66.

Piraterie, 15-16 et notes; 22.

Pirée, culte d'Isis, 399.

Pisamilki, forme assyrienne du nom Psamitik (Psammétique), 48; 49, n. 1.

Pisandre, poète rhodien, fixe les attributs d'Héraklès, 258.

Pise (Italie), les Phocéens, 333.

Pisistrate, le papyrus, 300, 301; loi attribuée à Amasis, 370.

Platéa, île voisine de Cyrène, 120; 154.

Platon, 342; 363; l'Atlantide, 370-371; problèmes arithmétiques, 373; cité, 403.

Plumes et œufs d'autruche, 313; 314-316; œufs, 454.

Poids à Defenneh, 68-69.

Poisson, interdit aux prêtres égyptiens et aux disciples de Pythagore, 378; 379; 417.

Polledrara (vases de), 216.

Polyarchos de Cyrène, 142, n. 3.

Polybos (*Odyssée*), 11; 279.

Polycharme, Naucratite, légende sur la fondation de Naucratis, 152 à 154; 176; 185; 237; 246.

Polycrate, tyran de Samos, pentécontores, 104; relations d'amitié avec Amasis, 141, 143; 367; 406; cité, 322; 344; 377; 378.

Polydamna (*Odyssée*), 11; 309.

Polyétès, sur un vase de la Grande-Grèce, 243.

Pont-Euxin, 24; 152; 293; 325; 397; 434.

Population de l'Égypte, 136 et n. 6.

Porcelaine égyptienne (voir *Terre vernissée*).

Poséidôn, 279, 387.

Posno (stèle de la collection), 53, n. 1; 85, n. 4.

Potasimto, chef des Ἀλλόγλωσσοι (Ipsamboul), 83.

Potiers, leur quartier à Naucratis, 181.

Pounit (pays de), 279; 303, n. 1; 452-454; productions, commerce, 302-306.

Pramnios, vin, 351.

Prêtres égyptiens et prêtresses, 417-418.

Proconnèse, 165; 319.

Prométhée, 363.

Propontide, 325.

Προστάται τοῦ ἐμπορίου à Naucratis, 357-358.

Protée (*Odyssée*), 11; 12, n. 1; 15, n. 2; (Hérodote), 401, 427 et n. 10.

Protos, fondateur de Marseille, 342.

Prytanée à Naucratis, 359.

Psagdas, Ψάγδας, parfum égyptien, 306-307.

Psamitik-senb (stèle de), 53, n. 1.

Psammènite, nom de Psammétique III dans Hérodote, 414, 435.

Psammétique Ier, 9; 29; roi d'Athribis, 31; se réfugie en Asie, 33; son règne, 35 à 98; roi de Saïs et un des dodécarques, 37; l'oracle de Bouto, 38; il engage les mercenaires ioniens et cariens, 41-42; bataille de Momemphis, 43-44; conquête du pays, 44 et suiv.; seul roi vers 651, 49; son mariage, 49-50; son caractère, 51; son œuvre en Égypte, 51-53; son nom sur des amphores à Defenneh, 68; il aurait installé des Cypriotes à Am, 71; 72; il organise le corps des interprètes, 72-74; siège d'Ashdod, 74-76; les Cimmériens, 76-77; émigration des guerriers, 77 et suiv.; les inscriptions d'Ipsamboul, 82-95; dernières années, 96-98; cité, 113, n. 2; 120; 121; 122; 127; 129; 144; 156; 157; 165; 171; 177; 178; 202; son nom sur des scarabées de Naucratis, 224; 275; 281; allié des Athéniens, 284; commerce, 291, 299; 312; 326; 328; 345, n. 1; 346; 377, n. 7; légendes, expériences, 402-405; 427; (Additions), 441-443; 444; 456.

Psammétique II, Psammis, successeur de Néchao, 59; 83, n. 2; 87, n. 1; 94 et n. 4; 95; 113 à 116; ambassade des Éléens, 113-114; expédition en Éthiopie, 115; 311; nombreux monuments, 115-116; son sarcophage, 113, n. 4; inscriptions d'Ipsamboul, 162 et suiv.; son prénom, Nofirib-ri, sur des scarabées de Naucratis, 224.

Psammétique III (voir *Psamménite*).

Psammétique, fils de Théoklès, général grec de Psammétique Ier (Ipsamboul), 83; 84-85, 86, 87.

Psammétique, neveu de Périandre, 84, n. 2; 369.

Psammétique, roi lybien, contemporain d'Artaxerxès Ier, 47; 97; 149 et n. 3; 284.

Ψαμμητίχη, île voisine de Délos, 404 et n. 3.

Psammis, nom de Psammétique II dans Hérodote (voir *Psammétique II*).

Psammouthis, 113, n. 3 et 7.

Psimouth, XXIIIe dynastie, 113 et n. 7.

Psioukhanou, XXIe dynastie, 8.

Psousennès II, XXIe dynastie, 7.

Pterpa (stèle de), collection Posno à Berlin, 53, n. 1; 85, n. 4.

Ptolémaïs, ville grecque d'Égypte sous les Lagides, 358.

Ptolémée, fils de Glaucias, 288.

Ptolémée II Philadelphe, refait l'entrée du Grand Téménos, 196; dépôts de fondation, 229.

Pudhu-Yàvan, colonie grecque d'Arabie, 446 (voir *Phout* et *Foda*).

Pyramides, 343; 360; 401; 428-429.

Pyramide de Méidoun, 432, n. 2.

Pythagore, 243; 367; 376; en Égypte, 377-386.

Pythès, nom inscrit sur un vase en terre vernissée provenant de Camiros, 226.

Q

QATI, ville de Syrie où l'on fabriquait une bière recherchée en Égypte, 350.

QOCÉYR, port égyptien sur la mer Rouge, 105; 302; 305; 355.

QODSHOU, Kadesh, Kadytis dans Hérodote, ville de la Syrie septentrionale, 108 et n. 3; 438.

QUARTIERS habités par les ouvriers d'un même métier à Naucratis, 181.

R

RÂ, dieu égyptien, 341; 346, n. 5; 379; 390, n. 2; 391; 392; 425, n. 2.

RÂ-AA-HOR, nom royal sur un scarabée de Naucratis, 224.

RADESIEH, sur le Nil, en face d'Edfou, 291.

RAIFORT (huile de) en Égypte, 339 et n. 4.

RA-MEN-HOR, nom royal gravé sur un scarabée de Naucratis, 224.

RA-MEN-KHEPER (Men-Khopir-ri), prénom de Thoutmos III, 6; 224 et n. 1.

RAMESSÉUM à Thèbes, rive gauche, 346.

RAMESSIDES, descendantes des Ramessides, prêtresses d'Amon et souveraines de la Thébaïde, 49-50; noms de Ramessides sur des scarabées de Naucratis, 156.

RAMSÈS II (Sésostris), XIX⁰ dynastie, 6; 7; 8; défait les peuples de la Mer, 17; statue, 39, n. 2; fait creuser les chambres souterraines de l'Apis, 52; son colosse à Ipsamboul, 82; canal du Nil à la mer Rouge, 108; route des mines d'or, 291; expéditions au pays de Pounit, 302; cartouche à Camiros, 328; temple, 348, n. 5; Shardinas, 438.

RAMSÈS III, XX⁰ dynastie, 5, n. 6; 7; repousse les peuples de la Mer, 19-20; 26; cuirasse, 39, n. 2; 141, n. 5; cité, 71; relations avec l'Orient, 104; 302; marine, 100-101; plantations d'oliviers, 340; ostracon, 348, n. 5; vin, 350.

RAMSÈS IV, XX⁰ dynastie, 104; commerce avec l'Orient, 279; 302; ostracon, 348, n. 5.

RAPHIA, 19, n. 3; défaite des Égyptiens par Sharoukin, 30.

REKHMARA, peintures de son tombeau, tributs apportés par les vassaux de l'Égypte sous Thoutmos III, 6 et n. 3; 18; 278; 302; 303, n. 1; 437.

RESEPH, Reshpou, dieu syrien, 388, n. 1.

RHAKOTIS, bourg voisin d'Alexandrie, βουκόλοι, 20; communauté grecque, 454-455.

RHAMPSINITE, roi fabuleux de l'Égypte, 346; 401; 420, n. 1 et 6; 426.

RHÉA, divinité de Crète, 261; 382; 388.

RHODES, 4; Danaos à Lindos, 9; 398; céramique, 61; 64; 212; orfèvrerie, 69; nom d'Apriès à Camiros, 123; commerce, 153; 356; objets en terre vernissée à Camiros, 220; statuaire, 247; 263; 270-273; 450; figurines, 253; 255; 256, n. 4; 260; 261; ivoire, 320; petits objets égyptiens, 328-330; 333; vin, 351.

RHODIENS, 1; 24; à Ipsamboul, 86; 88; en Égypte; analogie de la céramique rhodienne et de celle de Naucratis, 161; 162; Rhodiens à l'Hellénion, 193; 197; céramistes rhodiens à Naucratis, 201-202; rôle de la fabrique rhodienne de terres cuites au VI⁰ siècle, 255-256; le Rhodien Aktis aurait fondé Héliopolis, 323; Rhodiens en Ibérie, 337; leur importance à Naucratis, 357; 395.

RHODOPIS, courtisane naucratite, 155 et n. 4; 228; 360-361; 404; 429.

RHŒKOS, sculpteur samien, 191; Rhœkos en Égypte, 274; 368.

RIBLAH, ville de Syrie, 109; 117.

ROME, petits objets égyptiens trouvés dans la muraille de Servius Tullius, 334 et n. 3.

ROSETTE, décret, 141, n. 4; lin, 294.

RUES à Naucratis, 180.

RUVO, Italie méridionale, peintures sur vases, 243.

S

SABACON (Shabikou), XXVe dynastie (éthiopienne), 33; 37; 38; 50; 401; 423.
SABAZIOS, dieu phrygien, 382.
SABÉENS, peuple d'Arabie, 305.
SABYA, ville d'Arabie, 446.
SADYATTÈS, roi de Lydie, 38, n. 1; 182, n. de la p. 181.
SA EL HAGAR, localité de l'Égypte moderne, site de Saïs, 52; 424.
SAÏS, 27; 31; 32; 44; 52; 107; les mercenaires à Saïs sous Apriès, 122; sa position par rapport à Naucratis, 145; 150; 178; briques des murailles, 194, n. 2; citée, 270; tissus, 293; fondée par les Athéniens, 323, n. 5; le mouton considéré à Saïs comme sacré, 342, n. 5; Solon, 370; l'Atlantide, 371; culte, 381; 383; le trésorier du temple de Nit et Hérodote, 403; 409; monuments, 424; Saïs citée, 443; les mercenaires sur le territoire de Saïs (Additions), 445.
SAÏTE (nome), 29; 148.
SAKÔN, divinité phénicienne (voir *Abd-Sakôn*), 93.
SALAMINE (île), statue d'Ajax en ébène (Pausanias), 318.
SALAMIS de Cypre, 140; petits objets égyptiens, 327; (Additions), 455-456.
SALI, Soli, ville de Cypre, nommée à Médinet-Abou, 136; 327, n. 1.
SALOMASKI = Salamine de Cypre (Brugsch), 136.
SALOMON, 7; 294; 302; 305.
SAMIENS, leur thalassocratie, 2; vaisseaux construits par Aminoclès, 103; 155; Samiens à Naucratis, 165; leur temple de Héra, 194; 196; 197; 247; statuettes samiennes à Naucratis, 265-266; 270; art, 270; 273; sculpteurs samiens à Naucratis, 274; Samiens dans la Grande-Oasis, 322-323; importance des Samiens à Naucratis, 357; cités, 367; Pythagore, 377.
SAMOS, 103; 104; 151; relations avec Naucratis, 155; 191; alphabet, 165; torse archaïque, 249; statuaire, 273; 274; colonies, 333; vin, 351; île du Nil, 397; temples, 424; 429, n. 4.
SANTORIN (Théra), 160; 267; 324, n. 3.

SAOUAKIM, Souakim, sur la mer Rouge, 301, n. 3; 453.
SAPÉ (Sobah), ville d'Éthiopie, une de celles habitées par les guerriers émigrés sous Psammétique Ier, 96 et n. 3.
SAPHO, 155 et n. 3 et 4; 234; 360-361, 366 et n. 5.
SARACOS, dernier roi de Ninive, 110.
SARDAIGNE, ivoire, 320; petits objets égyptiens, 335-337.
SARDES, 132; 181.
SARLOUDARI, prince de Zoan, à l'époque éthiopienne et assyrienne, 31.
SASPIRES, fer, 232.
SASYCHÈS, roi législateur de l'Égypte (Hérodote), 133, n. 1.
SATI, Bédouins, 127.
SATI, partie de la Syrie, vin, 348.
SCARABÉES, à Defenneh, 68; à Cypre, 139; à Naucratis, 155-157; 171; 172; 220-225; à Salamine de Cypre, 327; 455; à Tarente, 333-334; en Sardaigne, 336.
SCHÉDIA, localité du Delta, 29; 46; 149; 356.
SCHÉRIA (île de), 396-397.
SCOLIASTE de Théocrite, sur la fondation de Naucratis, 151-152.
SCYLLIS, sculpteur crétois, 318.
SCYROS, île de la mer Égée, 344.
SCYTHES, 402, n. 2.
SEB, Sibou, dieu égyptien, 390, n. 2.
SÉBENNYTIQUE (branche) du Nil, 29.
SÉBENNYTOS, ville du Delta, 349; 370; 425.
SÉDÉCIAS, roi de Juda, 114.
SEHEL, île du Haut-Nil, 403, n. 3.
SEHER, Soharu, inscriptions d'Ipsamboul, 92, n. 10.
SEL marin, sel gemme, sel ammoniaque (exportations), 287.
SELKIT, déesse égyptienne, sur des scarabées de Naucratis, 221.
Σεμβρῖται, ἐπήλυδες (Strabon), 96 et n. 1.
SÉMITES parmi les mercenaires de Psammétique Ier, 85; 91; 95.
SENNACHÉRIB, roi d'Assyrie, 30 et n. 1; 402.

SÉPULTURES à Naucratis, du v° au iii° siècle, 182.
SÉRAPÉUM (papyrus du), 340; stèles, 417, n. 3.
SERVIUS TULLIUS (mur de) à Rome, petits objets égyptiens, 334.
SÉSOOSIS (voir Sésostris).
SÉSOSTRIS (Ramsès II), 26; 54, n. 2; 112; 133 et n. 1; 401; 404; 407; les Grecs lui attribuent souvent ce qui est l'œuvre d'autres souverains égyptiens, 411-412; 416, n. 1; 423; 427.
SET, Typhon, 4; 38, n. 2; 336; 376; 382; 388; 404.
SÉTHON, prêtre d'Héphaistos et roi d'Égypte d'après Hérodote, 8; 30, n. 1; 36; 401; il aurait enlevé aux guerriers égyptiens leurs privilèges, 414.
SÉTI Ier, XIXe dynastie, 5, n. 6; attaque des peuples de la Mer sous son règne, 17; le canal des deux Mers, 106; scarabées de Naucratis, 156; route des mines d'or, 291; 302; expéditions vers le Sud, 311; cité 430, n. 3; 433, n. 1.
SÉTI II, XIXe dynastie, 26.
SHABAKOU, dynastie éthiopienne, XXVe, 30; 50; 52; 299, n. 3; 443 (cf. Sabacon).
SHABITKOU, dynastie éthiopienne, XXVe, 30.
SHAKALASH = Sicules (E. de Rougé); = Sagalassos (Maspero), 17; 19; (Additions). 438.
SHAMASHOUMOUKIN, frère d'Assourbanipal, sa révolte, 48; 97.
SHAPENOUOPIT, Shapenap, fille d'Améniritis, épouse Psammétique Ier, 50; 113, n. 2.
SHARDINAS (Sardiniens), attaquent l'Égypte sous Séti Ier, 17; mercenaires de Ramsès II, 43; 80; en Sardaigne (?), 335; Serdani dans les tablettes cunéiformes de Tell el-Amarna (Sayce), 438.
SHARGINA Ier, roi d'Agadé (Chaldée), sa statue à Cypre, 28, n. 1; 136.
SHAROUKIN, roi d'Assyrie, 21; bat les Égyptiens et Shabakou à Raphia, 30; prend Ashdod, 76; cité, 299, n. 3; 333.
SHAS-HIRIT = Bérénice, port de l'Égypte sur la mer Rouge, 127, n. 3.
SHENTI, pagne des Égyptiens, 39.
SHESHONK Ier, 7; fonde la XXIIe dynastie; importance des Mashouasha à partir de son règne, 80.
SHESHONK IV, XXIIe dynastie; son nom sur des scarabées de Naucratis, 156.
SHOU, dieu égyptien, 258, n. 1; 374; 390, n. 2; il soulève le ciel comme l'Atlas des Grecs, 394.

SHOU-ÂNKH, SHOU-SE-RA, sur des scarabées de Naucratis, 223.
SIAMON, XXIe dynastie, 8.
SICILE, 260; 330; 333; petits objets égyptiens, 336-337; temples, 424.
SIDON, 8; 14, n, 3; 38; rois de Sidon, 115; soumise par Apriès, 119;281; citée, 320; 321; 326; 330.
SIDONIENS, 11; 14, n. 3; 325; 434; à Rhodes, 328.
SIGÉION (stèle de), 164.
SILPHION, plante de la Cyrénaïque, 215.
SILSILIS, ville de la Haute-Égypte, 292, n. 3; 444.
SIMONIDE, 244.
Σινδόνες Αἰγυπτίαι, 295.
Σινδὼν βυσσίνη, 296.
SINGES amenés en Égypte par les peuples tributaires du Sud et de l'Est, 301; 313; 314, n. 3.
SINOUHIT (conte de), 4.
SIOUT, armement des soldats des princes de Siout, 413.
SI-QARR, fils de Kapat, officier carien de Psammétique Ier, 443.
SIRÈNES, dans l'art cypriote, 139; dérivées des représentations égyptiennes de l'âme, 396; différentes des Harpyes, 441.
SMYRNE, 351.
SNEFROU, IIIe dynastie, 346.
SOBAH, ville d'Éthiopie (voir Sapé).
SOCOTORA = île de Dioscoride, 304.
SOCRATE, légendes sur Thot dans le Phèdre de Platon, 363.
SOKHET, Sokhit, déesse égyptienne, 92, n. 10.
SOLON, 15, n. 1; à Cypre, 140; visite Amasis, 142; 284; 342; est-il réellement allé en Égypte? 369-372; cité, 398.
SOLUNTE, ville phénicienne de Sicile, objets égyptiens, 336.
SOMALIS (pays des), 303, n. 1.
SONKHERI AMONI (XIe dynastie) et les Hanebou, 5.
SOSIPOLIS, génie vénéré chez les Éléens, 391, n. 1.
SOUDAN, 301; 313, 314; 355; 428.
SOUTEKHOU, dieu des Hyksos, 7.
SOVKOU, Sebek, Σοῦχος, 475.
SOVKOUNOFRIOU, le Σκεμίοφρις de Manéthon, 430 et n. 2.

SPATA (Attique), petits objets égyptiens ou égyptisants, 332.
SPHINX, dans l'art cypriote, 130; sur un vase de Naucratis, 203-204; — 205; 207; 208; scarabées de Naucratis, 225; 252; Crète, 331; 332; — 336; 396.
Στακτή, 307, n. 6.
STATUETTES en calcaire ou en albâtre des temples d'Apollon et d'Aphrodite à Naucratis : hommes, 246-260; femmes, 260-267; animaux, 267-270; sens des figures viriles nues, 249-250; hommes assis, habillés, 250-254; hommes debout, 254; têtes archaïques, 255; chasseurs, 256-258; hommes portant un animal, 258-259; musiciens, 259-260; femmes assises, 260-262; femmes debout, 262-266; groupe samien, 265-266. Ce que représentent les figures féminines, 266-267.
Statuettes égyptiennes et figurines d'animaux en bronze. Influence des petits bronzes égyptiens sur la statuaire grecque archaïque, 271-275. Statuette d'homme, probablement de Naucratis, Apollon archaïque (Additions), 449-450.
STÉPHINATÈS, roi de Saïs, 30; 31.
STÉSICHORE d'Himère, 258, n. 4.
STIBIUM, antimoine, 303; 313.
STRATOPEDA, camps des mercenaires ioniens et cariens à Daphnæ, 54 et suiv.; 69; 70; date, 70; détruits par Amasis, 129; 165; 194; 281; cités, 412; 446.
STUC peint, employé pour la décoration intérieure des maisons, 184, et des temples à Naucratis, 185.

SUEZ (voir *Isthme*).
SUEZ (golfe de), 305.
SULCIS, ville de Sardaigne, monuments égyptisants, 335.
Συρμαΐα, plante médicinale d'Égypte, espèce de raifort, 309.
Συρμαίη, huile employée en Égypte pour l'embaumement des pauvres, 339.
SUSIENS (animaux sacrés des) brodés sur le manteau d'Alcisthènes, 345.
SYBARIS, SYBARITES, commerce, transport des cargaisons helléniques de Sybaris à Laos, 334; relations avec les Milésiens, 335; 344; 345.
SYÈNE, Assouan (Haute-Égypte), 78; vin, 348; les sources du Nil près de Syène (Krophi et Mophi), 403.
SYENNÉSIS, roi de Cilicie, 131, n. 3.
SYLLABAIRE asianique, 90, et cypriote, 439-440.
SYRACUSE, objets égyptisants, 337; vin, 351.
SYRIE, 34; 74, 75, 76; 88; 93; 97; 98; 104; campagnes de Néchao, 108; 109; 110; 111; 112; Naboukodorossor en Syrie, 117; 129; fonctionnaires égyptiens, 279; albâtre, 289; ivoire, 319; citée, 321; 338; Syrie Damascène, 344; vin, 350, 353; 411; commerce, 355; culte, 384.
SYRIENS, alliés des Égyptiens, battus à Altakou, 30; Syriens à Defenneh, 58; à Ipsamboul, 91-95; rois syriens intriguent avec l'Égypte contre la Chaldée, 114-115; 117; art, 201; à Cypre, 326; cités, 333.
SYRTE (Grande-), golfe au Nord de la Libye, 313; 421.

T

TACHOMPSO, île du Haut-Nil, 409.
TACHOS, révolté contre Artaxerxès, équipe deux cents vaisseaux, 356.
TAFNAKHTI, roi de Saïs, ses conquêtes, ses revers, 27-28; 30; 31; 44; 80; 98.
TAFNOUIT, déesse égyptienne, 258, n. 1; 390.
TAHARQOU, Tahraka, roi éthiopien, conquiert l'Égypte, est chassé et va mourir en Éthiopie, 30-31; — 32; 45, n. 1; 128; 157; 311; 442; 443.
TAHENOU, Libyens, 6.

TAHPANHES, nom hébreu de Daphnæ, 56, n. 1.
TAKHOTI, femme de Psammétique II, 113, n. 2.
TAKOUSHIT (statuette de), en bronze, 274; 345, n. 1.
TANAGRA, fragment de vase naucratite, 202, n. 3; 260.
TANIS, son importance sous la XXIᵉ dynastie, 7-8; citée, 32; 55; étoffes, lin, 293, 294; vin, 348; monuments, 425; 426.
TANITES (les Pharaons), XXIᵉ dynastie, leur prestige à l'étranger, 7; 15; 26.

INDEX ALPHABÉTIQUE

TANITIQUE (branche) du Nil, dérivation de la Pélusiaque, 8.

TANTAH, ville moderne du Delta, tissus de lin, 294.

TARENTE, figurines, scarabées égyptiens, 244, n. 2; 333.

Τάφνας, Τάφναι, nom de Daphnæ dans le grec des Septante, 56, n. 1.

TCHAD (lac), 313.

TÉARCON, 128; 404 (voir *Taharqou*).

TÉGÉE, statue d'Artémis en ébène (Pausanias), 318.

Τεῖχος Μιλησίων, près de la bouche Bolbitine du Nil, 29; 32; 38; 148; 152; 164; 171; 178; 281.

TEINTURE en Égypte, 297.

TEKEM, nom égyptien de l'huile de kiki, extraite du sillicypria, 339, n. 7.

TELCHINES (les) à Rhodes, 328.

TÉLÉKLÈS, fils de Rhœkos, sculpteur samien, aurait séjourné en Égypte, 274-275; 368.

TÉLÉMAQUE, 11.

TÉLÉPHOS, mercenaire grec d'Ialysos (inscriptions d'Ipsamboul), 86.

TELL-DEFENNEH (voir *Defenneh*).

TELL-EL-AMARNA, tablettes à inscriptions cunéiformes, 21; 438; 452; terre vernissée, 219.

TELL-NEBIREH, 146 (voir *Nebireh*).

TELL-NEBESHEH, Cypriotes dans cette localité, située dans la partie septentrionale du Delta, 71-72.

TÉMÉNOS d'Apollon Milésien à Naucratis, 153; 161; 162; graffiti sur des vases trouvés dans ce téménos, 175; mesures, 186; mur, 189; cité, 198; statuettes, 246-270.

TÉMÉNOS d'Aphrodite à Naucratis, 189; vases, 204; 209; statuettes, 246-270.

TÉMÉNOS des Dioscures, 190.

TÉMÉNOS de Héra, 175; 181; 191-192; 198.

TÉMENTHÈS, roi d'Égypte, légende racontée par Polyen, 45.

TEMPLES à Naucratis, 157; 171; 184 et suiv.; matériaux employés, 185.

TEMPLE D'APOLLON MILÉSIEN à Naucratis, 152; 158; 171; 180; 185-189; le plus ancien de tous; deux édifices successifs, mesures, comparaisons, 185-186; restes des premiers édifices, 186-187; colonnes; motifs qui se retrouvent à l'Érechthéion, 187; colonnes d'Éphèse, 187-188; statuettes, 246-270; œuf d'autruche, 316.

TEMPLE D'APHRODITE à Naucratis, 153-154; 158; 163, 164; 165, n. 2; 171; 180; 185; situation, trois temples élevés successivement l'un sur l'autre, murs en briques, plancher; autel au-devant du temple, 189; date de la fondation, 189-190; statuettes, 246-270; 326.

TEMPLE D'ATHÊNÊ à Naucratis, non retrouvé, 185; 193; prêtre d'Athênê, 185; 193.

TEMPLE DES DIOSCURES à Naucratis, 165, n. 2; 180; 185; date probable, 190; variété du temple à antes, mesures, stuc peint, 191.

TEMPLE DE HÉRA de Samos à Naucratis, 165, n. 2; 180; 185; date, emplacement, constructions diverses, 191-192.

TEMPLE DE ZEUS Éginète à Naucratis, non retrouvé, 185; 190; 191-192.

TÉNÉA (l'Apollon de), 250.

TÉNIA, ville du Delta, vin, 349.

TENTYRIS, Dendérah, lin, 294.

TÉOS, mercenaires de Téos (Ipsamboul), 86; 88; Ioniens de Téos à l'Hellénion de Naucratis, 193; Timouques à Téos, 358.

TERRE VERNISSÉE, à Cypre, 139; en Égypte, 219; à Naucratis, 219-228; dans ce genre de travail, les Grecs ne font qu'imiter l'Égypte, 225; figurines, 226-227; les objets en terre émaillée répandus par le commerce grec autant que par les Phéniciens, 227; durée de cette industrie à Naucratis, 227-228; commerce des objets égyptisants en terre vernissée dans toute la Méditerranée, 324-338.

TÊTES ARCHAÏQUES à Naucratis, 255; 264.

TÊTE CASQUÉE au nom d'Apriès (voir *Aryballe*).

TÊTES DE NÈGRES à Cypre, 137, n. 8 et 138; — en verre, à Naucratis, 228.

TÊTE DE BŒUF réputée immonde, selon Hérodote, 286, n. 2.

THAÏS, courtisane égyptienne, 361, n. 5 (Letronne).

THALASSOCRATIES, 1 et suiv.; 148; thrace, 1; phénicienne, 2-3; égyptienne, 7; crétoise, 15; milésienne, 24-25; 148.

THALÈS, 342; en Égypte, 372-376; explique l'inondation du Nil, 407; 408; 410.

THARROS, ville de Sardaigne, objets égyptisants, 335.

Thasos, vin, timbres d'amphores, 351, 352, 353.

Thébaïde, 27; 28; 36; 342, n. 5; vin, 349; Danaos et Lyncée, 398; existait seule avant Ménès, 421; coutumes d'après Hérodote, 430-431.

Thèbes de Boétie, Ammonium au temps de Pindare, 398, 399.

Thèbes d'Égypte, 7, 8; à l'époque homérique, 14-15; saccagée par Assourbanipal, 31; nouveau pillage, 32; principauté spirituelle sous les descendantes des Ramessides, 49-50; 105; terre vernissée, 219; opium, 309, n. 2; routes de Thèbes vers l'Afrique intérieure, 313-314; 322; oliviers, 340; légende des colombes noires s'envolant de Thèbes à Dodone et à l'Oasis libyenne, 386, n. 5; Hérodote ne connaît pas la doctrine religieuse de Thèbes, 390; armée, 411, 413; Hérodote ne dit rien de ses monuments, 431-432; Thébains partisans des rois éthiopiens, 442.

Thémis (la déesse), d'après Hérodote son nom ne se trouverait pas dans le panthéon égyptien, 387.

Thémistocléia, prêtresse de Delphes au temps de Pythagore, 377.

Théoclès, père de Psammétique, général des mercenaires sous Psammétique Ier, 83; 86; 95 et n. 1.

Théodoros, sculpteur samien, fils de Rhœkos; aurait séjourné en Égypte, 274-275; 368.

Théra (Santorin), 18; 120; alphabet, 162, 163; décoration des maisons, 181, n. 1; statuaire, 249, 250; 272, n. 1.

Théréens, 155; 330.

Thespiens, bâtissent Ogrylé en Sardaigne, 336.

Thespies, figurines, 264.

Thesprotes, récit d'Ulysse (*Odyssée*), 13.

Thôn (*Odyssée*), 11; 309.

Thonis, gardien de la bouche Canopique à l'époque du voyage de Ménélas en Égypte (Hérodote), 12, n. 1.

Thonis, courtisane contemporaine de Bocchoris, d'après Plutarque, 361.

Thot, dieu égyptien, 327; légende contée par Socrate dans le *Phèdre*, 363; Thot adoré sous la forme de l'ibis ou du cynocéphale, 391.

Thoutii, haut fonctionnaire égyptien, gouverneur des contrées du Nord (sous la XVIIIe dynastie), 6 et n. 5.

Thoutmos Ier et les Hanebou, 5.

Thoutmos III et les peuples de la Méditerranée, 5-6; 108; tributs d'Asi, 136; son prénom sur des scarabées de Naucratis, 223; relations avec l'Orient, 302; avec l'Afrique intérieure, 313; son prénom sur des scarabées à Salamis de Cypre, 337, n. 6; à Ialysos, 328; (Additions), 438.

Thraces, thalassocratie, 1; mystères, 381.

Thrasyalkès, physiologue de Thasos, explique l'inondation du Nil.

Thurioi, peintures sur des vases grecs, 243 (voir *Grande-Grèce*).

Tibarènes, Toubal, fer, 233.

Timbres d'amphores, à Defenneh, 59; chez les Grecs, 351 et suiv.; timbres trouvés en Égypte, 353-354.

Timodème, Naucratite cité dans une épigramme de Callimaque, 363.

Timouques, magistrats, à Naucratis, à Marseille, à Téos, 358-359.

Tirynthe, 181, n. 1; 182; 194, n. 4; objets égyptiens ou égyptisants, 279; 332.

Tisserands, à Panopolis; travail domestique; hommes et femmes, malgré le dire d'Hérodote, 296-297.

Tithoès, fondateur du Labyrinthe, d'après Pline, 457.

Tmolos, montagne d'Asie-Mineure, vin, 351.

Tombeaux, Hérodote n'en dit rien; les Grecs ne les visitaient pas, 432-433.

To-nouter, To-noutri, sens de ce mot, 303; 358-359; 453. (Cf. *Pounit*.)

To-qens, Nubie, 127.

Totémisme, 392-393.

Toubal (voir *Tibarènes*).

Tounip, ville du nord de la Syrie, 438.

Tourah, carrières en face de Memphis, 289; 343.

Toursha, Tursha, Tyrsènes, Tyrrhéniens, attaquent l'Égypte sous Séti Ier, 17; 20; 439; = Troyens d'après Brugsch, 17, n. 2.

Tragiques grecs; idées d'origine égyptienne, jeunes filles épouses de Hadès, 244.

Très-Verte (la), Ouaz-oiri, ordinairement traduit: la Grande-Verte; = la Mer, 4. Fonctionnaires égyptiens gouverneurs des pays situés dans la Très-Verte, 6 et n. 5; 9; douanes, 279-281.

Tridacna squamosa, à Camiros, à Daphnæ, à Naucratis, 202, n. 3.

INDEX ALPHABÉTIQUE

TRIÈRES, chez les Phéniciens et chez les Grecs, 103-104; à Corinthe, 103, 104; trières de Daphnæ, 117; 119.
TRITON, 396, n. 2.
TROJA, ville d'Égypte, nom indigène transformé par les Grecs (Taroiou, Troiou), 397.
TSEKKARIOU, ZEKKARIOU, Teucriens, à la tête des peuples de la Mer qui attaquent l'Égypte sous Ramsès III, 19; 440.

TURSENI (voir *Toursha*.)
TYPHON (voir *Set*).
TYR, 8; 14, n. 3; assiégée par Naboukodorossor, 112; rois de Tyr, 115; sa capitulation, 118; Tyr citée, 283; 320; 321; 326; 330; 344.
TYRIENS, camp des Tyriens, 54, n. 4; 427; vaincus par Apriès, 134; se servent de voiles de lin, 295, n. 8; à Memphis, 323; 372; écrits apportés par eux à Phérécyde, 376; cités, 434.

U

ULYSSE, le récit qu'il fait à Eumée de son expédition en Égypte, 12-15.

V

VAISSEAUX égyptiens, 100; des peuples de la Mer, 100-101; des Phéniciens, 101-102; grecs de l'époque archaïque, sur des vases du Dipylon, 102-103; époque homérique, 102, n. 3 (voir *Dière* et *Trière*).
VAPHIO, vases d'or de style mycénien, 267, n. 1; 437.
VÉLIA, ville de Lucanie où s'établissent les Phocéens, 333.

VERRE, à Naucratis, 229; à Salamis de Cypre, 327.
VIGNES, vignobles (voir *Vin*).
VILLES, nombre des villes et villages de l'Égypte sous Amasis, 133; sous les Ptolémées, *ibid.*, n. 6.
VIN, de Lesbos, 155; des Oasis, 322; le vin en Égypte, 345-349; les vins grecs les plus estimés, 349; les Grecs en ont-ils importé en Égypte dès l'origine de la colonisation? 349-351; les timbres d'amphores, 351-354.

X

XANTHOS (monument de) en Lycie, 249; 441.
XANTHOS de Samos, le maître d'Ésope et de Rhodopis, 155; 367.
XÉNOPHANE, son apostrophe aux Égyptiens pleurant les dieux morts, 282, n. 1.

XERXÈS, 295; Éthiopiens à son service, 312; l'Égypte lui fournit deux cents vaisseaux, 356; armement des soldats de marine, 414, n. 2.
XOÏS, ville du Delta, 107; 425.
XOANA, 318.

Y

YAWHMELEK (stèle de), 141, n. 4.
YÉTER, inscriptions sémitiques d'Ipsamboul, 92, n. 9 (cf. *Itar*).

YIVÂNA = Iavan, Ionien, nom ethnique cité dans les tablettes de Tell el-Amarna, d'après M. Sayce, 6, n. 6; Pudhu-Yâvan, 446 (voir ce mot).

Z

Zagreus (voir *Dionysos*), 382-383.

Zalmoxis, Thrace (et non Scythe, comme le dit notre texte), fut esclave à Samos chez Pythagore, 377.

Zéia, nom d'une céréale égyptienne, 284 et n. 6.

Zekkariou (voir *Tsekkariou*).

Zerti, les deux colombes, les deux pleureuses rapprochées des deux colombes qui s'envolèrent de Thèbes à Dodone et dans l'Oasis libyenne d'après le récit d'Hérodote, 386, n. 4, et (Corrections), 460.

Zêt, XXIII° dynastie d'après Manéthon, identifié par Bunsen avec le Séthon d'Hérodote; aurait créé la marine égyptienne avec l'aide des Milésiens, 8-9 et n. 1.

Zétès, fils de Borée, 63.

Zeus, 383; = Amon, 387; en Éthiopie, 409; cité, 431, n. 2; 193; pourquoi il est représenté avec une tête de bélier, 391 (voir aussi *Amon* et *Ammon*).

Zeus Atabyrios (Rhodes), 328.

Zeus Éginète, son temple à Naucratis, 192-193; dédicace sur une base de statue, 447-448.

Zeus Hèlios Sérapis, 388, n. 1.

Zeus Idéen (Crète), 331.

Zeus Osogòa à Mylasa (Carie), 90.

Zeus Stratios à Labranda (Carie), 42.

Ζῦθος (voir *Bière*).

TABLE DES FIGURES ET PLANS

CONTENUS DANS CE VOLUME

Fig. 1, p. 40, Hoplite grec.
Fig. 2, p. 55, Plan de Tell Defenneh, d'après les relevés de M. Flinders Petrie.
Fig. 3, p. 59, Goulot d'amphore portant encore sur le bouchon d'argile la triple empreinte du sceau d'Amasis (Defenneh).
Fig. 4, p. 60, Partie supérieure d'un vase rappelant la forme des situlæ égyptiennes de bronze (Defenneh).
Fig. 5, p. 61, Fragment de vase représentant l'épervier sur une corbeille (Defenneh).
Fig. 6, p. 61, Fragment de vase sur lequel est représenté un homme combattant (Defenneh).
Fig. 7, p. 61, Vase de style rhodien trouvé à Defenneh.
Fig. 8, p. 62, La chimère et Bellérophon sur un vase de Defenneh.
Fig. 9, p. 62, Fragment de vase représentant une femme à cheval (Defenneh).
Fig. 10, p. 63, Fragment de vase sur lequel la Méduse était figurée (Defenneh).
Fig. 11, p. 63, Scènes de lutte et de chasse sur un vase de Defenneh.
Fig. 12, p. 63, Hydrie de style rhodien (Defenneh).
Fig. 13, p. 64, Vase en forme de dieu Bès (Defenneh).
Fig. 14, p. 64, Ampoule lenticulaire de Defenneh.
Fig. 15, p. 64, Fragment de stamnos portant les lettres ΠΕΤ en écriture rétrograde (Defenneh).
Fig. 16, p. 65, Idole en pierre, de Defenneh.
Fig. 17, p. 65, Figurine humaine en terre cuite (Defenneh).
Fig. 18, p. 65, Cavalier en pierre, de Defenneh.
Fig. 19, p. 65, Statuette de femme, en terre cuite (Defenneh).
Fig. 20 et 21, p. 66, Têtes de guerriers (Defenneh).
Fig. 22, p. 67, Épée en fer, provenant de Defenneh.
Fig. 23, p. 67, Pointe de lance en fer (Defenneh).
Fig. 24, p. 67, Pioche en fer (Defenneh).
Fig. 25, p. 67, Hameçon en fer (Defenneh).
Fig. 26, p. 68, Plaque portant les cartouches d'Apriès (Defenneh).
Fig. 27, p. 123, Aryballe figurant la tête casquée d'Apriès (Louvre).
Fig. 28, p. 179, Plan de Naucratis, d'après les relevés de M. Flinders Petrie.
Fig. 29, p. 187, Colonne ionique de Naucratis, d'après la restitution de M. Petrie.
Fig. 30, p. 204, Coupe provenant du téménos d'Aphrodite (Naucratis).
Fig. 31, p. 204, Intérieur de la même coupe.

Fig. 32, p. 214, Vase de Naucratis représentant la déesse Kyrene adorée par des génies ailés.
Fig. 33, p. 230, Encensoir trouvé à Naucratis.
Fig. 34, p. 245, Figurine couchée gréco-égyptienne, provenant de Naucratis.
Fig. 35, p. 247, Statue en albâtre (Naucratis, temple d'Apollon).
Fig. 36, p. 247, Statue en calcaire (Naucratis, temple d'Apollon).
Fig. 37, p. 248, Statue en calcaire trouvée à Naucratis.
Fig. 38, p. 251, Statuette d'homme assis, trouvée dans le temple d'Aphrodite (**Naucratis**).
Fig. 39, p. 253, Statuette assise, de Naucratis (temple d'Aphrodite).
Fig. 40, p. 253, Statuette de Naucratis (temple d'Aphrodite).
Fig. 41, p. 254, Statuette en albâtre (Naucratis, temple d'Apollon).
Fig. 42 et 43, p. 255, Deux têtes archaïques provenant du téménos d'Apollon (**Naucratis**).
Fig. 44, p. 256, Statuette de Naucratis (temple d'Apollon).
Fig. 45, p. 256, Statuette d'homme trouvée dans le téménos d'Aphrodite (**Naucratis**).
Fig. 46, p. 257, Statuette de chasseur (Naucratis, temple d'Aphrodite).
Fig. 47, p. 259, Joueur de flûte, en faïence émaillée (Naucratis, temple d'Apollon).
Fig. 48, p. 259, Joueur de lyre ou de cithare, en faïence émaillée (Naucratis, temple d'**Apollon**).
Fig. 49, p. 260, Joueur de lyre, statuette en calcaire (Naucratis, temple d'Aphrodite).
Fig. 50, p. 260, Statuette de femme assise (Naucratis, temple d'Aphrodite).
Fig. 51, p. 262, Fragment de statue calcaire (Naucratis, temple d'Apollon).
Fig. 52, p. 263, Statuette de femme portant un oiseau (Naucratis, téménos d'Aphrodite).
Fig. 53, p. 265, Femme jouant du tympanon (Naucratis, temple d'Aphrodite).
Fig. 54, p. 265, Statue en calcaire, provenant de Naucratis (temple d'Apollon).
Fig. 55, p. 268, Groupe en calcaire (Naucratis, temple d'Apollon).
Fig. 56, p. 269, Amulette représentant un épervier (Naucratis, temple d'Apollon).
Fig. 57, p. 269, Canard en terre vernissée (Naucratis, téménos d'Aphrodite).
Fig. 58, p. 329, Aryballe au nom d'*Ouahibri*, trouvé dans un tombeau de Camiros (Rhodes).
Fig. 59, p. 329, Alabastre de style égyptien, trouvé à Camiros.
Fig. 60, p. 352, Sceau du roi Amasis (Naucratis).
Fig. 61, p. 362, Vaisseau d'après un vase cypriote de la collection Cesnola.
Fig. 62, p. 452, Figurine d'homme portant un chevreau, trouvée sur le site de Naucratis.
Fig. 63, p. 452, Figurine de femme portant une fleur (Naucratis, téménos d'Aphrodite).

TABLE DES MATIÈRES

INTRODUCTION

Les thalassocraties et la liste de Castor. — La thalassocratie égyptienne. — Suzeraineté des Pharaons sur une partie des îles de la Méditerranée orientale. — Les Hanebou. — Marine des Égyptiens sous la XVIIIe dynastie et sous les suivantes.
Premiers rapports des Grecs avec l'Égypte, d'après les poèmes homériques. — Le récit du Crétois au livre XIV de l'*Odyssée*. — La piraterie.
Invasions des peuples de la Mer sous Séti Ier, Minéphtah et Ramsès III.
Grand mouvement colonial des Grecs au VIIIe et au VIIe siècle. — La thalassocratie des Milésiens. — A quelle époque ils ont pu venir dans le Delta.
État de l'Égypte au VIIIe et au VIIe siècle : Tafnakhti. — Division du pays en nombreuses principautés. — Luttes des Éthiopiens et des Assyriens. — Fondation du τεῖχος Μιλησίων, d'après Strabon.
Les légendes grecques sur la Dodécarchie. — Psammétique Ier............................ 1

PREMIÈRE PARTIE

LES MERCENAIRES. — DAPHNÆ

CHAPITRE PREMIER

LES MERCENAIRES SOUS PSAMMÉTIQUE Ier

Fin de la domination éthiopienne : les traditions relatives à la Dodécarchie. — Arrivée des Cariens et des Ioniens. — Leur armement comparé à celui des indigènes. — Première bataille de Momemphis. — Guerre contre les dynastes : les récits de Polyen et de Strabon. — Alliance avec Gygès. — Mariage de Psammétique avec l'héritière des Ramessides. — Il est désormais seul maître du pays. — Son œuvre en Égypte.
Division de son armée. Les mercenaires à Daphnæ; les Stratopeda. — Fouilles de M. Petrie à Tell-Defenneh. — Le château; le camp. — La poterie; les figurines. — La métallurgie : bronze, fer, métaux précieux. — Caractère cosmopolite de la population. — Avantages de la position de Defenneh.
Les interprètes ; surtout Cariens. — Leur rôle en Égypte.
La guerre de Syrie : siège d'Ashdod. — Le roi traite avec les Cimmériens.
Faveurs accordées aux mercenaires. Jalousie des guerriers indigènes. — Leur émigration en Éthiopie. — Longues controverses à ce sujet. — Possibilité de l'émigration. — Faits analogues dans l'histoire.

Les inscriptions grecques d'Ipsamboul. Notions qu'elles fournissent. — Leur place dans l'histoire de l'alphabet ionien. — Les graffiti cariens et phéniciens. — Unanimité des auteurs anciens sur la question de l'émigration.. 35

CHAPITRE II
LES MERCENAIRES DEPUIS NÉCHAO JUSQU'A AMASIS

Néchao. — La marine égyptienne, stationnaire depuis la XVIIIe dynastie. — Progrès de la marine grecque et de la marine phénicienne : la dière, l'éperon, la trière. — Chantiers de Néchao sur les deux mers. — Le périple de l'Afrique. — Le canal du Nil à la mer Rouge.
L'expédition de Syrie : l'armée s'avance jusqu'à l'Euphrate. — Présent du Pharaon au temple des Branchides. — Chute de Ninive. — Naboukodorossor en Syrie. — Néchao vaincu à Karkemisch. — Alliances secrètes avec les princes syriens. — Prise de Jérusalem. — Mort de Néchao. — Résultats de son règne.
Psammétique II. — Les Éléens en Égypte. — Expédition en Éthiopie. — Nombreux monuments. — Un fonctionnaire égyptien, chef du pays des Hanebou.
Apriès. — Soulèvements en Syrie. — Vaine tentative d'Apriès. — Il bat les Tyriens sur mer et conquiert la Phénicie.
Expédition en Cyrénaïque : défaite d'Irasa. — Révolte des soldats indigènes : proclamation d'Amasis. — Les mercenaires défendent Apriès : seconde bataille de Momemphis. — Popularité d'Apriès chez les Grecs. Le vase en forme de tête casquée. — Mort d'Apriès.
Amasis. — Le récit d'Hellanikos. — La prétendue invasion de Naboukodorossor.
Destruction des Stratopeda : les mercenaires transférés à Memphis. — Faveurs qui leur sont octroyées aux dépens des temples.
Alliance avec la Lydie. — Défaite de Crésus. — État de l'Asie : Cyrus.
Prospérité de l'Égypte. — Population.
Anciennes relations avec Cypre. — Conquête de l'île. — Influence de l'art et des coutumes de l'Égypte sur ses habitants.
Philhellénisme d'Amasis. Présents aux dieux grecs. — Alliance avec Cyrène. — Liens d'amitié avec Polycrate... 99

DEUXIÈME PARTIE
LES MARCHANDS. — NAUCRATIS

CHAPITRE PREMIER
LA FONDATION DE NAUCRATIS

Le site : Tell-Nebireh. Les fouilles de MM. Petrie et E.-A. Gardner.
Époque probable de la fondation. — Texte d'Eusèbe. — Vraisemblance de la tradition rapportée par Strabon. — Les données historiques. — Les légendes grecques. — L'anecdote sur le voyage d'Hérostrate confirmée par les trouvailles de Nebireh. — Voyages des Samiens et des Mityléniens.
Arguments fournis par les découvertes récentes. — Les scarabées. — Le stratum de cendres ; premier comptoir brûlé. — Témoignage des vases : sa valeur. — Les inscriptions céramiques. — Discussions qu'elles ont soulevées.

Succession et dates probables des événements : Naucratis, bâtie après un incendie, vers la fin du règne de Psammétique Ier 145

CHAPITRE II
LA VILLE. — LES TEMPLES

La première factorerie milésienne. — Développement progressif de la ville. — Rues ; maisons ; quartiers pour chaque métier. — Pas de murailles. — La nécropole. — Une ville grecque du vi^e siècle. Les temples. — Leur nombre. — Matériaux. — Décoration.
Temple et téménos d'Apollon Milésien. — Fragments ayant appartenu à deux édifices superposés. — Temple, téménos et autel d'Aphrodite. — Chapelle des Dioscures. — Téménos de Héra. — Palæstre. — Les temples non retrouvés.
Le Grand Téménos, probablement l'Hellénion. — Les constructions qu'il renfermait. — Divers usages auxquels pouvait servir cette vaste enceinte.. 175

CHAPITRE III
L'INDUSTRIE

LA CÉRAMIQUE : son importance. — Imitation des motifs orientaux. — Ressemblances avec les poteries rhodiennes. — Les vases de fabrication locale. — Division de ces vases en catégories distinctes. — Examen des subdivisions proposées par M. Gardner. — Les vases provenant des autres fabriques grecques. — Influence très restreinte de l'Égypte sur la céramique de Naucratis. — Explication de ce fait. — Données fournies par les découvertes de Naucratis pour l'histoire de la Céramique grecque. — Les vases de Cyrène, de Lesbos. — Nicosthènes. — Le potier Amasis. — Insuffisance des recherches concernant la terre dont sont faits les vases.
LA TERRE VERNISSÉE : procédé tout égyptien. — Imitations grecques à Naucratis et peut-être à Rhodes. — La fabrique de scarabées. — Classification des objets découverts : sujets égyptiens ; sujets mixtes. — Durée de cette industrie.
LA MÉTALLURGIE. — Le fer : ustensiles nombreux. — Le cuivre. — Les métaux précieux.
LES FLEURS : leur abondance en Égypte. — Développement que prend peu à peu chez les Grecs le goût des fleurs. — Les couronnes naucratites. — Leur composition. — Les bouquetières de Naucratis... 199

CHAPITRE IV
L'ART

LES FIGURINES ARCHAÏQUES. — L'Isis funéraire. — Pénétration de certaines idées égyptiennes dans les pays helléniques prouvée par des peintures céramiques provenant de l'Italie méridionale. — Cavaliers. — Figurines grotesques.
LES STATUETTES EN CALCAIRE ET EN ALBATRE. — A) *Les hommes* : *a)* Nus et debout. — Apollons (?) archaïques. — Origine des types et signification probable. — *b)* Drapés et assis : Comparaison avec les statues des Branchides ; personnages de caractère composite ; rapprochements avec l'Égypte et Cypre. — *c)* Vêtus et debout : Comparaison avec des figurines de Camiros. — *d)* Les Chasseurs. — *e)* Hommes portant des animaux. — *f)* Musiciens.
B) *Les femmes* (toujours vêtues). — *a)* Assises : Comparaison avec des figures de Marseille et de Cymé. — *b)* Debout : relevant leur robe ; portant une fleur, un animal. — Types analogues dans les autres

centres helléniques. — La fleur, employée comme attribut, vient de l'Égypte. — c) Groupe samien. — Ce que représentent ces diverses statuettes.

C) *Les animaux*. — Imités presque toujours de l'art oriental.

Remarques générales sur la statuaire à Naucratis.

Les figurines de bronze. — Elles sont essentiellement égyptiennes et doivent provenir d'un sanctuaire ou d'un atelier indigène. — Influence des statuettes de bronze, exportées par les Phéniciens, sur les commencements de l'art hellénique. — Époque à laquelle elle s'est exercée.

Les Grecs apprennent en Égypte la pratique de certains procédés pour la fonte du bronze....... 241

CHAPITRE V
COMMERCE. — ADMINISTRATION. — MŒURS

Ancienneté du commerce égyptien. — Richesse du pays. — Administration des douanes de mer. — Développement et expansion du commerce sous les Pharaons de la XXVIe dynastie. — Supériorité, en tout temps, des exportations sur les importations.

Exportations : *Les céréales*. Celles qui étaient consommées en Égypte. — Traditions grecques sur des transports de blé à Athènes sous Psammétique et Amasis. — *Sel, natron* et *alun*. — *Albâtre. Pierres fines*. — *Métaux précieux*. — *Lin* et étoffes de lin. Importance de ce trafic. — *Papyrus*. Résultats produits par l'exportation du papier dans les pays grecs.

Produits venant, par la mer Rouge, de l'Arabie et des côtes d'Afrique : *Parfums*, naturels et fabriqués. Universalité de leur emploi. — *Substances médicinales*.

Produits venant de l'intérieur de l'Afrique. — Routes suivies pour y pénétrer. — *Plumes* et *œufs d'autruche*. — *Peaux* et *cuirs*. — *Ébène*. — *Ivoire*. — Concurrence faite aux Phéniciens par les Grecs.

Produits des Oasis. — Les Samiens dans la Grande-Oasis.

Quelques Grecs établis en différents points de l'Égypte. Abydos.

Les *petits objets égyptiens* d'art industriel. — Leur diffusion dans toute la Méditerranée, par les Grecs autant que par les Phéniciens. Asie-Mineure; Cypre; Rhodes; Crète; Grèce propre; Italie méridionale; Étrurie; Sardaigne; Sicile; Gaule.

Importations (possibles) : *L'huile*. Diverses huiles qu'on employait en Égypte. — Rareté des oliviers. — Leur abondance dans les pays grecs. — Traces de ce commerce. — *La laine*. — Son usage en Égypte. — L'élevage des moutons. — Exportations de Milet. — Perfection du tissage. — Étoffes de luxe. — Étoffes communes. — Les Milésiens ont dû importer de la laine par Naucratis. — *Le vin*. Erreurs des auteurs anciens. La vigne cultivée en Égypte à toutes les époques. — Importations phéniciennes. — Consommation de la bière d'orge. — Les meilleurs crus des îles probablement importés. — Les amphores et les inscriptions céramiques. — Témoignage d'Hérodote. — Histoire de Charaxos.

Résumé. — Conditions générales du commerce. — Mesures restrictives d'Amasis. — Douanes et péages.

Caractère particulier de la colonie grecque de Naucratis. — Association commerciale. — Importance relative des peuples qui en font partie.

Administration intérieure. — Προστάται τοῦ ἐμπορίου. — Timouques. — Fêtes de Naucratis. — Règlements du Prytanée.

Ville de luxe et de plaisir. — Les courtisanes.

Activité de la vie industrielle et commerciale.

Action de Naucratis sur la civilisation générale... 277

CHAPITRE VI

IDÉE QUE LES GRECS ONT PU SE FAIRE DE L'ÉGYPTE VERS LE VIe SIÈCLE

Les Grecs illustres en Égypte au vi^e siècle. — Alcée. — Théodoros et Téléklès. — Solon et Amasis; l'Atlantide. — Thalès; ce qu'il a pu apprendre de l'Égypte. — Phérécyde de Scyros. — Pythagore. — Rapports qu'on observe entre certaines de ses règles de vie et celles des Égyptiens. Différences dans les doctrines. — La métempsycose. — La croyance à l'immortalité de l'âme. Elle apparaît déjà dans les anciens mystères. — Ce que les Orphiques ont pu emprunter à l'Égypte. — Dionysos Zagreus et Osiris. — Images obscènes. — Date probable des emprunts.
Assimilation des dieux grecs aux dieux égyptiens. — Raisons de ces identifications. — Mythologie iconographique. Influence des images égyptiennes sur la formation de certaines légendes grecques.
Préoccupation des Grecs de rattacher leur passé à celui de l'Égypte. — Dieux égyptiens en Grèce.
L'histoire ancienne du pays racontée par les interprètes. — Hérodote. — Légendes gréco-égyptiennes sur les rois de la XXVIe dynastie.
Conditions spéciales à la vallée du Nil. — Recherches et hypothèses des Grecs pour expliquer les débordements périodiques du fleuve. — Ses sources.
Comment les Grecs se représentent les institutions du pays. — Les classes. — Les divisions administratives. — L'organisation de l'armée.
Les mœurs égyptiennes d'après les écrivains hellènes. — Vie matérielle; coutumes diverses. — Erreurs et généralisations exagérées. — Haute idée que les Grecs se font des Égyptiens.
Leur admiration pour les grands travaux exécutés par les anciens rois. — Digues, canaux, lac Mœris; pour les monuments : Saïs et les villes du Delta; Memphis; les Pyramides; le Labyrinthe. — Pourquoi Hérodote ne dit rien de Thèbes, ni rien des tombeaux.

Conclusion 365

Additions 437

Corrections 459

Index alphabétique 461

Table des figures et plans contenus dans ce volume............................ 493

CHALON-SUR-SAÔNE, IMP. FRANÇAISE ET ORIENTALE DE L. MARCEAU.

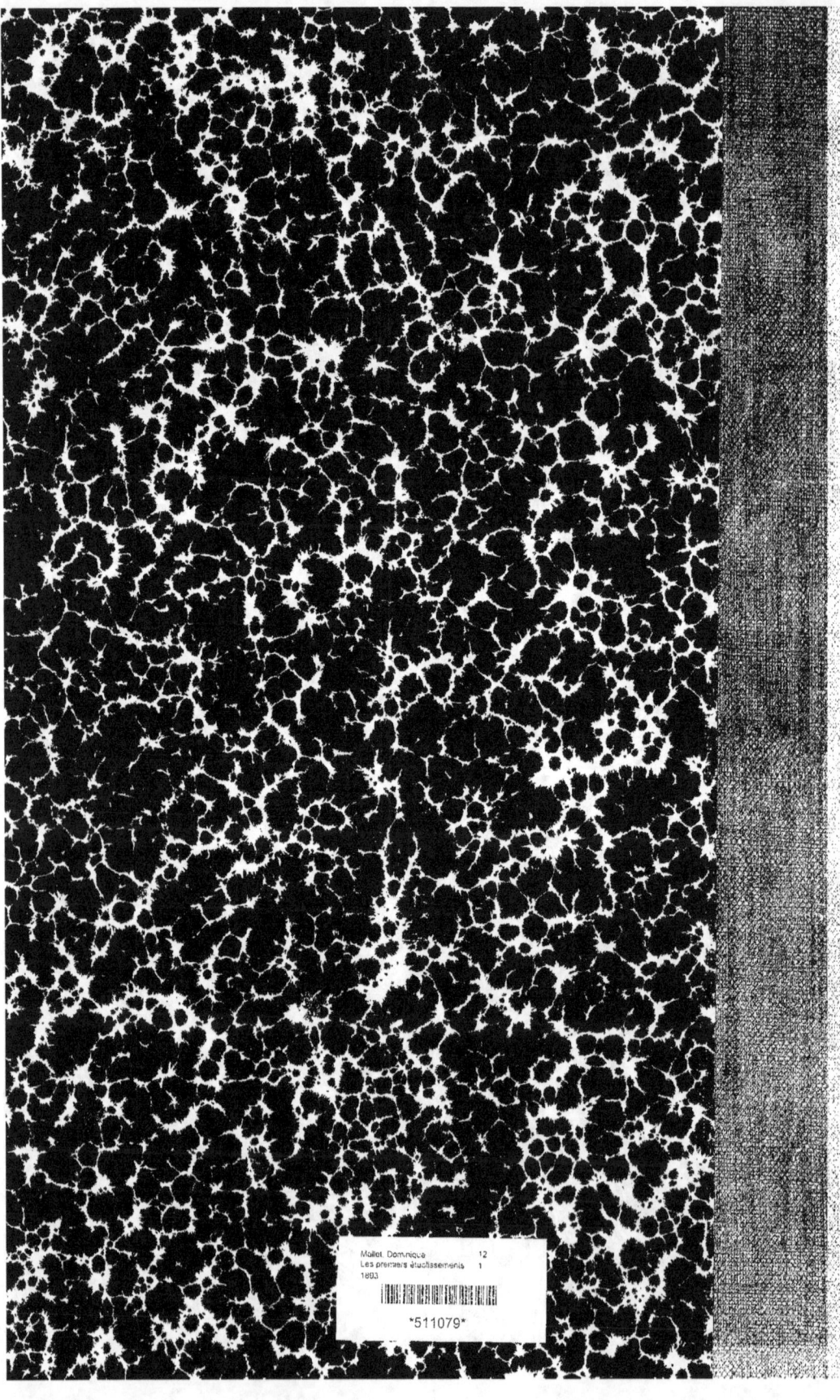

www.ingramcontent.com/pod-product-compliance
Lightning Source LLC
Chambersburg PA
CBHW072212240426
43670CB00038B/828